Os Cem Melhores Contos
Brasileiros do Século

Italo Moriconi
Organização, Introdução e Referências Bibliográficas

Os Cem Melhores Contos Brasileiros do Século

© 2000, copyright by Organização Italo Moriconi

Todos os direitos autorais dos contos
reproduzidos neste livro adquiridos
pela Editora Objetiva Ltda., exclusivamente
para a publicação nesta obra.

EDITORA OBJETIVA LTDA., rua Cosme Velho, 103
Rio de Janeiro — RJ — CEP 22241-090
Tel.: (21) 556-7824 — Fax: (21) 556-3322
INTERNET: http://www.objetiva.com

Coordenação de Direitos Autorais
Lúcia Riff/Agência Literária

Capa
João Baptista de Aguiar

Revisão
Damião Nascimento
Rita Godoy
Tereza da Rocha

Editoração eletrônica
Textos & Formas Ltda.

2000

Sumário

Introdução 11

De 1900 aos anos 30
Memórias de ferro, desejos de tarlatana

Pai contra mãe 19
   Machado de Assis
O bebê de tarlatana rosa 28
   João do Rio
A nova Califórnia 34
   Lima Barreto
Dentro da noite 43
   João do Rio
A caolha 49
   Júlia Lopes de Almeida
O homem que sabia javanês 55
   Lima Barreto
Pílades e Orestes 63
   Machado de Assis
Contrabandista 72
   João Simões Lopes Neto
Negrinha 78
   Monteiro Lobato
Galinha cega 85
   João Alphonsus
Gaetaninho 92
   Alcântara Machado
Baleia 95
   Graciliano Ramos
Uma senhora 100
   Marques Rebelo

Anos 40/50
Modernos, maduros, líricos

Viagem aos seios de Duília 107
  Aníbal Machado
O peru de Natal 125
  Mário de Andrade
Nhola dos Anjos e a cheia do Corumbá 131
  Bernardo Élis
Presépio 137
  Carlos Drummond de Andrade
O vitral 141
  Osman Lins
Um cinturão 144
  Graciliano Ramos
O pirotécnico Zacarias 147
  Murilo Rubião
Gringuinho 153
  Samuel Rawet
O afogado 156
  Rubem Braga
Tangerine-Girl 159
  Rachel de Queiroz
Nossa amiga 165
  Carlos Drummond de Andrade
Um braço de mulher 169
  Rubem Braga
As mãos de meu filho 173
  Érico Verissimo
A moralista 180
  Dinah Silveira de Queiroz
Entre irmãos 186
  José J. Veiga
A partida 190
  Osman Lins

Anos 60
Conflitos e desenredos

A força humana 195
   Rubem Fonseca
Amor 212
   Clarice Lispector
Gato gato gato 220
   Otto Lara Resende
As cores 224
   Orígenes Lessa
A máquina extraviada 229
   José J. Veiga
O moço do saxofone 233
   Lygia Fagundes Telles
Feliz aniversário 239
   Clarice Lispector
O homem nu 249
   Fernando Sabino
O vampiro de Curitiba 252
   Dalton Trevisan
A mulher do vizinho 256
   Fernando Sabino
Uma galinha 258
   Clarice Lispector
Menina 261
   Ivan Ângelo
A caçada 265
   Lygia Fagundes Telles
O burguês e o crime 270
   Carlos Heitor Cony
Uma vela para Dario 279
   Dalton Trevisan

Anos 70
Violência e paixão

Passeio noturno — Parte I e II 283, 285
   Rubem Fonseca
A morte de D.J. em Paris 290
   Roberto Drummond
Aí pelas três da tarde 310
   Raduan Nassar
Felicidade clandestina 312
   Clarice Lispector
O elo partido 315
   Otto Lara Resende
A estrutura da bolha de sabão 325
   Lygia Fagundes Telles
O peixe de ouro 330
   Haroldo Maranhão
Gestalt 332
   Hilda Hilst
Feliz ano novo 334
   Rubem Fonseca
Correspondência completa 341
   Ana Cristina Cesar
Fazendo a barba 345
   Luiz Vilela
Sem enfeite nenhum 349
   Adélia Prado
A balada do falso Messias 352
   Moacyr Scliar
La Suzanita 358
   Eric Nepomuceno
Porque Lulu Bergantim não atravessou o Rubicon 362
   José Cândido de Carvalho
A maior ponte do mundo 364
   Domingos Pellegrini
Crítica da razão pura 374
   Wander Piroli
A porca 379
   Tânia Jamardo Faillace
O arquivo 382
   Victor Giudice
Guardador 385
   João Antônio

Anos 80
Roteiros do corpo

O vampiro da Alameda Casabranca 393
   Márcia Denser
Um discurso sobre o método 402
   Sérgio Sant'Anna
Alguma coisa urgentemente 416
   João Gilberto Noll
Idolatria 423
   Sérgio Faraco
Hell's Angels 426
   Márcia Denser
Bar 434
   Ivan Ângelo
Aqueles dois 439
   Caio Fernando Abreu
Intimidade 447
   Edla Van Steen
I love my husband 451
   Nélida Piñon
Toda Lana Turner tem seu Johnny Stompanato 457
   Sonia Coutinho
King Kong x Mona Lisa 464
   Olga Savary
Flor de cerrado 466
   Maria Amélia Mello
Obscenidades para uma dona-de-casa 471
   Ignácio de Loyola Brandão
O santo que não acreditava em Deus 478
   João Ubaldo Ribeiro
O japonês dos olhos redondos 488
   Zulmira Ribeiro Tavares
Vadico 497
   Edilberto Coutinho
Linda, uma história horrível 502
   Caio Fernando Abreu
Os mínimos carapinas do nada 510
   Autran Dourado
Conto (*não* conto) 518
   Sérgio Sant'Anna

Anos 90
Estranhos e intrusos

A Confraria dos Espadas 525
Rubem Fonseca
Estranhos 529
Sérgio Sant'Anna
Nos olhos do intruso 540
Rubens Figueiredo
O anti-Natal de 1951 544
Carlos Sussekind
Olho 548
Myriam Campello
Zap 555
Moacyr Scliar
Days of wine and roses 557
Silviano Santiago
A nova dimensão do escritor Jeffrey Curtain 567
Marina Colasanti
Jardins suspensos 571
Antonio Carlos Viana
O misterioso homem-macaco 574
Valêncio Xavier
Dois corpos que caem 579
João Silvério Trevisan
Conto de verão nº 2: Bandeira Branca 582
Luis Fernando Verissimo
Por um pé de feijão 586
Antônio Torres
Viver outra vez 588
Márcio Barbosa
Estão apenas ensaiando 592
Bernardo Carvalho
O importado vermelho de Noé 596
André Sant'Anna
15 Cenas de descobrimento de Brasis 604
Fernando Bonassi

Referências Bibliográficas 611

Introdução

Italo Moriconi

Quando fui convidado pela Editora Objetiva para realizar o presente projeto, fiquei entusiasmado com a proposta — escolher os cem melhores contos do século 20 neste momento de virada para o 21. Vi logo que teria pela frente um trabalho bastante prazeroso, apesar do esforço de pesquisa que me exigiria. Por outro lado, havia o desafio colocado pela editora de que a seleção dos contos se pautasse não em critérios acadêmicos e sim em critérios de gosto e qualidade. Para quem como eu trabalha na universidade há mais de vinte anos, o desafio equivalia a me colocar em cima de uma corda bamba. Na Academia estamos sempre relativizando todo e qualquer conceito de qualidade. Mas, como leitores "normais" que simultaneamente somos, pois também curtimos a literatura para além das polêmicas doutrinárias, sabemos muito bem que existem o bom e o ruim, o perfeito e o ridículo, o eterno e o anacrônico. Sabemos bem que sempre é possível separar joio de trigo. Caberá ao leitor desta coletânea julgar como me saí na tarefa e avaliar se os contos aqui apresentados são realmente excelentes, como acredito que todos são.

Enquanto realizava as pesquisas, leituras e releituras que me levaram às escolhas finais, não só confirmei que a arte do conto brasileiro moderno é de nível superior, como tive a alegria de constatar que ela não parou de melhorar e aperfeiçoar-se à medida que o tempo passava. Claro que temos grandes obras-primas da ficção curta na primeira metade do século. Elas estão incluídas neste volume. Algumas são bastante representativas dos movimen-

Introdução

tos culturais que formataram o sentir e o pensar brasileiros nas diversas fases da história contemporânea. Mas o fato incontestável é que a partir dos anos 60 o conto passou por verdadeira explosão em nosso país, uma autêntica revolução de qualidade. A velocidade narrativa, a capacidade de nocautear o leitor com seu impacto dramático concentrado, lembrando aqui a definição de conto dada pelo mestre Julio Cortázar, fizeram do gênero o espaço literário mais adequado à tradução dos sentimentos profundos e das contradições que agitaram nossa alma basicamente urbana no decorrer das últimas quatro décadas.

Pelo menos quando o assunto é ficção curta, essas décadas dominam o século, tanto em quantidade quanto em qualidade. O período iniciado nos anos 60 instaura também o próprio conceito de conto ainda hoje vigente. Muitas narrativas classificadas como tal por nossos autores tradicionais parecem ao leitor atual enfadonhas e arrastadas, por serem muito longas, ajustando-se melhor ao conceito literário de "novela" em português. Ainda utilizando a definição de Cortázar, o romance e, por extensão, a novela seriam os gêneros que vencem o leitor por pontos e não por nocaute. Pelos critérios atuais, pode-se dizer que um conto é uma narrativa de no máximo 20 a 25 páginas. A partir daí, já começam a ser franqueadas as dimensões e o ritmo narrativo daquilo que nossa tradição literária chama de novela ou noveleta.

A seleção aqui apresentada reflete um olhar compromissadamente contemporâneo, mesmo quando volta-se para os clássicos do início do século e da fase modernista. Ou seja, aqui estão os melhores contos do século tal como vistos por um olhar do final dos anos 90, pertencente a alguém cuja cabeça foi feita já depois dos anos 60. Lamento apenas que os contos de Guimarães Rosa escolhidos para a antologia não pudessem ser incluídos por dificuldades relativas à cessão de direitos autorais. Seja como for, acredito que meu olhar seletivo, além de trazer do passado recente um determinado tipo de bagagem, visa também o futuro e revela indícios de como estaremos lendo, sentindo e julgando nos próximos anos, quem sabe nas próximas décadas. Tenho a convicção de que a imensa maioria destes cem contos vai vencer o tempo e continuar recebendo o mesmo nível de reconhecimento e aclamação que aqui lhes é conferido.

* * *

Diante do fato de que os contos escolhidos abarcam grande heterogeneidade temática e ao mesmo tempo se relacionam entre si de maneiras as mais variadas e inesperadas, julgamos, eu e os editores, que a melhor forma de dividir e ordenar o conteúdo do livro seria por seções que correspondessem a períodos cronológicos, entendidos porém de modo flexível. Assim, tais períodos devem ser encarados como marcações mais ou menos genéricas, destinadas a facilitar o manuseio do volume pelo leitor, embora tenham sido recortados de maneira a dar uma rápida e eficaz idéia da evolução do gênero ao longo do século.

A divisão em seções permite também que o leitor mexa-se no volume com liberdade, sem seguir necessariamente uma ordem linear de leitura. Haverá leitores que gostam de uma perspectiva mais histórica — a esses se recomenda que sigam a seqüência cronológica das seções. Já outros estão mais visceralmente ligados à dinâmica do atual e haverão de querer começar a leitura pelas décadas mais recentes. Creio que nenhum dos dois grupos sairá decepcionado.

Devido à quantidade de material de qualidade de que dispúnhamos, as décadas recentes foram separadas uma a uma, cada qual com sua personalidade muito própria. Em contrapartida, dividimos a primeira parte do século em duas grandes seções, uma primeira que reúne contos publicados entre 1900 e a década de 1930 e uma segunda seção com contos dos anos 40 e 50. A primeira seção ("Memórias de ferro, desejos de tarlatana") busca refletir a diversidade estética característica das primeiras décadas do século, juntando Machado de Assis a autores regionalistas e estes a autores já modernistas, tanto da fase "heróica" dos anos 20, como Alcântara Machado e João Alphonsus, quanto da fase mais "madura" dos anos 30 em diante, como o Graciliano Ramos autor do imortal "Baleia", conto que depois apareceu como capítulo do romance *Vidas Secas*.

A segunda seção ("Modernos, maduros, líricos") traz a produção contística dos grandes autores que dominaram a cena literária nos anos 40/50 e entraram para os manuais escolares e para os cânones acadêmicos como os escritores modelares do século. Cabe no entanto observar que alguns destes últimos acabaram não incluídos no presente volume pelo simples motivo de que não chegaram a praticar a arte do conto com a assiduidade e relevância que dedicaram ao romance ou à poesia. Estou me referindo a autores como Jorge Amado, José Lins do Rego, Lúcio Cardoso, Jorge de Lima, João Cabral, entre muitos outros. No entanto, foi possível incluir aqui os belos contos de Érico Verissimo, Rachel de Queiroz, Carlos Drummond de Andrade, que nada ficam a dever aos que saíram da imaginação de contistas contumazes como Aníbal Machado, Orígenes Lessa, Bernardo Élis, José J. Veiga.

* * *

Introdução

O levantamento dos contos escritos nas décadas de 1960 a 1990 levou a algumas constatações interessantes. Primeiro, como já dito, de que a arte do gênero não cessa de melhorar em nossa literatura, por mais que muitas vezes se divulgue a idéia de estarmos vivendo tempos iletrados e de que não existe uma nova geração de escritores profissionais. Esta antologia nega isso peremptoriamente. Nos anos 90, não apenas o conto como gênero esteve muito em evidência, como também ficou patente a existência de uma tendência à diversificação estilística e temática, claramente apontando para novos caminhos estéticos, distintos dos que prevaleceram desde os anos 60 até os 80. Por isso, julguei apropriado criar uma seção ("Estranhos e intrusos") composta apenas por contos da década recém-encerrada. Na prática, essa seção constitui uma antologia-dentro-da-antologia, a primeira seleção de melhores contos dos anos 90 apresentada ao público leitor brasileiro.

A mesma coisa se pode dizer da seção "Roteiros do corpo", que reúne a seleção de contos publicados nos anos 80. Não conheço nenhuma antologia geral cobrindo especificamente essa década, apesar de agora estar claro para mim ter sido ela brilhante na área do conto. Nos anos 80 ocorreu uma espécie de retorno do romance que atraiu muita mídia, deixando meio na sombra a produção contística. Esta no entanto também estava correndo solta, o que já na época se podia perceber pelo impacto de autores como Márcia Denser, Caio Fernando Abreu, Sérgio Sant'Anna.

Outro fator que impediu a revelação imediata da riqueza do conto brasileiro nos anos 80 foi o duradouro impacto exercido pela produção dos anos 70, período que entrou para a história literária como a década do conto, a década em que se deu o *boom* do conto, como se dizia na época. Caberia talvez fazer uma pesquisa histórica para tentar entender por que tantos jovens escritores talentosos invadiram a literatura brasileira nos anos 70, escrevendo sem meios-tons, abrindo escaninhos sombrios da experiência humana, diversificando a imagem do nacional sem aderir a linguagens regionalistas. E sobretudo senhores de técnicas narrativas e de agilidade na escrita. Todos esses traços na verdade se acentuaram na produção dos anos 80. Assim, para além das diferenças, existe uma profunda linha de continuidade entre os anos 70 e 80, algo que me parece poder ser melhor visto agora, conquistado certo distanciamento no tempo. O que é próprio e distintivo dos 80 é a exacerbação do erótico — principalmente feminino — e, no final da década, uma onda de baixo astral *fin de siècle*, particularmente nessa área mesma de eros, diante das limitações impostas pela epidemia da Aids.

* * *

Cada uma das seções em que foi distribuída a matéria deste livro é precedida de uma nota introdutória apresentando sucintamente os traços mais característicos do período em questão. Óbvio que isso não significa que todos os contos ali contidos necessariamente ilustrem o conteúdo da nota introdutória. O cenário real é sempre mais complexo que as definições histórico-conceituais e tal complexidade está expressa em todas as seções.

Quanto à seqüenciação dos contos no interior de cada seção, não nos ativemos estritamente à cronologia. Contos mais antigos podem aparecer no final da seção e vice-versa. A seqüenciação dos contos dentro de cada seção obedeceu a critérios mais soltos, buscando relacionar e contrastar textos, criar efeitos e associações, mas tudo dentro daquele contexto de época mais geral definido pela seção. Por isso, preferimos deixar os contos sem indicação de data, para que sejam lidos apenas enquanto histórias, capazes de agradar a leitores de qualquer época. Quem quiser saber o ano exato de publicação de cada conto, deverá consultar a seção "Referências bibliográficas" no final do volume.

Aviso aos navegantes. Na seleção aqui apresentada foram feitas algumas escolhas pouco ortodoxas, que se justificam, além da qualidade intrínseca dos textos, por indicar ao leitor a porosidade do gênero conto, a capacidade que o conto tem de confluir e confundir-se com gêneros próximos, como o poema em prosa, a crônica, a página de meditação, o perfil de uma personagem, a página autobiográfica. Para homenagear o fato de que poetas quando escrevem prosa de ficção usualmente optam pela narrativa curta, incluímos textos não só do veterano Drummond, mas também de Adélia Prado e Ana Cristina César, duas escritoras mulheres que romperam barreiras nos contraditórios anos 70. Para marcar o fato de que alguns de nossos bons contos foram escritos por exímios cronistas, deixamos de lado o imbróglio conceitual que isso pode acarretar e incluímos exemplares de Rubem Braga, Fernando Sabino, Luis Fernando Verissimo. De Graciliano Ramos, além do *doublé* de conto e capítulo de romance que é "Baleia", optamos por incluir uma narrativa extraída de *Infância*, seu livro de histórias autobiográficas, que considero bastante superior, enquanto livro de contos, ao livro oficial de ficção curta de Graciliano que é *Insônia*. Dentro ainda do tópico "escolhas heterodoxas", cabe assinalar que, por outro lado, optou-se por não incluir excertos de narrativas maiores, algo que às vezes se tem feito em antologias de contos.

* * *

Introdução

Gostaria de fechar esta introdução agradecendo aos editores a confiança demonstrada em meu trabalho. Muito especialmente, agradeço a Isa Pessôa sua dedicação ao projeto. Sem ela e sem os comentários e sugestões das várias instâncias envolvidas na produção, este livro teria um perfil diferente do que está sendo finalmente apresentado aqui. Eu e Isa discutimos os contos selecionados um a um e destas discussões surgiram retificações que foram tornando a coletânea cada vez melhor e mais adequada aos objetivos do projeto. No dia-a-dia da lenta e apaixonante montagem deste vasto painel do conto brasileiro moderno, junto com Isa Pessôa e sua valorosa equipe de apoio, é que fui entendendo o que se pretendia com uma seleção não pautada por critérios acadêmicos. Tratava-se de fazer uma leitura com olhos livres, uma leitura desprovida de pré-conceitos doutrinários ou teóricos. Tratava-se de não colocar um conto porque fosse representativo de alguma idéia abstrata, mas sim porque podia agradar ao leitor qualquer, aquele leitor ou leitora interessado/a apenas numa boa história, bem contada e bem escrita. O mais espantoso de tudo é que depois de conseguir colocar entre parênteses boa parte de certos hábitos acadêmicos meus, acabei chegando a uma seleção final que, tenho certeza, agradará tanto ao grande público quanto ao público das escolas e principalmente das universidades.

Agradeço também a minhas colegas do Instituto de Letras da UERJ, Maria Aparecida Salgueiro e Maria Consuelo Campos, pelos livros e pelas dicas, e a Soraya Ferreira, sem cujo apoio logístico a primeira etapa da pesquisa teria sido bem mais difícil.

Ao leitor, desejo que se divirta, se emocione, se perca em pensamentos, se revolte, gargalhe e chore com esses contos, tanto quanto eu me diverti, me emocionei, me perdi e me reencontrei.

Rio, fevereiro de 2000

De 1900 aos anos 30

Memórias de ferro, desejos de tarlatana

Entre o passado triste e rural que persiste e o futuro vertiginoso que não chegou, o presente das primeiras décadas do século 20 explora linguagens diversas. Estamos rompendo os ferros da escravidão, alimentamos sonhos de carnaval e tarlatana, velocidade e multidão. São décadas em que ainda não existe uma linguagem brasileira padrão. Por isso, os contistas experimentam os mais variados estilos — desde os estrangeirismos *à la mode* de João do Rio aos regionalismos gaúcho e paulista de Simões Lopes Neto e Alcântara Machado, passando pelo insuperável, o eterno e moderno Machado de Assis. Por sorte, o maior escritor brasileiro do século 19 ainda estava vivo nos primeiros anos do século 20 (morreu em 1908). Tempo suficiente para escrever a obra-prima com que abrimos este volume.

Pai contra mãe

Machado de Assis

A escravidão levou consigo ofícios e aparelhos, como terá sucedido a outras instituições sociais. Não cito alguns aparelhos senão por se ligarem a certo ofício. Um deles era o ferro ao pescoço, outro o ferro ao pé; havia também a máscara de folha-de-flandres. A máscara fazia perder o vício da embriaguez aos escravos, por lhes tapar a boca. Tinha só três buracos, dois para ver, um para respirar, e era fechada atrás da cabeça por um cadeado. Com o vício de beber, perdiam a tentação de furtar, porque geralmente era dos vinténs do senhor que eles tiravam com que matar a sede, e aí ficavam dois pecados extintos, e a sobriedade e a honestidade certas. Era grotesca tal máscara, mas a ordem social e humana nem sempre se alcança sem o grotesco, e alguma vez o cruel. Os funileiros as tinham penduradas, à venda, na porta das lojas. Mas não cuidemos de máscaras.

O ferro ao pescoço era aplicado aos escravos fujões. Imaginai uma coleira grossa, com a haste grossa também, à direita ou à esquerda, até ao alto da cabeça e fechada atrás com chave. Pesava, naturalmente, mas era menos castigo que sinal. Escravo que fugia assim, onde quer que andasse, mostrava um reincidente, e com pouco era pegado.

Há meio século, os escravos fugiam com freqüência. Eram muitos, e nem todos gostavam da escravidão. Sucedia ocasionalmente apanharem pancada, e nem todos gostavam de apanhar pancada. Grande parte era apenas repreendida; havia alguém de casa que servia de padrinho, e o mesmo dono não era mau; além disso, o sentimento da propriedade moderava a ação, porque dinheiro também dói. A fuga repetia-se, entretanto. Casos houve, ainda que raros, em que o escravo de contrabando, apenas comprado no Valongo, deitava a correr, sem conhecer as ruas da cidade. Dos que seguiam para casa, não raro, apenas ladinos, pediam ao senhor que lhes marcassem aluguel, e iam ganhá-lo fora, quitandando.

Quem perdia um escravo por fuga dava algum dinheiro a quem lho levasse. Punha anúncios nas folhas públicas, com os sinais do fugido, o nome, a roupa, o defeito físico, se o tinha, o bairro por onde andava e a quantia de gratificação. Quando não vinha a quantia, vinha a promessa: "gratificar-se-á generosamente", — ou "receberá uma boa gratificação". Muita vez o anúncio trazia em cima ou ao lado uma vinheta, figura de preto, descalço, correndo, vara ao ombro, e na ponta uma trouxa. Protestava-se com todo o rigor da lei contra quem o acoutasse.

Ora, pegar escravos fugidios era um ofício do tempo. Não seria nobre, mas por ser instrumento da força com que se mantêm a lei e a propriedade, trazia esta outra nobreza implícita das ações reivindicadoras. Ninguém se metia em tal ofício por desfastio ou estudo; a pobreza, a necessidade de uma achega, a inaptidão para outros trabalhos, o acaso, e alguma vez o gosto de servir também, ainda que por outra via, davam o impulso ao homem que se sentia bastante rijo para pôr ordem à desordem.

Cândido Neves, — em família, Candinho, — é a pessoa a quem se liga a história de uma fuga, cedeu à pobreza, quando adquiriu o ofício de pegar escravos fugidos. Tinha um defeito grave esse homem, não agüentava emprego nem ofício, carecia de estabilidade; é o que ele chamava caiporismo. Começou por querer aprender tipografia, mas viu cedo que era preciso algum tempo para compor bem, e ainda assim talvez não ganhasse o bastante; foi o que ele disse a si mesmo. O comércio chamou-lhe a atenção, era carreira boa. Com algum esforço entrou de caixeiro para um armarinho. A obrigação, porém, de atender e servir a todos feria-o na corda do orgulho, e ao cabo de cinco ou seis semanas estava na rua por sua vontade, fiel de cartório, contínuo de uma repartição anexa ao ministério do império, carteiro e outros empregos foram deixados pouco depois de obtidos.

Quando veio a paixão da moça Clara, não tinha ele mais que dívidas, ainda que poucas, porque morava com um primo, entalhador de ofício. Depois de várias tentativas para obter emprego, resolveu adotar o ofício do primo, de que aliás já tomara algumas lições. Não lhe custou apanhar outras, mas, querendo aprender depressa, aprendeu mal. Não fazia obras finas nem complicadas, apenas garras para sofás e relevos comuns para cadeiras. Queria ter em que trabalhar quando casasse, e o casamento não se demorou muito.

Contava trinta anos, Clara vinte e dois. Ela era órfã, morava com uma tia, Mônica, e cosia com ela. Não cosia tanto que não namorasse o seu pouco, mas os namorados apenas queriam matar o tempo; não tinham outro empenho. Passavam às tardes, olhavam muito para ela, ela para eles, até que a noite a fazia recolher para a costura. O que ela notava é que nenhum deles lhe deixava saudades nem lhe acendia desejos. Talvez nem soubesse o nome de muitos. Queria casar, naturalmente. Era, como lhe dizia a tia, um pescar de caniço, a ver se o peixe pegava, mas o peixe passava de longe; algum que parasse, era só para andar à roda da isca, mirá-la, cheirá-la, deixá-la e ir a outras.

O amor traz sobrescritos. Quando a moça viu Cândido Neves, sentiu que era este o possível marido, o marido verdadeiro e único. O encontro deu-se em um baile; tal foi — para lembrar o primeiro ofício do namorado, — tal foi a página inicial daquele livro, que tinha de sair mal composto e pior brochado. O casamento fez-se onze meses depois, e foi a mais bela festa das relações dos noivos. Amigas de Clara, menos por amizade que por inveja, tentaram arredá-la do passo que ia dar. Não negavam a gentileza do noivo, nem o amor que lhe tinha, nem ainda algumas virtudes; diziam que era dado em demasia a patuscadas.

— Pois ainda bem, replicava a noiva; ao menos, não caso com defunto.

— Não, defunto não; mas é que...

Não diziam o que era. Tia Mônica, depois do casamento, na casa pobre onde eles se foram abrigar, falou-lhes uma vez nos filhos possíveis. Eles queriam um, um só, embora viesse agravar a necessidade.

— Vocês, se tiverem um filho, morrem de fome, disse a tia à sobrinha.

— Nossa Senhora nos dará de comer, acudiu Clara.

Tia Mônica devia ter-lhes feito a advertência, ou ameaça, quando ele lhe foi pedir a mão da moça; mas também ela era amiga de patuscadas, e o casamento seria uma festa, como foi.

A alegria era comum aos três. O casal ria a propósito de tudo. Os mesmos nomes eram objeto de trocados, Clara, Neves, Cândido; não davam que comer, mas davam que rir, e o riso digeria-se sem esforço. Ela cosia agora mais, ele saía a empreitadas de uma coisa e outra; não tinha emprego certo.

Nem por isso abriam mão do filho. O filho é que, não sabendo daquele desejo específico, deixava-se estar escondido na eternidade. Um dia, porém, deu sinal de si a criança; varão ou fêmea, era o fruto abençoado que viria trazer ao casal a suspirada ventura. Tia Mônica ficou desorientada, Cândido e Clara riram dos seus sustos.

— Deus nos há de ajudar, titia, insistia a futura mãe.

Pai contra mãe

A notícia correu de vizinha a vizinha. Não houve mais que espreitar a aurora do dia grande. A esposa trabalhava agora com mais vontade, e assim era preciso, uma vez que, além das costuras pagas, tinha de ir fazendo com retalhos o enxoval da criança. À força de pensar nela, vivia já com ela, media-lhe fraldas, cosia-lhe camisas. A porção era escassa, os intervalos longos. Tia Mônica ajudava, é certo, ainda que de má vontade.

— Vocês verão a triste vida, suspirava ela.

— Mas as outras crianças não nascem também? perguntou Clara.

— Nascem, e acham sempre alguma coisa certa que comer, ainda que pouco...

— Certa como?

— Certa, um emprego, um ofício, uma ocupação, mas em que é que o pai dessa infeliz criatura que aí vem, gasta o tempo?

Cândido Neves, logo que soube daquela advertência, foi ter com a tia, não áspero, mas muito menos manso que de costume, e lhe perguntou se já algum dia deixara de comer.

— A senhora ainda não jejuou senão pela semana santa, e isso mesmo quando não quer jantar comigo. Nunca deixamos de ter o nosso bacalhau...

— Bem sei, mas somos três.

— Seremos quatro.

— Não é a mesma coisa.

— Que quer então que eu faça, além do que faço?

— Alguma coisa mais certa. Veja o marceneiro da esquina, o homem do armarinho, o tipógrafo que casou sábado, todos têm um emprego certo... Não fique zangado; não digo que você seja vadio, mas a ocupação que escolheu, é vaga. Você passa semanas sem vintém.

— Sim, mas lá vem uma noite que compensa tudo, até de sobra. Deus não me abandona, e preto fugido sabe que comigo não brinca; quase nenhum resiste, muitos entregam-se logo.

Tinha glória nisto, falava da esperança como de capital seguro. Daí a pouco ria, e fazia rir à tia, que era naturalmente alegre, e previa uma patuscada no batizado.

Cândido Neves perdera já o ofício de entalhador, como abrira mão de outros muitos, melhores ou piores. Pegar escravos fugidos trouxe-lhe um encanto novo. Não obrigava a estar longas horas sentado. Só exigia força, olho vivo, paciência, coragem e um pedaço de corda. Cândido Neves lia os anúncios, copiava-os, metia-os no bolso e saía às pesquisas. Tinha boa memória. Fixados os sinais e os costumes de um escravo fugido, gastava pouco tempo em achá-lo, segurá-lo, amarrá-lo e levá-lo. A força era muita, a agilidade também. Mais de uma vez, a uma esquina, conversando de coisas remotas, via passar um escravo como os outros, e descobria logo que ia fugido, quem era, o nome, o dono, a casa deste e a gratificação; interrompia a conversa e ia atrás do vicioso. Não o apanhava logo, espreitava lugar azado, e de um salto tinha a gratificação nas mãos. Nem sempre saía sem sangue, as unhas e os dentes do outro trabalhavam, mas geralmente ele os vencia sem o menor arranhão.

Um dia os lucros entraram a escassear. Os escravos fugidos não vinham já, como dantes, meter-se nas mãos de Cândido Neves. Havia mãos novas e hábeis. Como o negócio crescesse, mais de um desempregado pegou em si e numa corda, foi aos jornais, copiou anúncios e deitou-se à caçada. No próprio bairro havia mais de um competidor. Quer dizer que as dívidas de Cândido Neves começaram de subir, sem aqueles pagamentos prontos ou quase prontos dos primeiros tempos. A vida fez-se difícil e dura. Comia-se fiado e mal; comia-se tarde. O senhorio mandava pelos aluguéis.

Clara não tinha sequer tempo de remendar a roupa ao marido, tanta era a necessidade de coser para fora. Tia Mônica ajudava a sobrinha, naturalmente. Quando ele chegava à tarde, via-se-lhe pela cara que não trazia vintém. Jantava e saía outra vez, à cata de algum fugido. Já lhe sucedia, ainda que raro, enganar-se de pessoa, e pegar em escravo fiel que ia a serviço de seu senhor; tal era a cegueira da necessidade. Certa vez capturou um preto livre; desfez-se em desculpas, mas recebeu grande soma de murros que lhe deram os parentes do homem.

— É o que lhe faltava! exclamou a tia Mônica, ao vê-lo entrar, e depois de ouvir narrar o equívoco e suas conseqüências. Deixe-se disso, Candinho; procure outra vida, outro emprego.

Cândido quisera efetivamente fazer outra coisa, não pela razão do conselho, mas por simples gosto de trocar de ofício; seria um modo de mudar de pele ou de pessoa. O pior é que não achava à mão negócio que aprendesse depressa.

A natureza ia andando, o feto crescia, até fazer-se pesado à mãe, antes de nascer. Chegou o oitavo mês, mês de angústias e necessidades, menos ainda que o nono, cuja narração dispenso também. Melhor é dizer somente os seus efeitos. Não podiam ser mais amargos.

— Não, tia Mônica! bradou Candinho, recusando um conselho que me custa escrever, quanto mais ao pai ouvi-lo. Isso nunca!

Foi na última semana do derradeiro mês que a tia Mônica deu ao casal o conselho de levar a criança que nascesse à Roda dos enjeitados. Em verdade, não podia haver palavra mais dura de tolerar a dois jovens pais que espreitavam a criança, para beijá-la, guardá-la, vê-la rir, crescer, engordar, pular... Enjeitar quê? enjeitar como? Candinho arregalou os olhos para a tia, e acabou dando um murro na mesa de jantar. A mesa, que era velha e desconjuntada, esteve quase a se desfazer inteiramente. Clara interveio:

— Titia não fala por mal, Candinho.

— Por mal? replicou tia Mônica. Por mal ou por bem, seja o que for, digo que é o melhor que vocês podem fazer. Vocês devem tudo; a carne e o feijão vão faltando. Se não aparecer algum dinheiro, como é que a família há de aumentar? E depois, há tempo; mais tarde, quando o senhor tiver a vida mais segura, os filhos que vierem serão recebidos com o mesmo cuidado que este ou maior. Este será bem criado, sem lhe faltar nada. Pois então a Roda é alguma praia ou monturo? Lá não se mata ninguém, ninguém morre à toa, enquanto que aqui é certo morrer, se viver à míngua. Enfim...

Tia Mônica terminou a frase com um gesto de ombros, deu as costas e foi meter-se na alcova. Tinha já insinuado aquela solução, mas era a primeira vez que o fazia com tal franqueza e calor, — crueldade, se preferes. Clara estendeu a mão ao marido, como a amparar-lhe o ânimo; Cândido Neves fez uma careta, e chamou maluca à tia, em voz baixa. A ternura dos dois foi interrompida por alguém que batia à porta da rua.

— Quem é? perguntou o marido.

— Sou eu.

Era o dono da casa, credor de três meses de aluguel, que vinha em pessoa ameaçar o inquilino. Este quis que ele entrasse.

— Não é preciso...

— Faça favor.

O credor entrou e recusou sentar-se; deitou os olhos à mobília para ver se daria algo à penhora; achou que pouco. Vinha receber os aluguéis vencidos, não podia esperar mais; se dentro de cinco dias não fosse pago, pô-lo-ia na rua. Não havia trabalhado para regalo dos outros. Ao vê-lo, ninguém diria que era proprietário; mas a palavra supria o que faltava ao gesto, e o pobre Cândido Neves preferiu calar a retorquir. Fez uma inclinação de promessa e súplica ao mesmo tempo. O dono da casa não cedeu mais.

— Cinco dias ou rua! repetiu, metendo a mão no ferrolho da porta e saindo.

Candinho saiu por outro lado. Nesses lances não chegava nunca ao desespero, contava com algum empréstimo, não sabia como nem onde, mas contava. Demais, recorreu aos anúncios. Achou vários, alguns já velhos, mas em vão os buscava desde muito. Gastou algumas horas sem proveito, e tornou para casa. Ao fim de quatro dias, não achou recursos; lançou mão de empenhos, foi a pessoas amigas do proprietário, não alcançando mais que a ordem de mudança.

A situação era aguda. Não achavam casa, nem contavam com pessoa que lhes emprestasse alguma; era ir para a rua. Não contavam com a tia. Tia Mônica teve arte de alcançar aposento para os três em casa de uma senhora velha e rica, que lhe prometeu emprestar os quartos baixos da casa, ao fundo da cocheira, para os lados de um pátio. Teve ainda a arte maior de não dizer nada aos dois, para que Cândido Neves, no desespero da crise, começasse por enjeitar o filho e acabasse alcançando algum meio seguro e regular de obter dinheiro; emendar a vida, em suma. Ouvia as queixas de Clara, sem as repetir, é certo, mas sem as consolar. No dia em que fossem obrigados a deixar a casa, fá-los-ia espantar com a notícia do obséquio e iriam dormir melhor do que cuidassem.

Assim sucedeu. Postos fora da casa, passaram ao aposento de favor, e dois dias depois nasceu a criança. A alegria do pai foi enorme, e a tristeza também. Tia Mônica insistiu em dar a criança à Roda. "Se você não a quer levar, deixe isso comigo; eu vou à rua dos Barbonos." Cândido Neves pediu que não, que esperasse, que ele mesmo a levaria. Notai que era um menino, e que ambos os pais desejavam justamente este sexo. Mal lhe deram algum leite; mas, como chovesse à noite, assentou o pai levá-lo à Roda na noite seguinte.

Naquela reviu todas as suas notas de escravos fugidos. As gratificações pela maior parte eram promessas; algumas traziam a soma escrita e escassa. Uma, porém, subia a cem mil-réis. Tratava-se de uma mulata; vinham indicações de gesto e de vestido. Cândido Neves andara a pesquisá-la sem melhor fortuna, e abrira mão do negócio; imaginou que algum amante da escrava a houvesse recolhido. Agora, porém, a vista nova da quantia e a necessidade dela animaram Cândido Neves a fazer um grande esforço derradeiro. Saiu de manhã a ver e indagar pela rua e largo da Carioca, rua do Parto e da Ajuda, onde ela parecia andar, segundo o anúncio. Não achou; apenas um farmacêutico da rua da Ajuda se lembrava de ter vendido uma onça de qualquer droga, três dias antes, à pessoa que tinha os sinais indicados. Cândido Neves parecia falar como dono da escrava, e agradeceu cortesmente a notícia. Não foi mais feliz com outros fugidos de gratificação incerta ou barata.

Voltou para a triste casa que lhe haviam emprestado. Tia Mônica arranjara de si mesma a dieta para a recente mãe, e tinha já o menino para ser levado à Roda. O pai, não obstante o acordo feito, mal pôde esconder a dor do espetáculo. Não quis comer o que tia Mônica lhe guardara; não tinha fome, disse, e era verdade. Cogitou mil modos de ficar com o filho; nenhum prestava. Não podia esquecer o próprio albergue em que vivia. Consultou a mulher, que se mostrou resignada. Tia Mônica pintara-lhe a criação do menino; seria a maior miséria, podendo suceder que o filho achasse a morte sem recurso. Cândido Neves foi obrigado a cumprir a promessa; pediu à mulher que desse ao filho o resto do leite que ele beberia da mãe. Assim se fez; o pequeno adormeceu, o pai pegou dele, e saiu na direção da rua dos Barbonos.

Que pensasse mais de uma vez em voltar para casa com ele, é certo; não menos certo é que o agasalhava muito, que o beijava, que lhe cobria o rosto para preservá-lo do sereno. Ao entrar na rua da Guarda Velha, Cândido Neves começou a afrouxar o passo.

— Hei de entregá-lo o mais tarde que puder, murmurou ele.

Mas não sendo a rua infinita ou sequer longa, viria a acabá-la; foi então que lhe ocorreu entrar por um dos becos que ligavam aquela à rua da Ajuda. Chegou ao fim do beco e, indo a dobrar à direita, na direção do largo da Ajuda, viu do lado oposto, um vulto de mulher: era a mulata fugida. Não dou aqui a comoção de Cândido Neves por não podê-lo fazer com a intensidade real. Um adjetivo basta; digamos enorme. Descendo a mulher, desceu ele também; a poucos passos estava a farmácia onde obtivera a informação, que referi acima. Entrou, achou o farmacêutico, pediu-lhe a fineza de guardar a criança por um instante; viria buscá-la sem falta.

— Mas...

Cândido Neves não lhe deu tempo de dizer nada; saiu rápido, atravessou a rua, até o ponto em que pudesse pegar a mulher sem dar alarma. No extremo da rua, quando ela ia a descer a de S. José, Cândido Neves aproximou-se dela. Era a mesma, era a mulata fujona.

— Arminda! bradou, conforme a nomeava o anúncio.

Arminda voltou-se sem cuidar malícia. Foi só quando ele, tendo tirado o pedaço de corda da algibeira, pegou dos braços da escrava, que ela compreendeu e quis fugir. Era já impossível. Cândido Neves, com as mãos robustas, atava-lhe os pulsos e dizia que andasse. A escrava quis gritar, parece que chegou a soltar alguma voz mais alta que de costume, mas entendeu logo que ninguém viria libertá-la, ao contrário. Pediu então que a soltasse pelo amor de Deus.

— Estou grávida, meu senhor! exclamou. Se Vossa Senhoria tem algum filho, peço-lhe por amor dele que me solte; eu serei sua escrava, vou servi-lo pelo tempo que quiser. Me solte, meu senhor moço!

— Siga! repetiu Cândido Neves.

— Me solte!

— Não quero demoras; siga!

Houve aqui luta, porque a escrava, gemendo, arrastava-se a si e ao filho. Quem passava ou estava à porta de uma loja, compreendia o que era e naturalmente não acudia. Arminda ia alegando que o senhor era muito mau, e provavelmente a castigaria com açoites, — coisa que, no estado em que ela estava, seria pior de sentir. Com certeza, ele lhe mandaria dar açoites.

— Você é que tem culpa. Quem lhe manda fazer filhos e fugir depois? perguntou Cândido Neves.

Não estava em maré de riso, por causa do filho que lá ficara na farmácia, à espera dele. Também é certo que não costumava dizer grandes coisas. Foi arrastando a escrava pela rua dos Ourives, em direção à da Alfândega, onde residia o senhor. Na esquina desta a luta cresceu; a escrava pôs os pés à parede, recuou com grande esforço, inutilmente. O que alcançou foi, apesar de ser a casa próxima, gastar mais tempo em lá chegar do que devera. Chegou, enfim, arrastada, desesperada, arquejando. Ainda ali ajoelhou-se, mas em vão. O senhor estava em casa, acudiu ao chamado e ao rumor.

— Aqui está a fujona, disse Cândido Neves.
— É ela mesma.
— Meu senhor!
— Anda, entra...

Arminda caiu no corredor. Ali mesmo o senhor da escrava abriu a carteira e tirou os cem mil-réis de gratificação. Cândido Neves guardou as duas notas de cinqüenta mil-réis, enquanto o senhor novamente dizia à escrava que entrasse. No chão, onde jazia, levada do medo e da dor, e após algum tempo de luta a escrava abortou.

O fruto de algum tempo entrou sem vida neste mundo, entre os gemidos da mãe e os gestos de desespero do dono. Cândido Neves viu todo esse espetáculo. Não sabia que horas eram. Quaisquer que fossem, urgia correr à rua da Ajuda, e foi o que ele fez sem querer conhecer as conseqüências do desastre.

Quando lá chegou, viu o farmacêutico sozinho, sem o filho que lhe entregara. Quis esganá-lo. Felizmente, o farmacêutico explicou tudo a tempo; o menino estava lá dentro com a família, e ambos entraram. O pai recebeu o filho com a mesma fúria com que pegara a escrava fujona de há pouco, fúria diversa, naturalmente, fúria de amor. Agradeceu depressa e mal, e saiu às carreiras, não para a Roda dos enjeitados, mas para a casa de empréstimo, com o filho e os cem mil-réis de gratificação. Tia Mônica, ouvida a explicação, perdoou a volta do pequeno, uma vez que trazia os cem mil-réis. Disse, é verdade, algumas palavras duras contra a escrava, por causa do aborto, além da fuga. Cândido Neves, beijando o filho, entre lágrimas verdadeiras, abençoava a fuga e não se lhe dava do aborto.

— Nem todas as crianças vingam, bateu-lhe o coração.

O bebê de tarlatana rosa

João do Rio

— Oh! uma história de máscaras! quem não a tem na sua vida? O Carnaval só é interessante porque nos dá essa sensação de angustioso imprevisto... Francamente. Toda a gente tem a sua história de Carnaval, deliciosa ou macabra, álgida ou cheia de luxúrias atrozes. Um Carnaval sem aventuras não é Carnaval. Eu mesmo este ano tive uma aventura...

E Heitor de Alencar esticava-se preguiçosamente no divã, gozando a nossa curiosidade.

Havia no gabinete o barão Belfort, Anatólio de Azambuja de que as mulheres tinham tanta implicância, Maria de Flor, a extravagante boêmia, e todos ardiam por saber a aventura de Heitor. O silêncio tombou expectante. Heitor, fumando um gianaclis autêntico, parecia absorto.

— É uma aventura alegre? indagou Maria.

— Conforme os temperamentos.

— Suja?

— Pavorosa ao menos.

— De dia?

— Não. Pela madrugada.

— Mas, homem de Deus, conta! suplicava Anatólio. Olha que está adoecendo a Maria.

Heitor puxou um largo trago à cigarreta.

— Não há quem não saia no Carnaval disposto no excesso, disposto aos transportes da carne e às maiores extravagâncias. O desejo, quase doentio é como incutido, infiltrado pelo ambiente. Tudo respira luxúria, tudo tem da ânsia e do espasmo, e nesses quatro dias paranóicos, de pulos, de guinchos, de confianças ilimitadas, tudo é possível. Não há quem se contente com uma...

— Nem com um, atalhou Anatólio.

— Os sorrisos são ofertas, os olhos suplicam, as gargalhadas passam como arrepios de urtiga pelo ar. É possível que muita gente consiga ser indiferente. Eu sinto tudo isso. E saindo, à noite, para a pornéia da cidade, saio como na Fenícia saíam os navegadores para a procissão da Primavera, ou os alexandrinos para a noite de Afrodita.

— Muito bonito! ciciou Maria de Flor.

— Está claro que este ano organizei uma partida com quatro ou cinco atrizes e quatro ou cinco companheiros. Não me sentia com coragem de ficar só como um trapo no vagalhão de volúpia e de prazer da cidade. O grupo era o meu salva-vidas. No primeiro dia, no sábado, andávamos de automóvel a percorrer os bailes. Íamos indistintamente beber champagne aos clubes de jogo que anunciavam bailes e aos maxixes mais ordinários. Era divertidíssimo e ao quinto clube estávamos de todo excitados. Foi quando lembrei uma visita ao baile público do Recreio. — "Nossa Senhora! disse a primeira estrela de revistas, que ia conosco. Mas é horrível! Gente ordinária, marinheiros à paisana, fúfias dos pedaços mais esconsos da rua de S. Jorge, um cheiro atroz, rolos constantes..." — Que tem isso? Não vamos juntos?

Com efeito. Íamos juntos e fantasiadas as mulheres. Não havia o que temer e a gente conseguia realizar o maior desejo: acanalhar-se, enlamear-se bem. Naturalmente fomos e era a desolação com pretas beiçudas e desdentadas esparramando belbutinas fedorentas pelo estrado da banda militar, todo o pessoal de azeiteiros das ruelas lôbregas e essas estranhas figuras de larvas diabólicas, de íncubos em frascos de álcool, que têm as perdidas de certas ruas, moças, mas com os traços como amassados e todas pálidas, pálidas feitas de pasta de mata-borrão e de papel-arroz. Não havia nada de novo. Apenas, como o grupo parara diante dos dançarinos, eu senti que se roçava em mim, gordinho e apetecível, um bebê de tarlatana rosa. Olhei-lhe as pernas de meia curta. Bonitas. Verifiquei os braços, o caído das espáduas, a curva do seio. Bem agradável. Quanto ao rosto era um rostinho atrevido, com dois olhos perversos e uma boca polpuda como se ofertando. Só postiço trazia o nariz, um nariz tão bem-feito, tão acertado, que foi preciso observar para verificá-lo falso. Não tive dúvida. Passei a mão e preguei-lhe um beliscão. O bebê caiu mais e disse num suspiro: — ai que dói! Estão vocês a ver que eu fiquei imediatamente disposto a fugir do grupo. Mas comigo iam cinco ou seis damas elegantes capazes de se debochar mas de não perdoar os excessos alheios, e era sem linha correr assim, abandonando-as, atrás de uma freqüentadora dos bailes do Recreio. Voltamos para os automóveis e fomos cear no clube mais *chic* e mais secante da cidade.

— E o bebê?

— O bebê ficou. Mas no domingo, em plena Avenida, indo eu ao lado do *chauffeur*, no burburinho colossal, senti um beliscão na perna e uma voz rouca dizer: "para pagar o de ontem". Olhei. Era o bebê rosa, sorrindo, com o nariz postiço, aquele nariz tão perfeito. Ainda tive tempo de indagar: aonde vais hoje?

— A toda parte! respondeu, perdendo-se num grupo tumultuoso.

— Estava perseguindo-te! comentou Maria de Flor.

— Talvez fosse um homem... soprou desconfiado o amável Anatólio.

— Não interrompam o Heitor! fez o barão, estendendo a mão.

Heitor acendeu outro gianaclis, ponta de ouro, continuou:

— Não o vi mais nessa noite e segunda-feira não o vi também. Na terça desliguei-me do grupo e caí no mar alto da depravação, só, com uma roupa leve por cima da pele e todos os maus instintos fustigados. De resto a cidade inteira estava assim. É o momento em que por trás das máscaras as meninas confessam paixões aos rapazes, é o instante em que as ligações mais secretas transparecem, em que a virgindade é dúbia e todos nós a achamos inútil, a honra uma caceteação, o bom senso uma fadiga. Nesse momento tudo é possível, os maiores absurdos, os maiores crimes; nesse momento há um riso que galvaniza os sentidos e o beijo se desata naturalmente.

Eu estava trepidante, com uma ânsia de acanalhar-me, quase mórbida. Nada de raparigas do galarim perfumadas e por demais conhecidas, nada do contato familiar, mas o deboche anônimo, o deboche ritual de chegar, pegar, acabar, continuar. Era ignóbil. Felizmente muita gente sofre do mesmo mal no carnaval.

— A quem o dizes!... suspirou Maria de Flor.

— Mas eu estava sem sorte, com a *guigne,* com o *caiporismo* dos defuntos índios. Era aproximar-me, era ver fugir a presa projetada. Depois de uma dessas caçadas pelas avenidas e pelas praças, embarafustei pelo S. Pedro, meti-me nas danças, rocei-me àquela gente em geral pouco limpa, insisti aqui, ali. Nada!

— É quando se fica mais nervoso!

— Exatamente. Fiquei nervoso até o fim do baile, vi sair toda gente, e saí mais desesperado. Eram três horas da manhã. O movimento das ruas abrandara. Os outros bailes já tinham acabado. As praças, horas antes incendiadas pelos projetores elétricos e as cambiantes enfumadas dos fogos de bengala, caíam em sombras — sombras cúmplices da madrugada urbana. E só, indicando a folia, a excitação da cidade, um ou outro carro arriado levando máscaras aos beijos ou alguma fantasia tilintando guizos pelas calçadas fofas de confete. Oh! a impressão enervante dessas figuras irreais na semi-sombra das horas mortas, roçando as calçadas, tilintando aqui, ali um som perdido de guizo! Parece qualquer coisa de impalpável, de vago, de enorme, emergindo da treva aos pedaços... E os dominós embuçados, as dançarinas amarfanhadas, a coleção indecisa dos máscaras de último instante arrastando-se extenuados! Dei para andar pelo lago do Rocio e ia caminhando para os lados da secretaria do interior, quando vi, parado, o bebê de tarlatana rosa.

    Era ele! Senti palpitar-me o coração. Parei.

    — "Os bons amigos sempre se encontram" disse.

    O bebê sorriu sem dizer palavra. Estás esperando alguém? Fez um gesto com a cabeça que não. Enlacei-o. — Vens comigo? Onde? indagou a sua voz áspera e rouca. — Onde quiseres! Peguei-lhe nas mãos. Estavam úmidas mas eram bem tratadas. Procurei dar-lhe um beijo. Ela recuou. Os meus lábios tocaram apenas a ponta fria do seu nariz. Fiquei louco.

    — Por pouco...

    — Não era preciso mais no Carnaval, tanto mais quanto ela dizia com a sua voz arfante e lúbrica: — "Aqui não!" Passei-lhe o braço pela cintura e fomos andando sem dar palavra. Ela apoiava-se em mim, mas era quem dirigia o passeio e os seus olhos molhados pareciam fruir todo o bestial desejo que os meus diziam. Nessas fases do amor não se conversa. Não trocamos uma frase. Eu sentia a ritmia desordenada do meu coração e o sangue em desespero. Que mulher! Que vibração! Tínhamos voltado ao jardim. Diante da entrada que fica fronteira à rua Leopoldina, ela parou, hesitou. Depois arrastou-me, atravessou a praça, metemo-nos pela rua escura e sem luz. Ao fundo, o edifício das Belas-Artes era desolador e lúgubre. Apertei-a mais. Ela aconchegou-se mais. Como os seus olhos brilhavam! Atravessamos a rua Luís de Camões, ficamos bem embaixo das sombras espessas do Conservatório de Música. Era enorme o silêncio e o ambiente tinha uma cor vagamente ruça com a treva espancada um pouco pela luz dos combustores distantes. O meu bebê gordinho e rosa parecia um esquecimento do vício naquela austeridade da noite. — Então, vamos? indaguei. — Para onde? — Para a tua casa. — Ah! não, em casa não podes... — Então por aí. — Entrar, sair, despir-me. Não sou disso! — Que queres tu, filha? É impossível ficar aqui na rua. Daqui a minutos passa a guarda. — Que tem? — Não é possível que nos julguem aqui para bom fim, na madrugada de cinzas. Depois, às quatro tens que tirar a máscara. — Que máscara? — O nariz. — Ah! sim! E sem mais dizer puxou-me. Abracei-a. Beijei-lhe os braços, beijei-lhe o colo, beijei-lhe o pescoço. Gulosamente a sua boca se oferecia. Em torno de nós o mundo era qualquer coisa de opaco e de indeciso. Sorvi-lhe o lábio.

Mas o meu nariz sentiu o contato do nariz postiço dela, um nariz com cheiro a resina, um nariz que fazia mal. — Tira o nariz! — Ela segredou: Não! não! custa tanto a colocar! Procurei não tocar no nariz tão frio naquela carne de chama.

O pedaço de papelão, porém, avultava, parecia crescer, e eu sentia um mal-estar curioso, um estado de inibição esquisito. — Que diabo! Não vás agora para casa com isso! Depois não te disfarça nada. — Disfarça sim! — Não! procurei-lhe nos cabelos o cordão. Não tinha. Mas abraçando-me, beijando-me, o bebê de tarlatana rosa parecia uma possessa tendo pressa. De novo os seus lábios aproximaram-se da minha boca. Entreguei-me. O nariz roçava o meu, o nariz que não era dela, o nariz de fantasia. Então, sem poder resistir, fui aproximando a mão, aproximando, enquanto com a esquerda a enlaçava mais, e de chofre agarrei o papelão, arranquei-o. Presa dos meus lábios, com dois olhos que a cólera e o pavor pareciam fundir, eu tinha uma cabeça estranha, uma cabeça sem nariz, com dois buracos sangrentos atulhados de algodão, uma cabeça que era alucinante — uma caveira com carne...

Despeguei-a, recuei num imenso vômito de mim mesmo. Todo eu tremia de horror, de nojo. O bebê de tarlatana rosa emborcara no chão com a caveira voltada para mim, num choro que lhe arregaçava o beiço mostrando singularmente abaixo do buraco do nariz os dentes alvos. — Perdoa! Perdoa! Não me batas. A culpa não é minha! Só no Carnaval é que eu posso gozar. Então, aproveito, ouviste? aproveito. Foste tu que quiseste...

Sacudi-a com fúria, pu-la de pé num safanão que a devia ter desarticulado. Uma vontade de cuspir, de lançar apertava-me a glote, e vinha-me o imperioso desejo de esmurrar aquele nariz, de quebrar aqueles dentes, de matar aquele atroz reverso da Luxúria... Mas um apito trilou. O guarda estava na esquina e olhava-nos, reparando naquela cena da semitreva. Que fazer? Levar a caveira ao posto policial? Dizer a todo mundo que a beijara? Não resisti. Afastei-me, apressei o passo e ao chegar ao largo inconscientemente deitei a correr como um louco para a casa, os queixos batendo, ardendo em febre.

Quando parei à porta para tirar a chave, é que reparei que a minha mão direita apertava uma pasta oleosa e sangrenta. Era o nariz do bebê de tarlatana rosa...

Heitor de Alencar parou, com o cigarro entre os dedos, apagado. Maria de Flor mostrava uma contração de horror na face e o doce Anatólio parecia mal. O próprio narrador tinha a camarinhar-lhe a fronte gotas de suor. Houve um silêncio agoniento. Afinal o barão Belfort ergueu-se, tocou a campainha para que o criado trouxesse refrigerantes e resumiu:

— Uma aventura, meus amigos, uma bela aventura. Quem não tem do Carnaval a sua aventura? Esta é pelo menos empolgante.

E foi sentar-se ao piano.

A nova Califórnia

Lima Barreto

I

Ninguém sabia donde viera aquele homem. O agente do correio pudera apenas informar que acudia ao nome de Raimundo Flamel, pois assim era subscrita a correspondência que recebia. E era grande. Quase diariamente, o carteiro lá ia a um dos extremos da cidade, onde morava o desconhecido, sopesando um maço alentado de cartas vindas do mundo inteiro, grossas revistas em línguas arrevesadas, livros, pacotes...

Quando Fabrício, o pedreiro, voltou de um serviço em casa do novo habitante, todos na venda perguntaram-lhe que trabalho lhe tinha sido determinado.

— Vou fazer um forno, disse o preto, na sala de jantar.

Imaginem o espanto da pequena cidade de Tubiacanga, ao saber de tão extravagante construção: um forno na sala de jantar! E, pelos dias seguintes, Fabrício pôde contar que vira balões de vidros, facas sem corte, copos como os da farmácia — um rol de coisas esquisitas a se mostrarem pelas mesas e prateleiras como utensílios de uma bateria de cozinha em que o próprio diabo cozinhasse.

O alarme se fez na vila. Para uns, os mais adiantados, era um fabricante de moeda falsa; para outros, os crentes e simples, um tipo que tinha parte com o tinhoso.

Lima Barreto

Chico da Tirana, o carreiro, quando passava em frente da casa do homem misterioso, ao lado do carro a chiar, e olhava a chaminé da sala de jantar a fumegar, não deixava de persignar-se e rezar um "credo" em voz baixa; e, não fora a intervenção do farmacêutico, o subdelegado teria ido dar um cerco à casa daquele indivíduo suspeito, que inquietava a imaginação de toda uma população.

Tomando em consideração as informações de Fabrício, o boticário Bastos concluíra que o desconhecido devia ser um sábio, um grande químico, refugiado ali para mais sossegadamente levar avante os seus trabalhos científicos.

Homem formado e respeitado na cidade, vereador, médico também, porque o doutor Jerônimo não gostava de receitar e se fizera sócio da farmácia para mais em paz viver, a opinião de Bastos levou tranqüilidade a todas as consciências e fez com que a população cercasse de uma silenciosa admiração a pessoa do grande químico, que viera habitar a cidade.

De tarde, se o viam a passear pela margem do Tubiacanga, sentando-se aqui e ali, olhando perdidamente as águas claras do riacho, cismando diante da penetrante melancolia do crepúsculo, todos se descobriam e não era raro que às "boas noites" acrescentassem "doutor". E tocava muito o coração daquela gente a profunda simpatia com que ele tratava as crianças, a maneira pela qual as contemplava, parecendo apiedar-se de que elas tivessem nascido para sofrer e morrer.

Na verdade, era de ver-se, sob a doçura suave da tarde, a bondade de Messias com que ele afagava aquelas crianças pretas, tão lisas de pele e tão tristes de modos, mergulhadas no seu cativeiro moral, e também as brancas, de pele baça, gretada e áspera, vivendo amparadas na necessária caquexia dos trópicos.

Por vezes, vinha-lhe vontade de pensar qual a razão de ter Bernardin de Saint-Pierre gasto toda a sua ternura com Paulo e Virgínia e esquecer-se dos escravos que os cercavam...

Em poucos dias a admiração pelo sábio era quase geral, e, não o era, unicamente porque havia alguém que não tinha em grande conta os méritos do novo habitante.

Capitão Pelino, mestre-escola e redator da *Gazeta de Tubiacanga*, órgão local e filiado ao partido situacionista, embirrava com o sábio. "Vocês hão de ver, dizia ele, quem é esse tipo... Um caloteiro, um aventureiro ou talvez um ladrão fugido do Rio."

A sua opinião em nada se baseava, ou antes, baseava-se no seu oculto despeito vendo na terra um rival para a fama de sábio de que gozava. Não que

Pelino fosse químico, longe disso; mas era sábio, era gramático. Ninguém escrevia em Tubiacanga que não levasse bordoada do Capitão Pelino, e mesmo quando se falava em algum homem notável lá no Rio, ele não deixava de dizer: "Não há dúvida! O homem tem talento, mas escreve: 'um outro', 'de resto'..." E contraía os lábios como se tivesse engolido alguma cousa amarga.

Toda a vila de Tubiacanga acostumou-se a respeitar o solene Pelino, que corrigia e emendava as maiores glórias nacionais. Um sábio...

Ao entardecer, depois de ler um pouco o Sotero, o Cândido de Figueiredo ou o Castro Lopes e de ter passado mais uma vez a tintura nos cabelos, o velho mestre-escola saía vagarosamente de casa, muito abotoado no seu paletó de brim mineiro, e encaminhava-se para a botica do Bastos a dar dous dedos de prosa. Conversar é um modo de dizer, porque era Pelino avaro de palavras, limitando-se tão-somente a ouvir. Quando, porém, dos lábios de alguém escapava a menor incorreção de linguagem, intervinha e emendava. "Eu asseguro, dizia o agente do Correio, que..." Por aí, o mestre-escola intervinha com mansuetude evangélica: "Não diga 'asseguro', Senhor Bernardes; em português é 'garanto'."

E a conversa continuava depois da emenda, para ser de novo interrompida por uma outra. Por essas e outras, houve muitos palestradores que se afastaram, mas Pelino, indiferente, seguro dos seus deveres, continuava o seu apostolado de vernaculismo. A chegada do sábio veio distraí-lo um pouco da sua missão. Todo o seu esforço voltava-se agora para combater aquele rival, que surgia tão inopinadamente.

Foram vãs as suas palavras e a sua eloqüência: não só Raimundo Flamel pagava em dia as suas contas, como era generoso — pai da pobreza — e o farmacêutico vira numa revista de específicos seu nome citado como químico de valor.

II

Havia já anos que o químico vivia em Tubiacanga, quando, uma bela manhã, Bastos o viu entrar pela botica adentro. O prazer do farmacêutico foi imenso. O sábio não se dignara até aí visitar fosse quem fosse, e, certo dia, quando o sacristão Orestes ousou penetrar em sua casa, pedindo-lhe uma esmola para a futura festa de Nossa Senhora da Conceição, foi com visível enfado que ele o recebeu e atendeu.

Vendo-o, Bastos saiu de detrás do balcão, correu a recebê-lo com a mais perfeita demonstração de quem sabia com quem tratava e foi quase em uma exclamação que disse:

— Doutor, seja bem-vindo.

O sábio pareceu não se surpreender nem com a demonstração de respeito do farmacêutico, nem com o tratamento universitário. Docemente olhou um instante a armação cheia de medicamentos e respondeu:

— Desejava falar-lhe em particular, Senhor Bastos.

O espanto do farmacêutico foi grande. Em que poderia ele ser útil ao homem, cujo nome corria mundo e de quem os jornais falavam com tão acendrado respeito. Seria dinheiro? Talvez... Um atraso no pagamento das rendas, quem sabe? E foi conduzindo o químico para o interior da casa, sob o olhar espantado do aprendiz, que, por um momento, deixou a "mão" descansar no gral, onde macerava uma tisana qualquer.

Por fim, achou aos fundos, bem no fundo, o quartinho que lhe servia para exames médicos mais detidos ou para as pequenas operações, porque Bastos também operava. Sentaram-se e Flamel não tardou a expor:

— Como o senhor deve saber, dedico-me à química, tenho mesmo um nome respeitado no mundo sábio...

— Sei perfeitamente, doutor, mesmo tenho disso informado, aqui, aos meus amigos.

— Obrigado. Pois bem: fiz uma grande descoberta, extraordinária...

Envergonhado com o seu entusiasmo, o sábio fez uma pausa e depois continuou:

— Uma descoberta... Mas não me convém, por ora, comunicar ao mundo sábio, compreende?

— Perfeitamente.

— Por isso precisava de três pessoas conceituadas que fossem testemunhas de uma experiência dela e me dessem um atestado em forma, para resguardar a prioridade da minha invenção... O senhor sabe: há acontecimentos imprevistos e...

— Certamente! Não há dúvida!

— Imagine o senhor que se trata de fazer ouro...

— Como? O quê? fez Bastos arregalando os olhos.

— Sim! Ouro! disse com firmeza Flamel.

— Como?

— O senhor saberá, disse o químico secamente. A questão do momento são as pessoas que devem assistir à experiência, não acha?

— Com certeza, é preciso que os seus direitos fiquem resguardados, porquanto...

— Uma delas, interrompeu o sábio, é o senhor; as outras duas o Senhor Bastos fará o favor de indicar-me.

O boticário esteve um instante a pensar, passando em revista os seus conhecimentos e, ao fim de uns três minutos, perguntou:

— O Coronel Bentes lhe serve? Conhece?

— Não. O senhor sabe que não me dou com ninguém aqui.

— Posso garantir-lhe que é homem sério, rico e muito discreto.

— É religioso? Faço-lhe esta pergunta, acrescentou Flamel logo, porque temos que lidar com ossos de defunto e só estes servem...

— Qual! É quase ateu...

— Bem! aceito. E o outro?

Bastos voltou a pensar e dessa vez demorou-se um pouco mais consultando a sua memória... Por fim falou:

— Será o Tenente Carvalhais, o coletor, conhece?

— Como já lhe disse...

— É verdade. É homem de confiança, sério, mas...

— Que é que tem?

— É maçom.

— Melhor.

— E quando é?

— Domingo. Domingo, os três irão lá em casa assistir à experiência e espero que não me recusarão as suas firmas para autenticar a minha descoberta.

— Está tratado.

Domingo, conforme prometeram, as três pessoas respeitáveis de Tubiacanga foram à casa de Flamel, e, dias depois, misteriosamente, ele desaparecia sem deixar vestígio ou explicação para o seu desaparecimento.

III

Tubiacanga era uma pequena cidade de três ou quatro mil habitantes, muito pacífica, em cuja estação, de onde em onde, os expressos davam a honra de parar. Há cinco anos não se registrava nela um furto ou roubo. As portas e janelas só eram usadas... porque o Rio as usava.

O último crime notado em seu pobre cadastro fora um assassinato por ocasião das eleições municipais; mas, atendendo que o assassino era do partido do governo, e a vítima da oposição, o acontecimento em nada alterou os hábitos da cidade, continuando ela a exportar o seu café e a mirar as suas casas baixas e acanhadas nas escassas águas do pequeno rio que a batizara.

Mas, qual não foi a surpresa dos seus habitantes quando se veio a verificar nela um dos mais repugnantes crimes de que se tem memória! Não se tratava de um esquartejamento ou parricídio; não era o assassinato de uma família inteira ou um assalto à coletoria; era cousa pior, sacrílega aos olhos de todas as religiões e consciências; violavam-se as sepulturas do "Sossego", do seu cemitério, do seu campo-santo.

Em começo, o coveiro julgou que fossem cães, mas, revistando bem o muro, não encontrou senão pequenos buracos. Fechou-os; foi inútil. No dia seguinte, um jazigo perpétuo arrombado e os ossos saqueados; no outro, um carneiro e uma sepultura rasa. Era gente ou demônio. O coveiro não quis mais continuar as pesquisas por sua conta, foi ao subdelegado e a notícia espalhou-se pela cidade.

A indignação na cidade tomou todas as feições e todas as vontades. A religião da morte precede todas e certamente será a última a morrer nas consciências. Contra a profanação, clamaram os seis presbiterianos do lugar — os bíblias, como lhes chama o povo; clamava o Agrimensor Nicolau, antigo cadete, e positivista do rito Teixeira Mendes; clamava o Major Camanho, presidente da Loja Nova Esperança; clamavam o turco Miguel Abudala, negociante de armarinho, e o céptico Belmiro, antigo estudante, que vivia ao deus-dará, bebericando parati nas tavernas. A própria filha do engenheiro residente da estrada de ferro, que vivia desdenhando aquele lugarejo, sem notar sequer os suspiros dos apaixonados locais, sempre esperando que o expresso trouxesse um príncipe a desposá-la — a linda e desdenhosa Cora não pôde deixar de compartilhar da indignação e do horror que tal ato provocara em todos do lugarejo. Que tinha ela com o túmulo de antigos escravos e humildes roceiros? Em que podia interessar aos seus lindos olhos pardos o destino de tão humildes ossos? Porventura o furto deles perturbaria o seu sonho de fazer radiar a beleza de sua boca, dos seus olhos e do seu busto nas calçadas do Rio?

Decerto, não; mas era a Morte, a Morte implacável e omnipotente, de quem ela também se sentia escrava, e que não deixaria um dia de levar a sua linda caveirinha para a paz eterna do cemitério. Aí Cora queria os seus ossos sossegados, quietos e comodamente descansando num caixão bem feito e num túmulo seguro, depois de ter sido a sua carne encanto e prazer dos vermes...

O mais indignado, porém, era Pelino. O professor deitara artigo de fundo, imprecando, bramindo, gritando: "Na história do crime, dizia ele, já bastante rica de fatos repugnantes, como sejam: o esquartejamento de Maria de Macedo, o estrangulamento dos irmãos Fuoco, não se registra um que o seja tanto como o saque às sepulturas do 'Sossego'."

E a vila vivia em sobressalto. Nas faces não se lia mais paz; os negócios estavam paralisados; os namoros suspensos. Dias e dias por sobre as casas pairavam nuvens negras e, à noite, todos ouviam ruídos, gemidos, barulhos sobrenaturais... parecia que os mortos pediam vingança...

O saque, porém, continuava. Toda noite eram duas, três sepulturas abertas e esvaziadas de seu fúnebre conteúdo. Toda a população resolveu ir em massa guardar os ossos dos seus maiores. Foram cedo, mas, em breve, cedendo à fadiga e ao sono, retirou-se um, depois outro e, pela madrugada, já não havia nenhum vigilante. Ainda nesse dia o coveiro verificou que duas sepulturas tinham sido abertas e os ossos levados para destino misterioso.

Organizaram então uma guarda. Dez homens decididos juraram perante o subdelegado vigiar durante a noite a mansão dos mortos.

Nada houve de anormal na primeira noite, na segunda e na terceira; mas, na quarta, quando os vigias já se dispunham a cochilar, um deles julgou lobrigar um vulto esgueirando-se por entre a quadra dos carneiros. Correram e conseguiram apanhar dous dos vampiros. A raiva e a indignação até aí sopitadas no ânimo deles, não se contiveram mais e deram tanta bordoada nos macabros ladrões, que os deixaram estendidos como mortos.

A notícia correu logo de casa em casa e, quando, de manhã se tratou de estabelecer a identidade dos dous malfeitores, foi diante da população inteira que foram neles reconhecidos o Coletor Carvalhais e o coronel Bentes, rico fazendeiro e presidente da Câmara. Este último ainda vivia e, a perguntas repetidas que lhe fizeram, pôde dizer que juntava os ossos para fazer ouro e o companheiro que fugira era o farmacêutico.

Houve espanto e houve esperanças. Como fazer ouro com ossos? Seria possível? Mas aquele homem rico, respeitado, como desceria ao papel de ladrão de mortos se a cousa não fosse verdade!

Se fosse possível fazer, se daqueles míseros despojos fúnebres se pudesse fazer alguns contos de réis, como não seria bom para todos eles!

O carteiro, cujo velho sonho era a formatura do filho, viu logo ali meios de consegui-la. Castrioto, o escrivão do juiz de paz, que o ano passado conseguiu comprar uma casa, mas ainda não a pudera cercar, pensou no muro, que lhe devia proteger a horta e a criação. Pelos olhos do sitiante Marques, que andava desde anos atrapalhado para arranjar um pasto, passou logo o prado verde do Costa, onde os seus bois engordariam e ganhariam forças...

As necessidades de cada um, aqueles ossos que eram ouro, viriam atender, satisfazer e felicitá-los; e aqueles dous ou três milhares de pessoas, homens, crianças, mulheres, moços e velhos, como se fossem uma só pessoa, correram à casa do farmacêutico.

A custo, o subdelegado pôde impedir que varejassem a botica e conseguir que ficassem na praça à espera do homem, que tinha o segredo de todo um Potosi. Ele não tardou a aparecer. Trepado a uma cadeira, tendo na mão uma pequena barra de ouro que reluzia ao forte sol da manhã, Bastos pediu graça, prometendo que ensinaria o segredo, se lhe poupassem a vida. "Queremos já sabê-lo", gritaram. Ele então explicou que era preciso redigir a receita, indicar a marcha do processo, os reativos — trabalho longo que só poderia ser entregue impresso no dia seguinte. Houve um murmúrio, alguns chegaram a gritar, mas o subdelegado falou e responsabilizou-se pelo resultado.

Docilmente, com aquela doçura particular às multidões furiosas, cada qual se encaminhou para casa, tendo na cabeça um único pensamento: arranjar imediatamente a maior porção de ossos de defunto que pudesse.

O sucesso chegou à casa do engenheiro residente da estrada de ferro. Ao jantar, não se falou em outra cousa. O doutor concatenou o que ainda sabia do seu curso, e afirmou que era impossível. Isto era alquimia, cousa morta: ouro é ouro, corpo simples, e osso é osso, um composto, fosfato de cal. Pensar que se podia fazer de uma cousa outra era "besteira". Cora aproveitou o caso para rir-se petropolimente da crueldade daqueles botocudos; mas sua mãe, Dona Emília, tinha fé que a cousa era possível.

À noite, porém, o doutor percebendo que a mulher dormia, saltou a janela e correu em direitura ao cemitério; Cora, de pés nus, com as chinelas nas mãos, procurou a criada para irem juntas à colheita de ossos. Não a encontrou, foi sozinha; e Dona Emília, vendo-se só, adivinhou o passeio e lá foi também. E assim aconteceu na cidade inteira. O pai, sem dizer nada ao filho, saía; a mulher, julgando enganar o marido, saía; os filhos, as filhas, os criados — toda a população, sob a luz das estrelas assombradas, correu ao satânico *rendez-vous* no "Sossego". E ninguém faltou. O mais rico e o mais pobre lá estavam. Era o turco Miguel, era o professor Pelino, o doutor Jerônimo, o Major Camanho, Cora, a linda e deslumbrante Cora, com os seus lindos dedos de alabastro, revolvia a sânie das sepulturas, arrancava as carnes ainda podres agarradas tenazmente aos ossos e deles enchia o seu regaço até ali inútil. Era o dote que colhia e as suas narinas, que se abriam em asas rosadas e quase transparentes, não sentiam o fétido dos tecidos apodrecidos em lama fedorenta...

A desinteligência não tardou a surgir; os mortos eram poucos e não bastavam para satisfazer a fome dos vivos. Houve facadas, tiros, cachações. Pelino esfaqueou o turco por causa de um fêmur e mesmo entre as famílias questões surgiram. Unicamente, o carteiro e o filho não brigaram. Andaram juntos e de acordo e houve uma vez que o pequeno, uma esperta criança de onze anos, até aconselhou ao pai: "Papai, vamos onde está mamãe; ela era tão gorda..."

De manhã, o cemitério tinha mais mortos do que aqueles que recebera em trinta anos de existência. Uma única pessoa lá não estivera, não matara nem profanara sepulturas: fora o bêbedo Belmiro.

Entrando numa venda, meio aberta, e nela não encontrando ninguém, enchera uma garrafa de parati e se deixara ficar a beber sentado na margem do Tubiacanga, vendo escorrer mansamente as suas águas sobre o áspero leito de granito — ambos, ele e o rio, indiferentes ao que já viram, ao que viam, mesmo à fuga do farmacêutico, com o seu Potosi e o seu segredo, sob o dossel eterno das estrelas.

Dentro da noite

João do Rio

— Então causou sensação? — Tanto mais quanto era inexplicável. Tu amavas a Clotilde, não? Ela, coitadita! parecia louca por ti, e os pais estavam radiantes de alegria. De repente, súbita transformação. Tu desapareces, a família fecha os salões como se estivesse de luto pesado. Clotilde chora... Evidentemente havia um mistério, uma dessas coisas capazes de fazer os espíritos imaginosos arquitetarem dramas horrendos. Por felicidade, o juízo geral é contra o teu procedimento.

— Contra mim?

— Podia ser contra a pureza de Clotilde. Graças aos deuses, porém, é contra ti. Eu mesmo concordaria com o Prates que te chama velhaco, se não viesse encontrar o nosso Rodolfo, agora, às onze da noite, por tamanha intempérie metido num trem de subúrbio, com o ar desvairado...

— Eu tenho ar desvairado?

— Absolutamente desvairado.

— Vê-se?

— É claro. Pobre amigo! Então, sofreste muito? Conta lá. Estás pálido, suando apesar da temperatura fria, e com um olhar tão estranho, tão esquisito. Parece que bebeste e que choraste. Conta lá. Nunca pensei encontrar o Rodolfo Queirós, o mais elegante artista desta terra, num trem de subúrbio, às onze de uma noite de temporal. É curioso. Ocultas os pesares nas matas suburbanas? Estás a fazer passeios de vício perigoso?

Dentro da noite

O trem rasgava a treva num silvo alanhante, e de novo cavalava sobre os trilhos. Um sino enorme ia com ele badalando, e pelas portinholas do vagão viam-se, a marginar a estrada, as luzes das casas ainda abertas, os silvedos empapados de água e a chuva lastimável a tecer o seu infindável véu de lágrimas. Percebi então que o sujeito gordo da banqueta próxima — o que falava mais — dizia para o outro:

— Mas como tremes, criatura de Deus! Estás doente?

O outro sorriu desanimado.

— Não; estou nervoso, estou com a maldita crise.

E como o gordo esperasse:

— Oh! meu caro, o Prates tem razão! E teve razão a família de Clotilde e tens razão tu, cujo olhar é de assustada piedade. Sou um miserável desvairado, sou um infame desgraçado.

— Mas o que é isto, Rodolfo?

— Que é isto! É o fim, meu bom amigo, é o meu fim. Não há quem não tenha o seu vício, a sua tara, a sua brecha. Eu tenho um vício que é positivamente a loucura. Luto, resisto, grito, debato-me, não quero, não quero, mas o vício vem vindo a rir, toma-me a mão, faz-me inconsciente, apodera-se de mim. Estou com a crise. Lembras-te de Jeanne Dambreuil quando se picava com morfina? Lembras-te do João Guedes quando nos convidava para as *fumeries* de ópio? Sabiam ambos que acabavam com a vida e não podiam resistir. Eu quero resistir e não posso. Estás a conversar com um homem que se sente doido.

— Tomas morfina, agora? Foi o desgosto, decerto...

O rapaz que tinha o olhar desvairado perscrutou o vagão. Não havia ninguém mais — a não ser eu, e eu dormia profundamente... Ele então aproximou-se do sujeito gordo, numa ânsia de explicações.

— Foi de repente, Justino. Nunca pensei! Eu era um homem regular, de bons instintos, com uma família honesta. Ia casar com a Clotilde, ser de bondade a quem amava perdidamente. E uma noite estávamos no baile do Praxedes, quando a Clotilde apareceu decotada, com os braços nus. Que braços! Eram delicadíssimos, de uma beleza ingênua e comovedora, meio infantil, meio mulher — a beleza dos braços das Oréades pintadas por Botticelli, misto de castidade mística e de alegria pagã. Tive um estremecimento. Ciúmes? Não. Era um estado que nunca se apossara de mim: a vontade de tê-los só para os meus olhos, de beijá-los, de acariciá-los, mas principalmente de fazê-los sofrer. Fui ao encontro da pobre rapariga fazendo um enorme esforço, porque o meu desejo era agarrar-lhe os braços, sacudi-los, apertá-los com toda a força, fazer-lhes manchas negras, bem negras, feri-los... Por quê? Não sei, nem eu mesmo sei — uma nevrose! Essa noite passei-a numa agitação incrível. Mas contive-me. Contive-me dias, meses, um longo tempo, com pavor do que poderia acontecer. O desejo, porém, ficou, cresceu, brotou, arraigou-se na minha pobre alma. No primeiro instante a minha vontade era bater-lhe com pesos, brutalmente. Agora a grande vontade era de espetá-los, de enterrar-lhes longos alfinetes, de cosê-los devagarinho, a picadas. E junto de Clotilde, por mais compridas que trouxesse as mangas, eu via esses braços nus como na primeira noite, via sua forma grácil e suave, sentia a finura da pele e imaginava o súbito estremeção quando pudesse enfiar o primeiro alfinete, escolhia posições, compunha o prazer diante daquele susto de carne a sentir.

— Que horror!

— Afinal, uma outra vez, encontrei-a na *sauterie* da viscondessa de Lages, com um vestido em que as mangas eram de gaze. Os seus braços — oh! que braços, Justino, que braços! — estavam quase nus. Quando Clotilde erguia-os, parecia uma ninfa que fosse se metamorfoseando em anjo. No canto da varanda, entre as roseiras, ela disse-me: "— Rodolfo, que olhar o seu. Está zangado?" Não foi possível reter o desejo que me punha a tremer, rangendo os dentes. "— Oh! não!" fiz, "estou apenas com vontade de espetar este alfinete no seu braço". Sabes como é pura a Clotilde. A pobrezita olhou-me assustada, pensou, sorriu com tristeza: "— Se não quer que eu mostre os braços, por que não me disse há mais tempo, Rodolfo? Diga, é isso que o faz zangado?" "— É, é isso, Clotilde." E rindo — como esse riso devia parecer idiota! — continuei: "— É preciso pagar ao meu ciúme a sua dívida de sangue. Deixe espetar o alfinete." "— Está louco, Rodolfo?" "— Que tem?" "— Vai fazer-me doer." "— Não dói." "— E o sangue?" "— Beberei esta gota de sangue como a ambrosia do esquecimento". E dei por mim, quase de joelhos, implorando, suplicando, inventando frase, com um gosto de sangue na boca e as frontes a bater, a bater... Clotilde por fim estava atordoada, vencida, não compreendendo bem se devia ou não resistir. Ah! meu caro, as mulheres! Que estranho fundo de bondade, de submissão, de desejo, de dedicação inconsciente tem uma pobre menina! Ao cabo de um certo tempo, ela curvou a cabeça, murmurou num suspiro: "Bem, Rodolfo, faça... mas devagar, Rodolfo! Há de doer tanto!" E os seus dois braços tremiam.

Tirei da botoeira da casaca um alfinete, e nervoso, nervoso como se fosse amar pela primeira vez, escolhi o lugar, passei a mão, sentia a pele macia e enterrei-o. Foi como se fisgasse uma pétala de camélia, mas deu-me um gozo complexo de que participavam todos os meus sentidos. Ela teve um *ah!* de dor, levou o lenço ao sítio picado, e disse, magoadamente: "— Mau!"

Ah! Justino, não dormi. Deitado, a delícia daquela carne que sofrera por meu desejo, a sensação do aço afundando devagar no braço da minha noiva, davam-me espasmos de horror! Que prazer tremendo! E apertando os varões da cama, mordendo o travesseiro, eu tinha a certeza de que dentro de mim rebentara a moléstia incurável. Ao mesmo tempo que forçava o pensamento a dizer: "Nunca mais farei essa infâmia!", todos os meus nervos latejavam: "Voltas amanhã; tens que gozar de novo o supremo prazer!" Era o delírio, era a moléstia, era o meu horror...

Houve um silêncio. O trem corria em plena treva, acordando os campos com o desesperado badalar da máquina. O sujeito gordo tirou a carteira e acendeu uma cigarreta.

— Caso muito interessante, Rodolfo. Não há dúvida que é uma degeneração sexual, mas o altruísmo de São Francisco de Assis também é degeneração e o amor de Santa Teresa não foi outra coisa. Sabes que Rousseau tinha pouco mais ou menos esse mal? És mais um tipo a enriquecer a série enorme dos discípulos do marquês de Sade. Um homem de espírito já definiu o sadismo: a depravação intelectual do assassinato. És um *Jack-the-ripper* civilizado, contentas-te com enterrar alfinetes nos braços. Não te assustes.

O outro resfolegava, com a cabeça entre as mãos.

— Não rias, Justino. Estás a tecer paradoxos diante de uma criatura do outro lado da vida normal. É lúgubre.

— Então continuaste?

— Sim, continuei, voltei, imediatamente. No dia seguinte, à noitinha, estava em casa de Clotilde, e com um desejo louco, desvairado. Nós conversávamos na sala de visitas. Os velhos ficavam por ali a montar guarda. Eu e a Clotilde íamos para o fundo, para o sofá. Logo ao entrar tive o instinto de que podia praticar a minha infâmia na penumbra da sala, enquanto o pai conversasse. Estava tão agitado que o velho exclamou: "— Parece, Rodolfo, que vieste a correr para não perder a festa".

Eu estava louco, apenas. Não poderás nunca imaginar o caos da minha alma naqueles momentos em que estive a seu lado no sofá, o *maelstrom* de angústias, de esforços, de desejos, a luta da razão e do mal, o mal que eu senti saltar-me à garganta, tomar-me a mão, ir agir, ir agir... quando ao cabo de alguns minutos acariciei-lhe na sombra o braço, por cima da manga, numa carícia lenta que subia das mãos para os ombros, entre os dedos senti que já tinha o alfinete, o alfinete pavoroso. Então fechei os olhos, encolhi-me, encolhi-me, e finquei.

Ela estremeceu, suspirou. Eu tive logo um relaxamento de nervos, uma doce acalmia. Passara a crise com a satisfação, mas sobre os meus olhos os olhos de Clotilde se fixavam enormes e eu vi que ela compreendia vagamente tudo, que ela descobria o seu infortúnio e a minha infâmia. Como era nobre, porém! Não disse uma palavra. Era a desgraça. Que havia de fazer?... Então depois, Justino, sabes? foi todo o dia. Não lhe via a carne mas sentia-a marcada, ferida. Cosi-lhe os braços! Por último perguntava: "— Fez sangue, ontem?" E ela pálida e triste, num suspiro de rola: "— Fez..." Pobre Clotilde! A que ponto eu chegara, na necessidade de saber se doera bem, se ferira bem, se estragara bem! E no quarto, à noite, vinham-me grandes pavores súbitos ao pensar no casamento porque sabia se a tivesse toda havia de picar-lhe a carne virginal nos braços, no dorso, nos seios... Justino, que tristeza!

De novo a voz calou-se. O trem continuava aos solavancos na tempestade, e pareceu-me ouvir o rapaz soluçar. O outro porém estava interessado, e indagou:

— Mas então como te saíste?

— Em um mês ela emagreceu, perdeu as cores. Os seus dois olhos negros ardiam aumentados pelas olheiras roxas. Já não tinha risos. Quando eu chegava, fechava-se no quarto, no desejo de espaçar a hora do tormento. Era a mãe que a ia buscar. "— Minha filha, o Rodolfo chegou, avia-te". E ela de dentro: "— Já vou, mãe". Que dor eu tinha quando a via aparecer sem uma palavra! Sentava-se à janela, concertava as flores da jarra, hesitava, até que sem forças vinha tombar ao meu lado, no sofá, como esses pobres pássaros que as serpentes fascinam. Afinal, há dois meses, uma criada viu-lhe os braços, deu o alarme. Clotilde foi interrogada, confessou tudo numa onda de soluços. Nessa mesma tarde recebi uma carta seca do velho pai desfazendo o compromisso e falando em crimes que estão com penas no código.

— E fugiste?

— Não fugi; rolei, perdi-me. Nada mais resta do antigo Rodolfo. Sou outro homem, tenho outra alma, outra voz, outras idéias. Assisto-me endoidecer. Perder a Clotilde foi para mim o soçobramento total. Para esquecê-la percorri os lugares de má fama, aluguei por muito dinheiro a dor das mulheres infames, freqüentei alcouces. Até aí o meu perfil foi dentro em pouco o terror. As mulheres apontavam-me a sorrir, mas um sorriso de medo, de horror.

A pedir, a rogar um instante de calma eu corria às vezes ruas inteiras da Suburra, numa enxurrada de apodos. Esses entes querem apanhar do amante, sofrem lanhos na fúria do amor, mas tremem de nojo assustado diante do ser que pausadamente e sem cólera lhes enterra alfinetes. Eu era ridículo e pavoroso. Dei então para agir livremente, ao acaso, sem dar satisfações, nas desconhecidas. Gozo agora nos *tramways*, nos *music-halls*, nos comboios dos caminhos de ferro, nas ruas. É muito mais simples. Aproximo-me, tomo posição, enterro sem dó o alfinete. Elas gritam, às vezes. Eu peço desculpa. Uma já me esbofeteou. Mas ninguém descobre se foi proposital. Gosto mais das magras, as que parecem doentes.

A voz do desvairado tornara-se metálica, outra. De novo porém a envolveu um tremor assustado.

— Quando te encontrei, Justino, vinha a acompanhar uma rapariga magrinha. Estou com a crise, estou... O teu pobre amigo está perdido, o teu pobre amigo vai ficar louco...

De repente, num entrechocar de todos os vagões, o comboio parou. Estávamos numa estação suja, iluminada vagamente. Dois ou três empregados apareceram com lanternas rubras e verdes. Apitos trilaram. Nesse momento, uma menina loura com um guarda-chuva a pingar, apareceu, espiou o vagão, caminhou para outro, entrou. O rapaz pôs-se de pé logo.

— Adeus.
— Saltas aqui?
— Salto.
— Mas que vais fazer?
— Não posso, deixa-me! Adeus!

Saiu, hesitou um instante. De novo os apitos trilaram. O trem teve um arranco. O rapaz apertou a cabeça com as duas mãos como se quisesse reter um irresistível impulso. Houve um silvo. A enorme massa resfolegando rangeu sobre os trilhos. O rapaz olhou para os lados, consultou a botoeira, correu para o vagão onde desaparecera a menina loura. Logo o comboio partiu. O homem gordo recolheu a sua curiosidade, mais pálido, fazendo subir a vidraça da janela. Depois estendeu-se na banqueta. Eu estava incapaz de erguer-me, imaginando ouvir a cada instante um grito doloroso no outro vagão, no que estava a menina loura. Mas o comboio rasgara a treva com outro silvo, cavalgando os trilhos vertiginosamente. Através das vidraças molhadas viam-se numa correria fantástica as luzes das casas ainda abertas, as sebes empapadas dágua sob a chuva torrencial. E à frente, no alto da locomotiva, como o rebate do desespero, o enorme sino reboava, acordando a noite, enchendo a treva de um clamor de desgraças e de delírio.

A caolha

Júlia Lopes de Almeida

A caolha era uma mulher magra, alta, macilenta, peito fundo, busto arqueado, braços compridos, delgados, largos nos cotovelos, grossos nos pulsos; mãos grandes, ossudas, estragadas pelo reumatismo e pelo trabalho; unhas grossas, chatas e cinzentas, cabelo crespo, de uma cor indecisa entre o branco sujo e o louro grisalho, desse cabelo cujo contato parece dever ser áspero e espinhento; boca descaída, numa expressão de desprezo, pescoço longo, engelhado, como o pescoço dos urubus; dentes falhos e cariados.

O seu aspecto infundia terror às crianças e repulsão aos adultos; não tanto pela sua altura e extraordinária magreza, mas porque a desgraçada tinha um defeito horrível: haviam-lhe extraído o olho esquerdo; a pálpebra descera mirrada, deixando, contudo, junto ao lacrimal, uma fístula continuamente porejante.

Era essa pinta amarela sobre o fundo denegrido da olheira, era essa destilação incessante de pus que a tornava repulsiva aos olhos de toda a gente.

Morava numa casa pequena, paga pelo filho único, operário numa oficina de alfaiate; ela lavava a roupa para os hospitais e dava conta de todo o serviço da casa inclusive cozinha. O filho, enquanto era pequeno, comia os pobres jantares feitos por ela, às vezes até no mesmo prato; à proporção que ia crescendo, ia-se-lhe a pouco e pouco manifestando na fisionomia a repugnância por essa comida; até que um dia, tendo já um ordenadozinho, declarou à mãe que, por conveniência do negócio, passava a comer fora...

Ela fingiu não perceber a verdade, e resignou-se.

Daquele filho vinha-lhe todo o bem e todo o mal.

Que lhe importava o desprezo dos outros, se o seu filho adorado lhe apagasse com um beijo todas as amarguras da existência?

Um beijo dele era melhor que um dia de sol, era a suprema carícia para o seu triste coração de mãe! Mas... os beijos foram escasseando também, com o crescimento do Antonico! Em criança ele apertava-a nos bracinhos e enchia-lhe a cara de beijos; depois, passou a beijá-la só na face direita, aquela onde não havia vestígios de doença; agora, limitava-se a beijar-lhe a mão!

Ela compreendia tudo e calava-se.

O filho não sofria menos.

Quando em criança entrou para a escola pública da freguesia, começaram logo os colegas, que o viam ir e vir com a mãe, a chamá-lo — o filho da caolha.

Aquilo exasperava-o; respondia sempre.

Os outros riam-se e chacoteavam-no; ele queixava-se aos mestres, os mestres ralhavam com os discípulos, chegavam mesmo a castigá-los — mas a alcunha pegou, já não era só na escola que o chamavam assim.

Na rua, muitas vezes, ele ouvia de uma ou de outra janela dizerem: o filho da caolha! Lá vai o filho da caolha! Lá vem o filho da caolha!

Eram as irmãs dos colegas, meninas novas, inocentes e que, industriadas pelos irmãos, feriam o coração do pobre Antonico cada vez que o viam passar!

As quitandeiras, onde iam comprar as goiabas ou as bananas para o *lunch,* aprenderam depressa a denominá-lo como os outros e, muitas vezes, afastando os pequenos que se aglomeravam ao redor delas, diziam, estendendo uma mancheia de araçás, com piedade e simpatia:

— Taí, isso é pra o filho da caolha!

O Antonico preferia não receber o presente a ouvi-lo acompanhar de tais palavras; tanto mais que os outros, com inveja, rompiam a gritar, cantando em coro, num estribilho já combinado:

— Filho da caolha, filho da caolha!

O Antonico pediu à mãe que o não fosse buscar à escola; e, muito vermelho, contou-lhe a causa; sempre que o viam aparecer à porta do colégio os companheiros murmuravam injúrias, piscavam os olhos para o Antonico e faziam caretas de náuseas!

A caolha suspirou e nunca mais foi buscar o filho.

Aos onze anos o Antonico pediu para sair da escola: levava a brigar com os condiscípulos, que o intrigavam e malqueriam. Pediu para entrar para uma oficina de marceneiro. Mas na oficina de marceneiro aprenderam depressa a chamá-lo — o filho da caolha, a humilhá-lo, como no colégio.

Além de tudo, o serviço era pesado e ele começou a ter vertigens e desmaios. Arranjou então um lugar de caixeiro de venda; os seus ex-colegas agrupavam-se à porta, insultando-o, e o vendeiro achou prudente mandar o caixeiro embora, tanto que a rapaziada ia-lhe dando cabo do feijão e do arroz expostos à porta nos sacos abertos! Era uma contínua saraivada de cereais sobre o pobre Antonico!

Depois disso passou um tempo em casa, ocioso, magro, amarelo, deitado pelos cantos, dormindo às moscas, sempre zangado e sempre bocejante! Evitava sair de dia e nunca, mas nunca, acompanhava a mãe; esta poupava-o: tinha medo de que o rapaz, num dos desmaios, lhe morresse nos braços, e por isso nem sequer o repreendia! Aos dezesseis anos, vendo-o mais forte, pediu e obteve-lhe, a caolha, um lugar numa oficina de alfaiate. A infeliz mulher contou ao mestre toda a história do filho e suplicou-lhe que não deixasse os aprendizes humilhá-lo; que os fizesse terem caridade!

Antonico encontrou na oficina uma certa reserva e silêncio da parte dos companheiros; quando o mestre dizia: *Sr. Antonico,* ele percebia um sorriso mal oculto nos lábios dos oficiais; mas a pouco e pouco essa suspeita, ou esse sorriso, se foi desvanecendo, até que principiou a sentir-se bem ali.

Decorreram alguns anos e chegou a vez de Antonico se apaixonar. Até aí, numa ou outra pretensão de namoro que ele tivera, encontrara sempre uma resistência que o desanimava, e que o fazia retroceder sem grandes mágoas. Agora, porém, a coisa era diversa: ele amava! amava como um louco a linda moreninha da esquina fronteira, uma rapariguinha adorável, de olhos negros como veludo e boca fresca como um botão de rosa. O Antonico voltou a ser assíduo em casa e expandia-se mais carinhosamente com a mãe; um dia, em que viu os olhos da morena fixarem os seus, entrou como um louco no quarto da caolha e beijou-a mesmo na face esquerda, num transbordamento de esquecida ternura!

Aquele beijo foi para a infeliz uma inundação de júbilo! tornara a encontrar o seu querido filho! pôs-se a cantar toda a tarde, e nessa noite, ao adormecer, dizia consigo:

— Sou muito feliz... o meu filho é um anjo!

Entretanto, o Antonico escrevia, num papel fino, a sua declaração de amor à vizinha. No dia seguinte mandou-lhe cedo a carta. A resposta fez-se esperar. Durante muitos dias Antonico perdia-se em amarguradas conjeturas.

Ao princípio pensava:

— "É o pudor". Depois começou a desconfiar de outra causa; por fim recebeu uma carta em que a bela moreninha confessava consentir em ser sua mulher, se ele se separasse completamente da mãe! Vinham explicações confusas, mal alinhavadas: lembrava a mudança de bairro; ele ali era muito conhecido por filho da caolha, e bem compreendia que ela não se poderia sujeitar a ser alcunhada em breve de — nora da caolha, ou coisa semelhante!

O Antonico chorou! Não podia crer que a sua casta e gentil moreninha tivesse pensamentos tão práticos!

Depois o seu rancor voltou-se para a mãe.

Ela era a causadora de toda a sua desgraça! Aquela mulher perturbara a sua infância, quebrara-lhe todas as carreiras, e agora o seu mais brilhante sonho de futuro sumia-se diante dela! Lamentava-se por ter nascido de mulher tão feia, e resolveu procurar meio de separar-se dela; considerar-se-ia humilhado continuando sob o mesmo teto; havia de protegê-la de longe, vindo de vez em quando vê-la à noite, furtivamente...

Salvava assim a responsabilidade de protetor e, ao mesmo tempo, consagraria à sua amada a felicidade que lhe devia em troca do seu consentimento e amor...

Passou um dia terrível; à noite, voltando para casa, levava o seu projeto e a decisão de o expor à mãe.

A velha, agachada à porta do quintal, lavava umas panelas com um trapo engordurado. O Antonico pensou: "A dizer a verdade eu havia de sujeitar minha mulher a viver em companhia de... uma tal criatura?" Estas últimas palavras foram arrastadas pelo seu espírito com verdadeira dor. A caolha levantou para ele o rosto, e o Antonico, vendo-lhe o pus na face, disse:

— Limpe a cara, mãe...

Ela sumiu a cabeça no avental; ele continuou:

— Afinal nunca me explicou bem a que é devido esse defeito!

— Foi uma doença, — respondeu sufocadamente a mãe — é melhor não lembrar isso!

— E é sempre a sua resposta: é melhor não lembrar isso! Por quê?

— Porque não vale a pena; nada se remedeia...

— Bem! agora escute: trago-lhe uma novidade: o patrão exige que eu vá dormir na vizinhança da loja... já aluguei um quarto: a senhora fica aqui e eu virei todos os dias a saber da sua saúde ou se tem necessidade de alguma coisa... É por força maior; não temos remédio senão sujeitar-nos!...

Ele, magrinho, curvado pelo hábito de costurar sobre os joelhos, delgado e amarelo como todos os rapazes criados à sombra das oficinas, onde o trabalho começa cedo e o serão acaba tarde, tinha lançado naquelas palavras toda a sua energia, e espreitava agora a mãe com um olho desconfiado e medroso.

A caolha levantou-se e, fixando o filho com uma expressão terrível, respondeu com doloroso desdém:

— Embusteiro! o que você tem é vergonha de ser meu filho! Saia! que eu também já sinto vergonha de ser mãe de semelhante ingrato!

O rapaz saiu cabisbaixo, humilde, surpreso da atitude que assumira a mãe, até então sempre paciente e cordata; ia com medo, maquinalmente, obedecendo à ordem que tão feroz e imperativamente lhe dera a caolha.

Ela acompanhou-o, fechou com estrondo a porta, e vendo-se só, encostou-se cambaleante à parede do corredor e desabafou em soluços.

O Antonico passou uma tarde e uma noite de angústia.

Na manhã seguinte o seu primeiro desejo foi voltar à casa; mas não teve coragem; via o rosto colérico da mãe, faces contraídas, lábios adelgaçados pelo ódio, narinas dilatadas, o olho direito saliente, a penetrar-lhe até o fundo do coração, o olho esquerdo arrepanhado, murcho — e sujo de pus; via a sua atitude altiva, o seu dedo ossudo, de falanges salientes, apontando-lhe com energia a porta da rua; sentia-lhe ainda o som cavernoso da voz, e o grande fôlego que ela tomara para dizer as verdadeiras e amargas palavras que lhe atirara no rosto; via toda a cena da véspera e não se animava a arrostar com o perigo de outra semelhante.

Providencialmente, lembrou-se da madrinha, única amiga da caolha, mas que, entretanto, raramente a procurava.

Foi pedir-lhe que interviesse, e contou-lhe sinceramente tudo que houvera.

A madrinha escutou-o comovida; depois disse:

— Eu previa isso mesmo, quando aconselhava tua mãe a que te dissesse a verdade inteira; ela não quis, aí está!

— Que verdade, madrinha?

— Hei de dizer-te perto dela; anda, vamos lá!

Encontraram a caolha a tirar umas nódoas do fraque do filho — queria mandar-lhe a roupa limpinha. A infeliz arrependera-se das palavras que dissera e tinha passado toda a noite à janela, esperando que o Antonico voltasse ou passasse apenas... Via o porvir negro e vazio e já se queixava de si! Quando a amiga e o filho entraram, ela ficou imóvel: a surpresa e a alegria amarram-lhe toda a ação.

A madrinha do Antonico começou logo:

— O teu rapaz foi suplicar-me que te viesse pedir perdão pelo que houve aqui ontem e eu aproveito a ocasião para, à tua vista, contar-lhe o que já deverias ter-lhe dito!

— Cala-te! — murmurou com voz apagada a caolha.

— Não me calo! Essa pieguice é que te tem prejudicado! Olha! rapaz, quem cegou tua mãe foste tu!

O afilhado tornou-se lívido; e ela concluiu:

— Ah, não tiveste culpa! eras muito pequeno quando, um dia, ao almoço, levantaste na mãozinha um garfo; ela estava distraída, e antes que eu pudesse evitar a catástrofe, tu enterraste-lho pelo olho esquerdo! Ainda tenho no ouvido o grito de dor que ela deu!

O Antonico caiu pesadamente de bruços, com um desmaio; a mãe acercou-se rapidamente dele, murmurando trêmula:

— Pobre filho! vês? era por isto que eu não lhe queria dizer nada!

O homem que sabia javanês

Lima Barreto

Em uma confeitaria, certa vez, ao meu amigo Castro, contava eu as partidas que havia pregado às convicções e às respeitabilidades para poder viver.

Houve mesmo, uma dada ocasião, quando estive em Manaus, em que fui obrigado a esconder a minha qualidade de bacharel, para mais confiança obter dos clientes, que afluíam ao meu escritório de feiticeiro e adivinho. Contava eu isso.

O meu amigo ouvia-me calado, embevecido, gostando daquele meu Gil Blas vivido, até que, em uma pausa da conversa, ao esgotarmos os copos, observou a esmo:

— Tens levado uma vida bem engraçada, Castelo!

— Só assim se pode viver... Isto de uma ocupação única: sair de casa a certas horas, voltar a outras, aborrece, não achas? Não sei como me tenho agüentado lá, no consulado!

— Cansa-se; mas, não é disso que me admiro. O que me admira, é que tenhas corrido tantas aventuras aqui, neste Brasil imbecil e burocrático.

— Qual! Aqui mesmo, meu caro Castro, se podem arranjar belas páginas de vida. Imagina tu que eu já fui professor de javanês!

— Quando? Aqui, depois que voltaste do consulado?

— Não; antes. E, por sinal, fui nomeado cônsul por isso.

— Conta lá como foi. Bebes mais cerveja?

— Bebo.

Mandamos buscar mais outra garrafa, enchemos os copos e continuei:

— Eu tinha chegado havia pouco ao Rio e estava literalmente na miséria. Vivia fugido de casa de pensão em casa de pensão, sem saber onde e como ganhar dinheiro, quando li no *Jornal do Commercio* o anúncio seguinte:

"Precisa-se de um professor de língua javanesa. Cartas, etc."

Ora, disse cá comigo, está ali uma colocação que não terá muitos concorrentes; se eu capiscasse quatro palavras, ia apresentar-me. Saí do café e andei pelas ruas, sempre a imaginar-me professor de javanês, ganhando dinheiro, andando de bonde e sem encontros desagradáveis com os "cadáveres". Insensivelmente dirigi-me à Biblioteca Nacional. Não sabia bem que livro iria pedir; mas, entrei, entreguei o chapéu ao porteiro, recebi a senha e subi. Na escada, acudiu-me pedir a *Grande Encyclopédie*, letra J, a fim de consultar o artigo relativo a Java e à língua javanesa. Dito e feito. Fiquei sabendo, ao fim de alguns minutos, que Java era uma grande ilha do arquipélago de Sonda, colônia holandesa, e o javanês, língua aglutinante do grupo maleo-polinésico, possuía uma literatura digna de nota e escrita em caracteres derivados do velho alfabeto hindu.

A *Encyclopédie* dava-me indicação de trabalhos sobre a tal língua malaia e não tive dúvidas em consultar um deles. Copiei o alfabeto, a sua pronunciação figurada e saí. Andei pelas ruas, perambulando e mastigando letras.

Na minha cabeça dançavam hieróglifos; de quando em quando consultava as minhas notas; entrava nos jardins e escrevia estes calungas na areia para guardá-los bem na memória e habituar a mão a escrevê-los. À noite, quando pude entrar em casa sem ser visto, para evitar indiscretas perguntas do encarregado, ainda continuei no quarto a engolir o meu "a-b-c" malaio, e, com tanto afinco levei o propósito que, de manhã, o sabia perfeitamente.

Convenci-me que aquela era a língua mais fácil do mundo e saí; mas não tão cedo que não me encontrasse com o encarregado dos aluguéis dos cômodos:

— Senhor Castelo, quando salda a sua conta?

Respondi-lhe então eu, com a mais encantadora esperança:

— Breve... Espere um pouco... Tenha paciência... Vou ser nomeado professor de javanês, e...

Por aí o homem interrompeu-me:

— Que diabo vem a ser isso, Senhor Castelo?

Gostei da diversão e ataquei o patriotismo do homem:

— É uma língua que se fala lá pelas bandas do Timor. Sabe onde é?

Oh! alma ingênua! O homem esqueceu-se da minha dívida e disse-me com aquele falar forte dos portugueses:

— Eu cá por mim, não sei bem; mas ouvi dizer que são umas terras que temos lá para os lados de Macau. E o senhor sabe isso, Senhor Castelo?

Animado com esta saída feliz que me deu o javanês, voltei a procurar o anúncio. Lá estava ele. Resolvi animosamente propor-me ao professorado do idioma oceânico. Redigi a resposta, passei pelo *Jornal* e lá deixei a carta. Em seguida, voltei à biblioteca e continuei os meus estudos de javanês. Não fiz grandes progressos nesse dia, não sei se por julgar o alfabeto javanês o único saber necessário a um professor de língua malaia ou se por ter me empenhado mais na bibliografia e história literária do idioma que ia ensinar.

Ao cabo de dois dias, recebia eu uma carta para ir falar ao doutor Manuel Feliciano Soares Albernaz, Barão de Jacuecanga, à Rua Conde de Bonfim, não me recordo bem que número. É preciso não te esqueceres que entrementes continuei estudando o meu malaio, isto é, o tal javanês. Além do alfabeto, fiquei sabendo o nome de alguns autores, também perguntar e responder — "como está o senhor?" — e duas ou três regras de gramática, lastrado todo esse saber com vinte palavras do léxico.

Não imaginas as grandes dificuldades com que lutei, para arranjar os quatrocentos réis da viagem! É mais fácil — podes ficar certo — aprender o javanês... Fui a pé. Cheguei suadíssimo; e, com maternal carinho, as anosas mangueiras, que se perfilavam em alameda diante da casa do titular, me receberam, me acolheram e me reconfortaram. Em toda a minha vida, foi o único momento em que cheguei a sentir a simpatia da natureza...

Era uma casa enorme que parecia estar deserta; estava maltratada, mas não sei por que me veio pensar que nesse mau tratamento havia mais desleixo e cansaço de viver que mesmo pobreza. Devia haver anos que não era pintada. As paredes descascavam e os beirais do telhado, daquelas telhas vidradas de outros tempos, estavam desguarnecidos aqui e ali, como dentaduras decadentes ou malcuidadas.

Olhei um pouco o jardim e vi a pujança vingativa com que a tiririca e o carrapicho tinham expulsado os tinhorões e as begônias. Os crótons continuavam, porém, a viver com a sua folhagem de cores mortiças. Bati. Custaram-me a abrir. Veio, por fim, um antigo preto africano, cujas barbas e cabelo de algodão davam à sua fisionomia uma aguda impressão de velhice, doçura e sofrimento.

Na sala, havia uma galeria de retratos: arrogantes senhores de barba em colar se perfilavam enquadrados em imensas molduras douradas, e doces perfis de senhoras, em bandós, com grandes leques, pareciam querer subir aos ares, enfunadas pelos redondos vestidos à balão; mas, daquelas velhas coisas, sobre as quais a poeira punha mais antiguidade e respeito, a que gostei mais de ver foi um belo jarrão de porcelana da China ou da Índia, como se diz. Aquela pureza da louça, a sua fragilidade, a ingenuidade do desenho e aquele seu fosco brilho de luar, diziam-me a mim que aquele objeto tinha sido feito por mãos de criança, a sonhar, para encanto dos olhos fatigados dos velhos desiludidos...

Esperei um instante o dono da casa. Tardou um pouco. Um tanto trôpego, com o lenço de alcobaça na mão, tomando veneravelmente o simonte de antanho, foi cheio de respeito que o vi chegar. Tive vontade de ir-me embora. Mesmo se não fosse ele o discípulo, era sempre um crime mistificar aquele ancião, cuja velhice trazia à tona do meu pensamento alguma coisa de augusto, de sagrado. Hesitei, mas fiquei.

— Eu sou, avancei, o professor de javanês, que o senhor disse precisar.

— Sente-se, respondeu-me o velho. O senhor é daqui, do Rio?

— Não, sou de Canavieiras.

— Como? fez ele. Fale um pouco alto, que sou surdo.

— Sou de Canavieiras, na Bahia, insisti eu.

— Onde fez os seus estudos?

— Em São Salvador.

— E onde aprendeu o javanês? indagou ele, com aquela teimosia peculiar aos velhos.

Não contava com essa pergunta, mas imediatamente arquitetei uma mentira. Contei-lhe que meu pai era javanês. Tripulante de um navio mercante, viera ter à Bahia, estabelecera-se nas proximidades de Canavieiras como pescador, casara, prosperara e fora com ele que aprendi javanês.

— E ele acreditou? E o físico? perguntou meu amigo, que até então me ouvira calado.

— Não sou, objetei, lá muito diferente de um javanês. Estes meus cabelos corridos, duros e grossos e a minha pele *basané* podem dar-me muito bem o aspecto de mestiço de malaio... Tu sabes bem que, entre nós, há de tudo: índios, malaios, taitianos, malgaches, guanches, até godos. É uma comparsaria de raças e tipos de fazer inveja ao mundo inteiro.

— Bem, fez o meu amigo, continua.

— O velho, emendei eu, ouviu-me atentamente, considerou demoradamente o meu físico, pareceu que me julgava de fato filho de malaio e perguntou-me com doçura:

— Então está disposto a ensinar-me javanês?

— A resposta saiu-me sem querer: — Pois não.

— O senhor há de ficar admirado, aduziu o Barão de Jacuecanga, que eu, nesta idade, ainda queira aprender qualquer coisa, mas...

— Não tenho que admirar. Têm-se visto exemplos e exemplos muito fecundos...

— O que eu quero, meu caro senhor...?

— Castelo, adiantei eu.

— O que eu quero, meu caro Senhor Castelo, é cumprir um juramento de família. Não sei se o senhor sabe que eu sou neto do Conselheiro Albernaz, aquele que acompanhou Pedro I, quando abdicou. Voltando de Londres, trouxe para aqui um livro em língua esquisita, a que tinha grande estimação. Fora um hindu ou siamês que lho dera, em Londres, em agradecimento a não sei que serviço prestado por meu avô. Ao morrer meu avô, chamou meu pai e lhe disse: "Filho, tenho este livro aqui, escrito em javanês. Disse-me quem mo deu que ele evita desgraças e traz felicidades para quem o tem. Eu não sei nada ao certo. Em todo o caso, guarda-o; mas, se queres que o fado que me deitou o sábio oriental se cumpra, faze com que teu filho o entenda, para que sempre a nossa raça seja feliz." Meu pai, continuou o velho barão, não acreditou muito na história; contudo, guardou o livro. Às portas da morte, ele mo deu e disse-me o que prometera ao pai. Em começo, pouco caso fiz da história do livro. Deitei-o a um canto e fabriquei minha vida. Cheguei até a esquecer-me dele; mas, de uns tempos a esta parte, tenho passado por tanto desgosto, tantas desgraças têm caído sobre minha velhice que me lembrei do talismã de família. Tenho que o ler, que o compreender, se não quero que os meus últimos dias anunciem o desastre da minha posteridade; e, para atendê-lo, é claro, que preciso entender o javanês. Eis aí.

Calou-se e notei que os olhos do velho se tinham orvalhado. Enxugou discretamente os olhos e perguntou-me se queria ver o tal livro. Respondi-lhe que sim. Chamou o criado, deu-lhe as instruções e explicou-me que perdera todos os filhos, sobrinhos, só lhe restando uma filha casada, cuja prole, porém, estava reduzida a um filho, débil de corpo e de saúde frágil e oscilante.

Veio o livro. Era um velho calhamaço, um *in-quarto* antigo, encadernado em couro, impresso em grandes letras, em um papel amarelado e grosso. Faltava a folha do rosto e por isso não se podia ler a data da impressão. Tinha ainda umas páginas de prefácio, escritas em inglês, onde li que se tratava das histórias do príncipe Kulanga, escritor javanês de muito mérito.

Logo informei disso o velho barão que, não percebendo que eu tinha chegado aí pelo inglês, ficou tendo em alta consideração o meu saber malaio. Estive ainda folheando o cartapácio, à laia de quem sabe magistralmente aquela espécie de vasconço, até que afinal contratamos as condições de preço e de hora, comprometendo-me a fazer com que ele lesse o tal alfarrábio antes de um ano.

Dentro em pouco, dava a minha primeira lição, mas o velho não foi tão diligente quanto eu. Não conseguia aprender a distinguir e a escrever nem sequer quatro letras. Enfim, com metade do alfabeto levamos um mês e o Senhor Barão de Jacuecanga não ficou lá muito senhor da matéria: aprendia e desaprendia.

A filha e o genro (penso que até aí nada sabiam da história do livro) vieram a ter notícias do estudo do velho; não se incomodaram. Acharam graça e julgaram a coisa boa para distraí-lo.

Mas com o que tu vais ficar assombrado, meu caro Castro, é com a admiração que o genro ficou tendo pelo professor de javanês. Que coisa única! Ele não se cansava de repetir: "É um assombro! Tão moço! Se eu soubesse isso, ah! onde estava!"

O marido de Dona Maria da Glória (assim se chamava a filha do barão) era desembargador, homem relacionado e poderoso; mas não se pejava em mostrar diante de todo o mundo a sua admiração pelo meu javanês. Por outro lado, o barão estava contentíssimo. Ao fim de dois meses desistira da aprendizagem e pedira-me que lhe traduzisse, um dia sim outro não, um trecho do livro encantado. Bastava entendê-lo, disse-me ele; nada se opunha que outrem o traduzisse e ele ouvisse. Assim evitava a fadiga do estudo e cumpria o encargo. Sabes bem que até hoje nada sei de javanês, mas compus umas histórias bem tolas e impingi-as ao velhote como sendo do crônicon. Como ele ouvia aquelas bobagens!...

Ficava extático, como se estivesse a ouvir palavras de um anjo. E eu crescia aos seus olhos!

Fez-me morar em sua casa, enchia-me de presentes, aumentava-me o ordenado. Passava, enfim, uma vida regalada.

Contribuiu muito para isso o fato de vir ele a receber uma herança de um seu parente esquecido que vivia em Portugal. O bom velho atribuiu a cousa ao meu javanês; e eu estive quase a crê-lo também.

Fui perdendo os remorsos; mas, em todo o caso, sempre tive medo que me aparecesse pela frente alguém que soubesse o tal patuá malaio. E esse meu temor foi grande, quando o doce barão me mandou com uma carta ao Visconde de Caruru, para que me fizesse entrar na diplomacia. Fiz-lhe todas as objeções: a minha fealdade, a falta de elegância, o meu aspecto tagalo. — "Qual! retrucava ele. Vá, menino; você sabe javanês!" Fui. Mandou-me o visconde para a Secretaria dos Estrangeiros com diversas recomendações. Foi um sucesso.

O diretor chamou os chefes de secção: "Vejam só, um homem que sabe javanês — que portento!"

Os chefes de secção levaram-me aos oficiais e amanuenses e houve um destes que me olhou mais com ódio do que com inveja ou admiração. E todos diziam: "Então sabe javanês? É difícil? Não há quem o saiba aqui!"

O tal amanuense, que me olhou com ódio, acudiu então: "É verdade, mas eu sei canaque. O senhor sabe?" Disse-lhe que não e fui à presença do ministro.

A alta autoridade levantou-se, pôs as mãos às cadeiras, concertou o *pince-nez* no nariz e perguntou: "Então, sabe javanês?" Respondi-lhe que sim; e, à sua pergunta onde o tinha aprendido, contei-lhe a história do tal pai javanês. "Bem, disse-me o ministro, o senhor não deve ir para a diplomacia; o seu físico não se presta... O bom seria um consulado na Ásia ou Oceania. Por ora, não há vaga, mas vou fazer uma reforma e o senhor entrará. De hoje em diante, porém, fica adido ao meu ministério e quero que, para o ano, parta para Bâle, onde vai representar o Brasil no Congresso de Lingüística. Estude, leia o Hovelacque, o Max Müller, e outros!"

Imagina tu que eu até aí nada sabia de javanês, mas estava empregado e iria representar o Brasil em um congresso de sábios.

O velho barão veio a morrer, passou o livro ao genro para que o fizesse chegar ao neto, quando tivesse a idade conveniente e fez-me uma deixa no testamento.

Pus-me com afã no estudo das línguas maleo-polinésicas; mas não havia meio!

Bem jantado, bem vestido, bem dormido, não tinha energia necessária para fazer entrar na cachola aquelas coisas esquisitas. Comprei livros, assinei revistas: *Revue Anthropologique et Linguistique, Proceedings of the English-Oceanic Association, Archivo Glottologico Italiano*, o diabo, mas nada! E a minha fama crescia. Na rua, os informados apontavam-me, dizendo aos outros: "Lá vai o sujeito que sabe javanês." Nas livrarias, os gramáticos consultavam-me sobre a colocação dos pronomes no tal jargão das ilhas de Sonda. Recebia cartas dos eruditos do interior, os jornais citavam o meu saber e recusei aceitar uma turma de alunos sequiosos de entenderem o tal javanês. A convite da redação, escrevi, no *Jornal do Commercio*, um artigo de quatro colunas sobre a literatura javanesa antiga e moderna...

— Como, se tu nada sabias? interrompeu-me o atento Castro.

— Muito simplesmente: primeiramente, descrevi a ilha de Java, com o auxílio de dicionários e umas poucas de geografias, e depois citei a mais não poder.

— E nunca duvidaram? perguntou-me ainda o meu amigo.

— Nunca. Isto é, uma vez quase fico perdido. A polícia prendeu um sujeito, um marujo, um tipo bronzeado que só falava uma língua esquisita. Chamaram diversos intérpretes, ninguém o entendia. Fui também chamado, com todos os respeitos que a minha sabedoria merecia, naturalmente. Demorei-me em ir, mas fui afinal. O homem já estava solto, graças à intervenção do cônsul holandês, a quem ele se fez compreender com meia dúzia de palavras holandesas. E o tal marujo era javanês — uf!

Chegou, enfim, a época do congresso, e lá fui para a Europa. Que delícia! Assisti à inauguração e às sessões preparatórias. Inscreveram-me na secção do tupi-guarani e eu abalei para Paris. Antes, porém, fiz publicar no *Mensageiro de Bâle* o meu retrato, notas biográficas e bibliográficas. Quando voltei, o presidente pediu-me desculpas por me ter dado aquela secção; não conhecia os meus trabalhos e julgara que, por ser eu americano-brasileiro, me estava naturalmente indicada a secção do tupi-guarani. Aceitei as explicações e até hoje ainda não pude escrever as minhas obras sobre o javanês, para lhe mandar, conforme prometi.

Acabado o congresso, fiz publicar extratos do artigo do *Mensageiro de Bâle*, em Berlim, em Turim e Paris, onde os leitores de minhas obras me ofereceram um banquete, presidido pelo Senador Gorot. Custou-me toda essa brincadeira, inclusive o banquete que me foi oferecido, cerca de dez mil francos, quase toda a herança do crédulo e bom Barão de Jacuecanga.

Não perdi meu tempo nem meu dinheiro. Passei a ser uma glória nacional e, ao saltar no cais Pharoux, recebi uma ovação de todas as classes sociais e o presidente da República, dias depois, convidava-me para almoçar em sua companhia.

Dentro de seis meses fui despachado cônsul em Havana, onde estive seis anos e para onde voltarei, a fim de aperfeiçoar os meus estudos das línguas da Malaia, Melanésia e Polinésia.

— É fantástico, observou Castro, agarrando o copo de cerveja.
— Olha: se não fosse estar contente, sabes que ia ser?
— Quê?
— Bacteriologista eminente. Vamos?
— Vamos.

Pílades e Orestes

Machado de Assis

Quintanilha engendrou Gonçalves. Tal era a impressão que davam os dois juntos, não que se parecessem. Ao contrário, Quintanilha tinha o rosto redondo, Gonçalves comprido, o primeiro era baixo e moreno, o segundo alto e claro, e a expressão total divergia inteiramente. Acresce que eram quase da mesma idade. A idéia da paternidade nascia das maneiras com que o primeiro tratava o segundo; um pai não se desfaria mais em carinhos, cautelas e pensamentos.

Tinham estudado juntos, morado juntos, e eram bacharéis do mesmo ano. Quintanilha não seguiu advocacia nem magistratura, meteu-se na política; mas, eleito deputado provincial em 187..., cumpriu o prazo da legislatura e abandonou a carreira. Herdara os bens de um tio, que lhe davam de renda cerca de trinta contos de réis. Veio para o seu Gonçalves, que advogava no Rio de Janeiro.

Posto que abastado, moço, amigo do seu único amigo, não se pode dizer que Quintanilha fosse inteiramente feliz, como vais ver. Ponho de lado o desgosto que lhe trouxe a herança com o ódio dos parentes; tal ódio foi que ele esteve prestes a abrir mão dela, e não o fez porque o amigo Gonçalves, que lhe dava idéias e conselhos, o convenceu de que semelhante ato seria rematada loucura.

— Que culpa tem você que merecesse mais a seu tio que os outros parentes? Não foi você que fez o testamento nem andou a bajular o defunto, como os outros. Se ele deixou tudo a você, é que o achou melhor que eles; fique-se com a fortuna, que é a vontade do morto, e não seja tolo.

Quintanilha acabou concordando. Dos parentes alguns buscaram reconciliar-se com ele, mas o amigo mostrou-lhe a intenção recôndita dos tais, e Quintanilha não lhes abriu a porta. Um desses, ao vê-lo ligado com o antigo companheiro de estudos, bradava por toda a parte:

— Aí está, deixa os parentes para se meter com estranhos; há de ver o fim que leva.

Ao saber disto, Quintanilha correu a contá-lo a Gonçalves, indignado. Gonçalves sorriu, chamou-lhe tolo e aquietou-lhe o ânimo; não valia a pena irritar-se por ditinhos.

— Uma só coisa desejo, continuou, é que nos separemos, para que se não diga...

— Que se não diga o quê? É boa! Tinha que ver, se eu passava a escolher as minhas amizades conforme o capricho de alguns peraltas sem-vergonha!

— Não fale assim, Quintanilha. Você é grosseiro com seus parentes.

— Parentes do diabo que os leve! Pois eu hei de viver com as pessoas que me forem designadas por meia dúzia de velhacos que o que querem é comer-me o dinheiro? Não, Gonçalves; tudo o que você quiser, menos isso. Quem escolhe os meus amigos sou eu, é o meu coração. Ou você está... está aborrecido de mim?

— Eu? Tinha graça.

— Pois então?

— Mas é...

— Não é tal!

A vida que viviam os dois, era a mais unida do mundo. Quintanilha acordava, pensava no outro, almoçava e ia ter com ele. Jantavam juntos, faziam alguma visita, passeavam ou acabavam a noite no teatro. Se Gonçalves tinha algum trabalho que fazer à noite, Quintanilha ia ajudá-lo como obrigação; dava busca aos textos de lei, marcava-os, copiava-os, carregava os livros. Gonçalves esquecia com facilidade, ora um recado, ora uma carta, sapatos, charutos, papéis. Quintanilha supria-lhe a memória. Às vezes, na rua do Ouvidor, vendo passar as moças, Gonçalves lembrava-se de uns autos que deixara no escritório. Quintanilha voava a buscá-los e tornava com eles, tão contente que não se podia saber se eram autos, se a sorte grande; procurava-o ansiosamente com os olhos, corria, sorria, morria de fadiga.

— São estes?

— São; deixa ver, são estes mesmos. Dá cá.

— Deixa, eu levo.

A princípio, Gonçalves suspirava:

— Que maçada que dei a você!

Quintanilha ria do suspiro com tão bom humor que o outro, para não o molestar, não se acusou de mais nada; concordou em receber os obséquios. Com o tempo, os obséquios ficaram sendo puro ofício. Gonçalves dizia ao outro: "Você hoje há de lembrar-me isto e aquilo." E o outro decorava as recomendações, ou escrevia-as, se eram muitas. Algumas dependiam de horas; era de ver como o bom Quintanilha suspirava aflito, à espera que chegasse tal ou tal hora para ter o gosto de lembrar os negócios ao amigo. E levava-lhe as cartas e papéis, ia buscar as respostas, procurar as pessoas, esperá-las na estrada de ferro, fazia viagens ao interior. De si mesmo descobria-lhe bons charutos, bons jantares, bons espetáculos. Gonçalves já não tinha liberdade de falar de um livro novo, ou somente caro, que não achasse um exemplar em casa.

— Você é um perdulário, dizia-lhe em tom repreensivo.

— Então gastar com letras e ciências é botar fora? É boa! concluía o outro.

No fim do ano quis obrigá-lo a passar fora as férias. Gonçalves acabou aceitando, e o prazer que lhe deu com isto foi enorme. Subiram a Petrópolis. Na volta, serra abaixo, como falassem de pintura, Quintanilha advertiu que não tinham ainda uma tela com o retrato dos dois, e mandou fazê-la. Quando a levou ao amigo, este não pôde deixar de lhe dizer que não prestava para nada. Quintanilha ficou sem voz.

— É uma porcaria, insistiu Gonçalves.

— Pois o pintor disse-me...

— Você não entende de pintura, Quintanilha, e o pintor aproveitou a ocasião para meter a espiga. Pois isto é cara decente? Eu tenho este braço torto?

— Que ladrão!

— Não, ele não tem culpa, fez o seu negócio; você é que não tem o sentimento da arte, nem prática, e espichou-se redondamente. A intenção foi boa, creio...

— Sim, a intenção foi boa.

— E aposto que já pagou?

— Já.

Gonçalves abanou a cabeça, chamou-lhe ignorante e acabou rindo. Quintanilha, vexado e aborrecido, olhava para a tela, até que sacou de um canivete e rasgou-a de alto a baixo. Como se não bastasse esse gesto de vingança, devolveu a pintura ao artista com um bilhete em que lhe transmitiu alguns dos nomes recebidos e mais o de asno. A vida tem muitas de tais pagas. Demais, uma letra de Gonçalves que se venceu dali a dias e que este não pôde pagar, veio trazer ao espírito de Quintanilha uma diversão. Quase brigaram; a idéia de Gonçalves era reformar a letra; Quintanilha, que era o endossante, entendia não valer a pena pedir o favor por tão escassa quantia (um conto e quinhentos), ele emprestaria o valor da letra, e o outro que lhe pagasse, quando pudesse. Gonçalves não consentiu e fez-se a reforma. Quando, ao fim dela, a situação se repetiu, o mais que este admitiu foi aceitar uma letra de Quintanilha, com o mesmo juro.

— Você não vê que me envergonha, Gonçalves? Pois eu hei de receber juro de você...?

— Ou recebe, ou não fazemos nada.

— Mas, meu querido...

Teve que concordar. A união dos dois era tal que uma senhora chamava-lhes os "casadinhos de fresco", e um letrado, Pílades e Orestes. Eles riam, naturalmente, mas o riso de Quintanilha trazia alguma coisa parecida com lágrimas: era, nos olhos, uma ternura úmida. Outra diferença é que o sentimento de Quintanilha tinha uma nota de entusiasmo, que absolutamente faltava ao de Gonçalves; mas, entusiasmo não se inventa. É claro que o segundo era mais capaz de inspirá-lo ao primeiro do que este a ele. Em verdade, Quintanilha era mui sensível a qualquer distinção; uma palavra, um olhar bastava a acender-lhe o cérebro. Uma pancadinha no ombro ou no ventre, com o fim de aprová-lo ou só acentuar a intimidade, era para derretê-lo de prazer. Contava o gesto e as circunstâncias durante dois e três dias.

Não era raro vê-lo irritar-se, teimar, descompor os outros. Também era comum vê-lo rir-se; alguma vez o riso era universal, entornava-se-lhe da boca, dos olhos, da testa, dos braços, das pernas, todo ele era um riso único. Sem ter paixões, estava longe de ser apático.

A letra sacada contra Gonçalves tinha o prazo de seis meses. No dia do vencimento, não só não pensou em cobrá-la, mas resolveu ir jantar a algum arrabalde para não ver o amigo, se fosse convidado à reforma. Gonçalves destruiu todo esse plano; logo cedo, foi levar-lhe o dinheiro. O primeiro gesto de Quintanilha foi recusá-lo, dizendo-lhe que o guardasse, podia precisar dele; o devedor teimou em pagar e pagou.

Quintanilha acompanhava os atos de Gonçalves; via a constância do seu trabalho, o zelo que ele punha na defesa das demandas, e vivia cheio de admiração. Realmente, não era grande advogado, mas na medida das suas habilitações, era distinto.

— Você por que não se casa? perguntou-lhe um dia; um advogado precisa casar.

Gonçalves respondia rindo. Tinha uma tia, única parenta, a quem ele queria muito, e que lhe morreu, quando eles iam em trinta anos. Dias depois, dizia ao amigo:

— Agora só me resta você.

Quintanilha sentiu os olhos molhados, e não achou que lhe respondesse. Quando se lembrou de dizer que "iria até à morte" era tarde. Redobrou então de carinhos, e um dia acordou com a idéia de fazer testamento. Sem revelar nada ao outro, nomeou-o testamenteiro e herdeiro universal.

— Guarde-me este papel, Gonçalves, disse-lhe entregando o testamento. Sinto-me forte, mas a morte é fácil, e não quero confiar a qualquer pessoa as minhas últimas vontades.

Foi por esse tempo que sucedeu um caso que vou contar.

Quintanilha tinha uma prima-segunda, Camila, moça de vinte e dois anos, modesta, educada e bonita. Não era rica; o pai, João Bastos, era guarda-livros de uma casa de café. Haviam brigado por ocasião da herança; mas, Quintanilha foi ao enterro da mulher de João Bastos, e este ato de piedade novamente os ligou. João Bastos esqueceu facilmente alguns nomes crus que dissera do primo, chamou-lhe outros nomes doces, e pediu-lhe que fosse jantar com ele. Quintanilha foi e tornou a ir. Ouviu ao primo o elogio da finada mulher; numa ocasião em que Camila os deixou sós, João Bastos louvou as raras prendas da filha, que afirmava haver recebido integralmente a herança moral da mãe.

— Não direi isto nunca à pequena, nem você lhe diga nada. É modesta, e, se começarmos a elogiá-la, pode perder-se. Assim, por exemplo, nunca lhe direi que é tão bonita como foi a mãe, quando tinha a idade dela; pode ficar vaidosa. Mas a verdade é que é mais, não lhe parece? Tem ainda o talento de tocar piano, que a mãe não possuía.

Quando Camila voltou à sala de jantar, Quintanilha sentiu vontade de lhe descobrir tudo, conteve-se e piscou o olho ao primo. Quis ouvi-la ao piano; ela respondeu, cheia de melancolia:

— Ainda não, há apenas um mês que mamãe faleceu, deixe passar mais tempo. Demais, eu toco mal.

— Mal?

— Muito mal.

Quintanilha tornou a piscar o olho ao primo, e ponderou à moça que a prova de tocar bem ou mal só se dava ao piano. Quanto ao prazo, era certo que apenas passara um mês; todavia era também certo que a música era uma distração natural e elevada. Além disso, bastava tocar um pedaço triste. João Bastos aprovou este modo de ver e lembrou uma composição elegíaca. Camila abanou a cabeça.

— Não, não, sempre é tocar piano; os vizinhos são capazes de inventar que eu toquei uma polca.

Quintanilha achou graça e riu. Depois concordou e esperou que os três meses fossem passados. Até lá, viu a prima algumas vezes, sendo as três últimas visitas mais próximas e longas. Enfim, pôde ouvi-la tocar piano, e gostou. O pai confessou que, ao princípio, não gostava muito daquelas músicas alemãs; com o tempo e o costume achou-lhes sabor. Chamava à filha "a minha alemãzinha", apelido que foi adotado por Quintanilha, apenas modificado para o plural: "a nossa alemãzinha". Pronomes possessivos dão intimidade; dentro em pouco, ela existia entre os três, — ou quatro, se contarmos Gonçalves, que ali foi apresentado pelo amigo; — mas fiquemos nos três.

Que ele é coisa já farejada por ti, leitor sagaz. Quintanilha acabou gostando da moça. Como não, se Camila tinha uns longos olhos mortais? Não é que os pousasse muita vez nele, e, se o fazia, era com tal ou qual constrangimento, a princípio, como as crianças que obedecem sem vontade às ordens do mestre ou do pai; mas pousava-os, e eles eram tais que, ainda sem intenção, feriam de morte. Também sorria com freqüência e falava com graça. Ao piano, e por mais aborrecida que tocasse, tocava bem. Em suma, Camila não faria obra de impulso próprio, sem ser por isso menos feiticeira. Quintanilha descobriu um dia de manhã que sonhara com ela a noite toda, e à noite que pensara nela todo o dia, e concluiu da descoberta que a amava e era amado. Tão tonto ficou que esteve prestes a imprimi-lo nas folhas públicas. Quando menos, quis dizê-lo ao amigo Gonçalves e correu ao escritório deste. A afeição de Quintanilha complicava-se de respeito e temor. Quase a abrir a boca, engoliu outra vez o segredo. Não ousou dizê-lo nesse dia nem no outro.

Antes dissesse; talvez fosse tempo de vencer a campanha. Adiou a revelação por uma semana. Um dia foi jantar com o amigo, e, depois de muitas hesitações, disse-lhe tudo; amava a prima e era amado.

— Você aprova, Gonçalves?

Gonçalves empalideceu, — ou, pelo menos, ficou sério; nele a seriedade confundia-se com a palidez. Mas, não; verdadeiramente ficou pálido.

— Aprova? repetiu Quintanilha.

Após alguns segundos, Gonçalves ia abrir a boca para responder, mas fechou-a de novo, e fitou os olhos "em ontem", como ele mesmo dizia de si, quando os estendia ao longe. Em vão Quintanilha teimou em saber o que era, o que pensava, se aquele amor era *asneira*. Estava tão acostumado a ouvir-lhe este vocábulo que já lhe não doía nem afrontava, ainda em matéria tão melindrosa e pessoal. Gonçalves tornou a si daquela meditação, sacudiu os ombros, com ar desenganado, e murmurou esta palavra tão surdamente que o outro mal a pôde ouvir:

— Não me pergunte nada; faça o que quiser.

— Gonçalves, que é isso? perguntou Quintanilha, pegando-lhe nas mãos, assustado.

Gonçalves soltou um grande suspiro, que, se tinha asas, ainda agora estará voando. Tal foi, sem esta forma paradoxal, a impressão de Quintanilha. O relógio da sala de jantar bateu oito horas, Gonçalves alegou que ia visitar um desembargador, e o outro despediu-se.

Na rua, Quintanilha parou atordoado. Não acabava de entender aqueles gestos, aquele suspiro, aquela palidez, todo o efeito misterioso da notícia dos seus amores. Entrara e falara, disposto a ouvir do outro um ou mais daqueles epítetos costumados e amigos, *idiota, crédulo, paspalhão*, e não ouviu nenhum. Ao contrário, havia nos gestos de Gonçalves alguma coisa que pegava com o respeito. Não se lembrava de nada, ao jantar, que pudesse tê-lo ofendido; foi só depois de lhe confiar o sentimento novo que trazia a respeito da prima que o amigo ficou acabrunhado.

— Mas, não pode ser, pensava ele; o que é que Camila tem que não possa ser boa esposa?

Nisto gastou, parado, defronte da casa, mais de meia hora. Advertiu então que Gonçalves não saíra. Esperou mais meia hora, nada. Quis entrar outra vez, abraçá-lo, interrogá-lo... Não teve forças; enfiou pela rua fora, desesperado. Chegou à casa de João Bastos, e não viu Camila; tinha-se recolhido, constipada. Queria justamente contar-lhe tudo, e aqui é preciso explicar que ele ainda não se havia declarado à prima. Os olhares da moça não fugiam dos seus; era tudo, e podia não passar de faceirice. Mas o lance não podia ser melhor para clarear a situação. Contando o que se passara com o amigo, tinha o ensejo de lhe fazer saber que a amava e ia pedi-la ao pai. Era uma consolação no meio daquela agonia, o acaso negou-lha, e Quintanilha saiu da casa, pior do que entrara. Recolheu-se à sua.

Não dormiu antes das duas horas da manhã, e não foi para repouso, senão para agitação maior e nova. Sonhou que ia a atravessar uma ponte velha e longa, entre duas montanhas, e a meio caminho viu surdir debaixo um vulto e fincar os pés defronte dele. Era Gonçalves. "Infame, disse este com os olhos acesos, por que me vens tirar a noiva de meu coração, a mulher

que eu amo e é minha? Toma, toma logo o meu coração, é mais completo."
E com um gesto rápido abriu o peito, arrancou o coração e meteu-lho na boca. Quintanilha tentou pegar da víscera amiga e repô-la no peito de Gonçalves; foi impossível. Os queixos acabaram por fechá-la. Quis cuspi-la, e foi pior; os dentes cravaram-se no coração. Quis falar, mas vá alguém falar com a boca cheia daquela maneira. Afinal o amigo ergueu os braços e estendeu-lhe as mãos com o gesto de maldição que ele vira nos melodramas, em dias de rapaz; logo depois, brotaram-lhe dos olhos duas imensas lágrimas, que encheram o vale de água, atirou-se abaixo e desapareceu. Quintanilha acordou sufocado.

A ilusão do pesadelo era tal que ele ainda levou as mãos à boca, para arrancar de lá o coração do amigo. Achou a língua somente, esfregou os olhos e sentou-se. Onde estava? Que era? E a ponte? E o Gonçalves? Voltou a si de todo, compreendeu e novamente se deitou, para outra insônia, menor que a primeira, é certo; veio a dormir às quatro horas.

De dia, rememorando toda a véspera, realidade e sonho, chegou à conclusão de que o amigo Gonçalves era seu rival, amava a prima dele, era talvez amado por ela... Sim, sim, podia ser. Quintanilha passou duas horas cruéis. Afinal pegou em si e foi ao escritório de Gonçalves, para saber tudo de uma vez; e, se fosse verdade, sim, se fosse verdade...

Gonçalves redigia umas razões de embargo. Interrompeu-as para fitá-lo um instante, erguer-se, abrir o armário de ferro, onde guardava os papéis graves, tirar de lá o testamento de Quintanilha, e entregá-lo ao testador.

— Que é isto?

— Você vai mudar de estado, respondeu Gonçalves, sentando-se à mesa.

Quintanilha sentiu-lhe lágrimas na voz; assim lhe pareceu, ao menos. Pediu-lhe que guardasse o testamento; era o seu depositário natural. Instou muito; só lhe respondia o som áspero da pena correndo no papel. Não corria bem a pena, a letra era tremida, as emendas mais numerosas que de costume, provavelmente as datas erradas. A consulta dos livros era feita com tal melancolia que entristecia o outro. Às vezes, parava tudo, pena e consulta, para só ficar o olhar fito "em ontem".

— Entendo, disse Quintanilha subitamente; ela será tua.

— Ela quem? quis perguntar Gonçalves, mas já o amigo voava, escada abaixo, como uma flecha, e ele continuou as suas razões de embargo.

Não se adivinha todo o resto; basta saber o final. Nem se adivinha nem se crê; mas a alma humana é capaz de esforços grandes, no bem como no mal. Quintanilha fez outro testamento, legando tudo à prima, com a condição de desposar o amigo. Camila não aceitou o testamento, mas ficou tão contente, quando o primo lhe falou das lágrimas de Gonçalves, que aceitou Gonçalves e as lágrimas. Então Quintanilha não achou melhor remédio que fazer terceiro testamento legando tudo ao amigo.

O final da história foi dito em latim. Quintanilha serviu de testemunha ao noivo, e de padrinho aos dois primeiros filhos. Um dia em que, levando doces para os afilhados, atravessava a praça Quinze de Novembro, recebeu uma bala revoltosa (1893) que o matou quase instantaneamente. Está enterrado no cemitério de S. João Batista; a sepultura é simples, a pedra tem um epitáfio que termina com esta pia frase: "Orai por ele!" É também o fecho da minha história. Orestes vive ainda, sem os remorsos do modelo grego. Pílades é agora o personagem mudo de Sófocles. Orai por ele!

Contrabandista

João Simões Lopes Neto

Batia nos noventa anos o corpo magro mas sempre teso do Jango Jorge, um que foi capitão duma maloca de contrabandistas que fez cancha nos banhados do Ibirocaí.

Esse gaúcho desabotinado levou a existência inteira a cruzar os campos da fronteira: à luz do sol, no desmaiado da lua, na escuridão das noites, na cerração das madrugadas...; ainda que chovesse reiúnos acolherados ou que ventasse como por alma de padre, nunca errou vau, nunca perdeu atalho, nunca desandou cruzada!...

Conhecia as querências, pelo faro: aqui era o cheiro do açouta-cavalo florescido, lá o dos trevais, o das guabirobas rasteiras, do capim-limão; pelo ouvido: aqui, cancha de graxains, lá os pastos que ensurdecem ou estalam no casco do cavalo; adiante, o chape-chape, noutro ponto, o areão. Até pelo gosto ele dizia a parada, porque sabia onde estavam águas salobres e águas leves, com sabor de barro ou sabendo a limo.

Tinha vindo das guerras do outro tempo; foi um dos que peleou na batalha de Ituzaingo; foi do esquadrão do general José de Abreu e sempre que falava do Anjo da Vitória ainda tirava o chapéu, numa braçada larga, como se cumprimentasse alguém de muito respeito, numa distância muito longe.

Foi sempre um gaúcho quebralhão, e despilchado sempre, por ser muito de mãos abertas.

Se numa mesa de primeira ganhava uma ponchada de balastracas, reunia a gurizada da casa, fazia — pi! pi! pi! pi! — como pra galinhas e semeava as moedas, rindo-se do formigueiro que a miuçalha formava, catando as pratas no terreiro.

Gostava de sentar um laçaço num cachorro, mas desses laçaços de apanhar a paleta à virilha, e puxado a valer, tanto, que o bicho que o tomava, ficando entupido de dor, e lombeando-se, depois de disparar um pouco é que gritava, num — caim! caim! caim! — de desespero.

Outras vezes dava-lhe para armar uma jantarola, e sobre o fim do festo, quando já estava tudo meio entropigaitado, puxava por uma ponta da toalha e lá vinha, de tirão seco, toda a traquitanda dos pratos e copos e garrafas e restos de comidas e caldas dos doces!...

Depois garganteava a chuspa e largava as onças pras unhas do bolicheiro, que aproveitava o vento e *le echaba cuentas de gran capitán*...

Era um pagodista!

Aqui há poucos anos — coitado — pousei no arranchamento dele. Casado ou doutro jeito, estava afamilhado. Não nos víamos desde muito tempo.

A dona da casa era uma mulher mocetona ainda, bem parecida e mui prazenteira; de filhos, uns três matalotes já emplumados e uma mocinha — pro caso, uma moça —, que era o — santo-antoninho-onde-te-porei! — daquela gente toda.

E era mesmo uma formosura; e prendada, mui habilidosa; tinha andado na escola e sabia botar os vestidos esquisitos das cidadãs da vila.

E noiva, casadeira, já era.

E deu o caso, que quando eu pousei, foi justo pelas vésperas do casamento; estavam esperando o noivo e o resto do enxoval dela.

O noivo chegou no outro dia, grande alegria; começaram os aprontamentos, e como me convidaram com gosto, fiquei pro festo.

O Jango Jorge saiu na madrugada seguinte, para ir buscar o tal enxoval da filha.

Aonde, não sei; parecia-me que aquilo devia ser feito em casa, à moda antiga, mas, como cada um manda no que é seu...

Fiquei verdeando, à espera, e fui dando um ajutório na matança dos leitões e no tiramento dos assados com couro.

Nesta terra do Rio Grande sempre se contrabandeou, desde em antes da tomada das Missões.

Contrabandista

Naqueles tempos o que se fazia era sem malícia, e mais por divertir e acoquinar as guardas do inimigo: uma partida de guascas montava a cavalo, entrava na Banda Oriental e arrebanhava uma ponta grande de eguariços, abanava o poncho e vinha a meia-rédea; apartava-se a potrada e largava-se o resto; os de lá faziam conosco a mesma cousa; depois era com gados, que se tocava a trote e galope, abandonando os assoleanos.

Isto se fazia por despique dos espanhóis e eles se pagavam desquitando-se do mesmo jeito.

Só se cuidava de negacear as guardas do Cerro Largo, em Santa Tecla, no Haedo... O mais, era várzea!

Depois veio a guerra das Missões; o governo começou a dar sesmarias e uns quantíssimos pesados foram-se arranchando por essas campanhas desertas. E cada um tinha que ser um rei pequeno... e agüentar-se com as balas, as lunares e os chifarotes que tinha em casa!...

Foi o tempo do manda-quem-pode!... E foi o tempo que o gaúcho, o seu cavalo e o seu facão, sozinhos, conquistaram e defenderam estes pagos!...

Quem governava aqui o continente era um chefe que se chamava o capitão-general; ele dava as sesmarias mas não garantia o pelego dos sesmeiros...

Vancê tome tenência e vá vendo como as cousas, por si mesmas, se explicam.

Naquela era, a pólvora era do el-rei nosso senhor e só por sua licença é que algum particular graúdo podia ter em casa um polvarim...

Também só na vila de Porto Alegre é que havia baralhos de jogar, que eram feitos só na fábrica do rei nosso senhor, e havia fiscal, sim, senhor, das cartas de jogar, e ninguém podia comprar senão dessas!

Por esses tempos antigos também o tal rei nosso senhor mandou botar pra fora os ourives da vila do Rio Grande e acabar com os lavrantes e prendistas dos outros lugares desta terra, só pra dar flux aos reinóis...

Agora imagine vancê se a gente lá de dentro podia andar com tantas etiquetas e pedindo louvado pra se defender, pra se divertir e pra luxar!... O tal rei nosso senhor não se enxergava, mesmo!...

E logo com quem!... Com a gauchada!...

Vai então, os estancieiros iam em pessoa ou mandavam ao outro lado, nos espanhóis, buscar pólvora e balas, pras pederneiras, cartas de jogo e prendas de ouro pras mulheres e preparos de prata pros arreios...; e ninguém pagava dízimos dessas cousas.

Às vezes lá voava pelos ares um cargueiro, com cangalhas e tudo, numa explosão de pólvora; doutras uma partilha de milicianos saía de atravessado e tomava conta de tudo, a couce d'arma: isto foi ensinando a escaramuçar com os golas-de-couro.

Nesse serviço foram-se aficionando alguns gaúchos: recebiam as encomendas e pra aproveitar a monção e não ir com os cargueiros debalde, levavam baeta, que vinha do reino, e fumo em corda, que vinha da Bahia, e algum porrão de canha. E faziam trocas, de elas por elas, quase.

Os paisanos das duas terras brigavam, mas os mercadores sempre se entendiam...

Isto veio mais ou menos assim até a guerra dos Farrapos; depois vieram as califórnias do Chico Pedro; depois a guerra do Rosas.

Aí inundou-se a fronteira da província de espanhóis e gringos emigrados.

A cousa então mudou de figura. A estrangeirada era mitrada, na regra, e foi quem ensinou a gente de cá a mergulhar e ficar de cabeça enxuta...; entrou nos homens a sedução de ganhar barato: bastava ser campeiro e destorcido. Depois, andava-se empandilhado, bem armado; podia-se às vezes dar um vareio nos milicos, ajustar contas com algum devedor de desaforos, aporrear algum subdelegado abelhudo...

Não se lidava com papéis nem contas de cousas: era só levantar os volumes, encangalhar, tocar e entregar!...

Quanta gauchagem leviana aparecia, encostava-se.

Rompeu a guerra do Paraguai.

O dinheiro do Brasil ficou muito caro: uma onça de ouro, que corria por trinta e dois, chegou a valer quarenta e seis mil-réis!... Imagine o que a estrangeirada bolou nas contas!...

Começou-se a cargueirear de um tudo: panos, águas de cheiro, armas, minigâncias, remédios, o diabo a quatro!... Era só pedir por boca!

Apareceram também os mascates de campanha, com baús encangalhados e canastras, que passavam pra lá vazios e voltavam cheios, desovar aqui...

Polícia pouca, fronteira aberta, direitos de levar couro e cabelo e nas coletarias umas papeladas cheias de benzeduras e rabioscas...

Ora... ora!... Passar bem, paisano!... A semente grelou e está a árvore ramalhuda, que vancê sabe, do contrabando de hoje.

O Jango Jorge foi maioral nesses estropícios. Desde moço. Até a hora da morte. Eu vi.

Contrabandista

Como disse, na madrugada vésp'ra do casamento o Jango Jorge saiu para ir buscar o enxoval da filha.

Passou o dia; passou a noite.

No outro dia, que era o do casamento, até de tarde, nada.

Havia na casa uma gentama convidada; da vila, vizinhos, os padrinhos, autoridades, moçada. Havia de se dançar três dias!... Corria o amargo e copinhos de licor de butiá.

Roncavam cordeonas no fogão, violas na ramada, uma caixa de música na sala.

Quase ao entrar do sol a mesa estava posta, vergando ao peso dos pratos enfeitados.

A dona da casa, por certo traquejada nessas bolandinas do marido, estava sossegada, ao menos ao parecer.

Às vezes mandava um dos filhos ver se o pai aparecia, na volta da estrada, encoberta por uma restinga fechada de arvoredo.

Surdiu dum quarto o noivo, todo no trinque, de colarinho duro e casaco de rabo. Houve caçoadas, ditérios, elogios.

Só faltava a noiva; mas essa não podia aparecer, por falta do seu vestido branco, dos seus sapatos brancos, do seu véu branco, das suas flores de laranjeira, que o pai fora buscar e ainda não trouxera.

As moças riam-se; as senhoras velhas cochichavam.

Entardeceu.

Nisto correu voz que a noiva estava chorando: fizemos uma algazarra e ela — tão boazinha! — veio à porta do quarto, bem penteada, ainda num vestidinho de chita de andar em casa, e pôs-se a rir pra nós, pra mostrar que estava contente.

A rir, sim, rindo na boca, mas também a chorar lágrimas grandes, que rolavam devagar nos olhos pestanudos...

E rindo e chorando estava, sem saber por quê... sem saber por que, rindo e chorando, quando alguém gritou do terreiro:

— Aí vem o Jango Jorge, com mais gente!...

Foi um vozerio geral; a moça porém ficou, como estava, no quadro da porta, rindo e chorando, cada vez menos sem saber por quê... pois o pai estava chegando e o seu vestido branco, o seu véu, as suas flores de noiva...

Era já fusco-fusco. Pegaram a acender as luzes.

E nesse mesmo tempo parava no terreiro a comitiva; mas num silêncio, tudo.

E o mesmo silêncio foi fechando todas as bocas e abrindo todos os olhos.

Então vimos os da comitiva descerem de um cavalo o corpo entregue de um homem, ainda de pala enfiado...

Ninguém perguntou nada, ninguém informou de nada; todos entenderam tudo...; que a festa estava acabada e a tristeza começada...

Levou-se o corpo pra sala da mesa, para o sofá enfeitado, que ia ser o trono dos noivos. Então um dos chegados disse:

— A guarda nos deu em cima... tomou os cargueiros... E mataram o capitão, porque ele avançou sozinho pra mula ponteira e suspendeu um pacote que vinha solto... e ainda o amarrou no corpo... Aí foi que o crivaram de balas... parado... Os ordinários!... Tivemos que brigar, pra tomar o corpo!

A sia-dona mãe da noiva levantou o balandrau do Jango Jorge e desamarrou o embrulho; abriu-o.

Era o vestido branco da filha, os sapatos brancos, o véu branco, as flores de laranjeira...

Tudo numa plastada de sangue... tudo manchado de vermelho, toda a alvura daquelas cousas bonitas como que bordada de colorado, num padrão esquisito, de feitios estrambólicos... como flores de cardo solferim esmagadas a casco de bagual!...

Então rompeu o choro na casa toda.

Negrinha

Monteiro Lobato

Negrinha era uma pobre órfã de sete anos. Preta? Não; fusca, mulatinha escura, de cabelos ruços e olhos assustados.

Nascera na senzala, de mãe escrava, e seus primeiros anos vivera-os pelos cantos escuros da cozinha, sobre velha esteira e trapos imundos. Sempre escondida, que a patroa não gostava de crianças.

Excelente senhora, a patroa. Gorda, rica, dona do mundo, amimada dos padres, com lugar certo na igreja e camarote de luxo reservado no céu. Entaladas as banhas no trono (uma cadeira de balanço na sala de jantar), ali bordava, recebia as amigas e o vigário, dando audiências, discutindo o tempo. Uma virtuosa senhora em suma — "dama de grandes virtudes apostólicas, esteio da religião e da moral", dizia o reverendo.

Ótima, a dona Inácia.

Mas não admitia choro de criança. Ai! Punha-lhe os nervos em carne viva. Viúva sem filhos, não a calejara o choro da carne de sua carne, e por isso não suportava o choro da carne alheia. Assim, mal vagia, longe, na cozinha, a triste criança, gritava logo nervosa:

— Quem é a peste que está chorando aí?

Quem havia de ser? A pia de lavar pratos? O pilão? O forno? A mãe da criminosa abafava a boquinha da filha e afastava-se com ela para os fundos do quintal, torcendo-lhe em caminho beliscões de desespero.

— Cale a boca, diabo!

No entanto, aquele choro nunca vinha sem razão. Fome quase sempre, ou frio, desses que entanguem pés e mãos e fazem-nos doer...

Assim cresceu Negrinha — magra, atrofiada, com os olhos eternamente assustados. Órfã aos quatro anos, por ali ficou feito gato sem dono, levada a pontapés. Não compreendia a idéia dos grandes. Batiam-lhe sempre, por ação ou omissão. A mesma coisa, o mesmo ato, a mesma palavra provocava ora risadas, ora castigos. Aprendeu a andar, mas quase não andava. Com pretextos de que às soltas reinaria no quintal, estragando as plantas, a boa senhora punha-a na sala, ao pé de si, num desvão da porta.

— Sentadinha aí, e bico, hein?

Negrinha imobilizava-se no canto, horas e horas.

— Braços cruzados, já, diabo!

Cruzava os bracinhos a tremer, sempre com o susto nos olhos. E o tempo corria. E o relógio batia uma, duas, três, quatro, cinco horas — um cuco tão engraçadinho! Era seu divertimento vê-lo abrir a janela e cantar as horas com a bocarra vermelha, arrufando as asas. Sorria-se então por dentro, feliz um instante.

Puseram-na depois a fazer crochê, e as horas se lhe iam a espichar trancinhas sem fim.

Que idéia faria de si essa criança que nunca ouvira uma palavra de carinho? Pestinha, diabo, coruja, barata descascada, bruxa, pata-choca, pinto gorado, mosca-morta, sujeira, bisca, trapo, cachorrinha, coisa-ruim, lixo — não tinha conta o número de apelidos com que a mimoseavam. Tempo houve em que foi a *bubônica*. A epidemia andava na berra, como a grande novidade, e Negrinha viu-se logo apelidada assim — por sinal que achou linda a palavra. Perceberam-no e suprimiram-na da lista. Estava escrito que não teria um gostinho só na vida — nem esse de personalizar a peste...

O corpo de Negrinha era tatuado de sinais, cicatrizes, vergões. Batiam nele os da casa todos os dias, houvesse ou não houvesse motivo. Sua pobre carne exercia para os cascudos, cocres e beliscões a mesma atração que o ímã exerce para o aço. Mãos em cujos nós de dedos comichasse um cocre, era mão que se descarregaria dos fluidos em sua cabeça. De passagem. Coisa de rir e ver a careta...

A excelente dona Inácia era mestra na arte de judiar de crianças. Vinha da escravidão, fora senhora de escravos — e daquelas ferozes, amigas de ouvir cantar o bolo e estalar o bacalhau. Nunca se afizera ao regime novo — essa indecência de negro igual a branco e qualquer coisinha: a polícia! "Qualquer

Negrinha

coisinha": uma mucama assada ao forno porque se engraçou dela o senhor; uma novena de relho porque disse: "Como é ruim, a sinhá!"...

O 13 de Maio tirou-lhe das mãos o azorrague, mas não lhe tirou da alma a gana. Conservava Negrinha em casa como remédio para os frenesis. Inocente derivativo:

— Ai! Como alivia a gente uma boa roda de cocres bem fincados!...

Tinha de contentar-se com isso, judiaria miúda, os níqueis da crueldade. Cocres: mão fechada com raiva e nós de dedos que cantam no coco do paciente. Puxões de orelha: o torcido, de despegar a concha (bom! bom! bom! gostoso de dar) e o a duas mãos, o sacudido. A gama inteira dos beliscões: do miudinho, com a ponta da unha, à torcida do umbigo, equivalente ao puxão de orelha. A esfregadela: roda de tapas, cascudos, pontapés e safanões a uma — divertidíssimo! A vara de marmelo, flexível, cortante: para "doer fino" nada melhor!

Era pouco, mas antes isso do que nada. Lá de quando em quando vinha um castigo maior para desobstruir o fígado e matar as saudades do bom tempo. Foi assim com aquela história do ovo quente.

Não sabem! Ora! Uma criada nova furtara do prato de Negrinha — coisa de rir — um pedacinho de carne que ela vinha guardando para o fim. A criança não sofreou a revolta — atirou-lhe um dos nomes com que a mimoseavam todos os dias.

— "Peste?" Espere aí! Você vai ver quem é peste — e foi contar o caso à patroa.

Dona Inácia estava azeda, necessitadíssima de derivativos. Sua cara iluminou-se.

— Eu curo ela! — disse, e desentalando do trono as banhas foi para a cozinha, qual perua choca, a rufar as saias.

— Traga um ovo.

Veio o ovo. Dona Inácia mesmo pô-lo na água a ferver; e de mãos à cinta, gozando-se na prelibação da tortura, ficou de pé uns minutos, à espera. Seus olhos contentes envolviam a mísera criança que, encolhidinha a um canto, aguardava trêmula alguma coisa de nunca visto. Quando o ovo chegou a ponto, a boa senhora chamou:

— Venha cá!

Negrinha aproximou-se.

— Abra a boca!

Negrinha abriu a boca, como o cuco, e fechou os olhos. A patroa, então, com uma colher, tirou da água "pulando" o ovo e *zás!* na boca da pequena. E antes que o urro de dor saísse, suas mãos amordaçaram-na até que o ovo arrefecesse. Negrinha urrou surdamente, pelo nariz. Esperneou. Mas só. Nem os vizinhos chegaram a perceber aquilo. Depois:

— Diga nomes feios aos mais velhos outra vez, ouviu, peste?

E a virtuosa dama voltou contente da vida para o trono, a fim de receber o vigário que chegava.

— Ah, monsenhor! Não se pode ser boa nesta vida... Estou criando aquela pobre órfã, filha da Cesária — mas que trabalheira me dá!

— A caridade é a mais bela das virtudes cristãs, minha senhora — murmurou o padre.

— Sim, mas cansa...

— Quem dá aos pobres empresta a Deus.

A boa senhora suspirou resignadamente.

— Inda é o que vale...

Certo dezembro vieram passar as férias com *Santa* Inácia duas sobrinhas suas, pequenotas, lindas meninas louras, ricas, nascidas e criadas em ninho de plumas.

Do seu canto na sala do trono, Negrinha viu-as irromperem pela casa como dois anjos do céu — alegres, pulando e rindo com a vivacidade de cachorrinhos novos. Negrinha olhou imediatamente para a senhora, certa de vê-la armada para desferir contra os anjos invasores o raio dum castigo tremendo.

Mas abriu a boca: a sinhá ria-se também... Quê? Pois não era crime brincar? Estaria tudo mudado — e findo o seu inferno — e aberto o céu? No enlevo da doce ilusão, Negrinha levantou-se e veio para a festa infantil, fascinada pela alegria dos anjos.

Mas a dura lição da desigualdade humana lhe chicoteou a alma. Beliscão no umbigo, e nos ouvidos, o som cruel de todos os dias: "Já para o seu lugar, pestinha! Não se enxerga?"

Com lágrimas dolorosas, menos de dor física que de angústia moral — sofrimento novo que se vinha acrescer aos já conhecidos — a triste criança encorujou-se no cantinho de sempre.

— Quem é, titia? — perguntou uma das meninas, curiosa.

— Quem há de ser? — disse a tia, num suspiro de vítima. — Uma caridade minha. Não me corrijo, vivo criando essas pobres de Deus... Uma órfã. Mas brinquem, filhinhas, a casa é grande, brinquem por aí afora.

— Brinquem! Brincar! Como seria bom brincar! — refletiu com suas lágrimas, no canto, a dolorosa martirzinha, que até ali só brincara em imaginação com o cuco.

Chegaram as malas e logo:

— Meus brinquedos! — reclamaram as duas meninas.
Uma criada abriu-as e tirou os brinquedos.
Que maravilha! Um cavalo de pau!... Negrinha arregalava os olhos. Nunca imaginara coisa assim tão galante. Um cavalinho! E mais... Que é aquilo? Uma criancinha de cabelos amarelos... que falava "mamã"... que dormia...

Era de êxtase o olhar de Negrinha. Nunca vira uma boneca e nem sequer sabia o nome desse brinquedo. Mas compreendeu que era uma criança artificial.

— É feita?... — perguntou, extasiada.

E dominada pelo enlevo, num momento em que a senhora saiu da sala a providenciar sobre a arrumação das meninas, Negrinha esqueceu o beliscão, o ovo quente, tudo, e aproximou-se da criatura de louça. Olhou-a com assombrado encanto, sem jeito, sem ânimo de pegá-la.

As meninas admiraram-se daquilo.

— Nunca viu boneca?

— Boneca? — repetiu Negrinha. — Chama-se Boneca?

Riram-se as fidalgas de tanta ingenuidade.

— Como é boba! — disseram. — E você como se chama?

— Negrinha.

As meninas novamente torceram-se de riso; mas vendo que o êxtase da bobinha perdurava, disseram, apresentando-lhe a boneca:

— Pegue!

Negrinha olhou para os lados, ressabiada, com o coração aos pinotes. Que ventura, santo Deus! Seria possível? Depois pegou a boneca. E muito sem jeito, como quem pega o Senhor menino, sorria para ela e para as meninas, com assustados relanços de olhos para a porta. Fora de si, literalmente... era como se penetrara no céu e os anjos a rodeassem, e um filhinho de anjo lhe tivesse vindo adormecer ao colo. Tamanho foi o seu enlevo que não viu chegar a patroa, já de volta. Dona Inácia entreparou, feroz, e esteve uns instantes assim, apreciando a cena.

Mas era tal a alegria das hóspedes ante a surpresa extática de Negrinha, e tão grande a força irradiante da felicidade desta, que o seu duro coração afinal bambeou. E pela primeira vez na vida foi mulher. Apiedou-se.

Ao percebê-la na sala Negrinha havia tremido, passando-lhe num relance pela cabeça a imagem do ovo quente e hipóteses de castigos ainda piores. E incoercíveis lágrimas de pavor assomaram-lhe aos olhos.

Falhou tudo isso, porém. O que sobreveio foi a coisa mais inesperada do mundo — estas palavras, as primeiras que ela ouviu, doces, na vida:

— Vão todas brincar no jardim, e vá você também, mas veja lá, hein?

Negrinha ergueu os olhos para a patroa, olhos ainda de susto e terror. Mas não viu mais a fera antiga. Compreendeu vagamente e sorriu.

Se alguma vez a gratidão sorriu na vida, foi naquela surrada carinha...

Varia a pele, a condição, mas a alma da criança é a mesma — na princesinha e na mendiga. E para ambos é a boneca o supremo enlevo. Dá a natureza dois momentos divinos à vida da mulher: o momento da boneca — preparatório —, e o momento dos filhos — definitivo. Depois disso, está extinta a mulher.

Negrinha, coisa humana, percebeu nesse dia da boneca que tinha uma alma. Divina eclosão! Surpresa maravilhosa do mundo que trazia em si e que desabrochava, afinal, como fulgurante flor de luz. Sentiu-se elevada à altura de ente humano. Cessara de ser coisa — e doravante ser-lhe-ia impossível viver a vida de coisa. Se não era coisa! Se sentia! Se vibrava!

Assim foi — e essa consciência a matou.

Terminadas as férias, partiram as meninas levando consigo a boneca, e a casa voltou ao ramerrão habitual. Só não voltou a si Negrinha. Sentia-se outra, inteiramente transformada.

Dona Inácia, pensativa, já a não atazanava tanto, e na cozinha uma criada nova, boa de coração, amenizava-lhe a vida.

Negrinha, não obstante, caíra numa tristeza infinita. Mal comia e perdera a expressão de susto que tinha nos olhos. Trazia-os agora nostálgicos, cismarentos.

Aquele dezembro de férias, luminosa rajada de céu trevas adentro do seu doloroso inferno, envenenara-a.

Brincara ao sol, no jardim. Brincara!... Acalentara, dias seguidos, a linda boneca loura, tão boa, tão quieta, a dizer mamã, a cerrar os olhos para dormir. Vivera realizando sonhos da imaginação. Desabrochara-se de alma.

Morreu na esteirinha rota, abandonada de todos, como um gato sem dono. Jamais, entretanto, ninguém morreu com maior beleza. O delírio rodeou-a de bonecas, todas louras, de olhos azuis. E de anjos... E bonecas e anjos remoinhavam-lhe em torno, numa farândola do céu. Sentia-se agarrada por aquelas mãozinhas de louça — abraçada, rodopiada.

Veio a tontura; uma névoa envolveu tudo. E tudo regirou em seguida, confusamente, num disco. Ressoaram vozes apagadas, longe, e pela última vez o cuco lhe apareceu de boca aberta.

Mas, imóvel, sem rufar as asas.

Foi-se apagando. O vermelho da goela desmaiou...

E tudo se esvaiu em trevas.

Depois, vala comum. A terra papou com indiferença aquela carnezinha de terceira — uma miséria, trinta quilos mal pesados...

E de Negrinha ficaram no mundo apenas duas impressões. Uma cômica, na memória das meninas ricas.

— "Lembras-te daquela bobinha da titia, que nunca vira boneca?"

Outra de saudade, no nó dos dedos de dona Inácia.

— "Como era boa para um cocre!..."

Galinha cega

João Alphonsus

Na manhã sadia, o homem de barbas poentas, entronado na carrocinha, aspirou forte. O ar passava lhe dobrando o bigode ríspido como a um milharal. Berrou arrastadamente o pregão molengo:

— Frangos BONS E BARATOS!

Com as cabeças de mártires obscuros enfiadas na tela de arame os bichos piavam num protesto. Não eram bons. Nem mesmo baratos. Queriam apenas que os soltassem. Que lhes devolvessem o direito de continuar ciscando no terreiro amplo e longe.

— Psiu!

Foi o cavalo que ouviu e estacou, enquanto o seu dono terminava o pregão. Um bruto homem de barbas brancas na porta de um barracão chamava o vendedor cavando o ar com o braço enorme.

Quanto? Tanto. Mas puseram-se a discutir exaustivamente os preços. Não queriam por nada chegar a um acordo. O vendedor era macio. O comprador brusco.

— Olhe esta franguinha branca. Então não vale?

— Está gordota... E que bonitos olhos ela tem. Pretotes... Vá lá!

O homem de barbas poentas entronou-se de novo e persistiu em gritar pela rua que despertava:

— Frangos BONS E BARATOS!

Carregando a franga, o comprador satisfeito penetrou no barracão.

— Olha, Inácia, o que eu comprei.

A mulher tinha um eterno descontentamento escondido nas rugas. Permaneceu calada.

— Olha os olhos. Pretotes...

— É.

— Gostei dela e comprei. Garanto que vai ser uma boa galinha.

— É.

No terreiro, sentindo a liberdade que retornava, a franga agitou as penas e começou a catar afobada os bagos de milho que o novo dono lhe atirava divertidíssimo.

* * *

A rua era suburbana, calada, sem movimento. Mas no alto da colina dominando a cidade que se estendia lá embaixo cheia de árvores no dia e de luzes na noite. Perto havia moitas de pitangueiras a cuja sombra os galináceos podiam flanar à vontade e dormir a sesta.

A franga não notou grande diferença entre a sua vida atual e a que levava em seu torrão natal distante. Muito distante. Lembrava-se vagamente de ter sido embalaiada com companheiros mal-humorados. Carregaram os balaios a trouxe-mouxe para um galinheiro sobre rodas, comprido e distinto, mas sem poleiros. Houve um grito lá fora, lancinante, formidável. As paisagens começaram a correr nas grades, enquanto o galinheiro todo se agitava, barulhando e rangendo por baixo. Rolos de fumo rolavam com um cheiro paulificante. De longe em longe as paisagens paravam. Mas novo grito e elas de novo a correr. Na noitinha sumiram-se as paisagens e apareceram fagulhas. Um fogo de artifício como nunca vira. Aliás ela nunca tinha visto um fogo de artifício. Que lindo, que lindo. Adormecera numa enjoada madorna...

Viera depois outro dia de paisagens que tinham pressa. Dia de sede e fome.

Agora a vida voltava a ser boa. Não tinha saudades do torrão natal. Possuía o bastante para sua felicidade: liberdade e milho. Só o galo é que às vezes vinha perturbá-la incompreensivelmente. Já lá vinha ele, bem elegante, com plumas, forte, resoluto. Já lá vinha. Não havia dúvida que era bem bonito. Já lá vinha... Sujeito cacete.

O galo — có, có, có — có, có, có — rodeou-a, abriu a asa, arranhou as penas com as unhas. Embarafustaram pelo mato numa carreira doida. E ela teve a revelação do lado contrário da vida. Sem grande contrariedade a não ser o propósito inconscientemente feminino de se esquivar, querendo e não querendo.

João Alphonsus

* * *

— A melhor galinha, Inácia! Boa à beça!
— Não sei por quê.
— Você sempre besta! Pois eu sei...
— Besta! besta, hein?
— Desculpe, Inácia. Foi sem querer. Também você sabe que eu gosto da galinha e fica me amolando.
— Besta é você!
— Eu sei que eu sou.

* * *

Ao ruído do milho se espalhando na terra, a galinha lá foi correndo defender o seu quinhão, e os olhos do dono descansaram em suas penas brancas, no seu porte firme, com ternura. E os olhos notaram logo a anormalidade. A branquinha — era o nome que o dono lhe botara — bicava o chão doidamente e raro alcançava um grão. Bicava quase sempre a uma pequena distância de cada bago de milho e repetia o golpe, repetia com desespero, até catar um grão que nem sempre era aquele que visava.

O dono correu atrás de sua branquinha, agarrou-a, lhe examinou os olhos. Estavam direitinhos, graças a Deus, e muito pretos. Soltou-a no terreiro e lhe atirou mais milho. A galinha continuou a bicar o chão desorientada. Atirou ainda mais, com paciência, até que ela se fartasse. Mas não conseguiu com o gasto de milho, de que as outras se aproveitaram, atinar com a origem daquela desorientação. Que é que seria aquilo, meu Deus do céu. Se fosse efeito de uma pedrada na cabeça e se soubesse quem havia mandado a pedra, algum moleque da vizinhança, ai... Nem por sombra imaginou que era a cegueira irremediável que principiava.

Também a galinha, coitada, não compreendia nada, absolutamente nada daquilo. Por que não vinham mais os dias luminosos em que procurava a sombra das pitangueiras? Sentia ainda o calor do sol, mas tudo quase sempre tão escuro. Quase que já não sabia onde é que estava a luz, onde é que estava a sombra.

Foi assim que, certa madrugada, quando abriu os olhos, abriu sem ver coisa alguma. Tudo em redor dela estava preto. Era só ela, pobre, indefesa galinha, dentro do infinitamente preto; perdida dentro do inexistente, pois que o mundo desaparecera e só ela existia inexplicavelmente dentro da sombra do nada. Estava ainda no poleiro. Ali se anularia, quietinha, se fanando quase sem sofrimento, porquanto a admirável clarividência dos seus

Galinha cega

instintos não podia conceber que ela estivesse viva e obrigada a viver, quando o mundo em redor se havia sumido.

Porém, suprema crueldade, os outros sentidos estavam atentos e fortes no seu corpo. Ouviu que as outras galinhas desciam do poleiro cantando alegremente. Ela, coitada, armou um pulo no vácuo e foi cair no chão invisível, tocando-o com o bico, pés, peito, o corpo todo. As outras cantavam. Espichava inutilmente o pescoço para passar além da sombra. Queria ver, queria ver! Para depois cantar.

As mãos carinhosas do dono suspenderam-na do chão.

— A coitada está cega, Inácia! Cega!

— É.

Nos olhos raiados de sangue do carroceiro (ele era carroceiro) boiavam duas lágrimas enormes.

* * *

Religiosamente, pela manhãzinha, ele dava milho na mão para a galinha cega. As bicadas tontas, de violentas, faziam doer a palma da mão calosa. E ele sorria. Depois a conduzia ao poço, onde ela bebia com os pés dentro da água. A sensação direta da água nos pés lhe anunciava que era hora de matar a sede; curvava o pescoço rapidamente, mas nem sempre apenas o bico atingia a água: muita vez, no furor da sede longamente guardada, toda a cabeça mergulhava no líquido, e ela a sacudia, assim molhada, no ar. Gotas inúmeras se espargiam nas mãos e no rosto do carroceiro agachado junto do poço. Aquela água era como uma bênção para ele. Como a água benta, com que um Deus misericordioso e acessível aspergisse todas as dores animais. Bênção, água benta, ou coisa parecida: uma impressão de doloroso triunfo, de sofredora vitória sobre a desgraça inexplicável, injustificável, na carícia dos pingos de água, que não enxugava e lhe secavam lentamente na pele. Impressão, aliás, algo confusa, sem requintes psicológicos e sem literatura.

Depois de satisfeita a sede, ele a colocava no pequeno cercado de tela separado do terreiro (as outras galinhas martirizavam muito a branquinha) que construíra especialmente para ela. De tardinha dava-lhe outra vez milho e água, e deixava a pobre cega num poleiro solitário, dentro do cercado.

Porque o bico e as unhas não mais catassem e ciscassem, puseram-se a crescer. A galinha ia adquirindo um aspecto irrisório de rapace, ironia do destino, o bico recurvo, as unhas aduncas. E tal crescimento já lhe atrapalhava os passos, lhe impedia de comer e beber. Ele notou mais essa miséria e, de vez em quando, com a tesoura, aparava o excesso de substância córnea no serzinho desgraçado e querido.

João Alphonsus

* * *

Entretanto, a galinha já se sentia de novo quase feliz. Tinha delidas lembranças da claridade sumida. No terreiro plano ela podia ir e vir à vontade até topar a tela de arame, e abrigar-se do sol debaixo do seu poleiro solitário. Ainda tinha liberdade — o pouco de liberdade necessário à sua cegueira. E milho. Não compreendia nem procurava compreender aquilo. Tinham soprado a lâmpada e acabou-se. Quem tinha soprado não era da conta dela. Mas o que lhe doía fundamente era já não poder ver o galo de plumas bonitas. E não sentir mais o galo perturbá-la com o seu có-có-có malicioso. O ingrato.

* * *

Em determinadas tardes, na ternura crescente do parati, ele pegava a galinha, após dar-lhe comida e bebida, se sentava na porta do terreiro e começava a niná-la com a voz branda, comovida:
— Coitadinha da minha ceguinha!
— Tadinha da ceguinha...
Depois, já de noite, ia botá-la no poleiro solitário.

* * *

De repente os acontecimentos se precipitaram.

* * *

— Entra!
— Centra!
A meninada ria a maldade atávica no gozo do futebol originalíssimo. A galinha se abandonava sem protesto na sua treva à mercê dos chutes. Ia e vinha. Os meninos não chutavam com tanta força como a uma bola, mas chutavam, e gozavam a brincadeira.

O carroceiro não quis saber por que é que a sua ceguinha estava no meio da rua. Avançou como um possesso com o chicote que assoviou para atingir umas nádegas tenras. Zebrou carnes nos estalos da longa tira de sola. O grupo de guris se dispersou em prantos, risos, insultos pesados, revolta.

* * *

— Você chicoteou o filho do delegado. Vamos à delegacia.

* * *

Galinha cega

Quando saiu do xadrez, na manhã seguinte, levava um nó na garganta. Rubro de raiva impotente. Foi quase que correndo para casa.

— Onde está a galinha, Inácia?

— Vai ver.

Encontrou-a no terreirinho, estirada, morta! Por todos os lados havia penas arrancadas, mostrando que a pobre se debatera, lutara contra o inimigo, antes deste abrir-lhe o pescoço, onde existiam coágulos de sangue...

Era tão trágico o aspecto do marido que os olhos da mulher se esbugalharam de pavor.

— Não fui eu não! Com certeza um gambá!

— Você não viu?

— Não acordei! Não pude acordar!

Ele mandou a enorme mão fechada contra as rugas dela. A velha tombou nocaute, mas sem aguardar a contagem dos pontos escapuliu para a rua gritando: — Me acudam!

* * *

Quando de novo saiu do xadrez, na manhã seguinte, tinha açambarcado todas as iras do mundo. Arquitetava vinganças tremendas contra o gambá. Todo gambá é pau-d'água. Deixaria uma gamela com cachaça no terreiro. Quando o bichinho se embriagasse, havia de matá-lo aos poucos. De-va-ga-ri-nho. GOSTOSAMENTE.

* * *

De noite preparou a esquisita armadilha e ficou esperando. Logo pelas 20 horas o sono chegou. Cansado da insônia no xadrez, ele não resistiu. Mas acordou justamente na hora precisa, necessária. À porta do galinheiro, ao luar leitoso, junto à mancha redonda da gamela, tinha outra mancha escura que se movia dificilmente.

Foi se aproximando sorrateiro, traiçoeiro, meio agachado, examinando em olhadas rápidas o terreno em volta, as possibilidades de fuga do animal, para destruí-las de pronto, se necessário. O gambá fixou-o com os olhos espertos e inocentes, e começou a rir:

— Kiss! kiss! kiss!

(Se o gambá fosse inglês com certeza estaria pedindo beijos. Mas não era. No mínimo estava comunicando que houvera querido alguma coisa. Comer galinhas por exemplo. Bêbado.)

O carroceiro examinou o bichinho curiosamente. O luar, que favorece os surtos de raposas e gambás nos galinheiros, era esplêndido. Mas apenas tocou-o de leve com o pé, já simpatizado:

— Vai embora, seu tratante!

O gambá foi indo tropegamente. Passou por baixo da tela e parou olhando para a lua. Se sentia imensamente feliz o bichinho e começou a cantarolar imbecilmente, como qualquer criatura humana:

— *A lua como um balão balança!*
A lua como um balão balança!
A lua como um bal...

E adormeceu de súbito debaixo de uma pitangueira.

Gaetaninho

Alcântara Machado

— Xi, Gaetaninho, como é bom!

Gaetaninho ficou banzando bem no meio da rua. O Ford quase o derrubou e ele não viu o Ford. O carroceiro disse um palavrão e ele não ouviu o palavrão.

— Eh! Gaetaninho! Vem pra dentro.

Grito materno sim: até filho surdo escuta. Virou o rosto tão feio de sardento, viu a mãe e viu o chinelo.

— *Subito!*

Foi-se chegando devagarinho, devagarinho. Fazendo beicinho. Estudando o terreno. Diante da mãe e do chinelo parou. Balançou o corpo. Recurso de campeão de futebol. Fingiu tomar a direita. Mas deu meia-volta instantânea e varou pela esquerda porta adentro.

Eta salame de mestre!

Ali na Rua Oriente a ralé quando muito andava de bonde. De automóvel ou carro só mesmo em dia de enterro. De enterro ou de casamento. Por isso mesmo o sonho de Gaetaninho era de realização muito difícil. Um sonho.

O Beppino por exemplo. O Beppino naquela tarde atravessara de carro a cidade. Mas como? Atrás da Tia Peronetta que se mudava para o Araçá. Assim também não era vantagem.

Mas se era o único meio? Paciência.

Gaetaninho enfiou a cabeça embaixo do travesseiro.

Que beleza, rapaz! Na frente quatro cavalos pretos empenachados levavam a Tia Filomena para o cemitério. Depois o padre. Depois o Savério noivo dela de lenço nos olhos. Depois ele. Na boléia do carro. Ao lado do cocheiro. Com a roupa marinheira e o gorro branco onde se lia: ENCOURAÇADO SÃO PAULO. Não. Ficava mais bonito de roupa marinheira mas com a palhetinha nova que o irmão lhe trouxera da fábrica. E ligas pretas segurando as meias. Que beleza, rapaz! Dentro do carro o pai, os dois irmãos mais velhos (um de gravata vermelha, outro de gravata verde) e o padrinho Seu Salomone. Muita gente nas calçadas, nas portas e nas janelas dos palacetes, vendo o enterro. Sobretudo admirando o Gaetaninho.

Mas Gaetaninho ainda não estava satisfeito. Queria ir carregando o chicote. O desgraçado do cocheiro não queria deixar. Nem por um instantinho só.

Gaetaninho ia berrar mas a Tia Filomena com a mania de cantar o "Ahi, Mari!" todas as manhãs o acordou.

Primeiro ficou desapontado. Depois quase chorou de ódio.

Tia Filomena teve um ataque de nervos quando soube do sonho de Gaetaninho. Tão forte que ele sentiu remorsos. E para sossego da família alarmada com o agouro tratou logo de substituir a tia por outra pessoa numa nova versão de seu sonho. Matutou, matutou, e escolheu o acendedor da Companhia de Gás, Seu Rubino, que uma vez lhe deu um cocre danado de doído.

Os irmãos (esses) quando souberam da história resolveram arriscar de sociedade quinhentão no elefante. Deu a vaca. E eles ficaram loucos de raiva por não haverem logo adivinhado que não podia deixar de dar a vaca mesmo.

O jogo na calçada parecia de vida ou morte. Muito embora Gaetaninho não estava ligando.

— Você conhecia o pai do Afonso, Beppino?

— Meu pai deu uma vez na cara dele.

— Então você não vai amanhã no enterro. Eu vou!

O Vicente protestou indignado:

— Assim não jogo mais! O Gaetaninho está atrapalhando!

Gaetaninho voltou para o seu posto de guardião. Tão cheio de responsabilidades.

O Nino veio correndo com a bolinha de meia. Chegou bem perto. Com o tronco arqueado, as pernas dobradas, os braços estendidos, as mãos abertas, Gaetaninho ficou pronto para a defesa.

— Passa pro Beppino!

Beppino deu dois passos e meteu o pé na bola. Com todo o muque. Ela cobriu o guardião sardento e foi parar no meio da rua.

— Vá dar tiro no inferno!

— Cala a boca, palestrino!

— Traga a bola!

Gaetaninho saiu correndo. Antes de alcançar a bola um bonde o pegou. Pegou e matou.

No bonde vinha o pai do Gaetaninho.

A gurizada assustada espalhou a notícia na noite.

— Sabe o Gaetaninho?

— Que é que tem?

— Amassou o bonde!

A vizinhança limpou com benzina suas roupas domingueiras.

Às dezesseis horas do dia seguinte saiu um enterro da Rua do Oriente e Gaetaninho não ia na boléia de nenhum dos carros do acompanhamento. Ia no da frente dentro de um caixão fechado com flores pobres por cima. Vestia a roupa marinheira, tinha as ligas, mas não levava a palhetinha.

Quem na boléia de um dos carros do cortejo mirim exibia soberbo terno vermelho que feria a vista da gente era o Beppino.

Baleia

Graciliano Ramos

A cachorra Baleia estava para morrer. Tinha emagrecido, o pêlo caíra-lhe em vários pontos, as costelas avultavam num fundo róseo, onde manchas escuras supuravam e sangravam, cobertas de moscas. As chagas da boca e a inchação dos beiços dificultavam-lhe a comida e a bebida.

Por isso Fabiano imaginara que ela estivesse com um princípio de hidrofobia e amarrara-lhe no pescoço um rosário de sabugos de milho queimados. Mas Baleia, sempre de mal a pior, roçava-se nas estacas do curral ou metia-se no mato, impaciente, enxotava os mosquitos sacudindo as orelhas murchas, agitando a cauda pelada e curta, grossa na base, cheia de roscas, semelhante a uma cauda de cascavel.

Então Fabiano resolveu matá-la. Foi buscar a espingarda de pederneira, lixou-a, limpou-a com o saca-trapo e fez tenção de carregá-la bem para a cachorra não sofrer muito.

Sinhá Vitória fechou-se na camarinha, rebocando os meninos assustados, que adivinhavam desgraça e não se cansavam de repetir a mesma pergunta:

— Vão bulir com a Baleia?

Tinham visto o chumbeiro e o polvarinho, os modos de Fabiano afligiam-nos, davam-lhes a suspeita de que Baleia corria perigo.

Ela era como uma pessoa da família: brincavam juntos os três, para bem dizer não se diferençavam, rebolavam na areia do rio e no estrume fofo que ia subindo, ameaçava cobrir o chiqueiro das cabras.

Baleia

Quiseram mexer na taramela e abrir a porta, mas Sinhá Vitória levou-os para a cama de varas, deitou-os e esforçou-se por tapar-lhes os ouvidos: prendeu a cabeça do mais velho entre as coxas e espalmou as mãos nas orelhas do segundo. Como os pequenos resistissem, aperreou-se e tratou de subjugá-los, resmungando com energia.

Ela também tinha o coração pesado, mas resignava-se: naturalmente a decisão de Fabiano era necessária e justa. Pobre da Baleia.

Escutou, ouviu o rumor do chumbo que se derramava no cano da arma, as pancadas surdas da vareta na bucha. Suspirou. Coitadinha da Baleia.

Os meninos começaram a gritar e a espernear. E como Sinhá Vitória tinha relaxado os músculos, deixou escapar o mais taludo e soltou uma praga:

— Capeta excomungado.

Na luta que travou para segurar de novo o filho rebelde, zangou-se de verdade. Safadinho. Atirou um cocorote ao crânio enrolado na coberta vermelha e na saia de ramagens.

Pouco a pouco a cólera diminuiu, e Sinhá Vitória, embalando as crianças, enjoou-se da cadela achacada, gargarejou muxoxos e nomes feios. Bicho nojento, babão. Inconveniência deixar cachorro doido solto em casa. Mas compreendia que estava sendo severa de mais, achava difícil Baleia endoidecer e lamentava que o marido não houvesse esperado mais um dia para ver se realmente a execução era indispensável.

Nesse momento Fabiano andava no copiar, batendo castanholas com os dedos. Sinhá Vitória encolheu o pescoço e tentou encostar os ombros às orelhas. Como isso era impossível, levantou os braços e, sem largar o filho, conseguiu ocultar um pedaço da cabeça.

Fabiano percorreu o alpendre, olhando a baraúna e as porteiras, açulando um cão invisível contra animais invisíveis:

— Ecô! ecô!

Em seguida entrou na sala, atravessou o corredor e chegou à janela baixa da cozinha. Examinou o terreno, viu Baleia coçando-se a esfregar as peladuras no pé de turco, levou a espingarda ao rosto. A cachorra espiou o dono desconfiada, enroscou-se no tronco e foi-se desviando, até ficar no outro lado da árvore, agachada e arisca, mostrando apenas as pupilas negras. Aborrecido com esta manobra, Fabiano saltou a janela, esgueirou-se ao longo da cerca do curral, deteve-se no mourão do canto e levou de novo a arma ao rosto. Como o animal estivesse de frente e não apresentasse bom alvo, adiantou-se mais alguns passos. Ao chegar às catingueiras, modificou a pontaria e puxou o gatilho. A carga alcançou os quartos traseiros e inutilizou uma perna de Baleia, que se pôs a latir desesperadamente.

Ouvindo o tiro e os latidos, Sinhá Vitória pegou-se à Virgem Maria e os meninos rolaram na cama, chorando alto. Fabiano recolheu-se.

E Baleia fugiu precipitada, rodeou o barreiro, entrou no quintalzinho da esquerda, passou rente aos craveiros e às panelas de losna, meteu-se por um buraco da cerca e ganhou o pátio, correndo em três pés. Dirigiu-se ao copiar, mas temeu encontrar Fabiano e afastou-se para o chiqueiro das cabras. Demorou-se aí um instante, meio desorientada, saiu depois sem destino, aos pulos.

Defronte do carro de bois faltou-lhe a perna traseira. E, perdendo muito sangue, andou como gente, em dois pés, arrastando com dificuldade a parte posterior do corpo. Quis recuar e esconder-se debaixo do carro, mas teve medo da roda.

Encaminhou-se aos juazeiros. Sob a raiz de um deles havia uma barroca macia e funda. Gostava de espojar-se ali: cobria-se de poeira, evitava as moscas e os mosquitos, e quando se levantava, tinha folhas secas e gravetos colados às feridas, era um bicho diferente dos outros.

Caiu antes de alcançar essa cova arredada. Tentou erguer-se, endireitou a cabeça e estirou as pernas dianteiras, mas o resto do corpo ficou deitado de banda. Nesta posição torcida, mexeu-se a custo, ralando as patas, cravando as unhas no chão, agarrando-se nos seixos miúdos. Afinal esmoreceu e aquietou-se junto às pedras onde os meninos jogavam cobras mortas.

Uma sede horrível queimava-lhe a garganta. Procurou ver as pernas e não as distinguiu: um nevoeiro impedia-lhe a visão. Pôs-se a latir e desejou morder Fabiano. Realmente não latia: uivava baixinho, e os uivos iam diminuindo, tornavam-se quase imperceptíveis.

Como o sol a encandeasse, conseguiu adiantar-se umas polegadas e escondeu-se numa nesga de sombra que ladeava a pedra.

Olhou-se de novo, aflita. Que lhe estaria acontecendo? O nevoeiro engrossava e aproximava-se.

Sentiu o cheiro bom dos preás que desciam do morro, mas o cheiro vinha fraco e havia nele partículas de outros viventes. Parecia que o morro se tinha distanciado muito. Arregaçou o focinho, aspirou o ar lentamente, com vontade de subir a ladeira e perseguir os preás, que pulavam e corriam em liberdade.

Começou a arquejar penosamente, fingindo ladrar. Passou a língua pelos beiços torrados e não experimentou nenhum prazer. O olfato cada vez mais se embotava: certamente os preás tinham fugido.

Esqueceu-os e de novo lhe veio o desejo de morder Fabiano, que lhe apareceu diante dos olhos meio vidrados, com um objeto esquisito na mão.

Baleia

Não conhecia o objeto, mas pôs-se a tremer, convencida de que ele encerrava surpresas desagradáveis. Fez um esforço para desviar-se daquilo e encolher o rabo. Cerrou as pálpebras pesadas e julgou que o rabo estava encolhido. Não poderia morder Fabiano: tinha nascido perto dele, numa camarinha, sob a cama de varas, e consumira a existência em submissão, ladrando para juntar o gado quando o vaqueiro batia palmas.

O objeto desconhecido continuava a ameaçá-la. Conteve a respiração, cobriu os dentes, espiou o inimigo por baixo das pestanas caídas. Ficou assim algum tempo, depois sossegou. Fabiano e a coisa perigosa tinham-se sumido.

Abriu os olhos a custo. Agora havia uma grande escuridão, com certeza o sol desaparecera.

Os chocalhos das cabras tilintaram para os lados do rio, o fartum do chiqueiro espalhou-se pela vizinhança.

Baleia assustou-se. Que faziam aqueles animais soltos de noite? A obrigação dela era levantar-se, conduzi-los ao bebedouro. Franziu as ventas, procurando distinguir os meninos. Estranhou a ausência deles.

Não se lembrava de Fabiano. Tinha havido um desastre, mas Baleia não atribuía a esse desastre a impotência em que se achava nem percebia que estava livre de responsabilidades. Uma angústia apertou-lhe o pequeno coração. Precisava vigiar as cabras: àquela hora cheiros de suçuarana deviam andar pelas ribanceiras, rondar as moitas afastadas. Felizmente os meninos dormiam na esteira, por baixo do caritó onde Sinhá Vitória guardava o cachimbo.

Uma noite de inverno, gelada e nevoenta, cercava a criaturinha. Silêncio completo, nenhum sinal de vida nos arredores. O galo velho não cantava no poleiro, nem Fabiano roncava na cama de varas. Estes sons não interessavam Baleia, mas quando o galo batia as asas e Fabiano se virava, emanações familiares revelavam-lhe a presença deles. Agora parecia que a fazenda se tinha despovoado.

Baleia respirava depressa, a boca aberta, os queixos desgovernados, a língua pendente e insensível. Não sabia o que tinha sucedido. O estrondo, a pancada que recebera no quarto, e a viagem difícil do barreiro ao fim do pátio desvaneciam-se no seu espírito.

Provavelmente estava na cozinha, entre as pedras que serviam de trempe. Antes de se deitar, Sinhá Vitória retirava dali os carvões e a cinza, varria com um molho de vassourinha o chão queimado, e aquilo ficava um bom lugar para cachorro descansar. O calor afugentava as pulgas, a terra se amaciava. E, findos os cochilos, numerosos preás corriam e saltavam, um formigueiro de preás invadia a cozinha.

A tremura subia, deixava a barriga e chegava ao peito de Baleia. Do peito para trás era tudo insensibilidade e esquecimento. Mas o resto do corpo se arrepiava, espinhos de mandacaru penetravam na carne meio comida pela doença.

Baleia encostava a cabecinha fatigada na pedra. A pedra estava fria, certamente Sinhá Vitória tinha deixado o fogo apagar-se muito cedo.

Baleia queria dormir. Acordaria feliz, num mundo cheio de preás. E lamberia as mãos de Fabiano, um Fabiano enorme. As crianças se espojariam com ela, rolariam com ela num pátio enorme, num chiqueiro enorme. O mundo ficaria todo cheio de preás, gordos, enormes.

Uma senhora

Marques Rebelo

Dona Quinota não se importava com a aspereza do ano inteiro. Com ela era ali no duro — trabalho, trabalho e mais trabalho. O ordenado das empregadas, na verdade, era uma pouca-vergonha que a polícia devia pôr um paradeiro. Não punha. Vivia metida com a maldita da política. Falta duma boa revolução!... Ah, se ela fosse homem!... Enquanto a revolução não vinha para botar tudo nos eixos, obrigando-a a endireitar as empregadas, fazia de criada — cozinhava, varria, cosia. Encerava a casa também, aos sábados, depois que disseram pelo rádio ser higiênico e muito econômico.

— Econômico? Então se encera mesmo.

O marido, que já estava acostumado àquelas resoluções, largou no melhor pedaço o segundo volume de *Os Miseráveis,* meteu sobre o pijama a gabardine cheirando a gasolina na gola e foi telefonar para a loja de ferragens, pedindo duas latas de cera — da boa, vê lá! — chorando um abatimentozinho na escova e na palha de aço: está ouvindo, Seu Fernandes?

Estava sempre para tudo que, graças a Deus, era mulher forte. Saíra à mãe, que também o fora, morrendo velha de desastre, desastre doméstico, uma chaleira de água fervendo para o escalda-pé do marido, um coronel reformado, que lhe virou por cima do corpo.

Nunca se queixava da vida. Não ia à cidade passear, as suas compras eram em regra feitas pelo marido, precisava que a fita fosse muito falada para ela se abalar até ao cinema do bairro, onde cochilava a bom cochilar; contavam-se os domingos em que ia à missa, não fazia visitas, nem recebia.

Não reclamava o trabalho que lhe davam os filhos, três desmazelados que andavam na escola pública, Élcio, Élcia e Elcina, respectivamente quinze, quatorze e treze anos, o que atesta bem a força do marido e dá idéia o que seria depois de dez anos de casada, se depois da Elcina não tomasse as devidas precauções.

— Não se esqueçam de dar lembranças à Dona Margarida — aconselhava na hora da saída, enquanto punha nas bolsas as bananas e o pão com manteiga da merenda. Dona Margarida fora sua amiga no colégio das Irmãs, uma bicha no francês, cearense, um talento! Mandar lembranças para ela equivalia a dizer: Olha que são meus filhos, Margarida; os filhos da tua amiga Quinota...

E os exames estavam perto, com prêmios de cadernetas da Caixa Econômica dados pelo prefeito, ridicularizados pelos jornais oposicionistas, elogiados pelos do governo — a *Folha* dizia que era um gesto de Mecenas mas enfim fartamente anunciados em todos os jornais para incentivo da meninada estudiosa. Ela queria ser mordida por um macaco se não arranjasse três cadernetas para casa. Os filhos é que não faziam fé.

Bordava para fora, cuidava do Joli, o bichano para sujar a casa era um desespero, e sobrava tempo ainda para ter ciúmes do marido com as vizinhas, principalmente Dona Consuelo, uma descarada, é certo, mas muito chique, confessava.

Chegando o carnaval, tirava a forra.

As economias acumuladas saíam do Banco Popular juntas com os juros. Não ficava nada. Metia-se numa fantasia de baiana e inundava a capota do automóvel com seus oitenta e cinco quilos honestíssimos. As meninas iam de baianas também, menos saias, mais berloques, e o menino de pierrô, cada ano de uma cor, porque não é para outra coisa que o dono do *Tintol* gasta aquele dinheirão em anúncios. Tirava do cabide a casaca do casamento, dezesseis anos por isso (como o tempo corre!), dava um jeito nas manchas:

— No automóvel, ninguém repara, meu filho — dizia com um sorriso, ora para a casaca, ora para o marido, que se traduzia: lembras-te?

Ele, então, com uma faixa vermelha na cintura, brincos em forma de argola, pendentes das orelhas demasiadas, enfiava na cabeça um turbante de seda branca com pérolas em profusão, e ia em pé, no carro, de rajá diplomata.

No terceiro dia, graças a Deus não choveu em nenhum dos três, perguntava para o marido:

— Quanto temos ainda?

Ele remexia a carteira (bolso de casaca é o tipo da coisa encrencada!), fura-bolos trabalhava passado na língua, e cantava a quantia:

— Duzentos e oitenta.
— E os oitocentos do automóvel?
— Já estão fora.
— Ah! Bem... — Para fazer contas no ar era um assombro: ... pode gastar mais cento e cinqüenta.

O resto ficava para gastar depois do carnaval — mas entrava na verba dele — com o fígado do marido, porque depois da pândega (a experiência de Dona Quinota é que falava) Seu Juca tinha rebordosas, vômitos biliosos, uma dor do lado danada, de tanta canseira, tanta serpentina e tanta cerveja gelada.

Não faz mal. Não fazia não. A vida era aquilo mesmo: três dias — falava. Mas pensava: por ano. Podia dizer, mas não dizia. Deixava ficar lá dentro. O "lá dentro" de Dona Quinota era uma coisa complicada, complicadíssima, que ninguém compreendia. Só ela mesma e o marido, às vezes.

Descem do automóvel à porta de casa, quando o vizinho veio vindo com o rancho da filharada.

— Brincaram muito? — fez Seu Adalberto, com um jeito de despeitado.

— Assim, assim...

Dona Quinota dizia aquele "assim-assim" de propósito. Que lhe importava os outros saberem se ela tinha gozado ou não? Quem gozava era ela. Mas gostava de ficar deliciando-se por dentro com a inveja dos vizinhos: assim, assim... Ah! Ah! Ah!

Seu Adalberto exultava:

— É isso mesmo. Faz-se despesas enormes (e Dona Quinota sorria) e não se diverte nada. (Dona Quinota olhava para o céu.) É sempre assim. Pois olhe: nós fomos a pé mesmo. Estivemos ali na Avenida na esquina do Derbi, apreciamos o baile do Clube Naval, muita fantasia rica, muita, vimos perfeitamente as sociedades, tomamos refrescos, brincamos à grande. Não foi?

As mocinhas fizeram que sim, humilhadas, mas os guris foram sinceros:

— Aquele carro do girassol que rodava, hem, papai!

Seu Adalberto corrigiu logo:

— Girassol, não, Artur; crisântemo.

Depois que corrigiu, ficou azul, sem saber ao certo se era crisântemo ou crisantemo — quer ver que eu disse besteira?

Seu Juca não havia meio de encontrar o raio da chave. Esses bolsos de casaca!...

— O ano que vem — Dona Quinota falou firme — nós iremos também a pé.

Marques Rebelo

O marido até se virou. Ficou olhando, espantado. Que diabo é isto? — ia perguntando. Por um triz que não perguntou. Mas ficou assim... Compreendeu? Parece... Esta Quinota!...

Foi quando Seu Adalberto, evidentemente mortificado, se refez e sentenciou como experiente na matéria, apesar de nunca ter entrado num automóvel pelo carnaval: é melhor mesmo.

A tribo sumiu pela porta do 37. A maçaneta fechou por dentro. Torreco, torreco. Agora foi a chave — duas voltas. O pigarro do seu Adalberto, ainda com o acento do crisântemo a fuzilar-lhe na cabeça, veio até cá fora se misturar com um resto de choro, pandeiro e chocalhos, do bonde que passava mais longe. Passos apressados no fundo da rua. O burro do inglês estava na janela do apartamento fumando para a lua. Dona Quinota ficou olhando-o um pouco, depois cerrou a porta bem e fixou o marido que dava por falta dum brinco: Que cretinos!

Seu Juca parou no meio do corredor, cara de ressaca, pernas abertas, o turbante nas mãos e esperou mais. Mas Dona Quinota era hermética. O resto ficou lá dentro onde ninguém ia buscar, porque o marido, o único interessado na ocasião, mais morto do que vivo, preferiu tirar o colarinho e a casaca.

Dona Quinota atirou-se na cama escangalhada e feliz, só acordando na quarta-feira de cinzas ao meio-dia.

Quando o resto da família se levantou, o almoço (feito por ela) já estava na mesa, e Dona Quinota se desesperava porque tinha lido no *Jornal do Brasil* que foram os *Fenianos* que pegaram o primeiro prêmio, quando todo mundo viu perfeitamente que só o carro-chefe dos *Democráticos*...

Anos 40/50

Modernos, maduros, líricos

Em torno da primeira metade do século, nossos escritores estão mais maduros. Escrevem numa língua que também amadureceu, está mais uniforme e representativa daquela usada no cotidiano pelos brasileiros educados, de qualquer lugar do país. O passado rural começa a desaparecer efetivamente, tornando-se objeto mais de nostalgia do que de rejeição. As relações afetivas passam a constituir a verdadeira utopia do brasileiro, e também exibem seu lado difícil. Descompassos na família. Saudades. Lirismos. Na época da consagração definitiva do movimento modernista, predominam na literatura o romance, a crônica e a poesia, mas a amostra apresentada nesta seção revela que alguns dos mais belos clássicos do conto brasileiro moderno foram publicados nesse período.

Viagem aos seios de Duília

Aníbal Machado

Durante mais de trinta anos, o bondezinho das dez e quinze, que descia do Silvestre, parava como um burro ensinado em frente à casinha de José Maria, e ali encontrava, almoçado e pontual, o velho funcionário.

Um dia, porém, José Maria faltou. O motorneiro batia a sirene. Os passageiros se impacientavam. Floripes correu aflita a avisar o patrão. Achou-o de pijama, estirado na poltrona, querendo rir.

— Seu José Maria, o senhor hoje perdeu a hora! Há muito tempo o motorneiro está a dar sinal.

— Diga-lhe que não preciso mais.

A velha portuguesa não compreendeu.

— Vá, diga que não vou... Que de hoje em diante não irei mais.

A criada chegou à janela, gritou o recado. E o bondezinho desceu sem o seu mais antigo passageiro.

Floripes voltou ao patrão. Interroga-o com o olhar.

— Não sabes que estou aposentado?

— Uê!...

— Sim, Floripes. Aposentado.

— E que vai fazer agora, patrão?

— Sei lá, Floripes... Sei lá!

— Mas o almoço será sempre servido à mesma hora, pois não?

— Tanto faz. Pode ser às nove e meia, onze, meio-dia ou quando você quiser. Minha vida de hoje em diante vai ser um domingão sem fim...

Debruçado à janela, José Maria olhava para a cidade embaixo e achava a vida triste. Saíra na véspera o decreto de aposentadoria. Trinta e seis anos de Repartição.

Interrompera da noite para o dia o hábito de esperar o bondezinho, comprar o jornal da manhã, bebericar o café na Avenida, e instalar-se à mesa do Ministério, sisudo e calado, até as dezessete horas.

Que fazer agora?

Não mais informar processos, não mais preocupar-se com o nome e a cara do futuro Ministro.

Pela primeira vez fartava a vista no cenário de águas e montanhas que a bruma fundia.

Inúmeras vezes o fizera, mas sem perceber o Pão de Açúcar e a baía, as ilhas e os navios, o Corcovado e as praias do Atlântico, sempre se interpondo entre seus olhos e a paisagem uma reminiscência molesta, lembrança de antigo aborrecimento ou de contrariedades na Repartição. Se algum navio transpunha a barra e vinha crescendo para o porto no ritmo calmo da marcha, seu coração amargava-se contra o sobrinho Beto que embarcara como radiotelegrafista de um navio do Lóide, e nunca mais dera notícias; se o Cristo do Corcovado se erguia de um pedestal de nuvens, vinha-lhe à memória aquele triste fim de tarde, lá em cima, em que pela primeira vez na vida se conduziu de maneira vergonhosa, embriagado que estava, a dizer impropérios contra a República e contra um ato injusto do "Sr. Ministro", até ser detido por um guarda. Aposentado agora, continuava a ligar os diferentes aspectos da natureza a acontecimentos que a deformavam.

Com os trinta e seis anos perdidos na Repartição, teria perdido também o dom de viver?

Muito próximo se achava ainda desse passado para não lhe receber a influência. A manifestação de despedida fora ontem mesmo. Cobriram-lhe a mesa de flores; saudou-o em nome dos chefes de serviço o diretor mais antigo, seu ex-adversário; falou depois um dos subordinados, estudante de Medicina; por último uma funcionária, a Adélia, que usava decote largo, se referiu "à competência e exemplar austeridade do querido chefe de quem todos se lembrarão com saudade". Uma menina, filha do arquivista, fez-lhe entrega de uma bengala de castão de ouro, com a data e o nome. E o Ministro mandou um telegrama.

Foi só, estava encerrada a etapa principal e maior de sua vida.

Os decênios de trabalho monótono, de "austeridade exemplar" como dizia Adélia, forjaram-lhe uma máscara fria. Atrás dela se escondeu e de si mesmo se perdera. Como fazer desaparecer-lhe os vestígios? Como se reencontrar?

Adélia não podia imaginar o que para ele representava a "exemplar austeridade". Adélia jamais saberá o que ocorria na alma do antigo chefe quando os olhos deste passavam como um relâmpago pelo colo branco de sua subordinada; talvez nem ela pressentisse. Austero coisa nenhuma: desajeitado apenas, tímido: gostaria de poder fazer o que censurava nos outros.

Floripes admirava a bengala procurando decifrar os dizeres do castão de ouro.

— É o que me resta, Floripes, dos trinta e seis anos. Isso e um telegrama do Ministro!

— O que me está a dizer, patrão?

— Nada, Floripes.

"Ora veja! Estou livre agora, livre!... Mas livre para quê?"

Ao clarear do dia seguinte escancarou a janela para a baía. Procurava sentir a manhã de sol como a deviam estar sentindo àquela hora os moradores da bela colina. Mas nada lhe diziam os barcos a vela flutuando longe, nem os castelos de nuvens que se armavam no céu.

Ia experimentar a cidade, andar sem destino. E sem chapéu. A ausência do chapéu seria a primeira mudança exterior em seus hábitos, um começo de libertação. Até então, a moda lhe parecera ridícula, além de fonte de resfriados. E se envergasse uma camisa esporte? Poderiam rir-se dele: a pele do pescoço perdera consistência; e a marca circular do colarinho duro lá estava, firme como uma tatuagem.

Na rua, um colega veio dizer-lhe que os jornais deram a notícia; alguns até com elogios ao velho servidor. O amigo abraçou-o. E logo recuou com certo espanto: — O seu chapéu, Zé Maria?

— Ah, não uso mais!...

— Felizardo! Vai começar a gozar a vida, hein? Já até parece outro homem, disse, interpretando a ausência do chapéu como o primeiro passo para um programa de rejuvenescimento.

O aposentado livrou-se do importuno. "Livre! Estou livre!" Namorou vitrinas, tomou café, repetiu café, tomou chope, foi, voltou, viu, tomou café outra vez, cumprimentou... O tempo não passava. Mais lento ainda do que na Repartição.

A título de despedir-se de alguns companheiros e de apanhar uma caneta-tinteiro, lembrou-se de chegar até lá. Na verdade, sentia-se impelido por um desejo ambíguo, como o general reformado que vai à paisana em visita a seu antigo regimento. Era tarde, porém; o *rush* se avolumara. Achou melhor voltar para casa, postar-se na fila do bonde. "Livre! Estou livre!"

Durante a subida, a brisa fresca fê-lo sentir a falta do chapéu. Via-se como que despido.

Floripes serviu-lhe o jantar, deixou tudo arrumado, e retirou-se para dormir no barraco da filha.

Mais do que nunca, sentiu José Maria naquela noite a solidão da casa. Não tinha amigos, não tinha mulher nem amante. E já lera todos os jornais. Havia o telefone, é verdade. Mas ninguém chamava. Lembrava-se que certa vez, há uns quinze anos, aquela fria coisa, pendurada e morta, se aquecera à voz de uma mulher desconhecida. A máquina que apenas servia para recados ao armazém e informações do Ministério transformara-se então em instrumento de música: adquirira alma, cantava quase. De repente, sem motivo, a voz emudecera. E o aparelho voltou a ser na parede do corredor a aranha de metal, sempre calada. O sussurro da vida, o sangue de suas paixões passavam longe do telefone de Zé Maria...

Como vencer a noite que mal começava?

Fechou o rádio com desespero, virou dois tragos de vinho do Porto, deitou-se. A espaços ouvia o barulho do bondezinho rilhando nas curvas da colina, a explosão de um e outro foguete que subiam da vertente de Águas Férreas, seguida de latidos de cães e gritos indistintos. Ingeriu outra dose de vinho. E adormeceu.

O telefone toca. Quem será? Quem se lembraria dele? Algum convite? Trote?

— Alô, meu bem!

— Alô! aqui fala José Maria.

— É engano, proferiu secamente a interlocutora.

Era engano! Antes não o fosse. A quem estaria destinada aquela voz carregada de ternura? Preferia que dissesse desaforos, que o xingasse.

A boca feminina já devia estar dizendo frases de amor na linha procurada.

Era um triste aparelho telefônico!

Atirou-se de bruços na cama. E sonhou. Sonhou que conversava ao telefone e era a voz da mulher de há quinze anos... Foi andando para o passado... Abriu-se-lhe uma cidade de montanha, pontilhada de igrejas. E sempre para trás — tinha então dezesseis anos —, ressurgiu-lhe a cidadezinha onde encontrara Duília. Aí parou. E Duília lhe repetiu calmamente aquele gesto, o mais louco e gratuito, com que uma moça pode iluminar para sempre a vida de um homem tímido.

Acordou com raiva de ter acordado, fechou os olhos para dormir de novo e reatar o fio de sonho que trouxe Duília. Mas a imagem esquiva lhe escapou, Duília desapareceu no tempo.

À medida que os meses passavam, foi tomando horror à expressão "funcionário público aposentado", que lhe cheirava a atestado de óbito. Jurou nunca mais freqüentar a "Mão do Salvador", instituição de caridade, cuja sede, com seus móveis severos e gente sem graça, lembrava o ambiente atroz da Repartição.

Chamava Floripes a todo momento, queria saber minúcias do passado dela.

Ia dar início a profundas modificações em sua pessoa. Começaria pelos trajes: roupa clara, moderna, não mais aqueles ternos escuros cobrindo a eventual austeridade. Seu físico de homem empinado e enxuto não parecia de todo desagradável. Entraria de sócio para algum clube; e se encontrasse um professor discreto, talvez aprendesse a dançar.

Essas providências seriam a sua *toilette* exterior para a nova fase da vida.

Semanas depois, aliviado do colarinho duro, era visto pelas ruas em trajes mais leves, sorrindo forçado para os conhecidos.

Tornou-se sócio de um clube da Lagoa. Sozinho porém nunca punha os pés lá, até que um dia se fez acompanhar pelo Lulu, bom atleta e péssimo funcionário, que o apresentara como "velho servidor do Estado" às principais beldades do bairro. Como dialogar com elas? Não conhecia futebol nem equitação, não sabia jogar baralho, não guardava nomes de artistas de cinema, ignorava os escândalos da sociedade.

Tentou manter conversa, não conseguiu. Parecia-lhe que zombavam dele. Se algumas moças lhe dirigiam a palavra era como se lhe atirassem esmola. Acabou a noite só e triste, agarrado ao seu copo de uísque. Quase nunca provava essa bebida; achava-a até ruim. Como fazia parte do rito social, não custava virar o copo. Deixou o Lulu com as moças, e saiu fazendo uma careta. "Velho servidor do Estado..."

O farol dos automóveis apagava nas águas da Lagoa o reflexo das últimas estrelas. Um casal abraçava-se debaixo de uma amendoeira. Sentiu-se mais só. A vida era para os outros. Antes tivesse ainda algum processo a informar; estaria ocupado em alguma cousa. Não! Um começo de soluço contraiu-lhe a garganta. Chamou um táxi.

No dia seguinte postou-se, como outros de sua idade, numa das esquinas da Rua Gonçalves Dias, local preferido pelos militares da reserva e aposentados de luxo, gente saudosa do passado. Notou que eles se compraziam em adejar perto dos doces da confeitaria, e ver passar as damas elegantes de outrora.

Ali se perfilava, de terno branco, um velho Almirante de suas relações:

— Olhe, faça como eu: nunca se convença de que é aposentado. Adquira algum vício, se já não o tem. Evite os velhos. Um pouco de exercício pela manhã. Hormônios às refeições, não é mau. Quanto a conviver, só com gente moça.

Ele aprendera na véspera o que era conviver com gente moça... Para rematar, e como índice de otimismo, contou-lhe o Almirante uma anedota pornográfica.

O funcionário riu com esforço, e despediu-se enojado. Entrou numa livraria. Buscaria a solução na leitura dos romances.

Pediu um, à escolha do caixeiro. Tentou ler. Impossível passar das primeiras páginas. Não compreendia como tanta gente perde horas lendo mentiras. Ao atravessar, dias depois, o Viaduto, deixou o livro cair lá embaixo, sentiu-se livre daquilo.

O melhor mesmo era ficar debruçado à janela. E todas as manhãs, enquanto a criada abria a meio as venezianas para deixar sair a poeira da arrumação, José Maria as escancarava para fazer entrar a paisagem. Dali devassava recantos desconhecidos. Ilhas que jamais suspeitara. Acompanhava a evolução das nuvens, começava a distinguir as mutações da luz no céu e sobre as águas. Notava que tinha progredido alguma coisa na percepção dos fenômenos naturais. Começava a sentir realmente a paisagem. E se considerava quase livre da uréia burocrática.

Esse noivado tardio com a natureza fê-lo voltar às impressões da adolescência.

Duília!...

Toda vez que pensava nela, o longo e inexpressivo interregno do Ministério, que chegava a confundir-se com a duração definitiva de sua própria vida, apagava-se-lhe de repente da memória. O tempo contraía-se.

Duília!

Reviu-se na cidade natal com apenas dezesseis anos de idade, a acompanhar a procissão que ela seguia cantando. Foi nessa festa da igreja, num fim de tarde, que tivera a grande revelação.

Passou a praticar com mais assiduidade a janela. Quanto mais o fazia, mais as colinas da outra margem lhe recordavam a presença corporal da moça. Às vezes chegava a dormir com a sensação de ter deixado a cabeça pousada no colo dela. As colinas se transformavam em seios de Duília. Espantava-se da metamorfose, mas se comprazia na evocação.

Não ignorava o que havia de alucinatório nisso. Chegava a envergonhar-se. Como evitá-lo? E por que, se isso lhe fazia bem?

Era o afloramento súbito da namorada, seus seios reluzindo na memória como duas gemas no fundo d'água. Só agora se dava conta de que, sem querer, transferira para Adélia a imagem remota. Mas Adélia não podia perceber que era apenas a projeção da outra. Mesmo porque, temendo o ridículo, José Maria jamais se deixara trair.

Disponível, sem jeito de viver no presente, compreendeu que despertara com muitos anos de atraso nos dias de hoje. Não encontraria mais os caminhos do futuro, nem havia mais futuro nenhum. Chegara ao fim da pista. De Beto, não havia mais notícias.

Da velha cidade que restava? Onde o Rio de outrora? As casas rentes ao solo, os pregões, o peixeiro à porta? A cada arranha-céu que subia — eles sobem a todo momento — a cidade calma de José Maria ia-se desmanchando.

Sentiu que sobrava. Impossível reatar relações com uma cidade irreconhecível. Pediu que o cancelassem do clube da Lagoa; desistiu da aula de dança.

Só lhe fazia bem desentranhar o passado. Dias e noites o evocava com a cumplicidade da paisagem. E no fundo da contemplação, insistiam os dois focos luminosos. Ora se acendendo, ora se apagando.

Odiava recordar-se da Repartição. Nem sabia explicar como, nas tardes de movimento, mais de uma vez suas pernas o largaram nas imediações do Ministério.

Começava a sentir-se livre. Para outra direção o chamava o que havia de mais excitante em sua vida. Ao apelo póstumo, nem tudo de seu passado parecia perdido. Sabia agora o que ia fazer. Trauteando uma canção, tomou o bondezinho. Entrou em casa com o coração palpitando. Reviu-se mais jovem ao espelho.

Quando Floripes chegou de manhã cedo, encontrou-o de pé. Lamentava não ter tempo de encomendar um terno novo para apresentar-se melhor ao seu passado...

— Floripes, tu tomas conta do apartamento. Eu vou viajar. Meu procurador te dará dinheiro para as despesas. Se Beto aparecer, dirás que eu parti... Dirás também que... Não, não precisas dizer mais nada. Se quiseres, traze para cá tua filha e o netinho.

Floripes parou espantada.

— Será que o patrão vai-se embora?

— Vou, Floripes.
— Para não voltar mais?
— Não sei, Floripes.
— E se chegar alguma carta, patrão, para onde devo mandar?
— Não haverá cartas para mim. Ninguém me escreve...
— E se alguém telefonar?
— Oh, Floripes, por favor...

O que transpirava de solidão e amargura nessas palavras, compreendeu-o a velha Floripes, que se absteve de novas perguntas.

Descendo à cidade, José Maria comprou malas, preveniu passagens. Outro homem agora, alegre quase. Não precisaria mais fazer esforço para ser o que não era. Difícil coisa querer forçar a alma e o corpo a uma vida a que não se adaptam. Agora, sim, ia ser feliz. E se alvoroçava como o imigrante que se repatria.

Fazia uma tarde bonita. Pela primeira vez Zé Maria achara agradável estar na rua. Mulheres sorrindo, vitrinas iluminadas. Parecia que a cidade, à última hora, caprichava em exibir-lhe alguns de seus encantos. Assim procede a mulher indiferente, ao ver partir o homem a quem fez sofrer.

Comprou um mapa do país. Só com apertá-lo ao peito sentiu-se livre e já fora do Rio. Voltou para casa. Abriu-o em cima da cama, seguindo com a ponta do lápis os meandros do coração montanhoso do Brasil.

— Aqui! marcou.

Era perto de uma cordilheira no centro-sul. A cidadezinha enchia-lhe o coração, embora insignificante demais para constar na carta.

Estranhou o apito fanhoso da *Diesel* à hora da partida. Voz sem autoridade, mais mugido que apito. Tão diferente do grito lírico da locomotiva que há mais de quarenta anos o trouxera do interior. Entristeceu. Muita coisa haveria que encontrar pela frente, modificada pelo progresso: a locomotiva por exemplo; o trem de luxo em que viajava.

Seu desejo era refazer de volta, pelos meios de antigamente, o mesmo roteiro de outrora. Impossível. Estradas novas vieram substituir-se aos caminhos que levam ao passado. Com o coração inundado de reminiscências, preferia evitar Belo Horizonte. Receava que a visão da cidade nova viesse aumentar-lhe a sensação do envelhecimento pessoal.

Pela madrugada, o trem parou horas entre duas estações. O viajante despertou com o silêncio. Só ouvia o sussurro do ventilador. Toda a composição de um cargueiro tinha tombado mais adiante, entornando manganês pelo vale. Preparava-se a baldeação.

José Maria aproveitou para descer, e sentir o cheiro de Minas. O sol vinha esgarçando devagar o véu de bruma que cobria as serras tranqüilas. Anoitecia já em Belo Horizonte, quando chegou com atraso. Disseram-lhe que era preciso tomar, no dia seguinte, a "jardineira" para Curvelo.

A nova Capital, mesquinha cidade poeirenta há quarenta anos, era agora um grande centro onde ninguém se lembraria dele. Para que então sair à rua, ver arranha-céus, caminhar entre as novas gerações de desconhecidos? Preferível fechar-se no quarto do hotel até que chegasse a hora da "jardineira".

Agradável na manhã seguinte o percurso numa rodovia que não era de seu tempo. Ônibus e caminhões escureciam as estradas de poeira. Ao pé de uma serra calcárea, que conhecera intacta, as chaminés de uma fábrica de cimento emitiam rolos de fumaça escura. Mais adiante, os fornos de uma siderúrgica.

Cansado, adormeceu. Despertou com um coro longe, de vozes, coro que subitamente cresceu e passou, lançando-lhe no coração um jacto de poesia. Era uma "jardineira" repleta de mocinhas, colegiais de uniforme azul e branco que desciam do sertão para a reabertura do ano letivo na capital. No banco ao lado, um passageiro queimado de sol parecia esperar que José Maria acordasse para encetar conversa.

— Pois é. Estamos em fins de fevereiro e nada de chuva! Em toda a parte agora tem Ceará. Se aquilo lá desaba — apontou para uma nuvem escura — é porque Deus qué me ajudá: tá mesmo em cima de minha roça. Mas não desaba, não!...

Olhou fitamente para José Maria. Teria achado nele um tipo estranho à região.

— Vosmecê também vai comprá cristá, não é?

— Não, respondeu José Maria.

— Tá indo pro Rio S. Francisco?

— Não. Estou indo para um lugar chamado Pouso Triste.

— Pra cá de Monjolo? Ah! conheço por demais... Já botei roça lá perto.

— Ouviu por acaso falar em Duília?

— Duília... Duília... Espera aí... Duília... Ah! o senhor queria dizer D. Dudu, não é? Conheço muito.

José Maria sentiu um estremecimento. Arrependera-se da pergunta. Calou-se. A deformação de um nome tão doce como Duília horrorizava-o. Devia ser outra pessoa. Era melhor não prosseguir na conversa. O homem queimado compreendeu, e calou-se.

Ao entardecer, apitava uma fábrica de tecidos e uma vitrola esganiçava a todo pano, quando a "jardineira" encostou à porta do hotel principal de uma cidade. Era Curvelo, boca do sertão mineiro.

José Maria já se sentia dentro da área do passado.

Daí em diante a viagem se faria nas costas de um burro. Tudo como quando tinha dezesseis anos. Tratou um "camarada" que o gerente do hotel lhe indicara. Na manhã seguinte, cedinho, partiu rumo de leste.

— Se não cai temporá, nóis chega dereitinho, patrão — disse-lhe o camarada, enquanto Curvelo desaparecia atrás, numa nuvem de poeira.

O velho funcionário, ao mesmo tempo que sentia a delícia de montar um animal e respirar o ar puro, receava lhe voltassem aquelas pontadas que o atormentavam na Repartição.

Soero, o camarada, desconfiava estar seguindo um homem importante; mas não ousava perguntar.

— O Rio das Velhas vem vindo por aí, anunciou depois das primeiras horas de caminhada.

Pouco depois, o rio fiel aparecia ao viajante. — Oh! velho Rio das Velhas! exclamou José Maria. Sempre no mesmo lugar! E todo esse tempo me esperando!

Achou-o tranqüilo, mas um pouco emagrecido.

Soero foi chamar o balseiro, enquanto José Maria, agachado na areia, deixava que o velho rio lhe ficasse correndo longo tempo entre os dedos.

Embarcaram as alimárias, e foram deslizando de balsa para a margem oposta.

De pé, o funcionário parecia estar sonhando. A bengala desamarrou-se da mala e caiu na correnteza. Soero quis mergulhar. — Deixa, deixa! gritou José Maria.

Preferia não perdê-la. Era afinal uma lembrança dos ex-colegas. Mas já que foi para o fundo do rio, que lá ficasse.

Almoçaram e retomaram a montaria.

— Agora vem Dumbá. Oito léguas, disse o camarada.

— E o Paraúna? reclamou o viajante, recordando-se.

— Ainda temos que atravessá.

Tudo era deslumbramento para o viajante. À medida que ouvia esses nomes quase esquecidos, a coisa nomeada aparecia logo adiante, rio ou povoado.

As léguas se estiravam, a noite ia longe. Ou porque a escuridão fosse maior com a lua minguante, ou porque a correnteza engrossasse de repente, o Paraúna surgiu mudado e agressivo. Nem parecia o rio que os viajantes atravessam a vau. Soero explicou que devia ter chovido muito nas cabeceiras, daí aquele despropósito de águas; mas baixariam depressa, esses rios magrinhos enfezam por qualquer pancada de chuva, depois se aquietam que nem córrego manso.

— Se vosmecê não quisé chegá até o arraiá, a gente espaia os burro e arrancha por aqui mesmo.

Apearam-se. Soero desceu os arreios e a cangalha, amarrou o cincerro ao pescoço do cavalo-madrinha, e deixou os animais pastando perto.

Deitado no couro, José Maria escutava o sussurro das águas. Pouco se lhe dava o corpo moído, a dor nos rins. Nunca se imaginara deitado ao relento, a cabeça quase encostada a um de "seus rios". Ficou a escutá-lo. Era como o primeiro rumor de um passado que vinha se aproximando.

Cobrindo-se com a manta, adormeceu. Soero fumava e se persignava, a olhar desconfiado para a outra margem onde um vulto branco parecendo fantasma esperava pelo abaixamento das águas.

De madrugada o Paraúna voltou ao natural. Soero saudou o vulto de branco com quem cruzou no meio do rio. O homem respondeu em latim. José Maria se espantou ao ouvir frases latinas em cima daquelas águas, naquele ermo... Perguntou o que era aquilo. Soero disse que não sabia, sempre o encontrava bêbado pelos caminhos.

— Dizem que sabe muito e ficou maluco.

As alimárias seguiam agora em trote mais animado para a Rancharia do Dumbá, onde, a conselho do "camarada", devia o viajante descansar o resto da tarde e passar a noite, antes de encetarem a travessia mais difícil da Serra do Riacho do Vento, na Cordilheira do Espinhaço.

A Rancharia é pouso forçado para quem atravessou ou vai atravessar a Cordilheira. Reconheceu-a de longe o viajante, pelo pé de tamarindo. O mesmo de sempre.

O pernoite ali, enquanto os animais recebiam ração mais forte de sal e capim, ia permitir ao metódico funcionário a recuperação das forças exauridas. Viagem violenta demais para um sedentário.

Ficara-lhe nos ouvidos o Paraúna com o barulho de suas águas. Não era o desconforto da cama nem a pobreza do aposento que lhe tiravam o sono; nem o latido dos cães, nem o relinchar dos burros; nem uma sanfona triste que parecia exprimir toda a solidão lá fora: era o fato de se achar mais perto, dentro quase daquilo que não precisava mais evocar para sentir.

Mais algumas léguas e tocaria o núcleo de seu sonho.

O que mais o espantara no gesto de Duília — recordava-se José Maria durante a insônia, agarrando-se ao travesseiro — foi a gratuidade inexplicável e a absurda pureza. Ela era moça recatada, ele um rapazinho tímido; apenas se namoravam de longe. Mal se conheciam. A procissão subia a ladeira, o canto místico perdia-se no céu de estrelas. De repente, o séquito parou para que as virgens avançassem, e na penumbra de uma árvore, ela dá com o olhar dele fixo em seu colo, parece que teve pena e, com simplicidade, abrindo a blusa, lhe disse: — Quer ver? — Ele quase morre de êxtase. Pálidos ambos, ela ainda repete: — Quer ver mais? — E mostra-lhe o outro seio branco, branco... E fechou calmamente a blusa. E prosseguiu cantando...

Só isso. Durou alguns segundos, está durando uma eternidade. Apenas uma vez, depois do acontecimento, avistara Duília. A moça se esquivara. Mas o que ela havia feito estava feito, e era um alumbramento.

Custava acreditar que estivesse agora se aproximando dessa fonte de claridade. Sentiu bater mais depressa o coração. E desejou que o dia raiasse logo.

Puseram-se de novo a caminho. Horas depois, galgavam a serra. Salvo nos capões onde a quaresma e o pequizeiro se destacavam, a vegetação ia-se fazendo mais pobre: canela-de-ema, coqueiro-anão, cacto — enquanto o panorama se ampliava, e a vista abarcava os longes. Por um segundo essa paisagem cruzou no pensamento de José Maria com o panorama de Santa Teresa. Um segundo apenas, pois logo apareceu uma boiada que lhe cobriu o rosto num turbilhão de poeira.

Faltava o trecho maior para se chegar ao Arraial de Camilinho. Os burros suavam na subida penosa. — Daqui a pouco vem o Chapadão, avisou Soero.

A essa palavra, José Maria animou-se. Tal como na antevéspera, ao ouvir o nome Rio das Velhas.

Pela altitude, pelas suas léguas de pedra e vento, pelo seu silêncio, esse chapadão do Riacho do Vento lhe surgira como entidade autônoma e orgulhosa, que dava passagem ao homem mas lhe negava abrigo para morar e pastagem para o gado.

Era o trecho mais imponente e difícil no acesso à região de Duília. Por ali transitara há mais de quatro decênios, fazia uma noite escura, só pelos relâmpagos podia suspeitar o panorama irreal que se desdobrava de dia. Ia então fazer os preparatórios em Ouro Preto, e caminhava cheio de medo para o futuro; seu pai e um caixeiro-viajante o acompanharam até a primeira estação da Estrada de Ferro. Lá o puseram no carro. Foi quando começou a ficar só no mundo, e pela primeira vez chorou o choro da tristeza.

O velho funcionário não dava uma palavra. Contemplava. À esquerda, as extensões lisas das "gerais" do S. Francisco; à direita, as colinas arranhadas pelas minerações da bacia do alto Jequitinhonha. Estranhava o ar parado numa serra que trazia o nome de Riacho do Vento.

Entre os trilhos quase apagados que confundiam o viandante, quem dava a direção era o cincerro do cavalo-madrinha.

Já o sol deixara de reluzir nos afloramentos de pedra e mica, e ainda havia léguas pela frente. Como fica longe o lugar do passado!

Abatido, o olhar vago, o viajante parecia estar seguindo os caminhos do próprio pensamento. O cansaço aumentava. Onde o fim do Chapadão?

Imenso Brasil. Era então por esses ermos sem fim que corriam ofícios e papéis da administração pública?! Quantos, ele mesmo, José Maria, fizera despachar sem a mais vaga idéia das distâncias que iam cobrir! Mergulhava em reflexões. Infinita a distância entre a natureza e o papelório! De repente, dirigindo-se ao camarada:

— Você conhece Duília?

Soero não ouvira bem, ou não compreendera a pergunta que vinha perfurar um silêncio de horas. Esperou que o patrão a repetisse, mas o grito de um pássaro desmanchou o começo do diálogo. E tudo ficou por isso mesmo.

Depois de seis léguas de marcha batida, Soero sentiu que o homem misterioso não agüentava mais.

— Acho que de uma vezada só até Camilinho, é um bocado de chão pra vosmecê.

Propôs uma pausa. Pouco adiante, descobriu uma grota para o pernoite. Num córrego de águas frescas, os animais desarreados mataram a sede. Os dois homens jantaram o que traziam nos bornais. Os couros foram novamente estendidos. José Maria, amedrontado, perguntou a Soero se havia onças por ali.

O camarada tranqüilizou-o. Enquanto para este era aquela uma noite de rotina, para o velho funcionário repetia-se, a céu descoberto, a aventura excitante das margens do Paraúna. Doíam-lhe tanto os membros e era tal o cansaço, que já não podia contemplar por muito tempo as estrelas que cintilavam pertinho. Mergulhou no sono pesado.

Às onze horas do dia seguinte, entrava no Arraial do Camilinho. Aí se dispunha a refazer as energias para a etapa final.

Tudo o que vinha percorrendo já era país de Duília. Agora sim, não precisava ter pressa. A bem dizer, do alto do Riacho do Vento para cá, a moça parecia ter-lhe vindo ao encontro. Era como se ela viajasse na garupa do animal.

O resto da tarde e a noite passou-os José Maria na pensão da Juvência. A velha nem se lembrava de que ele ali estivera, adolescente, ao deixar Pouso Triste: também ela o supunha algum emissário norte-americano atrás de minério para a guerra. José Maria preferiu passar incógnito. Absteve-se de pedir informações.

Mais seis horas e estaria naquela cidadezinha, face a face com a mulher sonhada. Não imaginava agora fosse tão fácil aproximar-se do que tão longe lhe parecera no tempo ou no espaço.

Detinha o burro a cada momento; olhava, hesitava. Nem mesmo se inquietara com a nuvem de chuva que vinha avançando do nordeste. Soero estranhou a indiferença do patrão. O aguaceiro caiu, molhou a ambos.

José Maria tinha medo de chegar.

Passou a chuva, veio o sol, borboletas voejavam sobre a lama recente. E Pouso Triste se aproximando... perfil de colinas conhecidas... o riacho cristalino com um último faiscador... o sítio do Janjão. Agora, o cemitério onde dormem os seus pais... "Estarei sonhando?"

— Pouso Triste!

Olhou confrangido. Era então aquilo!... E a cidade?

Trazia na memória a visão de uma cidade: surgiu-lhe um arraial!... Pobre e inaceitável burgo, todo triste e molhado de chuva!...

Foi descendo devagar. Passou em frente à igreja, entrou na praça vazia. Fantasmas desdentados conversavam à porta da venda.

A brisa agitava as folhas da única árvore gotejante.

Tinha sido ali...

A pensão. Parou e entrou. Pediu um banho, mudou de roupa. Sórdido chuveiro. Foi para a janela. Povoado lúgubre! Como compará-lo à cidade luminosa que erguera em pensamento para santuário de Duília? Teve raiva de si mesmo. Nenhum parente, ninguém para reconhecê-lo. Melhor assim. Fixou a árvore. Era a mesma... Pelo menos aquilo sobrevivera. Saiu para vê-la de perto; deixou-se ficar debaixo de seus galhos. Reviveu a cena inesquecível... Mas não encontrou o mesmo sabor. A árvore parecia indiferente.

Não se conformava com a falta de claridade. Nem a da luz exterior, nem a outra, subjetiva, que iluminava a cidade ideal onde se dera a aparição da moça.

Pertinho, bem perto devia estar ela. Tão perto que assustava. Dentro de poucos instantes — o seu rosto, a sua voz, os seios!... Mas aquele marasmo, o torpor das coisas — o envelhecimento da árvore e da paisagem, tudo prenunciava a impossibilidade de Duília.

Timidamente, pediu notícias à dona da pensão. A velha fez um esforço de memória. E tal como o passageiro da "jardineira", respondeu: — Duília?... Dona Dudu, não é? Uma viúva? Ah! sumiu daqui já faz tempo. Ouvi dizer que está de professora no Monjolo. Ainda que mal lhe pergunte, vosmecê é parente dela? — Não, disse José Maria. E para desarmar a curiosidade da velha:

— Trago-lhe umas encomendas.

Deixou passar alguns instantes. Perguntou por perguntar:

— Sabe dizer se tem filhos?

— Filhos? Um horror de netos!... Que Deus me perdoe, o marido era uma peste.

Não quis saber do resto.

Despediu-se de Soero, o bom camarada; pagou-lhe bem o serviço. Seguiria sozinho até Monjolo. Conhecia a estrada. Pouco mais de três léguas. Léguas que se tornaram difíceis, pois a lama era muita, e o burro mal ferrado patinhava.

A viagem se arrastava sem o encantamento da que terminara na véspera. Não desejava que a decepção de Pouso Triste influísse na sua chegada a Duília.

Tudo agora parecia pior, o caminho mais estreito, mais aflitiva a ausência de claridade. Sentiu o deserto no coração. Sua alma deixou de viajar. Fazia-lhe falta a presença muda de Soero. Fez parar o animal.

— Será que Duília...

Novamente lhe viera o terrível pressentimento. Como aceitar outra imagem dela senão a que guardara consigo: a namorada eterna, fixa? A imaginação delirante não cedia à evidência da razão.

A poucas horas da amada, José Maria tremia de medo.

O burro começou a andar por conta própria. Os últimos quilômetros o viajante os fez como um autômato.

Monjolo se anunciava por um som de sanfona que parecia o gemido constante do fundo do Brasil.

Foi surgindo pela frente um arraial ainda menor e mais pobre que Pouso Triste. Os urubus não freqüentavam o céu, quase se deixavam pisar pelas patas da alimária. José Maria engoliu um soluço.

Tomados de espanto, os poucos moradores espiavam o estrangeiro.

O letreiro "Escola Rural" aparecia em tinta esmaecida. Uma casinha modesta, com chiqueiro no porão. A sala de espera limpa, com gravuras de santos enfeitados de flores de papel, e que tanto servia à Escola como à residência, nos fundos. As carteiras escolares estavam quebradas.

O viajante apeou-se, bateu à porta. Uma senhora, muito pálida, veio atendê-lo em chinelos.

— Eu queria falar com Duília... Dona Duília... corrigiu.

A senhora fê-lo entrar e sentar-se. Pediu licença, deixou a sala. Momentos depois, voltou mais arrumada. Seus cabelos eram grisalhos, a voz meio rouca, o sorriso agradável, apesar dos dentes cariados. Ainda não tinha sessenta anos, e aparentava mais.

— A senhora também é professora?

Duas crianças gritaram da porta: — Dona Dudu! Dona Dudu!

Ela respondeu: — Vão brincar lá fora. E virando-se para o estranho: — Não se pode ficar sossegada um minuto. Esses meninos acabam com a gente.

José Maria sentiu como que uma pancada na nuca. Baixou as pálpebras, confuso. A professora ficou esperando que ele se identificasse. Notou-lhe a fisionomia alterada, um começo de vertigem.

— Está-se sentindo mal?

Saiu e voltou com um copo d'água.

— Não foi nada. O cansaço da viagem. Já passou.

Olhava para ela estarrecido.

A mulher, aflita por que o desconhecido desse o nome.

— Veio a passeio, não é?

— Não. Não vim propriamente a passeio...

— Um lugar tão distante... Ultimamente as jazidas têm atraído muitos estrangeiros para cá.

— Eu não sou estrangeiro — respondeu o visitante. Sou brasileiro... E daqui... de bem perto daqui. Sou também de Pouso Triste...

Uma expressão de surpresa e simpatia clareou o rosto da professora. José Maria encarou-a com dolorosa intensidade. Subitamente empalideceu. Chegara o momento culminante. Fechou os olhos como se não quisesse ver o efeito das próprias palavras. A professora pressentiu que algo de grave trouxera até ali o sombrio visitante. Atordoada, esperou. José Maria principiou a falar:

— Lembra-se de um rapazinho, há muitos anos, que a viu numa procissão?

A mulher abriu os olhos.

— Nós tínhamos parado debaixo de uma árvore... lembra-se? Ela ainda está lá... não morreu. Eu olhava como um louco para você, Duília...

Ao ouvir pronunciar seu nome com intimidade cúmplice, a professora teve um arrepio. O homem não sabia como continuar. Hesitou um momento.

— Depois... depois eu larguei Pouso Triste. Nunca mais me esqueci. E só agora...

Parou no meio da frase. Tremia-lhe o queixo.

A mulher, assustada, reconhecera nele o rapazinho de outrora. Fitou-o longamente. Passou-lhe pelo rosto um lampejo de mocidade.

Volvendo a cabeça para o chão, enrubesceu com quarenta anos de atraso...

Quedaram-se por alguns momentos. O vazio do mundo pesava sobre o sossego do povoado. Grunhiam os porcos embaixo. Um cheiro de lavagem e de goiaba madura entrava pela janela, e parecia a exalação do passado.

José Maria suspirou fundo. Aquela mulher, flor de poesia, era agora aquilo! Fantasma da outra, ruína de Duília... Dona Duília... Dudu!

A mulher interrompeu a longa pausa:

— Tudo aqui envelheceu tanto! disse, erguendo a cabeça. Que veio fazer nesse fim de mundo, seu José Maria?

Ouvindo-a por sua vez pronunciar-lhe o nome, sentiu-se José Maria menos distante dela. Parecia que davam juntos o mesmo salto no tempo.

— Vim à procura de meu passado, respondeu.

— Viajar tão longe para se encontrar com uma sombra! E volvendo-se para si mesma: — Veja a que fiquei reduzida.

José Maria pousou o olhar no colo murcho, local do memorável acontecimento.

Aquilo que ali estava poderia ser a mãe de Duília, da Duília que ele trazia na memória, jamais a própria.

— Não devia ter feito isso, advertiu a mulher, como que despertando da profunda cisma.

— O quê?

— Voltar ao lugar das primeiras ilusões.

"Sim, é verdade, pensou o homem, não devia ter vindo. O melhor de seu passado não estava ali, estava dentro dele. A distância alimenta o sonho. Enganara-se. Tal como Fernão Dias com as esmeraldas..."

Ergueu-se, chegou à janela. A tarde caía depressa. Os casebres se fundiam na cinza suja. Uma preta entrou e acendeu o lampião de querosene.

Não tinha mais tempo para criar novas ilusões. Nada mais a esperar. Ficaria por ali mesmo... Floripes fizesse o que entendesse da casinha de Santa Teresa. Felizes os que ainda desejam alguma coisa, os que lutam e morrem por alguma coisa. Felizes aquelas meninas que desceram cantando para Belo Horizonte. A ele, José Maria, só lhe restava encalhar naquele buraco, dissolver-se por ali mesmo, agarrado aos últimos destroços do passado.

Sentiu falta de ar. Bem a seu lado se achava alguém que se dizia Duília, espectro da outra. Espectro também, Pouso Triste; e aquele mesquinho arraial lá fora... e tudo o mais que a noite vinha cobrindo!

Súbita raiva transfigurou-lhe as feições. Voltou a ser o estranho, o que invadira a mansão de miséria e paz da velha professora. Teve ímpeto de espancá-la, destruir aquele corpo que ousara ter sido o de Duília. Desse corpo de que só vira um trecho, num relâmpago de esplendor...

Ante o silêncio sombrio do visitante, a professora teve medo. Procurou aliviar-lhe o desespero contido.

— Vai voltar para o Rio?

Ao ouvir a voz mansa, José Maria enterneceu-se. Sentia-lhe no timbre a ressonância musical da antiga. Sentou-se de novo; e fechando o rosto com as mãos, caiu no pranto. Achou-se ridículo, pediu desculpas. Duília, compassiva, tomou-lhe a mão, procurou consolá-lo. Um sentimento comum aproximava-os.

Espantou-se a professora ao se dar conta do que estava fazendo: dar a mão ao quase desconhecido de há pouco.

Por longo tempo, as duas mãos enrugadas se aqueceram uma na outra. Mudos, transidos de emoção, ambos cerraram os olhos. Duas sombras dentro da sala triste...

O homem não se conteve. Ergueu-se, saiu precipitadamente. A professora correu atrás:

— José Maria! Senhor José Maria!...

A voz rouca mais parecia soluço do que apelo.

— José Maria!

Os moradores se alvoroçaram:

— O que terá havido com a professora?

— Foi depois que chegou aquele estrangeiro alto!

— Quem será esse indivíduo?

E já se preparavam para perseguir o intruso, munindo-se de pedras e pedaços de pau. Mas o desconhecido desapareceu na escuridão.

Parada no meio do largo, Duília arquejava. Ninguém lhe ouvia mais a voz nem lhe distinguia o vulto.

Alguns soluços cortaram a treva.

O peru de Natal

Mário de Andrade

O nosso primeiro Natal de família, depois da morte de meu pai acontecida cinco meses antes, foi de conseqüências decisivas para a felicidade familiar. Nós sempre fôramos familiarmente felizes, nesse sentido muito abstrato da felicidade: gente honesta, sem crimes, lar sem brigas internas nem graves dificuldades econômicas. Mas, devido principalmente à natureza cinzenta de meu pai, ser desprovido de qualquer lirismo, duma exemplaridade incapaz, acolchoado no medíocre, sempre nos faltara aquele aproveitamento da vida, aquele gosto pelas felicidades materiais, um vinho bom, uma estação de águas, aquisição de geladeira, coisas assim. Meu pai fora de um bom errado, quase dramático, o puro-sangue dos desmancha-prazeres.

Morreu meu pai, sentimos muito, etc. Quando chegamos nas proximidades do Natal, eu já estava que não podia mais pra afastar aquela memória obstruente do morto, que parecia ter sistematizado pra sempre a obrigação de uma lembrança dolorosa em cada gesto mínimo da família. Uma vez que eu sugerira à mamãe a idéia dela ir ver uma fita no cinema, o que resultou foram lágrimas. Onde se viu ir ao cinema, de luto pesado! A dor já estava sendo cultivada pelas aparências, e eu, que sempre gostara apenas regularmente de meu pai, mais por instinto de filho que por espontaneidade de amor, me via a ponto de aborrecer o bom do morto.

Foi decerto por isto que me nasceu, esta sim, espontaneamente, a idéia de fazer uma das minhas chamadas "loucuras". Essa fora aliás, e desde muito cedo, a minha esplêndida conquista contra o ambiente familiar. Desde

O peru de Natal

cedinho, desde os tempos de ginásio, em que arranjava regularmente uma reprovação todos os anos; desde o beijo às escondidas, numa prima, aos dez anos, descoberto por Tia Velha, uma detestável de tia; e principalmente desde as lições que dei ou recebi, não sei, duma criada de parentes: eu consegui no reformatório do lar e na vasta parentagem, a fama conciliatória de "louco". "É doido, coitado!" falavam. Meus pais falavam com certa tristeza condescendente, o resto da parentagem buscando exemplo para os filhos e provavelmente com aquele prazer dos que convencem de alguma superioridade. Não tinham doidos entre os filhos. Pois foi o que me salvou, essa fama. Fiz tudo o que a vida me apresentou e o meu ser exigia para se realizar com integridade. E me deixaram fazer tudo, porque eu era doido, coitado. Resultou disso uma existência sem complexos, de que não posso me queixar um nada.

Era costume sempre, na família, a ceia de Natal. Ceia reles, já se imagina: ceia tipo meu pai, castanhas, figos, passas, depois da Missa do Galo. Empanturrados de amêndoas e nozes (quanto discutimos os três manos por causa dos quebra-nozes...), empanturrados de castanhas e monotonias, a gente se abraçava e ia pra cama. Foi lembrando isso que arrebentei com uma das minhas "loucuras":

— Bom, no Natal, quero comer peru.

Houve um desses espantos que ninguém não imagina. Logo minha tia solteirona e santa, que morava conosco, advertiu que não podíamos convidar ninguém por causa do luto.

— Mas quem falou de convidar ninguém! Essa mania... Quando é que a gente já comeu peru em nossa vida! Peru aqui em casa é prato de festa, vem toda essa parentada do diabo...

— Meu filho, não fale assim...

— Pois falo, pronto!

E descarreguei minha gelada indiferença pela nossa parentagem infinita, diz-que vinda de bandeirantes, que bem me importa! Era mesmo o momento pra desenvolver minha teoria de doido, coitado, não perdi a ocasião. Me deu de sopetão uma ternura imensa por mamãe e titia, minhas duas mães, três com minha irmã, as três mães que sempre me divinizaram a vida. Era sempre aquilo: vinha aniversário de alguém e só então faziam peru naquela casa. Peru era prato de festa: uma imundície de parentes já preparados pela tradição, invadiam a casa por causa do peru, das empadinhas e dos doces. Minhas três mães, três dias antes já não sabiam da vida senão trabalhar, trabalhar no preparo de doces e frios finíssimos de bem feitos, a parentagem devorava tudo e inda levava embrulhinhos pros que não tinham podido vir.

As minhas três mães mal podiam de exaustas. Do peru, só no enterro dos ossos, no dia seguinte, é que mamãe com titia inda provavam um naco de perna, vago, escuro, perdido no arroz alvo. E isso mesmo era mamãe quem servia, catava tudo pro velho e pros filhos. Na verdade ninguém sabia de fato o que era peru em nossa casa, peru resto de festa.

Não, não se convidava ninguém, era um peru pra nós, cinco pessoas. E havia de ser com duas farofas, a gorda com os miúdos, e a seca, douradinha, com bastante manteiga. Queria o papo recheado só com a farofa gorda, em que havíamos de ajuntar ameixa preta, nozes e um cálice de xerez, como aprendera na casa da Rose, muito minha companheira. Está claro que omiti onde aprendera a receita, mas todos desconfiaram. E ficaram logo naquele ar de incenso assoprado, se não seria tentação do Dianho aproveitar receita tão gostosa. E cerveja bem gelada, eu garantia quase gritando. É certo que com meus "gostos", já bastante afinados fora do lar, pensei primeiro num vinho bom, completamente francês. Mas a ternura por mamãe venceu o doido, mamãe adorava cerveja.

Quando acabei meus projetos, notei bem, todos estavam felicíssimos, num desejo danado de fazer aquela loucura em que eu estourara. Bem que sabiam, era loucura sim, mas todos se faziam imaginar que eu sozinho é que estava desejando muito aquilo e havia jeito fácil de empurrarem pra cima de mim a... culpa de seus desejos enormes. Sorriam se entreolhando, tímidos como pombas desgarradas, até que minha irmã resolveu o consentimento geral:

— É louco mesmo!...

Comprou-se o peru, fez-se o peru, etc. E depois de uma Missa do Galo bem mal rezada, se deu o nosso mais maravilhoso Natal. Fora engraçado: assim que me lembrara de que finalmente ia fazer mamãe comer peru, não fizera outra coisa aqueles dias que pensar nela, sentir ternura por ela, amar minha velhinha adorada. E meus manos também, estavam no mesmo ritmo violento de amor, todos dominados pela felicidade nova que o peru vinha imprimindo na família. De modo que, ainda disfarçando as coisas, deixei muito sossegado que mamãe cortasse todo o peito do peru. Um momento aliás, ela parou, feito fatias um dos lados do peito da ave, não resistindo àquelas leis de economia que sempre a tinham entorpecido numa quase pobreza sem razão.

— Não senhora, corte inteiro! só eu como tudo isso!

Era mentira. O amor familiar estava por tal forma incandescente em mim, que até era capaz de comer pouco, só pra que os outros quatro comessem demais. E o diapasão dos outros era o mesmo. Aquele peru comido a sós, redescobria em cada um o que a cotidianidade abafara por completo, amor, paixão de mãe, paixão de filhos. Deus me perdoe mas estou pensando em Jesus... Naquela casa de burgueses bem modestos, estava se realizando um milagre digno do Natal de um Deus. O peito do peru ficou inteiramente reduzido a fatias amplas.

— Eu que sirvo!

"É louco, mesmo!" pois por que havia de servir, se sempre mamãe servira naquela casa! Entre risos, os grandes pratos cheios foram passados pra mim e principiei uma distribuição heróica, enquanto mandava meu mano servir a cerveja. Tomei conta logo dum pedaço admirável da "casca", cheio de gordura e pus no prato. E depois vastas fatias brancas. A voz severizada de mamãe cortou o espaço angustiado com que todos aspiravam pela sua parte no peru:

— Se lembre de seus manos, Juca!

Quando que ela havia de imaginar, a pobre! que aquele era o prato dela, da Mãe, da minha amiga maltratada, que sabia da Rose, que sabia meus crimes, a que eu só lembrava de comunicar o que fazia sofrer! O prato ficou sublime.

— Mamãe, este é o da senhora! Não! não passe não!

Foi quando ela não pôde mais com tanta comoção e principiou chorando. Minha tia também, logo percebendo que o novo prato sublime seria o dela, entrou no refrão das lágrimas. E minha irmã, que jamais viu lágrima sem abrir a torneirinha também, se esparramou no choro. Então principiei dizendo muitos desaforos pra não chorar também, tinha dezenove anos... Diabo de família besta que via peru e chorava! coisas assim. Todos se esforçavam por sorrir, mas agora é que a alegria se tornara impossível. É que o pranto evocara por associação a imagem indesejável de meu pai morto. Meu pai, com sua figura cinzenta, vinha pra sempre estragar nosso Natal. Fiquei danado.

Bom, principiou-se a comer em silêncio, lutuosos, e o peru estava perfeito. A carne mansa, de um tecido muito tênue boiava fagueira entre os sabores das farofas e do presunto, de vez em quando ferida, inquietada e redesejada, pela intervenção mais violenta da ameixa preta e o estorvo petulante dos pedacinhos de noz. Mas papai sentado ali, gigantesco, incompleto, uma censura, uma chaga, uma incapacidade. E o peru, estava tão gostoso, mamãe por fim sabendo que peru era manjar mesmo digno do Jesusinho nascido.

Principiou uma luta baixa entre o peru e o vulto de papai. Imaginei que gabar o peru era fortalecê-lo na luta, e, está claro, eu tomara decididamente o partido do peru. Mas os defuntos têm meios visguentos, muito hipócritas de vencer: nem bem gabei o peru a imagem de papai cresceu vitoriosa, insuportavelmente obstruidora.

— Só falta seu pai...

Eu nem comia, nem podia mais gostar daquele peru perfeito, tanto que me interessava aquela luta entre os dois mortos. Cheguei a odiar papai. E nem sei que inspiração genial, de repente me tornou hipócrita e político. Naquele instante que hoje me parece decisivo da nossa família, tomei aparentemente o partido de meu pai. Fingi, triste:

— É mesmo... Mas papai, que queria tanto bem a gente, que morreu de tanto trabalhar pra nós, papai lá no céu há de estar contente... (hesitei, mas resolvi não mencionar mais o peru) contente de ver nós todos reunidos em família.

E todos principiaram muito calmos, falando de papai. A imagem dele foi diminuindo, diminuindo e virou uma estrelinha brilhante do céu. Agora todos comiam o peru com sensualidade, porque papai fora muito bom, sempre se sacrificara por nós, fora um santo que "vocês, meus filhos, nunca poderão pagar o que devem a seu pai", um santo. Papai virara santo, uma contemplação agradável, uma inestorvável estrelinha do céu. Não prejudicava mais ninguém, puro objeto de contemplação suave. O único morto ali era o peru, dominador, completamente vitorioso.

Minha mãe, minha tia, nós, todos alagados de felicidade. Ia escrever "felicidade gustativa", mas não era só isso não. Era uma felicidade maiúscula, um amor de todos, um esquecimento de outros parentescos distraidores do grande amor familiar. E foi, sei que foi aquele primeiro peru comido no recesso da família, o início de um amor novo, reacomodado, mais completo, mais rico e inventivo, mais complacente e cuidadoso de si. Nasceu de então uma felicidade familiar pra nós que, não sou exclusivista, alguns a terão assim grande, porém mais intensa que a nossa me é impossível conceber.

Mamãe comeu tanto peru que um momento imaginei, aquilo podia lhe fazer mal. Mas logo pensei: ah, que faça! mesmo que ela morra, mas pelo menos que uma vez na vida coma peru de verdade!

A tamanha falta de egoísmo me transportara o nosso infinito amor... Depois vieram umas uvas leves e uns doces, que lá na minha terra levam o nome de "bem-casados". Mas nem mesmo este nome perigoso se associou à lembrança de meu pai, que o peru já convertera em dignidade, em coisa certa, em culto puro de contemplação.

Levantamos. Eram quase duas horas, todos alegres, bambeados por duas garrafas de cerveja. Todos iam deitar, dormir ou mexer na cama, pouco importa, porque é bom uma insônia feliz. O diabo é que a Rose, católica antes de ser Rose, prometera me esperar com uma champanha. Pra poder sair, menti, falei que ia a uma festa de amigo, beijei mamãe e pisquei pra ela, modo de contar onde é que ia e fazê-la sofrer seu bocado. As outras duas mulheres beijei sem piscar. E agora, Rose!...

© Villa Rica Editoras Reunidas LTDA.

Nhola dos Anjos e a cheia do Corumbá

Bernardo Élis

— Fio, fais um zóio de boi lá fora pra nóis.

O menino saiu do rancho com um baixeiro na cabeça, e no terreiro, debaixo da chuva miúda e continuada, enfincou o calcanhar na lama, rodou sobre ele o pé, riscando com o dedão uma circunferência no chão mole — outra e mais outra. Três círculos entrelaçados, cujos centros formavam um triângulo equilátero.

Isto era simpatia para fazer estiar. E o menino voltou:

— Pronto, vó.

— O rio já encheu mais? — perguntou ela.

— Chi, tá um mar d'água! Qué vê, espia, — e apontou com o dedo para fora do rancho. A velha foi até a porta e lançou a vista. Para todo lado havia água. Somente para o sul, para a várzea, é que estava mais enxuto, pois o braço do rio aí era pequeno. A velha voltou para dentro, arrastando-se pelo chão, feito um cachorro, cadela, aliás: era entrevada. Havia vinte anos apanhara um "ar de estupor" e desde então nunca mais se valera das pernas, que murcharam e se estorceram.

Começou a escurecer nevroticamente. Uma noite que vinha vagarosamente, irremediavelmente, como o progresso de uma doença fatal.

O Quelemente, filho da velha, entrou. Estava ensopadinho da silva. Dependurou numa forquilha a caroça, — que é a maneira mais analfabeta de se esconder da chuva, — tirou a camisa molhada do corpo e se agachou na beira da fornalha.

— Mãe, o vau tá que tá sumino a gente. Este ano mesmo, se Deus ajudá, nóis se muda.

Onde ele se agachou, estava agora uma lagoa, da água escorrida da calça de algodão grosso.

A velha trouxe-lhe um prato de folha e ele começou a tirar, com a colher de pau, o feijão quente da panela de barro. Era um feijão brancacento, cascudo, cozido sem gordura. Derrubou farinha de mandioca em cima, mexeu e pôs-se a fazer grandes capitães com a mão, com que entrouxava a bocarra.

Agora a gente só ouvia o ronco do rio lá embaixo — ronco confuso, rouco, ora mais forte, ora mais fraco, como se fosse um zunzum subterrâneo.

A calça de algodão cru do roceiro fumegava ante o calor da fornalha, como se pegasse fogo.

Já tinha pra mais de oitenta anos que os dos Anjos moravam ali na foz do Capivari no Corumbá. O rancho se erguia num morrote a cavaleiro de terrenos baixos e paludosos. A casa ficava num triângulo, de que dois lados eram formados por rios, e o terceiro, por uma vargem de buritis. Nos tempos de cheias os habitantes ficavam ilhados, mas a passagem da várzea era rasa e podia-se vadear perfeitamente.

No tempo da guerra do Lopes, ou antes ainda, o avô de Quelemente veio de Minas e montou ali sua fazenda de gado, pois a formação geográfica construíra um excelente apartador. O gado, porém, quando o velho morreu, já estava quase extinto pelas ervas daninhas. Daí para cá foi a decadência. No lugar da casa de telhas, que ruiu, ergueram um rancho de palhas. A erva se incumbiu de arrasar o resto do gado e as febres as pessoas.

"— Este ano, se Deus ajudá, nóis se muda." Há quarenta anos a velha Nhola vinha ouvindo aquela conversa fiada. A princípio fora seu marido: "— Nóis precisa de mudá, pruquê senão a água leva nóis". Ele morreu de maleita e os outros continuaram no lugar. Depois era o filho que falava assim, mas nunca se mudara. Casara-se ali: tivera um filho; a mulher dele, nora de Nhola, morreu de maleita. E ainda continuaram no mesmo lugar a velha Nhola, o filho Quelemente e o neto, um biruzinho sempre perrengado.

A chuva caía meticulosamente, sem pressa de cessar. A palha do rancho porejava água, fedia a podre, derrubando dentro da casa uma infinidade de bichos que a sua podridão gerava. Ratos, sapos, baratas, grilos, aranhas, — o diabo refugiava-se ali dentro, fugindo à inundação, que aos poucos ia galgando a perambeira do morrote.

Quelemente saiu ao terreiro e olhou a noite. Não havia céu, não havia horizonte — era aquela coisa confusa, translúcida e pegajosa. Clareava as trevas o branco leitoso das águas que cercavam o rancho. Ali pras bandas da vargem é que ainda se divisava o vulto negro e mal recortado do mato. Nem uma estrela. Nem um pirilampo. Nem um relâmpago. A noite era feito um grande cadáver, de olhos abertos e embaciados. Os gritos friorentos das marrecas povoavam de terror o ronco medonho da cheia.

No canto escuro do quarto, o pito da velha Nhola acendia-se e apagava-se sinistramente, alumiando seu rosto macilento e fuxicado.

— Ocê bota a gente hoje em riba do jirau, viu? — pediu ela ao filho.
— Com essa chuveira de dilúvio, tudo quanto é mundice entra pro rancho e eu num quero drumi no chão não.

Ela receava a baita cascavel que inda agorinha atravessara a cozinha numa intimidade pachorrenta.

Quelemente sentiu um frio ruim no lombo. Ele dormia com a roupa ensopada, mas aquele frio que estava sentindo era diferente. Foi puxar o baixeiro e nisto esbarrou com água. Pulou do jirau no chão e a água subiu-lhe ao umbigo. Sentiu um aperto no coração e uma tonteira enjoada. O rancho estava viscosamente iluminado pelo reflexo do líquido. Uma luz cansada e incômoda, que não permitia divisar os contornos das coisas. Dirigiu-se ao jirau da velha. Ela estava agachada sobre ele, com um brilho aziago no olhar.

Lá fora o barulhão confuso, subterrâneo, sublinhado pelo uivo de um cachorro.

— Adonde será que tá o chulinho?

Foi quando uma parede do rancho começou a desmoronar. Os torrões de barro do pau-a-pique se desprendiam dos amarrilhos de embiras e caíam nágua com um barulhinho brincalhão — tchibungue — tibungue. De repente, foi-se todo o pano de parede. As águas agitadas vieram banhar as pernas inúteis de mãe Nhola:

— Nossa Senhora d'Abadia do Muquém!
— Meu Divino Padre Eterno!

O menino chorava aos berros, tratando de subir pelos ombros da estuporada e alcançar o teto. Dentro da casa, boiavam pedaços de madeira, cuias, coités, trapos e a superfície do líquido tinha umas contorsões diabólicas de espasmos epiléticos, entre as espumas alvas.

— Cá, nego, cá, nego — Nhola chamou o chulinho que vinha nadando pelo quarto, soprando a água. O animal subiu ao jirau e sacudiu o pêlo molhado, trêmulo, e começou a lamber a cara do menino.

O teto agora começava a desabar, estralando, arriando as palhas no rio, com um vagar irritante, com uma calma perversa de suplício. Pelo vão da parede desconjuntada podia-se ver o lençol branco, — que se diluía na cortina diáfana, leitosa do espaço repleto de chuva, — e que arrastava as palhas, as taquaras da parede, os detritos da habitação. Tudo isso descia em longa fila, aos mansos boléus das ondas, ora valsando em torvelinhos, ora parando nos remansos enganadores. A porta do rancho também ia descendo. Era feita de paus de buritis amarrados por embiras.

Quelemente nadou, apanhou-a, colocou em cima a mãe e o filho, tirou do teto uma ripa mais comprida para servir de varejão, e lá se foram derivando, nessa jangada improvisada.

— E o chulinho? — perguntou o menino, mas a única resposta foi mesmo o uivo do cachorro.

Quelemente tentava atirar a jangada para a vargem, a fim de alcançar as árvores. A embarcação mantinha-se a coisa de dois dedos acima da superfície das águas, mas sustinha satisfatoriamente a carga. O que era preciso era alcançar a vargem, agarrar-se aos galhos das árvores, sair por esse único ponto mais próximo e mais seguro. Daí em diante o rio pegava a estreitar-se entre barrancos atacados, até cair na cachoeira. Era preciso evitar essa passagem, fugir dela. Ainda se se tivesse certeza de que a enchente houvesse passado acima do barranco e extravasado pela campina adjacente a ele, podia-se salvar por ali. Do contrário, depois de cair no canal, o jeito era mesmo espatifar-se na cachoeira.

— É o mato? — perguntou engasgadamente Nhola, cujos olhos de pua furavam o breu da noite.

Sim. O mato se aproximava, discerniam-se sobre o líquido grandes manchas, sonambulicamente pesadas, emergindo do insondável — deviam ser as copas das árvores. De súbito, porém, a sirga não alcançou mais o fundo. A correnteza pegou a jangada de chofre, fê-la tornear rapidamente e arrebatou-a no lombo espumarento. As três pessoas agarraram-se freneticamente aos buritis, mas um tronco de árvore que derivava chocou-se com a embarcação, que agora corria na garupa da correnteza.

Quelemente viu a velha cair nágua, com o choque, mas não pôde nem mover-se: procurava, por milhares de cálculos, escapar à cachoeira, cujo rugido se aproximava de uma maneira desesperadora. Investigava a treva, tentando enxergar os barrancos altos daquele ponto do curso. Esforçava-se para identificar o local e atinar com um meio capaz de os salvar daquele estrugir encapetado da cachoeira.

Bernardo Élis

A velha debatia-se, presa ainda à jangada por uma mão, despendendo esforços impossíveis por subir novamente para os buritis. Nisso Quelemente notou que a jangada já não suportava três pessoas. O choque com o tronco de árvore havia arrebentado os atilhos e metade dos buritis havia-se desligado e rodado. A velha não podia subir, sob pena de irem todos para o fundo. Ali já não cabia ninguém. Era o rio que reclamava uma vítima.

As águas roncavam e cambalhotavam espumejantes na noite escura que cegava os olhos, varrida de um vento frio e sibilante. A nado, não havia força capaz de romper a correnteza nesse ponto. Mas a velha tentava energicamente trepar novamente para os buritis, arrastando as pernas mortas que as águas metiam por baixo da jangada. Quelemente notou que aquele esforço da velha estava fazendo a embarcação perder a estabilidade. Ela já estava quase abaixo das águas. A velha não podia subir. Não podia. Era a morte que chegava, abraçando Quelemente com o manto líquido das águas sem fim. Tapando a sua respiração, tapando seus ouvidos, seus olhos, enchendo sua boca de água, sufocando-o, sufocando-o, apertando sua garganta. Matando seu filho, que era perrengue e estava grudado nele.

Quelemente segurou-se bem aos buritis e atirou um coice valente na cara aflissurada da velha Nhola. Ela afundou-se para tornar a aparecer, presa ainda à borda da jangada, os olhos fuzilando numa expressão de incompreensão e terror espantado. Novo coice melhor aplicado e um tufo d'água espirrou no escuro. Aquele último coice, entretanto, desequilibrou a jangada, que fugiu das mãos de Quelemente, desamparando-o no meio do rio.

Ao cair, porém, sem querer, ele sentiu sob seus pés o chão seguro. Ali era um lugar raso. Devia ser a campina adjacente ao barranco. Era raso. O diabo da correnteza, porém, o arrastava, de tão forte. A mãe, se tivesse pernas vivas, certamente teria tomado pé, estaria salva. Suas pernas, entretanto, eram uns molambos sem governo, um estorvo.

Ah! se ele soubesse que aquilo era raso, não teria dado dois coices na cara da velha, não teria matado uma entrevada que queria subir para a jangada num lugar raso, onde ninguém se afogaria se a jangada afundasse...

Mas quem sabe ela estava ali, com as unhas metidas no chão, as pernas escorrendo ao longo do rio?

Quem sabe ela não tinha rodado? Não tinha caído na cachoeira, cujo ronco escurecia mais ainda a treva?

— Mãe, ô, mãe!

— Mãe, a senhora tá aí?

E as águas escachoantes, rugindo, espumejando, refletindo cinicamente a treva do céu parado, do céu defunto, do céu entrevado, estuporado.

— Mãe, ô, mãe! Eu num sabia que era raso.
— Espera aí, mãe!

O barulho do rio ora crescia, ora morria e Quelemente foi-se metendo por ele a dentro. A água barrenta e furiosa tinha vozes de pesadelo, resmungo de fantasmas, timbres de mãe ninando filhos doentes, uivos ásperos de cães danados. Abriam-se estranhas gargantas resfolegantes nos torvelinhos malucos e as espumas de noivado ficavam boiando por cima, como flores sobre túmulos.

— Mãe! — lá se foi Quelemente, gritando dentro da noite, até que a água lhe encheu a boca aberta, lhe tapou o nariz, lhe encheu os olhos arregalados, lhe entupiu os ouvidos abertos à voz da mãe que não respondia, e foi deixá-lo, empazinado, nalgum perau distante, abaixo da cachoeira.

Presépio

Carlos Drummond de Andrade

Dasdores (assim se chamavam as moças daquele tempo) sentia-se dividida entre a Missa do Galo e o presépio. Se fosse à igreja, o presépio não ficaria armado antes de meia-noite e, se se dedicasse ao segundo, não veria o namorado.

É difícil ver namorado na rua, pois moça não deve sair de casa, salvo para rezar ou visitar parentes. Festas são raras. O cinema ainda não foi inventado, ou, se o foi, não chegou a esta nossa cidade, que é antes uma fazenda crescida. Cabras passeiam nas ruas, um cincerro tilinta: é a tropa. E viúvas espiam de janelas, que se diriam jaulas.

Dasdores e suas numerosas obrigações: cuidar dos irmãos, velar pelos doces de calda, pelas conservas, manejar agulha e bilro, escrever as cartas de todos. Os pais exigem-lhe o máximo, não porque a casa seja pobre, mas porque o primeiro mandamento da educação feminina é: trabalharás dia e noite. Se não trabalhar sempre, se não ocupar todos os minutos, quem sabe de que será capaz a mulher? Quem pode vigiar sonhos de moça? Eles são confusos e perigosos. Portanto, é impedir que se formem. A total ocupação varre o espírito. Dasdores nunca tem tempo para nada. Seu nome, alegre à força de repetido, ressoa pela casa toda. "Dasdores, as dálias já foram regadas hoje?" "Você viu, Dasdores, quem deixou o diabo desse gato furtar a carne?" "Ah, Dasdores, meu bem, prega esse botão para sua mãezinha." Dasdores multiplica-se, corre, delibera e providencia mil coisas. Mas é um engano supor que se deixou aprisionar por obrigações enfadonhas. Em seu coração ela voa para o sobrado da outra rua, em que, fumando ou alisando o cabelo com brilhantina, está Abelardo.

Das mil maneiras de amar, ó pais, a secreta é a mais ardilosa, e eis a que ocorre na espécie. Dasdores sente-se livre em meio às tarefas, e até mesmo extrai delas algum prazer. (Dir-se-ia que as mulheres foram feitas para o trabalho... Alguma coisa mais do que resignação sustenta as donas-de-casa.) Dasdores sabe combinar o movimento dos braços com a atividade interior — é uma conspiradora — e sempre acha folga para pensar em Abelardo. Esta véspera de Natal, porém, veio encontrá-la completamente desprevenida. O presépio está por armar, a noite caminha, lenta como costuma fazê-lo no interior, mas Dasdores é íntima do relógio grande da sala de jantar, que não perdoa, e mesmo no mais calmo povoado o tempo dá um salto repentino, desafia o incauto: "Agarra-me!" Sucede que ninguém mais, salvo esta moça, pode dispor o presépio, arte comunicada por uma tia já morta. E só Dasdores conhece o lugar de cada peça, determinado há quase dois mil anos, porque cada bicho, cada musgo tem seu papel no nascimento do Menino, e ai do presépio que cede a novidades.

As caixas estão depositadas no chão ou sobre a mesa, e desembrulhá-las é a primeira satisfação entre as que estão infusas na prática ritual da armação do presépio. Todos os irmãos querem colaborar, mas antes atrapalham, e Dasdores prefere ver-se morta a ceder-lhes a responsabilidade plena da direção. Jamais lhes será dado tocar, por exemplo, no Menino Jesus, na Virgem e em São José. Nos pastores, sim, e nas grutas subsidiárias. O melhor seria que não amolassem, e Dasdores passaria o dia inteiro compondo sozinha a paisagem de água e pedras, relva, cães e pinheiros, que há de circundar a manjedoura. Nem todos os animais estão perfeitos; este carneirinho tem uma perna quebrada, que se poderia consertar, mas parece a Dasdores que, assim mutilado e dolorido, o Menino deve querer-lhe mais. Os camelos, bastante miúdos, não guardam proporção com os cameleiros que os tangem; mas são presente da tia morta, e participam da natureza dos animais domésticos, a qual por sua vez participa obscuramente da natureza da família. Através de um sentimento nebuloso, afigura-se-lhe que tudo é uma coisa só, e não há limites para o humano. Dasdores passa os dedos, com ternura, pelos camelinhos; sente neles a maciez da mão de Abelardo.

Alguém bate palmas na escada; ô de casa! amigas que vêm combinar a hora de ir para a igreja. Entram e acham o presépio desarranjado, na sala em desordem. Esta visita come mais tempo, matéria preciosa ("Agarra-me! Agarra-me!"). Quando alguém dispõe apenas de uns poucos minutos para fazer algo de muito importante e que exige não somente largo espaço de tempo mas também uma calma dominadora — algo de muito importante e que não pode absolutamente ser adiado — se esse alguém é nervoso, sua vontade se concentra, numa excitação aguda, e o trabalho começa a surgir, perfeito, de circunstâncias adversas. Dasdores não pertence a essa raça torturada e criadora; figura no ramo também delicado, mas impotente, dos fantasistas. Vão-se as amigas, para voltar duas horas depois, e Dasdores, interrogando o relógio, nele vê apenas o rosto de Abelardo, como também percebe esse rosto de bigode, e a cabeleira lustrosa, e os olhos acesos, dissimulados nas ramagens do papel da parede, e um pouco por toda parte.

A mão continua tocando maquinalmente nas figuras do presépio, dispondo-as onde convém. Nada fará com que erre; do passado a tia repete sua lição profunda. Entretanto, o prazer de distribuir as figuras, de fixar a estrela, de espalhar no lago de vidro os patinhos de celulóide, está alterado, ou subtrai-se. Dasdores não o saboreia por inteiro. Ou nele se insinuou o prazer da missa? Ou o medo de que o primeiro, prolongando-se, viesse a impedir o segundo? Ou um sentimento de culpa, ao misturar o sagrado ao profano, dando, talvez, preferência a este último, pois no fundo da caminha de palha suas mãos acariciavam o Menino, mas o que a pele queria sentir — sentia, Deus me perdoe — era um calor humano, já sabeis de quem.

Aqui desejaria, porque o mundo é cruel e as histórias também costumam sê-lo, acelerar o ritmo da narrativa, prover Dasdores com os muitos braços de que ela carece para cumprir com sua obrigação, vestir-se violentamente, sair com as amigas — depressa, depressa —, ir correndo ladeira acima, encontrar a igreja vazia, o adro já quase deserto, e nenhum Abelardo. Mas seria preciso atribuir-lhe, não braços e pernas suplementares, e sim outra natureza, diferente da que lhe coube, e é pura placidez. Correi, sôfregos, correi ladeira acima, e chegai sempre ou muito tarde ou muito cedo, mas continuai a correr, a matar-vos, sem perspectiva de paz ou conciliação. Não assim os serenos, aqueles que, mesmo sensuais, se policiam. O dono desta noite, depois do Menino, é o relógio, e este vai mastigando seus minutos, seus cinco minutos, seus quinze minutos. Se nos esquecermos dele, talvez pule meia hora, como um prestidigitador furta um ovo, mas, se nos pusermos a contemplá-lo, os números gelam, o ponteiro imobiliza-se, a vida parou rigorosamente. Saber que a vida parou seria reconfortante para Dasdores, que assim lograria folga para localizar condignamente os três reis na estrada, levantar os muros de Belém. Começa a fazê-lo, e o tempo dispara de novo. "Agarra-me! Agarra-me!" Nas cabeças que espiam pela porta entreaberta, no estouvamento dos irmãos, que querem se debruçar sobre o caminho de areia antes que essa esteja espalhada, na muda interrogação da mãe, no sentimento de que a vida é variada demais para caber em instantes tão curtos, no calor que começa a fazer apesar das janelas escancaradas — há uma previsão de malogro iminente. Pronto, este ano não haverá Natal. Nem namorado. E a noite se fundirá num largo pranto sobre o travesseiro.

Mas Dasdores continua, calma e preocupada, cismarenta e repartida, juntando na imaginação os dois deuses, colocando os pastores na posição devida e peculiar à adoração, decifrando os olhos de Abelardo, as mãos de Abelardo, o mistério prestigioso do ser de Abelardo, a auréola que os caminhantes descobriram em torno dos cabelos macios de Abelardo, a pele morena de Jesus, e aquele cigarro — quem botou! — ardendo na areia do presépio, e que Abelardo fumava na outra rua.

O vitral

Osman Lins

Desde muito, ela sabia que o aniversário, este ano, seria num domingo. Mas só quando faltavam quatro ou seis semanas, começara a ver na coincidência uma promessa de alegrias incomuns e convidara o esposo a tirarem um retrato. Acreditava que este haveria de apreender seu júbilo, do mesmo modo que o da Primeira Comunhão retivera para sempre os cânticos.

— Ora... Temos tantos... — respondera o homem. Se tivéssemos filhos... Aí, bem. Mas nós dois! Para que retratos? Dois velhos!

A mão esquerda, erguida, com o indicador e o médio afastados, parecia fazer da solidão uma coisa tangível — e ela se reconhecera com tristeza no dedo menor, mais fino e recurvo. Prendera grampos aos cabelos negros, lisos, partidos ao meio, e levantara-se.

— Está bem. Você não quer...

(A voz nasalada, contida, era um velho sinal de desgosto.)

— Suas tolices, Matilde... Quando é isso?

Como se a idéia a envergonhasse, ela inclinara a cabeça:

— Em setembro — dissera. No dia vinte e quatro. Cai num domingo e eu...

— Ah! Uma comemoração — interrompera o esposo. Vinte anos de casamento... Um retrato ameno e primaveril. Como nós.

Na véspera do aniversário, ao deitar-se, ela ainda lembrara essas palavras; mas purificara-se da ironia e as repetira em segredo, sentindo-se

O vitral

reconduzida ao estado de espírito que lhe advinha na infância, em noites semelhantes: um oscilar entre a espera de alegrias e o receio de não as obter.

Agora, ali estava o domingo, claro e tépido, com réstias de sol no mosaico, no leito, nas paredes, mas não com as alegrias sonhadas, sem o que tudo o mais se tornava inexpressivo.

— Se você não quiser, eu não faço questão do retrato — disse ela. Foi tolice.

— O fotógrafo já deve estar esperando. Por que não muda o penteado? Ainda há tempo.

— Não. Vou assim mesmo.

Abriu a porta, saíram. Flutuavam raras nuvens brancas; as folhas das aglaias tinham um brilho fosco. Ela deu o braço ao marido e sentiu, com espanto, uma anunciação de alegrias no ar, como se algo em seu íntimo aguardasse aquele gesto.

Seguiram. Soprou um vento brusco, uma janela se abriu, o sol flamejou nos vidros. Uma voz forte de mulher principiou a cantar, extinguiu-se, a música de um acordeão despontou indecisa, cresceu. E quando o sino da Matriz começou a vibrar, com uma paz inabalável e sóbria, ela verificou, exultante, que o retrato não ficaria vazio: a insubstancial riqueza daqueles minutos o animaria para sempre.

— Manhã linda! — murmurou. Hoje eu queria ser menina.

— Você é.

A afirmativa podia ser uma censura, mas foi como um descobrimento que Matilde a aceitou. Seu coração bateu forte, ela sentiu-se capaz de rir muito, de extensas caminhadas, e lamentou que o marido, circunspecto, mudo, estivesse alheio à sua exultação. Guardaria, assim, através dos anos, uma alegria solitária, da qual Antônio para sempre estaria ausente.

Mas quem poderia assegurar, refletiu, que ele era, não um participante de seu júbilo, mas a causa mesma de tudo o que naquele instante sentia; e que, sem ele, o mundo e suas belezas não teriam sentido?

Estas perguntas tinham o peso de afirmativas e ela exclamou que se sentia feliz.

— Aproveite — aconselhou ele. Isso passa.

— Passa. Mas qualquer coisa disto ficará no retrato. Eu sei.

As duas sombras, juntas, resvalavam no muro e na calçada, sobre a qual ressoavam seus passos.

— Não é possível guardar a mínima alegria — disse ele. Em coisa alguma. Nenhum vitral retém a claridade.

Cinco meninas apareceram na esquina, os vestidos de cambraia parecendo-lhes comunicar sua leveza, ruidosas, perseguindo-se, entregues à infância e ao domingo, que fluíam com força através delas. Atravessaram a rua, abriram um portão, desapareceram.

Ela apertou o braço do marido e sorriu, a sentir que um júbilo quase angustioso jorrava de seu íntimo. Compreendera que tudo aquilo era inapreensível: enganara-se ou subestimara o instante ao julgar que poderia guardá-lo. "Que este momento me possua, me ilumine e desapareça — pensava. Eu o vivi. Eu o estou vivendo."

Sentia que a luz do sol a trespassava, como a um vitral.

Um cinturão

Graciliano Ramos

As minhas primeiras relações com a justiça foram dolorosas e deixaram-me funda impressão. Eu devia ter quatro ou cinco anos, por aí, e figurei na qualidade de réu. Certamente já me haviam feito representar esse papel, mas ninguém me dera a entender que se tratava de julgamento. Batiam-me porque podiam bater-me, e isto era natural.

Os golpes que recebi antes do caso do cinturão, puramente físicos, desapareciam quando findava a dor. Certa vez minha mãe surrou-me com uma corda nodosa que me pintou as costas de manchas sangrentas. Moído, virando a cabeça com dificuldade, eu distinguia nas costelas grandes lanhos vermelhos. Deitaram-me, enrolaram-me em panos molhados com água de sal — e houve uma discussão na família. Minha avó, que nos visitava, condenou o procedimento da filha e esta afligiu-se. Irritada, ferira-me à toa, sem querer. Não guardei ódio a minha mãe: o culpado era o nó. Se não fosse ele, a flagelação me haveria causado menor estrago. E estaria esquecida. A história do cinturão, que veio pouco depois, avivou-a.

Meu pai dormia na rede, armada na sala enorme. Tudo é nebuloso. Paredes extraordinariamente afastadas, rede infinita, os armadores longe, e meu pai acordando, levantando-se de mau humor, batendo com os chinelos no chão, a cara enferrujada. Naturalmente não me lembro da ferrugem, das rugas, da voz áspera, do tempo que ele consumiu rosnando uma exigência. Sei que estava bastante zangado, e isto me trouxe a covardia habitual. Desejei vê-lo dirigir-se a minha mãe e a José Baía, pessoas grandes, que não levavam pancada. Tentei ansiosamente fixar-me nessa esperança frágil. A força de meu pai encontraria resistência e gastar-se-ia em palavras.

Débil e ignorante, incapaz de conversa ou defesa, fui encolher-me num canto, para lá dos caixões verdes. Se o pavor não me segurasse, tentaria escapulir-me: pela porta da frente chegaria ao açude, pela do corredor acharia o pé de turco. Devo ter pensado nisso, imóvel, atrás dos caixões. Só queria que minha mãe, sinhá Leopoldina, Amaro e José Baía surgissem de repente, me livrassem daquele perigo.

Ninguém veio, meu pai me descobriu acocorado e sem fôlego, colado ao muro, e arrancou-me dali violentamente, reclamando um cinturão. Onde estava o cinturão? Eu não sabia, mas era difícil explicar-me: atrapalhava-me, gaguejava, embrutecido, sem atinar com o motivo da raiva. Os modos brutais, coléricos, atavam-me; os sons duros morriam, desprovidos de significação.

Não consigo reproduzir toda a cena. Juntando vagas lembranças dela a fatos que se deram depois, imagino os berros de meu pai, a zanga terrível, a minha tremura infeliz. Provavelmente fui sacudido. O assombro gelava-me o sangue, escancarava-me os olhos.

Onde estava o cinturão? Impossível responder. Ainda que tivesse escondido o infame objeto, emudeceria, tão apavorado me achava. Situações deste gênero constituíram as maiores torturas da minha infância, e as conseqüências delas me acompanharam.

O homem não me perguntava se eu tinha guardado a miserável correia: ordenava que a entregasse imediatamente. Os seus gritos me entravam na cabeça, nunca ninguém se esgoelou de semelhante maneira.

Onde estava o cinturão? Hoje não posso ouvir uma pessoa falar alto. O coração bate-me forte, desanima, como se fosse parar, a voz emperra, a vista escurece, uma cólera doida agita coisas adormecidas cá dentro. A horrível sensação de que me furam os tímpanos com pontas de ferro.

Onde estava o cinturão? A pergunta repisada ficou-me na lembrança: parece que foi pregada a martelo.

A fúria louca ia aumentar, causar-me sério desgosto. Conservar-me-ia ali desmaiado, encolhido, movendo os dedos frios, os beiços trêmulos e silenciosos. Se o moleque José ou um cachorro entrasse na sala, talvez as pancadas se transferissem. O moleque e os cachorros eram inocentes, mas não se tratava disto. Responsabilizando qualquer deles, meu pai me esqueceria, deixar-me-ia fugir, esconder-me na beira do açude ou no quintal.

Minha mãe, José Baía, Amaro, sinhá Leopoldina, o moleque e os cachorros da fazenda abandonaram-me. Aperto na garganta, a casa a girar,

Um cinturão

o meu corpo a cair lento, voando, abelhas de todos os cortiços enchendo-me os ouvidos — e, nesse zunzum, a pergunta medonha. Náusea, sono. Onde estava o cinturão? Dormir muito, atrás dos caixões, livre do martírio.

Havia uma neblina, e não percebi direito os movimentos de meu pai. Não o vi aproximar-se do torno e pegar o chicote. A mão cabeluda prendeu-me, arrastou-me para o meio da sala, a folha de couro fustigou-me as costas. Uivos, alarido inútil, estertor. Já então eu devia saber que rogos e adulações exasperavam o algoz. Nenhum socorro. José Baía, meu amigo, era um pobre-diabo.

Achava-me num deserto. A casa escura, triste; as pessoas tristes. Penso com horror nesse ermo, recordo-me de cemitérios e de ruínas mal-assombradas. Cerravam-se as portas e as janelas, do teto negro pendiam teias de aranha. Nos quartos lúgubres minha irmãzinha engatinhava, começava a aprendizagem dolorosa.

Junto de mim, um homem furioso, segurando-me um braço, açoitando-me. Talvez as vergastadas não fossem muito fortes: comparadas ao que senti depois, quando me ensinaram a carta de A B C, valiam pouco. Certamente o meu choro, os saltos, as tentativas para rodopiar na sala como carrapeta, eram menos um sinal de dor que a explosão do medo reprimido. Estivera sem bulir, quase sem respirar. Agora esvaziava os pulmões, movia-me, num desespero.

O suplício durou bastante, mas, por muito prolongado que tenha sido, não igualava a mortificação da fase preparatória: o olho duro a magnetizar-me, os gestos ameaçadores, a voz rouca a mastigar uma interrogação incompreensível.

Solto, fui enroscar-me perto dos caixões, coçar as pisaduras, engolir soluços, gemer baixinho e embalar-me com os gemidos. Antes de adormecer, cansado, vi meu pai dirigir-se à rede, afastar as varandas, sentar-se e logo se levantar, agarrando uma tira de sola, o maldito cinturão, a que desprendera a fivela quando se deitara. Resmungou e entrou a passear agitado. Tive a impressão de que ia falar-me: baixou a cabeça, a cara enrugada serenou, os olhos esmoreceram, procuraram o refúgio onde me abatia, aniquilado.

Pareceu-me que a figura imponente minguava — e a minha desgraça diminuiu. Se meu pai se tivesse chegado a mim, eu o teria recebido sem o arrepio que a presença dele sempre me deu. Não se aproximou: conservou-se longe, rondando, inquieto. Depois se afastou.

Sozinho, vi-o de novo cruel e forte, soprando, espumando. E ali permaneci, miúdo, insignificante, tão insignificante e miúdo como as aranhas que trabalhavam na telha negra.

Foi esse o primeiro contato que tive com a justiça.

O pirotécnico Zacarias

Murilo Rubião

> *"E se levantará pela tarde sobre ti uma luz como a do meio-dia; e quando te julgares consumido, nascerás como a estrela-d'alva."*
>
> (Jó, XI, 17)

Raras são as vezes que, nas conversas de amigos meus, ou de pessoas das minhas relações, não surja esta pergunta. Teria morrido o pirotécnico Zacarias?

A esse respeito as opiniões são divergentes. Uns acham que estou vivo — o morto tinha apenas alguma semelhança comigo. Outros, mais supersticiosos, acreditam que a minha morte pertence ao rol dos fatos consumados e o indivíduo a quem andam chamando Zacarias não passa de uma alma penada, envolvida por um pobre invólucro humano. Ainda há os que afirmam de maneira categórica o meu falecimento e não aceitam o cidadão existente como sendo Zacarias, o artista pirotécnico, mas alguém muito parecido com o finado.

Uma coisa ninguém discute: se Zacarias morreu, o seu corpo não foi enterrado.

A única pessoa que poderia dar informações certas sobre o assunto sou eu. Porém estou impedido de fazê-lo porque os meus companheiros fogem de mim, tão logo me avistam pela frente. Quando apanhados de surpresa, ficam estarrecidos e não conseguem articular uma palavra.

O pirotécnico Zacarias

Em verdade morri, o que vem de encontro à versão dos que crêem na minha morte. Por outro lado, também não estou morto, pois faço tudo o que antes fazia e, devo dizer, com mais agrado do que anteriormente.

* * *

A princípio foi azul, depois verde, amarelo e negro. Um negro espesso, cheio de listras vermelhas, de um vermelho compacto, semelhante a densas fitas de sangue. Sangue pastoso com pigmentos amarelados, de um amarelo esverdeado, tênue, quase sem cor.

Quando tudo começava a ficar branco, veio um automóvel e me matou.

* * *

— Simplício Santana de Alvarenga!
— Presente!

Senti rodar-me a cabeça, o corpo balançar, como se me faltasse o apoio do solo. Em seguida fui arrastado por uma força poderosa, irresistível. Tentei agarrar-me às árvores, cujas ramagens retorcidas, puxadas para cima, escapavam aos meus dedos. Alcancei mais adiante, com as mãos, uma roda de fogo, que se pôs a girar com grande velocidade por entre elas, sem queimá-las, todavia.

— "Meus senhores: na luta vence o mais forte e o momento é de decisões supremas. Os que desejarem sobreviver ao tempo tirem os seus chapéus!"

(Ao meu lado dançavam fogos de artifício, logo devorados pelo arco-íris.)
— Simplício Santana de Alvarenga!
— Não está?
— Tire a mão da boca, Zacarias!
— Quantos são os continentes?
— E a Oceania?

Dos mares da China não mais virão as quinquilharias.

A professora magra, esquelética, os olhos vidrados, empunhava na mão direita uma dúzia de foguetes. As varetas eram compridas, tão longas que obrigavam D. Josefina a ter os pés distanciados uns dois metros do assoalho e a cabeça, coberta por fios de barbante, quase encostada no teto.

— Simplício Santana de Alvarenga!
— Meninos, amai a verdade!

* * *

A noite estava escura. Melhor, negra. Os filamentos brancos não tardariam a cobrir o céu.

Caminhava pela estrada. Estrada do Acaba Mundo: algumas curvas, silêncio, mais sombras que silêncio.

O automóvel não buzinou de longe. E nem quando já se encontrava perto de mim, enxerguei os seus faróis. Simplesmente porque não seria naquela noite que o branco desceria até a terra.

As moças que vinham no carro deram gritos histéricos e não se demoraram a desmaiar. Os rapazes falaram baixo, curaram-se instantaneamente da bebedeira e se puseram a discutir qual o melhor destino a ser dado ao cadáver.

* * *

A princípio foi azul, depois verde, amarelo e negro. Um negro espesso, cheio de listras vermelhas, de um vermelho compacto, semelhante a densas fitas de sangue. Sangue pastoso com pigmentos amarelados, de um amarelo esverdeado, quase sem cor. Sem cor jamais quis viver. Viver, cansar bem os músculos, andando pelas ruas cheias de gente, ausentes de homens.

* * *

Havia silêncio, mais sombras que silêncio, porque os rapazes não mais discutiam baixinho. Falavam com naturalidade, dosando a gíria.

Também o ambiente repousava na mesma calma e o cadáver — o meu ensanguentado cadáver — não protestava contra o fim que os moços lhe desejavam dar.

A idéia inicial, logo rejeitada, consistia em me transportar para a cidade, onde me deixariam no necrotério. Após breve discussão, todos os argumentos analisados com frieza, prevaleceu a opinião de que meu corpo poderia sujar o carro. E havia ainda o inconveniente das moças não se conformarem em viajar ao lado de um defunto. (Neste ponto eles estavam redondamente enganados, como explicarei mais tarde.)

Um dos moços, rapazola forte e imberbe — o único que se impressionara com o acidente e permanecera calado e aflito no decorrer dos acontecimentos —, propôs que se deixassem as garotas na estrada e me levassem para o cemitério. Os companheiros não deram importância à proposta. Limitaram-se a condenar o mau gosto de Jorginho — assim lhe chamavam — e a sua insensatez em interessar-se mais pelo destino do cadáver do que pelas lindas pequenas que os acompanhavam.

O rapazola notou a bobagem que acabara de proferir e, sem encarar de frente os componentes da roda, pôs-se a assoviar, visivelmente encabulado.

Não pude evitar a minha imediata simpatia por ele, em virtude da sua razoável sugestão, debilmente formulada aos que decidiam a minha sorte. Afinal, as longas caminhadas cansam indistintamente defuntos e vivos. (Este argumento não me ocorreu no momento.)

Discutiram em seguida outras soluções e, por fim, consideraram que me lançar ao precipício, um fundo precipício, que margeava a estrada, limpar o chão manchado de sangue, lavar cuidadosamente o carro, quando chegassem a casa, seria o alvitre mais adequado ao caso e o que melhor conviria a possíveis complicações com a polícia, sempre ávida de achar mistério onde nada existe de misterioso.

* * *

Mas aquele seria um dos poucos desfechos que não me interessavam. Ficar jogado em um buraco, no meio de pedras e ervas, tornava-se para mim uma idéia insuportável. E ainda: o meu corpo poderia, ao rolar pelo barranco abaixo, ficar escondido entre a vegetação, terra e pedregulhos. Se tal acontecesse, jamais seria descoberto no seu improvisado túmulo e o meu nome não ocuparia as manchetes dos jornais.

Não, eles não podiam roubar-me nem que fosse um pequeno necrológio no principal matutino da cidade. Precisava agir rápido e decidido:

— Alto lá! Também quero ser ouvido!

Jorginho empalideceu, soltou um grito surdo, tombando desmaiado, enquanto os seus amigos, algo admirados por verem um cadáver falar, se dispunham a ouvir-me.

* * *

Sempre tive confiança na minha faculdade de convencer os adversários, em meio às discussões. Não sei se pela força da lógica ou se por um dom natural, a verdade é que, em vida, eu vencia qualquer disputa dependente de argumentação segura e irretorquível.

A morte não extinguira essa faculdade. E a ela os meus matadores fizeram justiça. Após curto debate, no qual expus com clareza os meus argumentos, os rapazes ficaram indecisos, sem encontrar uma saída que atendesse, a contento, às minhas razões e ao programa da noite, a exigir prosseguimento. Para tornar mais confusa a situação, sentiam a impossibilidade de dar rumo a um defunto que não perdera nenhum dos predicados geralmente atribuídos aos vivos.

Se a um deles não ocorresse uma sugestão, imediatamente aprovada, teríamos permanecido no impasse. Propunha incluir-me no grupo e, juntos, terminarmos a farra, interrompida com o meu atropelamento.

Entretanto, outro obstáculo nos conteve: as moças eram somente três, isto é, em número igual ao de rapazes. Faltava uma para mim e eu não aceitava fazer parte da turma desacompanhado. O mesmo rapaz que aconselhara a minha inclusão no grupo encontrou a fórmula conciliatória, sugerindo que abandonassem o colega desmaiado na estrada. Para melhorar o meu aspecto, concluiu, bastaria trocar as minhas roupas pelas de Jorginho, que me prontifiquei a fazer rapidamente.

Depois de certa relutância em abandonar o companheiro, concordaram todos (homens e mulheres, estas já restabelecidas do primitivo desmaio) que ele fora fraco e não soubera enfrentar com dignidade a situação. Portanto, era pouco razoável que se perdesse tempo fazendo considerações sentimentais em torno da sua pessoa.

* * *

Do que aconteceu em seguida não guardo recordações muito nítidas. A bebida que antes da minha morte pouco me afetava, teve sobre o meu corpo defunto uma ação surpreendente. Pelos meus olhos entravam estrelas, luzes cujas cores ignorava, triângulos absurdos, cones e esferas de marfim, rosas negras, cravos em forma de lírios, lírios transformados em mãos. E a ruiva, que me fora destinada, enlaçando-me o pescoço com o corpo transmudado em longo braço metálico.

Ao clarear o dia saí da semiletargia em que me encontrava. Alguém me perguntava onde eu desejava ficar. Recordo-me que insisti em descer no cemitério, ao que me responderam ser impossível, pois àquela hora ele se encontrava fechado. Repeti diversas vezes a palavra cemitério. (Quem sabe nem chegasse a repeti-la, mas somente movesse os lábios, procurando ligar as palavras às sensações longínquas do meu delírio policrômico.)

Por muito tempo se prolongou em mim o desequilíbrio entre o mundo exterior e os meus olhos, que não se acomodavam ao colorido das paisagens estendidas na minha frente. Havia ainda o medo que sentia, desde aquela madrugada, quando constatei que a morte penetrara no meu corpo.

Não fosse o ceticismo dos homens, recusando-se aceitar-me vivo ou morto, eu poderia abrigar a ambição de construir uma nova existência.

Tinha ainda que lutar contra o desatino que, às vezes, se tornava senhor dos meus atos e obrigava-me a buscar, ansioso, nos jornais, qualquer notícia que elucidasse o mistério que cercava o meu falecimento.

Fiz várias tentativas para estabelecer contato com meus companheiros da noite fatal e o resultado foi desencorajador. E eles eram a esperança que me restava para provar quão real fora a minha morte.

* * *

No passar dos meses, tornou-se menos intenso o meu sofrimento e menor a minha frustração ante a dificuldade de convencer os amigos que Zacarias que anda pelas ruas da cidade é o mesmo artista pirotécnico de outros tempos, com a diferença que aquele era vivo e este, um defunto.

Só um pensamento me oprime: que acontecimentos o destino reservará a um morto se os vivos respiram uma vida agonizante? E a minha angústia cresce ao sentir, na sua plenitude, que a minha capacidade de amar, discernir as coisas, é bem superior à dos seres que por mim passam assustados.

Amanhã o dia poderá nascer claro, o sol brilhando como nunca brilhou. Nessa hora os homens compreenderão que, mesmo à margem da vida, ainda vivo, porque a minha existência se transmudou em cores e o branco já se aproxima da terra para exclusiva ternura dos meus olhos.

Gringuinho

Samuel Rawet

Chorava. Não propriamente o medo da surra em perspectiva, apesar de roto o uniforme. Nem para isso teria tempo a mãe. Quando muito uns berros em meio à rotina. Tiraria a roupa; a outra, suja, encontraria no fundo do armário, para a vadiagem. Ao dobrar a esquina tinha a certeza de que nada faria hoje. Os pés, como facas alternadas, cortavam o barro de pós-chuva. A mangueira do terreno baldio onde caçavam gafanhotos, ou jogavam bola, tinha pendente a corda do balanço improvisado. Reconheceu-a. Fora sua e restara da forte embalagem que os seus trouxeram. Ninguém na rua. Os outros decerto não voltaram da escola ou já almoçavam. Ninguém percebeu-lhe o choro. A vizinha sorriu ao espantar o gato enlameado da poltrona da varanda. Conteve o soluço ao empurrar o portão. Com a manga esfregava o rosto marcando faixas de lama na face. Brilhavam ainda da chuva as folhas do fícus. Olhou a trepadeira. Novinha, mas já quase passando a janela. Na sala hesitou entre a cozinha e o quarto. A mãe, de lenço à cabeça, estaria descascando batatas ou moendo carne. Despertara-lhe a atenção ao lançar os livros sobre a cômoda. Que trocasse a roupa e fosse buscar cebolas no armazém. Nada mais. Nem o rosto enfiara para ver-lhe o ar de pranto e a roupa em desalinho. À entrada do quarto surpreendeu o blá-blá do caçula que, olhos no teto, tocava uma harpa invisível. Era-lhe estranha a sala, quase estranhos, apesar dos meses, os companheiros. Os olhos no quadro-negro espremiam-se como se auxiliassem a audição perturbada pela língua. Autômato, copiava nomes e algarismos (a estes compreendia), procurando intuir as frases da professora. Às vezes perdia-se em fitá-la. Dentes incisivos salientes, os cabelos lembrando chapéus de velhas múmias, os lábios grossos. Outras, rodeava os olhos pelas paredes carregadas de mapas e figurões. A janela lembrava-lhe a rua, onde se sentia melhor. Podia falar pouco. Ouvir. Nem provas nem argüições. O apelido. Amolava-o a insistência dos moleques. Esfregou ante o espelho os olhos empapuçados. Ontem rolara na vala com Caetano após discussão. Atrapalhou o jogo. O negrinho cresceu em sua frente no ímpeto de derrubá-lo.

Gringuinho burro!

Ajeitou sobre a cama o uniforme. A lição não a faria. Voltar à mesma escola, sabia impossível também. Por vontade, a nenhuma. Antigamente, antes do navio, tinha seu grupo. Verão, encontravam-se na praça e atravessando o campo alcançavam o riacho, onde nus podiam mergulhar sem medo. À chatura das lições do velho barbudo (de mão farta e pesada nos tapas e beliscões) havia o bosque como recompensa. Castanheiros de frutos espinhentos e larga sombra, colinas onde o corpo podia rolar até a beira do caminho. Framboesas que se colhiam à farta. Cenoura roubada da plantação vizinha. A voz da mãe repetia o pedido de cebolas. Coçar de cabeça sem vontade. No inverno havia o trenó que se carregava para montante, o rio gelado onde a botina ferrada deslizava qual patim. Em casa a sopa quente de beterrabas, ou o fumegar de repolhos. Sentava-se no colo do avô recém-chegado das orações e repetia com entusiasmo o que aprendera. Onde o avô? Gostava do roçar da barba na nuca que lhe fazia cócegas, e dos contos que lhe contava ao dormir. Sempre milagres de homens santos. Sonhava satisfeito com a eternidade. A voz do avô era rouca, mas boa de se ouvir. Mais quando cantava. Os olhos no teto de tábuas, ou acompanhando a chaminé do fogão, a melodia atravessava-lhe o sono. Hoje entrara tarde na sala. Não gostava de chamar a atenção sobre si, mas teve que ir à mesa explicar o atraso. Cinqüenta pares de olhos fixos em seus pés que tremiam. O pedido de cebolas veio mais forte. Gargalhada maciça em contraponto aos titubeios da boca, olhos e mãos. A custo conteve as lágrimas quando tomou o lugar. Chorara assim quando no primeiro sábado saiu de boné com o pai em direção à sinagoga. Caetano, Raul, Zé Paulo, Betinho fizeram coro ao fim da rua repetindo em estribilho o *gringuinho*. Suspenso o chocalho deparou com os olhos do irmão nos seus. Blá-blá. Sorriso mole. Sentara-se. Abrira o livro na página indicada, tenteando como um cego, para entrar no compasso da leitura. Nem às figuras se acostumara, nem às histórias estranhas para ele, que lia aos saltos. *Fala gringuinho.* Viera de trás a voz, grossa, de alguém mais velho. *Fala gringuinho.* Insistia. Ao girar o pescoço na descoberta da fonte fora surpreendido pela ordem de leitura. Olhou os dentes aguçados insinuando-se no lábio inferior como para escapar. Explicar-lhe? Como? Mudo curvou a cabeça como gato envergonhado por diabrura. Era-lhe fácil a lágrima. Lembrou um domingo. Enfiou-se pelo pátio com Raul que o chamara à sua casa. No fundo do quintal cimentado, sob coberta, dispusera os dois times de botões. Da copa o barulho, ainda, de talheres, fim do ajantarado. Chamaram. A mãe cortou o melão e separou duas fatias. Raul agradeceu pelos dois. "Ah! É o gringuinho!" Expelida pelo nariz a fumaça do cigarro, o pai soltara a exclamação. Quase o sufoca a fruta na boca. Os tios concentraram nele a atenção. Parecia um bicho encolhido, jururu, paralisado, as duas mãos prendendo nos lábios a fatia. *"Fala gringuinho!"* Coro. *Fala gringuinho.* Novamente as vozes atrás da carteira. Da outra vez correra como acuado em meio a risos. Recolhido no quarto desabafou no regaço da mãe. Blá-blá. Agitar do chocalho. Um cheiro de urina despertara-o da modorra. Um fio escorria da fralda no lençol de borracha. *Fala gringuinho.* Sentiu-se crescer e tombar para trás a cadeira. Em meio à gritaria a garra da velha suspendeu-o amarrotando a camisa. Cercado, alguns de pé sobre as mesas, recolheu-se à mudez expressiva. Da vingança intentada restara a frustração que se não explica por sabê-la impossível. Blá-blá! A poça de urina principiava a irritá-lo e após esperneios o irmão arrematou em choro arrastado. Agitou o chocalho novamente, com indiferença, olho na rua. O matraqueado aumentara o choro. Não percebeu a entrada da mãe. Sem olhá-lo recolheu o irmão no embalo. Tirou da gaveta a fralda seca, e entre o ninar e o gesto de troca passou-lhe a descompostura. Insistiu no pedido do armazém. Ele tentou surpreender-lhe o olhar, conquistar a inocência a que tinha direito. Depois gostaria de cair-lhe ao colo, beijá-la e contar tudo, na certeza de que lhe seria dada a razão. Mas nada disso. Recolhendo os níqueis procurou a porta. Traria as cebolas. E não contaria que, ao ser repreendido na escola, na impotência de dar razões, quando a velha principiou a amassar-lhe a palma da mão com a régua negra e elástica, não se conteve e esmurrou-lhe o peito rasgando o vestido. Quando atravessou o portão acelerou a marcha impelido pelo desejo de ser homem já. Julgava que correndo apressaria o tempo. Seus pés saltitavam no cimento molhado, como outrora deslizavam, com as botinas ferradas, pelo rio gelado no inverno.

O afogado

Rubem Braga

Não, não dá pé. Ele já se sente cansado, mas compreende que ainda precisa nadar um pouco. Dá cinco ou seis braçadas, e tem a impressão de que não saiu do lugar. Pior: parece que está sendo arrastado para fora. Continua a dar braçadas, mas está exausto.

A força dos músculos esgotou-se; sua respiração está curta e opressa. É preciso ter calma. Vira-se de barriga para cima e tenta se manter assim, sem exigir nenhum esforço dos braços doloridos. Mas sente que uma onda grande se aproxima. Mal tem tempo para voltar-se e enfrentá-la. Por um segundo pensa que ela vai desabar sobre ele, e consegue dar duas braçadas em sua direção. Foi o necessário para não ser colhido pela arrebentação; é erguido, e depois levado pelo repuxo. Talvez pudesse tomar pé, ao menos por um instante, na depressão da onda que passou. Experimenta: não. Essa tentativa frustrada irrita-o e cansa-o. Tem dificuldade de respirar, e vê que já vem outra onda. Seria melhor talvez mergulhar, deixar que ela passe por cima ou o carregue; mas não consegue controlar a respiração e fatalmente engoliria água; com o choque perderia os sentidos. É outra vez suspenso pela água e novamente se deita de costas, na esperança de descansar um pouco os músculos e regular a respiração; mas vem outra onda imensa. Os braços negam-se a qualquer esforço; agita as pernas para se manter na superfície e ainda uma vez consegue escapar à arrebentação.

Está cada vez mais longe da praia, e alguma coisa o assusta: é um grito que ele mesmo deu sem querer e parou no meio, como se o principal perigo fosse gritar. Tem medo de engolir água, mas tem medo principalmente daquele seu próprio grito rouco e interrompido. Pensa rapidamente que, se não for socorrido, morrerá; que, apesar da praia estar cheia nessa manhã de sábado, o banhista da Prefeitura já deve ter ido embora; o horário agora é de morrer, e não de ser salvo. Olha a praia e as pedras; vê muitos rapazes e moças, tem a impressão de que alguns o olham com indiferença. Terão ouvido seu grito? A imagem que retém melhor é a de um rapazinho que, sentado na pedra, procura tirar algum espeto do pé.

A idéia de que precisará ser salvo incomoda-o muito; desagrada-lhe violentamente, e resolve que de maneira alguma pedirá socorro, mesmo porque naquela aflição já acha que ele não chegaria a tempo. Pensa insistentemente isto: calma, é preciso ter calma. Não apenas para salvar-se, ao menos para morrer direito, sem berraria nem escândalo. Passa outra onda, mais fraca; mas assim mesmo ela rebenta com estrondo. Resolve que é melhor ficar ali fora do que ser colhido por uma onda: com certeza, tendo perdido as forças, quebraria o pescoço jogado pela água no fundo. Sua respiração está intolerável, acha que o ar não chega a penetrar nos pulmões, vai só até a garganta e é expelido com aflição; tem uma dor nos ombros; sente-se completamente fraco.

Olha ainda para as pedras, e vê aquela gente confusamente; a água lhe bate nos olhos. Percebe, entretanto, que a água o está levando para o lado das pedras. Uma onda mais forte pode arremessá-lo contra o rochedo; mas, apesar de tudo, essa idéia lhe agrada. Sim, ele prefere ser lançado contra as pedras, ainda que se arrebente todo. Esforça-se na direção do lugar de onde saltou, mas acha longe demais; de súbito, reflete que à sua esquerda deve haver também uma ponta de pedras. Olha. Sente-se tonto e pensa: vou desmaiar. Subitamente, faz gestos desordenados e isso o assusta ainda mais; então reage e resolve, com uma espécie de frieza feroz, que não fará mais esses movimentos idiotas, haja o que houver; isso é pior do que tudo, essa epilepsia de afogado. Sente-se um animal vencido que vai morrer, mas está frio e disposto a lutar, mesmo sem qualquer força; lutar ao menos com a cabeça; não se deixará enlouquecer pelo medo.

Repara, então, que, realmente, está agora perto de uma pedra, coberta de mariscos negros e grandes. Pensa: é melhor que venha uma onda fraca; se vier uma muito forte, serei jogado ali, ficarei todo cortado, talvez bata com a cabeça na pedra ou não consiga me agarrar nela; e se não conseguir me agarrar da primeira vez, não terei mais nenhuma chance.

Sente, pelo puxão da água atrás de si, que uma onda vem, mas não olha para trás. Muda de idéia; se não vier uma onda bem forte, não atingirá a pedra. Junta todos os restos de forças; a onda vem. Vê então que foi jogado sobre a pedra sem se ferir; talvez instintivamente tivesse usado sua experiência de menino, naquela praia onde passava as férias, e se acostumara a nadar até uma ilhota de pedra também coberta de mariscos. Vê que alguém, em uma pedra mais alta, lhe faz sinais nervosos para que saia dali, está em um lugar perigoso. Sim, sabe que está em um lugar perigoso, uma onda pode cobri-lo e arrastá-lo, mas o aviso o irrita; sabe um pouco melhor do que aquele sujeito o que é morrer e o que é salvar-se, e demora ainda um segundo para se erguer, sentindo um prazer extraordinário em estar deitado na pedra, apesar do risco. Quando chega à praia e senta na areia está sem poder respirar, mas sente mais vivo do que antes o medo do perigo que passou.

"Gastei-me todo para salvar-me, pensa, meio tonto; não valho mais nada." Deita-se com a cabeça na areia e confusamente ouve a conversa de uma barraca perto, gente discutindo uma fita de cinema. Murmura, baixo, um palavrão para eles; sente-se superior a eles, uma idiota superioridade de quem não morreu, mas podia perfeitamente estar morto, e portanto nesse caso não teria a menor importância, seria até ridículo de seu ponto de vista tudo o que se pudesse discutir sobre uma fita de cinema. O mormaço lhe dá no corpo inteiro um infinito prazer.

Tangerine-Girl

Rachel de Queiroz

De princípio a interessou o nome da aeronave: não "zepelim" nem dirigível, ou qualquer outra coisa antiquada; o grande fuso de metal brilhante chamava-se modernissimamente *blimp*. Pequeno como um brinquedo, independente, amável. A algumas centenas de metros da sua casa ficava a base aérea dos soldados americanos e o poste de amarração dos dirigíveis. E de vez em quando eles deixavam o poste e davam uma volta, como pássaros mansos que abandonassem o poleiro num ensaio de vôo. Assim, de começo, aos olhos da menina, o *blimp* existia como uma coisa em si — como um animal de vida própria; fascinava-a como prodígio mecânico que era, e principalmente ela o achava lindo, todo feito de prata, igual a uma jóia, librando-se majestosamente pouco abaixo das nuvens. Tinha coisas de ídolo, evocava-lhe um pouco o gênio escravo de Aladim. Não pensara nunca em entrar nele; não pensara sequer que pudesse alguém andar dentro dele. Ninguém pensa em cavalgar uma águia, nadar nas costas de um golfinho; e, no entanto, o olhar fascinado acompanha tanto quanto pode águia e golfinho, numa admiração gratuita — pois parece que é mesmo uma das virtudes da beleza essa renúncia de nós próprios que nos impõe, em troca de sua contemplação pura e simples.

    Os olhos da menina prendiam-se, portanto, ao *blimp* sem nenhum desejo particular, sem a sombra de uma reivindicação. Verdade que via lá dentro umas cabecinhas espiando, mas tão minúsculas que não davam impressão de realidade — faziam parte da pintura, eram elemento decorativo, obrigatório como as grandes letras negras *U. S. Navy* gravadas no bojo de prata. Ou talvez lembrassem aqueles perfis recortados em folha que fazem de chofer nos automóveis de brinquedo.

O seu primeiro contato com a tripulação do dirigível começou de maneira puramente ocasional. Acabara o café da manhã; a menina tirara a mesa e fora à porta que dá para o laranjal, sacudir da toalha as migalhas de pão. Lá de cima um tripulante avistou aquele pano branco tremulando entre as árvores espalhadas e a areia, e o seu coração solitário comoveu-se. Vivia naquela base como um frade no seu convento — sozinho entre soldados e exortações patrióticas. E ali estava, juntinho ao oitão da casa de telhado vermelho, sacudindo um pano entre a mancha verde das laranjeiras, uma mocinha de cabelo ruivo. O marinheiro agitou-se todo com aquele adeus. Várias vezes já sobrevoara aquela casa, vira gente embaixo entrando e saindo; e pensara quão distantes uns dos outros vivem os homens, quão indiferentes passam entre si, cada um trancado na sua vida. Ele estava voando por cima das pessoas, vendo-as, espiando-as, e, se algumas erguiam os olhos, nenhuma pensava no navegador que ia dentro; queriam só ver a beleza prateada vogando pelo céu.

Mas agora aquela menina tinha para ele um pensamento, agitava no ar um pano, como uma bandeira; decerto era bonita — o sol lhe tirava fulgurações de fogo do cabelo, e a silhueta esguia se recortava claramente no fundo verde-e-areia. Seu coração atirou-se para a menina num grande impulso agradecido; debruçou-se à janela, agitou os braços, gritou: "Amigo!, amigo!" — embora soubesse que o vento, a distância, o ruído do motor não deixariam ouvir-se nada. Ficou incerto se ela lhe vira os gestos e quis lhe corresponder de modo mais tangível. Gostaria de lhe atirar uma flor, uma oferenda. Mas que podia haver dentro de um dirigível da Marinha que servisse para ser oferecido a uma pequena? O objeto mais delicado que encontrou foi uma grande caneca de louça branca, pesada como uma bala de canhão, na qual em breve lhe iriam servir o café. E foi aquela caneca que o navegante atirou; atirou, não: deixou cair a uma distância prudente da figurinha iluminada, lá embaixo; deixou-a cair num gesto delicado, procurando abrandar a força da gravidade, a fim de que o objeto não chegasse sibilante como um projétil, mas suavemente, como uma dádiva.

A menina que sacudia a toalha erguera realmente os olhos ao ouvir o motor do *blimp*. Viu os braços do rapaz se agitarem lá em cima. Depois viu aquela coisa branca fender o ar e cair na areia; teve um susto, pensou numa brincadeira de mau gosto — uma pilhéria rude de soldado estrangeiro. Mas quando viu a caneca branca pousada no chão, intacta, teve uma confusa intuição do impulso que a mandara; apanhou-a, leu gravadas no fundo as mesmas letras que havia no corpo do dirigível: *U. S. Navy*. Enquanto isso, o *blimp*, em lugar de ir para longe, dava mais uma volta lenta sobre a casa e o pomar. Então a mocinha tornou a erguer os olhos e, deliberadamente dessa vez, acenou com a toalha, sorrindo e agitando a cabeça. O *blimp* fez mais duas voltas e lentamente se afastou — e a menina teve a impressão de que ele levava saudades. Lá de cima, o tripulante pensava também — não em saudades, que ele não sabia português, mas em qualquer coisa pungente e doce, porque, apesar de não falar nossa língua, soldado americano também tem coração.

Foi assim que se estabeleceu aquele rito matinal. Diariamente passava o *blimp* e diariamente a menina o esperava; não mais levou a toalha branca, e às vezes nem sequer agitava os braços: deixava-se estar imóvel, mancha clara na terra banhada de sol. Era uma espécie de namoro de gavião com gazela: ele, fero soldado cortando os ares; ela, pequena, medrosa, lá embaixo, vendo-o passar com os olhos fascinados. Já agora, os presentes, trazidos de propósito da base, não eram mais a grosseira caneca improvisada; caíam do céu números da *Life* e da *Time*, um gorro de marinheiro e, certo dia, o tripulante tirou do bolso o seu lenço de seda vegetal perfumado com essência sintética de violetas. O lenço abriu-se no ar e veio voando como um papagaio de papel; ficou preso afinal nos ramos de um cajueiro, e muito trabalho custou à pequena arrancá-lo de lá com a vara de apanhar cajus; assim mesmo ainda o rasgou um pouco, bem no meio.

Mas de todos os presentes o que mais lhe agradava era ainda o primeiro: a pesada caneca de pó de pedra. Pusera-a no seu quarto, em cima da banca de escrever. A princípio cuidara em usá-la na mesa, às refeições, mas se arreceou da zombaria dos irmãos. Ficou guardando nela os lápis e canetas. Um dia teve idéia melhor e a caneca de louça passou a servir de vaso de flores. Um galho de manacá, um bogari, um jasmim-do-cabo, uma rosa-menina, pois no jardim rústico da casa de campo não havia rosas importantes nem flores caras.

Pôs-se a estudar com mais afinco o seu livro de conversação inglesa; quando ia ao cinema, prestava uma atenção intensa aos diálogos, a fim de lhes apanhar não só o sentido, mas a pronúncia. Emprestava ao seu marinheiro as figuras de todos os galãs que via na tela, e sucessivamente ele era Clark Gable, Robert Taylor ou Cary Grant. Ou era louro feito um mocinho que morria numa batalha naval do Pacífico, cujo nome a fita não dava; chegava até a ser, às vezes, careteiro e risonho como Red Skelton. Porque ela era um pouco míope, mal o vislumbrava, olhando-o do chão: via um recorte de cabeça, uns braços se agitando; e, conforme a direção dos raios do sol, parecia-lhe que ele tinha o cabelo louro ou escuro.

Não lhe ocorria que não pudesse ser sempre o mesmo marinheiro. E, na verdade, os tripulantes se revezariam diariamente: uns ficavam de folga e iam passear na cidade com as pequenas que por lá arranjavam; outros iam embora de vez para a África, para a Itália. No posto de dirigíveis criava-se aquela tradição da menina do laranjal. Os marinheiros puseram-lhe o apelido de "Tangerine-Girl". Talvez por causa do filme de Dorothy Lamour, pois Dorothy Lamour é, para todas as forças armadas norte-americanas, o modelo do que devem ser as moças morenas da América do Sul e das ilhas do Pacífico. Talvez porque ela os esperava sempre entre as laranjeiras. E talvez porque o cabelo ruivo da pequena, quando brilhava à luz da manhã, tinha um brilho acobreadao de tangerina madura. Um a um, sucessivamente, como um bem de todos, partilhavam eles o namoro com a garota Tangerine. O piloto da aeronave dava voltas, obediente, voando o mais baixo que lhe permitiam os regulamentos, enquanto o outro, da janelinha, olhava e dava adeus.

Não sei por que custou tanto a ocorrer aos rapazes a idéia de atirar um bilhete. Talvez pensassem que ela não os entenderia. Já fazia mais de um mês que sobrevoavam a casa, quando afinal o primeiro bilhete caiu; fora escrito sobre uma cara rosada de rapariga na capa de uma revista: laboriosamente, em letras de imprensa, com os rudimentos de português que haviam aprendido da boca das pequenas, na cidade: "Dear Tangerine-Girl. Please você vem hoje (today) base X. Dancing, show. Oito horas P.M." E no outro ângulo da revista, em enormes letras, o "Amigo", que é a palavra de passe dos americanos entre nós.

A pequena não atinou bem com aquele "Tangerine-Girl". Seria ela? Sim, decerto... e aceitou o apelido, como uma lisonja. Depois pensou que as duas letras, do fim: "P.M.", seriam uma assinatura. Peter, Paul, ou Patsy, como o ajudante de Nick Carter? Mas uma lembrança de estudo lhe ocorreu: consultou as páginas finais do dicionário, que tratam de abreviaturas, e verificou, levemente decepcionada, que aquelas letras queriam dizer "a hora depois do meio-dia".

Não pudera acenar uma resposta porque só vira o bilhete ao abrir a revista, depois que o *blimp* se afastou. E estimou que assim o fosse: sentia-se tremendamente assustada e tímida ante aquela primeira aproximação com o seu aeronauta. Hoje veria se ele era alto e belo, louro ou moreno. Pensou em se esconder por trás das colunas do portão, para o ver chegar — e não lhe falar nada. Ou talvez tivesse coragem maior e desse a ele a sua mão; juntos caminhariam até a base, depois dançariam um fox langoroso, ele lhe faria ao ouvido declarações de amor em inglês, encostando a face queimada de sol ao seu cabelo. Não pensou se o pessoal de casa lhe deixaria aceitar o convite.

Rachel de Queiroz

Tudo se ia passando como num sonho — e como num sonho se resolveria, sem lutas nem empecilhos.

Muito antes do escurecer, já estava penteada, vestida. Seu coração batia, batia inseguro, a cabeça doía um pouco, o rosto estava em brasas. Resolveu não mostrar o convite a ninguém; não iria ao show; não dançaria, conversaria um pouco com ele no portão. Ensaiava frases em inglês e preparava o ouvido para as doces palavras na língua estranha. Às sete horas ligou o rádio e ficou escutando languidamente o programa de swings. Um irmão passou, fez troça do vestido bonito, naquela hora, e ela nem o ouviu. Às sete e meia já estava na varanda, com o olho no portão e na estrada. Às dez para as oito, noite fechada já há muito, acendeu a pequena lâmpada que alumiava o portão e saiu para o jardim. E às oito em ponto ouviu risadas e tropel de passos na estrada, aproximando-se.

Com um recuo assustado verificou que não vinha apenas o seu marinheiro enamorado, mas um bando ruidoso deles. Viu-os aproximarem-se, trêmula. Eles a avistaram, cercaram o portão — até parecia manobra militar —, tiraram os gorros e foram se apresentando numa algazarra jovial.

E, de repente, mal lhes foi ouvindo os nomes, correndo os olhos pelas caras imberbes, pelo sorriso esportivo e juvenil dos rapazes, fitando-os de um em um, procurando entre eles o seu príncipe sonhado — ela compreendeu tudo. Não existia o seu marinheiro apaixonado — nunca fora ele mais do que um mito do seu coração. Jamais houvera um único, jamais "ele" fora o mesmo. Talvez nem sequer o próprio *blimp* fosse o mesmo...

Que vergonha, meu Deus! Dera adeus a tanta gente; traída por uma aparência enganosa, mandara diariamente a tantos rapazes diversos as mais doces mensagens do seu coração, e no sorriso deles, nas palavras cordiais que dirigiam à namorada coletiva, à pequena Tangerine-Girl, que já era uma instituição da base — só viu escárnio, familiaridade insolente... Decerto pensavam que ela era também uma dessas pequenas que namoram os marinheiros de passagem, quem quer que seja... decerto pensavam... Meu Deus do Céu!

Os moços, por causa da meia-escuridão, ou porque não cuidavam naquelas nuanças psicológicas, não atentaram na expressão de mágoa e susto que confrangia o rostinho redondo da amiguinha. E, quando um deles, curvando-se, lhe ofereceu o braço, viu-a com surpresa recuar, balbuciando timidamente:

— Desculpem... houve engano... um engano...

E os rapazes compreenderam ainda menos quando a viram fugir, a princípio lentamente, depois numa carreira cega. Nem desconfiaram que ela fugira a trancar-se no quarto e, mordendo o travesseiro, chorou as lágrimas mais amargas e mais quentes que tinha nos olhos.

Nunca mais a viram no laranjal; embora insistissem em atirar presentes, viam que eles ficavam no chão, esquecidos — ou às vezes eram apanhados pelos moleques do sítio.

Nossa amiga

Carlos Drummond de Andrade

Não é bastante alta para chegar ao botão da campainha. O peixeiro presta-lhe esse serviço, tocando. Alguém abre.
— Foi a garota que pediu para chamar...
Quando não é algum transeunte austero, senador ou ministro do Supremo, que atende à sua requisição.
Com pouco, a solução já não lhe satisfaz. Descobre na porta, a seu alcance, a abertura forrada de metal e coberta por uma tampa móvel, de matéria idêntica: por ali entram as cartas. Os dedos sacodem a tampa, desencadeando o necessário e aflitivo rumor. Antes de abrir, perguntam de dentro:
— Quem está aí? É de paz ou de guerra?
De fora respondem:
— É Luci Machado da Silva. Abre que eu quero entrar.
Ante a intimação peremptória, franqueia-se o recinto. Entra uma coisinha morena, despenteada, às vezes descalça, às vezes comendo pão com cocada, mas sempre séria, ar extremamente maduro das meninas de três anos.
À força de entrar, sair, tornar a entrar minutos depois, tornar a sair, lanchar, dormir na primeira poltrona, praticar pequenos atos domésticos, dissolveu a noção de residência, se é que não a retificou para os dicionários do futuro.
— Qual é a sua casa?
— Esta.

— E a outra de onde você veio?
— Também.
— Quantas casas você tem?
— Esta e aquela.
— De qual você gosta mais?
— Que é que você vai me dar?
— Nada.
— Gosto da outra.
— Tem aqui esta pessegada, esta bananinha...
— Gosto desta casa! Gosto de você!

Não é gulodice nem interesse mesquinho... Será antes prazer de sentir-se cortejada, mimada. Esquece a merenda para ficar na sala, de mão na boca, olhando os pés estendidos, enquanto alguém lhe acarinha os cabelos.

Nem tudo são flores, no espaço entre as duas residências. Há Catarina e Pepino.

Catarina foi inventada à pressa, para frustrar certa depredação iminente. Os bichos de cristal na mesinha da sala de estar tentavam a mão viageira. Pressentia-se o momento em que as formas alongadas e frágeis se desfariam. Na parede, esquecida, preta, pousara uma bruxa.

— Não mexa nos bichinhos.

Mexia.

— Não mexa, já disse...

Em vão.

— Você está vendo aquela bruxa ali? É Catarina.

— Que Catarina?

— Uma menina de sua idade, igualzinha a você, talvez até mais bonita. Muito mexedeira, mas tanto, tanto! Um dia foi brincar com o cachorrinho de vidro, a mãe não queria que ela brincasse. Catarina teimou, mexeu e quebrou o cachorrinho. Então, de castigo, Catarina virou aquela bruxinha preta, horrorosa. Para o resto da vida.

A mão imobiliza-se. A bruxa está presa tanto na parede como nos olhos fixos, grandes, pensativos. Entre os mitos do mundo (entre os seres reais?) existe mais um, alado, crepuscular, rebelde e decaído.

Pepino tem existência mais positiva. Circula na rua — a rua é o espaço entre as duas quadras, repleto de surpresas — geralmente à tarde. Vem bêbado, curvado, expondo em frases incoerentes seus problemas íntimos. Pegador de crianças.

— Vou embora para minha casa. Você vai me levar.

— Mas você mora tão pertinho...

— E Pepino?
— Pepino não pega ninguém. Ele é camarada.
— Pega, sim. Eu sei.
— Pois eu vou dar uma festa para as crianças desta rua e convido Pepino. Você vai ver se ele pega.
— Eu não vou na festa.
— Você é quem perde. Vem Elzinha, Nesinha, Heloísa, Alice, Maria Helena, Lourdes, Bárbara, Édison, Careca, João e Adão. Pepino vai dançar para as crianças. Você, como é uma boba, não toma parte.
— Até logo!
Sai voando, a porta fecha-se com estrondo. Da varanda, ainda se vê o pequeno vulto desgrenhado.
— Espere aí, você não tem medo do Pepino?
— Não. Estou zangada com você.
Com a zanga, desaparece o temor. Seria realmente temor? Gosta de ser acompanhada, para dizer à mãe, quando chega em casa:
— Espia quem me trouxe.
Volta meia hora depois, penteada, calçada, vestido limpo.
— Espia minha roupa nova. Meu sapato branco.
— Mas que beleza! Onde você vai?
— Vou na festa.
Para tomar banho e trocar de vestido, é necessário que se anuncie sempre uma festa, jamais localizada ou realizada, mas que opera interiormente sua fascinação. Não há pressa em ir para ela. A merenda, a conversa grave com pessoas grandes, estranhamente preferidas a quaisquer outras, o brinquedo personalíssimo com o primeiro encontro do dia — um carretel, a galinha que salta do carrinho de feira — fazem esquecer a festa, se não a constituem. E resta saber se o enganado não será o adulto, que sugere terrores ou recompensas fantasiosas. Nas campinas da imaginação, esse galope de formas — será a verdade?
Senta-se no corredor, e com uns panos velhos, lápis vermelho, pedrinha, qualquer elemento poetizável, representa para si só a imemorial história das mães.
— Comadre, seu filhinho como vai?
— Tá bom, comadre, e o seu?
— Tá com dedo machucado e dodói na barriga. Vai tomar injeção.
— Então vou dar no meu também.

Nossa amiga

    Perguntas e respostas, recolhidas em conversas de adulto, saem da mesma boca inexperiente. O objeto que serve de filho é embalado com seriedade. A doença existe, existem os sustos maternais. Mas tudo se desfaz, se acaso um intruso vem surpreender a criação, tirada em partes iguais da vida e do sonho, e que os prolonga. Assim pudesse a mãe antiga tornar invisível seu filho, ante os soldados de Herodes.

Um braço de mulher

Rubem Braga

Subi ao avião com indiferença, e como o dia não estava bonito, lancei apenas um olhar distraído a essa cidade do Rio de Janeiro e mergulhei na leitura de um jornal. Depois fiquei a olhar pela janela e não via mais que nuvens, e feias. Na verdade, não estava no céu; pensava coisas da terra, minhas pobres, pequenas coisas. Uma aborrecida sonolência foi me dominando, até que uma senhora nervosa ao meu lado disse que "nós não podemos descer!". O avião já havia chegado a São Paulo, mas estava fazendo sua ronda dentro de um nevoeiro fechado, à espera de ordem para pousar. Procurei acalmar a senhora.

Ela estava tão aflita que embora fizesse frio se abanava com uma revista. Tentei convencê-la de que não devia se abanar, mas acabei achando que era melhor que o fizesse. Ela precisava fazer alguma coisa, e a única providência que aparentemente podia tomar naquele momento de medo era se abanar. Ofereci-lhe meu jornal dobrado, no lugar da revista, e ficou muito grata, como se acreditasse que, produzindo mais vento, adquirisse maior eficiência na sua luta contra a morte.

Gastei cerca de meia hora com a aflição daquela senhora. Notando que uma sua amiga estava em outra poltrona, ofereci-me para trocar de lugar, e ela aceitou. Mas esperei inutilmente que recolhesse as pernas para que eu pudesse sair de meu lugar junto à janela; acabou confessando que assim mesmo estava bem, e preferia ter um homem — "o senhor"— ao lado. Isto lisonjeou meu orgulho de cavalheiro: senti-me útil e responsável. Era por estar ali eu, um homem, que aquele avião não ousava cair. Havia certamente piloto e co-piloto e vários homens no avião. Mas eu era o homem ao lado, o homem visível, próximo, que ela podia tocar. E era nisso que ela confiava: nesse ser de casimira grossa, de gravata, de bigode, a cujo braço acabou se agarrando. Não era o meu braço que apertava, mas um braço de homem, ser de misteriosos atributos de força e proteção.

Chamei a aeromoça, que tentou acalmar a senhora com biscoitos, chicles, cafezinho, palavras de conforto, mão no ombro, algodão nos ouvidos, e uma voz suave e firme que às vezes continha uma leve repreensão e às vezes se entremeava de um sorriso que sem dúvida faz parte do regulamento da aeronáutica civil, o chamado sorriso para ocasiões de teto baixo.

Mas de que vale uma aeromoça? Ela não é muito convincente; é uma funcionária. A senhora evidentemente a considerava uma espécie de cúmplice do avião e da empresa e no fundo (pelo ressentimento com que reagia às suas palavras) responsável por aquele nevoeiro perigoso. A moça em uniforme estava sem dúvida lhe escondendo a verdade e dizendo palavras hipócritas para que ela se deixasse matar sem reagir.

A única pessoa de confiança era evidentemente eu: e aquela senhora, que no aeroporto tinha certo ar desdenhoso e solene, disse suas malcriações para a aeromoça e se agarrou definitivamente a mim. Animei-me então a pôr a minha mão direita sobre a sua mão, que me apertava o braço. Esse gesto de carinho protetor teve um efeito completo: ela deu um profundo suspiro de alívio, cerrou os olhos, pendeu a cabeça ligeiramente para o meu lado e ficou imóvel, quieta. Era claro que a minha mão a protegia contra tudo e contra todos, estava como adormecida.

O avião continuava a rodar monotonamente dentro de uma nuvem escura; quando ele dava um salto mais brusco, eu fornecia à pobre senhora uma garantia suplementar apertando ligeiramente a minha mão sobre a sua: isto sem dúvida lhe fazia bem.

Voltei a olhar tristemente pela vidraça; via a asa direita, um pouco levantada, no meio do nevoeiro. Como a senhora não me desse mais trabalho, e o tempo fosse passando, recomecei a pensar em mim mesmo, triste e fraco assunto.

E de repente me veio a idéia de que na verdade não podíamos ficar eternamente com aquele motor roncando no meio do nevoeiro — e de que eu podia morrer.

Estávamos há muito tempo sobre São Paulo. Talvez chovesse lá embaixo; de qualquer modo a grande cidade, invisível e tão próxima, vivia sua vida indiferente àquele ridículo grupo de homens e mulheres presos dentro de um avião, ali no alto. Pensei em São Paulo e no rapaz de vinte anos que chegou com trinta mil-réis no bolso uma noite e saiu andando pelo antigo viaduto do Chá, sem conhecer uma só pessoa na cidade estranha. Nem aquele velho viaduto existe mais, e o aventuroso rapaz de vinte anos, calado e lírico, é um triste senhor que olha o nevoeiro e pensa na morte.

Outras lembranças me vieram, e me ocorreu que na hora da morte, segundo dizem, a gente se lembra de uma porção de coisas antigas, doces ou tristes. Mas a visão monótona daquela asa no meio da nuvem me dava um torpor, e não pensei mais nada. Era como se o mundo atrás daquele nevoeiro não existisse mais, e por isto pouco me importava morrer. Talvez fosse até bom sentir um choque brutal e tudo se acabar. A morte devia ser aquilo mesmo, um nevoeiro imenso, sem cor, sem forma, para sempre.

Senti prazer em pensar que agora não haveria mais nada, que não seria mais preciso sentir, nem reagir, nem providenciar, nem me torturar; que todas as coisas e criaturas que tinham poder sobre mim e mandavam na minha alegria ou na minha aflição haviam-se apagado e dissolvido naquele mundo de nevoeiro.

A senhora sobressaltou-se de repente e muito aflita começou a me fazer perguntas. O avião estava descendo mais e mais e entretanto não se conseguia enxergar coisa alguma. O motor parecia estar com um som diferente: podia ser aquele o último e desesperado tredo ronco do minuto antes de morrer arrebentado e retorcido. A senhora estendeu o braço direito, segurando o encosto da poltrona da frente, e então me dei conta de que aquela mulher de cara um pouco magra e dura tinha um belo braço, harmonioso e musculado.

Fiquei a olhá-lo devagar, desde o ombro forte e suave até as mãos de dedos longos. E me veio uma saudade extraordinária da terra, da beleza humana, da empolgante e longa tonteira do amor. Eu não queria mais morrer, e a idéia da morte me pareceu tão errada, tão feia, tão absurda, que me sobressaltei. A morte era uma coisa cinzenta, escura, sem a graça, sem a delicadeza e o calor, a força macia de um braço ou de uma coxa, a suave irradiação da pele de um corpo de mulher moça.

Mãos, cabelos, corpo, músculos, seios, extraordinário milagre de coisas suaves e sensíveis, tépidas, feitas para serem infinitamente amadas. Toda a fascinação da vida me golpeou, uma tão profunda delícia e gosto de viver, uma tão ardente e comovida saudade, que retesei os músculos do corpo, estiquei as pernas, senti um leve ardor nos olhos. Não devia morrer! Aquele meu torpor de segundos atrás pareceu-me de súbito uma coisa doentia, viciosa, e ergui a cabeça, olhei em volta, para os outros passageiros, como se me dispusesse afinal a tomar alguma providência.

Meu gesto pareceu inquietar a senhora. Mas olhando novamente para a vidraça adivinhei casas, um quadrado verde, um pedaço de terra avermelhada, através de um véu de neblina mais rala. Foi uma visão rápida, logo perdida no nevoeiro denso, mas me deu uma certeza profunda de que estávamos salvos porque a terra *existia*, não era um sonho distante, o mundo não era apenas nevoeiro e havia realmente tudo o que há, casas, árvores, pessoas, chão, o bom chão sólido, imóvel, onde se pode deitar, onde se pode dormir seguro e em todo o sossego, onde um homem pode premer o corpo de uma mulher para amá-la com força, com toda sua fúria de prazer e todos os seus sentidos, com apoio no mundo.

No aeroporto, quando esperava a bagagem, vi de perto a minha vizinha de poltrona. Estava com um senhor de óculos, que, com um talão de despacho na mão, pedia que lhe entregassem a maleta. Ela disse alguma coisa a esse homem, e ele se aproximou de mim com um olhar inquiridor que tentava ser cordial. Estivera muito tempo esperando; a princípio disseram que o avião ia descer logo, era questão de ficar livre a pista; depois alguém anunciara que todos os aviões tinham recebido ordem de pousar em Campinas ou em outro campo; e imaginava quanto incômodo me dera sua senhora, sempre muito nervosa. "Ora, não senhor." Ele se despediu sem me estender a mão, como se, com aqueles agradecimentos, que fora constrangido pelas circunstâncias a fazer, acabasse de cumprir uma formalidade desagradável com relação a um estranho — que devia permanecer um estranho.

Um estranho — e de certo ponto de vista um intruso, foi assim que me senti perante aquele homem de cara desagradável. Tive a impressão de que de certo modo o traíra, e de que ele o sentia.

Quando se retiravam, a senhora me deu um pequeno sorriso. Tenho uma tendência romântica a imaginar coisas, e imaginei que ela teve o cuidado de me sorrir quando o homem não podia notá-lo, um sorriso sem o visto marital, vagamente cúmplice. Certamente nunca mais a verei, nem o espero. Mas o seu belo braço foi um instante para mim a própria imagem da vida, e não o esquecerei depressa.

As mãos de meu filho

Érico Verissimo

Todos aqueles homens e mulheres ali na platéia sombria parecem apagados habitantes dum submundo, criaturas sem voz nem movimento, prisioneiros de algum perverso sortilégio. Centenas de olhos estão fitos na zona luminosa do palco. A luz circular do refletor envolve o pianista e o piano, que neste instante formam um só corpo, um monstro todo feito de nervos sonoros.

Beethoven.

Há momentos em que o som do instrumento ganha uma qualidade profundamente humana. O artista está pálido à luz de cálcio. Parece um cadáver. Mas mesmo assim é uma fonte de vida, de melodias, de sugestões — a origem dum mundo misterioso e rico. Fora do círculo luminoso pesa um silêncio grave e parado.

Beethoven lamenta-se. É feio, surdo, e vive em conflito com os homens. A música parece escrever no ar estas palavras em doloroso desenho. *Tua carta me lançou das mais altas regiões da felicidade ao mais profundo abismo da desolação e da dor. Não serei, pois, para ti e para os demais, senão um músico? Será então preciso que busque em mim mesmo o necessário ponto de apoio, porque fora de mim não encontro em quem me amparar. A amizade e os outros sentimentos dessa espécie não serviram senão para deixar malferido o meu coração. Pois que assim seja, então! Para ti, pobre Beethoven, não há felicidade no exterior; tudo terás que buscar dentro de ti mesmo. Tão-somente no mundo ideal é que poderás achar a alegria.*

Adágio. O pianista sofre com Beethoven, o piano estremece, a luz mesma que os envolve parece participar daquela mágoa profunda.

Num dado momento as mãos do artista se imobilizam. Depois caem como duas asas cansadas. Mas de súbito, ágeis e fúteis, começam a brincar no teclado. Um *scherzo*. A vida é alegre. Vamos sair para o campo, dar a mão às raparigas em flor e dançar com elas ao sol... A melodia, no entanto, é uma superfície leve, que não consegue esconder o desespero que tumultua nas profundezas. Não obstante, o claro jogo continua. A música saltitante se esforça por ser despreocupada e ter alma leve. É uma dança pueril em cima duma sepultura. Mas de repente, as águas represadas rompem todas as barreiras, levam por diante a cortina vaporosa e ilusória, e num estrondo se espraiam numa melodia agitada de desespero. O pianista se transfigura. As suas mãos galopam agitadamente sobre o teclado como brancos cavalos selvagens. Os sons sobem no ar, enchem o teatro, e para cada uma daquelas pessoas do submundo eles têm uma significação especial, contam uma história diferente.

Quando o artista arranca o último acorde, as luzes se acendem. Por alguns rápidos segundos há como que um hiato, e dir-se-ia que os corações param de bater. Silêncio. Os sub-homens sobem à tona da vida. Desapareceu o mundo mágico e circular formado pela luz do refletor. O pianista está agora voltado para a platéia, sorrindo lividamente, como um ressuscitado. O fantasma de Beethoven foi exorcizado. Rompem os aplausos.

Dentro de alguns momentos torna a apagar-se a luz. Brota de novo o círculo mágico.

Suggestion Diabolique.

D. Margarida tira os sapatos que lhe apertam os pés, machucando os calos.

Não faz mal. Estou no camarote. Ninguém vê.

Mexe os dedos do pé com delícia. Agora sim, pode ouvir melhor o que ele está tocando, ele, o seu Gilberto. Parece um sonho... Um teatro deste tamanho. Centenas de pessoas finas, bem vestidas, perfumadas, os homens de preto, as mulheres com vestidos decotados — todos parados, mal respirando, dominados pelo seu filho, pelo Betinho!

D. Margarida olha com o rabo dos olhos para o marido. Ali está ele a seu lado, pequeno, encurvado, a calva a reluzir foscamente na sombra, a boca entreaberta, o ar pateta. Como fica ridículo nesse *smoking*! O pescoço descarnado, dançando dentro do colarinho alto e duro, lembra um palhaço de circo.

D. Margarida esquece o marido e torna a olhar para o filho. Admira-lhe as mãos, aquelas mãos brancas, esguias e ágeis. E como a música que o seu Gilberto toca é difícil demais para ela compreender, sua atenção borboleteia, pousa no teto do teatro, nos camarotes, na cabeça duma senhora lá embaixo (aquele diadema será de brilhantes legítimos?) e depois torna a deter-se no filho. E nos seus pensamentos as mãos compridas do rapaz diminuem, encolhem, e de novo Betinho é um bebê de quatro meses que acaba de fazer uma descoberta maravilhosa: as suas mãos... Deitado no berço, com os dedinhos meio murchos diante dos olhos parados, ele contempla aquela coisa misteriosa, solta gluglus de espanto, mexe os dedos dos pés, com os olhos sempre fitos nas mãos...

De novo D. Margarida volta ao triste passado. Lembra-se daquele horrível quarto que ocupavam no inverno de 1915. Foi naquele ano que o Inocêncio começou a beber. O frio foi a desculpa. Depois, o coitado estava desempregado... Tinha perdido o lugar na fábrica. Andava caminhando à toa o dia inteiro. Más companhias. "Ô Inocêncio, vamos tomar um traguinho?" Lá se iam, entravam no primeiro boteco. E vá cachaça! Ele voltava para casa fazendo um esforço desesperado para não cambalear. Mas mal abria a boca, a gente sentia logo o cheiro de caninha. "Com efeito, Inocêncio! Você andou bebendo outra vez!" Ah, mas ela não se abatia. Tratava o marido como se ele tivesse dez anos e não trinta. Metia-o na cama. Dava-lhe café bem forte sem açúcar, voltava apara a Singer, e ficava pedalando horas e horas. Os galos já estavam cantando quando ela ia deitar, com os rins doloridos, os olhos ardendo. Um dia...

De súbito os sons do piano morrem. A luz se acende. Aplausos. D. Margarida volta ao presente. Ao seu lado Inocêncio bate palmas, sempre de boca aberta, os olhos cheios de lágrimas, pescoço vermelho e preguead0, o ar humilde... Gilberto faz curvaturas para o público, sorri, alisa os cabelos. ("Que lindos cabelos tem o meu filho, queria que a senhora visse, comadre, crespinhos, vai ser um rapagão bonito.")

A escuridão torna a submergir a platéia. A luz fantástica envolve pianista e piano. Algumas notas saltam, como projéteis sonoros.

Navarra.

Embalada pela música (esta sim, a gente entende um pouco), D. Margarida volta ao passado.

Como foram longos e duros aqueles anos de luta! Inocêncio sempre no mau caminho. Gilberto crescendo. E ela pedalando, pedalando, cansando os olhos; a dor nas costas aumentando, Inocêncio arranjava empreguinhos de ordenado pequeno. Mas não tinha constância, não tomava interesse.

O diabo do homem era mesmo preguiçoso. O que queria era andar na calaçaria, conversando pelos cafés, contando histórias, mentindo...

— Inocêncio, quando é que tu crias juízo?

O pior era que ela não sabia fazer cenas. Achava até graça naquele homenzinho encurvado, magro, desanimado, que tinha crescido sem jamais deixar de ser criança. No fundo o que ela tinha era pena do marido. Aceitava a sua sina. Trabalhava para sustentar a casa, pensando sempre no futuro de Gilberto. Era por isso que a Singer funcionava dia e noite. Graças a Deus nunca lhe faltava trabalho.

Um dia Inocêncio fez uma proposta:

— Escuta aqui, Margarida. Eu podia te ajudar nas costuras...

— Minha Nossa! Será que tu queres fazer casas ou pregar botões?

— Olha, mulher. (Como ele estava engraçado, com sua cara de fuinha, procurando falar a sério!) Eu podia cobrar as contas e fazer a tua escrita.

Ela desatou a rir. Mas a verdade é que Inocêncio passou a ser o seu cobrador. No primeiro mês a cobrança saiu direitinho. No segundo mês o homem relaxou... No terceiro, bebeu o dinheiro da única conta que conseguira cobrar.

Mas D. Margarida esquece o passado. Tão bonita a música que Gilberto está tocando agora... E como ele se entusiasma! O cabelo lhe cai sobre a testa, os ombros dançam, as mãos dançam... Quem diria que aquele moço ali, pianista famoso, que recebe os aplausos de toda esta gente, doutores, oficiais, capitalistas, políticos... o diabo! — é o mesmo menino da rua da Olaria que andava descalço brincando na água da sarjeta, correndo atrás da banda de música da Brigada Militar...

De novo a luz. As palmas. Gilberto levanta os olhos para o camarote da mãe e lhe faz um sinal breve com a mão, ao passo que seu sorriso se alarga, ganhando um brilho particular. D. Margarida sente-se sufocada de felicidade. Mexe alvoroçadamente com os dedos do pé, puro contentamento. Tem ímpetos de erguer-se no camarote e gritar para o povo: "Vejam, é o meu filho! O Gilberto. O Betinho! Fui eu que lhe dei de mamar! Fui eu que trabalhei na Singer para sustentar a casa, pagar o colégio para ele! Com estas mãos, minha gente. Vejam! Vejam!"

A luz se apaga. E Gilberto passa a contar em terna surdina as mágoas de Chopin.

No fundo do camarote Inocêncio medita. O filho sorriu para a mãe. Só para a mãe. Ele viu... Mas não tem direito de se queixar... O rapaz não lhe deve nada. Como pai ele nada fez. Quando o público aplaude Gilberto, sem saber está aplaudindo também Margarida. Cinqüenta por cento das palmas devem vir para ela. Cinqüenta ou sessenta? Talvez sessenta. Se não fosse ela, era possível que o rapaz não desse para nada. Foi o pulso de Margarida, a energia de Margarida, a fé de Margarida que fizeram dele um grande pianista.

Na sombra do camarote, Inocêncio sente que ele não pode, não deve participar daquela glória. Foi um mau marido. Um péssimo pai. Viveu na vagabundagem, enquanto a mulher se matava no trabalho. Ah! Mas como ele queria bem ao rapaz, como ele respeitava a mulher! Às vezes, quando voltava para casa, via o filho dormindo. Tinha um ar tão confiado, tão tranqüilo, tão puro, que lhe vinha vontade de chorar. Jurava que nunca mais tornaria a beber, prometia a si mesmo emendar-se. Mas qual! Lá vinha um outro dia e ele começava a sentir aquela sede danada, aquela espécie de cócegas na garganta. Ficava com a impressão de que se não tomasse um traguinho era capaz de estourar. E depois havia também os maus companheiros. O Maneca. O José Pinto. O Bebe-Fogo. Convidavam, insistiam... No fim de contas ele não era nenhum santo.

Inocêncio contempla o filho. Gilberto não puxou por ele. A cara do rapaz é bonita, franca, aberta. Puxou pela Margarida. Graças a Deus. Que belas coisas lhe reservará o futuro? Daqui para diante é só subir. A porta da fama é tão difícil, mas uma vez que a gente consegue abri-la... adeus! Amanhã decerto o rapaz vai aos Estados Unidos... É capaz até de ficar por lá... esquecer os pais. Não. Gilberto nunca esquecerá a mãe. O pai, sim... E é bem-feito. O pai nunca teve vergonha. Foi um patife. Um vadio. Um bêbedo.

Lágrimas brotam nos olhos de Inocêncio. Diabo de música triste! O Betinho devia escolher um repertório mais alegre.

No atarantamento da comoção, Inocêncio sente necessidade de dizer alguma coisa. Inclina o corpo para a frente e murmura:

— Margarida...

A mulher volta para ele uma cara séria, de testa enrugada.

— Chit!

Inocêncio recua para a sua sombra. Volta aos seus pensamentos amargos. E torna a chorar de vergonha, lembrando-se do dia em que, já mocinho, Gilberto lhe disse aquilo. Ele quer esquecer aquelas palavras, quer afugentá-las, mas elas lhe soam na memória, queimando como fogo, fazendo suas faces e suas orelhas arderem.

Ele tinha chegado bêbedo em casa. Gilberto olhou-o bem nos olhos e disse sem nenhuma piedade:

— Tenho vergonha de ser filho dum bêbedo!

As mãos de meu filho

Aquilo lhe doeu. Foi como uma facada, dessas que não só cortam as carnes como também rasgam a alma. Desde esse dia ele nunca mais bebeu.

No saguão do teatro, terminado o concerto, Gilberto recebe cumprimentos dos admiradores. Algumas moças o contemplam deslumbradas. Um senhor gordo e alto, muito bem vestido, diz-lhe com voz profunda:

— Estou impressionado, impressionadíssimo. Sim senhor!

Gilberto enlaça a cintura da mãe:

— Reparto com minha mãe os aplausos que eu recebi esta noite... Tudo que sou, devo a ela.

— Não diga isso, Betinho!

D. Margarida cora. Há no grupo um silêncio comovido. Depois rompe de novo a conversa. Novos admiradores chegam.

Inocêncio, de longe, olha as pessoas que cercam o filho e a mulher. Um sentimento aniquilador de inferioridade o esmaga, toma-lhe conta do corpo e do espírito, dando-lhe uma vergonha tão grande como a que sentiria se estivesse nu, completamente nu ali no saguão.

Afasta-se na direção da porta, num desejo de fuga. Sai. Olha a noite, as estrelas, as luzes da praça, a grande estátua, as árvores paradas... Sente uma enorme tristeza. A tristeza desalentada de não poder voltar ao passado... Voltar para se corrigir, para passar a vida a limpo, evitando todos os erros, todas as misérias...

O porteiro do teatro, um mulato de uniforme cáqui, caminha dum lado para outro, sob a marquise.

— Linda noite! — diz Inocêncio, procurando puxar conversa.

O outro olha o céu e sacode a cabeça, concordando.

— Linda mesmo.

Pausa curta.

— Não vê que sou o pai do moço do concerto...

— Pai? Do pianista?

O porteiro pára, contempla Inocêncio com um ar incrédulo e diz:

— O menino tem os pulsos no lugar. É um bicharedo.

Inocêncio sorri. Sua sensação de inferioridade vai-se evaporando aos poucos.

— Pois imagine como são as coisas — diz ele. — Não sei se o senhor sabe que nós fomos muito pobres... Pois é. Fomos. Roemos um osso duro. A vida tem coisas engraçadas. Um dia... o Betinho tinha seis meses... umas mãozinhas assim deste tamanho... nós botamos ele na nossa cama. Minha mulher dum lado, eu do outro, ele no meio. Fazia um frio de rachar. Pois o senhor sabe o que aconteceu? Eu senti nas minhas costas as mãozinhas do menino e passei a noite impressionado, com medo de quebrar aqueles dedinhos, de esmagar aquelas carninhas. O senhor sabe, quando a gente está nesse dorme-não-dorme, fica o mesmo que tonto, não pensa direito. Eu podia me levantar e ir dormir no sofá. Mas não. Fiquei ali no duro, de olho mal e mal aberto, preocupado com o menino. Passei a noite inteira em claro, com a metade do corpo para fora da cama. Amanheci todo dolorido, cansado, com a cabeça pesada. Veja como são as coisas... Se eu tivesse esmagado as mãos do Betinho hoje ele não estava aí tocando essas músicas difíceis... Não podia ser o artista que é.

Cala-se. Sente agora que pode reclamar para si uma partícula da glória do seu Gilberto. Satisfeito consigo mesmo e com o mundo, começa a assobiar baixinho. O porteiro contempla-o em silêncio. Arrebatado de repente por uma onda de ternura, Inocêncio tira do bolso das calças uma nota amarrotada de cinqüenta mil-réis e mete-a na mão do mulato.

— Para tomar um traguinho — cochicha.

E fica, todo excitado, a olhar para as estrelas.

A moralista

Dinah Silveira de Queiroz

Se me falam em virtude, em moralidade ou imoralidade, em condutas, enfim, em tudo que se relacione com o bem e o mal, eu vejo Mamãe em minha idéia. Mamãe — não. O pescoço de Mamãe, a sua garganta branca e tremente, quando gozava a sua risadinha como quem bebe café no pires. Essas risadas ela dava principalmente à noite, quando — só nós três em casa — vinha jantar como se fosse a um baile, com seus vestidos alegres, frouxos, decotados, tão perfumada que os objetos a seu redor criavam uma pequena atmosfera própria, eram mais leves e delicados. Ela não se pintava nunca, mas não sei como fazia para ficar com aquela lisura de louça lavada. Nela, até a transpiração era como vidraça molhada: escorregadia, mas não suja. Diante daquela pulcritude minha face era uma miserável e movimentada topografia, onde eu explorava furiosamente, e em gozo físico, pequenos subterrâneos nos poros escuros e profundos, ou vulcõezinhos que estalavam entre as unhas, para meu prazer. A risada de Mamãe era um "muito obrigada" a meu Pai, que a adulava como se dela dependesse. Porém, ele mascarava essa adulação brincando e a tratando eternamente de menina. Havia muito tempo uma espírita dissera a Mamãe algo que decerto provocou sua primeira e especial risadinha:

— Procure impressionar o próximo. A senhora tem um poder extraordinário sobre os outros, mas não sabe. Deve aconselhar... Porque... se impõe, logo à primeira vista. Aconselhe. Seus conselhos não falharão nunca. Eles vêm da sua própria mediunidade...

Mamãe repetiu aquilo umas quatro ou cinco vezes, entre amigas, e a coisa pegou, em Laterra.

Se alguém ia fazer um negócio, lá aparecia em casa para tomar conselhos. Nessas ocasiões Mamãe, que era loura e pequenina, parecia que ficava maior, toda dura, de cabecinha levantada e dedo gordinho, em riste. Consultavam Mamãe a respeito de política, dos casamentos. Como tudo que dizia era sensato, dava certo, começaram a mandar-lhe também pessoas transviadas. Uma vez, certa senhora rica lhe trouxe o filho, que era um beberrão incorrigível. Lembro-me de que Mamãe disse coisas belíssimas, a respeito da realidade do Demônio, do lado da Besta, e do lado do Anjo. E não apenas ela explicou a miséria em que o moço afundava, mas o castigo também com palavras tremendas. Seu dedinho gordo se levantava, ameaçador, e toda ela tremia de justa cólera, porém sua voz não subia do tom natural. O moço e a senhora choravam juntos.

Papai ficou encantado com o prestígio de que, como marido, desfrutava.

Brigas entre patrão e empregado, entre marido e mulher, entre pais e filhos vinham dar em nossa casa. Mamãe ouvia as partes, aconselhava, moralizava. E Papai, no pequeno negócio, sentia afluir a confiança que se espraiava até seus domínios.

Foi nessa ocasião que Laterra ficou sem padre, porque o vigário morrera e o bispo não mandara substituto. Os habitantes iam casar e batizar os filhos em Santo Antônio. Mas, para suas novenas e seus terços, contavam sempre com minha Mãe. De repente, todos ficaram mais religiosos. Ela ia para a reza da noite de véu de renda, tão cheirosa e lisinha de pele, tão pura de rosto, que todos diziam que parecia e era, mesmo, uma verdadeira santa. Mentira: uma santa não daria aquelas risadinhas, uma santa não se divertia, assim. O divertimento é uma espécie de injúria aos infelizes, e é por isso que Mamãe só ria e se divertia quando estávamos sós.

Nessa época, até um caipira perguntou na feira de Laterra:

— Diz que aqui tem uma padra. Onde é que ela mora?

Contaram a Mamãe. Ela não riu:

— Eu não gosto disso. — E ajuntou: Nunca fui uma fanática, uma louca. Sou, justamente, a pessoa equilibrada, que quer ajudar ao próximo. Se continuarem com essas histórias, eu nunca mais puxo o terço.

Mas, nessa noite, eu vi sua garganta tremer, deliciada:

— Já estão me chamando de "padra"... Imagine!

Ela havia achado sua vocação. E continuou a aconselhar, a falar bonito, a consolar os que perdiam pessoas queridas. Uma vez, no aniversário de um compadre, Mamãe disse palavras tão belas a respeito da velhice, do tempo que vai fugindo, do bem que se deve fazer antes que caia a noite, que o compadre pediu:

— Por que a senhora não faz, aos domingos, uma prosa desse jeito? Estamos sem vigário, e essa mocidade precisa de bons conselhos...

Todos acharam ótima a idéia. Fundou-se uma sociedade: "Círculo dos Pais de Laterra", que tinha suas reuniões na sala da Prefeitura. Vinha gente de longe, para ouvir Mamãe falar. Diziam todos que ela fazia um bem enorme às almas, que a doçura das suas palavras confortava quem estivesse sofrendo. Várias pessoas foram por ela convertidas. Penso que meu Pai acreditava, mais do que ninguém, nela. Mas eu não podia pensar que minha Mãe fosse um ser predestinado, vindo ao mundo só para fazer o bem. Via tão claramente o seu modo de representar, que até sentia vergonha. E ao mesmo tempo me perguntava:

— Que significam estes escrúpulos? Ela não une casais que se separam, ela não consola as viúvas, ela não corrige até os aparentemente incorrigíveis?

Um dia, Mamãe disse ao meu Pai, na hora do almoço:

— Hoje me trouxeram um caso difícil... Um rapaz viciado. Você vai empregá-lo. Seja tudo pelo amor de Deus. Ele me veio pedir auxílio... e eu tenho que ajudar. O pobre chorou tanto, implorou... contando a sua miséria. É um desgraçado!

Um sonho de glória a embalou:

— Sabe que os médicos de Santo Antônio não deram nenhum jeito? Quero que você me ajude. Acho que ele deve trabalhar... aqui. Não é sacrifício para você, porque ele diz que quer trabalhar para nós, já que dinheiro eu não aceito mesmo, porque só faço caridade!

O novo empregado parecia uma moça bonita. Era corado, tinha uns olhos pretos, pestanudos, andava sem fazer barulho. Sabia versos de cor, e às vezes os recitava baixinho, limpando o balcão. Quando o souberam empregado de meu Pai — foram avisá-lo:

— Isso não é gente para trabalhar em casa de respeito!

— Ela quis — respondeu meu Pai. — Ela sempre sabe o que faz!

O novo empregado começou o serviço com convicção, mas tinha crises de angústia. Em certas noites não vinha jantar conosco, como ficara combinado. E aparecia mais tarde, os olhos vermelhos.

Muitas vezes, Mamãe se trancava com ele na sala, e a sua voz de tom igual, feria, era de repreensão. Ela o censurava, também, na frente de meu Pai, e de mim mesma, porém sorrindo de bondade:

— Tire a mão da cintura. Você já parece uma moça, e assim, então...

Mas sabia dizer a palavra que ele desejaria, decerto, ouvir:

— Não há ninguém melhor do que você, nesta terra! Por que é que tem medo dos outros? Erga a cabeça... Vamos!

Animado, meu Pai garantia:

— Em minha casa ninguém tem coragem de desfeitear você. Quero ver só isso!

Não tinha mesmo. Até os moleques que, da calçada, apontavam e riam, falavam alto, ficavam sérios e fugiam, mal meu Pai surgisse à porta.

E o moço passou muito tempo sem falhar nos jantares. Nas horas vagas fazia coisas bonitas para Mamãe. Pintou-lhe um leque e fez um vaso em forma de cisne, com papéis velhos molhados, e uma mistura de cola e nem sei mais o quê. Ficou meu amigo. Sabia de modas, como ninguém. Dava opinião sobre os meus vestidos. À hora da reza, ele, que era tão humilhado, de olhar batido, já vinha perto de Mamãe, de terço na mão. Se chegavam visitas, quando estava conosco, ele não se retirava depressa como fazia antes. E ficava num canto, olhando tranqüilo, com simpatia. Pouco a pouco eu assistia, também, à sua modificação. Menos tímido, ele ficara menos afeminado. Seus gestos já eram confiantes, suas atitudes menos ridículas.

Mamãe, que policiava muito seu modo de conversar, já se esquecia de que ele era um estranho. E ria muito à vontade, suas gostosas e trêmulas risadinhas. Parece que não o doutrinava, não era preciso mais. E ele deu de segui-la fielmente, nas horas em que não estava no balcão. Ajudava-a em casa, acompanhava-a nas compras. Em Laterra, soube depois, certas moças que por namoradeiras tinham raiva da Mamãe, já diziam, escondidas atrás da janela, vendo-a passar:

— Você não acha que ela consertou... demais?

Laterra tinha orgulho de Mamãe, a pessoa mais importante da cidade. Muitos sentiam quase sofrimento, por aquela afeição que pendia para o lado cômico. Viam-na passar depressa, o andar firme, um tanto duro, e ele, o moço, atrás, carregando seus embrulhos, ou ao lado levando sua sombrinha, aberta com unção, como se fora um pálio. Um franco mal-estar dominava a cidade. Até que num domingo, quando Mamãe falou sobre a felicidade conjugal, sobre os deveres do casamento, algumas cabeças se voltaram quase imperceptivelmente para o rapaz, mas ainda assim eu notei a malícia. E qualquer absurdo sentimento arrasou meu coração em expectativa.

Mamãe foi a última a notar a paixão que despertara:

— Vejam, eu só procurei levantar seu moral... A própria mãe o considerava um perdido — chegou a querer que morresse! Eu falo — porque todos sabem — mas ele hoje é um moço de bem!

A moralista

Papai foi ficando triste. Um dia, desabafou:

— Acho melhor que ele vá embora. Parece que o que você queria, que ele mostrasse que poderia ser decente e trabalhador, como qualquer um, afinal conseguiu! Vamos agradecer a Deus e mandá-lo para casa. Você é extraordinária!

— Mas — disse Mamãe admirada. — Você não vê que é preciso mais tempo... para que se esqueçam dele? Mandar esse rapaz de volta, agora, até é um pecado! Um pecado que eu não quero em minha consciência.

Houve uma noite em que o moço contou ao jantar a história de um caipira, e Mamãe ria como nunca, levantando a cabeça pequenina, mostrando a sua nudez mais perturbadora — seu pescoço — naquele gorjeio trêmulo. Vi-o ao empregado, ficar vermelho e de olhos brilhantes, para aquele esplendor branco. Papai não riu. Eu me sentia feliz e assustada. Três dias depois o moço adoeceu de gripe. Numa visita que Mamãe lhe fez, ele disse qualquer coisa que eu jamais saberei. Ouvimos pela primeira vez a voz de Mamãe vibrar alto, furiosa, desencantada. Uma semana depois ele estava restabelecido, voltava ao trabalho. Ela disse a meu Pai:

— Você tem razão. É melhor que ele volte para casa.

À hora do jantar, Mamãe ordenou à criada:

— Só nós três jantamos em casa! Ponha três pratos...

No dia seguinte, à hora da reza, o moço chegou assustado, mas foi abrindo caminho, tomou seu costumeiro lugar junto de Mamãe:

— Saia!... — disse ela baixo, antes de começar a reza. Ele ouviu — e saiu, sem nem ao menos suplicar com os olhos.

Todas as cabeças o seguiram lentamente. Eu o vi de costas, já perto da porta, no seu andar discreto de mocinha de colégio, desembocar pela noite.

— Padre Nosso, que estais no céu, santificado seja o Vosso Nome...

Desta vez as vozes que a acompanhavam eram mais firmes do que nos últimos dias.

Ele não voltou para a sua cidade, onde era a caçoada geral. Naquela mesma noite, quando saía de Laterra, um fazendeiro viu como que um longo vulto balançando de uma árvore. Homem de coragem, pensou que fosse algum assaltante. Descobriu o moço. Fomos chamados. Eu também o vi. Mamãe não. À luz da lanterna, achei-o mais ridículo do que trágico, frágil e pendente como um judas de cara de pano roxo. Logo uma multidão enorme cercou a velha mangueira, depois se dispersou. Eu me convenci de que Laterra toda respirava aliviada. Era a prova! Sua senhora não transigira, sua moralista não falhara. Uma onda de desafogo espraiou-se pela cidade.

Em casa não falamos no assunto, por muito tempo. Porém Mamãe, perfeita e perfumada como sempre, durante meses deixou de dar suas risadinhas, embora continuasse agora, sem grande convicção — eu o sabia — a dar os seus conselhos. Todavia punha, mesmo no jantar, vestidos escuros, cerrados no pescoço.

Entre irmãos

José J. Veiga

O menino sentado à minha frente é meu irmão, assim me disseram; e bem pode ser verdade, ele regula pelos dezessete anos, justamente o tempo que estive solto no mundo, sem contato nem notícia. Quanta coisa muda em dezessete anos, até os nossos sentimentos, e quanta coisa acontece — um menino nasce, cresce e fica quase homem e de repente nos olha na cara e temos que abrir lugar para ele em nosso mundo, e com urgência porque ele não pode mais ficar de fora.

A princípio quero tratá-lo como intruso, mostrar-lhe a minha hostilidade, não abertamente para não chocá-lo, mas de maneira a não lhe deixar dúvida, como se lhe perguntasse com todas as letras: que direito tem você de estar aqui na intimidade de minha família, entrando nos nossos segredos mais íntimos, dormindo na cama onde eu dormi, lendo meus velhos livros, talvez sorrindo das minhas anotações à margem, tratando meu pai com intimidade, talvez discutindo a minha conduta, talvez até criticando-a? Mas depois vou notando que ele não é totalmente estranho, as orelhas muito afastadas da cabeça não são diferentes das minhas, o seu sorriso tem um traço de sarcasmo que eu conheço muito bem de olhar-me ao espelho, o seu jeito de sentar-se de lado e cruzar as pernas tem impressionante semelhança com o meu pai. De repente fere-me a idéia de que o intruso talvez seja eu, que ele tenha mais direito de hostilizar-me do que eu a ele, que vive nesta casa há dezessete anos, sem a ter pedido ele aceitou e fez dela o seu lar, estabeleceu intimidade com o espaço e com os objetos, amansou o ambiente a seu modo, criou as suas preferências e as suas antipatias, e agora eu caio aí de repente desarticulando tudo com minhas vibrações de onda diferente. O intruso sou eu, não ele.

Ao pensar nisso vem-me o desejo urgente de entendê-lo e de ficar amigo, de derrubar todas as barreiras, de abrir-lhe o meu mundo e de entrar no dele. Faço-lhe perguntas e noto a sua avidez em respondê-las, mas logo vejo a inutilidade de prosseguir nesse caminho, as perguntas parecem-me formais e as respostas forçadas e complacentes. Há um silêncio incômodo, eu olho os pés dele, noto os sapatos bastante usados, os solados revirando-se nas beiradas, as rachaduras do couro como mapa de rios em miniatura, a poeira acumulada nas fendas. Se não fosse o receio de parecer fútil eu perguntaria se ele tem outro sapato mais conservado, se gostaria que lhe oferecesse um novo, e uma roupa nova para combinar. Mas seria esse o caminho para chegar a ele? Não seria um caminho simples demais, e por conseguinte inadequado?

Tenho tanta coisa a dizer, mas não sei como começar, até a minha voz parece ter perdido a naturalidade, sinto que não a governo, eu mesmo me aborreço ao ouvi-la. Ele me olha, e vejo que está me examinando, procurando decidir se devo ser tratado como irmão ou como estranho, e imagino que as suas dificuldades não devem ser menores do que as minhas. Ele me pergunta se eu moro numa casa grande, com muitos quartos, e antes de responder procuro descobrir o motivo da pergunta. Por que falar em casa? E qual a importância de muitos quartos? Causarei inveja nele se responder que sim? Não, não tenho casa, há muito tempo que tenho morado em hotel. Ele me olha parece que fascinado, diz que deve ser bom viver em hotel, e conta que toda vez que faz reparos à comida mamãe diz que ele deve ir para um hotel, onde pode reclamar e exigir. De repente o fascínio se transforma em alarme, e ele observa que se eu vivo em hotel não posso ter um cão em minha companhia, o jornal disse uma vez que um homem foi processado por ter um cão em um quarto de hotel. Não me sinto atingido pela proibição, se é que existe, nunca pensei em ter um cão, não resistiria me separar dele quando tivesse que arrumar as malas, como estou sempre fazendo; mas devo dizer-lhe isso e provocar nele uma pena que eu mesmo não sinto? Confirmo a proibição e exagero a vigilância nos hotéis. Ele suspira e diz que então não viveria num hotel nem de graça.

Ficamos novamente calados e eu procuro imaginar como será ele quando está com seus amigos, quais os seus assuntos favoritos, o timbre de sua risada quando ele está feliz e despreocupado, a fluência de sua voz quando ele pode falar sem ter que vigiar as palavras. O telefone toca lá dentro e eu fico desejando que o chamado seja para um de nós, assim teremos um bom pretexto para interromper a conversa sem ter que inventar uma desculpa; mas passa-se muito tempo e perco a esperança, o telefone já deve até ter sido desligado. Ele também parece interessado no telefone, mas disfarça muito bem a impaciência. Agora ele está olhando pela janela, com certeza desejando que passe algum amigo ou conhecido que o salve do martírio, mas o sol está muito quente e ninguém quer sair à rua a essa hora do dia. Embaixo na esquina um homem afia facas, escuto o gemido fino da lâmina no rebolo e sinto mais calor ainda. Quando eu era menino tive uma faca que troquei por um projetor de cinema feito por mim mesmo — uma caixa de sapato dividida ao meio, um buraquinho quadrado, uma lente de óculos — e passava horas à beira do rego afiando a faca, servia para descascar cana e laranja. Vale a pena dizer-lhe isso ou será muita infantilidade, considerando que ele está com dezessete anos e eu tinha uns dez naquele tempo? É melhor não dizer, só o que é espontâneo interessa, e a simples hesitação já estraga a espontaneidade.

Uma mulher entra na sala, reconheço nela uma de nossas vizinhas, entra com o ar de quem vem pedir alguma coisa urgente. Levanto-me de um pulo para me oferecer; ela diz que não sabia que estávamos conversando, promete não nos interromper, pede desculpa e desaparece. Não sei se consegui disfarçar um suspiro, detesto aquela consideração fora de hora, e sou capaz de jurar que meu irmão também pensa assim. Olhamo-nos novamente já em franco desespero, compreendemos que somos prisioneiros um do outro, mas compreendemos também que nada podemos fazer para nos libertar. Ele diz qualquer coisa a respeito do tempo, eu acho a observação tão desnecessária — e idiota — que nem me dou ao trabalho de responder.

Francamente já não sei o que fazer, a minha experiência não me socorre, não sei como fugir daquela sala, dos retratos da parede, do velho espelho embaciado que reflete uma estampa do Sagrado Coração, do assoalho de tábuas empenadas formando ondas. Esforço-me com tanta veemência que a consciência do esforço me amarra cada vez mais àquelas quatro paredes. Só uma catástrofe nos salvaria, e eu desejo intensamente um terremoto ou um incêndio, mas infelizmente essas coisas não acontecem por encomenda. Sinto o suor escorrendo frio por dentro da camisa e tenho vontade de sair dali correndo, mas como poderei fazê-lo sem perder para sempre alguma coisa muito importante, e como explicar depois a minha conduta quando eu puder examiná-la de longe e ver o quanto fui inepto? Não, basta de fugas, preciso ficar aqui sentado e purgar o meu erro.

José J. Veiga

A porta abre-se abruptamente e a vizinha entra de novo apertando as mãos no peito, olha alternadamente para um e outro de nós e diz, numa voz que mal escuto:

— Sua mãe está pedindo um padre.

Levantamos os dois de um pulo, dando graças a Deus — que ele nos perdoe — pela oportunidade de escaparmos daquela câmara de suplício.

A partida

Osman Lins

Hoje, revendo minhas atitudes quando vim embora, reconheço que mudei bastante. Verifico também que estava aflito e que havia um fundo de mágoa ou desespero em minha impaciência. Eu queria deixar minha casa, minha avó e seus cuidados. Estava farto de chegar a horas certas, de ouvir reclamações; de ser vigiado, contemplado, querido. Sim, também a afeição de minha avó incomodava-me. Era quase palpável, quase como um objeto, uma túnica, um paletó justo que eu não pudesse despir.

Ela vivia a comprar-me remédios, a censurar minha falta de modos, a olhar-me, a repetir conselhos que eu já sabia de cor. Era boa demais, intoleravelmente boa e amorosa e justa.

Na véspera da viagem, enquanto eu a ajudava a arrumar as coisas na maleta, pensava que no dia seguinte estaria livre e imaginava o amplo mundo no qual iria desafogar-me: passeios, domingos sem missa, trabalho em vez de livros, mulheres nas praias, caras novas. Como tudo era fascinante! Que viesse logo. Que as horas corressem e eu me encontrasse imediatamente na posse de todos esses bens que me aguardavam. Que as horas voassem, voassem!

Percebi que minha avó não me olhava. A princípio, achei inexplicável ela fizesse isso, pois costumava fitar-me, longamente, com uma ternura que incomodava. Tive raiva do que me parecia um capricho e, como represália, fui para a cama.

Deixei a luz acesa. Sentia não sei que prazer em contar as vigas do teto, em olhar para a lâmpada. Desejava que nenhuma dessas coisas me afetasse e irritava-me por começar a entender que não conseguiria afastar-me delas sem emoção.

Minha avó fechara a maleta e agora se movia, devagar, calada, fiel ao seu hábito de fazer arrumações tardias. A quietude da casa parecia triste e ficava mais nítida com os poucos ruídos aos quais me fixava: manso arrastar de chinelos, cuidadoso abrir e lento fechar de gavetas, o tique-taque do relógio, tilintar de talheres, de xícaras.

Por fim, ela veio ao meu quarto, curvou-se:

— Acordado?

Apanhou o lençol e ia cobrir-me (gostava disto, ainda hoje o faz quando a visito); mas pretextei calor, beijei sua mão enrugada e, antes que ela saísse, dei-lhe as costas.

Não consegui dormir. Continuava preso a outros rumores. E quando estes se esvaíam, indistintas imagens me acossavam. Edifícios imensos, opressivos, barulho de trens, luzes, tudo a afligir-me, persistente, desagradável — imagens de febre.

Sentei-me na cama, as têmporas batendo, o coração inchado, retendo uma alegria dolorosa, que mais parecia um anúncio de morte. As horas passavam, cantavam grilos, minha avó tossia e voltava-se no leito, as molas duras rangiam ao peso de seu corpo. A tosse passou, emudeceram as molas; ficaram só os grilos e os relógios. Deitei-me.

Passava de meia-noite quando a velha cama gemeu: minha avó levantava-se. Abriu de leve a porta de seu quarto, sempre de leve entrou no meu, veio chegando e ficou de pé junto a mim. Com que finalidade? — perguntava eu. Cobrir-me ainda? Repetir-me conselhos? Ouvi-a então soluçar e quase fui sacudido por um acesso de raiva. Ela estava olhando para mim e chorando como se eu fosse um cadáver — pensei. Mas eu não me parecia em nada com um morto, senão no estar deitado. Estava vivo, bem vivo, não ia morrer. Sentia-me a ponto de gritar. Que me deixasse em paz e fosse chorar longe, na sala, na cozinha, no quintal, mas longe de mim. Eu não estava morto.

Afinal, ela beijou-me a fronte e se afastou, abafando os soluços. Eu crispei as mãos nas grades de ferro da cama, sobre as quais apoiei a testa ardente. E adormeci.

Acordei pela madrugada. A princípio com tranquilidade, e logo com obstinação, quis novamente dormir. Inútil, o sono esgotara-se. Com precaução, acendi um fósforo: passava das três. Restavam-me, portanto, menos de duas horas, pois o trem chegaria às cinco. Veio-me então o desejo de não

A partida

passar nem uma hora mais naquela casa. Partir, sem dizer nada, deixar quanto antes minhas cadeias de disciplina e de amor.

Com receio de fazer barulho, dirigi-me à cozinha, lavei o rosto, os dentes, penteei-me e, voltando ao meu quarto, vesti-me. Calcei os sapatos, sentei-me um instante à beira da cama. Minha avó continuava dormindo. Deveria fugir ou falar com ela? Ora, algumas palavras... Que me custava acordá-la, dizer-lhe adeus?

Ela estava encolhida, pequenina, envolta numa coberta escura. Toquei-lhe no ombro, ela se moveu, descobriu-se. Quis levantar-se e eu procurei detê-la. Não era preciso, eu tomaria um café na estação. Esquecera de falar com um colega e, se fosse esperar, talvez não houvesse mais tempo. Ainda assim, levantou-se. Ralhava comigo por não tê-la despertado antes, acusava-se de ter dormido muito. Tentava sorrir.

Não sei por que motivo, retardei ainda a partida. Andei pela casa, cabisbaixo, à procura de objetos imaginários, enquanto ela me seguia, abrigada em sua coberta. Eu sabia que desejava beijar-me, prender-se a mim, e à simples idéia desses gestos, estremeci. Como seria se, na hora do adeus, ela chorasse?

Enfim, beijei sua mão, bati-lhe de leve na cabeça. Creio mesmo que lhe surpreendi um gesto de aproximação, decerto na esperança de um abraço final. Esquivei-me, apanhei a maleta e, ao fazê-lo, lancei um rápido olhar para a mesa (cuidadosamente posta para dois, com a humilde louça dos grandes dias e a velha toalha branca, bordada, que só se usava em nossos aniversários).

Anos 60

Conflitos e desenredos

Se o clima dos anos 60 foi de revolução em todos os quadrantes do mundo e dimensões da vida, devemos incluir aí a tremenda explosão de qualidade no campo da ficção curta brasileira. São desta década algumas das realizações máximas no gênero em nosso país. Contos de Clarice Lispector e Rubem Fonseca, por exemplo, legam modelos narrativos que vão influenciar todas as gerações seguintes de escritores. Os contos dos anos 60 falam de nossa contemporaneidade, quase sempre urbana, agitada por conflitos psicológicos e sociais. Desenredam-se laços, tradições. Homens e mulheres se dilaceram em conflitos de identidade. Não há mais lugar para a inocência, o lirismo puro. Ficamos mais adultos. Os leitores inclusive. Querem mais narrativas que traduzam com força dramática e riqueza metafórica as cruezas do real. A literatura brasileira nunca mais será a mesma depois do vendaval dos 60.

A força humana

Rubem Fonseca

Eu queria seguir em frente mas não podia. Ficava parado no meio daquele monte de crioulos — uns balançando o pé, ou a cabeça, outros mexendo os braços; mas alguns, como eu, duros como um pau, fingindo que não estavam ali, disfarçando que olhavam um disco na vitrina, envergonhados. É engraçado, um sujeito como eu sentir vergonha de ficar ouvindo música na porta da loja de discos. Se tocam alto é pras pessoas ouvirem; e se não gostassem da gente ficar ali ouvindo era só desligar e pronto: todo mundo desguiava logo. Além disso, só tocam música legal, daquelas que você *tem* que ficar ouvindo e que faz mulher boa andar diferente, como cavalo do exército na frente da banda.

    A questão é que passei a ir lá todos os dias. Às vezes eu estava na janela da academia do João, no intervalo de um exercício, e lá de cima via o montinho na porta da loja e não agüentava — me vestia correndo, enquanto o João perguntava, "aonde é que você vai, rapaz? você ainda não terminou o agachamento", e ia direto para lá. O João ficava maluco com esse troço, pois tinha cismado que ia me preparar para o concurso do melhor físico do ano e queria que eu malhasse quatro horas por dia e eu parava no meio e ia para a calçada ouvir música. "Você está maluco", dizia, "assim não é possível, eu acabo me enchendo com você, está pensando que eu sou palhaço?"

    Ele tinha razão, fui pensando nesse dia, reparte comigo a comida que recebe de casa, me dá vitaminas que a mulher que é enfermeira arranja, aumentou meu ordenado de auxiliar de instrutor de alunos só para que eu não vendesse mais sangue e pudesse me dedicar aos exercícios, puxa!, quanta coisa, e eu não reconhecia e ainda mentia para ele; podia dizer para ele não me dar mais dinheiro, dizer a verdade, que a Leninha dava para mim tudo que eu queria, que eu podia até comer em restaurante, se quisesse, era só dizer para ela: quero mais.

De longe vi logo que tinha mais gente que de costume na porta da loja. Gente diferente da que ia lá; algumas mulheres. Tocava um samba de balanço infernal — tum schtictum tum: os dois alto-falantes grandes na porta estavam de lascar, enchiam a praça de música. Então eu vi, no asfalto, sem dar a menor bola para os carros que passavam perto, esse crioulo dançando. Pensei: outro maluco, pois a cidade está cada vez mais cheia de maluco, de maluco e de viado. Mas ninguém ria. O crioulo estava de sapato marrom todo cambaio, uma calça mal-ajambrada, rota no rabo, camisa branca de manga comprida suja e suava pra burro. Mas ninguém ria. Ele fazia piruetas, misturava passo de balé com samba de gafieira, mas ninguém ria. Ninguém ria porque o cara dançava o fino e parecia que dançava num palco, ou num filme, um ritmo danado, eu nunca tinha visto um negócio daqueles. Nem eu nem ninguém, pois os outros também olhavam para ele embasbacados. Pensei: isso é coisa de maluco mas maluco não dança desse jeito, para dançar desse jeito o sujeito tem que ter boas pernas e bom molejo, mas é preciso também ter boa cabeça. Ele dançou três músicas do long-play que estava tocando e quando parou todo mundo começou a falar um com o outro, coisa que nunca acontece na porta da loja, pois as pessoas ficam lá ouvindo música caladas. Então o crioulo apanhou uma cuia que estava no chão perto da árvore e a turma foi colocando notas na cuia que ficou logo cheia. Ah, estava explicado, pensei, o Rio estava ficando diferente. Antigamente você via um ou outro ceguinho tocando um troço qualquer, às vezes acordeão, outras violão, tinha até um que tocava pandeiro acompanhado de rádio de pilha — mas dançarino era a primeira vez que eu via. Já vi também uma orquestra de três paus-de-arara castigando cocos e baiões e o garoto tocando o "Tico-tico no fubá" nas garrafas cheias d'água. Já vi. Mas dançarino! Botei duzentas pratas na cuia. Ele colocou a cuia cheia de dinheiro perto da árvore, no chão, tranquilo e seguro de que ninguém ia mexer na gaita, e voltou a dançar.

Era alto: no meio da dança, sem parar de dançar, arregaçou as mangas da camisa, um gesto até bonito, parecia bossa ensaiada, mas acho que ele estava era com calor, e apareceram dois braços muito musculosos que a camisa larga escondia. Esse cara é definição pura, pensei. E isso não foi palpite, pois basta olhar para qualquer sujeito vestido que chega na academia pela primeira vez para dizer que tipo de peitoral tem ou qual o abdômen, se a musculatura dá para inchar ou para definir. Nunca erro.

Começou a tocar uma música chata, dessas de cantor de voz fina e o crioulo parou de dançar, voltou para a calçada, tirou um lenço imundo do bolso e limpou o suor do rosto. O grosso debandou, só ficaram mesmo os que sempre ficam para ouvir música, com ou sem show. Cheguei perto do crioulo e disse que ele tinha dançado o fino. Riu. Conversa vai conversa vem ele explicou que nunca tinha feito aquilo antes. "Quer dizer, fiz uma outra vez. Um dia passei aqui e me deu uma coisa, quando vi estava dançando no asfalto. Dancei uma música só, mas um cara embolou uma notinha e jogou no meu pé. Era um Cabral. Hoje vim de cuia. Sabe como é, estou duro que nem, que nem —" "Poste", disse eu. Ele olhou para mim, da maneira que tinha de olhar sem a gente saber o que ele estava pensando. Será que pensava que eu estava gozando ele? Tem poste branco também, ou não tem?, pensei. Deixei passar. Perguntei, "você faz ginástica?". "Que ginástica, meu chapa?" "Você tem o físico de quem faz ginástica." Deu uma risada mostrando uns dentes branquíssimos e fortes e sua cara que era bonita ficou feroz como a de um gorila grande. Sujeito estranho. "Você faz?", perguntou ele. "O quê?" "Ginástica", e me olhou de alto a baixo, sem me dar nenhuma palavra, mas eu também não estava interessado no que ele estava pensando; o que os outros pensam da gente não interessa, só interessa o que a gente pensa da gente; por exemplo, se eu pensar que eu sou um merda, eu sou mesmo, mas se alguém pensar isso de mim o que que tem?, eu não preciso de ninguém, deixa o cara pensar, na hora de pegar para capar é que eu quero ver. "Faço peso", disse. "Peso?" "Halterofilismo." "Ah, ah!", riu de novo, um gorila perfeito. Me lembrei do Humberto de quem diziam que tinha a força de dois gorilas e quase a mesma inteligência. Qual seria a força do crioulo? "Como é o seu nome?", perguntei, dizendo antes o meu. "Vaterlu, se escreve com dábliu e dois ós." "Olha, Waterloo, você quer ir até a academia onde eu faço ginástica?" Ele olhou um pouco para o chão, depois pegou a cuia e disse "vamos". Não perguntou nada, fomos andando, enquanto ele punha o dinheiro no bolso, todo embolado, sem olhar para as notas.

Quando chegamos na academia, João estava debaixo da barra com o Corcundinha. "João, esse é o Waterloo", eu disse. João me olhou atravessado, dizendo "quero falar contigo", e foi andando para o vestiário. Fui atrás. "Assim não é possível, assim não é possível", disse o João. Pela cara dele vi que estava piçudo comigo. "Você parece que não entende", continuou João, "tudo que eu estou fazendo é para o teu bem, se fizer o que eu digo papa esse campeonato com uma perna nas costas e depois está feito. Como é que você pensa que eu cheguei ao ponto em que eu cheguei? Foi sendo o melhor físico do ano. Mas tive que fazer força, não foi parando a série no meio não, foi malhando de manhã e de tarde, dando duro, mas hoje tenho academia, tenho automóvel, tenho duzentos alunos, tenho o meu nome feito, estou comprando apartamento. E agora eu quero te ajudar e você não ajuda. É de amargar. O que eu ganho com isso? Um aluno da minha academia ganhar o campeonato? Tenho o Humberto, não tenho? O Gomalina, não tenho? O Fausto, o Donzela — mas escolho você entre todos esses e essa é a paga que você me dá." "Você tem razão", disse enquanto tirava a roupa e colocava minha sunga. Ele continuou: "Se você tivesse a força de vontade do Corcundinha! Cinqüenta e três anos de idade! Quando chegou aqui, há sei meses, você sabe disso, estava com uma doença horrível que comia os músculos das costas dele e deixava a espinha sem apoio, o corpo cada vez caindo mais para os lados, chegava a dar medo. Disse para mim que estava ficando cada vez menor e mais torto, que os médicos não sabiam porra nenhuma, nem injeções nem massagens estavam dando jeito nele: teve nego aqui que ficou de boca aberta olhando para o seu peito pontudo feito chapéu de almirante, a corcunda saliente, todo torcido para a frente, para o lado, fazendo caretas, dava até vontade de vomitar só de olhar. Falei pro Corcundinha, te ponho bom, mas tem que fazer tudo que eu mandar, tudo, tudo, não vou fazer um Steve Reeves de você, mas daqui a seis meses será outro homem. Olha ele agora. Fiz um milagre? *Ele* fez o milagre, castigando, sofrendo, penando, suando: não há limite para a força humana!".

Deixei o João gritar essa história toda pra ver se sua chateação comigo passava. Disse, pra deixar ele de bom humor, "teu peitoral está bárbaro". João abriu os dois braços e fez os peitorais saltarem, duas massas enormes, cada peito devia pesar dez quilos: mas ele não era o mesmo das fotografias espalhadas pela parede. Ainda de braços abertos, João caminhou para o espelho grande da parede e ficou olhando lateralmente seu corpo. "É esse supino que eu quero que você faça; em três fases: sentado, deitado de cabeça para baixo na prancha e deitado no banco; no banco eu faço de três maneiras, vem ver." Deitou-se no banco com a cara sob o peso apoiado no cavalete. "Assim, fechado, as mãos quase juntas; depois, uma abertura média; e, finalmente, as mãos bem abertas nos extremos da barra. Viu como é? Já botei na tua ficha nova. Você vai ver o teu peitoral dentro de um mês", e dizendo isso me deu um soco forte no peito.

"Quem é esse crioulo?", perguntou João olhando Waterloo, que sentado num banco batucava calmamente. "Esse é o Waterloo", respondi, "trouxe para fazer uns exercícios, mas ele não pode pagar." "E você acha que eu vou dar aula de graça para qualquer vagabundo que aparece por aqui?" "Ele tem base, João, a modelagem deve ser uma sopa." João fez uma careta de desprezo: "O que, o quê?, esse cara!, ah! manda embora, manda embora, você tá maluco". "Mas você ainda não viu, João. A roupa dele não ajuda." "Você viu?" "Vi", menti, "vou arranjar uma sunga para ele."

Dei a sunga para o crioulo, dizendo: "Veste isso, lá dentro".

Eu ainda não tinha visto o crioulo sem roupa, mas fazia fé: a postura dele só seria possível com uma musculatura firme. Mas fiquei preocupado; e se ele só tivesse esqueleto? O esqueleto é importante, é a base de tudo, mas tirar um esqueleto do zero é duro como o diabo, exige tempo, comida, proteína e o João não ia querer trabalhar em cima de osso.

Waterloo de sunga saiu do vestiário. Veio andando normalmente: ainda não conhecia os truques dos veteranos, não sabia que mesmo numa aparente posição de repouso é possível retesar toda a musculatura, mas isso é um troço difícil de fazer, como por exemplo definir a asa e os tríceps ao mesmo tempo, e ainda simultaneamente os costureiros e os reto-abdominais, e os bíceps e o trapézio, e tudo harmoniosamente sem parecer que o cara está tendo um ataque epiléptico. Ele não sabia fazer isso, nem podia, é coisa de mestre, mas no entanto, vou dizer, aquele crioulo tinha o desenvolvimento muscular cru mais perfeito que já vi na minha vida. Até o Corcundinha parou seu exercício e veio ver. Sob a pele fina de um negro profundo e brilhante, diferente do preto fosco de certos crioulos, seus músculos se distribuíam e se ligavam, dos pés à cabeça, num crochê perfeito.

"Te dependura aqui na barra", disse o João. "Aqui?", perguntou Waterloo, já debaixo da barra. "É. Quando a tua testa chegar na altura da barra, pára." Waterloo começou a suspender o corpo, mas no meio do caminho riu e pulou para o chão. "Não quero palhaçada aqui não, isso é coisa séria", disse João, "vamos novamente." Waterloo subiu e parou como o João tinha mandado. João ficou olhando. "Agora, lentamente, leva o queixo acima da barra. Lentamente. Agora desce, lentamente. Agora volta à posição inicial e pára." João examinou o corpo de Waterloo. "Agora, sem mexer o tronco, levanta as duas pernas, retas e juntas." E o crioulo começou a levantar as pernas, devagar, e com facilidade, e a musculatura do seu corpo parecia uma orquestra afinada, os músculos funcionando em conjunto, uma coisa bonita e poderosa. João devia estar impressionado, pois começou também a contrair os próprios músculos e então notei que eu e o próprio Corcundinha fazíamos o mesmo, como a cantar em coro uma música irresistível; e João disse, com voz amiga que não usava para aluno nenhum, "pode descer", e o crioulo desceu e João continuou, "você já fez ginástica?"

A força humana

e Waterloo respondeu negativamente e João arrematou "é não fez mesmo não, eu sei que não fez; olha, vou contar para vocês, isso acontece uma vez em cem milhões; que cem milhões, um bilhão! Que idade você tem?". "Vinte anos", disse Waterloo. "Posso fazer você famoso, você quer ficar famoso?", perguntou João. "Pra quê?", perguntou Waterloo, realmente interessado em saber para quê. "Pra quê? Pra quê? Você é gozado, que pergunta mais besta", disse João. Para que, eu fiquei pensando, é mesmo, para quê? Para os outros verem a gente na rua e dizerem lá vai o famoso fulaneco? "Para que, João?", perguntei. João me olhou como se eu tivesse xingado a mãe dele. "Ué, você também, que coisa! O que vocês têm na cabeça, hein? Ahn?" O João de vez em quando perdia a paciência. Acho que estava com uma vontade doida de ver um aluno ganhar o campeonato. "O senhor não explicou pra quê", disse Waterloo respeitosamente. "Então explico. Em primeiro lugar, para não andar esfarrapado como um mendigo, e tomar banho quando quiser, e comer — peru, morango, você já comeu morango? —, e ter um lugar confortável para morar, e ter mulher, não uma nega fedorenta, uma loura, muitas mulheres andando atrás de você, brigando para ter você, entendeu? Vocês nem sabem o que é isso, vocês são uns bundas-sujas mesmo." Waterloo olhou para João, mais surpreso que qualquer outra coisa, mas eu fiquei com raiva; me deu vontade de sair na mão com ele ali mesmo, não por causa do que havia dito de mim, eu quero que ele se foda, mas por estar sacaneando o crioulo; cheguei até a imaginar como seria a briga: ele é mais forte, mas eu sou mais ágil, eu ia ter que brigar em pé, na base da cutelada. Olhei para o seu pescoço grosso: tinha que ser ali no gogó, um pau seguro no gogó, mas para dar um cacete caprichado ali por dentro ia ter que me colocar meio lateral e a minha base não ficava tão firme se ele viesse com um passa-pé; e por dentro o bloqueio ia ser fácil, o João tinha reflexo, me lembrei dele treinando o Mauro para aquele vale-tudo com o Juarez em que o Mauro foi estraçalhado; reflexo ele tinha, estava gordo mas era um tigre; bater dos lados não adiantava, ali eram duas chapas de aço; eu podia ir para o chão tentar uma finalização limpa, uma chave de braço; duvidoso. "Vamos botar a roupa, vamos embora", disse para Waterloo. "O que que há?", perguntou João apreensivo, "você está zangado comigo?" Bufei e disse: "Sei lá, estou com o saco cheio disso tudo, quase me embucetei contigo ainda agora, é bom você ficar sabendo". João ficou tão nervoso que quase perdeu a pose, sua barriga chegou a estufar como se fosse uma fronha de travesseiro, mas não era medo da briga não, disso ele não tinha medo, ele estava era com medo de perder o campeonato. "Você ia fazer isso com o teu amigo", cantou ele, "você é como um irmão para mim, e ia brigar comigo?" Então fingiu uma cara muito compungida, o artista, e sentou abatido num banco com o ar miserável de um sujeito que acaba de ter notícia que a mulher o anda corneando. "Acaba com isso, João, não adianta nada. Se você fosse homem, você pedia desculpa." Ele engoliu em seco e disse "tá bem, desculpa, porra!, desculpa, você também (para o crioulo), desculpa; está bem assim?". Tinha dado o máximo, se eu provocasse ele explodia, esquecia o campeonato, apelava para a ignorância, mas eu não ia fazer isso, não só porque a minha raiva já tinha passado depois que briguei com ele em pensamento, mas também porque João havia pedido desculpa e quando homem pede desculpa a gente desculpa. Apertei a mão dele, solenemente; ele apertou a mão de Waterloo. Também apertei a mão do crioulo. Ficamos sérios como três doutores.

"Vou fazer uma série para você, tá?", disse João, e Waterloo respondeu "sim senhor". Eu peguei a minha ficha e disse para João: "Vou fazer a rosca direta com sessenta quilos e a inversa com quarenta, o que você acha?". João sorriu satisfeito, "ótimo, ótimo".

Terminei minha série e fiquei olhando João ensinar ao Waterloo. No princípio a coisa é muito chata, mas o crioulo fazia os movimentos com prazer, e isso é raro: normalmente a gente demora a gostar do exercício. Não havia mistério para Waterloo, ele fazia tudo exatamente como João queria. Não sabia respirar direito, é verdade, o miolo da caixa ainda ia ter que abrir, mas, bolas, o homem estava começando!

Enquanto Waterloo tomava banho, João disse para mim: "Estou com vontade de preparar ele também para o campeonato, o que você acha?". Eu disse que achava uma boa idéia. João continuou: "Com vocês dois em forma, é difícil a academia não ganhar. O crioulo só precisa inchar um pouco, definição ele já tem". Eu disse: "Também não é assim não, João; o Waterloo é bom, mas vai precisar malhar muito, ele só deve ter uns quarenta de braço". "Tem quarenta e dois ou quarenta e três", disse João. "Não sei, é melhor medir." João disse que ia medir o braço, antebraço, peito, coxa, barriga da perna, pescoço. "E você quanto tem de braço?", me perguntou astuto; ele sabia, mas eu disse, "quarenta e seis". "Hum... é pouco, hein?, pro campeonato é pouco... faltam seis meses... e você, e você..." "Que que tem eu?" "Você está afrouxando..." A conversa estava chata e resolvi prometer, para encerrar: "Pode deixar, João, você vai ver, nesses seis meses eu vou pra cabeça". João me deu um abraço, "você é um cara inteligente... Puxa! com a pinta que você tem, sendo campeão!, já imaginou? Retrato no jornal... Você vai acabar no cinema, na América, na Itália, fazendo aqueles filmes coloridos, já imaginou?". João colocou várias anilhas de dez quilos no pulley. "Teu pulley é de quanto?", perguntou. "Oitenta." "E essa garota que você tem, como é que vai ser?" Falei seco: "Como é que vai ser o quê?". Ele: "Sou teu amigo, lembre-se disso". Eu: "Está certo, você é meu amigo, e daí?". "Tudo que eu falo é para o teu bem." "Tudo que você fala é para o meu bem, e daí?" "Sou como um irmão para você." "Você é como um irmão para mim, e daí?" João agarrou a barra do pulley, ajoelhou-se e puxou a barra até o peito enquanto os oitenta quilos de anilhas subiam lentamente, oito vezes. Depois: "Qual é o teu peso?". "Noventa." "Então faz o pulley com noventa. Mas olha, voltando ao assunto, sei que peso dá um tesão grande, tesão, fome, vontade de dormir — mas isso não quer dizer que a gente faça isso sem medida; a gente fica estourado, na ponta dos cascos, mas tem que se controlar, precisa disciplina; vê o Nelson, a comida acabou com ele, fazia uma série de cavalo pra compensar, criou massa, isso criou, mas comia como um porco e acabou com um corpo de porco... coitado..." E João fez uma cara de pena. Não gosto de comer, e João sabe disso. Notei que o Corcundinha, deitado de costas, fazendo um crucifixo quebrado, prestava atenção na nossa conversa. "Acho que você anda fuçando demais", disse João, "isso não é bom. Você chega aqui toda manhã marcado de chupão, arranhado no pescoço, no peito, nas costas, nas pernas. Isso nem fica bem, temos uma porção de garotos aqui na academia, é um mau exemplo. Por isso eu vou te dar um conselho"— e João olhou para mim com cara de amigos-amigos-negócios-à-parte, com cara de contar dinheiro; já se respaldava no crioulo? — "essa garota não serve, arranja uma que queira uma vez só por semana, ou duas, e assim mesmo maneirando." Nesse instante Waterloo surgiu do vestiário e João disse para ele, "vamos sair que eu vou comprar umas roupas para você; mas é empréstimo, você vai trabalhar aqui na academia e depois me paga". Para mim: "Você precisa de um ajudante. Güenta a mão aí, que eu já volto".

    Sentei-me, pensando. Daqui a pouco começam a chegar os alunos. Leninha, Leninha. Antes que fizesse uma luz, o Corcundinha falou: "Quer ver se eu estou puxando certo na barra?". Fui ver. Não gosto de olhar o Corcundinha. Ele tem mais de seis tiques diferentes. "Você está melhorando dos tiques", eu disse; mas que besteira, ele não estava, por que eu disse aquilo? "Estou, não estou?", disse ele satisfeito, piscando várias vezes com incrível rapidez o olho esquerdo. "Qual a puxada que você está fazendo?" "Por trás, pela frente, e de mãos juntas na ponta da barra. Três séries para cada exercício, com dez repetições. Noventa puxadas, no total, e não sinto nada." "Devagar e sempre", eu disse para ele. "Ouvi a tua conversa com o João", disse o Corcundinha. Balancei a cabeça. "Esse negócio de mulher é fogo", continuou ele, "eu briguei com a Elza." Raios, quem era a Elza? Por via das dúvidas, disse "é". Corcundinha: "Não era mulher para mim. Mas ocorre que estou agora com essa outra pequena e a Elza vive ligando lá para casa dizendo desaforos para ela, fazendo escândalos. Outro dia na saída do cinema foi de morte. Isso me prejudica, eu sou um homem de responsabilidade". Corcundinha num ágil salto agarrou a barra com as duas mãos e balançou o corpo para a frente e para trás, sorrindo, e dizendo: "Essa garota que tenho agora é um estouro, um brotinho, trinta anos mais nova do que eu, trinta anos, mas eu ainda estou em forma — ela não precisa de outro homem". Com puxadas rápidas Corcundinha içou o corpo várias vezes. Por trás, pela frente, rapidamente: uma dança; horrível; mas não despreguei olho. "Trinta anos mais nova?", eu disse maravilhado. Corcundinha gritou do alto da barra: "Trinta anos! Trinta anos!". E dizendo isso Corcundinha deu uma oitava na barra, uma subida de rim e após balançar-se pendularmente tentou girar como se fosse uma hélice, seu corpo completamente vermelho do esforço, com exceção da cabeça, que ficou mais branca. Segurei suas pernas; ele caiu pesadamente, em pé, no chão. "Estou em forma", ofegou. Eu disse: "Corcundinha, você precisa tomar cuidado, você... você não é criança". Ele: "Eu me cuido, me cuido, não me troco por nenhum garoto, estou melhor do que quando tinha vinte anos e bastava uma mulher roçar em mim para eu ficar maluco; é toda noite, meu camaradinha, toda noite!". Os músculos do seu rosto, pálpebra, narina, lábio, testa começaram a contrair, vibrar, tremer, pulsar, estremecer, convulsar; os seis tiques ao mesmo tempo. "De vez em quando os tiques voltam?", perguntei. Corcundinha respondeu: "É só quando fico distraído". Fui para a janela pensando que a gente vive distraído. Embaixo, na rua, estava o montinho de gente em frente à loja e me deu vontade de correr para lá, mas eu não podia deixar a academia sem ninguém.

Depois chegaram os alunos. Primeiro chegou um que queria ficar forte porque tinha espinhas no rosto e voz fina, depois chegou outro que queria ficar forte para bater nos outros, mas esse não ia bater em ninguém, pois um dia foi chamado para uma decisão e medrou; e chegaram os que gostam de olhar no espelho o tempo todo e usar camisa de manga curta apertada pro braço parecer mais forte; e chegaram os garotos de calças Lee, cujo objetivo é desfilar na praia; e chegaram os que só vêm no verão, perto do carnaval, e fazem uma série violenta para inchar rápido e eles vestirem suas fantasias de sarong, grego, qualquer coisa que ponha a musculatura à mostra; e chegaram os coroas cujo objetivo é queimar a banha da barriga, o que é muito difícil, e, depois de certo ponto, impossível; e chegaram os lutadores profissionais: Príncipe Valente, com sua barba, Testa de Ferro, Capitão Estrela, e a turma do vale-tudo: Mauro, Orlando, Samuel — estes não dão bola pra modelagem, só querem força para ganhar melhor sua vida no ringue: não se

A força humana

aglomeram na frente dos espelhos, não chateiam pedindo instruções; gosto deles, gosto de treinar com eles nas vésperas de uma luta, quando a academia está vazia; e vê-los sair de uma montada, escapar de um arm-lock ou então bater quando consigo um estrangulamento perfeito; ou ainda conversar sobre as lutas que ganharam ou perderam.

O João voltou, e com ele Waterloo de roupa nova. João encarregou o crioulo de arrumar as anilhas, colocar barras e alteres nos lugares certos, "até você aprender para ensinar".

Já era de noite quando Leninha telefonou para mim, perguntando a que horas eu ia para casa, para casa dela, e eu disse que não podia passar lá pois ia para a minha casa. Ouvindo isso Leninha ficou calada: nos últimos trinta ou quarenta dias eu ia toda noite para a casa dela, onde já tinha chinelo, escova de dentes, pijama e uma porção de roupas; ela perguntou se eu estava doente e eu disse que não; e ela ficou outra vez calada, e eu também, parecia até que nós queríamos ver quem piscava primeiro; foi ela: "Então você não quer me ver hoje?". "Não é nada disso", eu disse, "até amanhã, telefona para mim amanhã, tá bem?"

Fui para o meu quarto, o quarto que eu alugava de dona Maria, a velha portuguesa que tinha catarata no olho e queria me tratar como se fosse um filho. Subi as escadas na ponta dos pés, segurando o corrimão de leve e abri a porta sem fazer barulho. Deitei imediatamente na cama, depois de tirar os sapatos. No seu quarto a velha ouvia novelas: "Não, não, Rodolfo, eu te imploro!", ouvi do meu quarto, "Juras que me perdoas? Perdoar-te, como, se te amo mais que a mim mesmo... Em que pensas? Oh! não me perguntes... Anda, responde... às vezes não sei se és mulher ou esfinge...". Acordei com batidas na porta e dona Maria dizendo "já lhe disse que ele não está", e Leninha: "A senhora me desculpe, mas ele disse que vinha para casa e eu tenho um assunto urgente". Fiquei quieto: não queria ver ninguém. Não queria ver ninguém — nunca mais. Nunca mais. "Mas ele não está." Silêncio. Deviam estar as duas frente a frente. Dona Maria tentando ver Leninha na fraca luz amarela da sala e a catarata atrapalhando, e Leninha...(é bom ficar dentro do quarto todo escuro). "... sar mais tarde?" "Ele não tem vindo, há mais de um mês que não dorme em casa, mas paga religiosamente, é um bom menino."

Leninha foi embora e a velha estava de novo no quarto: "Permiti-me contrariá-lo, perdoe-me a ousadia... mas há um amor que uma vez ferido só encontra sossego no esquecimento da morte... Ana Lúcia! Sim, sim, um amor irredutível que paira muito além de todo e qualquer sentimento, amor que por si resume a delícia do céu dentro do coração...". Coitada da velha que vibrava com aquelas baboseiras. Coitada? Minha cabeça pesava no travesseiro, uma pedra em cima do meu peito... um menino? Como é que era ser menino? Nem isso sei, só me lembro que urinava com força, pra cima: ia alto. E também me lembro dos primeiros filmes que vi, de Carolina, mas aí eu já era grande, doze?, treze?, já era homem. Um homem. Homem...

De manhã quando ia para o banheiro dona Maria me viu. "Tu dormiste aqui?", ela me perguntou. "Dormi." "Veio uma moça te procurar, estava muito inquieta, disse que era urgente." "Sei quem é, vou falar com ela hoje", e entrei no banheiro. Quando saí, dona Maria me perguntou, "não vais fazer a barba?". Voltei e fiz a barba. "Agora sim, estás com cara de limpeza", disse dona Maria, que não se desgrudava de mim. Tomei café, ovo quente, pão com manteiga, banana. Dona Maria cuidava de mim. Depois fui para a academia.

Quando cheguei já encontrei Waterloo. "Como é? Está gostando?", perguntei. "Por enquanto está bom." "Você dormiu aqui?" "Dormi. O seu João disse para eu dormir aqui." E não dissemos mais nada, até a chegada do João.

João foi logo dando instruções a Waterloo: "De manhã, braço e perna, de tarde, peito, costas e abdominal"; e foi vigiar o exercício do crioulo. Para mim não deu bola. Fiquei espiando. "De vez em quando você bebe suco de frutas", dizia João, segurando um copo, "assim, ó", João encheu a boca de líquido, bochechou e engoliu devagar, "viu como é?", e deu o copo para Waterloo, que repetiu o que ele tinha feito.

A manhã toda João ficou paparicando o crioulo. Fiquei ensinando os alunos que chegaram. Arrumei os pesos que espalhavam pela sala. Waterloo só fez a série. Quando chegou o almoço — seis marmitas — João me disse: "Olha, não leve a mal, vou repartir a comida com o Waterloo, ele precisa mais do que você, não tem onde almoçar, está duro, e a comida só dá para dois". Em seguida sentaram-se colocando as marmitas sobre a mesa de massagens forrada de jornais e começaram a comer. Com as marmitas vinham sempre dois pratos e talheres.

Me vesti e saí para comer, mas estava sem fome e comi dois pastéis num botequim. Quando voltei, João e Waterloo estavam esticados nas cadeiras de lona. João contando a história do duro que tinha dado para ser campeão.

Um aluno me perguntou como é que fazia o pullover reto e fui mostrar para ele, outro ficou falando comigo sobre o jogo do Vasco e o tempo foi passando e chegou a hora da série da tarde — quatro horas — e Waterloo parou perto do leg-press e perguntou como funcionava e João deitou-se e mostrou dizendo que o crioulo ia fazer agachamento que era melhor.

"Mas agora vamos pro supino", disse ele, "de tarde, peito, costas e abdômen, não se esqueça."

Às seis horas mais ou menos o crioulo acabou a série dele. Eu não tinha feito nada. Até aquela hora João não tinha falado comigo. Mas aí disse: "Vou preparar o Waterloo, aluno igual a ele nunca vi, é o melhor que já tive", e me olhou, rápido e disfarçado; não quis saber onde queria chegar; saber, sabia, eu manjo os truques dele, mas não me interessei. João continuou: "Já viu coisa igual? Não acha que ele pode ser o campeão?". Eu disse: "Talvez; ele tem quase tudo, só falta um pouco de força e de massa". O crioulo, que estava ouvindo, perguntou: "Massa?". Eu disse: "Aumentar um pouco o braço, a perna, o ombro, o peito — o resto está —", ia dizer ótimo mas disse "bom". O crioulo: "É força?". Eu: "Força é força, um negócio que tem dentro da gente". Ele: "Como é que você sabe que eu não tenho?". Eu ia dizer que era palpite, e palpite é palpite, mas ele me olhava de uma maneira que não gostei e por isso: "Você não tem". "Acho que ele tem", disse João, dentro do seu esquema. "Mas o garotão não acredita em mim", disse o crioulo.

Para que levar as coisas adiante?, pensei. Mas João perguntou: "Ele tem mais ou menos força do que você?".

"Menos", eu disse. "Isso só vendo", disse o crioulo. O João era o seu João, eu era o garotão: o crioulo tinha que ser meu faixa, pelo direito, mas não era. Assim é a vida. "Como é que você quer ver?", perguntei, azedo. "Tenho uma sugestão", disse João, "que tal uma queda de braço?" "Qualquer coisa", eu disse. "Qualquer coisa", repetiu o crioulo.

João riscou uma linha horizontal na mesa. Colocamos os antebraços em cima da linha de modo que meu dedo médio estendido tocasse o cotovelo de Waterloo, pois meu braço era mais curto. João disse: "Eu e o Gomalina seremos os juízes; a mão que não é da pegada pode ficar espalmada ou agarrada na mesa; os pulsos não poderão ser curvados em forma de gancho antes de iniciada a disputa". Ajustamos os cotovelos. Bem no centro da mesa nossas mãos se agarraram, os dedos cobrindo somente as falanges dos polegares do adversário, e envolvendo as costas das mãos, Waterloo indo mais longe pois seus dedos eram mais extensos e tocavam na aba do meu cutelo. João examinou a posição dos nossos braços. "Quando eu disser *já* vocês podem começar." Gomalina se ajoelhou de um lado da mesa, João do outro. "Já", disse João.

A gente pode iniciar uma queda de braço de duas maneiras: no ataque, mandando brasa logo, botando toda força no braço imediatamente, ou então ficando na retranca, agüentando a investida do outro e esperando o momento certo para virar. Escolhi a segunda. Waterloo deu um arranco tão forte que quase me liquidou; puta merda! Eu não esperava aquilo; meu braço cedeu até a metade do caminho, que burrice a minha, agora quem tinha que fazer força, que se gastar, era eu. Puxei lá do fundo, o máximo que era possível sem fazer careta, sem morder os dentes, sem mostrar que estava dando tudo, sem criar moral no adversário. Fui puxando, puxando, olhando o rosto de Waterloo. Ele foi cedendo, cedendo, até que voltamos ao ponto de partida, e nossos braços se imobilizaram. Nossas respirações já estavam fundas, sentia o vento que saía do meu nariz bater no meu braço. Não posso esquecer a respiração, pensei, essa parada vai ser ganha pelo que respirar melhor. Nossos braços não se moviam um milímetro. Lembrei-me de um filme que vi, em que os dois camaradas, dois campeões, ficam um longo tempo sem levar vantagem um do outro, e enquanto isso um deles, o que ia ganhar, o mocinho, tomava whisky e tirava baforadas de um charuto. Mas ali não era cinema não; era uma luta de morte, vi que o meu braço e o meu ombro começavam a ficar vermelhos; um suor fino fazia o tórax de Waterloo brilhar; sua cara começou a se torcer e senti que ele vinha todo e o meu braço cedeu um pouco, e mais, raios!, mais ainda, e ao ver que podia perder isso me deu um desespero, e uma raiva! Trinquei os dentes! O crioulo respirava pela boca, sem ritmo, mas me levando, e então cometeu o grande erro: sua cara de gorila se abriu num sorriso e pior ainda, com a provocação grasnou uma gargalhada rouca de vitorioso, jogou fora aquele tostão de força que faltava para me ganhar. Um relâmpago cortou minha cabeça dizendo: agora!, e a arrancada que dei ninguém segurava, ele tentou mas a potência era muita; seu rosto ficou cinza, seu coração ficou na ponta da língua, seu braço amoleceu, sua vontade acabou — e de maldade, ao ver que entregava o jogo, bati com seu punho na mesa duas vezes. Ele ficou agarrando minha mão, como uma longa despedida sem palavras, seu braço vencido sem forças, escusante, caído como um cachorro morto na estrada.

    Livrei minha mão. João, Gomalina queriam discutir o que tinha acontecido mas eu não os ouvia — aquilo estava terminado. João tentou mostrar o seu esquema, me chamou num canto. Não fui. Agora Leninha. Me vesti sem tomar banho, fui embora sem dizer palavra, seguindo o que meu corpo mandava, sem adeus: ninguém precisava de mim, eu não precisava de ninguém. É isso, é isso.

    Eu tinha a chave do apartamento de Leninha. Deitei no sofá da sala, não quis ficar no quarto, a colcha cor-de-rosa, os espelhos, o abajur, a penteadeira cheia de vidrinhos, a boneca sobre a cama estavam me fazendo mal. A boneca sobre a cama: Leninha a penteava todos os dias, mudava sua roupa — calcinha, anágua, sutiã — e falava com ela, "minha filhinha linda, ficou com saudades da mamiquinha?". Dormi no sofá.

Leninha com um beijo no rosto me acordou. "Você veio cedo, não foi na academia hoje?" "Fui", disse sem abrir os olhos. "E ontem? Você foi cedo para a sua casa?" "Fui", agora de olho aberto: Leninha mordia os lábios. "Não brinca comigo não, querido, por favor..." "Fui, não estou brincando." Ela suspirava. "Sei que você foi lá em casa. A hora não sei; ouvi você falar com dona Maria, ela não sabia que eu estava no quarto." "Fazer uma sujeira dessas comigo!", disse Leninha, aliviada. "Não foi sujeira nenhuma", eu disse. "Não se faz uma coisa dessas com... com os amigos." "Não tenho amigos, podia ter, até príncipe, se quisesse." "O quê?", disse ela dando uma gargalhada, surpresa. "Não sou nenhum vagabundo, conheço príncipe, conde, fique sabendo." Ela riu: "Príncipe?!, príncipe! No Brasil não tem príncipe, só tem príncipe na Inglaterra, você está pensando que sou boba". Eu disse: "Você é burra, ignorante; e não tem príncipe na Itália? Esse príncipe era italiano". "E você já foi na Itália?" Eu devia ter dito que já tinha comido uma condessa, que tinha andado com um príncipe italiano e, bolas, quando você anda com uma dona com quem outro cara também andou, isso não é uma forma de conhecer ele? Mas Leninha também não ia acreditar nessa história da condessa, que acabou tendo um fim triste como todas as histórias verdadeiras: mas isso não conto para ninguém. Fiquei de repente calado e sentindo a coisa que me dá de vez em quando, nas ocasiões em que os dias ficam compridos e isso começa de manhã quando acordo sentindo uma aporrinhação enorme e penso que depois de tomar banho passa, depois de tomar café passa, depois de fazer ginástica passa, depois do dia passar passa, mas não passa e chega a noite e estou na mesma, sem querer mulher ou cinema, e no dia seguinte também não acabou. Já fiquei uma semana assim, deixei crescer a barba e olhava as pessoas, não como se olha um automóvel, mas perguntando, quem é?, quem é?, quem-é-além-do-nome?, e as pessoas passando na minha frente, gente pra burro neste mundo, quem é?

Leninha, me vendo assim apagado como se fosse uma velha fotografia, sacudiu um pano na minha frente dizendo, "olha a camisa bacana que comprei para você; veste, veste para eu ver". Vesti a camisa e ela disse: "Você está lindo, vamos na boate?". "Fazer o que na boate?" "Quero me divertir, meu bem, trabalhei tanto o dia inteiro." Ela trabalha de dia, só anda com homem casado e a maioria dos homens casados só faz essa coisa de dia. Chega cedo na casa da dona Cristina e às nove horas da manhã já tem freguês telefonando para ela. O movimento maior é na hora do almoço e no fim da tarde; Leninha não almoça nunca, não tem tempo.

Então fomos à boate. Acho que ela gosta de me mostrar, pois insistiu comigo para levar a camisa nova, escolheu a calça, o sapato e até quis pentear o meu cabelo, mas isso também era demais e não deixei. Ela é gozada, não se incomoda que as outras mulheres olhem para mim. Mas só olhar. Se alguma dona vier falar comigo fica uma fera.

O lugar era escuro, cheio de infelizes. Mal tínhamos acabado de sentar um sujeito passou pela nossa mesa e disse: "Como vai, Tânia?". Leninha respondeu: "Bem obrigada, como vai o senhor?". Ele também ia bem obrigado. Me olhou, fez um movimento com a cabeça como se estivesse me cumprimentando e foi para a mesa dele. "Tânia?", perguntei. "Meu nome de guerra", respondeu Leninha. "Mas o teu nome de guerra não é Betty?", perguntei. "É, mas ele me conheceu na casa da dona Viviane, e lá o meu nome de guerra era Tânia."

Nesse instante o cara voltou. Um coroa, meio careca, bem vestido, enxuto para a idade dele. Tirou Leninha para dançar. Eu disse: "Ela não vai dançar não, meu chapa". Ele talvez tenha ficado vermelho, no escuro, disse: "Eu pensei...". Não dei mais pelota pro idiota, ele estava ali, em pé, mas não existia. Disse para Leninha: "Esses caras vivem pensando, o mundo está cheio de pensadores". O sujeito sumiu.

"Que coisa horrível isso que você fez", disse Leninha, "ele é meu cliente antigo, advogado, um homem distinto, e você fazer uma coisa dessas com ele. Você foi muito grosseiro." "Grosseiro foi ele, não viu que você estava acompanhada, por — um amigo, freguês, namorado, irmão, fosse o que fosse? Devia ter-lhe dado um pontapé na bunda. E que história é essa de Tânia, dona Viviane?" "Isso é uma casa antiga que freqüentei." "Casa antiga? Que casa antiga?" "Foi logo que me perdi, meu bem... no princípio..."

É de amargar.

"Vamos embora", eu disse. "Agora?" "Agora."

Leninha saiu chateada, mas sem coragem de demonstrar. "Vamos pegar um táxi", ela disse. "Por quê?", perguntei, "não sou rico para andar de táxi." Esperei que ela dissesse "o dinheiro é meu", mas ela não disse; insisti: "Você é boa demais para andar de ônibus, não é?"; ela continuou calada; não desisti: "Você é uma mulher fina"; — "de classe"; — "de categoria". Então ela falou, calma, a voz certa, como se nada houvesse: "Vamos de ônibus".

Fomos de ônibus para a casa dela.

"O que que você quer ouvir?", perguntou Leninha. "Nada", respondi. Fiquei nu, enquanto Leninha ia ao banheiro. Com os pés na beira da cama e as mãos no chão fiz cinqüenta mergulhos. Leninha voltou nua do banheiro. Ficamos os dois nus, parados dentro do quarto, como se fôssemos estátuas.

A força humana

No princípio, esse princípio era bom: nós ficávamos nus e fingíamos, sabendo que fingíamos, que estávamos à vontade. Ela fazia pequenas coisas, arrumava a cama, prendia os cabelos mostrando em todos os ângulos o corpo firme e saudável — os pés e os seios, a bunda e os joelhos, o ventre e o pescoço. Eu fazia uns mergulhos, depois um pouco de tensão de Charles Atlas, como quem não quer nada, mas mostrando o animal perfeito que eu também era, e sentindo, o que ela devia também sentir, um prazer enorme por saber que estava sendo observado com desejo, até que ela olhava sem rebuços para o lugar certo e dizia com uma voz funda e arrepiada, como se estivesse sentindo o medo de quem vai se atirar num abismo, "meu bem", e então a representação terminava e partíamos um para o outro como duas crianças aprendendo a andar, e nos fundíamos e fazíamos loucuras, e não sabíamos de que garganta os gritos saíam, e implorávamos um ao outro que parasse mas não parávamos, e redobrávamos a nossa fúria, como se quiséssemos morrer naquele momento de força, e subíamos e explodíamos, girando em rodas roxas e amarelas de fogo que saíam dos nossos olhos e dos nossos ventres e dos nossos músculos e dos nossos líquidos e dos nossos espíritos e da nossa dor pulverizada. Depois a paz: ouvíamos alternadamente o bater forte dos nossos corações sem sobressalto; eu botava o meu ouvido no seu seio e em seguida ela, por entre os lábios exaustos, ela soprava de leve o meu peito, aplacando; e sobre nós descia um vazio que era como se a gente tivesse perdido a memória.

Mas naquele dia ficamos parados como se fôssemos duas estátuas. Então me envolvi no primeiro pano que encontrei, e ela fez o mesmo e sentou-se na cama e disse "eu sabia que ia acontecer", e foi isso, e portanto ela, que eu considerava uma idiota, que me fez entender o que tinha acontecido. Vi então que as mulheres têm dentro delas uma coisa que as faz entender o que não é dito. "Meu bem, o que que eu fiz?", ela perguntou, e eu fiquei com uma pena danada dela; com tanta pena que deitei ao seu lado, arranquei a roupa que a envolvia, beijei seus seios, me excitei pensando em antigamente, e comecei a amá-la, como um operário no seu ofício, e inventei gemidos, e apertei-a com força calculada. Seu rosto começou a ficar úmido, primeiro em torno dos olhos, depois a face toda. Ela disse: "O que que vai ser de você sem mim?", e com a voz saíram também os soluços.

Botei minha roupa, enquanto ela ficava na cama, com um braço sobre os olhos. "Que horas são?", ela perguntou. Eu disse: "Três e quinze". "Três e quinze... quero marcar a última hora que estou te vendo...", disse Leninha. E não adiantava eu dizer nada e por isso saí, fechando a porta da rua cuidadosamente.

Fiquei andando pelas ruas vazias e quando o dia raiou eu estava na porta da loja de discos louco que ela abrisse. Primeiro chegou um cara que abriu a porta de aço, depois outro que lavou a calçada e outros, que arrumaram a loja, puseram os alto-falantes para fora, até que afinal o primeiro disco foi colocado e com a música eles começaram a surgir de suas covas, e se postaram ali comigo, mais quietos do que numa igreja. Exato: como numa igreja, e me deu uma vontade de rezar, e de ter amigos, o pai vivo, e um automóvel. E fui rezando lá por dentro e imaginando coisas, se tivesse pai ia beijar ele no rosto, e na mão tomando bênção, e seria seu amigo e seríamos ambos pessoas diferentes.

Amor

Clarice Lispector

Um pouco cansada, com as compras deformando o novo saco de tricô, Ana subiu no bonde. Depositou o volume no colo e o bonde começou a andar. Recostou-se então no banco procurando conforto, num suspiro de meia satisfação.

Os filhos de Ana eram bons, uma coisa verdadeira e sumarenta. Cresciam, tomavam banho, exigiam para si, malcriados, instantes cada vez mais completos. A cozinha era enfim espaçosa, o fogão enguiçado dava estouros. O calor era forte no apartamento que estavam aos poucos pagando. Mas o vento batendo nas cortinas que ela mesma cortara lembrava-lhe que se quisesse podia parar e enxugar a testa, olhando o calmo horizonte. Como um lavrador. Ela plantara as sementes que tinha na mão, não outras, mas essas apenas. E cresciam árvores. Crescia sua rápida conversa com o cobrador de luz, crescia a água enchendo o tanque, cresciam seus filhos, crescia a mesa com comidas, o marido chegando com os jornais e sorrindo de fome, o canto importuno das empregadas do edifício. Ana dava a tudo, tranqüilamente, sua mão pequena e forte, sua corrente de vida.

Certa hora da tarde era mais perigosa. Certa hora da tarde as árvores que plantara riam dela. Quando nada mais precisava de sua força, inquietava-se. No entanto sentia-se mais sólida do que nunca, seu corpo engrossara um pouco e era de se ver o modo como cortava blusas para os meninos, a grande tesoura dando estalidos na fazenda. Todo o seu desejo vagamente artístico encaminhara-se há muito no sentido de tornar os dias realizados e belos; com o tempo, seu gosto pelo decorativo se desenvolvera e suplantara a íntima desordem. Parecia ter descoberto que tudo era passível de aperfeiçoamento, a cada coisa se emprestaria uma aparência harmoniosa; a vida podia ser feita pela mão do homem.

No fundo, Ana sempre tivera necessidade de sentir a raiz firme das coisas. E isso um lar perplexamente lhe dera. Por caminhos tortos, viera a cair num destino de mulher, com a surpresa de nele caber como se o tivesse inventado. O homem com quem casara era um homem verdadeiro, os filhos que tivera eram filhos verdadeiros. Sua juventude anterior parecia-lhe estranha como uma doença de vida. Dela havia aos poucos emergido para descobrir que também sem a felicidade se vivia: abolindo-a, encontrara uma legião de pessoas, antes invisíveis, que viviam como quem trabalha — com persistência, continuidade, alegria. O que sucedera a Ana antes de ter o lar estava para sempre fora de seu alcance: uma exaltação perturbada que tantas vezes se confundira com felicidade insuportável. Criara em troca algo enfim compreensível, uma vida de adulto. Assim ela o quisera e o escolhera.

Sua precaução reduzia-se a tomar cuidado na hora perigosa da tarde, quando a casa estava vazia sem precisar mais dela, o sol alto, cada membro da família distribuído nas suas funções. Olhando os móveis limpos, seu coração se apertava um pouco em espanto. Mas na sua vida não havia lugar para que sentisse ternura pelo seu espanto — ela o abafava com a mesma habilidade que as lides em casa lhe haviam transmitido. Saía então para fazer compras ou levar objetos para consertar, cuidando do lar e da família à revelia deles. Quando voltasse era o fim da tarde e as crianças vindas do colégio exigiam-na. Assim chegaria a noite, com sua tranqüila vibração. De manhã acordaria aureolada pelos calmos deveres. Encontrava os móveis de novo empoeirados e sujos, como se voltassem arrependidos. Quanto a ela mesma, fazia obscuramente parte das raízes negras e suaves do mundo. E alimentava anonimamente a vida. Estava bom assim. Assim ela o quisera e escolhera.

O bonde vacilava nos trilhos, entrava em ruas largas. Logo um vento mais úmido soprava anunciando, mais que o fim da tarde, o fim da hora instável. Ana respirou profundamente e uma grande aceitação deu a seu rosto um ar de mulher.

O bonde se arrastava, em seguida estacava. Até Humaitá tinha tempo de descansar. Foi então que olhou para o homem parado no ponto.

A diferença entre ele e os outros é que ele estava realmente parado. De pé, suas mãos se mantinham avançadas. Era um cego.

Amor

O que havia mais que fizesse Ana se aprumar em desconfiança? Alguma coisa intranqüila estava sucedendo. Então ela viu: o cego mascava chicles... Um homem cego mascava chicles.

Ana ainda teve tempo de pensar por um segundo que os irmãos viriam jantar — o coração batia-lhe violento, espaçado. Inclinada, olhava o cego profundamente, como se olha o que não nos vê. Ele mascava goma na escuridão. Sem sofrimento, com os olhos abertos. O movimento da mastigação fazia-o parecer sorrir e de repente deixar de sorrir, sorrir e deixar de sorrir — como se ele a tivesse insultado, Ana olhava-o. E quem a visse teria a impressão de uma mulher com ódio. Mas continuava a olhá-lo, cada vez mais inclinada — o bonde deu uma arrancada súbita jogando-a desprevenida para trás, o pesado saco de tricô despencou-se do colo, ruiu no chão — Ana deu um grito, o condutor deu ordem de parada antes de saber do que se tratava — o bonde estacou, os passageiros olharam assustados.

Incapaz de se mover para apanhar suas compras, Ana se aprumava pálida. Uma expressão de rosto, há muito não usada, ressurgia-lhe com dificuldade, ainda incerta, incompreensível. O moleque dos jornais ria entregando-lhe o volume. Mas os ovos se haviam quebrado no embrulho de jornal. Gemas amarelas e viscosas pingavam entre os fios da rede. O cego interrompera a mastigação e avançava as mãos inseguras, tentando inutilmente pegar o que acontecia. O embrulho dos ovos foi jogado fora da rede e, entre os sorrisos dos passageiros e o sinal do condutor, o bonde deu a nova arrancada de partida.

Poucos instantes depois já não a olhavam mais. O bonde se sacudia nos trilhos e o cego mascando goma ficara atrás para sempre. Mas o mal estava feito.

A rede de tricô era áspera entre os dedos, não íntima como quando a tricotara. A rede perdera o sentido e estar num bonde era um fio partido; não sabia o que fazer com as compras no colo. E como uma estranha música, o mundo recomeçava ao redor. O mal estava feito. Por quê? Teria esquecido de que havia cegos? A piedade a sufocava, Ana respirava pesadamente. Mesmo as coisas que existiam antes do acontecimento estavam agora de sobreaviso, tinham um ar mais hostil, perecível... O mundo se tornara de novo um mal-estar. Vários anos ruíam, as gemas amarelas escorriam. Expulsa de seus próprios dias, parecia-lhe que as pessoas da rua eram periclitantes, que se mantinham por um mínimo equilíbrio à tona da escuridão — e por um momento a falta de sentido deixava-as tão livres que elas não sabiam para onde ir. Perceber uma ausência de lei foi tão súbito que Ana se agarrou ao banco da frente, como se pudesse cair do bonde, como se as coisas pudessem ser revertidas com a mesma calma com que não o eram.

O que chamava de crise viera afinal. E sua marca era o prazer intenso com que olhava agora as coisas, sofrendo espantada. O calor se tornara mais abafado, tudo tinha ganho uma força e vozes mais altas. Na Rua Voluntários da Pátria parecia prestes a rebentar uma revolução, as grades dos esgotos estavam secas, o ar empoeirado. Um cego mascando chicles mergulhara o mundo em escura sofreguidão. Em cada pessoa forte havia a ausência de piedade pelo cego e as pessoas assustavam-na com o vigor que possuíam. Junto dela havia uma senhora de azul, com um rosto. Desviou o olhar, depressa. Na calçada, uma mulher deu um empurrão no filho! Dois namorados entrelaçavam os dedos sorrindo... E o cego? Ana caíra numa bondade extremamente dolorosa.

Ela apaziguara tão bem a vida, cuidara tanto para que esta não explodisse. Mantinha tudo em serena compreensão, separava uma pessoa das outras, as roupas eram claramente feitas para serem usadas e podia-se escolher pelo jornal o filme da noite — tudo feito de modo a que um dia se seguisse ao outro. E um cego mascando goma despedaçava tudo isso. E através da piedade aparecia a Ana uma vida cheia de náusea doce, até a boca.

Só então percebeu que há muito passara do seu ponto de descida. Na fraqueza em que estava, tudo a atingia com um susto; desceu do bonde com pernas débeis, olhou em torno de si, segurando a rede suja de ovo. Por um momento não conseguia orientar-se. Parecia ter saltado no meio da noite.

Era uma rua comprida, com muros altos, amarelos. Seu coração batia de medo, ela procurava inutilmente reconhecer os arredores, enquanto a vida que descobrira continuava a pulsar e um vento mais morno e mais misterioso rodeava-lhe o rosto. Ficou parada olhando o muro. Enfim pôde localizar-se. Andando um pouco mais ao longo de uma sebe, atravessou os portões do Jardim Botânico.

Andava pesadamente pela alameda central, entre os coqueiros. Não havia ninguém no Jardim. Depositou os embrulhos na terra, sentou-se no banco de um atalho e ali ficou muito tempo.

A vastidão parecia acalmá-la, o silêncio regulava sua respiração. Ela adormecia dentro de si.

De longe via a aléia onde a tarde era clara e redonda. Mas a penumbra dos ramos cobria o atalho.

Ao seu redor havia ruídos serenos, cheiro de árvores, pequenas surpresas entre os cipós. Todo o Jardim triturado pelos instantes já mais apressados da tarde. De onde vinha o meio sonho pelo qual estava rodeada? Como por um zunido de abelhas e aves. Tudo era estranho, suave demais, grande demais.

Um movimento leve e íntimo a sobressaltou — voltou-se rápida. Nada parecia se ter movido. Mas na aléia central estava imóvel um poderoso gato. Seus pêlos eram macios. Em novo andar silencioso, desapareceu.

Inquieta, olhou em torno. Os ramos se balançavam, as sombras vacilavam no chão. Um pardal ciscava na terra. E de repente, com mal-estar, pareceu-lhe ter caído numa emboscada. Fazia-se no Jardim um trabalho secreto do qual ela começava a se aperceber.

Nas árvores as frutas eram pretas, doces como mel. Havia no chão caroços secos cheios de circunvoluções, como pequenos cérebros apodrecidos. O banco estava manchado de sucos roxos. Com suavidade intensa rumorejavam as águas. No tronco da árvore pregavam-se as luxuosas patas de uma aranha. A crueza do mundo era tranqüila. O assassinato era profundo. E a morte não era o que pensávamos.

Ao mesmo tempo que imaginário — era um mundo de se comer com os dentes, um mundo de volumosas dálias e tulipas. Os troncos eram percorridos por parasitas folhudas, o abraço era macio, colado. Como a repulsa que precedesse uma entrega — era fascinante, a mulher tinha nojo, e era fascinante.

As árvores estavam carregadas, o mundo era tão rico que apodrecia. Quando Ana pensou que havia crianças e homens grandes com fome, a náusea subiu-lhe à garganta, como se ela estivesse grávida e abandonada. A moral do Jardim era outra. Agora que o cego a guiara até ele, estremecia nos primeiros passos de um mundo faiscante, sombrio, onde vitórias-régias boiavam monstruosas. As pequenas flores espalhadas na relva não lhe pareciam amarelas ou rosadas, mas cor de mau ouro e escarlates. A decomposição era profunda, perfumada... Mas todas as pesadas coisas, ela via com a cabeça rodeada por um enxame de insetos enviados pela vida mais fina do mundo. A brisa se insinuava entre as flores. Ana mais adivinhava que sentia o seu cheiro adocicado... O Jardim era tão bonito que ela teve medo do Inferno.

Era quase noite agora e tudo parecia cheio, pesado, um esquilo voou na sombra. Sob os pés a terra estava fofa, Ana aspirava-a com delícia. Era fascinante, e ela sentia nojo.

Mas quando se lembrou das crianças, diante das quais se tornara culpada, ergueu-se com uma exclamação de dor. Agarrou o embrulho, avançou pelo atalho obscuro, atingiu a alameda. Quase corria — e via o Jardim em torno de si, com sua impersonalidade soberba. Sacudiu os portões fechados, sacudia-os segurando a madeira áspera. O vigia apareceu espantado de não a ter visto.

Enquanto não chegou à porta do edifício, parecia à beira de um desastre. Correu com a rede até o elevador, sua alma batia-lhe no peito — o que sucedia? A piedade pelo cego era tão violenta como uma ânsia, mas o mundo lhe parecia seu, sujo, perecível, seu. Abriu a porta de casa. A sala era grande, quadrada, as maçanetas brilhavam limpas, os vidros da janela brilhavam, a lâmpada brilhava — que nova terra era essa? E por um instante a vida sadia que levara até agora pareceu-lhe um modo moralmente louco de viver. O menino que se aproximou correndo era um ser de pernas compridas e rosto igual ao seu, que corria e a abraçava. Apertou-o com força, com espanto. Protegia-se trêmula. Porque a vida era periclitante. Ela amava o mundo, amava o que fora criado — amava com nojo. Do mesmo modo como sempre fora fascinada pelas ostras, com aquele vago sentimento de asco que a aproximação da verdade lhe provocava, avisando-a. Abraçou o filho, quase a ponto de machucá-lo. Como se soubesse de um mal — o cego ou o belo Jardim Botânico? — agarrava-se a ele, a quem queria acima de tudo. Fora atingida pelo demônio da fé. A vida é horrível, disse-lhe baixo, faminta. O que faria se seguisse o chamado do cego? Iria sozinha... Havia lugares pobres e ricos que precisavam dela. Ela precisava deles... Tenho medo, disse. Sentia as costelas delicadas da criança entre os braços, ouviu o seu choro assustado. Mamãe, chamou o menino. Afastou-o, olhou aquele rosto, seu coração crispou-se. Não deixe mamãe te esquecer, disse-lhe. A criança mal sentiu o abraço se afrouxar, escapou e correu até a porta do quarto, de onde olhou-a mais segura. Era o pior olhar que jamais recebera. O sangue subiu-lhe ao rosto, esquentando-o.

Deixou-se cair numa cadeira com os dedos ainda presos na rede. De que tinha vergonha?

Não havia como fugir. Os dias que ela forjara haviam-se rompido na crosta e a água escapava. Estava diante da ostra. E não havia como não olhá-la. De que tinha vergonha? É que já não era mais piedade, não era só piedade: seu coração se enchera com a pior vontade de viver.

Já não sabia se estava do lado do cego ou das espessas plantas. O homem pouco a pouco se distanciara e em tortura ela parecia ter passado para o lado dos que lhe haviam ferido os olhos. O Jardim Botânico, tranqüilo e alto, lhe revelava. Com horror descobria que pertencia à parte forte do mundo — e que nome se deveria dar a sua misericórdia violenta? Seria obrigada a beijar o leproso, pois nunca seria apenas sua irmã. Um cego me levou ao pior de mim mesma, pensou espantada. Sentia-se banida porque nenhum pobre

Amor

beberia água nas suas mãos ardentes. Ah! era mais fácil ser um santo que uma pessoa! Por Deus, pois não fora verdadeira a piedade que sondara no seu coração as águas mais profundas? Mas era uma piedade de leão.

Humilhada, sabia que o cego preferiria um amor mais pobre. E, estremecendo, também sabia por quê. A vida do Jardim Botânico chamava-a como um lobisomem é chamado pelo luar. Oh! mas ela amava o cego! pensou com os olhos molhados. No entanto não era com este sentimento que se iria a uma igreja. Estou com medo, disse sozinha na sala. Levantou-se e foi para a cozinha ajudar a empregada a preparar o jantar.

Mas a vida arrepiava-a, como um frio. Ouvia o sino da escola, longe e constante. O pequeno horror da poeira ligando em fios a parte inferior do fogão, onde descobriu a pequena aranha. Carregando a jarra para mudar a água — havia o horror da flor se entregando lânguida e asquerosa às suas mãos. O mesmo trabalho secreto se fazia ali na cozinha. Perto da lata de lixo, esmagou com o pé a formiga. O pequeno assassinato da formiga. O mínimo corpo tremia. As gotas d'água caíam na água parada do tanque. Os besouros de verão. O horror dos besouros inexpressivos. Ao redor havia uma vida silenciosa, lenta, insistente. Horror, horror. Andava de um lado para outro na cozinha, cortando os bifes, mexendo o creme. Em torno da cabeça, em ronda, em torno da luz, os mosquitos de uma noite cálida. Uma noite em que a piedade era tão crua como o amor ruim. Entre os dois seios escorria o suor. A fé a quebrantava, o calor do forno ardia nos seus olhos.

Depois o marido veio, vieram os irmãos e suas mulheres, vieram os filhos dos irmãos.

Jantaram com as janelas todas abertas, no nono andar. Um avião estremecia, ameaçando no calor do céu. Apesar de ter usado poucos ovos, o jantar estava bom. Também suas crianças ficaram acordadas, brincando no tapete com as outras. Era verão, seria inútil obrigá-las a dormir. Ana estava um pouco pálida e ria suavemente com os outros. Depois do jantar, enfim, a primeira brisa mais fresca entrou pelas janelas. Eles rodeavam a mesa, a família. Cansados do dia, felizes em não discordar, tão dispostos a não ver defeitos. Riam-se de tudo, com o coração bom e humano. As crianças cresciam admiravelmente em torno deles. E como a uma borboleta, Ana prendeu o instante entre os dedos antes que ele nunca mais fosse seu.

Depois, quando todos foram embora e as crianças já estavam deitadas, ela era uma mulher bruta que olhava pela janela. A cidade estava adormecida e quente. O que o cego desencadeara caberia nos seus dias? Quantos anos levaria até envelhecer de novo? Qualquer movimento seu e pisaria numa das crianças. Mas com uma maldade de amante, parecia aceitar que da flor saísse o mosquito, que as vitórias-régias boiassem no escuro do lago. O cego pendia entre os frutos do Jardim Botânico.

Se fora um estouro do fogão, o fogo já teria pegado em toda a casa! pensou correndo para a cozinha e deparando com o seu marido diante do café derramado.

— O que foi?! gritou vibrando toda.

Ele se assustou com o medo da mulher. E de repente riu entendendo:

— Não foi nada, disse, sou um desajeitado. Ele parecia cansado, com olheiras.

Mas diante do estranho rosto de Ana, espiou-a com maior atenção. Depois atraiu-a a si, em rápido afago.

— Não quero que lhe aconteça nada, nunca! disse ela.

— Deixe que pelo menos me aconteça o fogão dar um estouro, respondeu ele sorrindo.

Ela continuou sem força nos seus braços. Hoje de tarde alguma coisa tranqüila se rebentara, e na casa toda havia um tom humorístico, triste. É hora de dormir, disse ele, é tarde. Num gesto que não era seu, mas que pareceu natural, segurou a mão da mulher, levando-a consigo sem olhar para trás, afastando-a do perigo de viver.

Acabara-se a vertigem de bondade.

E, se atravessara o amor e o seu inferno, penteava-se agora diante do espelho, por um instante sem nenhum mundo no coração. Antes de se deitar, como se apagasse uma vela, soprou a pequena flama do dia.

Gato gato gato

Otto Lara Resende

Familiar aos cacos de vidro inofensivos, o gato caminhava molengamente por cima do muro. O menino ia erguer-se, apanhar um graveto, respirar o hálito fresco do porão. Sua úmida penumbra. Mas a presença do gato. O gato, que parou indeciso, o rabo na pachorra de uma quase interrogação.

Luminoso sol a pino e o imenso céu azul, calado, sobre o quintal. O menino pactuando com a mudez de tudo em torno — árvores, bichos, coisas. Captando o inarticulado segredo das coisas. Inventando um ser sozinho, na tontura de imaginações espontâneas como um gás que se desprende.

Gato — leu no silêncio da própria boca. Na palavra não cabe o gato, toda a verdade de um gato. Aquele ali, ocioso, lento, emoliente — em cima do muro. As coisas aceitam a incompreensão de um nome que não está cheio delas. Mas bicho, carece nomear direito: como rinoceronte, ou girafa se tivesse mais uma sílaba para caber o pescoço comprido. Girafa, girafa. Gatimonha, gatimanho. Falta um nome completo, felinoso e peludo, ronronante de astúcias adormecidas. O pisa-macio, as duas bandas de um gato. Pezinhos de um lado, pezinhos de outro, leve, bem de leve para não machucar o silêncio de feltro nas mãos enluvadas.

O pêlo do gato para alisar. Limpinho, o quente contato da mão no dorso, corcoveante e nodoso à carícia. O lânguido sono de morfinômano. O marzinho de leite no pires e a língua secreta, ágil. A ninhada de gatos, os vacilantes filhotes de olhos cerrados. O novelo, a bola de papel — o menino e o gato brincando. Gato lúdico. O gatorro, mais felino do que o cachorro é canino. Gato persa, gatochim — o espirro do gato de olhos orientais. Gato de botas, as aristocráticas pantufas do gato. A manha do gato, gatimanha: teve uma gata miolenta em segredo chamada Alemanha.

Em cima do muro, o gato recebeu o aviso da presença do menino. Ondulou de mansinho alguns passos denunciados apenas na branda alavanca das ancas. Passos irreais, em cima do muro eriçado de cacos de vidro. E o menino songamonga, quietinho, conspirando no quintal, acomodado com o silêncio de todas as coisas. No se olharem, o menino suspendeu a respiração, ameaçando de asfixia tudo que em torno dele com ele respirava, num só sistema pulmonar. O translúcido manto de calma sobre o claustro dos quintais. O coração do menino batendo baixinho. O gato olhando o menino vegetalmente nascendo do chão, como árvore desarmada e inofensiva. A insciência, a inocência dos vegetais.

O ar de enfado, de sabe-tudo do gato: a linha da boca imperceptível, os bigodes pontudos, tensos por hábito. As orelhas acústicas. O rabo desmanchado, mas alerta como um leme. O pequeno focinho úmido embutido na cara séria e grave. A tona dos olhos reverberando como laguinhos ao sol. Nenhum movimento na estátua viva de um gato. Garras e presas remotas, antigas.

Menino e gato ronronando em harmonia com a pudica intimidade do quintal. Muro, menino, cacos de vidro, gato, árvores, sol e céu azul: o milagre da comunicação perfeita. A comunhão dentro de um mesmo barco. O que existe aqui, agora, lado a lado, navegando. A confidência essencial prestes a exalar, e sempre adiada. E nunca. O gato, o menino, as coisas: a vida túmida e solidária. O teimoso segredo sem fala possível. Do muro ao menino, da pedra ao gato: como a árvore e a sombra da árvore.

O gato olhou amarelo o menino. O susto de dois seres que se agridem só por se defenderem. Por existirem e, não sendo um, se esquivarem. Quatro olhos luminosos — e todas as coisas opacas por testemunha. O estúpido muro coroado de cacos de vidro. O menino sentado, tramando uma posição mais prática. O gato de pé, vigilantemente quadrúpede e, no equilíbrio atento, a centelha felina. Seu íntimo compromisso de astúcia.

O menino desmanchou o desejo de qualquer gesto. Gaturufo, inventou o menino, numa traiçoeira tentativa de aliança e amizade. O gato, organizado para a fuga, indagava. Repelia. Interrogava o momento da ruptura — como um toque que desperta da hipnose. Deu três passos de veludo e parou, retesando as patas traseiras, as patas dianteiras na iminência de um bote — para onde? Um salto acrobático sobre um rato atávico, inexistente.

Por um momento, foi como se o céu desabasse de seu azul: duas rolinhas desceram vertiginosas até o chão. Beliscaram levianas um grãozinho de nada e de novo cortaram o ar excitadas, para longe.

O menino forcejando por nomear o gato, por decifrá-lo. O gato mais igual a todos os gatos do que a si mesmo. Impossível qualquer intercâmbio: gato e menino não cabem num só quintal. Um muro permanente entre o menino e o gato. Entre todos os seres emparedados, o muro. A divisa, o limite. O odioso mundo de fora do menino, indecifrável. Tudo que não é o menino, tudo que é inimigo.

Nenhum rumor de asas, todas fechadas. Nenhum rumor.

Ah, o estilingue distante — suspira o menino no seu mais oculto silêncio. E o gato consulta com a língua as presas esquecidas, mas afiadas. Todos os músculos a postos, eletrizados. As garras despertas unhando o muro entre dois abismos.

O gato, o alvo: a pedrada passou assobiando pela crista do muro. O gato correu elástico e cauteloso, estacou um segundo e despencou-se do outro lado, sobre o quintal vizinho. Inatingível às pedras e ao perigoso desafio de dois seres a se medirem, sumiu por baixo da parreira espapaçada ao sol.

O tiro ao alvo sem alvo. A pedrada sem o gato. Como um soco no ar: a violência que não conclui, que se perde no vácuo. De cima do muro, o menino devassa o quintal vizinho. A obsedante presença de um gato ausente. Na imensa prisão do céu azul, flutuam distantes as manchas pretas dos urubus. O bailado das asas soltas ao sabor dos ventos das alturas.

O menino pisou com o calcanhar a procissão de formigas atarantadas. Só então percebeu que lhe escorria do joelho esfolado um filete de sangue. Saiu manquitolando pelo portão, ganhou o patiozinho do fundo da casa. A sola dos pés nas pedras lisas e quentes. À passagem do menino, uma galinha sacudiu no ar parado a sua algazarra histérica.

A casa sem aparente presença humana.

Agarrou-se à janela, escalou o primeiro muro, o segundo, e alcançou o telhado. Andava descalço sobre o limo escorregadio das telhas escuras, retendo o enfadonho peso do corpo como quem segura a respiração. O refúgio debaixo da caixa-d'água, a fresca acolhida da sombra. Na caixa, a água gorgolejante numa golfada de ar. Afastou o tijolo da coluna e enfiou a mão: bolas de gude, o canivete roubado, dois caramujos com as lesmas salgadas na véspera. O mistério. Pessoal, vedado aos outros. Uma pratinha azinhavrada, o ainda perfume da caixa de sabonete. A estampa de São José, lembrança da Primeira Comunhão.

Apoiado nos cotovelos, o menino apanhou uma joaninha que se encolheu, hermética. A joaninha indevassável, na palma da mão. E o súbito silêncio da caixa-d'água, farta, sua sede saciada.

Do outro lado da cidade, partiram solenes quatro badaladas no relógio da Matriz. O menino olhou a esfera indiferente do céu azul, sem nuvens. O mundo é redondo, Deus é redondo, todo segredo é redondo.

As casas escarrapachadas, dando-se as costas, os quintais se repetindo na modorra da mesma tarde sem data.

Até que localizou embaixo, enrodilhado à sombra, junto do tanque: um gato. Dormindo, a cara escondida entre as patas, a cauda invisível. Amarelo, manchado de branco de um lado da cabeça: era um gato. Na sua mira. Em cima do muro ou dormindo, rajado ou amarelo, todos os gatos, hoje ou amanhã, são o mesmo gato. O gato-eterno.

O menino apanhou o tijolo com que vedava a entrada do mistério. Lá embaixo — alvo fácil — o gato dormia inocente a sua sesta ociosa. Acertar pendularmente na cabeça mal adivinhada na pequena trouxa felina, arfante. Gato, gato, gato: lento bicho sonolento, a decifrar ou a acordar?

A matar. O tijolo partiu certeiro e desmanchou com estrondo a tranquila rodilha do gato. As silenciosas patinhas enluvadas se descompassaram no susto, na surpresa do ataque gratuito, no estertor da morte. A morte inesperada. A elegância desfeita, o gato convulso contorcendo as patas, demolida a sua arquitetura. Os sete fôlegos vencidos pela brutal desarmonia da morte. A cabeça de súbito esmigalhada, suja de sangue e tijolo. As presas inúteis, à mostra na boca entreaberta. O gato fora do gato, somente o corpo do gato. A imobilidade sem a viva presença imóvel do sono. O gato sem o que nele é gato. A morte, que é ausência de gato no gato. Gato — coisa entre as coisas. Gato a esquecer, talvez a enterrar. A apodrecer.

O silêncio da tarde invariável. O intransponível muro entre o menino e tudo que não é o menino. A cidade, as casas, os quintais, a densa copa da mangueira de folhas avermelhadas. O inatingível céu azul.

Em cima do muro, indiferente aos cacos de vidro, um gato — outro gato, o sempre gato — transportava para a casa vizinha o tédio de um mundo impenetrável. O vento quente que desgrenhou o mormaço trouxe de longe, de outros quintais, o vitorioso canto de um galo.

As cores

Orígenes Lessa

Maria Alice abandonou o livro onde seus dedos longos liam uma história de amor. Em seu pequeno mundo de volumes, de cheiros, de sons, todas aquelas palavras eram a perpétua renovação dos mistérios em cujo seio sua imaginação se perdia. Esboçou um sorriso... Sabia estar só na casa que conhecia tão bem, em seus mínimos detalhes, casa grande de vários quartos e salas onde se movia livremente, as mãos olhando por ela, o passo calmo, firme e silencioso, casa cheia de ecos de um mundo não seu, mundo em que a imagem e a cor pareciam a nota mais viva das outras vidas de ilimitados horizontes.

Como seria cor e o que seria? Conhecia todas pelos nomes, dava com elas a cada passo nos seus livros, soavam aos seus ouvidos a todo momento, verdadeira constante de todas as palestras. Era, com certeza, a nota marcante de todas as coisas para aqueles cujos olhos viam, aqueles olhos que tantas vezes palpara com inveja calada e que se fechavam, quando os tocava, sensíveis como pássaros assustados, palpitantes de vida, sob seus dedos trêmulos, que diziam ser claros. Que seria o claro, afinal? Algo que aprendera, de há muito, ser igual ao branco. Branco, o mesmo que alvo, característica de todos os seus, marca dos amigos da casa, de todos os amigos, algo que os distinguia dos humildes serviçais da copa e da cozinha, às vezes das entregas do armazém. Conhecia o negro pela voz, o branco pela maneira de agir ou falar. Seria uma condição social? Seguramente. Nos primeiros tempos, perguntava. É preto? É branco? Raramente se enganava agora. Já sabia... Nas pessoas, sabia... Às vezes, pelo olfato, outras, pelo tom de voz, quase sempre pela condição. Embora algumas vezes — e aquilo a perturbava — encontrasse também a cor social mais nobre no trato das panelas e na limpeza da casa. Nas paredes, porém, nos objetos, já não sentia aquelas cores. E se ouvia geralmente um tom de desprezo ou de superioridade, quando se falava no negro das pessoas, que envolvia sempre a abstração deprimente da fealdade, o mesmo negro nos gatos, nos cavalos, nas estatuetas, vinha sempre conjugado à idéia de beleza, que ela sabia haver numa sonata de Beethoven, numa fuga de Bach, numa *polonaise* de Chopin, na voz de uma cantora, num gesto de ternura humana.

Que seria a cor, detalhe que fugia aos seus dedos, escapava ao seu olfato conhecedor das almas e dos corpos, que o seu ouvido apurado não aprendia, e que era vermelho nas cerejas, nos morangos e em certas gelatinas, mas nada tinha em comum com o adocicado de outras frutas e se encontrava também nos vestidos, nos lábios (seriam os seus vermelhos também e convidariam ao beijo, como nos anúncios de rádio?), em certas cortinas, naquele cinzeiro áspero da mesinha do centro, em determinadas rosas (e havia brancas e amarelas), na pesada poltrona que ficava à direita e onde se afundava feliz, para ouvir novelas? Que seria a cor, que definia as coisas e marcava os contrastes, e ora agradava, ora desagradava? E como seria o amarelo, para alguns padrão de mau gosto, mas que tantas vezes provocava entusiasmo nos comentários do mundo onde os olhos *viam*? E que seria *ver*? Era o sentido certamente que permitia evitar as pancadas, os tropeções, sair à rua sozinho, sem apoio de bengala, e aquela inquieta procura de mãos divinatórias que tantas vezes falhavam. Era o sentido que permitia encontrar o bonito, sem tocar, nos vestidos, nos corpos, nas feições, o bonito, variedade do belo e de outras palavras sempre ouvidas e empregadas e que bem compreendia, porque o podia sentir na voz e no caráter das pessoas, nas atitudes e nos gestos humanos, no *Rêve d'Amour*, que executava ao piano, e em muita coisa mais...

Ver era saber que um quadro não constava apenas de uma superfície estranha, áspera e desigual, sem nenhum sentido para o seu mundo interior, por vezes bonita, ao seu tato, nas molduras, mas que para os outros figurava casas, ruas, objetos, frutas, peixes, panelas de cobre (tão gratas aos seus dedos), velhos mendigos, mulheres nuas e, em certos casos, mesmo para os outros, não dizia nada...

Claro que *via* muito pelos olhos dos outros. Sabia onde ficavam as coisas e seria capaz de descrevê-las nos menores detalhes. Conhecia-lhes até a cor... Se lhe pedissem o cinzeiro vermelho, iria buscá-lo sem receio. E sabia dizer, quando tocava em Ana Beatriz, se estava com o vestido bege ou com a blusa lilás. E de tal maneira a cor flutuava em seus lábios, nas palestras diárias, que para todos os familiares era como se a visse também.

— Ponha hoje o vestido verde, Ana Beatriz...

Dizia aquilo um pouco para que não dessem conta da sua inferioridade, mais ainda para não inspirar compaixão. Porque a piedade alheia a cada passo a torturava e Maria Alice tinha pudor de seu estado. Seria mais feliz se pudesse estar sempre sozinha como agora, movendo-se como sombra muda pela casa, certa de não provocar exclamações repentinas de pena, quando se contundia ou tropeçava nas idas e vindas do cotidiano labor.

— Machucou, meu bem?

Doía mais a pergunta. Certa vez a testa sangrava, diante da família assustada e do remorso de Jorge, que deixara um móvel fora do lugar, mas teimava em dizer que não fora nada.

E quando insistiam, com visita presente, para que tocasse piano, era sistemática a recusa.

— Maria Alice é modesta, odeia exibições...

Outro era o motivo. Ela muita vez bem que ardia em desejos de se refugiar no mundo dos sons, para escapar aos mexericos de toda a gente... Mas como a remordia a admiração piedosa dos amigos... As palmas e os louvores vinham sempre cheios de pena e havia grosserias trágicas em certos entusiasmos, desde o espanto infantil por vê-la acertar direitinho com as teclas à exclamação maravilhada de alguns:

— Muita gente que enxerga se orgulharia de tocar assim...

Nunca Maria Alice o dissera, mas seu coração tinha ternuras apenas para os que não a avisavam de haver uma cadeira na frente ou não a preveniam contra a posição do abajur.

— Eu sei... eu já sei...

E como tinha os outros sentidos mais apurados, sempre se antecipava na descrição das pessoas e coisas. Sabia se era homem ou mulher o recém-chegado, antes que se pusesse a falar. Pela maneira de pisar, por mil e uma sutilezas. Sem que lhe dissessem, já sabia se era gordo ou magro, bonito ou feio. E antes que qualquer outro, lia-lhe o caráter e o temperamento. Àqueles pequeninos milagres de sua intuição e de sua capacidade de observar, todos estavam habituados em casa. Por isso lhe falavam sempre em termos de quem via, para quem via. E nesses termos lhes falava também.

O livro abandonado sobre a mesa, o pensamento de Maria Alice caminhava liberto. Recordava agora o largo tempo que passara no Instituto, onde a família julgara que lhe seria mais fácil aprender a ler. Detestava o ambiente de humildade, raramente de revolta, que lá encontrara. Vivendo em comunidade, sabia facilmente quais os que enxergavam, sem que nenhum destes se desse conta disso ou dissesse que enxergava. Pela simples linguagem, pela maneira de agir o sabia. E ali começara a odiar os dois mundos diferentes. O seu, de humildes e resignados, cônscios de sua inferioridade humana, o outro, o da piedade e da cor.

— Me dá o cinzeiro vermelho, Maria Alice...

Maria Alice dava.

— Vou ao cinema com o vestido claro ou com aquele estampado, Maria Alice?

Maria Alice aconselhava.

Ninguém conseguia entender como sabia ela indicar qual o sapato ou a bolsa que ia melhor com este ou aquele vestido. Quase sempre acertava. Assim como ninguém sabia que, com o tempo, Maria Alice fora identificando as cores com sentimentos e coisas. O branco era como barulho de água de torneira aberta. Cor-de-rosa se confundia com valsa. Verde, aprendera a identificá-lo com cheiro de árvore. Cinza, com maciez de veludo. Azul, com serenidade. Diziam que o céu era azul. Que seria o céu? Um lugar, com certeza. Tinha mil e uma idéias sobre o céu. Deus, anjos, glória divina, bem-aventurança, hinos e salmos. Hendel. Bach. Mas sabia haver um outro, material, sobre as pessoas e casas, feito de nuvens, que associava à idéia do veludo, mais própria do cinza, apesar de insistirem em que o céu era azul.

Aquelas associações materiais, porém, não a satisfaziam. A cor realmente era o grande mistério. Sentira muitas vezes que o cinza pertencia a substâncias ásperas ou duras. Que o branco estava no mármore duro e na folha de papel, leve e flexível. E que o negro estava num cavalo que relinchava inquieto, com um sopro vigoroso de vida, e na suavidade e leveza de um vestido de baile, mas era ao mesmo tempo a cor do ódio e da negação, a marca inexplicável da inferioridade.

E agora Maria Alice voltava outra vez ao Instituto. E ao grande amigo que lá conhecera. Voltavam as longas horas em que falavam de Bach, de Beethoven, dos mistérios para eles tão claros da música eterna. Lembrava-se da ternura daquela voz, da beleza daquela voz. De como se adivinhavam entre dezenas de outros e suas mãos se encontravam. De como as palavras de amor tinham irrompido e suas bocas se encontrado... De como um dia seus pais haviam surgido inesperadamente no Instituto e a haviam levado à sala do diretor e se haviam queixado da falta de vigilância e moralidade no estabelecimento. E de como, no momento em que a retiravam e quando ela disse que pretendia se despedir de um amigo pelo qual tinha grande afeição e com quem se queria casar, o pai exclamara, horrorizado:

— Você não tem juízo, criatura? Casar-se com um mulato? Nunca!

Mulato era cor.

Estava longe aquele dia. Estava longe o Instituto, ao qual não saberia voltar, do qual nunca mais tivera notícia, e do qual somente restara o privilégio de caminhar sozinha pelo reino dos livros, tão parecido com a vida dos outros, tão cheio de cores... Um rumor familiar ouviu-se à porta. Era a volta do cinema. Ana Beatriz ia contar-lhe o filme todo, com certeza. O rumor — passos e vozes — encheu a casa.

— Tudo azul? — perguntou Ana Beatriz, entrando na sala.

— Tudo azul — respondeu Maria Alice.

A máquina extraviada

José J. Veiga

Você sempre pergunta pelas novidades daqui deste sertão, e finalmente posso lhe contar uma importante. Fique o compadre sabendo que agora temos aqui uma máquina imponente, que está entusiasmando todo o mundo. Desde que ela chegou — não me lembro quando, não sou muito bom em lembrar datas — quase não temos falado em outra coisa; e da maneira que o povo aqui se apaixona até pelos assuntos mais infantis, é de admirar que ninguém tenha brigado ainda por causa dela, a não ser os políticos.

A máquina chegou uma tarde, quando as famílias estavam jantando ou acabando de jantar, e foi descarregada na frente da Prefeitura. Com os gritos dos chofres e seus ajudantes (a máquina veio em dois ou três caminhões) muita gente cancelou a sobremesa ou o café e foi ver que algazarra era aquela. Como geralmente acontece nessas ocasiões, os homens estavam mal-humorados e não quiseram dar explicações, esbarravam propositalmente nos curiosos, pisavam-lhes os pés e não pediam desculpa, jogavam pontas de cordas sujas de graxa por cima deles, quem não quisesse se sujar ou se machucar que saísse do caminho.

Descarregadas as várias partes da máquina, foram elas cobertas com encerados e os homens entraram num botequim do largo para comer e beber. Muita gente se amontoou na porta mas ninguém teve coragem de se aproximar dos estranhos porque um deles, percebendo essa intenção nos curiosos, de vez em quando enchia a boca de cerveja e esguichava na direção da porta. Atribuímos essa esquiva ao cansaço e à fome deles e deixamos as tentativas de aproximação para o dia seguinte; mas quando os procuramos de manhã cedo na pensão, soubemos que eles tinham montado mais ou menos a máquina durante a noite e viajado de madrugada.

A máquina ficou ao relento, sem que ninguém soubesse quem a encomendou nem para que servia. É claro que cada qual dava o seu palpite, e cada palpite era tão bom quanto outro.

As crianças, que não são de respeitar mistério, como você sabe, trataram de aproveitar a novidade. Sem pedir licença a ninguém (e a quem iam pedir?), retiraram a lona e foram subindo em bando pela máquina acima — até hoje ainda sobem, brincam de esconder entre os cilindros e colunas, embaraçam-se nos dentes das engrenagens e fazem um berreiro dos diabos até que apareça alguém para soltá-las; não adiantam ralhos, castigos, pancadas; as crianças simplesmente se apaixonaram pela tal máquina.

Contrariando a opinião de certas pessoas que não quiseram se entusiasmar, e garantiram que em poucos dias a novidade passaria e a ferrugem tomaria conta do metal, o interesse do povo ainda não diminuiu. Ninguém passa pelo largo sem ainda parar diante da máquina, e de cada vez há um detalhe novo a notar. Até as velhinhas de igreja, que passam de madrugada e de noitinha, tossindo e rezando, viram o rosto para o lado da máquina e fazem uma curvatura discreta, só faltam se benzer. Homens abrutalhados, como aquele Clodoaldo seu conhecido, que se exibe derrubando boi pelos chifres no pátio do mercado, tratam a máquina com respeito; se um ou outro agarra uma alavanca e sacode com força, ou larga um pontapé numa das colunas, vê-se logo que são bravatas feitas por honra da firma, para manter fama de corajoso.

Ninguém sabe mesmo quem encomendou a máquina. O prefeito jura que não foi ele, e diz que consultou o arquivo e nele não encontrou nenhum documento autorizando a transação. Mesmo assim não quis lavar as mãos, e de certa forma encampou a compra quando designou um funcionário para zelar pela máquina.

Devemos reconhecer — aliás todos reconhecem — que esse funcionário tem dado boa conta do recado. A qualquer hora do dia, e às vezes também de noite, podemos vê-lo trepado lá por cima espanando cada vão, cada engrenagem, desaparecendo aqui para reaparecer ali, assoviando ou cantando, ativo e incansável. Duas vezes por semana ele aplica caol nas partes de metal dourado, esfrega, sua, descansa, esfrega de novo — e a máquina fica faiscando como jóia.

José J. Veiga

    Estamos tão habituados com a presença da máquina ali no largo, que se um dia ela desabasse, ou se alguém de outra cidade viesse buscá-la, provando com documentos que tinha direito, eu nem sei o que aconteceria, nem quero pensar. Ela é o nosso orgulho, e não pense que exagero. Ainda não sabemos para que ela serve, mas isso já não tem maior importância. Fique sabendo que temos recebido delegações de outras cidades, do estado e de fora, que vêm aqui para ver se conseguem comprá-la. Chegam como quem não quer nada, visitam o prefeito, elogiam a cidade, rodeiam, negaceiam, abrem o jogo: por quanto cederíamos a máquina. Felizmente o prefeito é de confiança e é esperto, não cai na conversa macia.

    Em todas as datas cívicas a máquina é agora uma parte importante das festividades. Você se lembra que antigamente os feriados eram comemorados no coreto ou no campo de futebol, mas hoje tudo se passa ao pé da máquina. Em tempo de eleição todos os candidatos querem fazer seus comícios à sombra dela, e como isso não é possível, alguém tem de sobrar, nem todos se conformam e sempre surgem conflitos. Felizmente a máquina ainda não foi danificada nesses esparramos, e espero que não seja.

    A única pessoa que ainda não rendeu homenagem à máquina é o vigário, mas você sabe como ele é ranzinza, e hoje mais ainda, com a idade. Em todo caso, ainda não tentou nada contra ela, e ai dele. Enquanto ficar nas censuras veladas, vamos tolerando; é um direito que ele tem. Sei que ele andou falando em castigo, mas ninguém se impressionou.

    Até agora o único acidente de certa gravidade que tivemos foi quando um caixeiro da loja do velho Adudes (aquele velhinho espigado que passa brilhantina no bigode, se lembra?) prendeu a perna numa engrenagem da máquina, isso por culpa dele mesmo. O rapaz andou bebendo em uma serenata, e em vez de ir para casa achou de dormir em cima da máquina. Não se sabe como, ele subiu à plataforma mais alta, de madrugada rolou de lá, caiu em cima de uma engrenagem e com o peso acionou as rodas. Os gritos acordaram a cidade, correu gente para verificar a causa, foi preciso arranjar uns barrotes e labancas para desandar as rodas que estavam mordendo a perna do rapaz. Também dessa vez a máquina nada sofreu, felizmente. Sem a perna e sem o emprego, o imprudente rapaz ajuda na conservação da máquina, cuidando das partes mais baixas.

    Já existe aqui um movimento para declarar a máquina monumento municipal — por enquanto. O vigário, como sempre, está contra; quer saber a que seria dedicado o monumento. Você já viu que homem mais azedo?

    Dizem que a máquina já tem feito até milagre, mas isso — aqui para nós — eu acho que é exagero de gente supersticiosa, e prefiro não ficar falando no assunto. Eu — e creio que também a grande maioria dos munícipes — não espero dela nada em particular; para mim basta que ela fique onde está, nos alegrando, nos inspirando, nos consolando.

O meu receio é que, quando menos esperarmos, desembarque aqui um moço de fora, desses despachados, que entendem de tudo, olhe a máquina por fora, por dentro, pense um pouco e comece a explicar a finalidade dela, e para mostrar que é habilidoso (eles são sempre muito habilidosos) peça na garagem um jogo de ferramentas, e sem ligar a nossos protestos se meta por baixo da máquina e desande a apertar, martelar, engatar, e a máquina comece a trabalhar. Se isso acontecer, estará quebrado o encanto e não existirá mais máquina.

O moço do saxofone

Lygia Fagundes Telles

Eu era chofer de caminhão e ganhava uma nota alta com um cara que fazia contrabando. Até hoje não entendo direito por que fui parar na pensão da tal madame, uma polaca que quando moça fazia a vida e depois que ficou velha inventou de abrir aquele frege-mosca. Foi o que me contou o James, um tipo que engolia giletes e que foi o meu companheiro de mesa nos dias em que tranquei por lá. Tinha os pensionistas e tinha os volantes, uma corja que entrava e saía palitando os dentes, coisa que nunca suportei na minha frente. Teve até uma vez uma dona que mandei andar só porque no nosso primeiro encontro, depois de comer um sanduíche, enfiou um palitão entre os dentes e ficou de boca arreganhada de tal jeito que eu podia ver até o que o palito ia cavucando. Bom, mas eu dizia que no tal frege-mosca eu era volante. A comida, uma bela porcaria e como se não bastasse ter que engolir aquelas lavagens, tinha ainda os malditos anões se enroscando nas pernas da gente. E tinha a música do saxofone.

Não que não gostasse de música, sempre gostei de ouvir tudo quanto é charanga no meu rádio de pilha de noite na estrada, enquanto vou dando conta do recado. Mas aquele saxofone era mesmo de entortar qualquer um. Tocava bem, não discuto. O que me punha doente era o jeito, um jeito assim triste como o diabo, acho que nunca mais vou ouvir ninguém tocar saxofone como aquele cara tocava.

— O que é isso? — eu perguntei ao tipo das giletes. Era o meu primeiro dia de pensão e ainda não sabia de nada. Apontei para o teto que parecia de papelão, tão forte chegava a música até nossa mesa. Quem é que está tocando?

— É o moço do saxofone.

Mastiguei mais devagar. Já tinha ouvido antes saxofone, mas aquele da pensão eu não podia mesmo reconhecer nem aqui nem na China.

— E o quarto dele fica aqui em cima?

James meteu uma batata inteira na boca. Sacudiu a cabeça e abriu mais a boca que fumegava como um vulcão com a batata quente lá no fundo. Soprou um bocado de tempo a fumaça antes de responder.

— Aqui em cima.

Bom camarada esse James. Trabalhava numa feira de diversões, mas como já estivesse ficando velho, queria ver se firmava num negócio de bilhetes. Esperei que ele desse cabo da batata, enquanto ia enchendo meu garfo.

— É uma música desgraçada de triste — fui dizendo.

— A mulher engana ele até com o periquito — respondeu James, passando o miolo de pão no fundo do prato para aproveitar o molho. — O pobre fica o dia inteiro trancado, ensaiando. Não desce nem para comer. Enquanto isso, a cabra se deita com tudo quanto é cristão que aparece.

— Deitou com você?

— É meio magricela para o meu gosto, mas é bonita. E novinha. Então entrei com meu jogo, compreende? Mas já vi que não dou sorte com mulher, torcem logo o nariz quando ficam sabendo que engulo gilete, acho que ficam com medo de se cortar...

Tive vontade de rir também, mas justo nesse instante o saxofone começou a tocar de um jeito abafado, sem fôlego como uma boca querendo gritar, mas com uma mão tapando, os sons espremidos saindo por entre os dedos. Então me lembrei da moça que recolhi uma noite no meu caminhão. Saiu para ter o filho na vila, mas não agüentou e caiu ali mesmo na estrada, rolando feito bicho. Arrumei ela na carroceria e corri como um louco para chegar o quanto antes, apavorado com a idéia do filho nascer no caminho e desandar a uivar que nem a mãe. No fim, para não me aporrinhar mais, ela abafava os gritos na lona, mas juro que seria melhor que abrisse a boca no mundo, aquela coisa de sufocar os gritos já estava me endoidando. Pomba, não desejo ao inimigo aquele quarto de hora.

— Parece gente pedindo socorro — eu disse, enchendo meu copo de cerveja. — Será que ele não tem uma música mais alegre?

James encolheu o ombro.

— Chifre dói.

Nesse primeiro dia fiquei sabendo ainda que o moço do saxofone tocava num bar, voltava só de madrugada. Dormia em quarto separado da mulher.

— Mas por quê? — perguntei, bebendo mais depressa para acabar logo e me mandar dali. A verdade é que não tinha nada com isso, nunca fui de me meter na vida de ninguém, mas era melhor ouvir o tro-ló-ló do James do que o saxofone.

— Uma mulher como ela tem que ter seu quarto — explicou James, tirando um palito do paliteiro. — E depois, vai ver que ela reclama do saxofone.

— E os outros não reclamam?

— A gente já se acostumou.

Perguntei onde era o reservado e levantei-me antes que James começasse a escarafunchar os dentões que lhe restavam. Quando subi a escada de caracol, dei com um anão que vinha descendo. Um anão, pensei. Assim que saí do reservado dei com ele no corredor, mas agora estava com uma roupa diferente. Mudou de roupa, pensei meio espantado, porque tinha sido rápido demais. E já descia a escada quando ele passou de novo na minha frente, mas já com outra roupa. Fiquei meio tonto. Mas que raio de anão é esse que muda de roupa de dois em dois minutos? Entendi depois, não era um só, mas uma trempe deles, milhares de anões louros e de cabelo repartidinho do lado.

— Pode me dizer de onde vem tanto anão? — perguntei à madame, e ela riu.

— Todos artistas, minha pensão é quase só de artistas...

Fiquei vendo com que cuidado o copeiro começou a empilhar almofadas nas cadeiras para que eles se sentassem. Comida ruim, anão e saxofone. Anão me enche e já tinha resolvido pagar e sumir quando ela apareceu. Veio por detrás, palavra que havia espaço para passar um batalhão, mas ela deu um jeito de esbarrar em mim.

— Licença?

Não precisei perguntar para saber que aquela era a mulher do moço do saxofone. Nessa altura o saxofone já tinha parado. Fiquei olhando. Era magra, sim, mas tinha as ancas redondas e um andar muito bem bolado. O vestido vermelho não podia ser mais curto. Abancou-se sozinha numa mesa e de olhos baixos começou a descascar o pão com a ponta da unha vermelha. De repente riu e apareceu uma covinha no queixo. Pomba, que tive vontade de ir lá, agarrar ela pelo queixo e saber por que estava rindo. Fiquei rindo junto.

— A que horas é a janta? — perguntei para a madame, enquanto pagava.

— Vai das sete às nove. Meus pensionistas fixos *costumam comer às oito* — avisou ela, dobrando o dinheiro e olhando com um olhar acostumado para a dona de vermelho. — O senhor gostou da comida?

Voltei às oito em ponto. O tal James já mastigava seu bife. Na sala havia ainda um velhote de barbicha, que era professor parece que de mágica e o anão de roupa xadrez. Mas ela não tinha chegado. Animei-me um pouco quando veio um prato de pastéis, tenho loucura por pastéis. James começou a falar então de uma briga no parque de diversões, mas eu estava de olho na porta. Vi quando ela entrou conversando baixinho com um cara de bigode ruivo. Subiram a escada como dois gatos pisando macio. Não demorou nada e o raio do saxofone desandou a tocar.

— Sim senhor — eu disse e James pensou que eu estivesse falando na tal briga.

— O pior é que eu estava de porre, mal pude me defender!

Mordi um pastel que tinha dentro mais fumaça do que outra coisa. Examinei os outros pastéis para descobrir se havia algum com mais recheio.

— Toca bem esse condenado. Quer dizer que ele não vem comer nunca?

James demorou para entender do que eu estava falando. Fez uma careta. Decerto preferia o assunto do parque.

— Come no quarto, vai ver que tem vergonha da gente — resmungou ele, tirando um palito. — Fico com pena, mas às vezes me dá raiva, corno besta. Um outro já tinha acabado com a vida dela!

Agora a música alcançava um agudo tão agudo que me doeu o ouvido. De novo pensei na moça ganindo de dor na carroceria, pedindo ajuda não sei mais para quem.

— Não topo isso, pomba.

— Isso o quê?

Cruzei o talher. A música no máximo, os dois no máximo trancados no quarto e eu ali vendo o calhorda do James palitar os dentes. Tive ganas de atirar no teto o prato de goiabada com queijo e me mandar para longe de toda aquela chateação.

— O café é fresco? — perguntei ao mulatinho que já limpava o oleado da mesa com um pano encardido como a cara dele.

— Feito agora.

Pela cara vi que era mentira.

— Não é preciso, tomo na esquina.

A música parou. Paguei, guardei o troco e olhei reto para a porta, porque tive o pressentimento que ela ia aparecer. E apareceu mesmo com o arzinho de gata de telhado, o cabelo solto nas costas e o vestidinho amarelo mais curto ainda do que o vermelho. O tipo de bigode passou em seguida, abotoando o paletó. Cumprimentou a madame, fez ar de quem tinha muito o que fazer e foi para a rua.

— Sim senhor!

— Sim senhor o quê? — perguntou James.

— Quando ela entra no quarto com um tipo, ele começa a tocar, mas assim que ela aparece, ele pára. Já reparou? Basta ela se enfurnar e ele já começa.

James pediu outra cerveja. Olhou para o teto.

— Mulher é o diabo...

Levantei-me e quando passei junto da mesa dela, atrasei o passo. Então ela deixou cair o guardanapo. Quando me abaixei, agradeceu, de olhos baixos.

— Ora, não precisava se incomodar...

Risquei o fósforo para acender-lhe o cigarro. Senti forte seu perfume.

— Amanhã? — perguntei, oferecendo-lhe os fósforos. — Às sete, está bem?

— É a porta que fica do lado da escada, à direita de quem sobe.

Saí em seguida, fingindo não ver a carinha safada de um dos anões que estava ali por perto e zarpei no meu caminhão antes que a madame viesse me perguntar se eu estava gostando da comida. No dia seguinte cheguei às sete em ponto, chovia potes e eu tinha que viajar a noite inteira. O mulatinho já amontoava nas cadeiras as almofadas para os anões. Subi a escada sem fazer barulho, me preparando para explicar que ia ao reservado, se por acaso aparecesse alguém. Mas ninguém apareceu. Na primeira porta, aquela à direita da escada, bati de leve e fui entrando. Não sei quanto tempo fiquei parado no meio do quarto: ali estava um moço segurando um saxofone. Estava sentado numa cadeira, em mangas de camisa, me olhando sem dizer uma palavra. Não parecia nem espantado nem nada, só me olhava.

— Desculpe, me enganei de quarto — eu disse, com uma voz que até hoje não sei onde fui buscar.

O moço apertou o saxofone contra o peito cavado.

— É na porta adiante — disse ele baixinho, indicando com a cabeça.

Procurei os cigarros só para fazer alguma coisa. Que situação, pomba. Se pudesse, agarrava aquela dona pelo cabelo, a estúpida. Ofereci-lhe cigarro.

— Está servido?

— Obrigado, não posso fumar.

Fui recuando de costas. E de repente não agüentei. Se ele tivesse feito qualquer gesto, dito qualquer coisa, eu ainda me segurava, mas aquela bruta calma me fez perder as tramontanas.

— E você aceita tudo isso assim quieto? Não reage? Por que não lhe dá uma boa sova, não lhe chuta com mala e tudo no meio da rua? Se fosse comigo, pomba, eu já tinha rachado ela pelo meio! Me desculpe estar me metendo, mas quer dizer que você não faz nada?
— Eu toco saxofone.
Fiquei olhando primeiro para a cara dele, que parecia feita de gesso de tão branca. Depois olhei para o saxofone. Ele corria os dedos compridos pelos botões, de baixo para cima, de cima para baixo, bem devagar, esperando que eu saísse para começar a tocar. Limpou com um lenço o bocal do instrumento, antes de começar com os malditos uivos.

Bati a porta. Então a porta do lado se abriu bem de mansinho, cheguei a ver a mão dela segurando a maçaneta para que o vento não abrisse demais. Fiquei ainda um instante parado, sem saber mesmo o que fazer, juro que não tomei logo a decisão, ela esperando e eu parado feito besta, então, Cristo-Rei!? E então? Foi quando começou bem devagarinho a música do saxofone. Fiquei broxa na hora, pomba. Desci a escada aos pulos. Na rua, tropecei num dos anões metido num impermeável, desviei de outro, que já vinha vindo atrás e me enfurnei no caminhão. Escuridão e chuva. Quando dei a partida, o saxofone já subia num agudo que não chegava nunca ao fim. Minha vontade de fugir era tamanha que o caminhão saiu meio desembestado, num arranco.

Feliz aniversário

Clarice Lispector

A família foi pouco a pouco chegando. Os que vieram de Olaria estavam muito bem vestidos porque a visita significava ao mesmo tempo um passeio a Copacabana. A nora de Olaria apareceu de azul-marinho, com enfeites de paetês e um drapejado disfarçando a barriga sem cinta. O marido não veio por razões óbvias: não queria ver os irmãos. Mas mandara sua mulher para que nem todos os laços fossem cortados — e esta vinha com o seu melhor vestido para mostrar que não precisava de nenhum deles, acompanhada dos três filhos: duas meninas já de peito nascendo, infantilizadas em babados cor-de-rosa e anáguas engomadas, e o menino acovardado pelo terno novo e pela gravata.

    Tendo Zilda — a filha com quem a aniversariante morava — disposto cadeiras unidas ao longo das paredes, como numa festa em que se vai dançar, a nora de Olaria, depois de cumprimentar com cara fechada aos de casa, aboletou-se numa das cadeiras e emudeceu, a boca em bico, mantendo sua posição de ultrajada. "Vim para não deixar de vir", dissera ela a Zilda, e em seguida sentara-se ofendida. As duas mocinhas de cor-de-rosa e o menino, amarelos e de cabelo penteado, não sabiam bem que atitude tomar e ficaram de pé ao lado da mãe, impressionados com seu vestido azul-marinho e com os paetês.

    Depois veio a nora de Ipanema com dois netos e a babá. O marido viria depois. E como Zilda — a única mulher entre os seis irmãos homens e a única que, estava decidido já havia anos, tinha espaço e tempo para alojar a aniversariante —, e como Zilda estava na cozinha a ultimar com a empregada

Feliz aniversário

os croquetes e sanduíches, ficaram: a nora de Olaria empertigada com seus filhos de coração inquieto ao lado; a nora de Ipanema na fila oposta das cadeiras fingindo ocupar-se com o bebê para não encarar a concunhada de Olaria; a babá ociosa e uniformizada, com a boca aberta.

E à cabeceira da mesa grande a aniversariante que fazia hoje oitenta e nove anos.

Zilda, a dona da casa, arrumara a mesa cedo, enchera-a de guardanapos de papel colorido e copos de papelão alusivos à data, espalhara balões sugados pelo teto; em alguns estava escrito "Happy Birthday!", em outros "Feliz Aniversário!". No centro havia disposto o enorme bolo açucarado. Para adiantar o expediente, enfeitara a mesa logo depois do almoço, encostara as cadeiras à parede, mandara os meninos brincarem no vizinho para que não desarrumassem a mesa.

E, para adiantar o expediente, vestira a aniversariante logo depois do almoço. Pusera-lhe desde então a presilha em torno do pescoço e o broche, borrifara-lhe um pouco de água-de-colônia para disfarçar aquele cheiro de guardado — sentara-a à mesa. E desde as duas horas a aniversariante estava sentada à cabeceira da longa mesa vazia, tesa na sala silenciosa.

De vez em quando consciente dos guardanapos coloridos. Olhando curiosa um ou outro balão estremecer aos carros qua passavam. E de vez em quando aquela angústia muda: quando acompanhava, fascinada e impotente, o vôo da mosca em torno do bolo.

Até que às quatro horas entrara a nora de Olaria e depois a de Ipanema.

Quando a nora de Ipanema pensou que não suportaria nem um segundo mais a situação de estar sentada defronte da concunhada de Olaria — que cheia das ofensas passadas não via um motivo para desfitar desafiadora a nora de Ipanema — entraram enfim José e a família. E mal eles se beijavam, a sala começou a ficar cheia de gente, que ruidosa se cumprimentava como se todos tivessem esperado embaixo o momento de, em afobação de atraso, subir os três lances de escada, falando, arrastando crianças surpreendidas, enchendo a sala — e inaugurando a festa.

Os músculos do rosto da aniversariante não a interpretavam mais, de modo que ninguém podia saber se ela estava alegre. Estava era posta à cabeceira. Tratava-se de uma velha grande, magra, imponente e morena. Parecia oca.

— Oitenta e nove anos, sim senhor! disse José, filho mais velho agora que Jonga tinha morrido. Oitenta e nove anos, sim senhora! disse esfregando as mãos em admiração pública e como sinal imperceptível para todos.

Todos se interromperam atentos e olharam a aniversariante de um modo mais oficial. Alguns abanaram a cabeça em admiração como a um recorde. Cada ano vencido pela aniversariante era uma vaga etapa da família toda. Sim senhor! disseram alguns sorrindo timidamente.

— Oitenta e nove anos! ecoou Manoel, que era sócio de José. É um brotinho!, disse espirituoso e nervoso, e todos riram, menos sua esposa.

A velha não se manifestava.

Alguns não lhe haviam trazido presente nenhum. Outros trouxeram saboneteira, uma combinação de jérsei, um broche de fantasia, um vasinho de cactus — nada, nada que a dona da casa pudesse aproveitar para si mesma ou para os seus filhos, nada que a própria aniversariante pudesse realmente aproveitar constituindo assim uma economia: a dona da casa guardava os presentes, amarga, irônica.

— Oitenta e nove anos! repetiu Manoel aflito, olhando para a esposa.

A velha não se manifestava.

Então, como se todos tivessem tido a prova final de que não adiantava se esforçarem, com um levantar de ombros de quem estivesse junto de uma surda, continuaram a fazer a festa sozinhos, comendo os primeiros sanduíches de presunto mais como prova de animação que por apetite, brincando de que todos estavam morrendo de fome. O ponche foi servido, Zilda suava, nenhuma cunhada ajudou propriamente, a gordura quente dos croquetes dava um cheiro de piquenique; e de costas para a aniversariante, que não podia comer frituras, eles riam inquietos. E Cordélia? Cordélia, a nora mais moça, sentada, sorrindo.

— Não senhor! respondeu José com falsa severidade, hoje não se fala em negócios!

— Está certo, está certo! recuou Manoel depressa, olhando rapidamente para sua mulher, que longe estendia um ouvido atento.

— Nada de negócios, gritou José, hoje é o dia da mãe!

Na cabeceira da mesa já suja, os copos maculados, só o bolo inteiro — ela era a mãe. A aniversariante piscou os olhos.

E quando a mesa estava imunda, as mães enervadas com o barulho que os filhos faziam, enquanto as avós se recostavam complacentes nas cadeiras, então fecharam a inútil luz do corredor para acender a vela do bolo, uma vela grande com um papelzinho colado onde estava escrito "89". Mas ninguém elogiou a idéia de Zilda, e ela se perguntou angustiada se eles não estariam pensando que fora por economia de velas — ninguém se lembrando de que ninguém havia contribuído com uma caixa de fósforos sequer para a comida da festa, que ela, Zilda, servia como uma escrava, os pés exaustos e

Feliz aniversário

o coração revoltado. Então acenderam a vela. E então José, o líder, cantou com muita força, entusiasmando com um olhar autoritário os mais hesitantes ou surpreendidos, "Vamos! todos de uma vez!" — e todos de repente começaram a cantar alto como soldados. Despertada pelas vozes, Cordélia olhou esbaforida. Como não haviam combinado, uns cantaram em português e outros em inglês. Tentaram então corrigir: e os que haviam cantado em inglês passaram a português, e os que haviam cantado em português passaram a cantar bem baixo em inglês.

Enquanto cantavam, a aniversariante, à luz da vela acesa, meditava como junto de uma lareira.

Escolheram o bisneto menor, que, debruçado no colo da mãe encorajadora, apagou a chama com um único sopro cheio de saliva! Por um instante bateram palmas à potência inesperada do menino, que, espantado e exultante, olhava para todos encantado. A dona da casa esperava com o dedo pronto no comutador do corredor — e acendeu a lâmpada.

— Viva mamãe!

— Viva vovó!

— Viva D. Anita, disse a vizinha que tinha aparecido.

— *Happy birthday!* — gritaram os netos do Colégio Bennett.

Bateram ainda algumas palmas ralas.

A aniversariante olhava o bolo apagado, grande e seco.

— Parta o bolo, vovó! disse a mãe dos quatro filhos, é ela quem deve partir! Assegurou incerta a todos, com ar íntimo e intrigante. E, como todos aprovassem satisfeitos e curiosos, ela se tornou de repente impetuosa: parta o bolo, vovó!

E de súbito a velha pegou na faca. E sem hesitação, como se hesitando um momento ela toda caísse para a frente, deu a primeira talhada com punho de assassina.

— Que força, segredou a nora de Ipanema, e não se sabia se estava escandalizada ou agradavelmente surpreendida. Estava um pouco horrorizada.

— Um ano atrás ela era capaz de subir essas escadas com mais fôlego do que eu, disse Zilda amarga.

Dada a primeira talhada, como se a primeira pá de terra tivesse sido lançada, todos se aproximaram de prato na mão, insinuando-se em fingidas acoteveladas de animação, cada um para a sua pazinha.

Em breve as fatias eram distribuídas pelos pratinhos, num silêncio cheio de rebuliço. As crianças pequenas, com a boca escondida pela mesa e os olhos ao nível desta, acompanhavam a distribuição com muda intensidade. As passas rolavam do bolo entre farelos secos. As crianças angustiadas viam se desperdiçarem as passas, acompanhavam atentas a queda.

E quando foram ver, não é que a aniversariante já estava devorando o seu último bocado?

E por assim dizer a festa estava terminada.

Cordélia olhava ausente para todos, sorria.

— Já lhe disse: hoje não se fala em negócios! respondeu José radiante.

— Está certo, está certo! recolheu-se Manoel conciliador, sem olhar a esposa que não o desfitava. Está certo, tentou Manoel sorrir e uma contração passou-lhe rápido pelos músculos da cara.

— Hoje é dia da mãe! disse José.

Na cabeceira da mesa, a toalha manchada de coca-cola, o bolo desabado, ela era a mãe. A aniversariante piscou.

Eles se mexiam agitados, rindo, a sua família. E ela era a mãe de todos. E se de repente não se ergueu, como um morto se levanta devagar e obriga mudez e terror aos vivos, a aniversariante ficou mais dura na cadeira, e mais alta. Ela era a mãe de todos. E como a presilha a sufocasse, ela era a mãe de todos e, impotente à cadeira, desprezava-os. E olhava-os piscando. Todos aqueles seus filhos e netos e bisnetos que não passavam de carne de seu joelho, pensou de repente como se cuspisse. Rodrigo, neto de sete anos, era o único a ser a carne de seu coração. Rodrigo, com aquela carinha dura, viril e despenteada, cadê Rodrigo? Rodrigo com olhar sonolento e intumescido naquela cabecinha ardente, confusa. Aquele seria um homem. Mas, piscando, ela olhava os outros, a aniversariante. Oh o desprezo pela vida que falhava. Como?! Como tendo sido tão forte pudera dar à luz aqueles seres opacos, com braços moles e rostos ansiosos? Ela, a forte, que casara em hora e tempo devidos com um bom homem a quem, obediente e independente, respeitara; a quem respeitara e que lhe fizera filhos e lhe pagara os partos, lhe honrara os resguardos. O tronco fora bom. Mas dera aqueles azedos e infelizes frutos, sem capacidade sequer para uma boa alegria. Como pudera ela dar à luz aqueles seres risonhos fracos, sem austeridade? O rancor roncava no seu peito vazio. Uns comunistas, era o que eram; uns comunistas. Olhou-os com sua cólera de velha. Pareciam ratos se acotovelando, a sua família. Incoercível, virou a cabeça e com força insuspeita cuspiu no chão.

— Mamãe! gritou mortificada a dona da casa. Que é isso, mamãe! gritou ela, passada de vergonha, e não queria sequer olhar os outros, sabia que os desgraçados se entreolhavam vitoriosos como se coubesse a ela dar educação à velha, e não faltaria muito para dizerem que ela já não dava mais banho na mãe, jamais compreenderiam o sacrifício que ela fazia. — Mamãe, que é isso! disse baixo, angustiada. A senhora nunca fez isso! acrescentou alto para que todos ouvissem, queria se agregar ao espanto dos outros, quando o galo cantar pela terceira vez renegarás tua mãe. Mas seu enorme vexame suavizou-se quando ela percebeu que eles abanavam a cabeça como se estivessem de acordo com a velha não passava agora de uma criança.

— Ultimamente ela deu pra cuspir, terminou então confessando contrita para todos.

Todos olharam a aniversariante, compungidos, respeitosos, em silêncio.

Pareciam ratos se acotovelando, a sua família. Os meninos, embora crescidos — provavelmente já além dos cinqüenta anos, que sei eu! —, os meninos ainda conservavam os traços bonitinhos. Mas que mulheres haviam escolhido! E que mulheres os netos — ainda mais fracos e mais azedos — haviam escolhido. Todas vaidosas e de pernas finas, com aqueles colares falsificados de mulher que na hora não agüenta a mão, aquelas mulherezinhas que casavam mal os filhos, que não sabiam pôr uma criada em seu lugar, e todas elas com as orelhas cheias de brincos — nenhum, nenhum de ouro! A raiva sufocava.

— Me dá um copo de vinho! disse.

O silêncio se fez de súbito, cada um com o copo imobilizado na mão.

— Vovozinha, não vai lhe fazer mal? insinuou cautelosamente a neta roliça e baixinha.

— Que vovozinha que nada! explodiu amarga a aniversariante. Que o diabo vos carregue, corja de maricas, cornos e vagabundas! Me dá um copo de vinho, Dorothy!, ordenou.

Dorothy não sabia o que fazer, olhou para todos em pedido cômico de socorro. Mas, como máscaras isentas e inapeláveis, de súbito nenhum rosto se manifestava. A festa interrompida, os sanduíches mordidos na mão, algum pedaço que estava na boca a sobrar seco, inchando tão fora de hora a bochecha. Todos tinham ficado cegos, surdos e mudos, com croquetes na mão. E olhavam impassíveis.

Desamparada, divertida, Dorothy deu o vinho: astuciosamente apenas dois dedos no copo. Inexpressivos, preparados, todos esperaram pela tempestade.

Mas não só a aniversariante não explodiu com a miséria de vinho que Dorothy lhe dera, como não mexeu no copo.

Seu olhar estava fixo, silencioso como se nada tivesse acontecido.

Todos se entreolharam polidos, sorrindo cegamente, abstratos como se um cachorro tivesse feito pipi na sala. Com estoicismo, recomeçaram as vozes e risadas. A nora de Olaria, que tivera o seu primeiro momento uníssono com os outros quando a tragédia vitoriosamente parecia prestes a se desencadear, teve que retornar sozinha à sua severidade, sem ao menos o apoio dos três filhos que agora se misturavam traidoramente com os outros. De sua cadeira reclusa, ela analisava crítica aqueles vestidos sem nenhum modelo, sem um drapejado, a mania que tinham de usar vestido preto com colar de pérolas, o que não era moda coisa nenhuma, não passava era de economia. Examinando distante os sanduíches que quase não tinham levado manteiga. Ela não se servira de nada, de nada! Só comera uma coisa de cada, para experimentar.

E por assim dizer, de novo a festa estava terminada.

As pessoas ficaram sentadas benevolentes. Algumas com a atenção voltada para dentro de si à espera de alguma coisa a dizer. Outras vazias e expectantes, com um sorriso amável, o estômago cheio daquelas porcarias que não alimentavam mas tiravam a fome. As crianças, já incontroláveis, gritavam cheias de vigor. Umas já estavam de cara imunda; as outras, menores, já molhadas; a tarde caía rapidamente. E Cordélia? Cordélia olhava ausente, com um sorriso estonteado, suportando sozinha o seu segredo. Que é que ela tem? alguém perguntou com uma curiosidade negligente, indicando-a de longe com a cabeça, mas também não responderam. Acenderam o resto das luzes para precipitar a tranqüilidade da noite, as crianças começavam a brigar. Mas as luzes eram mais pálidas que a tensão pálida da tarde. E o crepúsculo de Copacabana, sem ceder, no entanto se alargava cada vez mais e penetrava pelas janelas como um peso.

— Tenho que ir, disse perturbada uma das noras levantando-se e sacudindo os farelos da saia. Vários se ergueram sorrindo.

A aniversariante recebeu um beijo cauteloso de cada um como se sua pele tão infamiliar fosse uma armadilha. E, impassível, piscando, recebeu aquelas palavras propositadamente atropeladas que lhe diziam tentando dar um final arranco de efusão ao que não era mais senão passado: a noite já viera quase totalmente. A luz da sala parecia então mais amarela e mais rica, as pessoas envelhecidas. As crianças já estavam histéricas.

— Será que ela pensa que o bolo substitui o jantar, indagava-se a velha nas suas profundezas.

Mas ninguém poderia adivinhar o que ela pensava. E para aqueles que junto da porta ainda a olharam uma vez, a aniversariante era apenas o que parecia ser: sentada à cabeceira da mesa imunda, com a mão fechada sobre a toalha como encerrando um cetro, e com aquela mudez que era a sua última palavra. Com um punho fechado sobre a mesa, nunca mais ela seria apenas o que ela pensasse. Sua aparência afinal a ultrapassara e, superando-a, se

Feliz aniversário

agigantava serena. Cordélia olhou-a espantada. O punho mudo e severo sobre a mesa dizia para a infeliz nora que sem remédio amava talvez pela última vez: É preciso que se saiba. É preciso que se saiba. Que a vida é curta. Que a vida é curta.

Porém, nenhuma vez mais repetiu. Porque a verdade era um relance. Cordélia olhou-a estarrecida. E, para nunca mais, nenhuma vez repetiu — enquanto Rodrigo, o neto da aniversariante, puxava a mão daquela mãe culpada, perplexa e desesperada que mais uma vez olhou para trás implorando à velhice ainda um sinal de que uma mulher deve, num ímpeto dilacerante, enfim, agarrar a sua derradeira chance e viver. Mais uma vez Cordélia quis olhar.

Mas a esse novo olhar — a aniversariante era uma velha à cabeceira da mesa.

Passara o relance. E arrastada pela mão paciente e insistente de Rodrigo, a nora seguiu-o espantada.

— Nem todos têm o privilégio e o orgulho de se reunirem em torno da mãe, pigarreou José lembrando-se de que Jonga é quem fazia os discursos.

— Da mãe, vírgula! riu baixo a sobrinha, e a prima mais lenta riu sem achar graça.

— Nós temos, disse Manoel acabrunhado sem mais olhar para a esposa. Nós temos esse grande privilégio, disse distraído enxugando a palma úmida das mãos.

Mas não era nada disso, apenas o mal-estar da despedida, nunca se sabendo ao certo o que dizer, José esperando de si mesmo com perseverança e confiança a próxima frase do discurso. Que não vinha. Que não vinha. Que não vinha. Os outros aguardavam. Como Jonga fazia falta nessas horas! — José enxugou a testa com o lenço —, como Jonga fazia falta nessas horas! Também fora o único a quem a velha sempre aprovara e respeitara, e isso dera a Jonga tanta segurança. E quando ele morrera, a velha nunca mais falara nele, pondo um muro entre sua morte e os outros. Esquecera-o talvez. Mas não esquecera aquele mesmo olhar firme e direto com que desde sempre olhara os outros filhos, fazendo-os sempre desviar os olhos. Amor de mãe era duro de suportar: José enxugou a testa, heróico, risonho.

E de repente veio a frase:

— Até o ano que vem! disse José subitamente com malícia, encontrando, assim, sem mais nem menos, a frase certa: uma indireta feliz! Até o ano que vem, hein?, repetiu com receio de não ser compreendido.

Olhou-a, orgulhoso da artimanha da velha que espertamente sempre vivia mais um ano.

— No ano que vem nos veremos diante do bolo aceso! esclareceu melhor o filho Manoel, aperfeiçoando o espírito do sócio. Até o ano que vem, mamãe! e diante do bolo aceso! disse ele bem explicado, perto de seu ouvido, enquanto olhava obsequiador para José. E a velha de súbito cacarejou um riso frouxo, compreendendo a alusão.

Então ela abriu a boca e disse:

— Pois é.

Estimulado pela coisa ter dado tão inesperadamente certo, José gritou-lhe emocionado, grato, com os olhos úmidos:

— No ano que vem nos veremos, mamãe!

— Não sou surda! disse a aniversariante rude, acarinhada.

Os filhos se olharam rindo, vexados, felizes. A coisa tinha dado certo.

As crianças foram saindo alegres, com o apetite estragado. A nora de Olaria deu um cascudo de vingança no filho alegre demais e já sem gravata. As escadas eram difíceis, escuras, incrível insistir em morar num prediozinho que seria fatalmente demolido mais dia menos dia, e na ação de despejo Zilda ainda ia dar trabalho e querer empurrar a velha para as noras — pisado o último degrau, com alívio os convidados se encontraram na tranquilidade fresca da rua. Era noite, sim. Com o seu primeiro arrepio.

Adeus, até outro dia, precisamos nos ver. Apareçam, disseram rapidamente. Alguns conseguiram olhar nos olhos dos outros com uma cordialidade sem receio. Alguns abotoavam os casacos das crianças, olhando o céu à procura de um sinal do tempo. Todos sentindo obscuramente que na despedida se poderia talvez, agora sem perigo de compromisso, ser bom e dizer aquela palavra a mais — que palavra? Eles não sabiam propriamente, e olhavam-se sorrindo, mudos. Era um instante que pedia para ser vivo. Mas que era morto. Começaram a se separar, andando meio de costas, sem saber como se desligar dos parentes sem brusquidão.

— Até o ano que vem! repetiu José a indireta feliz, acenando a mão com vigor efusivo, os cabelos ralos e brancos esvoaçavam. Ele estava era gordo, pensaram, precisava tomar cuidado com o coração. Até o ano que vem! gritou José eloqüente e grande, e sua altura parecia desmoronável. Mas as pessoas já afastadas não sabiam se deviam rir alto para ele ouvir ou se bastaria sorrir mesmo no escuro. Além de alguns pensarem que felizmente havia mais do que uma brincadeira na indireta e que só no próximo ano seriam obrigados a se encontrar diante do bolo aceso; enquanto que outros, já mais no escuro da rua, pensavam se a velha resistiria mais um ano ao nervoso e à impaciência de Zilda, mas eles sinceramente nada podiam fazer a respeito: "Pelo menos noventa anos", pensou melancólica a nora de Ipanema. "Para completar uma data bonita", pensou sonhadora.

Enquanto isso, lá em cima, sobre escadas e contingências, estava a aniversariante sentada à cabeceira da mesa, erecta, definitiva, maior do que ela mesma. Será que hoje não vai ter jantar, meditava ela. A morte era o seu mistério.

O homem nu

Fernando Sabino

Ao acordar, disse para a mulher:
— Escuta, minha filha: hoje é dia de pagar a prestação da televisão, vem aí o sujeito com a conta, na certa. Mas acontece que ontem eu não trouxe dinheiro da cidade, estou a nenhum.
— Explique isso ao homem — ponderou a mulher.
— Não gosto dessas coisas. Dá um ar de vigarice, gosto de cumprir rigorosamente as minhas obrigações. Escuta: quando ele vier a gente fica quieto aqui dentro, não faz barulho, para ele pensar que não tem ninguém. Deixa ele bater até cansar — amanhã eu pago.
Pouco depois, tendo despido o pijama, dirigiu-se ao banheiro para tomar um banho, mas a mulher já se trancara lá dentro. Enquanto esperava, resolveu fazer um café. Pôs a água a ferver e abriu a porta de serviço para apanhar o pão. Como estivesse completamente nu, olhou com cautela para um lado e para outro antes de arriscar-se a dar dois passos até o embrulhinho deixado pelo padeiro sobre o mármore do parapeito. Ainda era muito cedo, não poderia aparecer ninguém. Mal seus dedos, porém, tocavam o pão, a porta atrás de si fechou-se com estrondo, impulsionada pelo vento.
Aterrorizado, precipitou-se até a campainha e, depois de tocá-la, ficou à espera, olhando ansiosamente ao redor. Ouviu lá dentro o ruído da água do chuveiro interromper-se de súbito, mas ninguém veio abrir. Na certa a mulher pensava que já era o sujeito da televisão. Bateu com o nó dos dedos.
— Maria! Abre aí, Maria. Sou eu — chamou, em voz baixa.

O homem nu

Quanto mais batia, mais silêncio fazia lá dentro.

Enquanto isso, ouvia lá embaixo a porta do elevador fechar-se, viu o ponteiro subir lentamente os andares... Desta vez, *era* o homem da televisão!

Não era. Refugiado no lanço de escada entre os andares, esperou que o elevador passasse, e voltou para a porta de seu apartamento, sempre a segurar nas mãos nervosas o embrulho de pão:

— Maria, por favor! Sou eu!

Desta vez não teve tempo de insistir: ouviu passos na escada, lentos, regulares, vindos lá de baixo... Tomado de pânico, olhou ao redor, fazendo uma pirueta, e assim despido, embrulho na mão, parecia executar um *ballet* grotesco e mal-ensaiado. Os passos na escada se aproximavam, e ele sem onde se esconder. Correu para o elevador, apertou o botão. Foi o tempo de abrir a porta e entrar, e a empregada passava, vagarosa, encetando a subida de mais um lanço de escada. Ele respirou aliviado, enxugando o suor da testa com o embrulho do pão. Mas eis que a porta interna do elevador se fecha e ele começa a descer.

— Ah, isso é que não! — fez o homem nu, sobressaltado.

E agora? Alguém lá embaixo abriria a porta do elevador e daria com ele ali, em pêlo, podia mesmo ser algum vizinho conhecido... Percebeu, desorientado, que estava sendo levado cada vez para mais longe de seu apartamento, começava a viver um verdadeiro pesadelo de Kafka, instaurava-se naquele momento o mais autêntico e desvairado Regime do Terror!

— Isso é que não — repetiu, furioso.

Agarrou-se à porta do elevador e abriu-a com força entre os andares, obrigando-o a parar. Respirou fundo, fechando os olhos, para ter a momentânea ilusão de que sonhava. Depois experimentou apertar o botão de seu andar. Lá embaixo continuavam a chamar o elevador. Antes de mais nada: "Emergência: parar." Muito bem. E agora? Iria subir ou descer? Com cautela desligou a parada de emergência, largou a porta, enquanto insistia em fazer o elevador subir. O elevador subiu.

— Maria! Abre esta porta! — gritava, desta vez esmurrando a porta, já sem nenhuma cautela. Ouviu que outra porta se abria atrás de si. Voltou-se, acuado, apoiando o traseiro no batente e tentando inutilmente cobrir-se com o embrulho de pão. Era a velha do apartamento vizinho:

— Bom dia, minha senhora — disse ele, confuso. — Imagine que eu...

A velha, estarrecida, atirou os braços para cima, soltou um grito:

— Valha-me Deus! O padeiro está nu!

E correu ao telefone para chamar a radiopatrulha:

— Tem um homem pelado aqui na porta!

Outros vizinhos, ouvindo a gritaria, vieram ver o que se passava:
— É um tarado!
— Olha, que horror!
— Não olha não! Já pra dentro, minha filha!

Maria, a esposa do infeliz, abriu finalmente a porta para ver o que era. Ele entrou como um foguete e vestiu-se precipitadamente, sem nem se lembrar do banho. Poucos minutos depois, restabelecida a calma lá fora, bateram na porta.

— Deve ser a polícia — disse ele, ainda ofegante, indo abrir.

Não era: era o cobrador da televisão.

O vampiro de Curitiba

Dalton Trevisan

Ai, me dá vontade até de morrer. Veja, a boquinha dela está pedindo beijo — beijo de virgem é mordida de bicho-cabeludo. Você grita vinte e quatro horas e desmaia feliz. É uma que molha o lábio com a ponta da língua para ficar mais excitante. Por que Deus fez da mulher o suspiro do moço e o sumidouro do velho? Não é justo para um pecador como eu. Ai, eu morro só de olhar para ela, imagine então se. Não imagine, arara bêbada. São onze da manhã, não sobrevivo até à noite. Se fosse me chegando, quem não quer nada — ai, querida, é uma folha seca ao vento — e encostasse bem devagar na safadinha. Acho que morria: fecho os olhos e me derreto de gozo. Não quero do mundo mais que duas ou três só para mim. Aqui diante dela, pode que se encante com o meu bigodinho. Desgraçada! Fez que não me enxergou: eis uma borboleta acima de minha cabecinha doida. Olha através de mim e lê o cartaz de cinema no muro. Sou eu nuvem ou folha seca ao vento? Maldita feiticeira, queimá-la viva, em fogo lento. Piedade não tem no coração negro de ameixa. Não sabe o que é gemer de amor. Bom seria pendurá-la cabeça para baixo, esvaída em sangue.

Se não quer, por que exibe as graças em vez de esconder? Hei de chupar a carótida de uma por uma. Até lá enxugo os meus conhaques. Por causa de uma cadelinha como essa que aí vai rebolando-se inteira. Quieto no meu canto, ela que começou. Ninguém diga sou taradinho. No fundo de cada filho de família dorme um vampiro — não sinta gosto de sangue. Eunuco, ai quem me dera. Castrado aos cinco anos. Morda a língua, desgraçado. Um anjo pode dizer amém! Muito sofredor ver moça bonita — e são tantas. Perdoe a indiscrição, querida, deixa o recheio do sonho para as formigas? Ó, você permite, minha flor? Só um pouquinho, um beijinho só. Mais um, só mais um. Outro mais. Não vai doer, se doer eu caia duro aos seus pés. Por Deus do céu não lhe faço mal — o nome de guerra é Nelsinho, o Delicado.

    Olhos velados que suplicam e fogem ao surpreender no óculo o lampejo do crime? Com elas usar de agradinho e doçura. Ser gentilíssimo. A impaciência é que me perde, a quantas afugentei com gesto precipitado? Culpa minha não é. Elas fizeram o que sou — oco de pau podre, onde floresce aranha, cobra, escorpião. Sempre se enfeitando, se pintando, se adorando no espelhinho da bolsa. Se não é para deixar assanhado um pobre cristão por que é então? Olhe as filhas da cidade, como elas crescem: não trabalham nem fiam, bem que estão gordinhas. Essa é uma das lascivas que gostam de se coçar. Ouça o risco da unha na meia de seda. Que me arranhasse o corpo inteiro, vertendo sangue do peito. Aqui jaz Nelsinho, o que se finou de ataque. Gênio do espelho, existe em Curitiba alguém mais aflito que eu?

    Não olhe, infeliz! Não olhe que você está perdido. É das tais que se divertem a seduzir o adolescente. Toda de preto, meia preta, upa lá lá. Órfã ou viúva? Marido enterrado, o véu esconde as espinhas que, noite para o dia, irrompem no rosto — o sarampo da viuvez em flor. Furiosa, recolhe o leiteiro e o padeiro. Muita noite revolve-se na cama de casal, abana-se com leque recendendo a valeriana. Outra, com a roupa da cozinheira, à caça de soldado pela rua. Ela está de preto, a quarentena do nojo. Repare na saia curta, distrai-se a repuxá-la no joelho. Ah, o joelho... Redondinho de curva mais doce que o pêssego maduro. Ai, ser a liga roxa que aperta a coxa fosforescente de brancura. Ai, o sapato que machuca o pé. E, sapato, ser esmagado pela dona do pezinho e morrer gemendo. Como um gato!

    Veja, parou um carro. Ela vai descer. Colocar-me em posição. Ai, querida, não faça isso: eu vi tudo. Disfarce, vem o marido, raça de cornudo. Atrai o pobre rapaz que se deite com a mulher. Contenta-se em espiar ao lado da cama — acho que ficaria inibido. No fundo, herói de bons sentimentos. Aquele tipo do bar, aconteceu com ele. Esse aí um dos tais? Puxa, que olhar feroz. Alguns preferem é o rapaz, seria capaz de? Deus me livre, beijar outro homem, ainda mais de bigode e catinga de cigarro? Na pontinha da língua a mulher filtra o mel que embebeda o colibri e enraivece o vampiro.

    Cedo a casadinha vai às compras. Ah, pintada de ouro, vestida de pluma, pena e arminho — rasgando com os dentes, deixá-la com os cabelos do corpo. Ó bracinho nu e rechonchudo — se não quer por que mostra em vez de esconder? —, com uma agulha desenho tatuagem obscena. Tem piedade, Senhor, são tantas, eu tão sozinho.

Ali vai uma normalista. Uma das tais disfarçada? Se eu desse com o famoso bordel. Todas de azul e branco — ó mãe do céu! — desfilando com meia preta e liga roxa no salão de espelhos. Não faça isso, querida, entro em levitação: a força dos vinte anos. Olhe, suspenso nove centímetros do chão, desferia vôo não fora o lastro da pombinha do amor. Meu Deus, fique velho depressa. Feche o olho, conte um, dois, três e, ao abri-lo, ancião de barba branca. Não se iluda, arara bêbada. Nem o patriarca merece confiança, logo mais com a ducha fria, a cantárida, o anel mágico — conheci cada pai de família!

Atropelado por um carro, se a polícia achasse no bolso esta coleção de retratos? Linchado como tarado, a vergonha da cidade. Meu padrinho nunca perdoaria: o menino que marcava com miolo de pão a trilha na floresta. Ora uma foto na revista do dentista. Ora na carta a uma viuvinha de sétimo dia. Imagine o susto, a vergonha fingida, as horas de delírio na alcova — à palavra alcova um nó na garganta.

Toda família tem uma virgem abrasada no quarto. Não me engana, a safadinha: banho de assento, três ladainhas e vai para a janela, olho arregalado no primeiro varão. Lá envelhece, cotovelo na almofada, a solteirona na sua tina de formol.

Por que a mão no bolso, querida? Mão cabeluda do lobisomem. Não olhe agora. Cara feia, está perdido. Tarde demais, já vi a loira: milharal ondulante ao peso das espigas maduras. Oxigenada, a sobrancelha preta — como não roer unha? Por ti serei maior que o motociclista do Globo da Morte. Deixa estar, quer bonitão de bigodinho. Ora, bigodinho eu tenho. Não sou bonito, mas sou simpático, isso não vale nada? Uma vergonha na minha idade. Lá vou eu atrás dela, quando menino era a bandinha do Tiro Rio Branco.

Desdenhosa, o passo resoluto espirra faísca das pedras. A própria égua de Átila — onde pisa, a grama já não cresce. No braço não sente a baba do meu olho? Se existe força do pensamento, na nuca os sete beijos da paixão.

Vai longe. Não cheirou na rosa a cinza do coração de andorinha. A loira, tonta, abandona-se na mesma hora. Ó morcego, ó andorinha, ó mosca! Mãe do céu, até as moscas instrumento do prazer — de quantas arranquei as asas? Brado aos céus: como não ter espinha na cara?

Eu vos desprezo, virgens cruéis. A todas poderia desfrutar — nem uma baixou sobre mim o olho estrábico de luxúria. Ah, eu bode imundo e chifrudo, rastejariam e beijavam a cola peluda. Tão bom, só posso morrer. Calma, rapaz: admirando as pirâmides marchadoras de Quéops, Quéfren e Miquerinos, quem se importa com o sangue dos escravos? Me acuda, ó Deus. Não a vergonha, Senhor, chorar no meio da rua. Pobre rapaz na danação dos vinte anos. Carregar vidro de sanguessugas e, na hora do perigo, pregá-las na nuca?

 Se o cego não vê a fumaça e não fuma, ó Deus, enterra-me no olho a tua agulha de fogo. Não mais cão sarnento atormentado pelas pulgas, que dá voltas para morder o rabo. Em despedida — ó curvas, ó delícias — concede-me a mulherinha que aí vai. Em troca da última fêmea pulo no braseiro — os pés em carne viva. Ai, vontade de morrer até. A boquinha dela pedindo beijo — beijo de virgem é mordida de bicho-cabeludo. Você grita vinte e quatro horas e desmaia feliz.

A mulher do vizinho

Fernando Sabino

Na rua onde mora (ou morava) um conhecido e antipático General do nosso Exército, morava (ou mora) também um sueco cujos filhos passavam o dia jogando futebol com bola de meia.

Ora, às vezes acontecia cair a bola no carro do General e um dia o General acabou perdendo a paciência, pediu ao delegado do bairro para dar um jeito nos filhos do vizinho.

O delegado resolveu passar uma chamada no homem e intimou-o a comparecer à delegacia.

O sueco era tímido, meio descuidado no vestir e pelo aspecto não parecia ser um importante industrial, dono de grande fábrica de papel (ou coisa parecida), que realmente ele o era. Obedecendo à intimação recebida, compareceu em companhia da mulher à delegacia e ouviu calado tudo o que o delegado tinha a lhe dizer. O delegado tinha a lhe dizer o seguinte:

— O senhor pensa que só porque o deixaram morar neste país pode logo ir fazendo o que quer? Nunca ouviu falar num troço chamado *autoridades constituídas*? Não sabe que tem de conhecer as leis do país? Não sabe que existe uma coisa chamada Exército Brasileiro, que o senhor tem de respeitar? Que negócio é esse? Então é ir chegando assim sem mais nem menos e fazendo o que bem entende, como se isso aqui fosse a casa da sogra? Eu ensino o senhor a cumprir a lei, ali no duro: "dura lex"! Seus filhos são uns moleques e outra vez que eu souber que andaram incomodando o General, vai tudo em cana. Morou? Sei como tratar gringos feito o senhor.

Tudo isso com voz pausada, reclinado para trás, sob o olhar de aprovação do escrivão a um canto. O vizinho do General pediu, com delicadeza, licença para se retirar. Foi então que a mulher do vizinho do General interveio:

— Era tudo que o senhor tinha a dizer a meu marido?

O delegado apenas olhou-a, espantado com o atrevimento.

— Pois então fique sabendo que eu também sei tratar tipos como o senhor. Meu marido não é gringo nem meus filhos são moleques. Se por acaso importunaram o General, ele que viesse falar comigo, pois o senhor também está nos importunando. E fique sabendo que sou brasileira, sou prima de um Major do Exército, sobrinha de um Coronel, e *filha de um General!* Morou?

Estarrecido, o delegado só teve força para engolir em seco e balbuciar humildemente:

— Da ativa, minha senhora?

E, ante a confirmação, voltou-se para o escrivão, erguendo os braços, desalentado:

— Da ativa, Motinha. Sai dessa.

Uma galinha

Clarice Lispector

Era uma galinha de domingo. Ainda viva porque não passava de nove horas da manhã.
    Parecia calma. Desde sábado encolhera-se num canto da cozinha. Não olhava para ninguém, ninguém olhava para ela. Mesmo quando a escolheram, apalpando sua intimidade com indiferença, não souberam dizer se era gorda ou magra. Nunca se adivinharia nela um anseio.
    Foi pois uma surpresa quando a viram abrir as asas de curto vôo, inchar o peito e, em dois ou três lances, alcançar a murada do terraço. Um instante ainda vacilou — o tempo da cozinheira dar um grito — e em breve estava no terraço do vizinho, de onde, em outro vôo desajeitado, alcançou um telhado. Lá ficou em adorno deslocado, hesitando ora num, ora noutro pé. A família foi chamada com urgência e consternada viu o almoço junto de uma chaminé. O dono da casa lembrando-se da dupla necessidade de fazer esporadicamente algum esporte e de almoçar vestiu radiante um calção de banho e resolveu seguir o itinerário da galinha: em pulos cautelosos alcançou o telhado onde esta hesitante e trêmula escolhia com urgência outro rumo. A perseguição tornou-se mais intensa. De telhado a telhado foi percorrido mais de um quarteirão da rua. Pouco afeita a uma luta mais selvagem pela vida a galinha tinha que decidir por si mesma os caminhos a tomar sem nenhum auxílio de sua raça. O rapaz, porém, era um caçador adormecido. E por mais ínfima que fosse a presa o grito de conquista havia soado.

Sozinha no mundo, sem pai nem mãe, ela corria, arfava, muda, concentrada. Às vezes, na fuga, pairava ofegante num beiral de telhado e enquanto o rapaz galgava outros com dificuldade tinha tempo de se refazer por um momento. E então parecia tão livre.

Estúpida, tímida e livre. Não vitoriosa como seria um galo em fuga. Que é que havia nas suas vísceras que fazia dela um ser? A galinha é um ser. É verdade que não se poderia contar com ela para nada. Nem ela própria contava consigo, como o galo crê na sua crista. Sua única vantagem é que havia tantas galinhas que morrendo uma surgiria no mesmo instante outra tão igual como se fora a mesma.

Afinal, numa das vezes em que parou para gozar sua fuga, o rapaz alcançou-a. Entre gritos e penas, ela foi presa. Em seguida carregada em triunfo por uma asa através das telhas e pousada no chão da cozinha com certa violência. Ainda tonta, sacudiu-se um pouco, em cacarejos roucos e indecisos.

Foi então que aconteceu. De pura afobação a galinha pôs um ovo. Surpreendida, exausta. Talvez fosse prematuro. Mas logo depois, nascida que fora para a maternidade, parecia uma velha mãe habituada. Sentou-se sobre o ovo e assim ficou respirando, abotoando e desabotoando os olhos. Seu coração tão pequeno num prato solevava e abaixava as penas enchendo de tepidez aquilo que nunca passaria de um ovo. Só a menina estava perto e assistiu a tudo estarrecida. Mal porém conseguiu desvencilhar-se do acontecimento despregou-se do chão e saiu aos gritos:

— Mamãe, mamãe, não mate mais a galinha, ela pôs um ovo! Ela quer o nosso bem!

Todos correram de novo à cozinha e rodearam mudos a jovem parturiente. Esquentando seu filho, esta não era nem suave nem arisca, nem alegre nem triste, não era nada, era uma galinha. O que não sugeria nenhum sentimento especial. O pai, a mãe e a filha olhavam já há algum tempo, sem propriamente um pensamento qualquer. Nunca ninguém acariciou uma cabeça de galinha. O pai afinal decidiu-se com certa brusquidão:

— Se você mandar matar esta galinha nunca mais comerei galinha na minha vida!

— Eu também! jurou a menina com ardor.

A mãe, cansada, deu de ombros.

Inconsciente da vida que lhe fora entregue, a galinha passou a morar com a família. A menina, de volta do colégio, jogava a pasta longe sem interromper a corrida para a cozinha. O pai de vez em quando ainda se lembrava: "E dizer que a obriguei a correr naquele estado!" A galinha tornara-se a rainha da casa. Todos, menos ela, o sabiam. Continuou entre a cozinha e o terraço dos fundos, usando suas duas capacidades: a de apatia e a do sobressalto.

Mas quando todos estavam quietos na casa e pareciam tê-la esquecido, enchia-se de uma pequena coragem, resquícios da grande fuga — e circulava pelo ladrilho, o corpo avançando atrás da cabeça, pausado como num campo, embora a pequena cabeça a traísse: mexendo-se rápida e vibrátil, com o velho susto de sua espécie já mecanizado.

Uma vez ou outra, sempre mais raramente, lembrava de novo a galinha que se recortara contra o ar à beira do telhado, prestes a anunciar. Nesses momentos enchia os pulmões com o ar impuro da cozinha e, se fosse dado às fêmeas cantar, ela não cantaria mas ficaria muito mais contente. Embora nem nesses instantes a expressão de sua vazia cabeça se alterasse. Na fuga, no descanso, quando deu à luz ou bicando milho — era uma cabeça de galinha, a mesma que fora desenhada no começo dos séculos.

Até que um dia mataram-na, comeram-na e passaram-se anos.

Menina

Ivan Ângelo

> *"Oh, ela sabia cada vez mais."*
> (Clarice Lispector, *Perto do coração selvagem*)

Sentar-se, concentrada, contar até um número, por exemplo dez, ou doze, e esperar agudamente um acontecimento importante, era seu exercício mais impreciso, mais despido de maldade, porque ela não escolhia o que ia acontecer, só fazia acontecer.

Havia outros, menos intensos: gritar "aaaa" de olhos fechados e, abrindo-os, esperar que tudo houvesse desaparecido; colocar a mão molhada na testa e acompanhar aquele sangue mais frio passeando no seu corpo; imóvel e muda, obrigar a fruteira de cristal brilhante a estilhaçar-se no chão com a força do pensamento; passar sem comer um dia inteiro para preocupar a mãe e ouvir deliciada: "Ana Lúcia, você me mata!"

Entretanto, era o esperar que algo importante acontecesse quando contasse até doze ou dez que lhe dava aquele segundo de vida intenso do qual ela saía sempre um pouco mais velha, e apressava a sua respiração, como um cansaço ou um beijo de Guilherme em Nilsa. Horas depois, ou nos dias seguintes, quando ouvia as pessoas grandes conversarem segredos ou comentarem graves um fato recente, dizia-se, plena de poder, ela mesma perplexa ante suas possibilidades: "Fui eu. Fui eu que fiz."

Achava péssimo ir à escola, a professora era horrível. As coisas de que mais gostava: pensar sem ninguém perto porque aí podia ir avançando até se perder, brincar de santa, dormir, comer doce. Bom mesmo era fazer nada, nem pensar, mas isso só às vezes conseguia, e era impossível gozar o momento, sempre passado. Pois quando o sentia, ele já acabara: ela começara a pensar. Ter aquilo na mesma hora seria morrer? — perturbava-se ela com o pensamento, cada vez sabendo mais.

Sim, cada vez sabendo mais. Sempre sentira esse mistério: não ter pai. Ela, que podia tanta coisa, afinava-se embaraçada de não conseguir dizer "papai" do modo de Tita ou Nina. Era a única coisa que faziam melhor do que ela, dizer "papai". A diferença talvez só ela percebesse, sutil. Sentia que pai era uma coisa que se tem sempre, como mãe, ou roupas. Tita e Nina sabiam que aquela era uma vantagem:

— Quede seu pai, Ana Lúcia?
— Está viajando.

Disseram-lhe isso, já tinha escutado ou inventara? Ah, cada vez sabia mais, sempre mais.

Guilherme e Nilsa não se beijavam perto da mãe. Se ela chegava, as mãos ficavam quietas nas mãos, a respiração ficava mansinha e não havia mais nada interessante para olhar da janela do quarto. Beijar devia ser proibido. Ou pecado. (Sabia mais, sempre mais.)

— Ana Lúcia, seu pai ainda está viajando?
— Está.
— Mentirosa! Sua mãe é desquitada.

Ficou impotente diante da palavra desconhecida. Uma coisa nova, ainda não se podia saber de que lado olhar para possuí-la toda. Desquitada. Desquitada. Jamais perguntaria a Tita, era uma alegria que não lhe daria. Ficou uns instantes sem saber como sair ilesa dessa armadilha. Tita corada e brilhante de prazer na sua frente.

— E o que é que tem isso?

Tita desmontou como um quebra-cabeça, Ana Lúcia balançara o tabuleiro. Jamais teria medo de Tita, ela sempre dependia demais das coisas fora dela, de um gesto, de uma palavra como desquitada ou parto.

Desquitada. Passou dias tentando solucionar sozinha. Seria uma coisa como burra, feia? Não, não parecia. Flor? Flor parecia, mas não explicava nada: orquídeas, rosas, sempre-vivas, desquitadas... Parecia. "Mentirosa! Sua mãe é desquitada." Tita dissera como quem diz o quê? o quê? o quê? sem-vergonha. Sim!, como quem diz sem-vergonha: olhando de frente e esperando um tapa.

Nesses dias amou a mãe com muita força, amou-a até sentir lágrimas, defendendo-a contra a palavra que poderia feri-la: desquitada, sem-vergonha.

Ivan Ângelo

Pensava a palavra de leve, com receio de ferir a mãe. Experimentava, baixinho, torná-la mais suave, molhando-a de lágrimas e amor: desquitadinha, sem-vergonhinha. Mas a palavra sempre agredia, sempre feria.

Sentada no chão, picando retalhinhos de pano com a tesoura, amava a mãe intensamente, enquanto ela costurava rápida, bonita mesmo, com aqueles alfinetes na boca. Chegava alguém para provar vestidos, a mãe mandava-a sair. Era feio ver gente grande mudar de roupa, a mãe dizia. Saía contrariada por deixá-la exposta à palavra, em perigo. Abria-se a porta, ela entrava de novo, amando, amando.

Estava cansada dessa obrigação e só por isso duvidou de si, subitamente um dia ao tomar leite para dormir: desquitada podia não ser como sem-vergonha! Podia até ser pior, e quem sabe podia ser melhor. Respirando fundo e observando-se, ela seguia pronta para novas descobertas. Refugiou-se no sono.

No dia seguinte recomeçou. Mais uma vez preocupava-se com a palavra, agora não nova, mas mistério, sombra. Não se arriscava a dar um palpite, havia o perigo de outro engano.

A professora feia! pergunta no fim da manhã, recolhendo os cadernos, se alguém tem alguma dúvida. Ana Lúcia acende-se emocionada. Por que não a professora? Talvez ela fosse boa, talvez dissesse logo o que é desquitada, talvez dissesse na mesma hora, sem muitas perguntas como por que você quer saber uma coisa dessas. Levanta-se tímida, insegura. Já de pé, desiste, e não sabe se senta ou chora.

— O que é, Ana Lúcia?

A voz da professora, mansa, mas não ajudando. Não pergunto, não pergunto — teima Ana Lúcia, ganhando tempo.

— O que é? — a voz insiste.

As meninas riem, insuportáveis. Helenice e seus dentes enormes impossibilitando tudo. Ana Lúcia sente que vai chorar. Estar perto da mãe é o que mais deseja.

— Sente-se — ordena a professora irritada.

A máquina de costura avançava decidida sobre o pano. Que bonita que a mãe era, com os alfinetes na boca. Gostava de olhá-la calada, estudando seus gestos, enquanto recortava retalhos de pano com a tesoura.

Interrompia às vezes seu trabalho, era quando a mãe precisava da tesoura. Admirava o jeito decidido da mãe ao cortar pano, não hesitava nunca, nem errava. A mãe sabia tanto! Tita chamava-a de ( ) como quem diz ( ). Tentava não pensar as palavras, mas sabia que na mesma hora da tentativa tinha-as pensado. Oh, tudo era tão difícil. A mãe saberia o que ela queria perguntar-lhe intensamente agora quase com fome depressa depressa antes de morrer, tanto que não se conteve e

— Mamãe, o que é desquitada? — atirou rápida com uma voz sem timbre.

Tudo ficou suspenso, se alguém gritasse o mundo acabava ou Deus aparecia — sentia Ana Lúcia. Era muito forte aquele instante, forte demais para uma menina, a mãe parada com a tesoura no ar, tudo sem solução podendo desabar a qualquer pensamento, a máquina avançando desgovernada sobre o vestido de seda brilhante espalhando luz luz luz.

A mãe reconstruiu o mundo com uma voz maravilhosa e um riso:

— Eu precisava mesmo explicar para você a situação. Mas você é tão pequena!

Olhou a filha com carinho, procurando o jeito mais hábil. Pouco mais de sete anos, o que poderia entrar naquela cabecinha?

— Desquitada é quando o marido vai embora e a mãe fica cuidando dos filhos.

Pronto, estou livre — sentiu Ana Lúcia. Desquitada, desquitada, desquitada — repetia sem medo. Sentia-se completa e nova. Alegrou-se por não precisar amar a mãe com aquela força de antes. Sendo apenas uma menina poderia cansar-se e então o que seria da mãe? Bom, que desquitada não fosse um insulto. Bom mesmo. Deixava-a livre para pensar e não pensar, coisa tão difícil que

— Marido é o pai? — ela quis confirmar, conquistando áreas que as outras crianças tinham naturalmente. A mãe sorriu e confirmou.

Tita sabia dizer "papai" porque a mãe não era desquitada — ia Ana Lúcia aprendendo, descobrindo. Havia muita coisa em que pensar naquela conversa. Por exemplo: o que ela chama de marido é o que eu chamo de pai. Essa é uma diferença entre mãe e filha.

Ela sabia cada vez mais.

A caçada

Lygia Fagundes Telles

A loja de antiguidades tinha o cheiro de uma arca de sacristia com seus panos embolorados e livros comidos de traça. Com as pontas dos dedos, o homem tocou numa pilha de quadros. Uma mariposa levantou vôo e foi chocar-se contra uma imagem de mãos decepadas.

— Bonita imagem — disse ele.

A velha tirou um grampo do coque, e limpou a unha do polegar. Tornou a enfiar o grampo no cabelo.

— É um São Francisco.

Ele então voltou-se lentamente para a tapeçaria que tomava toda a parede no fundo da loja. Aproximou-se mais. A velha aproximou-se também.

— Já vi que o senhor se interessa mesmo é por isso... Pena que esteja nesse estado.

O homem estendeu a mão até a tapeçaria, mas não chegou a tocá-la.

— Parece que hoje está mais nítida...

— Nítida? — repetiu a velha, pondo os óculos. Deslizou a mão pela superfície puída. — Nítida, como?

— As cores estão mais vivas. A senhora passou alguma coisa nela?

A velha encarou-o. E baixou o olhar para a imagem de mãos decepadas. O homem estava tão pálido e perplexo quanto a imagem.

— Não passei nada, imagine... Por que o senhor pergunta?

— Notei uma diferença.

— Não, não passei nada, essa tapeçaria não agüenta a mais leve escova, o senhor não vê? Acho que é a poeira que está sustentando o tecido — acrescentou, tirando novamente o grampo da cabeça. Rodou-o entre os dedos com ar pensativo. Teve um muxoxo: — Foi um desconhecido que trouxe, precisava muito de dinheiro. Eu disse que o pano estava por demais estragado, que era difícil encontrar um comprador, mas ele insistiu tanto... Preguei aí na parede e aí ficou. Mas já faz anos isso. E o tal moço nunca mais me apareceu.

— Extraordinário...

A velha não sabia agora se o homem se referia à tapeçaria ou ao caso que acabara de lhe contar. Encolheu os ombros. Voltou a limpar as unhas com o grampo.

— Eu poderia vendê-la, mas quero ser franca, acho que não vale mesmo a pena. Na hora que se despregar, é capaz de cair em pedaços.

O homem acendeu um cigarro. Sua mão tremia. Em que tempo, meu Deus! em que tempo teria assistido a essa mesma cena. E onde?...

Era uma caçada. No primeiro plano, estava o caçador de arco retesado, apontando para uma touceira espessa. Num plano mais profundo, o segundo caçador espreitava por entre as árvores do bosque, mas esta era apenas uma vaga silhueta, cujo rosto se reduzira a um esmaecido contorno. Poderoso, absoluto era o primeiro caçador, a barba violenta como um bolo de serpentes, os músculos tensos, à espera de que a caça levantasse para desferir-lhe a seta.

O homem respirava com esforço. Vagou o olhar pela tapeçaria que tinha a cor esverdeada de um céu de tempestade. Envenenando o tom verde-musgo do tecido, destacavam-se manchas de um negro-violáceo e que pareciam escorrer da folhagem, deslizar pelas botas do caçador e espalhar-se no chão como um líquido maligno. A touceira na qual a caça estava escondida também tinha as mesmas manchas e que tanto podiam fazer parte do desenho como ser simples efeito do tempo devorando o pano.

— Parece que hoje tudo está mais próximo — disse o homem em voz baixa. — É como se... Mas não está diferente?

A velha firmou mais o olhar. Tirou os óculos e voltou a pô-los.

— Não vejo diferença nenhuma.

— Ontem não se podia ver se ele tinha ou não disparado a seta...

— Que seta? O senhor está vendo alguma seta?

— Aquele pontinho ali no arco...

A velha suspirou.

— Mas esse não é um buraco de traça? Olha aí, a parede já está aparecendo, essas traças dão cabo de tudo — lamentou, disfarçando um bocejo. Afastou-se sem ruído, com suas chinelas de lã. Esboçou um gesto distraído: — Fique aí à vontade, vou fazer meu chá.

O homem deixou cair o cigarro. Amassou-o devagarinho na sola do sapato. Apertou os maxilares numa contração dolorosa. Conhecia esse bosque, esse caçador, esse céu — conhecia tudo tão bem, mas tão bem! Quase sentia nas narinas o perfume dos eucaliptos, quase sentia morder-lhe a pele o frio úmido da madrugada, ah, essa madrugada! Quando? Percorrera aquela mesma vereda, aspirara aquele mesmo vapor que baixava denso do céu verde... Ou subia do chão? O caçador de barba encaracolada parecia sorrir perversamente embuçado. Teria sido esse caçador? Ou o companheiro lá adiante, o homem sem cara espiando por entre as árvores? Uma personagem de tapeçaria. Mas qual? Fixou a touceira onde a caça estava escondida. Só folhas, só silêncio e folhas empastadas na sombra. Mas, detrás das folhas, através das manchas pressentia o vulto arquejante da caça. Compadeceu-se daquele ser em pânico, à espera de uma oportunidade para prosseguir fugindo. Tão próxima a morte! O mais leve movimento que fizesse, e a seta... A velha não a distinguira, ninguém poderia percebê-la, reduzida como estava a um pontinho carcomido, mais pálido do que um grão de pó em suspensão no arco.

Enxugando o suor das mãos, o homem recuou alguns passos. Vinha-lhe agora uma certa paz, agora que sabia ter feito parte da caçada. Mas essa era uma paz sem vida, impregnada dos mesmos coágulos traiçoeiros da folhagem. Cerrou os olhos. E se tivesse sido o pintor que fez o quadro? Quase todas as antigas tapeçarias eram reproduções de quadros, pois não eram? Pintara o quadro original e por isso podia reproduzir, de olhos fechados, toda a cena nas suas minúcias: o contorno das árvores, o céu sombrio, o caçador de barba esgrouvinhada, só músculos e nervos apontando para a touceira... "Mas se detesto caçadas! Por que tenho que estar aí dentro?"

Apertou o lenço contra a boca. A náusea. Ah, se pudesse explicar toda essa familiaridade medonha, se pudesse ao menos... E se fosse um simples espectador casual, desses que olham e passam? Não era uma hipótese? Podia ainda ter visto o quadro no original, a caçada não passava de uma ficção. "Antes do aproveitamento da tapeçaria..." — murmurou, enxugando os vãos dos dedos no lenço.

Atirou a cabeça para trás como se o puxassem pelos cabelos, não, não ficara do lado de fora, mas lá dentro, encravado no cenário! E por que tudo parecia mais nítido do que na véspera, por que as cores estavam mais fortes apesar da penumbra? Por que o fascínio que se desprendia da paisagem vinha agora assim vigoroso, rejuvenescido?...

Saiu de cabeça baixa, as mãos cerradas no fundo dos bolsos. Parou meio ofegante na esquina. Sentiu o corpo moído, as pálpebras pesadas. E se fosse dormir? Mas sabia que não poderia dormir, desde já sentia a insônia a segui-lo na mesma marcação da sua sombra. Levantou a gola do paletó. Era real esse frio? Ou a lembrança do frio da tapeçaria? "Que loucura!... E não estou louco", concluiu num sorriso desamparado. Seria uma solução fácil. "Mas não estou louco."

Vagou pelas ruas, entrou num cinema, saiu em seguida e quando deu acordo de si, estava diante da loja de antiguidades, o nariz achatado na vitrina, tentando vislumbrar a tapeçaria lá no fundo.

Quando chegou em casa, atirou-se de bruços na cama e ficou de olhos escancarados, fundidos na escuridão. A voz tremida da velha parecia vir de dentro do travesseiro, uma voz sem corpo, metida em chinelas de lã: "Que seta? Não estou vendo nenhuma seta..." Misturando-se à voz, veio vindo o murmurejo das traças em meio de risadinhas. O algodão abafava as risadas que se entrelaçaram numa rede esverdinhada, compacta, apertando-se num tecido com manchas que escorreram até o limite da tarja. Viu-se enredado nos fios e quis fugir, mas a tarja o aprisionou nos seus braços. No fundo, lá no fundo do fosso, podia distinguir as serpentes enleadas num nó verde-negro. Apalpou o queixo. "Sou o caçador?" Mas ao invés da barba encontrou a viscosidade do sangue.

Acordou com o próprio grito que se estendeu dentro da madrugada. Enxugou o rosto molhado de suor. Ah, aquele calor e aquele frio! Enrolou-se nos lençóis. E se fosse o artesão que trabalhou na tapeçaria? Podia revê-la, tão nítida, tão próxima que, se estendesse a mão, despertaria a folhagem. Fechou os punhos. Haveria de destruí-la, não era verdade que além daquele trapo detestável havia alguma coisa mais, tudo não passava de um retângulo de pano sustentado pela poeira. Bastava soprá-la, soprá-la!

Encontrou a velha na porta da loja. Sorriu irônica:

— Hoje o senhor madrugou.

— A senhora deve estar estranhando, mas...

— Já não estranho mais nada, moço. Pode entrar, pode entrar, o senhor conhece o caminho...

"Conheço o caminho" — murmurou, seguindo lívido por entre os móveis. Parou. Dilatou as narinas. E aquele cheiro de folhagem e terra, de onde vinha aquele cheiro? E por que a loja foi ficando embaçada, lá longe? Imensa, real só a tapeçaria a se alastrar sorrateiramente pelo chão, pelo teto, engolindo tudo com suas manchas esverdinhadas. Quis retroceder, agarrou-se a um armário, cambaleou resistindo ainda e estendeu os braços até a coluna. Seus dedos afundaram por entre galhos e resvalaram pelo tronco de uma árvore, não era uma coluna, era uma árvore! Lançou em volta um olhar esgazeado: penetrara na tapeçaria, estava dentro do bosque, os pés pesados de lama, os cabelos empastados de orvalho. Em redor, tudo parado. Estático. No silêncio da madrugada, nem o piar de um pássaro, nem o farfalhar de uma folha. Inclinou-se arquejante. Era o caçador? Ou a caça? Não importava, não importava, sabia apenas que tinha que prosseguir correndo sem parar por entre as árvores, caçando ou sendo caçado. Ou sendo caçado?... Comprimiu as palmas das mãos contra a cara esbraseada, enxugou no punho da camisa o suor que lhe escorria pelo pescoço. Vertia sangue o lábio gretado.

Abriu a boca. E lembrou-se. Gritou e mergulhou numa touceira. Ouviu o assobio da seta varando a folhagem, a dor!

"Não..." — gemeu, de joelhos. Tentou ainda agarrar-se à tapeçaria. E rolou encolhido, as mãos apertando o coração.

O burguês e o crime

Carlos Heitor Cony

O burguês

Foi durante a noite que, de repente, ele se fez a pergunta:
— Por que não?

A pergunta finalizava a série de pensamentos que haviam começado horas antes, quando estava no teatro. Fora com a mulher assistir a uma peça de sucesso, com artistas de sucesso, estréia recente e também de sucesso. As duas primeiras noites haviam sido dedicadas à alta sociedade, às classes produtoras, ao Corpo Diplomático, às autoridades constituídas e a penetras de diferentes origens e feitios. Na altura da terceira apresentação, ele chegara em casa e a mulher o intimara:

— É o fim, Figueiredo! Todo mundo já viu a peça, menos nós. Tem de ser hoje.

Uma semana depois, a peça seria suspensa por falta de público, mas naquela terceira noite ele teve de se acotovelar na entrada, discutir com os bilheteiros e terminar sendo explorado por um cambista que lhe vendeu duas péssimas poltronas com ágio pesado e imerecido.

Suportou, lá dentro — e estoicamente — os primeiros momentos da peça, mas ainda em meio ao primeiro ato desanimou de procurar entender o que se passava no palco. Era um drama complicado e palavroso, uma jovem que tinha neurose e amantes, um analista, uma enfermeira lésbica e, presidindo a tudo, um pai severo e asmático. Em suma: um conflito acima de suas possibilidades e de seu interesse.

Quando ia ao cinema, sempre podia dormir quando o filme seguia um rumo surpreendente assim. No escuro o cochilo ficava impune, a mulher nem suspeitava. À saída, ele concordava com a opinião da mulher e conseguiam chegar em casa sãos e salvos. Mas no teatro era difícil o cochilo. Havia luz, e pior que a luz, havia sempre a iminência de algo espantoso, o cenário despencar, a roupa da atriz cair, um ator ter enfarte ou esquecer o texto, um fósforo botar fogo no pano de boca. Tais e tantos atrativos impediam-no de dormir, mas propiciavam discreta dormência, o pensamento solicitado ora pelo calor, ora pela peça, ora ainda pelo pigarro de um velho na platéia, ou pelo sapato um pouco apertado que Ema — a mulher — o obrigara a usar.

Tivera um dia calmo, calmos eram todos os seus dias. A firma, apesar do sócio que era uma toupeira, prosperava. Saúde boa, perspectivas boas. Não tinha motivos para pensar no futuro ou no passado. Sobravam-lhe motivos para dormir no presente, a peça já era um motivo.

A frase, dita por alguém no palco, chamou-o de volta. Ele já contara as pregas do lado direito da cortina que compunha o fundo do cenário, e preparava-se, resignado, pra contar as pregas do lado esquerdo, quando ouviu alguém falar em morte.

Não, não ameaçavam ninguém de morte. O drama do palco era existencial, não continha mortes nem ameaças de. Fora uma frase convencional, assim como "não devemos matar a velha de susto", ou "se a velha souber disso pode morrer".

Matar ou morrer? Não chegava a ser uma opção, nem no palco, nem em sua vida, mas uma série de pensamentos que tinham, ora a sua lógica, ora o seu absurdo, e em ambos os casos, a sua conveniência. Evidente, não pensava nunca em sua própria morte, mas sabia que havia gente que morria e gente que matava. Os que morriam eram os doentes, os suicidas, os atropelados, os assassinos, os passageiros de avião ou da Central do Brasil. Os que matavam eram os criminosos, os ladrões noturnos, os tiranos, os motoristas de ônibus.

Não era agradável pensar em *morrer*. Logo retirou este elemento de sua opção e ficou apenas com o *matar*.

Matar o quê? Matar para quê? Na peça, falavam em matar uma velha de susto. Ele não tinha velha nenhuma à vista. A mãe já morrera, as parentas de velhice mais agressiva também já haviam morrido. Havia a sogra, ainda, mas não chegava a ser uma velha, e, além do mais, era uma excelente pessoa.

Se não adiantava matar uma velha, matar o quê?

Matar por matar, amor à arte, eis a questão. Matar para experimentar os nervos, ou para provar a si mesmo do que era capaz. Sim, isso justificava um crime. Mas para provar do que era capaz, não bastaria matar — isso qualquer idiota poderia fazer. Tinha de matar e permanecer impune — para poder se olhar no espelho e se sentir redimido, confiante: sou um caráter!

Foi então que surgiu o problema — que seria, nos próximos dias, o *seu* problema, o único problema realmente sério de sua vida — como obter o crime perfeito? Matar o porteiro de seu edifício, por exemplo, nunca seria um crime perfeito. Mais cedo ou mais tarde a polícia apertaria os moradores do prédio e ele acabaria confessando. Para matar impunemente teria de escolher um comerciário de Brás de Pina, uma funcionária subalterna que voltasse, tarde da noite, para o Leblon.

Mas seria estúpido matar sem motivo, embora matasse perfeitamente. O crime perfeito, sem lucro pessoal, não lhe interessava, aliás, pensando bem, agora que o primeiro ato terminava, nenhum crime lhe interessava.

Teve coragem para o comentário.

— Uma peça muito profunda!

A mulher não concordou nem discordou. Apenas disse:

— Vamos esperar pelo resto. Acho que vai sair um escândalo!

Foi a vez de ele concordar, embora não suspeitasse que tipo de escândalo estava prestes a estourar. Saiu para o *hall*, circulou entre estranhos, bebeu um gole d'água gelada, sem sede mesmo, só para passar o tempo.

Durante o segundo ato os pensamentos seguiram outro rumo. Surgiu no palco um pastor protestante. Surgiu também um militar reformado que era mudo — e ele começou a pensar em como seria sua vida — e como seria ele mesmo — se não tivesse voz.

Chegou à conclusão e ao fim da peça: poderia manter o mesmo padrão de vida se, por acaso, ficasse sem voz. Era-lhe coisa inútil, espécie de adorno. Para ganhar dinheiro e dormir com a mulher — a voz era dispensável, uma responsabilidade incômoda.

Ao saírem, cumprimentou com a cabeça alguns conhecidos e fez a viagem de volta imaginando-se mudo. Conseguiu chegar em casa sem ter pronunciado uma só palavra — o que não era uma vantagem especial, sempre que iam ou que voltavam de algum lugar, a mulher é quem falava, ele apenas ouvia.

A grande oportunidade para testar a sua disciplina interior foi ao guardar o carro na garagem. Todas as vezes tinha de pedir à mulher que suspendesse o vidro da porta:

— Suspenda o seu vidro, Ema.

Àquela noite, engoliu em seco e esperou que a mulher saísse para, então, inclinar-se no banco, com algum esforço para sua espinha já bombardeada por sedimentações calcáreas que prenunciavam um respeitável bico-de-papagaio, e rodar a manivelinha até fechar o vidro.

Na cama, preparado para dormir, a palavra primeiramente, e o conceito depois, retornaram à sua cabeça e às suas preocupações: *matar*. Há muito não tinha insônia. A firma prosperava, vendia material de escritório aos ministérios militares, era pago em dia, e não faltavam encomendas, tanto a Marinha como o Exército e a Aeronáutica — felizmente para ele e para a Pátria — gastavam mais em papel timbrado do que em pólvora.

Geralmente, caía duro em cima da cama. De quinze em quinze dias, ou de vinte em vinte dias, procurava a mulher para um amor apressado e quase sempre incompleto da parte dela.

Quando percebeu as horas, viu que gastara a noite toda pensando. Tinha disciplina interior feroz e eficiente. Se dormisse até as 9, estaria salvo. Virou para o lado e antes de escorregar definitivamente no sono, teve um pensamento também definitivo:

— "Se não fosse a polícia, eu matava!"

O crime

A firma era próspera e prosperava, apesar do sócio: um belo homem, excelente caráter, pai amantíssimo, esposo exemplar, amigo irrepreensível — foi o mínimo que um orador, à beira do túmulo, disse dele, no dia do enterro: "Colhidos pela brutalidade de tua morte, aqui estamos, Anselmo, para prantearmos o excelente caráter, o pai amantíssimo, o esposo exemplar, o amigo irrepreensível que acabamos de perder!"

No mesmo cemitério, à beira de outro túmulo, e mais ou menos à mesma hora, Ema foi sepultada e chorada quase que solitariamente: quatro coveiros a sepultaram, com suas correntes e más vontades, e o marido a chorou, apesar de tudo, segundo afirmaram alguns poucos presentes que ouviram os soluços de um enterro e o discurso do outro.

À noite, apareceram-lhe em casa alguns amigos compenetrados. Conforme afirmaram mais tarde, foram à casa dele unicamente para que o Figueiredo "não fizesse uma besteira".

Apesar da presença dos amigos, Figueiredo conteve-se e não cometeu besteira nenhuma. Tomou apenas um porre, como lhe convinha, e disse obscenidades a respeito da vida e de si mesmo, chamando a vida de merda e

O burguês e o crime

chamando-se a si mesmo de corno. O que ia de encontro aos pensamentos gerais, embora os amigos protestassem, deixa disso, Figueiredo, deixa disso!

No dia seguinte ao do enterro, apareceu mal vestido e barbado para iniciar as providências legais das sucessões, pois sucedia ao sócio no controle da firma e sucedia à mulher nos bens do casal que eram muitos, o sogro lhe havia deixado apólices e casas em Vila Isabel.

Estava rico e livre agora da chatice do sócio e da chatice da mulher. E para ficar livre dos amigos, começou a cultivar mau hálito, o que impedia que os mais importunos se acercassem dele para dar conselhos, principalmente quando, após o escândalo da dupla morte, revelou-se o outro escândalo, o da fortuna que lhe chegava às mãos através de tão rudes eventos.

Rosnavam que, se não fossem as trágicas e patentes circunstâncias, a polícia deveria investigar melhor aquilo tudo. Mas a suspeita não tinha consistência — apesar do ódio que Figueiredo passou a provocar pela fotuna, pelo mau hálito, e pela liberdade que lhe chegara à vida. Ele mesmo, com o tempo, começou a esquecer, a duvidar do passado, e um dia, vendo no fundo do armário uma peça íntima de Ema, suspirou e sentiu saudades. Logo se aprumou, afugentou o pensamento macabro que lhe surgiu, e embora não houvesse ninguém à volta, disse em voz alta, como convinha a um homem que sofrera tanto:

— "Aquela cachorra!"

Porém já cinco anos eram passados da morte da cachorra e do cachorro. Cinco anos daquela tragédia que enlutou a família cristã, rudemente golpeada pelo escândalo daquele pacto de morte. Cronistas sem assunto escreveram sobre o *pacto de morte* tão romanticamente previsto e executado, foram ouvidas opiniões de sociólogos, de pedagogos e de sacerdotes sobre o caso. Cinco dias depois já ninguém falava no assunto e cinco anos depois, só mesmo ele, e às vezes, pensava em tudo, detalhadamente, como num passo heróico de sua vida.

Chegara àquela noite em casa, de uma viagem rápida a São Paulo, e baqueara ao entrar em seu quarto: caídos e nus, em cima da cama, a sua mulher e o sócio. Próximo do sócio, o copo partido, cujos resíduos foram examinados pelo Instituto de Criminalística e cuja malignidade foi devidamente provada.

A perícia, com a ajuda dele, reconstituiu os acontecimentos. Ele viajara a São Paulo, voltaria na noite seguinte. Tão logo se mandou pela estrada, Ema chamara o amante. A perícia examinou a vagina de Ema e encontrou sinais evidentes do coito recente. O imperscrutável aconteceu — e aqui o relatório policial foi respeitoso, ao afirmar que, "após manterem relações de fundo sexual, os dois amantes decidiram pôr fim à vida através de um pacto de morte que foi imediatamente cumprido".

Anselmo preparou o veneno, Ema bebeu estoicamente, sem repugnância pela morte ou pelo gosto de amêndoas que saía do copo. E Anselmo, logo em seguida, ingeriu o restante. Contorceram-se pouco, e logo se imobilizaram — e foi assim que, à noite, Figueiredo e mais tarde a polícia os encontraram.

No 18º Distrito Policial o pacto de morte foi classificado como "Ocorrência nº 53.697" e arquivado após despacho do delegado-auxiliar, cumpridas as formalidades legais e pagas as taxas do costume.

O crime e o burguês

— "Se não fosse a polícia eu matava!"

Com essa frase ele adormecera, uma semana antes da tragédia que abalou a sociedade cristã e a sua vida. Viera do teatro e ficara pensando em matar, mas não sabia nem como, nem a quem matar. Não tinha nenhum problema importante na vida, tudo lhe ia bem, e essa inexistência de um problema dava-lhe a sensação de burrice, de imprestabilidade.

Desde que pensara em matar, sentiu que iniciava uma nova vida, fugia à rotina, à qual sempre se submetera. Era o seu *problema*, embora não fosse, ainda, a sua *vontade*. No trabalho, em casa, andando pelas ruas, tinha agora uma ordem fixa de pensamentos e de energias.

Certa tarde, regressando da cidade, parou no Flamengo. Entrou num prédio, tomou o elevador, fechou os olhos e apertou um botão: qualquer andar em que o elevador parasse, serviria. Parou no sétimo andar. Havia duas portas à frente, apertou a campainha do 701. A velhinha veio abrir e ele quase chegou ao crime: levou as duas mãos para a frente em direção ao gasganete da velha. Mas deu-lhe uma tremedeira nas pernas e ele recuou. O elevador ficara parado no andar e ele pôde fugir. Poderia ter deixado a velha morta, ninguém teria visto nada. Mas deixou a velha apenas surpreendida e irritada.

Passou uma noite de cão, reprovando-se a covardia. Tivera tudo à mão, a velha, o elevador, não esbarrara com niguém, nunca entrara naquele prédio. A polícia procuraria pelos parentes da velha, os desafetos, os fornecedores, as ex-empregadas, os vizinhos. Não tivera ao alcance das mãos apenas o gasganete da velha: tivera nas mãos o crime perfeito — e o desperdiçara, sem lucro algum.

E então tremeu, emocionado e surpreso: acabara de descobrir o crime verdadeiramente perfeito: O LUCRO. Matar sem lucro, como no caso da velha, seria uma brincadeira idiota. Tinha de matar com muito lucro, com tanto lucro que ficasse óbvia a lucrabilidade do crime. E para tornar patente essa lucrabilidade, tinha de escolher uma vítima que fosse patentemente próxima de seus interesses. Viu a mulher dormindo a seu lado.

— "Se mato esta mulher — a minha mulher — o primeiro e necessário suspeito serei eu mesmo."

Riu, com a facilidade do problema. Tão fácil era o problema que resolveu exagerar. Não mataria apenas uma pessoa, mas duas. E, na escala de importância e de lucro, a segunda pessoa que lhe apareceu foi o sócio, o qual hipotecara, há tempos, a parte dele, para levar a mulher aos Estados Unidos, curar um tumor no colo do útero. Ele emprestara o dinheiro e ficara com as hipotecas do sócio. Se matasse o sócio, a firma ficaria inteiramente em suas mãos, era um lucro evidente, agressivo.

Dois dias depois, avisou à mulher que ia a São Paulo, viagem rápida. Saiu à noite, subiu em direção a Teresópolis. Deixou o carro numa rua que lhe pareceu deserta, tomou um ônibus e antes da meia-noite estava novamente em casa. Entrou pela garagem, como o fazia todas as noites, mas sem o carro, e por causa disso, não teve necessidade de acordar o garagista.

Supreendeu a esposa:

— Uê? Você já voltou?

— Você está vendo.

Explicou que o carro enguiçara no quilômetro 97 da Rio-São Paulo, tomara um ônibus, amanhã voltaria ao local, com um mecânico. Foram dormir e ele procurou a mulher. Dessa vez, pela primeira vez em muitos anos, concentrou-se no esforço de fazê-la gozar — era parte do plano. Depois que ela estremeceu e gritou coisas indecentes — sinal que finalmente gozara — ele conseguiu, também, um escasso prazer. Mas logo levou a mão ao peito:

— Ema, o enfarte!

Caiu para o lado, olhos arregalados, bufando grosso. Ema deu um pulo da cama, nua.

— Vou buscar a coramina!

— Não! Chame o Anselmo, preciso falar com ele, é urgente, mas diga a ele para não contar a ninguém, para vir já! As hipotecas dele! Ele pode perder tudo!

Ema foi ao telefone, acordou Anselmo:

— O Figueiredo teve um enfarte. Venha correndo, mas não diga nada a ninguém. As hipotecas!

A mulher de Anselmo perguntou quem chamava o marido dela àquela hora da noite, mas Anselmo, apesar de esposo exemplar e pai amantíssimo, deu um grito:

— Vá à merda, mulher. Depois eu explico!

Ema foi à cozinha, apanhou um copo d'água. Quando voltou ao quarto, pingando gotas de coramina no copo, encontrou o marido em pé, com um copo na mão.

— Uê? Já ficou bom?

Figueiredo avançou para ela.

— Beba isso!

— Mas...

— Beba, sua idiota!

Era a primeira vez, em dezenove anos de casados, que se dava o nome ao boi naquela casa. Ema apanhou o copo, sentiu um cheiro estranho. Bebeu um gole e ainda teve tempo de perguntar:

— Para que é isso?

— É um afrodisíaco. Faz a gente gozar mais ainda.

Mas Ema não ouviu que ia gozar mais ainda. Caiu próximo à cama e Figueiredo arrumou-a o melhor que pôde. Mais alguns minutos, foi à porta da frente, esperar pelo sócio. Viu o elevador subir, a luzinha crescendo, crescendo. Anselmo saiu do elevador e deu com ele na porta.

— E o enfarte?

— Entre depressa!

Anselmo não gostou. A mulher dele ia falar o resto da vida contra aquela saída abrupta, misteriosa, ia ser o diabo explicar.

— Brincadeira tem hora! Cadê o enfarte?

Figueiredo estendeu-lhe o copo.

— Prove essa droga! Veja que gosto tem e se concorda comigo.

Anselmo provou, sentiu um gosto adocicado de amêndoas, mas não teve tempo de concordar. Figueiredo arrastou-o ao quarto, tirou-lhe a roupa, deitou-o ao lado de Ema, a mão estendida para fora do leito. Pegou no copo, colocou-o na mão de Anselmo, deixou que o copo se partisse no chão.

Apagou as luzes, deixando apenas um pequeno abajur aceso. Ganhou a rua, atravessando a garagem do prédio, o garagista tinha sono de pedra, quando chegava tarde, com o carro, tinha de esmurrar a campainha para que o homem lhe abrisse a porta dos carros.

Andou pela cidade, esperando o primeiro ônibus para Teresópolis. Deixara impressões no copo, nas roupas, em todos os lugares. Mas o lucro era tão dele que invalidava a suspeita. Deixara atrás de si um crime que se explicava por si mesmo.

Tomou o ônibus para Teresópolis. Com o sereno da noite, o carro ficara melado como um bicho. Antes de ligar o motor, abriu o painel de instrumentos e desligou o cabo do velocímetro. Desceu a serra, almoçou um frango assado à beira da estrada, atingiu a Avenida Brasil e cortou em direção oposta à cidade. Andou mais alguns quilômetros e pegou a Rio-São Paulo. Enfrentou as retas iniciais, atingiu a serra mas logo fez um contorno e embicou de volta ao Rio. Parou no posto de gasolina para abastecer o carro.

— Tem mecânico aí?

O mulato de maus dentes surgiu das entranhas de uma camioneta.

— É o cabo do velocímetro. Acho que houve alguma coisa com ele.

Deu boa gorjeta ao mecânico e ao homem do posto que lhe enchera o tanque, tinha agora duas pessoas que atestariam que ele regressava de São Paulo. Quando arrancou, os dois homens o chamaram de doutor:

— Boa viagem, doutor!

Chegou em casa, após uma boa viagem, e viu o quadro que logo os policiais examinaram, os jornais noticiaram e com o qual ele lucrou.

Moral

O crime, para o burguês, só não compensa quando a polícia está contra.

Uma vela para Dario

Dalton Trevisan

Dario vem apressado, guarda-chuva no braço esquerdo. Assim que dobra a esquina, diminui o passo até parar, encosta-se a uma parede. Por ela escorrega, senta-se na calçada, ainda úmida de chuva. Descansa na pedra o cachimbo.

Dois ou três passantes à sua volta indagam se não está bem. Dario abre a boca, move os lábios, não se ouve resposta. O senhor gordo, de branco, diz que deve sofrer de ataque.

Ele reclina-se mais um pouco, estendido na calçada, e o cachimbo apagou. O rapaz de bigode pede aos outros se afastem e o deixem respirar. Abre-lhe o paletó, o colarinho, a gravata e a cinta. Quando lhe tiram os sapatos, Dario rouqueja feio, bolhas de espuma surgem no canto da boca.

Cada pessoa que chega ergue-se na ponta dos pés, não o pode ver. Os moradores da rua conversam de uma porta a outra, as crianças de pijama acodem à janela. O senhor gordo repete que Dario sentou-se na calçada, soprando a fumaça do cachimbo, encostava o guarda-chuva na parede. Mas não se vê guarda-chuva ou cachimbo ao seu lado.

A velhinha de cabeça grisalha grita que ele está morrendo. Um grupo o arrasta para o táxi da esquina. Já no carro a metade do corpo, protesta o motorista: quem pagará a corrida? Concordam chamar a ambulância. Dario conduzido de volta e recostado à parede — não tem os sapatos nem o alfinete de pérola na gravata.

Uma vela para Dario

    Alguém informa da farmácia na outra rua. Não carregam Dario além da esquina; a farmácia no fim do quarteirão e, além do mais, muito peso. É largado na porta de uma peixaria. Enxame de moscas lhe cobrem o rosto, sem que faça um gesto para espantá-las.

    Ocupado o café próximo pelas pessoas que apreciam o incidente e, agora, comendo e bebendo, gozam as delícias da noite. Dario em sossego e torto no degrau da peixaria, sem o relógio de pulso.

    Um terceiro sugere lhe examinem os papéis, retirados — com vários objetos — de seus bolsos e alinhados sobre a camisa branca. Ficam sabendo do nome, idade, sinal de nascença. O endereço na carteira é de outra cidade.

    Registra-se correria de uns duzentos curiosos que, a essa hora, ocupam toda a rua e as calçadas: é a polícia. O carro negro investe a multidão. Várias pessoas tropeçam no corpo de Dario, pisoteado dezessete vezes.

    O guarda aproxima-se do cadáver, não pode identificá-lo — os bolsos vazios. Resta na mão esquerda a aliança de ouro, que ele próprio — quando vivo — só destacava molhando no sabonete. A polícia decide chamar o rabecão.

    A última boca repete — *Ele morreu, ele morreu.* E a gente começa a se dispersar. Dario levou duas horas para morrer, ninguém acreditava estivesse no fim. Agora, aos que alcançam vê-lo, todo o ar de um defunto.

    Um senhor piedoso dobra o paletó de Dario para lhe apoiar a cabeça. Cruza as mãos no peito. Não consegue fechar olho nem boca, onde a espuma sumiu. Apenas um homem morto e a multidão se espalha, as mesas do café ficam vazias. Na janela alguns moradores com almofadas para descansar os cotovelos.

    Um menino de cor e descalço vem com uma vela, que acende ao lado do cadáver. Parece morto há muitos anos, quase o retrato de um morto desbotado pela chuva.

    Fecham-se uma a uma as janelas. Três horas depois, lá está Dario à espera do rabecão. A cabeça agora na pedra, sem o paletó. E o dedo sem a aliança. O toco de vela apaga-se às primeiras gotas da chuva, que volta a cair.

Anos 70

Violência e paixão

Os anos 70 marcam um momento de apogeu do conto no Brasil, depois do salto de qualidade na década anterior. Intensificam-se ímpetos revolucionários e dilaceramentos pessoais, agora num contexto de violência política e social até então inédito no país. O conto afirma-se como instrumento adequado para expressar artisticamente o ritmo nervoso e convulsivo desta década passional. Entra na moda um novo e carinhoso retrato de escritor, o "contista mineiro", descendente legítimo das gerações de Carlos Drummond, Fernando Sabino e Otto Lara Resende. Diante do consumismo e da internacionalização em que mergulha a classe média, a arte do conto busca trazer à tona *o outro lado* — o lado violento e obscuro da realidade. O contista brasileiro dos anos 70 quer desafinar o coro dos contentes.

Passeio noturno — Parte I

Rubem Fonseca

Cheguei em casa carregando a pasta cheia de papéis, relatórios, estudos, pesquisas, propostas, contratos. Minha mulher, jogando paciência na cama, um copo de uísque na mesa de cabeceira, disse, sem tirar os olhos das cartas, você está com um ar cansado. Os sons da casa: minha filha no quarto dela treinando impostação de voz, a música quadrifônica do quarto do meu filho. Você não vai largar essa mala?, perguntou minha mulher, tira essa roupa, bebe um uisquinho, você precisa aprender a relaxar.

Fui para a biblioteca, o lugar da casa onde gostava de ficar isolado e como sempre não fiz nada. Abri o volume de pesquisas sobre a mesa, não via as letras e números, eu esperava apenas. Você não pára de trabalhar, aposto que os teus sócios não trabalham nem a metade e ganham a mesma coisa, entrou a minha mulher na sala com o copo na mão, já posso mandar servir o jantar?

A copeira servia à francesa, meus filhos tinham crescido, eu e a minha mulher estávamos gordos. É aquele vinho que você gosta, ela estalou a língua com prazer. Meu filho me pediu dinheiro quando estávamos no cafezinho, minha filha me pediu dinheiro na hora do licor. Minha mulher nada pediu, nós tínhamos conta bancária conjunta.

Vamos dar uma volta de carro?, convidei. Eu sabia que ela não ia, era hora da novela. Não sei que graça você acha em passear de carro todas as noites, também aquele carro custou uma fortuna, tem que ser usado, eu é que cada vez me apego menos aos bens materiais, minha mulher respondeu.

Passeio noturno — Parte I

    Os carros dos meninos bloqueavam a porta da garagem, impedindo que eu tirasse o meu. Tirei os carros dos dois, botei na rua, tirei o meu, botei na rua, coloquei os dois carros novamente na garagem, fechei a porta, essas manobras todas me deixaram levemente irritado, mas ao ver os pára-choques salientes do meu carro, o reforço especial duplo de aço cromado, senti o coração bater apressado de euforia. Enfiei a chave na ignição, era um motor poderoso que gerava a sua força em silêncio, escondido no capô aerodinâmico. Saí, como sempre sem saber para onde ir, tinha que ser uma rua deserta, nesta cidade que tem mais gente do que moscas. Na avenida Brasil, ali não podia ser, muito movimento. Cheguei numa rua mal iluminada, cheia de árvores escuras, o lugar ideal. Homem ou mulher? Realmente não fazia grande diferença, mas não aparecia ninguém em condições, comecei a ficar tenso, isso sempre acontecia, eu até gostava, o alívio era maior. Então vi a mulher, podia ser ela, ainda que mulher fosse menos emocionante, por ser mais fácil. Ela caminhava apressadamente, carregando um embrulho de papel ordinário, coisas de padaria ou de quitanda, estava de saia e blusa, andava depressa, havia árvores na calçada, de vinte em vinte metros, um interessante problema a exigir uma grande dose de perícia. Apaguei as luzes do carro e acelerei. Ela só percebeu que eu ia para cima dela quando ouviu o som da borracha dos pneus batendo no meio-fio. Peguei a mulher acima dos joelhos, bem no meio das duas pernas, um pouco mais sobre a esquerda, um golpe perfeito, ouvi o barulho do impacto partindo os dois ossões, dei uma guinada rápida para a esquerda, passei como um foguete rente a uma das árvores e deslizei com os pneus cantando, de volta para o asfalto. Motor bom, o meu, ia de zero a cem quilômetros em nove segundos. Ainda deu para ver que o corpo todo desengonçado da mulher havia ido parar, colorido de sangue, em cima de um muro, desses baixinhos de casa de subúrbio.
    Examinei o carro na garagem. Corri orgulhosamente a mão de leve pelos pára-lamas, os pára-choques sem marca. Poucas pessoas, no mundo inteiro, igualavam a minha habilidade no uso daquelas máquinas.
    A família estava vendo televisão. Deu a sua voltinha, agora está mais calmo?, perguntou minha mulher, deitada no sofá, olhando fixamente o vídeo. Vou dormir, boa noite para todos, respondi, amanhã vou ter um dia terrível na companhia.

Passeio noturno — Parte II

Rubem Fonseca

Eu ia para casa quando um carro encostou no meu, buzinando insistentemente. Uma mulher dirigia, abaixei os vidros do carro para entender o que ela dizia. Uma lufada de ar quente entrou com o som da voz dela: Não está mais conhecendo os outros?

Eu nunca tinha visto aquela mulher. Sorri polidamente. Outros carros buzinaram atrás dos nossos. A avenida Atlântica, às sete horas da noite, é muito movimentada.

A mulher, movendo-se no banco do seu carro, colocou o braço direito para fora e disse, olha um presentinho para você.

Estiquei meu braço e ela colocou um papel na minha mão. Depois arrancou com o carro, dando uma gargalhada.

Guardei o papel no bolso. Chegando em casa, fui ver o que estava escrito. Ângela, 287-3594.

À noite, saí, como sempre faço.

No dia seguinte telefonei. Uma mulher atendeu. Perguntei se Ângela estava. Não estava. Havia ido à aula. Pela voz, via-se que devia ser a empregada. Perguntei se Ângela era estudante. Ela é artista, respondeu a mulher.

Liguei mais tarde. Ângela atendeu.

Sou aquele cara do Jaguar preto, eu disse.

Você sabe que eu não consegui identificar o seu carro?

Apanho você às nove horas para jantarmos, eu disse.

Espera aí, calma. O que foi que você pensou de mim?

Nada.

Eu laço você na rua e você não pensou nada?

Não. Qual é o seu endereço?

Ela morava na Lagoa, na curva do Cantagalo. Um bom lugar. Estava na porta me esperando.

Perguntei onde queria jantar. Ângela respondeu que em qualquer restaurante, desde que fosse fino. Ela estava muito diferente. Usava uma maquiagem pesada, que tornava o seu rosto mais experiente, menos humano.

Quando telefonei da primeira vez disseram que você tinha ido à aula. Aula de quê?, eu disse.

Impostação de voz.

Tenho uma filha que também estuda impostação de voz. Você é atriz, não é?

Sou. De cinema.

Eu gosto muito de cinema. Quais foram os filmes que você fez?

Só fiz um, que está agora em fase de montagem. O nome é meio bobo, *As virgens desvairadas*, não é um filme muito bom, mas estou começando, posso esperar, tenho só vinte anos. Na semi-escuridão do carro ela parecia ter vinte e cinco.

Parei o carro na Bartolomeu Mitre e fomos andando a pé na direção do restaurante Mário, na rua Ataulfo de Paiva.

Fica muito cheio em frente ao restaurante, eu disse.

O porteiro guarda o carro, você não sabia?, ela disse.

Sei até demais. Uma vez ele amassou o meu.

Quando entramos, Ângela lançou um olhar desdenhoso sobre as pessoas que estavam no restaurante. Eu nunca havia ido àquele lugar. Procurei ver algum conhecido. Era cedo e havia poucas pessoas. Numa mesa um homem de meia-idade com um rapaz e uma moça. Apenas três outras mesas estavam ocupadas, com casais entretidos em suas conversas. Ninguém me conhecia.

Ângela pediu um martíni.

Você não bebe?, Ângela perguntou.

Às vezes.

Agora diga, falando sério, você não pensou nada mesmo, quando eu te passei o bilhete?

Não. Mas se você quer, eu penso agora, eu disse.

Pensa, Ângela disse.

Existem duas hipóteses. A primeira é que você me viu no carro e se interessou pelo meu perfil. Você é uma mulher agressiva, impulsiva e decidiu me conhecer. Uma coisa instintiva. Apanhou um pedaço de papel arrancado de um caderno e escreveu rapidamente o nome e o telefone. Aliás quase não deu para eu decifrar o nome que você escreveu.

E a segunda hipótese?

Que você é uma puta e sai com uma bolsa cheia de pedaços de papel escritos com o seu nome e o telefone. Cada vez que você encontra um sujeito num carro grande, com cara de rico e idiota, você dá o número para ele. Para cada vinte papelinhos distribuídos, uns dez telefonam para você.

E qual a hipótese que você escolhe?, Ângela disse.

A segunda. Que você é uma puta, eu disse.

Ângela ficou bebendo o martíni como se não tivesse ouvido o que eu havia dito. Bebi minha água mineral. Ela olhou para mim, querendo demonstrar sua superioridade, levantando a sobrancelha — era má atriz, via-se que estava perturbada — e disse: você mesmo reconheceu que era um bilhete escrito às pressas dentro do carro, quase ilegível.

Uma puta inteligente prepararia todos os bilhetinhos em casa, dessa maneira, antes de sair, para enganar os seus fregueses, eu disse.

E se eu jurasse a você que a primeira hipótese é a verdadeira. Você acreditaria?

Não. Ou melhor, não me interessa, eu disse.

Como que não interessa?

Ela estava intrigada e não sabia o que fazer. Queria que eu dissesse algo que a ajudasse a tomar uma decisão.

Simplesmente não interessa. Vamos jantar, eu disse.

Com um gesto chamei o maître. Escolhemos a comida.

Ângela tomou mais dois martínis.

Nunca fui tão humilhada em minha vida. A voz de Ângela soava ligeiramente pastosa.

Eu se fosse você não bebia mais, para poder ficar em condições de fugir de mim, na hora em que for preciso, eu disse.

Eu não quero fugir de você, disse Ângela esvaziando de um gole o que restava na taça. Quero outro.

Aquela situação, eu e ela dentro do restaurante, me aborrecia. Depois ia ser bom. Mas conversar com Ângela não significava mais nada para mim, naquele momento interlocutório.

O que é que você faz?

Controlo a distribuição de tóxicos na zona sul, eu disse.

Isso é verdade?
Você não viu o meu carro?
Você pode ser um industrial.
Escolhe a sua hipótese. Eu escolhi a minha, eu disse.
Industrial.
Errou. Traficante. E não estou gostando desse facho de luz sobre a minha cabeça. Me lembra as vezes em que fui preso.
Não acredito numa só palavra do que você diz.
Foi a minha vez de fazer uma pausa.
Você tem razão. É tudo mentira. Olha bem para o meu rosto. Vê se você consegue descobrir alguma coisa, eu disse.
Ângela tocou de leve no meu queixo, puxando meu rosto para o raio de luz que descia do teto e me olhou intensamente.
Não vejo nada. Teu rosto parece o retrato de alguém fazendo uma pose, um retrato antigo, de um desconhecido, disse Ângela.
Ela também parecia o retrato antigo de um desconhecido.
Olhei o relógio.
Vamos embora?, eu disse.
Entramos no carro.
Às vezes a gente pensa que uma coisa vai dar certo e dá errado, disse Ângela.
O azar de um é a sorte do outro, eu disse.
A lua punha na lagoa uma esteira prateada que acompanhava o carro. Quando eu era menino e viajava de noite a lua sempre me acompanhava, varando as nuvens, por mais que o carro corresse.
Vou deixar você um pouco antes da sua casa, eu disse.
Por quê?
Sou casado. O irmão da minha mulher mora no teu edifício.
Não é aquele que fica na curva? Não gostaria que ele me visse. Ele conhece o meu carro. Não há outro igual no Rio.
A gente não vai se ver mais?, Ângela perguntou.
Acho difícil.
Todos os homens se apaixonam por mim.
Acredito.
E você não é lá essas grandes coisas. O teu carro é melhor do que você, disse Ângela.
Um completa o outro, eu disse.
Ela saltou. Foi andando pela calçada, lentamente, fácil demais, e ainda por cima mulher, mas eu tinha que ir logo para casa, já estava ficando tarde.

Rubem Fonseca

Apaguei as luzes e acelerei o carro. Tinha que bater e passar por cima. Não podia correr o risco de deixá-la viva. Ela sabia muita coisa a meu respeito, era a única pessoa que havia visto o meu rosto, entre todas as outras. E conhecia também o meu carro. Mas qual era o problema? Ninguém havia escapado.

Bati em Ângela com o lado esquerdo do pára-lama, jogando o seu corpo um pouco adiante, e passei, primeiro com a roda da frente — e senti o som surdo da frágil estrutura do corpo se esmigalhando — e logo atropelei com a roda traseira, um golpe de misericórdia, pois ela já estava liquidada, apenas talvez ainda sentisse um distante resto de dor e perplexidade.

Quando cheguei em casa minha mulher estava vendo televisão, um filme colorido, dublado.

Hoje você demorou mais. Estava muito nervoso?, ela disse.

Estava. Mas já passou. Agora vou dormir. Amanhã vou ter um dia terrível na companhia.

A morte de D.J. em Paris

Roberto Drummond

Para Jésus Rocha, amigo de D. J., Sebastião Martins, guia de D. J. em Paris e Antônio Martins da Costa, que conheceu D. J. no Brasil.

ATO Nº 1

(Prólogo: *o homem magro dos óculos escuros conta o que sabe, na sala do tribunal, sobre um morto, de nome D. J., que está sendo julgado. É a primeira testemunha a ser ouvida no processo que os jornais chamam de "O Misterioso Caso de D. J.". Na manhã seguinte, um repórter o descreveu assim: "...tirava e punha os óculos sem parar, fumou sete cigarros e o Hollywood sem filtro tremia na mão dele"; deturpou os fatos por amizade a D. J., como disse o promotor público, e foi acusado em dois ou três editoriais, sendo que um deles na primeira página, de inventar uma história fantástica sobre uma Mulher Azul que fala com uma voz de frevo tocando.*)

Le brésilien D. J.: era assim que a gente chamava D. J. naquelas noites em que ficávamos até não sei que horas batendo papo no bar "Flor de Minas", lembro que os trens apitavam lá na estação Central do Brasil, eram uns apitos chorados e roucos e mui tristes, doía como uma faca furando uma coisa que a gente nem tinha mais (mão ou perna amputada), e D. J. que não bebia nem nada, só tomava sua água tônica, tossia aquele nó na garganta e falava que em Paris havia mulheres azuis. Era na hora em que os trens apitavam e dava aquilo em todos nós que D. J. lembrava das mulheres azuis, chamava-as de "femmes bleues". D. J. era professor de francês e até para pedir sua água tônica à garçonete Odete ele falava em "la bouteille et le verre"; e nós esvaziávamos uma fila de Brahmas (mas faço questão de não deixar dúvida: D. J. só bebia água tônica, quando muito tomava uma Coca-Cola) e ficávamos ouvindo D. J. contando aquilo das mulheres azuis: elas iam à Île de St. Louis, falavam com uma voz de frevo tocando e — é como se eu ouvisse de novo a voz de D. J. — quem tivesse sorte podia ver as sardas nas costas delas, umas sardas feitas pelo sol de algum mar. D. J. parecia outro, os olhos dele brilhavam e ele dizia que ia para Paris no mês que vem.

Custo a acreditar que D. J. morreu, mas afinal de contas, o jornal disse que ele está morto, então deve ser verdade; para mim, no entanto, le brésilien D. J. está vivo, está aqui: tinha uma cicatriz no supercílio esquerdo, um mistério: eu nunca soube como surgiu aquela cicatriz; ele era magro, louro como um inglês, mais ou menos 1 metro e 75 de altura, e, segundo mistério: tinha hora que D. J. parecia ter 45 anos, outras horas ficava com 29 anos. Era solteiro por amor: terceiro mistério. As mulheres feias achavam D. J. horrível, mas as belas gostavam dele, e D. J. teve quantas quis, até o dia em que descobriu que só as mulheres azuis faziam os homens felizes.

"Diz uma coisa D. J.", falava não lembro se o Antônio ou o Geraldo, "o que a gente sente quando vê uma mulher azul?"

"A gente fica como se uma lua tivesse entrado dentro da gente. Mas é preciso estar em estado de graça para ver uma 'femme bleue'..."

E, se um de nós perguntava se no Brasil não havia mulheres azuis, D. J. respondia que sim, havia, mas a safra de "femmes bleues" no Brasil era muito pequena, cada vez menor, não dava para todos, o jeito era mesmo ir para Paris no mês que vem. Uma noite, fico em dúvida sobre quem fez a brincadeira, alguém pôs gim na água tônica de D. J., sem que ele visse, e D. J. ficou com 29 anos, falou numa mulher azul brasileira que tinha um ar de nuvem, depois olhou a noite e disse que aquela era a lua mais desperdiçada do mundo, e cantarolou uma música, escuto a voz dele cantarolando:

> *"É, você que é feita de azul*
> *me deixa morar neste azul*
> *me deixa encontrar minha paz*
> *você que é bonita demais..."*

Ele tirou do bolso um passaporte gasto de tanto nos mostrar e disse que ia para Paris. Foi a última vez que eu o vi.

A morte de D.J. em Paris

ATO Nº 2

(*Entressonho: fragmento do monólogo do "Diário de Paris", escrito por D.J. e descoberto pela testemunha nº 2, um jovem repórter que, ao ser perguntado pelo promotor público sobre os manuscritos de D.J., respondeu: "prefiro não revelar minhas fontes de informação". Estranhos fatos começaram a acontecer ao repórter e uma moça que era a feia mais linda do mundo esperou e esperou por ele num barzinho e soube que ele havia sido internado numa clínica, com um esgotamento nervoso.*)

Toda manhã, lá no seu país, você acordava e ah! como você procurava alguma coisa dela no canto da cama; podia ser um calor a mais deixado no travesseiro, um fio de cabelo, quem sabe o pé de sapato esquecido. Nada: dela, só um gosto de solidão na garganta. E, no entanto, ainda agora, ela estava ali: você sentiu o pé dela no seu. Ela chegou de azul como numa noite em que prendeu o sapato na falha de um passeio. Por que será que, ultimamente, ela sempre aparecia de azul? Sem saber por quê, você saía da cama, deixava para amanhã meia hora de ginástica, e repetia: "Se eu não for a Paris mês que vem, não quero me chamar D. J.".

Você descia a escada para tomar o café. Sua irmã Maria Mariana ou Marimá, que jamais casou, fazia sonhos e os adoçava com açúcar para o café da manhã. Você comia sonhos, D. J., e tomava leite de vaca pensando no leite de cabra que vendiam no Quartier Latin. E, às 6 e 25 em ponto, andando a pé com seu sapato precisando de meia-sola, você ia dar aula no Colégio Dom Bosco. Como toda manhã, passava por um jardim que te fazia pensar no Jardin du Luxembourg. Alguém gritava: "Quer uma carona, D. J.?" "Não, obrigado", você respondia. E andava com seu sapato precisando de meia-sola, sentindo o asfalto fazer cócega na planta do seu pé, e pensava: sou o único professor que ainda não está motorizado. Consolava-se um pouco por ter lido nem sabia onde que andar a pé era antienfarte. E uma voz de frevo tocando dizia: "Você precisa pedir um aumento..." Você via "le petit fleuve" que cortava sua cidade e que não era o Sena, atravessava uma ponte que não era a Pont Neuf e nem a Pont de l'Alma, e um barulho como de uma metralhadora soltando foguete vinha andando atrás de você. Duas vozes gritavam: "D. J., tudo oká?" Era Fernando Paulo na motocicleta, com Vera Sílvia na garupa: ele de cabelos na ventania, ela de minissaia. Você acenava pros dois e sentia que estava acenando e sorrindo para seus verdes anos que passavam com Fernando Paulo e Vera Sílvia.

Um fogo de palha de mocidade acendia em você e você andava mais depressa com seu sapato precisando de meia-sola, decidia: "Hoje vou pedir aumento". Imaginava a conversa com o Senhor Diretor do Colégio Dom Bosco que tinha voz de locutor ou de galã de radionovela.

Você: — "Sabe o que eu quero, Senhor Diretor?"
Senhor Diretor: — "Suponho que sim, mas..."
Você: — "Não tem mas: quero um aumento, quase todos ganharam, só eu e mais dois que não, exijo um aumento..."
Senhor Diretor: — "Calma, D. J., você se esquece que está substituindo o professor Valle na cadeira de geografia, esquece que está ganhando o salário dele..."
Você: — "Perdão, Senhor Diretor, mas o professor Valle foi a Guarujá e daqui a cinco ou seis dias está de volta, exijo o aumento, senão vou para Paris e..."
Senhor Diretor: — "Paris, Paris é ilusão, D. J., um pedaço de papel colorido, puro pedaço de papel..."

E, assim, com seu sapato precisando de meia-sola, você entrava no gabinete de ar refrigerado do Senhor Diretor do Colégio Dom Bosco.

"Bom dia, Senhor Diretor", você dizia e olhava para os outros professores. "Olá, pessoal..."

"Quando a sirene tocar o início das aulas", você dizia a você, "fico só com o Senhor Diretor e exijo meu aumento". Enquanto esperava, você discutia futebol, todas as manhãs vocês discutiam futebol: o novo rei está nascendo, quem é?, ainda pergunta?: o Tostão, deixa de sonho, professor Rui: igual ao Pelé não nasce outro em cem anos, é? e o Garrincha?, Garrincha foi melhor que o Pelé, nunca, jamais, em tempo algum, voz da professora Magda: Pelé é o único, o rei dos reis, espera pra ver, Magda, o Tostão vai fazer 90 milhões de brasileiros esquecerem o Pelé, duvido, só vendo: o Pelé é gênio, e o Tostão?, não é gênio?, não ouviu o que o Saldanha falou na TV, sssssss, o Senhor Diretor parece que vai falar: silêncio: sssssss — voz de locutor ou galã de radionovela: vocês discutem sobre Pelé e Tostão porque não viram El Tigre jogar, quem era El Tigre?, lastimo, professora Maria Rita, que a senhora não saiba: El Tigre era Friedenreich, filho de um alemão e de uma mulata brasileira, o soberbo, melhor que Pelé e Tostão — Senhor Diretor: Friedenreich é aquele que matou um goleiro com um chute?, quando eu era menino contavam a história — ele mesmo, professor Souza, El Tigre, o soberbo — e um a um vocês iam concordando que igual a El Tigre nunca houve nem haverá, e você sentia que era melhor deixar o pedido de aumento para amanhã, vingava-se imaginando o Senhor Diretor lendo anúncios, com sua voz de locutor, na Rádio Nacional: "Olá, como se sente: clima quente, rim doente? Tome Urodonal e viva contente!" E vocês saíam do gabinete do Senhor Diretor, dizendo: "Como ele gosta de futebol, hein?, é uma excelente pessoa o Senhor Diretor..."

Tocava a sirene: a sirene era a sua música, confesse, D. J., agora que você está em Paris: a sirene chamava para a aula e era a sua música por causa de Vera Sílvia que mordia a boca como menina, com uns dentinhos separados e ficava vermelha quando você, sim, você, a olhava muito: você olhava a minissaia de Vera Sílvia, as pernas morenas de Vera Sílvia, pensava em outras pernas morenas, olhava os joelhos de Vera Sílvia, pensava nuns outros joelhos, e não era no fundo dos olhos de Vera Sílvia que olhava para dentro que você se perdia: você se perdia nuns outros olhos, no limite do Brasil com Paris.

(Confissão que você fez a Vera Sílvia e a Fernando Paulo na cantina do Colégio Dom Bosco:

"Vocês não sabem o que é ter estudado interno cinco anos num colégio de padres jesuítas: chegava a Semana Santa e a gente se sentia culpado pela morte de Jesus Cristo...")

E, de noite, você ia ao bar "Flor de Minas", e os trens apitavam e você falava na "femme bleue", depois ia para casa, virava na cama, com a "femme bleue" engasgada na garganta. Até que você transformou o sótão do sobrado onde morava numa Paris de papel. Deixou aberta uma janela no teto, para as estrelas de Paris, e foi pregando cartazes turísticos e posters do Quartier Latin. Num biombo que fazia curvas, o Sena veio andando, trazia num "bateau-mouche" um casal de namorados acenando numa página dupla do "Paris Match", e o Sena foi cortando sua Paris ao meio: aqui o Quai D'Orsay, ali o Quai du Louvre, dividindo sua Paris em Rive Gauche e Rive Droite.

"É na Rive Gauche, que é a do meu coração, que eu vou morar..."

Depois nasceu um Jardin du Luxembourg, com estudantes conversando, surgiu mais para lá a Sorbonne tão sonhada, o café Les Deux Magots apareceu na parede: você escutava as conversas dos que bebiam. E quando os pombos começaram a voar na Île de St. Louis e a primavera pulou na capa do "Paris Match", você abraçou amigos, anotou as encomendas de cada um num caderninho de capa azul, fechou a porta de Paris e, de lá, começou a mandar cartas para o Brasil.

"Paris, coeur du monde, 29 de abril de 1969.
Antoine, mon cher:
Vive Paris! Vive la vie!
Aqui estou, Antoine: depois de adiar minha vinda nem lembro quantos anos, aqui estou, em Paris! Quando o Boeing em que eu viajava desceu em

Roberto Drummond

Orly, e eu vi Paris, pensei que fosse sonho: mas meu Gauloises me queimou o dedo e eu senti que era verdade. Aluguei um quarto num simpático hotelzinho, o Saint Michel, no Boul'Mich, a dois quarteirões da Sorbonne. A lamentar, só que peguei a Febre da Primavera, fiquei dois dias de cama e ainda não vi a "femme bleue"...
Etc., etc., etc."

ATO Nº 3

(Entredormido: o homem rouco, quase sem voz e que chupava pastilha de Cepacol, faz seu depoimento por escrito sobre os primeiros dias de D. J. em Paris. Foi lido em voz alta por um locutor de rádio, a pedido do juiz, e considerado "fruto de imaginação fértil, mas doentia", por um comentarista da TV.
"Contém tanta pieguice", escreveu um editorialista, "que nem M. Delly teria coragem de assinar aquela água com açúcar".)

Naquela manhã D. J. olhou no espelho e sentiu falta da cicatriz no supercílio esquerdo: descobriu que estava com trinta anos, porque foi aos 31 que aconteceu o que D. J. nem de lembrar gostava e ele ficou um homem marcado. Abriu a janela do quarto no Hotel Saint Michel e encheu os pulmões de ar. Gostava de respirar o ar com gosto de flor, porque era o ar de Paris na primavera, e, debruçado na janela, assoviava a "Marselhesa", repetia muito o trecho que diz "le jour de Gloire est arrivé".

"Por que será que estou remoçando?", pensou D. J.

Só de pisar no aeroporto de Orly, D. J. perdeu o ar de 45 anos, demonstrando ter quarenta anos. E, a cada manhã, ao olhar no espelho, ficava mais novo, rugas desapareciam, falhas no cabelo eram substituídas por um cabelo louro e rebelde.

"É a Febre da Primavera", diz D. J. "Todos os estrangeiros pegam a Febre da Primavera e é ela que está me fazendo remoçar..."

D. J. tomou o café da manhã que Madame Francine levava em seu quarto, por ter simpatizado logo com aquele brésilien que a fazia pensar no marido morto "dans une sale guerre, une sale guerre". Eram 9 e meia quando D. J. saiu andando pelo Quartier Latin. Ia devagar, fumando um Gauloises, e seu corpo doía, suas pernas doíam, e alguma coisa o queimava.

"Esta maldita Febre da Primavera..."

Diante da Sorbonne, D. J. perguntou a um velho de óculos se ele tinha visto por ali alguma mulher azul.

"Perto do Sena costumava haver mulheres azuis..."

"Mas o senhor viu alguma por lá?"

"Não, hoje eu não vi. Uma vez vi uma na Île de St. Louis, mas logo a perdi de vista: ela atravessou a Pont Sully e foi andando pelo Quai Saint Bernard: o salto do sapato dela tocava música" — disse o velho de óculos, tomando um jeito de trinta anos, quando falou na "femme bleue".

"Quando foi isso?", perguntou D. J., notando que o velho de óculos tinha ficado jovem.

"Faz uns catorze ou quinze anos..."

D. J. seguiu pelo Boulevard Saint Michel em direção ao Sena, olhando as mulheres. Uma sorriu um sorriso louro para D. J. Era linda, mas não era azul, e D. J. foi seguindo, dizendo que o diabo é que a Febre da Primavera põe a gente necessitado de mulher, mas do tipo daquela lá no Brasil tem muitas, se bem que sejam loiras oxigenadas. Na Île de Saint Louis, o corpo queimando como se tivesse quarenta graus de febre, D. J. sentou num banco, certo de que Ela, a "Femme Bleue", ia surgir, com o ar de nuvem que costumava ter, ia acenar de longe e gritar um "Hei" muito feliz que Ela disse certa noite no Brasil. D. J. jogava pão para os pombos da Île de Saint Louis, talvez eles tivessem visto a Mulher Azul, talvez tivessem bicado o dedo de unha muito tratada que era dela.

Diálogo (imaginado por D. J.):

Ela, voz de frevo tocando: "Sabe, D. J., aquele filme do John Ford que combinamos de assistir juntos aqui em Paris? Já saiu de cartaz há catorze anos..."

Ele: "Fala mais, quero ouvir sua voz de frevo tocando..."

Ela: "Sua mão tá quente, amor, e sua testa também: deve ser a Febre da Primavera, mas passa logo, já curei a minha..."

Ele: "Lembra daquela gripe que você me pegou uma vez? Você foi ao Rio de Janeiro e trouxe a gripe de lá..."

Ela: "E você demorou um tempão pra sarar da gripe, tomava conhaque Dreher um depois do outro..."

Ele: "E você fez aquela limonada pra mim, lembro do sumo do limão nos seus dedos..."

Ela: "E você tava sem cigarro nesse dia..."

Ele: "Foi mesmo. Sabe?, eu gostava daquela gripe. Olha: eu amava aquela gripe, porque aquela gripe era sua..."

Então uma voz de mulher, cantando desentoada e infeliz, chegava à Paris de D. J., mesmo na Île de Saint Louis aquela voz chegava.

> *"Deus vos salve, relógio*
> *que andando atrasado*
> *serviu de sinal*
> *ao Verbo Encarnado..."*

Era Maria Mariana ou Marimá que nunca casou, a única irmã de D. J., às vezes mais velha, às vezes mais nova do que D. J. Ela usava saias escondendo os joelhos e blusas brancas que sufocavam o pescoço, as mangas compridas. Suas sobrancelhas nada sabiam de pinças nem de lápis para sobrancelhas.

> *"Deus vos salve, relógio*
> *que andando atrasado..."*

Só os olhos, de um verde oceano Atlântico, lembravam a moça atraente que Maria Mariana foi. D. J. lembrava: ela no Brasil, fechando as janelas do sobrado colonial onde moravam às 10 da noite, como se fosse dormir, apagando a luz, como se fosse dormir, para ficar olhando a rua pela veneziana. Era um costume antigo de Maria Mariana, desde que um Promotor de Justiça viajou e a mulher dele, que deixava nas ruas um rastro de perfume francês, abriu a janela para uma sombra entrar.

D. J. tinha prometido a Maria Mariana, enquanto comia os doces sonhos feitos por ela, que ia rezar cinco Padre-nossos, cinco Ave-marias, quatro Salve-rainhas e um Creio-em-Deus-Padre, toda a noite, antes de dormir, logo que chegasse a Paris. Tudo em troca da ajuda (e do silêncio) de Maria Mariana, funcionária dos Correios e Telégrafos. Antes de dormir, Maria Mariana pensava que devia ir a Paris ver o que aquele louco irmão andava fazendo na Capital do Pecado, como padre Carlos chamava Paris. Ao pensar em Paris, um arrepio andava nas costas de Maria Mariana e ela lia e relia trechos do livro "Companheiro de Jornada" (Por uma vida ao encontro de Deus), do padre Tiago Koch, SVD, seus olhos sonolentos dormiam na página 57 do "Companheiro de Jornada":

> *"Mas sei que o mundo e seu barulho*
> *Já mais que um sonho me são..."*

Então Maria Mariana virava Marimá e ia por uma rua de asfalto molhado pela chuva, pingava resto de chuva das árvores, Marimá gostava das gotas molhando seu cabelo, e Marimá chegava ao convento dos Dominicanos, acenava para Frei Xisto que era nordestino e falava cantando que

Jesus Cristo é alegria, logo ela estava no aeroporto de Orly, D. J. a recebia com um olá muito antigo.

"Vou ser seu cicerone, Marimá", dizia D.J. dentro do táxi. "Tá vendo lá? É o Sena, e ali é a Île de St. Louis..."

Marimá era jovem e usava minissaia e blusa verde que tornava mais verdes seus olhos verdes. Em Paris, faziam serenata na janela de Marimá, um barbudo do barzinho de St. Germain aparecia nos seus sonhos tocando violão e cantando em português com uma voz de Sílvio Caldas:

> *"Nossas roupas comuns*
> *dependuradas, nas cordas,*
> *qual bandeiras agitadas..."*

Ouvindo aquela voz, Marimá sabia que Jesus Cristo era a alegria, torcia para D. J. encontrar a Mulher Azul e entendia a mulher do Promotor de Justiça que abriu a janela para uma sombra entrar.

> *"Tu pisavas os astros distraída*
> *sem saber que a ventura desta vida..."*

E um distante Renato Lima, que era o barbudo do barzinho de St. Germain, pulava a janela do quarto parisiense de Marimá, como nunca ousou pular no Brasil, e ela dizia: "É você? Estava te esperando..."

ATO Nº 4

(Entrepausa: *a correspondência apreendida que D. J. mandou de Paris a seus amigos brasileiros, juntada ao processo pelo advogado de acusação. No editorial "Mensagens Comprometedoras", um jornal que publicou as cartas e os telegramas de D. J. disse: "...se na consciência dos que zelam pelo que a civilização brasileira tem de mais caro restasse qualquer dúvida quanto à necessidade de aplicar a Justiça ao morto, essa sombra de dúvida desapareceria a um simples correr d'olhos pela correspondência maldita que o indesejável "monsieur" D. J. fez chegar aos incautos..."*)

Telegrama, datado de 5 de maio de 1969, enviado a Jésus Rocha, amigo de D. J.:

"Femme Bleue quae sera tamen PT Abraços D. J."

Carta a Geraldo, que seguiu os conselhos de D. J.:

"Paris, coeur du monde, 6 de maio de 1969.
Geraldo, mon cher:
Ah, Geraldo, companheiro das noites madrugadas no bar "Flor de Minas", como estes ares de Paris te fariam bem! Sua carta me deixou naquela base do feliz e preocupado. Explico: feliz por receber notícias da pátria (de longe, a gente entende o Vinícius de Moraes, quando ele escreveu: "...pátria minha, tão pobrinha"); e preocupado, perdão, por você.
Quer dizer que sua nova idéia fixa é a Leila Diniz? Quanto a isso nada a estranhar, aí no Brasil a gente aprende a gostar da mulher fiu-fiu, essas coisas, se bem que para o gosto deste seu criado, as mais magras — ah, as quase magras — é que contam. (Aqui em Paris tem uma porção delas, toda hora, no Boul'Mich, esbarro numa Brigitte Bardot.)
Entendo, Geraldo, sua fixação com vedetes do teatro rebolado (creio ser, de certa forma, o caso da Leila Diniz). Je te comprends, mon amie. Agora, essa sua gamação vem dos tempos da Mara Rúbia. Lembra quando você recortava fotografias dela e pendurava na parede do quarto? Ainda ouço você falar, esfregando as mãos: "Nas próximas férias, eu entro num trem e vou ao Rio conhecer a Mara Rúbia, mando uma corbeille de flores para ela no camarim, com um cartãozinho assim: "Divina Mara Rúbia: mineiro perdido de amor gostaria de conhecer a deusa Mara Rúbia"."
Lembra, Geraldo? Mas o tempo foi passando, a Mara Rúbia passou e você, oh, incorrigible et incourable coeur, ficou gamado pela Nélia Paula, quantos bilhetes você escreveu e não mandou para a Nélia Paula? Depois você gamou com a Angelita Martinez, com a Anilza Leoni, com aquela gata que era a Cármen Verônica, lembra que você jurou?: Chego no Rio, compro uns bombons e mando para a Cármen Verônica, com este cartão (irresistível): "Precisava haver alguma coisa doce entre nós. Será que eu poderia ao menos conhecê-la, divina Cármen Verônica?"
Imagino que, agora, você tem mandado bilhetes e mais bilhetes de imaginação para a divina Leila Diniz. Então, daqui de Paris, te aconselho: tome o primeiro avião e vá falar com a Leila Diniz. Se ela te aceitar, genial, je boirai à ta santé ici, à Paris; se não aceitar, deixa pra lá: você fez o que devia e o importante, Geraldo, é isso: fazer o que a gente quer. Não fique mais sentado deixando a vida andar.
Um abraço, o amigo, D. J."

Telegrama carimbado a 7 de maio de 1969, quando D. J. se sentiu com 32 anos, pelos Correios e Telégrafos do Brasil, e enviado a Luiz Gonzaga:

"L'amour est oiseau PT Il lui faut ouvrir des cages PT Abraços D. J."

A morte de D.J. em Paris

Carta a um certo Ângelo ou Gilu:

"*Paris, coeur du monde, 11 de maio de 1969.*
Mon ami:
Nem sei o que se passa comigo, desde que cheguei a Paris, mon cher Ângelo. Imagine, Gilu, que me olhei no espelho ontem e sabe o que aconteceu? Estava sem aquela cicatriz no supercílio. Quer dizer: voltei a ter trinta anos e, ao mesmo tempo, deixei de ser o homem marcado que eu era aí no Brasil. Talvez seja a Febre da Primavera.
Tenho lembrado daqueles nossos papos, você tomando conhaque Dreher e eu bebendo aquele purgante que é a água tônica, e a gente falando na cerca de arame farpado que nos prendia no internato do Colégio São Francisco e que nos acompanhou pelo resto da vida. Sabe de uma coisa? Pulei a cerca, Gilu: Paris me libertou. E quero declarar, solenemente, que não fui eu quem matou Jesus Cristo e não tenho nenhuma culpa se Madalena quis ser Madalena.
Descobri a vida, os pequenos prazeres da vida (a expressão é sua): outro dia peguei o maior fogo na Île de St. Louis, foi num sábado, com o sol quente! Havia vários brasileiros e eu conheci uma brasileira, que é chamada aqui de Ângela Langoust, desde os tempos da "Guerra da Lagosta" (em razão de ser muito apetitosa).
Mas o que ainda quero dizer é: derrubei a cerca de arame farpado. Estou livre!
Um abraço, D. J.
Em tempo: antes que você imagine coisas sobre a Ângela Langoust te digo que ela é uma bela mulher, mas tem um defeito: não é azul. Aguarde os pacotes de Gauloises que te prometi."

Carta que um misterioso Osvaldo não chegou a ler:

"*Paris, coração do mundo, 26 de maio de 1969.*
Osvaldo:
Eu ia andando pelo Boulevard Saint Michel e sua carta era um pedaço do Brasil que eu levava no bolso. Você me pergunta, Osvaldo, se quero receber feijão, lingüiça, couve mineira, torresmo e tudo mais pra fazer uma feijoada bem brasileira. Ah, Osvaldo, eu queria que alguém me mandasse uma tarde de maio e que, junto, viesse uma Mulher Azul deitada no meu ombro. Mas isso ninguém pode me mandar.
Um forte abraço, D. J.

PS — Não me esqueci dos queijos franceses que te prometi: nunca mais você me falará em queijos do Serro, se bem que, agora, me dá vontade de comer é queijo de Minas."

Telegrama a Luiz Gonzaga com data de 27 de maio de 1969:

"Brasil é um nó na garganta PT Abraço D. J."

Página nº 3, a única anexada ao processo, da carta que D. J. mandou a um tal de "Mon Vieux Bonhomme":

"...e eu sei, Mon Vieux Bonhomme, o quanto você ama a Regina e quanto a Regina te ama: o caso de vocês dois é uma das mais belas lembranças brasileiras que trouxe comigo. Aquilo de vocês se encontrarem num cemitério na hora do almoço, comendo peras argentinas e queijo Polenguinho, como dois Romeu e Julieta destes nossos tempos clandestinos, é inesquecível: é bonito toda a vida, Mon Vieux Bonhomme. E o susto do vigia do cemitério, vendo vocês dois se beijarem de tardinha, quando resolveram ir ficando, o vigia correndo e gritando: "Santo Deus!" Tudo isso é lindo, Mon Vieux. Agora te pergunto: que vida é essa em que dois amantes têm que se esconder como mortos, fingir de mortos!..."

ATO Nº 5

(Entrevinda: *narra o encontro de D. J. com a Mulher Azul em Paris, segundo o depoimento de um homem meio grisalho, com sinais de tintura nos cabelos, e que, mesmo comendo chucrute na "Brasserie Lipp", em St. Germain, nunca perdeu seu ar de farmacêutico do interior de Minas. "Vim de Paris só para depor", ele declarou aos jornalistas no Galeão. "Fui o confidente predileto de D. J...."*

Os jornais publicaram uma seqüência fotográfica dele e perguntaram na legenda:

"O que Pierre Cardin diria da elegância deste cavalheiro que jura ter chegado de Paris?")

D. J. comprava o "France Soir" e ia ler no Jardin du Luxembourg e o céu de Paris hoje prometia chuva, amanhã estiava, e D. J. sempre lá, lendo seu "France Soir": "pauvre" Catherine Grisel, 23 anos, comerciária, pulou no Sena, deixou um bilhete para Jean Farge: "Eu te amava, gatinho, ou ainda duvidas?", a Prefeitura de Paris anuncia mais flores na Primavera: quando você acordar, amanhã, parisiense, e passar pelas Tulherias, verá mais flores, extra: Jessica Dumont, loira, solteira, desceu do metrô depois de uma noite alegre, ah! inocente Jessica, como não viu que estava sendo seguida? Agora está morta: mistério de Jessica: il y a un vampire à Paris, suspeito é um homem moreno, com aparência de argelino, nova vítima do Vampiro de Paris: Thérèse, que queria ser uma segunda Brigitte Bardot, polícia de Paris tem pista do Vampiro de Paris... e o céu de Paris hoje prometia chuva, amanhã estiava, e D. J. sempre lá, lendo seu "France Soir": quem souber de Sylvie, morena, dezenove anos, avise a Paul: graças a um pequeno anúncio no "France Soir", Paul encontrou Sylvie (D. J. via as fotos de Paul e Sylvie, ilustrando a entrevista dos dois), petite annonce: "Femme Bleue: D. J., brésilien, 29 ans, avec une expérience de 45 ans, cherche Femme Bleue, qui parle comme frevo tocando..."

Mas nenhum repórter do "France Soir" soube que uma lua brasileira, a mesma das noites de Belo Horizonte, entrou dentro de D. J. num anoitecer de Paris. Aconteceu assim, pelo que ouvi de D. J., ele falando naquele jeito dele:

1 — D. J. fez bastante espuma com creme de barbear, raspou a barba que lhe dava uma aparência de Jesus Cristo, depois escanhoou bem o rosto, sentindo uma emoção muito antiga; cantarolava, numa pausa, um samba também muito antigo, de carnaval:

"Uma promessa eu fiz
ainda não pude pagar..."

O que D. J. recordava enquanto cantarolava: uma vez ele apareceu com a barba de dois dias e a Mulher Azul disse que nunca mais iam se encontrar; ela falou com a voz mais rouca, sem tocar frevo, e só falou por ter a pele muito fina, qualquer fio de barba punha duas rosas no rosto dela.

2 — Ao acabar de passar a loção Lacoste, de Jean Patou, e estando no seu quarto no Hotel St. Michel, 19, rue Cujas, D. J. ouviu um violão tocar, era um violão, não uma guitarra, e uma voz começou a cantar, primeiro longe, como se cantasse no Brasil, depois mais perto, cantava lindo:

"É, só eu sei
quanto amor eu guardei
sem saber que era só pra você..."

D.J. sentiu um arrepio na pele, abriu a porta do quarto e foi andando pelo corredor do Hotel St. Michel, escutando a voz:

"É, só tinha de ser com você
havia de ser pra você
senão era só uma dor..."

D.J. encostava o ouvido na fechadura de cada porta: não, não é aqui — lembro dele me contando — e a voz de frevo cantando: "senão não seria amor/ aquele em que a gente crê/ amor que chegou para dar"; na porta do quarto nº 6, a voz cresceu, tremeu dentro de D.J. e repetiu: "amor que chegou para dar/ o que ninguém deu pra você", então D.J. bateu na porta do quarto 6: era ela, a Mulher Azul.

Meia hora depois, ele passou cinco ou seis telegramas urgentes para os amigos brasileiros, mudando apenas o nome e o endereço de cada um. Diziam a mesma coisa:

"Encontrei Femme Bleue PT Nome dela é Lu PT
Abraços D. J."

Lu, que era mesmo azul, trabalhava à tarde como "Baby Sitter" numa casa no Étoile e, à noitinha, D.J. ia buscá-la. Era bom ficar esperando na esquina da rue de L'Étoile com Montenotte, fumando um Gauloises. Ela vinha andando com seu ar de nuvem queimada pelo sol do Rio de Janeiro e entregava a D.J. suas duas mãos. Às vezes usava um vestido amarelo, decotado atrás, e os dois vinham andando a pé, porque nunca tinham pressa. Lu tinha um jeito de se encolher nele e o sapato dela agarrava o salto numa falha qualquer no Quai des Tuileries, como agarrava numa falha no passeio de Belo Horizonte, e eles saltavam a Pont Royal e vinham até o Boul'Mich. Iam muito ao café La Coupole, em Mont Parnasse, ou Les Deux Magots, e nos fins de semana, quando Lu recebia, pois o dinheiro de D.J. mal dava, íamos comer cuscuz num restaurante na rue du Pot de Fer, um cuscuz tão gostoso que nos fazia pensar no Brasil, Lu queria comer muito cuscuz, mas tinha medo de engordar. Nós, os brasileiros de Paris, nos acostumamos a ver D.J. e Lu juntos: tinham aquele olhar descansado dos que estão em dia com o amor, a gente remoçava perto deles, e ver um sem o outro era com se estivesse sem um braço ou uma perna: eles se completavam, e de manhã iam os dois, de mãos dadas para as aulas no Institute des Hautes Études de L'Amérique Latine, na rue Saint Guillaume, ouçam Lu falando, sua voz de frevo tocando:

"Lembra como eu era no Brasil? Lembra, D.J.? Não estudava, não trabalhava: lembra da minha dor de cabeça às 8 da noite?"

Na tarde em que Lu não trabalhava como "Baby Sitter", ficavam no quarto do Saint Michel e, aos poucos, nós fomos entendendo que nunca devíamos bater na porta do quarto de D. J. e Lu, nem Madame Francine batia na porta do quarto deles, ela que perdoou seis meses de aluguel de D.J. e de Lu porque bastava ver os dois para, de noite, seu marido morto numa guerra voltar e falar: "Francine, mon amour, regarde notre fleuve qui coule..."

ATO Nº 6

(Entredúvida: *depoimento-interrogatório de Maria Mariana ou Marimá, considerada testemunha-chave e, ao mesmo tempo, cúmplice do irmão D.J. Ela perturbou o juiz, promotor, advogados, jurados e repórteres, porque tomava duas formas:*

era Maria Mariana, de 49 anos, blusa branca de manga três quartos sufocando o pescoço, saia engomada que escondia os joelhos calejados de rezar em cima de grãos de milho, olhos esquecidos de que eram verdes olhando para a ponta do sapato;

era Marimá, de 23 anos, usava uma minissaia que inquietava o meritíssimo juiz e uma camisa listrada de homem que ficava muito bem nela e ela sorria e fumava e seus olhos sabiam que eram verdes e nunca fugiam dos outros olhos.)

Como Maria Mariana:

Eu, Maria Mariana, confesso minha culpa, diante de Nossa Senhora Aparecida, que é minha boa e dileta protetora, e também diante deste egrégio tribunal. O bom e santo padre Carlos, meu professor e conselheiro, sabe que sou a primeira a reconhecer: devo pagar meus pecados perante a Justiça de Deus e a Justiça dos Homens, se bem que eu lutei, agarrei com São Judas Tadeu, fiz novenas, rezei ajoelhada em milho, tudo para que São Judas Tadeu e a minha boa Nossa Senhora Aparecida não me deixassem cair em tentação e me livrassem de todo mal, amém. Mas Nossa Senhora Aparecida houve por bem resolver que eu devia capitular diante do demônio que vestiu a pele do cordeiro do Senhor que era meu irmão D.J., que Deus o tenha, na Sua infinita misericórdia. O bom padre Carlos é testemunha de como eu repetia até meus olhos cerrarem de cansaço uma meditação que o caríssimo padre Tiago Koch-SVD aconselha no seu livro "O Companheiro de Jornada": "...tenho que lutar fortemente contra a minha rebelde natureza". Fui fraca, concordei e ajudei os planos de meu irmão D. J. de ir para Paris, mesmo sabendo que lá é a Capital do Pecado; meu irmão D.J sempre foi um rebelde: minha santa mãe, que Deus a tenha e guarde, contava: D.J. dava chutes dentro dela antes do Senhor permitir que ele viesse ao mundo, ele sempre foi rebelde; e logo que me falou dos planos acedi em colaborar, depois que consultei meu guia espiritual, o bom e santo padre Carlos. Só que eu queria era atrair uma má ovelha ao pacífico e ordeiro rebanho do Senhor, minha boa Nossa Senhora Aparecida é testemunha de que nunca aprovei as ligações clandestinas do meu irmão D.J. com a pobre Lu. Bela e pobre Lu. E, de tanto pensar nela e no escândalo aqui no Brasil, eu dizia a mim mesma que devia ir a Paris pra evitar o mal; fingi que ajudava e, quando julgava estar fraquejando, eu repetia sem fim a meditação aconselhada pelo caríssimo padre Tiago: "...tenho que lutar fortemente contra minha rebelde natureza", dormia repetindo estas palavras...

Como Marimá (mudando de repente):

...aí eu abria os olhos no meu quarto na Maison du Brésil, no movimento do meu corpo alguma coisa caía no chão, eu estendia a mão pra apanhar pensando que fosse um livro que um tal de padre Tiago Koch, mas quem falou que era?, era um livrinho de capa vermelha chamado "Paris sem Gastar", de Jaqueline Boursin e que a Air France editou em português, aí eu falava comigo: tirando onda de sonâmbula, hein?, e via que tudo era um pesadelo: não estava no Brasil coisa nenhuma: estava em Paris e me lembrava do frei Xisto falando: "Jesus é alegria, Marimá", e eu pegava o telefone e batia um fio pra Lu, como não gostar de Lu?, é o tipo da mulher genial, eu falava no telefone: oi, neguinha, onde cês vão, vem pra cá, a gente te espera, respondia a Lu, com aquela voz linda dela, e eu ia. Uma noite, era no Les Deux Magots, tava toda a nossa turma, e o Luís que tinha chegado do Brasil queria porque queria comer queijo de Minas, deu uma fossa na gente: cada um foi falando em lingüiça, feijão tropeiro, frango ao molho pardo, mas tudo feito no Brasil, e começamos a cantar samba: foi uma glória; aí chegou um cara com o papo mais furado tirando onda de Godard e disse que queria falar com a Lu e foi falando pra Lu em francês: sou o Godard, vou te transformar numa atriz mais famosa que a Ana Karina, que a Brigitte Bardot e não sei mais quem, e D. J. virou pro Antônio Geraldo e falou alto em português: "Esse cara tá engrossando". E o Godard falava pra Lu: te ponho no meu filme, a Lu nem tiu, aí D.J. começou a dizer os maiores palavrões em português, o Godard não manjava bulhufas, então D.J. ficou em pé e fez um discurso em português xingando o Godard de tudo quanto é nome, cada um dava um aparte com um palavrão em português, a gente rolando de rir, até o pobre do De Gaulle que não tinha nada com a história ganhou palavrão...

Pergunta do juiz a Marimá, com a voz meio abalada pela minissaia e os joelhos morenos de Marimá:

"A senhorita nega ou confirma que tenha servido de pombo-correio para seu irmão D.J. e os amigos brasileiros do réu?"

Resposta como Maria Mariana (tendo havido um ah! de decepção):
"Cedi à tentação, o santo padre Carlos sabe, aceito a acusação, como vontade divina..."

O juiz:
"A senhora sabe de que o réu é acusado?"

Resposta como Marimá (depois de pedir para fumar):
"Sei de que o acusam e só tenho a dizer: D.J. tava na dele..."

O juiz:
"Alguém lia as cartas, minha jovem, além dos destinatários?"

Maria Mariana é quem responde (de Marimá só ficou um cigarro aceso na mão de Maria Mariana, que olhou muito assustada, sem saber o que fazer dele):
"O santo padre Carlos lia."

O juiz:
"Existem 48 cartas arroladas no processo: o padre Carlos leu todas?"
"Não, quando o santo padre Carlos viajava, eu procurava frei Xisto, no Convento dos Dominicanos..."
"E esse frei Xisto lia as cartas?"
"Lia, lia todas, é um cearense muito curioso, lia todas as cartas, me falava: 'É seu dever entregar as cartas dos que confiarem em você'."
"O padre Carlos também dizia a mesma coisa?"
"Não, o santo padre Carlos aconselhava-me a queimar algumas missivas... algumas eu guardei, tenho uma em meu poder..."
"E poderia ler?", disse o juiz, impaciente.
"Sim, meritíssimo..."

Ao tirar a carta de um envelope, Maria Mariana transformou-se em Marimá; um repórter pôs sua rádio no ar, levado por um impulso que mais tarde não soube explicar e os ouvintes ouviram a voz de Marimá, lendo uma carta de D.J.:

"Paris, coeur du monde, 21 de junho de 1969.
Meus amigos Antônio, Osvaldo, Geraldo, Luiz, Ângelo, Jesus, Mon Bonhomme e Fernando Paulo:

pediria que vocês explicassem, a quem perguntar, que minha pátria é azul e tem sardas nas costas e uma pequena cicatriz no joelho esquerdo, e eu sei tudo dela: sei de quando fala com voz de frevo tocando, sei das sardas que ela tem nas costas banhadas pelo oceano Atlântico, sei de certos recôncavos secretos, de uma cidade do interior nos olhos dela, e basta ela encostar qualquer coisa em mim, um fio de cabelo, o pé, a mão, pra eu sentir o cansaço mais descansado do mundo e enfiar os dedos nos cabelos dela e saber que, por ela, vale viver, vale morrer: pela minha pátria azul de sardas nas costas.
Do sempre amigo, D.J."

Depoimento conjunto de Maria Mariana e Marimá:

Eu repeti, repeti baixinho: "tenho que lutar fortemente contra minha rebelde natureza", parecia escutar no fundo do coração a voz do santo padre Carlos; ganhei força e fui a Paris levando aquela água benta brasileira que o santo padre Carlos tinha me dado, queria me redimir e fui à Paris de D.J.,

aquela Paris que é a tatuagem mais bacana que eu carrego comigo: naquela tarde eu sabia que a Lu não tava trabalhando, aí fui lá no Hotel St. Michel pra bater um papo, cheguei lá, fui entrando,

pé ante pé, entrei no quarto, meu irmão D.J. que Deus o proteja, dormia e, num milagre de Nossa Senhora Aparecida, eu escutava a voz do santo padre Carlos: caríssima irmã Maria Mariana, D.J. e Lu são as tentações, então peguei o vidrinho com a água benta,

eu queria passar um susto no D.J. e na Lu jogando água benta neles, sou vidrada em brincadeiras, então tava com um vidrinho de água oxigenada cheio de água gelada, mas não vi a Lu, tava só o D.J. dormindo, e, aí,

comecei a borrifar com água benta conforme conselho do santo padre Carlos todo o Quartier Latin: toda aquela Rive Gauche que era o maior símbolo do pecado e das tentações; borrifei o Boulevard St. Michel e o Jardin du Luxembourg, borrifei bem a Sorbonne, repetia: Paris é um pedaço de papel, rasga à toa, é frágil como o pecado, e fui borrifando, borrifando; borrifei o Sena, a Île de St. Louis, um pombo voou ao ser molhado, rezei baixinho: "Silêncio, minh'alma, nem queixa nem pranto", e joguei a água benta nos cabelos de D. J. que dormia, nas mãos, na boca, nos pés dele, segurei meu pecador irmão com estas mãos que Nossa Senhora Aparecida tornou fortes, acordei ele: disse o que tinha de falar... e nem assim o pecado me abandonou.

ATO Nº 7

(*Epílogo: da entrevista exclusiva que a Mulher Azul deu à France Presse em Paris e que foi anexada ao processo de D.J., depois de publicada: os jornais receberam, também, a radiofoto de uma mulher de óculos como Greta Garbo, esquiva como Greta Garbo, mas mais bela e mais jovem do que Greta Garbo quando jovem.*

"*Que mulher linda, hein? Linda e azul! Já pensou como ela ia ficar na capa da "Manchete"?*", *disse o editor de um jornal, ao pegar na radiofoto e sentir um estremecimento, como no tempo em que assinava suas primeiras reportagens.* "*É numa hora dessas que a gente devia ter a impressão a cores. Vou dar na primeira página...*"

E tendo todos os editores ou redatores-chefes decidido o mesmo, os que compraram os jornais, no outro dia, sentiram uma coisa nunca sentida, ao ver a fotografia azul da Mulher Azul, e exclamaram: "*Quer dizer que ela existe mesmo!*", *e todos sorriam e olhavam uns para os outros, como se soubessem o mesmo segredo.*)

Foi num sábado de tarde, 15 para as 5, ou 5 horas, não mais, e eu deixei D.J. dormindo no quarto em que morávamos no Hotel St. Michel e fui tomar banho; D.J. estava fazendo um concurso para professor substituto em Nanterre, já havia dois brasileiros lá, então estava cansado e eu o deixei dormindo e fui ao chuveiro. Vinha voltando pelo corredor do St. Michel quando, ao pegar a maçaneta pra abrir a porta que eu esqueci sem fechar à chave, escutei uma voz — pensei: quem será? Era uma voz de mulher que eu nunca tinha escutado, parei na porta sem entrar, fiquei ouvindo aquela voz falando em português:

"Acorda, D. J., acorda!"

Houve um ruído na nossa cama, senti que D.J. acordava, ouvi a voz dele:

"Cadê a Lu? Onde foi a Lu?"

E a tal voz falou:

"Lu? Não existe Lu, D.J., você está delirando: se não sair daqui, se não voltar, será considerado morto..."

"Onde foi a Lu? Luuuuuuuuuu!!!"

Eu calada, minha pele arrepia ao lembrar, ouvindo a tal voz:

"Não tem Lu, D.J., não tem Paris: é tudo sonho, tentação, pecado; é invenção, D.J., não existem mulheres azuis!..."

Escutei um barulho de fósforo sendo riscado, era D.J. acendendo um Gauloises, e aquela voz dizendo:

"Se você continuar nessa Paris de papel, D.J., é a morte: ainda há tempo para você se salvar"; na hora D. J. sentiu um gosto de Minister no seu Gauloises, sua Paris virou uma capa do "Paris Match": era de papel.

"Lu é invenção, mulher azul é invenção: te enganaram, D.J., você ainda pode se salvar, você quer ser um morto-vivo, D.J.?"

Nesse ponto eu entrei no quarto, vi uma mulher de uns 49 anos como as beatas que eu via no Brasil, lá em Belo Horizonte eu morava perto da igreja da Boa Viagem, então eu via umas beatas, e a mulher que estava no nosso quarto era como as tais: saia preta abaixo dos joelhos, uma blusa branca de mangas três quartos; perguntei: "Quem é a senhora?", ela respondeu: "Sou uma enviada de Nossa Senhora Aparecida, padroeira do Brasil". Mal me olhou, começou a mudar: segurava um vidrinho de água oxigenada, e foi remoçando, primeiro os cabelos, depois o rosto; enquanto isso, D.J. pensava numa porção de olhos olhando numa porção de venezianas e ouvia a voz do Senhor Diretor do Colégio Dom Bosco que era uma voz de galã de radionovela fazendo um discurso:

"... em sendo Deus brasileiro como nós..."

então o Minister de D. J. virou Gauloises, Paris era Paris, e D. J. me viu: eu com a toalha de banho na mão, gritou: "Morrer, Lu, é uma forma de viver", e a beata remoçou, remoçou, e eu a olhei e falei: "Era você, Marimá?", ela disse: "Era", e me abraçou e chorava, coitadinha, tinha crises de vacilação. D.J. já estava calmo, mas tremia, foi o que aconteceu. Agora você me pergunta se D.J. está morto; respondo: alguns hão de querer que D.J. esteja vivo, outros não. Os que quiserem podem matar D.J., mas ele voltará no primeiro samba, num frevo tocando e, até mesmo, quem sabe?, num grito de gol.

Aí pelas três da tarde

Raduan Nassar

Para José Carlos Abbate

Nesta sala atulhada de mesas, máquinas e papéis, onde invejáveis escreventes dividiram entre si o bom-senso do mundo, aplicando-se em idéias claras apesar do ruído e do mormaço, seguros ao se pronunciarem sobre problemas que afligem o homem moderno (espécie da qual você, milenarmente cansado, talvez se sinta um tanto excluído), largue tudo de repente sob os olhares à sua volta, componha uma cara de louco quieto e perigoso, faça os gestos mais calmos quanto os tais escribas mais severos, dê um largo "ciao" ao trabalho do dia, assim como quem se despede da vida, e surpreenda pouco mais tarde, com sua presença em hora tão insólita, os que estiveram em casa ocupados na limpeza dos armários, que você não sabia antes como era conduzida. Convém não responder aos olhares interrogativos, deixando crescer, por instantes, a intensa expectativa que se instala. Mas não exagere na medida e suba sem demora ao quarto, libertando aí os pés das meias e dos sapatos, tirando a roupa do corpo como se retirasse a importância das coisas, pondo-se enfim em vestes mínimas, quem sabe até em pêlo, mas sem ferir o pudor (o seu pudor, bem entendido), e aceitando ao mesmo tempo, como boa verdade provisória, toda mudança de comportamento. Feito um banhista incerto, assome depois com sua nudez no trampolim do patamar e avance dois passos como se fosse beirar um salto, silenciando de vez, embaixo, o surto abafado dos comentários. Nada de grandes lances. Desça, sem pressa, degrau por degrau, sendo tolerante com o espanto (coitados!) dos pobres familiares, que cobrem a boca com a mão enquanto se comprimem ao pé da escada. Passe por eles calado, circule pela casa toda como se andasse numa praia deserta (mas sempre com a mesma cara de louco ainda não precipitado), e se achegue depois, com cuidado e ternura, junto à rede languidamente envergada entre plantas lá no terraço. Largue-se nela como quem se larga na vida, e vá fundo nesse mergulho: cerre as abas da rede sobre os olhos e, com um impulso do pé (já não importa em que apoio), goze a fantasia de se sentir embalado pelo mundo.

Felicidade clandestina

Clarice Lispector

Ela era gorda, baixa, sardenta e de cabelos excessivamente crespos, meio arruivados. Tinha um busto enorme, enquanto nós todas ainda éramos achatadas. Como se não bastasse, enchia os dois bolsos da blusa, por cima do busto, com balas. Mas possuía o que qualquer criança devoradora de histórias gostaria de ter: um pai dono de livraria.

Pouco aproveitava. E nós menos ainda: até para aniversário, em vez de pelo menos um livrinho barato, ela nos entregava em mãos um cartão-postal da loja do pai. Ainda por cima era de paisagem do Recife mesmo, onde morávamos, com suas pontes mais do que vistas. Atrás escrevia com letra bordadíssima palavras como "data natalícia" e "saudade".

Mas que talento tinha para a crueldade. Ela toda era pura vingança, chupando balas com barulho. Como essa menina devia nos odiar, nós que éramos imperdoavelmente bonitinhas, esguias, altinhas, de cabelos livres. Comigo exerceu com calma ferocidade o seu sadismo. Na minha ânsia de ler, eu nem notava as humilhações a que ela me submetia: continuava a implorar-lhe emprestados os livros que ela não lia.

Até que veio para ela o magno dia de começar a exercer sobre mim uma tortura chinesa. Como casualmente, informou-me que possuía *As Reinações de Narizinho,* de Monteiro Lobato.

Era um livro grosso, meu Deus, era um livro para se ficar vivendo com ele, comendo-o, dormindo-o. E completamente acima de minhas posses. Disse-me que eu passasse pela sua casa no dia seguinte e que ela o emprestaria.

Clarice Lispector

Até o dia seguinte eu me transformei na própria esperança da alegria: eu não vivia, eu nadava devagar num mar suave, as ondas me levavam e me traziam.

No dia seguinte fui à sua casa, literalmente correndo. Ela não morava num sobrado como eu, e sim numa casa. Não me mandou entrar. Olhando bem para meus olhos, disse-me que havia emprestado o livro a outra menina, e que eu voltasse no dia seguinte para buscá-lo. Boquiaberta, saí devagar, mas em breve a esperança de novo me tomava toda e eu recomeçava na rua a andar pulando, que era o meu modo estranho de andar pelas ruas de Recife. Dessa vez nem caí: guiava-me a promessa do livro, o dia seguinte viria, os dias seguintes seriam mais tarde a minha vida inteira, o amor pelo mundo me esperava, andei pulando pelas ruas como sempre e não caí nenhuma vez.

Mas não ficou simplesmente nisso. O plano secreto da filha do dono de livraria era tranquilo e diabólico. No dia seguinte lá estava eu à porta de sua casa, com um sorriso e o coração batendo. Para ouvir a resposta calma: o livro ainda não estava em seu poder, que eu voltasse no dia seguinte. Mal sabia eu como mais tarde, no decorrer da vida, o drama do "dia seguinte" com ela ia se repetir com meu coração batendo.

E assim continuou. Quanto tempo? Não sei. Ela sabia que era tempo indefinido, enquanto o fel não escorresse todo de seu corpo grosso. Eu já começara a adivinhar que ela me escolhera para eu sofrer, às vezes adivinho. Mas, adivinhando mesmo, às vezes aceito: como se quem quer me fazer sofrer esteja precisando danadamente que eu sofra.

Quanto tempo? Eu ia diariamente à sua casa, sem faltar um dia sequer. Às vezes ela dizia: pois o livro esteve comigo ontem de tarde, mas você só veio de manhã, de modo que o emprestei a outra menina. E eu, que não era dada a olheiras, sentia as olheiras se cavando sob os meus olhos espantados.

Até que um dia, quando eu estava à porta de sua casa, ouvindo humilde e silenciosa a sua recusa, apareceu sua mãe. Ela devia estar estranhando a aparição muda e diária daquela menina à porta de sua casa. Pediu explicações a nós duas. Houve uma confusão silenciosa, entrecortada de palavras pouco elucidativas. A senhora achava cada vez mais estranho o fato de não estar entendendo. Até que essa mãe boa entendeu. Voltou-se para a filha e com enorme surpresa exclamou: mas este livro nunca saiu daqui de casa e você nem quis ler!

E o pior para essa mulher não era a descoberta do que acontecia. Devia ser a descoberta horrorizada da filha que tinha. Ela nos espiava em silêncio: a potência de perversidade de sua filha desconhecida e a menina loura em pé

Felicidade clandestina

à porta, exausta, ao vento das ruas de Recife. Foi então que, finalmente se refazendo, disse firme e calma para a filha: você vai emprestar o livro agora mesmo. E para mim: "E você fica com o livro por quanto tempo quiser." Entendem? Valia mais do que me dar o livro: "pelo tempo que eu quisesse" é tudo o que uma pessoa, grande ou pequena, pode ter a ousadia de querer.

Como contar o que se seguiu? Eu estava estonteada, e assim recebi o livro na mão. Acho que eu não disse nada. Peguei o livro. Não, não saí pulando como sempre. Saí andando bem devagar. Sei que segurava o livro grosso com as duas mãos, comprimindo-o contra o peito. Quanto tempo levei até chegar em casa, também pouco importa. Meu peito estava quente, meu coração pensativo.

Chegando em casa, não comecei a ler. Fingia que não o tinha, só para depois ter o susto de o ter. Horas depois abri-o, li algumas linhas maravilhosas, fechei-o de novo, fui passear pela casa, adiei ainda mais indo comer pão com manteiga, fingi que não sabia onde guardara o livro, achava-o, abria-o por alguns instantes. Criava as mais falsas dificuldades para aquela coisa clandestina que era a felicidade. A felicidade sempre iria ser clandestina para mim. Parece que eu já pressentia. Como demorei! Eu vivia no ar... Havia orgulho e pudor em mim. Eu era uma rainha delicada.

Às vezes sentava-me na rede, balançando-me com o livro aberto no colo, sem tocá-lo, em êxtase puríssimo.

Não era mais uma menina com um livro: era uma mulher com o seu amante.

O elo partido

Otto Lara Resende

Subitamente, não sabia mais como se ata o nó da gravata. Era como se enfrentasse uma tarefa desconhecida, com que nunca tinha tido qualquer familiaridade. Recomeçou do princípio. Uma vez, outra vez — e nada. Suspirou com desânimo e olhou atento aquele pedaço de pano dependurado no seu pescoço. Vagarosamente, tentou dar a primeira volta — e de novo parou, o gesto sem seqüência. Viu-se no espelho, rugas e suor na testa: a mão esquerda era a direita, a mão direita era a esquerda.

— Vou descendo — anunciou a mulher, impaciente.

— Escuta — disse ele forçando o tom de brincadeira. — Como é que se dá mesmo nó em gravata?

— Engraçadinho — e a mulher saiu sem olhá-lo.

Quanto tempo durou aquela hesitação? Essa coisa familiar, corriqueira, cotidiana — dar o nó na gravata. Uns poucos segundos, um minuto, dois minutos ou mais? O tempo da ansiedade, não o do relógio. Não fazia calor, e nas costas das suas mãos começou a porejar um suor incômodo. Assim como surgiu, na mesma vertigem, passou: logo suas mãos inconscientes se organizaram e, independentes, sem comando, ataram a gravata e o puseram em condições de, irrepreensivelmente vestido, sair de casa. Ia a um jantar.

Estimulado pelo uísque, desejoso de atrair a atenção dos circunstantes, ocorreu-lhe, no meio da conversa, contar o pequeno incidente pitoresco:

— Agora mesmo, em casa. Ao me vestir. Esqueci como é que se dá o nó da gravata.

O elo partido

E antes que despertasse qualquer curiosidade, uma chave se torceu dentro dele. O fato insignificante deixou de ser engraçado. Uma aflição mordeu-o no íntimo. Como uma luz que se apaga. Uma advertência. Um sinal que anuncia, que espreita e ameaça.

— Essa é boa — curioso ou simplesmente gentil, um dos ouvintes procurou estimulá-lo.

Mas o ter esquecido como se dá o nó da gravata já não era apenas um incidente pitoresco. Disfarçou o próprio desconforto e, grave, interditado, sentiu a língua travada, como se esquecer como é que se ata a gravata fosse logicamente sucedido da incapacidade de contar.

Apenas um lapso, que pode acontecer com qualquer um. Tolice sem importância. E nem se lembrou mais, até que dias depois, achando graça, a mulher tirou-o da dificuldade: atou por ele a gravata desfeita na sua mão. Uma terceira vez ocorreu dois dias depois. "Estou ficando gagá", pensou, entre divertido e irritado. Retirou-se do espelho e procurou com calma recuperar a inocência perdida. Pois era como ter perdido a inocência, de súbito autoconsciente.

Mas logo esqueceu e saiu para a rua, como todo dia. Pegou o carro e, autômato, foi até o edifício do escritório. Estava na fila do elevador, quando deu acordo de si. Era o terceiro da fila. Bem disposto, recém-banhado, cheirando à nova loção de barba, o estômago nutrido pelo recente café da manhã, olhava com magnanimidade o dia que o esperava, o mundo em torno. Pulsava nas suas veias sãs uma suculenta harmonia. Presente tranqüilo, futuro próspero. Confiava em si, confiava na vida.

Só o elevador demorava mais do que de costume, pequeno borrão na manhã alegre e amiga. Não fazia sentido aquela demora que, de repente, perturbou-o como um cisco no olho. Agarrado à pasta como se temesse perdê-la, verificou que o elevador continuava parado no sétimo andar, exatamente o do seu escritório. Queria não pensar em nada, apenas esperar como todo mundo, mas via com nitidez, como se estivesse de corpo presente no sétimo andar, um contínuo fardado a segurar a porta do elevador que se abria e se fechava por meio de uma célula fotoelétrica. Dois homens tentavam a custo enfiar dentro do carro uma mesa de escritório. Era a sua mesa, mas muito maior. Seus papéis pessoais, sua caneta, as gavetas devassadas.

Fechou os olhos, meio tonto, reabriu-os. A fila crescia, ninguém conhecido. Olhou a nuca do homem à sua frente: toutiço sólido, de cinqüentão próspero. Jurava que agora o elevador vinha descendo. Quis certificar-se e deu com a luzinha sempre acesa no sétimo andar. Outra vez, como se a tudo assistisse, viu o contínuo segurando a porta do elevador e dois homens de macacão tentando irritadamente encaixar lá dentro a mesa enorme. Na fila, ninguém dava mostra de impaciência. A rua ao sol lá fora — gente e carros passando — movimentava-se como todo dia. Pouco adiante, matinal, recém-florido, aparecia um trecho do jardim.

Mas o elevador continuava parado no sétimo andar. Retirou o lenço do bolso e, a pasta debaixo do braço, enxugou a fronte e o pescoço. Vinha-lhe de longe um desconforto a princípio moral — como se tivesse cometido uma falta grave que ali mesmo ia ser descoberta. Depois um mal-estar físico, como se tivesse perdido a carteira, alguma coisa que o diminuísse, uma vez desaparecida. Olhou o relógio de pulso, procurou conformar-se, esquecer que esperava. Há quanto tempo esperava o elevador? No sétimo andar, a mesa, a sua mesa, era grande demais para passar pelas portas que o contínuo continuava a imobilizar.

Dentro dele, um desejo minucioso de examinar-se. Como costumava fazer quando ia viajar. Arrumar a mala sem esquecer nada, um lenço sequer. Começava pela cabeça: pente, escova, loção. O aparelho de barba. As gravatas, as camisas, as cuecas. Peça por peça, ia passando tudo em revista. Mas naquele momento era como se tivesse esquecido qualquer coisa que não identificava. Que o condenava aos olhos da fila cada vez mais numerosa.

Quando a revisão a que se submetia chegou aos pés, ocorreu-lhe que tinha se esquecido de calçar as meias. Tentou sorrir da dúvida disparatada. E queria lembrar-se, ter certeza das suas meias, do momento em que as calçara. Recompunha cada detalhe de tudo que tinha feito desde o momento em que acordara. A barba, o banho de chuveiro, todos os atos, que, automáticos, inauguravam um novo dia, um homem novo. Usava habitualmente só meias cinzas, azuis e pretas.

De que cor eram, naquele momento, as suas meias? Um desejo ardente de esticar uma perna, depois a outra, arregaçar as calças e olhar, comprovar. Mas o medo irracional do ridículo, como se toda a fila acompanhasse a sua preocupação e esperasse apenas um gesto de sua parte para vaiá-lo. Sorriu sem sorrir, o sangue estremeceu pela altura do peito até o pescoço. Lá em cima, no sétimo andar, interminável, continuava a luta para meter a imensa mesa no elevador — e era como se estivesse presente, a tudo assistia.

A obsessão agarrou-o: de que cor eram as meias, de que cor? As suas meias, as que usava naquele exato momento. De que cor eram? Procurou se lembrar das circunstâncias com que em casa se vestiu, sua rotina, uma cadeia de gestos repetidos inconscientemente. Mas agora precisava lembrar-se: as meias? Tinha vontade de suspender a calça e olhar, mas se continha. Nada o denunciava, um cidadão como outro qualquer, um cavalheiro, impecável, à espera do elevador, que todavia não se deslocava do sétimo andar — a luzinha continuava acesa. E ninguém, na fila aumentando, se impacientava. Como se só a ele coubesse quebrar o silêncio. Todos o observavam.

Até que foi invadido pela certeza cruel de que usava meias vermelhas, um grito de sangue na sua indumentária azul. A gravata era azul, podia ver. A camisa era branca. O terno era azul. Mas as meias. As meias berrantemente vermelhas tornavam os seus pés alheios, episcopais. Estava de pé sobre pés estranhos, sapatos quem sabe de fivela e meias cardinalícias. Seriam rubras, eram, podiam ser?

Enxugou o suor no rosto, agarrou-se aflito à pasta como se, para existir, para continuar na fila, precisasse dela. A fila silenciosa, irritantemente tranqüila, aguardava um sinal para protestar, começar o motim. A manhã perfeita, luminosa. Lá fora, os carros e as pessoas passando. Mas as meias eram inabsorvíveis. Onde é que fora arranjar aquele par de meias, santo Deus? Ocultas ainda sob as calças, ameaçavam vir a público, denunciá-lo. Agora tinha definitivamente certeza: um escândalo, ridículo, um vermelho-vivo como o sangue fresco de um touro.

Súbito, como se tivesse estado distraído, ou dormindo, o elevador escancarou a porta no andar térreo. Sentiu-se paralisado, preso ao chão, incapaz de locomover-se como as pessoas à sua frente, como os que se postavam às suas costas. Procurava, pasmo, os dois homens de macacão, o contínuo uniformizado — e a mesa, a sua mesa. Mas só via o elevador, como sempre, como todos os dias. Foi preciso quase que o empurrassem, as grotescas meias vermelhas, para que ele, morto de vergonha, sem poder olhar os próprios pés, se animasse a entrar no elevador.

Saltou no sétimo andar e, por um triz, ia deixando cair a pasta. Trancou-se na sua sala. A mesa, devolvida às dimensões normais, continuava lá, imóvel. Finalmente tomou coragem para verificar. Suspendeu as calças, fixou com espanto as próprias pernas: agora de novo as suas meias eram azuis. E os sapatos voltavam a ser os seus sapatos. Movia-se outra vez com os próprios pés. O telefone o chamava. Foi falar ao telefone. E o dia prosseguiu, na sua confortável rotina. Nem de longe podia pensar em contar para alguém. Não havia o que contar.

O tempo passou. Nada fora do comum aconteceu nas semanas seguintes. A não ser um pequeno desmaio da memória: esquecera o nome de um amigo de infância. Teimoso, idéia fixa, passou horas tentando lembrar. Não podia dormir sem que lhe viesse o nome que escapava. Uma falha na cadeia lógica e vulgar das lembranças que cercavam aquele antigo colega de ginásio. Puxando pela memória, reavivou pormenores há muito sepultados pelo tempo. Mas o nome. O nome não lhe ocorria. Sob a língua. Ou na ponta da língua, mas inarticulado, desfeito. Como a gravata, trapo inútil incapaz de organizar-se no nó. Tinha de esquecer que esquecera, para então recuperar, espontâneo, o que com esforço não conseguia arrancar de dentro de si mesmo. Tudo perfeito, alerta, mas um pequeno colapso insistente, inexplicável. Via a cara do companheiro, ouvia-lhe a voz, podia descrevê-lo traço por traço. Mas o nome. O nome por atar. Dormiu frustrado, mais aborrecido do que seria natural diante de lapso tão inexpressivo.

— Gumercindo — no meio da noite acordou assustado e tinha na boca, de graça, atado, o nome que em vão perseguira antes de dormir.

Amnésias assim, sabia, acontecem a todo mundo. Não chegam a ser tema de conversa. Deu de ombros, não comentou nem com a mulher. Dois ou três dias depois, porém. Numa noite em que se recolheu mais cedo, morto de sono. Fisicamente exausto, atirou-se pesadamente à cama e não conseguia deitar-se a cômodo, como toda noite.

— Como é mesmo que eu durmo? — queria saber qual a posição que habitualmente tomava para dormir. A postura que usava no sono, insabida. Probleminha idiota, mas que o desorganizava mentalmente e súbito o lançava numa aflita perplexidade física. Deste lado: não era. Virou-se do outro lado: também não era. Estendeu-se de costas: as mãos sobravam, os braços não se incorporavam à rotina. Como distribuir o corpo na cama? Cruzou os braços no peito e sentiu-se estranho, ridículo. Cruzou as mãos e pareceu sinistro, fúnebre. Era como se antecipasse o defunto que não queria ser. Angustiante idéia da morte.

Até que associou o mal-estar com a primeira vez que não soubera dar o nó na gravata. Alguma coisa de comum, um escondido traço unia um episódio ao outro. Nada de particularmente alarmante, só uma ponta de grotesco. Vexame. Ajeitou o travesseiro, a cabeça alta demais. Afastou o travesseiro e enfiou a cara no colchão como se procurasse com alívio uma forma de sufocação. Insustentável, esticou as pernas e dividiu-se em dois. Recolheu as pernas, dobrou os joelhos, mas ainda assim não conseguiu retomar a naturalidade. Buscava um ponto de equilíbrio e não o achava. Seu corpo exigia um prumo inencontrável. De barriga para baixo, a cabeça sobrava, pesava, descomprometida. Não era assim. Nunca foi assim. E o tempo passava, o sono não vinha. Sentado na cama, passou a mão pelos cabelos ralos e procurou controlar-se. Que é que estava acontecendo? Ansiedade sem sentido, tolice. Decidiu recomeçar do princípio e ainda sorriu do próprio embaraço. Tinha a sua graça. Um cidadão morto de sono esquecer como é que costuma dormir. Virou a cabeça para a esquerda. Para a direita.

O elo partido

Para a esquerda. Para a direita. A cabeça sobejava mesmo. Num princípio de tonteira, a cabeça cresceu de volume e desprendeu-se do corpo, que agora lhe parecia estranho, como se não fosse dele. Outra vez esticado, recolheu as pernas, dobrou os joelhos na altura da barriga. Enfiou as mãos entre os joelhos, enroscado em si mesmo, fetal. Suportou aquela disciplina por alguns minutos, resistindo ao desejo de se levantar, fugir da cama, do sono, de si mesmo. Vontade de esquecer-se, abandonar o próprio corpo, com que já não se sentia solidário.

— Como é mesmo que eu durmo? Como é raios que eu sempre dormi em toda a minha vida? — e não se sentia anatomicamente confortável, como se tivesse perdido uma chave sem qualquer importância — até perdê-la.

Como todas as noites, serena, abandonada, sem arquitetura, a mulher dormia ao seu lado. Impensável acordá-la para perguntar como é que ele dormia. Ficaria uma fera com a brincadeira sem graça. Ou ia pensar que estava louco. Pé ante pé, levantou-se no escuro e foi até a copa. Tudo rigorosamente normal. De pé, seu corpo era do tamanho de sempre, articulado. Abriu a geladeira — a luz da geladeira rasgou um cone de claridade na copa — e bebeu sem sede um copo d'água. Só percebeu que estava descalço quando pisou nos ladrilhos do banheiro social. Sem acender a luz, o medo de não se ver no espelho. O medo de não se reconhecer arrepiou-o. Outra cara, infamiliar, ou quem sabe sem cara. Acendeu a luz: afinal era ele mesmo, banalmente. Com alívio, reapertou a calça frouxa do pijama. Saiu do toalete sem apagar a luz e, outra vez na copa, tomou um comprimido para dormir e, com a mão trêmula, levou um copo d'água para o quarto. A mulher dormia tranqüila. Todo mundo dormia. Devagarinho, sem alterar a respiração, meteu-se debaixo dos lençóis, de costas, os olhos fechados.

E começou a flutuar no espaço. Abria os olhos, continuava a boiar, mais baixo, mais baixo, até chegar ao nível da cama. Fechava os olhos e o jogo recomeçava. Ora só o corpo, girando circularmente, subindo, descendo. Ora o corpo e com o corpo a cama, rodando depressa, mais depressa. Abria os olhos, parava. Mudou de posição: de bruços, como no seu tempo de criança. A mãe lhe trazia o xarope no meio da noite e lhe recomendava que se deitasse de bruços, para vencer o acesso de tosse. Antigamente. Mas agora o sono não vinha. A ponta do sono, inagarrável. O sono desfeito como um novelo amontoado, sem começo nem fim. Sem nó.

Pacientemente, deitou-se do lado direito. Depois do lado esquerdo. Não insistiu na postura: encolheu as pernas, esticou os braços. Um braço recolhido e o outro estendido ao longo do corpo. Não reencontrava a perdida intimidade consigo mesmo. Não sabia mais deitar-se e dormir. Ficou quieto, tentando esquecer, sem pensar. Deflagrada, a insônia recusava-se a apagar dentro dele a sua luz amarela. Desejo de absorver-se, reorganizar-se, pedaço por pedaço. Membro por membro. Reintegrar-se. Esquecer-se para dormir. Recostado contra o travesseiro, meio sentado, a noite tinha ancorado para sempre num porto de fadiga e torpor. Noite longa, lenta, oleosa, de silêncio e vácuo.

Um chinelo pendendo do pé. Cochilou na cadeira de balanço, como um agonizante, afinal entregue, que sem convicção espera o amanhecer. Despertou com o corpo dolorido, os pés inchados — na árvore da rua a algazarra dos pardais despertos. O dia clareando, libertou-se da insônia e se meteu na cama até a hora do costume.

Dia estafante, devolvido à rotina como se nada demais tivesse acontecido. Só à noite contou o caso, a insônia, para a mulher, que ouviu calada, irrelevante. Mas não contou o que agora lhe parecia absurdo: esquecer-se, como quem perde uma chave, de como deitar-se para dormir. Era um segredo e uma ameaça. E à distância de algumas horas, remoto como uma experiência alheia.

Naquela mesma noite levou para o quarto e para a cama o temor de que tudo ia se repetir. Pegou um livro, mas não conseguia prestar atenção à leitura. Ligou o rádio. Demorou-se no banheiro. Entrou e saiu do quarto, cortou aplicadamente as unhas dos pés. Ao espelho, observou as rugas nos cantos dos olhos, o cabelo ralo. Com uma pinça, tirou uns fios mais espessos das sobrancelhas. Espremeu os cravos do nariz e arrancou dois ou três cabelos encravados da barba. Queria afastar a lembrança da véspera. Distrair-se.

E dormiu naturalmente, como todo dia. O cotidiano refeito, as noites tranqüilas, repousantes. Até que uma semana depois:

— Esqueci como é que eu durmo — disse ansioso à mulher.

— Bobagem — ela resmungou, morta de sono.

— Minha posição na cama.

— Deita e dorme — disse a mulher imperativa, sem olhá-lo.

Foi a primeira insônia completa de sua vida. Noite branca, hora a hora, minuto após minuto, segundo por segundo. Virava e revirava-se na cama, esbarrava no mesmo desconforto. A vida deixava de fluir. Uma parada, um branco, uma ausência. A falta de uma ponte. Um elo perdido. Levantava-se, procurava esquecer, desligar-se daquele segredo comprometedor. Ligar as duas pontas do que sempre fora ao que devia continuar sendo, sem interrupção. Fumou cigarro atrás de cigarro. Porque não queria fumar fumava mais. Andava pela casa. Olhava pela janela a rua — a calçada vazia, a árvore, as lâmpadas acesas. Pensou, lembrou, repensou, relembrou. Cruel, a noite vagarosa, a interminável noite ancorada. E a sua pequena desprotegida solidão, palpável, aborrecido plantão para nada. Estar só e acordado o fazia mais só, mais acordado. Velava a si mesmo. Tentou dormir no sofá da sala, mas nem o sofá nem a cama acolhiam naturalmente o seu corpo, o seu sono. Dormir era perder a própria companhia.

O dia claro, alto sol, a casa restituída à sua visão familiar, a cozinha e a copa recendendo ao café fresco, fez a barba, tomou banho e saiu. Foi trabalhar — a incomunicável insônia, de que à luz do sol se envergonhava. Era inverossímil. E era preciso guardar o segredo. Como se escondesse um malfeito infantil, sua culpa.

— Que é que há com você? — a mulher deu enfim sinal de perceber.
— Nada.
— Então dorme.

O horror de ir para a cama. E a impossibilidade de contar, partilhar sua vergonha. Ficou mais sozinho. Já não era igual a todo mundo. Tinha medo e orgulho — um homem diferente. Sua singularidade ameaçava, mas consolava também. Sentia-se mais próximo de si mesmo.

— Por que você não consulta um médico? — a mulher desconfiava.

Pequenos derrames imperceptíveis — leu numa revista vagas informações sobre problemas que os neurologistas estudam. Falhas de memória, hiatos convulsivos. Pensou em consultar mesmo um clínico: medir a pressão, o sangue. Mas não gostava de médico e confiava na saúde de ferro. Deixou de preocupar-se com o nó da gravata. Esqueceu a insônia. Ridículo contar a sério que, na hora de dormir, já não sabia como se deitar. Não tinha importância.

Uma tarde, ao falar pelo telefone. Era com o sócio, com quem se dava bem, prosperavam. A princípio apenas um mal-estar indefinido. Depois não conseguia se lembrar da cara do sócio. A voz conhecida, a conversa nítida, o riso de sempre, os mesmos cacoetes — mas como era mesmo a sua fisionomia? Desligou o telefone e teve a impressão de que estava pálido. Apertou a cabeça entre as mãos. Fechou e abriu os olhos, pontinhos volantes. Como é a cara dele? Transpirava como se estivesse numa sauna. E aquele vazio: a cara, como era a cara? A cara sonegada, escamoteada como num passe de mágica. Tudo o mais era como de costume, mas a penetrante sensação de aviso o ameaçava. Ansioso sinal, plano inclinado.

Trancou-se no banheiro e lavou várias vezes o rosto. Precisava refrescar-se, afogueado. Um frio fogo o queimava. No entanto, refletida no espelho, sua cara normal, até favorecida. Menos rugas, as entradas da testa menos cavadas. Seu definido perfil: era ele mesmo, sem qualquer alteração. Como todo mundo, tinha uma fisionomia pessoal e intransferível. Mas o sócio — como era o sócio? Estúpido vazio. Sabia-se despojado de qualquer coisa essencial e, pela primeira vez, frágil, desprotegido contra o que podia acontecer, teve medo, tremeu de medo. Era um compromisso que não queria aceitar, mas de que não conseguia desvencilhar-se. Precisava apelar para alguém, pedir socorro. Recuar do abismo, mudar de rumo, rejeitar o que podia vir, o que sobrevinha, iminente, incontornável — e não tinha nome, nem configuração.

Desligado de tudo, sem interesse pelo trabalho, foi para casa mais cedo. A casa podia protegê-lo. Leu sem pressa o jornal e ligou a televisão. Era um homem normal, um homem como qualquer outro, mas, por trás dos seus gestos, de sua normalidade, um vazio o convocava. Telefonou para a casa do sócio, não o encontrou. Desejo de sair para a rua, ver gente, cada qual com seu perfil. Ver o sócio, recuperá-lo — o que só foi possível no dia seguinte, quando se avistaram no escritório.

— Nunca me viu? — por um momento o sócio pareceu estranhar a maneira como ele o fixava.

Queria e já não podia contar. E não poder contar o isolava definitivamente, como se, a partir dali, tivesse mudado de lado, passado para a outra margem. Dava adeus ao que vinha sendo, a tudo que era — ao dia-a-dia, aos negócios, ao confortável cotidiano. Mas lutava. Para qualquer nova emergência, não seria apanhado desprevenido. Obsessivamente, arquivava, armazenava traço por traço do sócio, seu rosto de sempre, inesquecível, doravante inescamoteável.

Uma tarde muito quente, no escritório, o ar-condicionado ronronando, vinha da rua exaltado, feliz com o resultado de um negócio que há semanas se arrastava, quando precisou telefonar para a mulher. Ao discar — lembrava-se do número, claro — deu por falta de alguma coisa. Um pássaro que de repente levanta vôo, uma paisagem que se oculta por trás de um obstáculo, um perfume que se esvai. Algo que se interrompe, curto-circuito na corrente elétrica. Uma ficha que desaparece. Ao alcance da mão, habitual, mecânico, um objeto que se subtrai — uma caneta, um par de óculos, uma anotação. Do outro lado da linha, na sua casa, o telefone chamava.

— Alô — disse ela.

Uma leve tonteira, como se levitasse, arrebatou-o. Perplexo, não aceitava o próprio silêncio e, para libertar-se, desligou. Sua mulher, não se lembrava da própria mulher. Seu nome, seu rosto — tudo permanecia a uma distância inatingível. Lá longe existia, não mais ao seu alcance. Entre ele e o que naturalmente sabia, seu patrimônio, um elo partiu-se, treva opaca, ausência. Mecanicamente, tirou a gravata e de pé, como num teste decisivo, refez o laço. Perfeito. Mas sua mulher. Às pressas, sem despedir-se, saiu imediatamente para casa.

— Chegou cedo — disse ela. — Alguma coisa?

— Dor de cabeça — ele disfarçou e, ao olhá-la, se convenceu do absurdo que era ter esquecido. Sua mulher. Ali estava inteira, com seu rosto, seu nome.

Trancou-se no quarto, espichou-se de costas na cama e leu de cabo a rabo o jornal da tarde. Uma incômoda sonolência fechou-lhe os olhos. A noite caiu sem que percebesse. Acendeu a luz da cabeceira e retomou o jornal como se o lesse pela primeira vez. Voltou à primeira página. Lia e relia o mesmo texto, palavra por palavra. Chegava ao fim e era como se não tivesse lido. Lia sem ler, desligado. Queria estranhar, alarmar-se, mas era como se tivesse sido sempre assim. E a certeza de que assim seria sempre, sem volta possível. Deixou cair o jornal no chão e, esticado na cama, sem qualquer protesto, acompanhava com os olhos uma pequena bruxa a cabecear tonta contra o teto.

— Que é que você tem? — até que enfim a mulher veio chamá-lo.

— Nada — respondeu, e estava perfeitamente em paz, resignado.

Brancas paredes despojadas, largo silêncio sem ecos. Desprendera-se de tudo. A longa viagem ia começar, sem rumo, sem susto, para levar a lugar nenhum. Uma mulher acabou de entrar.

— Quem sou eu? — ele perguntou num último esforço. E, para sempre dócil, conquistado, nem ao menos quis saber seu nome.

A estrutura da bolha de sabão

Lygia Fagundes Telles

Era o que ele estudava. "A estrutura, quer dizer, a estrutura" — ele repetia e abria a mão branquíssima ao esboçar o gesto redondo. Eu ficava olhando seu gesto impreciso porque uma bolha de sabão é mesmo imprecisa, nem sólida nem líquida, nem realidade nem sonho. Película e oco. "A estrutura da bolha de sabão, compreende?" Não o compreendia. Não tinha importância. Importante era o quintal da minha meninice com seus verdes canudos de mamoeiro, quando cortava os mais tenros, que sopravam as bolas maiores, mais perfeitas. Uma de cada vez. Amor calculado, porque na afobação o sopro desencadeava o processo e um delírio de cachos escorriam pelo canudo e vinham rebentar na minha boca, a espuma descendo pelo queixo. Molhando o peito. Então eu jogava longe canudo e caneca. Para recomeçar no dia seguinte, sim, as bolhas de sabão. Mas e a estrutura? "A estrutura" — ele insistia. E seu gesto delgado de envolvimento e fuga parecia tocar mas guardava distância, cuidado, cuidadinho, ô! a paciência. A paixão.

No escuro eu sentia essa paixão contornando sutilíssima meu corpo. Estou me espiritualizando, eu disse e ele riu fazendo fremir os dedos-asas, a mão distendida imitando libélula na superfície da água mas sem se comprometer com o fundo, divagações à flor da pele, ô! amor de ritual sem sangue. Sem grito. Amor de transparências e membranas, condenado à ruptura.

Ainda fechei a janela para retê-la, mas com sua superfície que refletia tudo ela avançou cega contra o vidro. Milhares de olhos e não enxergava. Deixou um círculo de espuma. Foi simplesmente isso, pensei quando ele tomou a mulher pelo braço e perguntou: "Vocês já se conheciam?" Sabia muito bem que nunca tínhamos nos visto mas gostava dessas frases acolchoando situações, pessoas. Estávamos num bar e seus olhos de egípcia se retraíam apertados. A fumaça, pensei. Aumentavam e diminuíam até que se reduziram a dois riscos de lápis-lazúli e assim ficaram. A boca polpuda também se apertou, mesquinha. Tem boca à-toa, pensei. Artificiosamente sensual, à-toa. Mas como é que um homem como ele, um físico que estudava a estrutura das bolhas, podia amar uma mulher assim? Mistérios, eu disse e ele sorriu, nos divertíamos em dizer fragmentos de idéias, peças soltas de um jogo que jogávamos meio ao acaso, sem encaixe.

Convidaram-me e sentei, os joelhos de ambos encostados nos meus, a mesa pequena enfeixando copos e hálitos. Me refugiei nos cubos de gelo amontoados no fundo do copo, ele podia estudar a estrutura do gelo, não era mais fácil? Mas ela queria fazer perguntas. Uma antiga amizade? Uma antiga amizade. Ah. Fomos colegas? Não, nos conhecemos numa praia, onde? Por aí, numa praia. Ah. Aos poucos o ciúme foi tomando forma e transbordando espesso como um licor azul-verde, do tom da pintura dos seus olhos. Escorreu pelas nossas roupas, empapou a toalha da mesa, pingou gota a gota. Usava um perfume adocicado. Veio a dor de cabeça: "Estou com dor de cabeça", repetiu não sei quantas vezes. Uma dor fulgurante que começava na nuca e se irradiava até a testa, na altura das sobrancelhas. Empurrou o copo de uísque. "Fulgurante." Empurrou para trás a cadeira e antes que empurrasse a mesa ele pediu a conta. Noutra ocasião a gente poderia se ver, de acordo? Sim, noutra ocasião, é lógico. Na rua, ele pensou em me beijar de leve, como sempre, mas ficou desamparado e eu o tranqüilizei, está bem, querido, está tudo bem, já entendi. Tomo um táxi, vá depressa, vá. Quando me voltei, dobravam a esquina. Que palavras estariam dizendo enquanto dobravam a esquina? Fingi me interessar pela valise de plástico de xadrez vermelho, estava diante de uma vitrina de valises. Me vi pálida no vidro. Mas como era possível. Choro em casa, resolvi. Em casa telefonei a um amigo, fomos jantar e ele concluiu que o meu cientista estava felicíssimo.

Felicíssimo, repeti quando no dia seguinte cedo ele telefonou para explicar. Cortei a explicação com o *felicíssimo* e lá do outro lado da linha senti-o rir como uma bolha de sabão seria capaz de rir. A única coisa inquietante era aquele ciúme. Mudei logo de assunto com o licoroso pressentimento de que ela ouvia na extensão, oh, o teatro. A poesia. Então ela desligou.

O segundo encontro foi numa exposição de pintura. No começo aquela cordialidade. A boca pródiga. Ele me puxou para ver um quadro de que tinha gostado muito. Não ficamos distantes dela nem cinco minutos. Quando voltamos, os olhos já estavam reduzidos aos dois riscos. Passou a mão na nuca. Furtivamente acariciou a testa. Despedi-me antes da dor fulgurante. Vai virar sinusite, pensei. A sinusite do ciúme, bom nome para um quadro ou ensaio.

"Ele está doente, sabia? Aquele cara que estuda bolhas, não é seu amigo?" Em redor, a massa fervilhante de gente, música. Calor. Quem é que está doente? eu perguntei. Sabia perfeitamente que se tratava dele mas precisei perguntar de novo, é preciso perguntar uma, duas vezes para ouvir a mesma resposta, que aquele cara, aquele que estuda essa frescura da bolha, não era meu amigo? Pois estava muito doente, quem contou foi a própria mulher, bonita, sem dúvida, mas um tanto grosseira, fora casada com o primo de um amigo, um industrial meio fascista que veio para cá com passaporte falso, até a Interpol já estava avisada, durante a guerra se associou com um tipo que se dizia conde italiano mas não passava de um contrabandista. Estendi a mão e agarrei seu braço porque a ramificação da conversa se alastrava pelas veredas, mal podia vislumbrar o desdobramento da raiz varando por entre pernas, sapatos, croquetes pisados, palitos, fugia pela escada na descida vertiginosa até a porta da rua, espera! eu disse. Espera. Mas que é que ele tem? Esse meu amigo. A bandeja de uísque oscilou perigosamente acima do nível das nossas cabeças. Os copos tilintaram na inclinação para a direita, para a esquerda, deslizando num só bloco na dança de um convés na tempestade. O que tinha? O homem bebeu metade do copo antes de responder: não sabia os detalhes e nem se interessara em saber, afinal, a única coisa gozada era um cara estudar a estrutura da bolha, mas que idéia! Tirei-lhe o copo e bebi devagar o resto do uísque com o cubo de gelo colado ao meu lábio, queimando. Não ele, meu Deus. Não ele, eu repeti. Embora grave, curiosamente minha voz varou todas as camadas do meu peito até tocar no fundo onde as pontas todas acabam por dar, que nome tinha? Esse fundo, perguntei e fiquei sorrindo para o homem e seu espanto. Expliquei-lhe que era o jogo que eu costumava jogar com ele, com esse meu amigo, o físico. O informante riu. "Juro que nunca pensei que fosse encontrar no mundo um cara que estudasse um troço desses", resmungou ele voltando-se rápido para apanhar mais dois copos na bandeja, ô! tão longe ia a bandeja e tudo o mais, fazia quanto tempo? "Me diga uma coisa, vocês não viveram juntos?" — lembrou-se o homem de perguntar. Peguei no ar o copo borrifando na tormenta. Estava nua na praia. Mais ou menos, respondi.

Mais ou menos eu disse ao motorista que perguntou se eu sabia onde ficava essa rua. Tinha pensado em pedir notícias por telefone mas a extensão me travou. E agora ela abria a porta, bem-humorada. Contente de me ver?

A mim?! Elogiou minha bolsa. Meu penteado despenteado. Nenhum sinal da sinusite. Mas daqui a pouco vai começar. Fulgurante.

"Foi mesmo um grande susto" — ela disse. "Mas passou, ele está ótimo ou quase" — acrescentou levantando a voz. Do quarto ele poderia nos ouvir se quisesse. Não perguntei nada.

A casa. Aparentemente, não mudara, mas reparando melhor, tinha menos livros. Mais cheiros. Flores de perfume ativo no vaso, óleos perfumados nos móveis. E seu próprio perfume. Objetos frívolos — os múltiplos — substituindo em profusão os únicos, aqueles que ficavam obscuros nas antigas prateleiras da estante. Examinei-a enquanto me mostrava um tapete que tecera nos dias em que ele ficou no hospital. E a fulgurante? Os olhos continuavam bem abertos, a boca descontraída. Ainda não.

"Você poderia ter se levantado, hein, meu amor? Mas anda muito mimado", disse ela quando entramos no quarto. E começou a contar muito animada a história de um ladrão que entrara pelo porão da casa ao lado, "a casa da mãezinha", acrescentou afagando os pés dele debaixo da manta de lã. Acordaram no meio da noite com o ladrão aos berros pedindo socorro com a mão na ratoeira, tinha ratos no porão e na véspera a mãezinha armara uma enorme ratoeira para pegar o rei de todos, lembra, amor?

O amor estava de chambre verde, recostado na cama cheia de almofadas. As mãos branquíssimas descansando entrelaçadas na altura do peito. Ao lado, um livro aberto e cujo título deixei para ler depois e não fiquei sabendo. Ele mostrou interesse pelo caso do ladrão mas estava distante do ladrão, de mim e dela. De quando em quando me olhava interrogativo, sugerindo lembranças mas eu sabia que era por delicadeza, sempre foi delicadíssimo. Atento e desligado. Onde? Onde estaria com seu chambre largo demais? Era devido àquelas dobras todas que fiquei com a impressão de que emagrecera? Duas vezes empalideceu, ficou quase lívido.

Comecei a sentir falta de alguma coisa, era do cigarro? Acendi um e ainda a sensação aflitiva de que alguma coisa faltava, mas o que estava errado ali? Na hora da pílula lilás ela foi buscar o copo d'água e então ele me olhou lá do seu mundo de estruturas. Bolhas. Por um momento relaxei completamente: não sei onde está, mas sei que não está, eu disse e ele perguntou, "Jogar?" Rimos um para o outro.

"Engole, amor, engole" — pediu ela segurando-lhe a cabeça. E voltou-se para mim, "preciso ir aqui na casa da mamãezinha e minha empregada está fora, você não se importa em ficar mais um pouco? Não demoro muito, a casa é ao lado", acrescentou. Ofereceu-me uísque, não queria mesmo? Se quisesse, estava tudo na copa, uísque, gelo, ficasse à vontade. O telefone tocando será que eu podia?...

Saiu e fechou a porta. Fechou-nos. Então descobri o que estava faltando, ô! Deus. Agora eu sabia que ele ia morrer.

O peixe de ouro

Haroldo Maranhão

De borracha é a cintura do peixe de ouro, uma curva infinita cavada na carne. E são deletéreas as pernas do peixe de ouro, que se locomove como se fosse o corpo acionado por molas. O andar é elástico, o andar do peixe de ouro, e balança a cabeleira cor de charuto no dorso lisíssimo, tapando a nuca. Não vejo a cara do peixe de ouro, sigo-lhe os passos, vejo-lhe as ancas, de potranca, a roupa é rubra, a carne, de ouro, a carne do peixe de ouro. De repente o peixe inclina a cabeça e percebo, não há quem não perceba, um perfil de penugens que o sol divulga, nítido. Segue o peixe, segue, todo um rio o segue, rio de bichos, somos todos bichos, mordemos com vigor o músculo das ancas, arrancamos pedaços da anca, da melhor anca, da melhor. Guardo no meu casaco o nobre fragmento da anca do peixe de ouro, e quero ao menos um fio, um fio ao menos dos cabelos, mas já a cabeleira foi roubada à força, quando voava descobrindo o pescoço. Cravo meus dentes na nuca do peixe de ouro e bebo-lhe um mel, sugo aflito, como a uma fruta, meus lábios ficam encharcados, escorre o mel, caem gotas na pedra, minha camisa ensopa-se de baba e mel, um mel raro. Desoladamente constato que trepida a epiderme desgarrada de seu recheio, em mantas, flava pele há pouco distendida em curvas, ora couro plissado, de gelhas. Peixe de ouro perde aos poucos seu revestimento muscular, sangra, ossos despontam, interligados por tendões, cartilagens, restos de carne. Com enorme rudez puxo um nervo longo e de bom calibre para encordoar determinada viola d'amore. Desloco, e com delicadeza removo uma vértebra do peixe, como quem se serve de um doce, sorvo o creme vertebral e trituro a fina peça mal calcificada. A meu lado, alguém empunha uma das tíbias como clava, e é milagre a sobrevida do peixe de ouro, que não obstante prossegue sustentado não sei por que espécie de fundamento. Poucos ossos, quase nenhum, raros tendões, nenhuma carne. Agarro para mim a fossa ilíaca; luto por ela, ela me dilacera as mãos, mas é minha, conquistei-a, será o prato real onde comerei. Sigo, seguimos, impulsionados pelo mero costume, pois a unidade se partiu em blocos, o que era peixe não é, senão partículas, pó, aura, microtalco, microtalco de ouro.

Gestalt

Hilda Hilst

Absorto, centrado no nó das trigonometrias, meditando múltiplos quadriláteros, centrado ele mesmo no quadrado do quarto, as superfícies de cal, os triângulos de acrílico, suspensos no espaço por uns fios finos os polígonos, Isaiah o matemático, sobrolho peluginoso, inquietou-se quando descobriu o porco. Escuro, mole, seu liso, nas coxas diminutos enrugados, existindo aos roncos, e em curtas corridas gordas, desajeitadas, o ser do porco estava ali. E porque o porco efetivamente estava ali, pensá-lo parecia lógico a Isaiah, e começou pensando spinosismos: "de coisas que nada tenham em comum entre si, uma não pode ser causa da outra." Mas aos poucos, reolhando com apetência pensante, focinhez e escuros do porco, considerou inadequado para o seu próprio instante o Spinoza citado aí de cima, acercou-se, e de cócoras, de olho-agudez, ensaiou pequenas frases tortas, memorioso: se é que estás aqui, dentro da minha evidência, neste quarto, atuando na minha própria circunstância, e efetivamente estás e atuas, dize-me por quê. Nas quatro patas um esticado muito teso, nos moles da garganta pequeninos ruídos gorgulhantes, o porco de Isaiah absteve-se de responder tais rigorismos, mas focinhou de Isaiah os sapatos, encostou nádegas e ancas com alguma timidez e quando o homem tentou alisá-lo como se faz aos gatos, aos cachorros, disparou outra vez num corre gordo, desajeitado, e de lá do outro canto novamente um esticado muito teso e pequeninos ruídos gorgulhantes. Bem, está aí. Milho, batatas, uma lata de água, e sinto muito o não haver terra para o teu mergulho mais fundo, de focinhez.

Retomou algarismos, figuras, hipóteses, progressões, anotava seus cálculos com tinta roxa, cerimoniosa, canônica, limpo bispal Isaiah limpou dejetos do porco, muito sóbrio, humildoso, sóbrio agora também o porco um pouco triste esfregando-se nos cantos, um aguado-ternura nos dois olhos, e por isso Isaiah lembrou-se de si mesmo, menino, e do lamento do pai olhando-o: immer krank parece, immer krank, sempre doente parece, sempre doente, é o que pai dizia na sua língua. É doença não é Hilde? Hilde sua mãe, sorria, Ach nein, é pequeno, é criança, e quando ainda somos assim, sempre de alguma coisa temos medo, não é doença Karl, é medo. Isaiah foi adoçando a voz, vou te dar um nome, vem aqui, não te farei mais perguntas, vem, e ele veio, o porco, a anca tremulosa roçou as canelas de Isaiah, Isaiah agachou-se, redondo de afago foi amornando a lisura do couro, e mimos e falas, e então descobriu que era uma porca o porco. Devo dizer-lhes que em contentamento conviveu com Hilde a vida inteira. Deu-lhe o nome da mãe em homenagem àquela frase remota: sempre de alguma coisa temos medo. E na manhã de um domingo celebrou esponsais. Um parênteses devo me permitir antes de terminar: Isaiah foi plena, visceral, lindamente feliz. Hilde também.

Feliz ano novo

Rubem Fonseca

Vi na televisão que as lojas bacanas estavam vendendo adoidado roupas ricas para as madames vestirem no réveillon. Vi também que as casas de artigos finos para comer e beber tinham vendido todo o estoque.

Pereba, vou ter que esperar o dia raiar e apanhar cachaça, galinha morta e farofa dos macumbeiros.

Pereba entrou no banheiro e disse, que fedor.

Vai mijar noutro lugar, tô sem água.

Pereba saiu e foi mijar na escada.

Onde você afanou a TV?, Pereba perguntou.

Afanei porra nenhuma. Comprei. O recibo está bem em cima dela. Ô Pereba! você pensa que eu sou algum babaquara para ter coisa estarrada no meu cafofo?

Tô morrendo de fome, disse Pereba.

De manhã a gente enche a barriga com os despachos dos babalaôs, eu disse, só de sacanagem.

Não conte comigo, disse Pereba. Lembra do Crispim? Deu um bico numa macumba aqui na Borges de Medeiros, a perna ficou preta, cortaram no Miguel Couto e tá ele aí, fudidão, andando de muleta.

Pereba sempre foi supersticioso. Eu não. Tenho ginásio, sei ler, escrever e fazer raiz quadrada. Chuto a macumba que quiser.

Acendemos uns baseados e ficamos vendo a novela. Merda. Mudamos de canal, prum bangue-bangue. Outra bosta.

As madames granfas tão todas de roupa nova, vão entrar o ano novo dançando com os braços pro alto, já viu como as branquelas dançam? Levantam os braços pro alto, acho que é pra mostrar o sovaco, elas querem mesmo é mostrar a boceta mas não têm culhão e mostram o sovaco. Todas corneiam os maridos. Você sabia que a vida delas é dar a xoxota por aí?

Pena que não tão dando pra gente, disse Pereba. Ele falava devagar, gozador, cansado, doente.

Pereba, você não tem dentes, é vesgo, preto e pobre, você acha que as madames vão dar pra você? Ô Pereba, o máximo que você pode fazer é tocar uma punheta. Fecha os olhos e manda brasa.

Eu queria ser rico, sair da merda em que estava metido! Tanta gente rica e eu fudido.

Zequinha entrou na sala, viu Pereba tocando punheta e disse, que é isso Pereba?

Michou, michou, assim não é possível, disse Pereba.

Por que você não foi para o banheiro descascar sua bronha?, disse Zequinha.

No banheiro tá um fedor danado, disse Pereba.

Tô sem água.

As mulheres aqui do conjunto não estão mais dando?, perguntou Zequinha.

Ele tava homenageando uma loura bacana, de vestido de baile e cheia de jóias.

Ela tava nua, disse Pereba.

Já vi que vocês tão na merda, disse Zequinha.

Ele tá querendo comer restos de Iemanjá, disse Pereba.

Brincadeira, eu disse. Afinal, eu e Zequinha tínhamos assaltado um supermercado no Leblon, não tinha dado muita grana, mas passamos um tempão em São Paulo na boca do lixo, bebendo e comendo as mulheres. A gente se respeitava.

Pra falar a verdade a maré também não tá boa pro meu lado, disse Zequinha. A barra tá pesada. Os homens não tão brincando, viu o que fizeram com o Bom Crioulo? Dezesseis tiros no quengo. Pegaram o Vevé e estrangularam. O Minhoca, porra! O Minhoca! crescemos juntos em Caxias, o cara era tão míope que não enxergava daqui até ali, e também era meio gago — pegaram ele e jogaram dentro do Guandu, todo arrebentado.

Pior foi com o Tripé. Tacaram fogo nele. Virou torresmo. Os homens não tão dando sopa, disse Pereba. E frango de macumba eu não como.

Depois de amanhã vocês vão ver.

Vão ver o quê?, perguntou Zequinha.
Só tô esperando o Lambreta chegar de São Paulo.
Porra, tu tá transando com o Lambreta?, disse Zequinha.
As ferramentas dele estão todas aqui.
Aqui?, disse Zequinha. Você tá louco.
Eu ri.
Quais são os ferros que você tem?, perguntou Zequinha.
Uma Thompson lata de goiabada, uma carabina doze, de cano serrado, e duas Magnum.
Puta que pariu, disse Zequinha. E vocês montados nessa baba tão aqui tocando punheta?
Esperando o dia raiar para comer farofa de macumba, disse Pereba. Ele faria sucesso falando daquele jeito na TV, ia matar as pessoas de rir.
Fumamos. Esvaziamos uma pitu.
Posso ver o material?, disse Zequinha.
Descemos pelas escadas, o elevador não funcionava, e fomos no apartamento de dona Candinha. Batemos. A velha abriu a porta.
Dona Candinha, boa noite, vim apanhar aquele pacote.
O Lambreta já chegou?, disse a preta velha.
Já, eu disse, está lá em cima.
A velha trouxe o pacote, caminhando com esforço. O peso era demais para ela. Cuidado, meus filhos, ela disse.
Subimos pelas escadas e voltamos para o meu apartamento. Abri o pacote. Armei primeiro a lata de goiabada e dei pro Zequinha segurar. Me amarro nessa máquina, tarratátátátá!, disse Zequinha.
É antigo mas não falha, eu disse.
Zequinha pegou a Magnum. Jóia, jóia, ele disse. Depois segurou a doze, colocou a culatra no ombro e disse: ainda dou um tiro com esta belezinha nos peitos de um tira, bem de perto, sabe como é, pra jogar o puto de costas na parede e deixar ele pregado lá.
Botamos tudo em cima da mesa e ficamos olhando.
Fumamos mais um pouco.
Quando é que vocês vão usar o material?, disse Zequinha.
Dia 2. Vamos estourar um banco na Penha. O Lambreta quer fazer o primeiro gol do ano.
Ele é um cara vaidoso, disse Zequinha.
É vaidoso mas merece. Já trabalhou em São Paulo, Curitiba, Florianópolis, Porto Alegre, Vitória, Niterói, para não falar aqui no Rio. Mais de trinta bancos.

É, mas dizem que ele dá o bozó, disse Zequinha.

Não sei se dá, nem tenho peito de perguntar. Pra cima de mim nunca veio com frescuras.

Você já viu ele com mulher?, disse Zequinha.

Não, nunca vi. Sei lá, pode ser verdade, mas que importa?

Homem não deve dar o cu. Ainda mais um cara importante como o Lambreta, disse Zequinha.

Cara importante faz o que quer, eu disse.

É verdade, disse Zequinha.

Ficamos calados, fumando.

Os ferros na mão e a gente nada, disse Zequinha.

O material é do Lambreta. E aonde é que a gente ia usar ele numa hora destas?

Zequinha chupou ar, fingindo que tinha coisas entre os dentes. Acho que ele também estava com fome.

Eu tava pensando a gente invadir uma casa bacana que tá dando festa. O mulherio tá cheio de jóia e eu tenho um cara que compra tudo o que eu levar. E os barbados tão cheios de grana na carteira. Você sabe que tem anel que vale cinco milhas e colar de quinze, nesse intruja que eu conheço? Ele paga na hora.

O fumo acabou. A cachaça também. Começou a chover.

Lá se foi a tua farofa, disse Pereba.

Que casa? Você tem alguma em vista?

Não, mas tá cheio de casa de rico por aí. A gente puxa um carro e sai procurando.

Coloquei a lata de goiabada numa saca de feira, junto com a munição. Dei uma Magnum pro Pereba, outra pro Zequinha. Prendi a carabina no cinto, o cano pra baixo, e vesti uma capa. Apanhei três meias de mulher e uma tesoura. Vamos, eu disse.

Puxamos um Opala. Seguimos para os lados de São Conrado. Passamos várias casas que não davam pé, ou tavam muito perto da rua ou tinham gente demais. Até que achamos o lugar perfeito. Tinha na frente um jardim grande e a casa ficava lá no fundo, isolada. A gente ouvia barulho de música de carnaval, mas poucas vozes cantando. Botamos as meias na cara. Cortei com a tesoura os buracos dos olhos. Entramos pela porta principal.

Eles estavam bebendo e dançando num salão quando viram a gente.

É um assalto, gritei bem alto, para abafar o som da vitrola. Se vocês ficarem quietos ninguém se machuca. Você aí, apaga essa porra dessa vitrola!

Feliz ano novo

Pereba e Zequinha foram procurar os empregados e vieram com três garçons e duas cozinheiras. Deita todo mundo, eu disse.

Contei. Eram vinte e cinco pessoas. Todos deitados em silêncio, quietos, como se não estivessem sendo vistos nem vendo nada.

Tem mais alguém em casa?, eu perguntei.

Minha mãe. Ela está lá em cima no quarto. É uma senhora doente, disse uma mulher toda enfeitada, de vestido longo vermelho. Devia ser a dona da casa.

Crianças?

Estão em Cabo Frio, com os tios.

Gonçalves, vai lá em cima com a gordinha e traz a mãe dela.

Gonçalves?, disse Pereba.

É você mesmo. Tu não sabe mais o teu nome, ô burro?

Pereba pegou a mulher e subiu as escadas.

Inocêncio, amarra os barbados.

Zequinha amarrou os caras usando cintos, fios de cortinas, fios de telefones, tudo que encontrou.

Revistamos os sujeitos. Muito pouca grana. Os putos estavam cheios de cartões de crédito e talões de cheques. Os relógios eram bons, de ouro e platina. Arrancamos as jóias das mulheres. Um bocado de ouro e brilhante. Botamos tudo na saca.

Pereba desceu as escadas sozinho.

Cadê as mulheres?, eu disse.

Engrossaram e eu tive que botar respeito.

Subi. A gordinha estava na cama, as roupas rasgadas, a língua de fora. Mortinha. Pra que ficou de flozô e não deu logo? O Pereba tava atrasado. Além de fudida, mal paga. Limpei as jóias. A velha tava no corredor, caída no chão. Também tinha batido as botas. Toda penteada, aquele cabelão armado, pintado de louro, de roupa nova, rosto encarquilhado, esperando o ano novo, mas já tava mais pra lá do que pra cá. Acho que morreu de susto. Arranquei os colares, broches e anéis. Tinha um anel que não saía. Com nojo, molhei de saliva o dedo da velha, mas mesmo assim o anel não saía. Fiquei puto e dei uma dentada, arrancando o dedo dela. Enfiei tudo dentro de uma fronha. O quarto da gordinha tinha as paredes forradas de couro. A banheira era um buraco quadrado grande de mármore branco, enfiado no chão. A parede toda de espelhos. Tudo perfumado. Voltei para o quarto, empurrei a gordinha para o chão, arrumei a colcha de cetim da cama com cuidado, ela ficou lisinha, brilhando. Tirei as calças e caguei em cima da colcha. Foi um alívio, muito legal. Depois limpei o cu na colcha, botei as calças e desci.

Vamos comer, eu disse, botando a fronha dentro da saca.

Os homens e mulheres no chão estavam todos quietos e encagaçados, como carneirinhos. Para assustar ainda mais eu disse, o puto que se mexer eu estouro os miolos.

Então, de repente, um deles disse, calmamente, não se irritem, levem o que quiserem, não faremos nada.

Fiquei olhando para ele. Usava um lenço de seda colorida em volta do pescoço.

Pode também comer e beber à vontade, ele disse.

Filha da puta. As bebidas, as comidas, as jóias, o dinheiro, tudo aquilo para eles era migalha. Tinham muito mais no banco. Para eles, nós não passávamos de três moscas no açucareiro.

Como é seu nome?

Maurício, ele disse.

Seu Maurício, o senhor quer se levantar, por favor?

Ele se levantou. Desamarrei os braços dele.

Muito obrigado, ele disse. Vê-se que o senhor é um homem educado, instruído. Os senhores podem ir embora, que não daremos queixa à polícia. Ele disse isso olhando para os outros, que estavam quietos apavorados no chão, e fazendo um gesto com as mãos abertas, como quem diz, calma minha gente, já levei este bunda suja no papo.

Inocêncio, você já acabou de comer? Me traz uma perna de peru dessas aí. Em cima de uma mesa tinha comida que dava para alimentar o presídio inteiro. Comi a perna de peru. Apanhei a carabina doze e carreguei os dois canos.

Seu Maurício, quer fazer o favor de chegar perto da parede?

Ele se encostou na parede.

Encostado não, não, uns dois metros de distância. Mais um pouquinho para cá. Muito obrigado.

Atirei bem no meio do peito dele, esvaziando os dois canos, aquele tremendo trovão. O impacto jogou o cara com força contra a parede. Ele foi escorregando lentamente e ficou sentado no chão. No peito dele tinha um buraco que dava para colocar um panetone.

Viu, não grudou o cara na parede, porra nenhuma.

Tem que ser na madeira, numa porta. Parede não dá, Zequinha disse.

Os caras deitados no chão estavam de olhos fechados, nem se mexiam. Não se ouvia nada, a não ser os arrotos do Pereba.

Você aí, levante-se, disse Zequinha. O sacana tinha escolhido um cara magrinho, de cabelos compridos.

Por favor, o sujeito disse, bem baixinho.

Fica de costas para a parede, disse Zequinha.

Carreguei os dois canos da doze. Atira você, o coice dela machucou o meu ombro. Apóia bem a culatra senão ela te quebra a clavícula.

Vê como esse vai grudar. Zequinha atirou. O cara voou, os pés saíram do chão, foi bonito, como se ele tivesse dado um salto para trás. Bateu com estrondo na porta e ficou ali grudado. Foi pouco tempo, mas o corpo do cara ficou preso pelo chumbo grosso na madeira.

Eu não disse?, Zequinha esfregou o ombro dolorido. Esse canhão é foda.

Não vais comer uma bacana destas?, perguntou Pereba.

Não estou a fim. Tenho nojo dessas mulheres. Tô cagando pra elas. Só como mulher que eu gosto.

E você... Inocêncio?

Acho que vou papar aquela moreninha.

A garota tentou atrapalhar, mas Zequinha deu uns murros nos cornos dela, ela sossegou e ficou quieta, de olhos abertos, olhando para o teto, enquanto era executada no sofá.

Vamos embora, eu disse. Enchemos toalhas e fronhas com comidas e objetos.

Muito obrigado pela cooperação de todos, eu disse. Ninguém respondeu.

Saímos. Entramos no Opala e voltamos para casa.

Disse para o Pereba, larga o rodante numa rua deserta de Botafogo, pega um táxi e volta. Eu e Zequinha saltamos.

Este edifício está mesmo fudido, disse Zequinha, enquanto subíamos, com o material, pelas escadas imundas e arrebentadas.

Fudido mas é Zona Sul, perto da praia. Tás querendo que eu vá morar em Nilópolis?

Chegamos lá em cima cansados. Botei as ferramentas no pacote, as jóias e o dinheiro na saca e levei para o apartamento da preta velha.

Dona Candinha, eu disse, mostrando a saca, é coisa quente.

Pode deixar, meus filhos. Os homens aqui não vêm.

Subimos. Coloquei as garrafas e as comidas em cima de uma toalha no chão. Zequinha quis beber e eu não deixei. Vamos esperar o Pereba.

Quando o Pereba chegou, eu enchi os copos e disse, que o próximo ano seja melhor. Feliz ano novo.

Correspondência completa

Ana Cristina Cesar

My dear,

Chove a cântaros. Daqui de dentro penso sem parar nos gatos pingados. Mãos e pés frios sob controle. Notícias imprecisas, fique sabendo. É de propósito? Medo de dar bandeira? Ouça muito Roberto: quase chamei você mas olhei para mim mesmo etc. Já tirei as letras que você pediu.

O dia foi laminha. Célia disse: o que importa é a carreira, não a vida. Contradição difícil. A vida parece laminha e a carreira é um narciso em flor. O que escrevi em fevereiro é verdade mas vem junto drama de desocupado. Agora fiquei ocupadíssima, ao sabor dos humores, natureza chique, disposição ambígua (signo de gêmeos).

Depois que desliguei o telefone me arrependi de ter ligado, porque a emoção esfriou com a voz real. Ao pedir a ligação, meu coração queimava. E quando a gente falou era tão assim, você vendo tv e eu perto de bananas, tão sem estilo (como nas cartas). Você não acha que a distância e a correspondência alimentam uma aura (um reflexo verde na lagoa no meio do bosque)?

Penso pouco no Thomas. Passou o frio dos primeiros dias. Depois, desgosto: dele, do pau dele, da política dele, do violão dele. Mas não tenho mexido no assunto. Entrei de férias. Tenho medo que o balanço acabe. O

Thomas de hoje é muito mais velho do que eu, não liga mais, estuda, milita e amor na sua Martinica de longos peitos e dentes perfilados, tanta perfeição.

Atraída pelo português de camiseta que atendeu no Departamento Financeiro. Era jacaré e tinha bigode de pontas. Ralhei com tesão que me deu uma dor puxada.

Só hoje durante a visita de Cris é que me dei conta que batizei a cachorra com o nome dela. Tive discreto repuxo de embaraço quando gritei com Cris que me enlameava o tapete. Cris fugiu mas Cris não percebeu (julgando-se talvez homenageada?). Gil por sua vez leu como sempre nos meus lábios e eclatou de riso típico umidificante.

O mesmo Gil jura que são de Shakespeare os versos "trepar é humano, chupar divino" e desvia o olhar para o centro da mesa, depois de diagnosticar silenciosamente minha paranóia.

Deu discussão hoje com Mary. Segundo ela Altmann é cruel com a classe média e isso é imperdoável. Me senti acusada e balbuciei uma bela briga. Ao chegar em casa pesou a mão imperdoável na barriga. Mary tem sempre razão.

Gil diz que ela não se abre comigo porque sabe que minha inveja é maior que meu amor. Ao telefone me conta da carreira e cacacá. Por Gil porém sei dos desastres do casamento. Comigo ela não fala.

Ontem fizemos um programa, os três. Nessas ocasiões o ciúme fica saliente, rebola e diz gracinhas que nem eu mesma posso adiantar. Ninguém sabe mas ele tem levezas de um fetinho. É maternal, põe fraldas, enquanto o trio desanca seus caprichos. Resulta um show da uva, brilhante microfone do ciúme! Há sempre uma sombra em meu sorriso (Roberto). A melancólica sou eu, insisto, embora você desaprove sempre, sempre. Aproveito para pedir *outra* opinião.

Gil diz que sou uma leoa-marinha e eu exijo segredo absoluto (está ficando convencido): historinhas ruminadas na calçada são afago para o coração. Quem é que pode saber? Eu sim sei fazer calçada o dia todo, e bem. Do contrário...

Não fui totalmente sincera.

Recebi outro cartão-postal de Londres. Agora dizia apenas "What are men for?". Sem data.

Não consigo dizer não. Você consegue?

E a somatização, melhorou?

Insisto no sumário que você abandonou ao deus-dará: 1. bondade que humilha; 2. necessidade versus prazer; 3. filhinho; 4. prioridades; 5. what are men for.

Ana Cristina Cesar

Sonho da noite passada: consultório escuro em obras; homens trabalhando; camas e tijolos; decidi esperar no banheiro, onde havia um patinete, anúncios de pudim, um sutiã preto e outros trastes. De quem seria o sutiã? Ele dormiu aqui? Já nos vimos antes, eu saindo e você entrando? Deitados lado a lado, o braço dele me tocando. Chega para lá (sussurro). Ela deu minha blusa de seda para a empregada. Sem ele não fico em casa. Há três dias que pareço morar onde estou (ecos de Ângela). Aquele ar de desatenção neurológica me deixa louca. Saímos para o corredor. Você vai ter um filhinho, ouviu?

Passei a tarde toda na gráfica. O coronel implicou outra vez com as idéias mirabolantes da programação. Mas isso é que é bom. Escrever é a parte que chateia, fico com dor nas costas e remorso de vampiro. Vou fazer um curso secreto de artes gráficas. Inventar o livro antes do texto. Inventar o texto para caber no livro. O livro é anterior. O prazer é anterior, boboca.

Epígrafe masculina do livro (há outra, feminina, mais contida), do Joaquim: "É a crônica de uma tara gentil, encontro lírico nas veredas escapistas de Paquetá, imagética, verbalização e exposição de fantasias eróticas. Contém a denúncia da vocação genital dos legumes, a inteligência das mocinhas em flor, a liberdade dos jogos na cama, a simpatia pelos tarados, o gosto pela vida e a suma poética de Carlos Galhardo".

Meu pescoço está melhor, obrigada.

Quanto à história das mães, acenando umas para as outras com lençóis brancos, enquanto a filha afinal não presta assim tanta atenção, só posso dizer que corei um pouco de ser tudo verdade. F. penso não percebe, mas como sempre mente muito. Mente muito! Só eu sei. Vende a alma ao diabo negociando a inteligência alerta pela juventude eterna. Você diria? No pacto é pura Rita Hayworth com N. na cenografia, encaixilhando espelhos. Brincam de casinha na hora vaga. Na festa que deram Gil alto discursava que casamento é a solução, mestre da saúde. Ironias do destino. Seguiu-se é claro ressaca sonsa e ciúmes rápidos de Rita.

Não estou conseguindo explicar minha ternura, minha ternura, entende?

Fica difícil fazer literatura tendo Gil como leitor. Ele lê para desvendar mistérios e faz perguntas capciosas, pensando que cada verso oculta sintomas, segredos biográficos. Não perdoa o hermetismo. Não se confessa os próprios sentimentos. Já Mary me lê toda como literatura pura, e não entende as referências diretas.

Na mesa do almoço Gil quis saber a verdadeira identidade de um Jean-Luc, e diante de todos fez clima de conluio, julgando adivinhar tudo.

Na saída me fez jurar sobre o perfil dos sepulcros santos — Gil está sempre jurando ou me fazendo jurar. E depois você ainda diz que eu não respondo.
Ainda aguardando.
Beijo.

Júlia

P.S. 1 — Não quero que T. leia nossa correspondência, por favor. Tenho paixão mas também tenho pudor!

P.S. 2 — Quando reli a carta descobri alguns erros datilográficos, inclusive a falta do h no verbo chorar. Não corrigi para não perder um certo ar perfeito — repara a paginação gelomatic, agora que sou *artista plástica*.

Fazendo a barba

Luiz Vilela

O barbeiro acabou de ajeitar-lhe a toalha ao redor do pescoço. Encostou a mão:
— Ele está quente ainda...
— Que hora que foi? — perguntou o rapazinho.
O barbeiro não respondeu. Na camisa semi-aberta do morto alguns pêlos grisalhos aparecem. O rapazinho observava atentamente. Então o barbeiro olhou para ele.
— Que hora que ele morreu? — o rapazinho tornou a perguntar.
— De madrugada — disse o barbeiro; — ele morreu de madrugada.
Estendeu a mão:
— O pincel e o creme.
O rapazinho pegou rápido o pincel e o creme na valise de couro sobre a mesinha. Depois pegou a jarra de água que havia trazido ao entrarem no quarto: derramou um pouco na vasilhinha do creme e mexeu até fazer espuma.
O rapazinho era sempre rápido no serviço mas aquela hora sua rapidez parecia acompanhada de algum nervosismo: o pincel acabou escapulindo de sua mão e foi bater na perna do barbeiro, que estava sentado junto à cama. Ele pediu desculpas, muito sem-graça e mais descontrolado ainda.
— Não foi nada — disse o barbeiro, limpando a mancha de espuma na calça; — isso acontece...

Fazendo a barba

O rapaz, depois de catar o pincel, mexeu mais um pouco, e então entregou a vasilhinha ao barbeiro, que ainda deu uma mexida.

Antes de começar o serviço, o barbeiro olhou para o rapaz:

— Você acharia melhor esperar lá fora? — perguntou, de um modo muito educado.

— Não, senhor.

— A morte não é um espetáculo agradável para os jovens — disse. — Aliás, para ninguém...

Começou a pincelar o rosto do morto. A barba, de uns quatro dias, estava cerrada.

Através da porta fechada vinha um murmúrio abafado de vozes rezando um terço. Lá fora o céu ia acabando de clarear; um ar fresco entrava pela janela aberta do quarto.

O barbeiro devolveu o pincel e a vasilhinha; o rapaz já estava com a navalha e o afiador na mão: entregou-os ao barbeiro e pôs na mesa a vasilhinha com o pincel.

O barbeiro afiava a navalha. No salão, era conhecido seu estilo de afiar, acompanhando trechos alegres de música clássica, que ele ia assobiando. Ali, no quarto, ao lado de um morto, afiava num ritmo diferente, mais espaçado e lento: alguém poderia quase deduzir que ele, em sua cabeça, assobiava uma marcha fúnebre.

— É tão esquisito — disse o rapazinho.

— Esquisito? — o barbeiro parou de afiar.

— A gente fazer a barba dele...

O barbeiro olhou para o morto:

— O que não é esquisito? — disse. — Ele, nós, a morte, a vida, o que não é esquisito?

Começou a barbear. Firmava a cabeça do morto com a mão esquerda, e com a direita ia raspando.

— Deus me ajude a morrer com a barba feita — disse o rapazinho, que já tinha alguma barba. — Assim eles não têm de fazer ela depois de eu morto. É tão esquisito...

O barbeiro se interrompeu, afastou a cabeça e olhou de novo para o rosto do morto — mas não tinha nada a ver com a observação do rapaz; estava apenas olhando como ia o seu trabalho.

— Será que ele está vendo a gente de algum lugar? — perguntou o rapazinho.

Olhou para o alto — o teto ainda de luz acesa —, como se a alma do morto estivesse por ali, observando-os; não viu nada, mas sentia como se a alma estivesse por ali.

A navalha ia agora limpando debaixo do queixo. O rapazinho observava o rosto do morto, seus olhos fechados, a boca, a cor pálida: sem a barba, ele agora parecia mais um morto.

— Por que a gente morre? — perguntou. — Por que a gente tem de morrer?

O barbeiro não disse nada. Tinha acabado de barbear. Limpou a navalha e fechou-a, deixando-a na beirada da cama.

— Me dá a outra toalha — pediu; — e molhe o paninho.

O rapaz molhou o paninho na jarra; apertou-o para escorrer, e então entregou ao barbeiro, junto com a toalha.

O barbeiro foi limpando e enxugando cuidadosamente o rosto do morto. Com a ponta do pano, tirou um pouco de espuma que tinha entrado no ouvido.

— Por que será que a gente não acostuma com a morte? — perguntou o rapazinho. — A gente não tem de morrer um dia? Todo mundo não morre? Então por que a gente não acostuma?

O barbeiro fixou-o um segundo:

— É — disse, e se voltou para o morto.

Começou a fazer o bigode.

— Não é esquisito? — perguntou o rapazinho. — Eu não entendo.

— Há muita coisa que a gente não entende — disse o barbeiro.

Estendeu a mão:

— A tesourinha.

Na casa, o movimento e o barulho de vozes pareciam aumentar; de vez em quando um choro. O rapazinho pensou alegre que já estavam quase acabando e que dentro de mais alguns minutos ele estaria lá fora, na rua, caminhando no ar fresco da manhã.

— O pente — disse o barbeiro. — Pode ir guardando as coisas.

Quando acabou de pentear, o barbeiro se ergueu da cadeira e contemplou o rosto do morto.

— A tesourinha de novo — pediu.

O rapaz tornou a abrir a valise e a pegar a tesourinha.

O barbeiro se curvou e cortou a pontinha de um fio de cabelo do bigode. Os dois ficaram olhando.

— A morte é uma coisa muito estranha — disse o barbeiro.

Lá fora o sol já iluminava a cidade, que ia se movimentando para mais um dia de trabalho: lojas abrindo, estudantes andando para a escola, carros passando.

Os dois caminharam um bom tempo em silêncio; até que, à porta de um boteco, o barbeiro parou:

— Vamos tomar uma pinguinha?

O rapaz olhou meio sem jeito para ele; só bebia escondido, e não sabia o que responder.

— Uma pinguinha é bom para retemperar os nervos — disse o barbeiro, olhando-o com um sorriso bondoso.

— Bem... — disse o rapaz.

O barbeiro pôs a mão em seu ombro, e os dois entraram no boteco.

Sem enfeite nenhum

Adélia Prado

A mãe era desse jeito: só ia em missa das cinco, por causa de os gatos no escuro serem pardos. Cinema, só uma vez, quando passou os *Milagres do padre Antônio em Urucânia*. Desde aí, falava sempre, excitada nos olhos, apressada no cacoete dela de enrolar um cacho de cabelo: se eu fosse lá, quem sabe?

Sofria palpitação e tonteira, lembro dela caindo na beira do tanque, o vulto dobrado em arco, gente afobada em volta, cheiro de alcanfor.

Quando comecei a empinar as blusas com o estufadinho dos peitos, o pai chegou pra almoçar, estudando terreno, e anunciou com a voz que fazia nessas ocasiões, meio saliente: companheiro meu tá vendendo um relogim que é uma gracinha, pulseirinha de crom', danado de bom pra do Carmo. Ela foi logo emendando: tristeza, relógio de pulso e vestido de bolér. Nem bolero ela falou direito de tanta antipatia. Foi água na fervura minha e do pai.

Vivia repetindo que era graça de Deus se a gente fosse tudo pra um convento e várias vezes por dia era isto: meu Jesus, misericórdia... A senhora tá triste, mãe? eu falava. Não, tou só pedindo a Deus pra ter dó de nós.

Tinha muito medo da morte repentina e pra se livrar dela, fazia as nove primeiras sextas-feiras, emendadas. De defunto não tinha medo, só de gente viva, conforme dizia. Agora, da perdição eterna, tinha horror, pra ela e pros outros.

Quando a Ricardina começou a morrer, no Beco atrás da nossa casa, ela me chamou com a voz alterada: vai lá, a Ricardina tá morrendo, coitada,

Sem enfeite nenhum

que Deus perdoe ela, corre lá, quem sabe ainda dá tempo de chamar o padre, falava de arranco, querendo chorar, apavorada: que Deus perdoe ela, Deus perdoe ela, ficou falando sem coragem de aluir do lugar.

Mas a Ricardina era de impressionar mesmo, imagina que falou pra mãe, uma vez, que não podia ver nem cueca de homem que ela ficava doida. Foi mais por isso que ela ficou daquele jeito, rezando pra salvação da alma da Ricardina.

Era a mulher mais difícil a mãe. Difícil, assim, de ser agradada. Gostava que eu tirasse só dez e primeiro lugar. Pra essas coisas não poupava, era pasta de primeira, caixa com doze lápis e uniforme mandado plissar. Acho mesmo que meia razão ela teve no caso do relógio, luxo bobo, pra quem só tinha um vestido de sair.

Rodeava a gente estudar e um dia falou abrupto, por causa do esforço de vencer a vergonha: me dá seus lápis de cor. Foi falando e colorindo de laranjado, uma rosa geométrica: cê põe muita força no lápis, se eu tivesse seu tempo, ninguém na escola me passava, inteligência não te falta, o que falta é estudar, por exemplo falar você em vez de cê, é tão mais bonito, é só acostumar. Quando o coração da gente dispara e a gente fala cortado, era desse jeito que tava a voz da mãe.

Achava estudo a coisa mais fina e inteligente era mesmo, demais até, pensava com a maior rapidez. Gostava de ler de noite, em voz alta, junto com tia Santa, os livros da Pia Biblioteca, e de um não esqueci, pois ela insistia com gosto no título dele, em latim: *Máquina pecatrís*. Falava era antusiasmo e nunca tive coragem de corrigir, porque toda vez que usava essa palavra, tava muito alegre, feito naquela hora, desenhando, feito no dia de noite, o pai fazendo serão, ela falou: coitado, até essa hora no serviço pesado.

Não estava gostando nem um pouquinho do desenho, mas nem que eu falava. Com tanta satisfação ela passava o lápis, que eu fiquei foi aflita, como sempre que uma coisa boa acontecia.

Bom também era ver ela passando creme Marsílea no rosto e Antisardina nº 3, se sacudindo de rir depois, com a cara toda empolada. Sua mãe é bonita, me falaram na escola. E era mesmo, o olho meio verde.

Tinha um vestido de seda branco e preto e um mantô cinzentado que ela gostava demais.

Dia ruim foi quando o pai entestou de dar um par de sapato pra ela. Foi três vezes na loja e ela botando defeito, achando o modelo jeca, achando a cor regalada, achando aquilo uma desgraça e que o pai tinha era umas bobagens. Foi até ele enfezar e arrebentar com o trem, de tanta raiva e mágoa.

Mas sapato é sapato, pior foi com o crucifixo. O pai, voltando de cumprir promessa em Congonhas do Campo, trouxe de presente pra ela um crucifixo torneadinho, o cordão de pendurar, com bambolim nas pontas, a maior gracinha. Ela desembrulhou e falou assim: bonito, mas eu preferia mais se fosse uma cruz simples, sem enfeite nenhum.

Morreu sem fazer trinta e cinco anos, da morte mais agoniada, encomendando com a maior coragem: a oração dos agonizantes, reza aí pra mim, gente.

Fiquei hipnotizada, olhando a mãe. Já no caixão, tinha a cara severa, de quem sente dor forte, igualzinho no dia que o João Antônio nasceu. Entrei no quarto querendo festejar e falei sem graça: a cara da senhora, parece que tá com raiva, mãe.

> O Senhor te abençoe e te guarde,
> Volva a ti o Seu Rosto e se compadeça de ti,
> O Senhor te dê a Paz.

Esta é a bênção de São Francisco, que foi abrandando o rosto dela, descansando, descansando, até como ficou, quase entusiasmado.

Era raiva não. Era marca de dor.

A balada do falso Messias

Moacyr Scliar

V*ai pôr vinho no copo. Suas mãos agora estão enrugadas e tremem. Mas ainda me impressionam, essas mãos grandes e fortes. Comparo-as com as minhas, de dedos curtos e grossos, e admito que nunca o compreendi e nunca chegarei a compreendê-lo.*

Encontrei-o pela primeira vez a bordo do *Zemlia*. Nesse velho navio, nós, judeus, estávamos deixando a Rússia; temíamos os *pogroms*. Acenavam-nos com a promessa da América e para lá viajávamos, comprimidos na terceira classe. Chorávamos e vomitávamos, naquele ano de 1906.

Eles já estavam no navio, quando embarcamos. Shabtai Zvi e Natan de Gaza. Nós os evitávamos. Sabíamos que eram judeus, mas nós, da Rússia, somos desconfiados. Não gostamos de quem é ainda mais oriental do que nós. E Shabtai Zvi era de Esmirna, na Ásia Menor — o que se notava por sua pele morena e seus olhos escuros. O capitão nos contou que ele era de uma família muito rica. De fato, ele e Natan de Gaza ocupavam o único camarote decente do barco. Então, por que iam para a América? Por que fugiam? Perguntas sem resposta.

Natan de Gaza, um homem pequeno e trigueiro, despertava-nos particularmente a curiosidade. Nunca tínhamos visto um judeu da Palestina de Eretz Israel — uma terra que para muitos de nós só existia em sonhos. Natan, um orador eloquente, falava para um público atento sobre as suaves colinas da Galiléia, o belo lago Kineret, a histórica cidade de Gaza, onde ele nascera, e cujas portas Sansão tinha arrancado. Bêbado, porém, amaldiçoava a terra natal: "Pedras e areia, camelos, árabes ladrões...". Ao largo das ilhas Canárias, Shabtai Zvi surpreendeu-o maldizendo Eretz Israel. Surrou-o até deixá-lo caído no chão, sangrando; quando Natan ousou protestar, demoliu-o com um último pontapé.

Depois disso passou dias trancado no camarote, sem falar com ninguém. Passando por ali ouvíamos gemidos... e suspiros... e suaves canções.

Uma madrugada acordamos com os gritos dos marinheiros. Corremos ao convés e lá estava Shabtai Zvi nadando no mar gélido. Baixaram um escaler e a custo conseguiram tirá-lo da água. Estava completamente nu e assim passou por nós, de cabeça erguida, sem nos olhar — e foi se fechar no camarote. Natan de Gaza disse que o banho fora uma penitência, mas nossa conclusão foi diferente: "É louco, o turco".

Chegamos à ilha das Flores, no Rio de Janeiro, e de lá viajamos para Erexim, de onde fomos levados em carroções para os nossos novos lares, na colônia denominada Barão Franck, em homenagem ao filantropo austríaco que patrocinara nossa vinda. Éramos muito gratos a este homem que, aliás, nunca chegamos a conhecer. Alguns diziam que nas terras em que estávamos sendo instalados mais tarde passaria uma ferrovia, cujas ações o barão tinha interesse em valorizar. Não acredito. Acho que era um bom homem, nada mais. Deu a cada família um lote de terra, uma casa de madeira, instrumentos agrícolas, animais.

Shabtai Zvi e Natan de Gaza continuavam conosco. Receberam uma casa, embora ao representante do barão não agradasse a idéia de ver os dois juntos sob o mesmo teto.

— Precisamos de famílias — disse incisivamente — e não de gente esquisit .

Shabtai Zvi olhou-o. Era tal a força daquele olhar que ficamos paralisados.

O agente do barão estremeceu, despediu-se de nós e partiu apressadamente. Lançamo-nos ao trabalho.

Como era dura a vida rural! A derrubada de árvores. A lavra. A semeadura... Nossas mãos se enchiam de calos de sangue.

Durante meses não vimos Shabtai Zvi. Estava trancado em casa. Aparentemente o dinheiro tinha acabado, porque Natan de Gaza perambulava pela vila, pedindo roupas e comida. Anunciava para breve o ressurgimento de Shabtai Zvi trazendo boas novas para toda a população.

— Mas o que é que ele está fazendo? — perguntávamos.

O que estava fazendo? Estudava. Estudava a *Cabala*, a obra-prima do misticismo judaico: o Livro da Criação, o Livro do Brilho, o Livro do

Esplendor. O ocultismo. A metempsicose. A demonologia. O poder dos nomes (os nomes podem esconjurar demônios; quem conhece o poder dos nomes pode andar sobre a água sem molhar os pés; e isso sem falar da força do nome secreto, inefável e impronunciável de Deus). A ciência misteriosa das letras e dos números (as letras são números e os números são letras; os números têm poderes mágicos; quanto às letras, são os degraus da sabedoria).

É então que surge em Barão Franck o bandido Chico Diabo. Vem da fronteira com seus ferozes sequazes. Fugindo dos "Abas Largas", esconde-se perto da colônia. E rouba, e destrói, e debocha. Rindo, mata nossos touros, arranca-lhes os testículos, e come-os, levemente tostados. E ameaça matar-nos a todos se o denunciarmos às autoridades. Como se não bastasse esse infortúnio, cai uma chuva de granizo que arrasa as plantações de trigo.

Estamos imersos no mais profundo desespero quando Shabtai Zvi reaparece.

Está transfigurado. O jejum devastou-lhe o corpo robusto, os ombros estão caídos. A barba agora, estranhamente grisalha, chega à metade do peito. A santidade envolve-o, brilha em seu olhar.

Caminha lentamente até o fim da rua principal... Nós largamos nossas ferramentas, nós saímos de nossas casas, nós o seguimos. De pé sobre um montículo de terra, Shabtai Zvi nos fala.

— Castigo divino cai sobre vós!

Referia-se a Chico Diabo e ao granizo. Tínhamos atraído a ira de Deus. E o que poderíamos fazer para expiar nossos pecados?

— Devemos abandonar tudo: as casas; as lavouras; a escola; a sinagoga; construiremos, nós mesmos, um navio — o casco com a madeira de nossas casas, as velas com os nossos xales de oração. Atravessaremos o mar. Chegaremos à Palestina, a Eretz Israel; e lá, na santa e antiga cidade de Sfat, construiremos um grande templo.

— E aguardaremos lá a chegada do Messias? — perguntou alguém com voz trêmula.

— O Messias já chegou! — gritou Natan de Gaza. — O Messias está aqui! O Messias é o nosso Shabtai Zvi!

Shabtai Zvi abriu o manto em que se enrolava. Recuamos, horrorizados. Víamos um corpo nu, coberto de cicatrizes; no ventre, um cinturão eriçado de pregos, cujas pontas enterravam-se na carne.

Desde aquele dia não trabalhamos mais. O granizo que destruísse as plantações. Chico Diabo que roubasse os animais, porque nós íamos embora. Derrubávamos as casas, jubilosos. As mulheres costuravam panos para fazer as velas do barco. As crianças colhiam frutas silvestres para fazer conservas.

Natan de Gaza recolhia dinheiro para, segundo dizia, subornar os potentados turcos que dominavam a Terra Santa.

— O que está acontecendo com os judeus? — perguntavam-se os colonos da região. Tão intrigados estavam que pediram ao padre Batistella para investigar. O padre veio ver-nos; sabia de nossas dificuldades, estava disposto a nos ajudar.

— Não precisamos, padre — respondemos com toda a sinceridade. — Nosso Messias chegou; ele nos libertará, nos fará felizes.

— O Messias? — o padre estava assombrado. — O Messias já passou pela terra. Foi Nosso Senhor Jesus Cristo, que transformou a água em vinho e morreu na cruz por nossos pecados.

— Cala-te, padre! — gritou Sarita. — O Messias é Shabtai Zvi!

Sarita, filha adotiva do gordo Leib Rubin, perdera os pais num *pogrom*. Ficara então com a mente abalada. Seguia Shabtai Zvi por toda a parte, convencida de que era a esposa reservada para o Ungido do Senhor. E para surpresa nossa Shabtai Zvi aceitou-a: casaram-se no dia em que terminamos o casco do barco. Quanto à embarcação, ficou muito boa; pretendíamos levá-la ao mar, como Bento Gonçalves transportara seu navio, sobre uma grande carreta puxada por bois.

Estes já eram poucos. Chico Diabo aparecia agora todas as semanas, roubando duas ou três cabeças de cada vez. Alguns falavam em enfrentar os bandidos. Shabtai Zvi não aprovava a idéia. "Nosso reino está além do mar. E Deus vela por nós. Ele providenciará."

De fato: Chico Diabo desapareceu. Durante duas semanas trabalhamos em paz, ultimando os preparativos para a partida. Então, num sábado pela manhã, um cavaleiro entrou a galope na vila. Era Gumercindo, lugar-tenente de Chico Diabo.

— Chico Diabo está doente! — gritou, sem descer do cavalo. — Está muito mal. O doutor não acerta com o tratamento. Chico Diabo me mandou levar o santo de vocês para curar ele.

Nós o rodeávamos em silêncio.

— E se ele não quiser ir — continuou Gumercindo — é para nós queimar a vila toda. Ouviram?

— Eu vou — bradou uma voz forte.

Era Shabtai Zvi. Abrimos caminho para ele. Aproximou-se lentamente, encarando o bandoleiro.

— Apeia.

Gumercindo desceu do cavalo. Shabtai Zvi montou.

— Vai na frente, correndo.

A balada do falso Messias

Foram os três: primeiro Gumercindo, correndo; depois Shabtai Zvi a cavalo; e fechando o cortejo, Natan de Gaza montado num jumento. Sarita também quis ir mas Leib Rubin não deixou.

Ficamos reunidos na escola todo o dia. Não falávamos; nossa angústia era demasiada. Quando caiu a noite ouvimos o trote de um cavalo. Corremos para a porta. Era Natan de Gaza, esbaforido.

— Quando chegamos lá — contou — encontramos Chico Diabo deitado no chão. Perto dele, um curandeiro fazia mandingas. Shabtai Zvi sentou perto do bandido. Não disse nada, não fez nada, não tocou no homem — só ficou olhando. Chico Diabo levantou a cabeça, olhou para Shabtai Zvi, deu um grito e morreu. O curandeiro, eles mataram ali mesmo. De Shabtai Zvi nada sei. Vim aqui avisar: correi, fugi!

Metemo-nos nas carroças e fugimos para Erexim. Sarita teve de ir à força.

No dia seguinte, Leib Rubin nos reuniu.

— Não sei o que vocês estão pensando em fazer — disse — mas eu já estou cheio dessas histórias todas: Barão Franck, Palestina, Sfat... Eu vou é para Porto Alegre. Querem ir comigo?

— E Shabtai Zvi? — perguntou Natan de Gaza com voz trêmula (era remorso o que ele sentia?).

— Ele que vá para o diabo, aquele louco! — berrou Leib Rubin. — Só trouxe desgraças!

— Não fale assim, pai! — gritou Sarita. — Ele é o Messias.

— Que Messias, nada! Acaba com essa história, isso ainda vai provocar os anti-semitas. Não ouviste o que o padre disse? O Messias já veio, está bom? Transformou a água em vinho e outras coisas. E nós vamos embora. O teu marido, se ainda está vivo, e se ficou bom da cabeça, que venha atrás. Eu tenho obrigação de cuidar de ti, e vou cuidar de ti, com marido ou sem marido!

Viajamos para Porto Alegre. Judeus bondosos nos hospedaram. E para nossa surpresa, Shabtai Zvi apareceu uns dias depois. Trouxeram-no os "Abas Largas", que haviam prendido todo o bando de Chico Diabo.

Um dos soldados nos contou que haviam encontrado Shabtai Zvi sentado numa pedra, olhando para o corpo de Chico Diabo. Espalhados pelo chão — os bandidos, bêbados, roncando. Havia bois carneados por toda a parte. E vinho. "Nunca vi tanto vinho!" Tudo o que antes tinha água agora tinha vinho! Garrafas, cantis, baldes, bacias, barricas. As águas de um charco ali perto estavam vermelhas. Não sei se era sangue das reses ou vinho. Mas acho que era vinho.

Ajudado por um parente rico, Leib Rubin se estabeleceu com uma loja de fazendas. Depois passou para o ramo de imóveis e posteriormente abriu uma financeira, reunindo grande fortuna. Shabtai Zvi trabalhava numa de suas firmas, da qual eu também era empregado. Natan de Gaza envolveu-se em contrabando, teve de fugir e nunca mais foi visto.

Desde a morte de Sarita, Shabtai Zvi e eu costumamos nos encontrar num bar para tomar vinho. E ali ficamos toda a noite. Ele fala pouco e eu também; ele serve o vinho e bebemos em silêncio. Perto da meia-noite ele fecha os olhos, estende as mãos sobre o copo e murmura palavras em hebraico (ou em aramaico, ou em ladino). O vinho se transforma em água. O dono do bar acha que é apenas um truque. Quanto a mim, tenho minhas dúvidas.

La Suzanita

Eric Nepomuceno

O Peugeot parou na esquina do posto de gasolina. Ali acabava o asfalto e começava a rua de terra. Era como a fronteira do mundo com outro mundo. Dali em diante, seria a pé. *Precaución, compañero*, havia dito El Gitano na noite anterior, enquanto terminávamos o café.

O chofer gordo e queimado de sol puxou um lenço do bolso e sem tirar o cigarro da boca secou a testa, o queixo e o nariz. Depois olhou o taxímetro, que marcava dezoito e quarenta, e disse: *Veinte*. Estendi duas notas de dez e uma de cinco e disse: *Gracias*. Ele resmungou alguma coisa que não entendi. Desci do carro.

Fiquei parado na estrada, bem ali, na fronteira entre o asfalto e a estrada de terra batida, vendo como ele manobrava sem nenhuma perícia e levava o Peugeot amarelo de volta para o asfalto e desaparecia logo depois.

Cruzar a fronteira entre os dois mundos pelo lado direito do posto de gasolina, entrar na primeira ruela à direita, caminhar quatro quarteirões, parar, acender um cigarro, continuar, agora à esquerda por outra ruela de terra, seguir até encontrar um bar chamado La Suzanita, assim mesmo, com z. Alguém estará lá, disse El Gitano, que era de pouco falar.

— Ele vai estar lá?
— *Quizá. Es posible. Todo es posible.*
— Quero saber. Devo saber.
— *Quizá.*

Eric Nepomuceno

El Gitano esvaziou a xícara de café, tocou a ponta do bigode com o dedo, acendeu um cigarro e não disse nada. Era mesmo de pouco falar. Muito pouco. Na verdade, eu não gostava dele. Ficou me olhando um tempinho, eu me sentia meio ridículo e um pouco irritado, e enfim ele disse: *Una y cuarto*. E depois completou: *Más vale que no te retrases*. Eu tinha chegado cinco minutos atrasado ao encontro daquela noite. Olhei para ele e disse em voz baixa: *Vete a la mierda.*

Eu pensava no homem que iria encontrar e na última vez em que havíamos estado juntos, uns dois meses antes, quando as coisas eram diferentes e todos repartiam promessas nas quais acreditavam.

Não levava relógio, mas o chofer do Peugeot garantira que faltavam quinze para a uma quando me deixara logo ali atrás, na fronteira entre o asfalto e o chão de terra, no posto de gasolina.

O sol de outubro começou a arder em minha cara quando virei à direita e continuou ardendo nas duas quadras seguintes, e ainda quando parei e acendi o cigarro fora de hora. Olhei para trás, um menino vinha pela rua, e nada mais. O menino passou por mim olhando minhas calças desbotadas. Essa gente nunca diz nada: são pobres e calados. As janelas estavam fechadas e vi que logo adiante havia um pequeno Fiat 600 debaixo de uma árvore. A rua estava morta, como todo o resto.

Na esquina seguinte virei à esquerda, continuei andando, o sol ardia na nuca, uma, três, cinco quadras, será que vou chegar na hora?, e apertei o passo, o bar deveria estar perto, mas tenho tempo, pensei, tenho tempo, se ele estiver lá e eu chegar atrasado vai ser desagradável, e andei mais rápido ainda e vi, na outra esquina, a placa da Coca-Cola anunciando enfim o La Suzanita.

Eram duas portas abertas para a calçada de cimento coberta de poeira da rua de terra, e uma camionete empoeirada na esquina seguinte e eu adivinhava gente escondida, na vigia, nas redondezas.

Duas portas abertas e lá dentro, ninguém: três mesas de ferro, um balcão, prateleiras com latas e garrafas, cartaz de cigarros. Fiquei esperando. De repente, atrás do balcão surgiu um garoto de uns quinze anos. Eu disse *buenas* tentando arrastar cada letra para dar um ar de preguiçosa familiaridade e serenidade, mas ele não respondeu.

Um rádio velho chiava o noticiário da uma, e o garoto olhou para uma mesa no canto. Acompanhei seu olhar: na mesa, uma garrafa solitária de cerveja Corona entre dois copos vazios, como à minha espera e de mais alguém, e só. Sentei, enchi um copo.

La Suzanita

Enquanto eu bebia a cerveja o garoto sumiu por uma portinha estreita entre as prateleiras e fiquei sozinho. O rádio continuava chiando os resultados do regional de futebol e anunciou que era uma e meia. Pensei: "Não vai vir".

As ruas de terra continuavam num silêncio de noite alta debaixo de um sol sem piedade. Fiquei pensando em como fazer para retomar o contato, agora que o sindicato tinha sido fechado e a vida era outra. Eu havia vindo de muito longe, e precisava levar de volta informações que só ele poderia me dar, em troca de informações que só eu poderia dar a ele. Era um encontro crucial, tinha sido cuidadosamente combinado, com todas as precauções e mais algumas. Quinze minutos de atraso, e ele não atrasava nunca. Quinze minutos era o tempo que teríamos para o nosso encontro.

De repente, atrás do balcão, surgiu o ruído de pés leves que se arrastavam. Olhei, havia uma moça de uns vinte anos, misteriosamente bela e serena. Eu murmurei *buenas* outra vez, e outra vez foi em vão. Ela olhou para a rua e desapareceu pela portinha entre as prateleiras, para surgir de novo em seguida e fazer um gesto aflito para que eu me aproximasse. Olhei para a rua, tudo continuava igual. Contornei o balcão, entrei pela mesma portinha entre as prateleiras. Ela me olhava com olhos assustados. Vi um minúsculo colar de gotículas sobre seus lábios. Era uma menina sombria e bonita. Havia uma certa fúria em seus olhos. Fiquei olhando para ela, esperando alguma palavra, algum sinal. Ela me olhava com uma agonia juvenil enquanto buscava palavras. O silêncio pareceu durar meia-vida, até que ela disse, com voz serena:

— *Sucedió algo.*

O resto veio num jorro: não ia haver encontro, eu tinha de voltar para o hotel da cidade e esperar até às dez da manhã do dia seguinte. Se ninguém me procurasse, deveria voltar imediatamente para a capital e buscar abrigo até que tudo tornasse a se acalmar. Depois, indicou-me uma porta que dava para o quintal, dizendo que além do quintal havia outra ruela, e que eu deveria caminhar rápido até o posto de gasolina, onde um táxi estava à minha espera para me levar de volta para a cidade.

Ela era esguia, tinha uma aflição nos gestos que contrariava a serenidade da voz e o brilho parado dos olhos. Tocou levemente minha mão, como numa despedida; depois, num arrebato sem explicação, me abraçou, antes de me empurrar na direção da porta.

Havia outro Peugeot no posto de gasolina. O motorista era um jovem de pele curtida de sol. Não disse nada quando entrei, apenas arrancou numa velocidade de relâmpago, e assim prosseguiu por quilômetros até a cidade.

Parou a três quarteirões do hotel. Não perguntei quanto devia. Desci o mais rápido que pude. Ele apenas sussurrou: *Suerte. Cuidado.*

Cheguei ao hotel pouco antes das três e quinze da tarde, me estendi na cama e dormi.

Quando acordei era noite. Persegui na televisão o noticiário das oito, e fiquei sabendo: ele tinha sido pego pouco depois das duas, naquele mesmo subúrbio operário, muito perto de onde eu estivera. Com ele, na mesma casa, havia mais três homens e uma moça. Um dos homens era El Gitano: reconheci seu rosto numa velha foto sem nome do arquivo policial. O noticiário dizia que tentaram resistir e que foram todos mortos no tiroteio, inclusive a moça. Dizia que ela era filha dele. Dizia também que no meio da tarde a polícia havia localizado um bar que servia de ponto de reunião, e que no bar estava um garoto. O garoto fora levado preso. Dizia tudo isso o noticiário das oito.

No dia seguinte, depois de uma noite sem sono e atravessada de memória, fúria e medo, desci logo cedo e comprei os jornais. A notícia estava em todos, com mais estardalhaço que informação.

Um dos jornais trazia uma foto da moça. Era realmente bonita. Tinha dezenove anos.

Às dez e meia paguei o hotel e fui para o aeroporto. Enquanto esperava o vôo joguei fora os jornais. Antes, e sem que nunca tenha tido tempo de entender por que, rasguei cuidadosamente da página a foto da moça, dobrei-a pela metade e guardei na carteira. O nome dela era Suzanita, e nunca entendi o que me levou a querer levar a foto comigo.

Eu sabia que era um dos próximos de uma lista sem fim. Queria apenas chegar de volta à capital, avisar os companheiros, buscar abrigo e pensar no que poderia ser feito.

Uma semana depois, quando fui preso, a fotografia continuava na minha carteira.

Eu consegui me manter à tona até o momento em que um deles resolveu examinar de novo minha carteira. Até ali, eu estava indo bem — até perguntarem se eu sabia quem era a moça. Um deles fez a pergunta com toda calma, enquanto os outros sorriam.

Eu disse apenas que era uma moça que tinha conhecido numa cidade do interior. Foi então que o inferno começou.

Porque Lulu Bergantim não atravessou o Rubicon

José Cândido de Carvalho

Lulu Bergantim veio de longe, fez dois discursos, explicou por que não atravessou o Rubicon, coisa que ninguém entendeu, expediu dois socos na Tomada da Bastilha, o que também ninguém entendeu, entrou na política e foi eleito na ponta dos votos de Curralzinho Novo. No dia da posse, depois dos dobrados da Banda Carlos Gomes e dos versos atirados no rosto de Lulu Bergantim pela professora Andrelina Tupinambá, o novo prefeito de Curralzinho sacou do paletó na vista de todo mundo, arregaçou as mangas e disse:

— Já falaram, já comeram biscoitinhos de araruta e licor de jenipapo. Agora é trabalhar!

E sem mais aquela, atravessou a sala da posse, ganhou a porta e caiu de enxada nos matos que infestavam a Rua do Cais. O povo, de boca aberta, não lembrava em cem anos de ter acontecido um prefeito desse porte. Cajuca Viana, presidente da Câmara de Vereadores, para não ficar por baixo, pegou também no instrumento e foi concorrer com Lulu Bergantim nos trabalhos de limpeza. Com pouco mais, toda a cidade de Curralzinho estava no pau da enxada. Era um enxadar de possessos! Até a professora Andrelina Tupinambá, de óculos, entrou no serviço de faxina. E assim, de limpeza em limpeza, as ruas de Curralzinho ficaram novinhas em folha, saltando na ponta das pedras. E uma tarde, de brocha na mão, Lulu caiu em trabalho de caiação. Era assobiando "O teu-cabelo-não-nega, mulata, porque-és-mulata-na-cor" que o ilustre sujeito público comandava as brochas de sua jurisdição. Lambuzada de cal, Curralzinho pulava nos sapatos, branquinha mais que asa de anjo. E de melhoria em melhoria, a cidade foi andando na frente dos safanões de Lulu Bergantim. Às vezes, na sacada do casarão da prefeitura, Lulu ameaçava:

— Ou vai ou racha!

E uma noite, trepado no coreto da Praça das Acácias, gritou:

— Agora a gente vai fazer serviço de tatu!

O povo todo, uma picareta só, começou a esburacar ruas e becos de modo a deixar passar encanamento de água. Em um quarto de ano Curralzinho já gozava, como dizia cheio de vírgulas e crases o *Sentinela Municipal,* do "salutar benefício do chamado precioso líquido". Por força de uma proposta de Cazuza Militão, dentista prático e grão-mestre da Loja Maçônica José Bonifácio, fizeram correr o pires da subscrição de modo a montar Lulu Bergantim em forma de estátua, na Praça das Acácias. E andava o bronze no meio do trabalho de fundição, quando Lulu Bergantim, de repente, resolveu deixar o ofício de prefeito. Correu todo mundo com pedidos e apelações. O promotor público Belinho Santos fez discurso. E discurso fez, com a faixa de provedor-mor da Santa Casa no peito, o Major Penelão de Aguiar. E Lulu firme:

— Não abro mão! Vou embora para Ponte Nova. Já remeti telegrama avisativo de minha chegada.

Em verdade Lulu Bergantim não foi por conta própria. Vieram buscar Lulu em viagem especial, uma vez que era fugido do Hospício Santa Isabel de Inhangapi de Lavras. Na despedida de Lulu Bergantim pingava tristeza dos olhos e dos telhados de Curralzinho Novo. E ao dobrar a última rua da cidade, estendeu o braço e afirmou:

— Por essas e por outras é que não atravessei o Rubicon!

Lulu foi embora embarcado em nunca-mais. Sua estátua ficou no melhor pedestal da Praça das Acácias. Lulu em mangas de camisa, de enxada na mão. Para sempre, Lulu Bergantim!

A maior ponte do mundo

Domingos Pellegrini

Eu tinha um alicate que só vendo, encabado de plástico amarelo, na escuridão fosforecia; de aço alemão legítimo; usei oito anos quase todo dia, foi meu companheiro em Ibitinga, Acaraí, Salto Osório, Ilha Solteira e Salto Capivara. Se juntasse um metro de cada fio que cortei naquele alicate, tinha cobre pro resto da vida. Daí, quando você perde uma ferramenta que já usou muito, é o mesmo que perder um dedo.

Foi quando eu trabalhava em Salto Capivara; era solteiro, não pensava em nada, a vida era uma estrada sem começo nem fim, por onde eu passeava me divertindo, até o trabalho era uma diversão, eu achava que ser barrageiro era uma grande coisa. Só precisava assinar um contrato de trabalho, nunca esquecer de ter sempre um capacete na cabeça, bota de borracha no pé e o resto a Companhia dizia o que eu devia fazer. Terminando uma barragem, me mandavam pra outra e a vida continuava sendo uma estrada alegre.

Naquele dia eu tinha voltado da barragem, tinha acabado de tomar banho, e a gente ia se vestindo pra jantar, eu botando a camisa, 50 Volts penteando o cabelo fazia uns cinco minutos; passava na cabeça uma pasta fedida, que ele achava perfumada, e ficava meia hora no espelho, depois tirava os cabelos grudados no pente e jogava no chão. Alojamento de barrageiro é catinguento por isso: um joga cabelo no chão, outro cospe, outro deixa toalha úmida no beliche, janela sempre fechada porque sempre tem uma turma dormindo, outra saindo, outra chegando; a construção da barragem não pára dia e noite; mas eu pelo menos nunca tive de dormir na mesma cama de outro em outro turno, cama-quente como dizem, é coisa de hoje em dia, parece que piorou.

Então, a gente ali se arrumando, faltando meia hora pra janta, entra um cara de macacão amarelo, perguntou se eu era eu e se 50 Volts era ele mesmo. Depois perguntou dos outros eletricistas, 50 Volts falou que não tinha filho grande. O cara não se conformou e perguntou se, antes de sair, não tinham falado aonde iam; 50 Volts repicou que eles saíam sem tomar a bênção, aí o cara ficou olhando, olhando, e falou tá certo, negão, tá certo, vou arrumar um jegue pra você gozar. 50 Volts foi repicar de novo mas o cara falou que, quanto mais cedo encontrasse os outros, mais cedo a gente partia.

Aí 50 Volts perguntou onde ia ser a festa, o cara respondeu sério: no Rio de Janeiro, engraçadinho. Eu olhei pela porta e vi uma caminhoneta amarela com chapa do Rio, virei pra 50 Volts e falei que não era brincadeira do homem. Então entrou outro cara de macacão amarelo com os três eletricistas que tinham saído, tirou um papel do bolso, falou meu nome e o do 50 Volts e perguntou pro outro: cadê esses dois?

Eu vi que era papel da Companhia, já fui tirando a roupa boa e botando a de serviço, mas 50 Volts ainda foi discutir com os homens: tinha saído de dois turnos seguidos, dezesseis horas trabalhando duro, não tinha jantado, e que pressa é essa, coisa e tal, mas os homens só falaram: se atrasar, peão, a gente te larga aí, você quem sabe da tua vida. 50 Volts disse que era isso mesmo, na sua vida quem mandava era ele, mas já começando a se trocar.

Vai de roupa boa, um dos caras avisou; e o outro: — No caminho a gente pára pra pegar umas donas. Aí 50 Volts arrumou a mala num minuto, trepamos os cinco na caminhoneta mais os dois caras na cabine. Paramos no escritório da Companhia, uma secretária gostosinha saiu com uns papéis pra gente assinar ali na caminhoneta mesmo, todo mundo assinou e quase nem deu tempo de devolver a caneta; arrancaram num poeirão e a gente foi descobrindo que era acolchoado ali na carroceria, mesma coisa que um colchão, com cobertura de lona — e num canto dois caixotes de isopor.

50 Volts destampou um dos caixotes, era só latinha de cerveja com gelo picado e no meio uma garrafa de conhaque; no outro caixote, mais cerveja e um litro de cachaça amarela. Aí um dos caras da cabine olhou pra trás, bateu no vidro pra todo mundo olhar, fez sinal enfiando o dedão na boca: a gente podia beber à vontade!

Dali a uma hora pararam numa churrascaria, cada um desceu como pôde, alguns já de pé redondo, e os homens já foram avisando: — Podem comer à vontade que é por conta. A gente sentou e começou a desabar uma chuva de espeto na mesa — de costela, de cupim, galeto, lombo, lingüiça, maminha, alcatra, fraldinha, picanha, até que enjoei de comer. Lembrei de perguntar que diabo de ponte era aquela que a gente ia iluminar, mas o assunto geral era mulher e tornamos a embarcar bebendo cerveja com conhaque, naquele assanhamento de quem vai amassar saia e esticar sutiã, e não rodou cem metros a caminhoneta parou, 50 Volts falou Deus me proteja duma congestão.

A casa tinha cinco mulheres, na conta certa; pra 50 Volts sobrou uma gorda de cabelo vermelho, eu fiquei com uma moreninha de feição delicada, peito durinho, barriga enxuta, mas bastou um minuto pra ver que era uma pedra. Eu enfiava a mão nela, era o mesmo que enfiasse no sofá, dentro só tinha palha; e a gorda com 50 Volts ali do lado no maior fogo, a mulher parecia que tinha um braseiro dentro.

Bolero na vitrola, todo mundo naquela agarração, de vez em quando uma dona levantava pra buscar mais cerveja, trocar o disco; e os dois caras de macacão amarelo lá fora feito cachorros de guarda. Aí um casal procurou quarto, depois outro; e eu ali com aquela pedra, 50 Volts com a gorda sentada no colo, lambendo a orelha dele, o pescoço, o sofá parecia um bote na água, jogava pra cá, pra lá, eu não sabia como 50 Volts ainda não tinha rumado pro quarto. E a minha dona ali, com a mão no meu joelho como se fosse um cinzeiro; eu falava alguma coisa no ouvido dela, ela respondia pois é, é, não é.

Aí avancei o corpo pra encher o copo, vi a mão de 50 Volts no outro joelho da minha moreninha. Então passei o braço por trás e peguei na orelha da gorda sem ele perceber; só ela; fiquei enfiando e rodando o dedo e ela me olhando, foguetada, mexendo a língua pra mim. Aí chamei 50 Volts pra urinar lá fora, mostrei pra ele como a noite estava estrelada e perguntei se não queria fazer uma troca, aí voltamos e já sentei com a gorda e ele com a moreninha, coitado. Pra mim, foi só o tempo de sentar, balançar o bote um minuto e rumar pro quarto.

A gorda foi tirando a roupa de pé na cama, eu com medo do estrado da cama quebrar e ela ali tirando tudo e dando uns pulinhos. Era gorda mas muito equilibrada, pra tirar a calcinha ficou num pé só, depois só no outro, e vi que tinha cabelo vermelho em cima e embaixo. Ficou de sutiã preto, um sutiã miudinho e apertado demais, tanto que, quando tirou, a peitaria pareceu pular pra fora. Aí ela deu uma volta completa, rodando o corpo, meio sem graça, querendo mostrar que era gorda mesmo e não tinha vergonha de ser gorda. Depois me encarou de novo, abriu as pernas e perguntou se eu achava gorda demais, respondi que ela valia quanto pesava, e também fiquei de pé na cama, já quase sem roupa.

Então a dona me agarra e desaba comigo, o estrado rebentou e ela me apertando no meio das pernas e dizendo magrelinho, magrelinho; e eu perdido no meio daquela imensidão; até que ela sentou em cima de mim, no mesmo instante em que bateram na porta: — Hora de zarpar, peão!

Eu era o último. Quando saí, 50 Volts e os outros já estavam na caminhoneta, foi montar e tocar. A gorda apareceu na janela enrolada numa toalha, abanou a mão e comecei a pensar. Os caras pagavam até mulher pra nós — a troco de quê? A caminhoneta entrava em curva a mais de cem por hora. De repente dava pressa nos homens, depois de perder tanto tempo.

Começou a chover grosso e a caminhoneta continuou furiosa, zunindo no asfalto molhado. Os outros dormiram, todo mundo embolado, joelho com cabeça, cotovelo com pescoço; eu varei a noite de olho estalado. Amanhecendo, comecei a cabecear, 50 Volts acorda e diz que eu devia ter dormido, se estavam com tanta pressa, decerto a gente já ia chegar trabalhando. Perguntei se ele já tinha comido minha mãe pra me dar conselho, mas ele continuou. Que eu devia ter dormido. Que a barra ia ser pesada. Os homens tinham ordem de entupir a gente de bebida, fazer cada um dar sua bombada, comer carne quente até quadrar, tudo aquilo, pra depois ninguém reclamar folga, só podia saber, claro: — Já viu tanto agrado de graça?

Com aquele céu vermelho, amanhecendo, achei que ele estava exagerando, falei que ninguém morre de trabalhar num domingo. Aí ele falou não sei, acho que a gente não sai de cima dessa ponte até o serviço acabar ou acabarem com a gente...

Os homens pararam pra um café completo, com pão, queijo, manteiga, mel, leite e bolacha, 50 Volts fez careta mas continuei a achar que ele estava exagerando.

Quando vi o Cristo Redentor, dali a um minuto a caminhoneta parou. Era a ponte.

Aquilo é uma ponte que você, na cabeça dela, não enxerga o rabo. Me disseram depois que é a maior do mundo, mas eu adivinhei na hora que vi; só podia ser a maior ponte do mundo. Faltava um mês pra inauguração e aquilo fervia de peão pra cima e pra baixo, você andava esbarrando em engenheiro, serralheiro, peão bate-estaca, peão especializado igual eu, mestre-de-obras, contramestre, submestre, assistente de mestre e todos os tipos de mestre que já inventaram, guarda, fiscal, ajudante de fiscal, supervisor de segurança dando bronca em quem tirava o capacete — e visitante, volta e meia aparecia algum visitante de terno e gravata, capacete novinho na cabeça, tropeçando em tudo e perguntando bobagem. Um chegou pra mim um dia e perguntou se eu não estava orgulhoso de trabalhar na maior ponte do mundo. Respondi olha, nem sabia que é a maior ponte do mundo, pra mim é só uma ponte. Mas ele insistiu. Pois saiba que é a maior ponte do mundo, e trabalhar nela é um privilégio pra todos nós. Aí eu perguntei nós quem? O senhor trabalha no que aqui?

Deu aquele alvoroço, quem pegou meu angu, quem botou caroço, coisa e tal, mas ninguém veio me encher o saco porque um eletricista a menos, ali, ia fazer muita diferença. Tinha serviço pra fazer, deixar de fazer, fazer malfeito; sobrava serviço e faltava gente; mas se botassem mais gente ia faltar espaço naquela ponte. A parte elétrica, quando a gente chegou, estava crua de tudo; o pessoal trabalhava dia e noite com energia de emergência, um geradorzinho aqui, outro ali, bico de luz pra todo lado, fio descascado, emenda feita a tapa. Cada peão daqueles levava mais choque num dia do que um cidadão normal na vida toda.

E foi aquilo que deram pra gente arrumar, um monte de fio que entrava aqui, saía ali, ninguém entendia por que nem como; uma casa-de-força com ligação pra todo lado sem controle nenhum, parecia uma vaca com duzentas tetas, uma dando leite, outra dando café, outra café com leite... E dava sobrecarga toda hora; uma parte da energia a cento e dez, outra parte a duzentos e vinte, de um lado Niterói, do outro lado o Rio e no meio uns vinte eletricistas varando noite sem dormir pra botar aquilo em ordem.

Cada dia chegava um eletricista novo, e o serviço continuava sem render. Primeiro foi preciso montar uma central de força, as caixas de distribuição, cada seção da ponte com uma subcentral; e nisso a gente mais sapeou que ajudou, quem meteu a mão nessa parte foi um engenheiro loirão e o pessoal dele. Aí a gente entrou na parte de estender fiação, arrumar os conduítes, ligar os cabos, puxar luminária, montar a iluminação interna — porque a ponte tem alojamentos, postos de controle, laboratório, tudo embutido nela.

E era tudo na base do quilômetro. Tantos quilômetros de fio aqui, tantos quilômetros de cabo ali. E era dia e noite, noite e dia. Hora-extra paga em triplo, todo mundo emendando direto, dezoito, vinte, vinte e quatro horas de alicate na mão, e os homens piando no teu ouvido: mete a pua, moçada, mete a pua que só tem mais um mês! Mete a pua que só tem mais três semanas! Só mais quinze dias, mete a pua!

Um dos que foi comigo, o Arnaldo, no sétimo dia já caiu debruçado de sono, ficou dormindo com a boca quase no bocal de um cabo de alta tensão; saiu da ponte direto pro hospital, não voltou mais, acho que foi despedido, não sei. Um paraibano aprendiz, que trabalhava cantando, nem sei o nome que tinha, esse caiu de quatro metros em cima duma laje, uma ponta de ferro da concretagem entrou um palmo na coxa, foi levado sangrando demais. Mas voltou três dias antes da inauguração, coxo feito um galo velho e feliz de voltar a trabalhar.

E os homens no ouvido da gente: mete a pua, pessoal, que só tem mais uma semana! Um peão passou por cima de um cabo de alta tensão no chão, empurrando uma carrinhola de massa; passou uma, passou duas, na terceira vez passou a roda bem na emenda do cabo, ouvi aquele estouro e só deu tempo de ver o homem subindo no ar como quem leva uma pernada, caiu com a roupa torrada, a botina foi parar dez metros longe. Aí era aquele zunzunzum, quem é que tinha deixado um cabo ativado daquele jeito no chão, como é que pode, coisa e tal, enrolaram o defunto num cobertor e mete a pua, tem só mais uma semana, pessoal!

Um dia que eu subi num poste vi a ponte de cabo a rabo, calculei dois mil, três mil homens, sei lá quantos, mais que em qualquer barragem que conheci. Igual um formigueiro que você pisa e alvoroça. Todo mundo com raiva, peão dando patada em peão, um atropelando o outro porque os homens não paravam de gritar, falta uma semana, faltam seis dias!

Um frangote de macacão amarelo passava de duas em duas horas com café quente em copinho de papel, a gente bebia e cuspia saliva preta sem parar; falta de sono, quando junta muita, vai salivando a boca — já viu isso? Onde tinha no chão cuspida preta, tinha passado peão com vinte, vinte e quatro, trinta horas de serviço sem parar. Peão dormia embaixo de encerado, em cama de campanha no chão, um aqui dormindo e outro ali batendo martelo, serra elétrica comendo ferro noite adentro, betoneira girando, caminhão arriando caçamba. Tinha homem ali que era preciso acordar com balde dágua, o cara levantava piscando, sonambulava perguntando o que tinha pra fazer. Se alguém dissesse se apincha aí no mar, o cara obedecia. O mar rodeando lá embaixo tudo, o sol lá fora e a gente enfurnado, mesmo ao ar livre era como num túnel, ninguém tinha tempo pra erguer a cara, pra cuspir e ver a cuspida chegar no chão.

Você deitava mais morto que vivo mas o olho não fechava, até o corpo ir relaxando devagar, aí depois dumas duas horas a gente dormia, logo acordava ouvindo: tem só mais cinco dias, gente, cinco dias! — e parecia que você tinha dormido cinco minutos, o corpo quebrado nas juntas, a cabeça estralando e afundando, olho seco, cheio duma areia que não adiantava lavar, e lá vinha o frangote do café. Você olhava o relógio; a folga era sempre de oito horas mas, descontando o tempo perdido até conseguir dormir, mais o tempo de tomar um banho antes, barbear, coisa e tal, dava menos de cinco horas de sono. Aí 50 Volts deixou crescer a barba.

Depois todo eletricista deixou de tomar banho, a gente catingava na última semana. Às vezes eu ouvia um tapa, era um de nós se batendo na cara pra acordar. Eu beliscava a orelha, ou então o bico do peito, pra segurança de estar vivo; certas horas tudo parecia meio sonho, a falta de sono tonteia o cabra até o osso.

A comida pra turma dos eletricistas vinha numas bandejas de alumínio com tampa de pressão, a gente destampava e comia onde estivesse. Na terceira vez que destampei e vi feijoada, fiquei sabendo que era sábado e no outro dia era domingo. Ia ser o terceiro domingo que trabalhava continuado. Então virei pra 50 Volts e falei — Quer saber duma coisa, negão? — pra mim chega.

O frangote do cafezinho veio passando, mandei ele enfiar café no rabo, saí atrás do mestre da turma. 50 Volts foi junto. Nem precisei falar, o homem adivinhou que eu ia pedir a conta e sumir daquela ponte, me enfiar numa pensão e dormir, eu só via cama na minha frente. 50 Volts vivia economizando pra voltar pra terra dele e comprar um bar, então achei que só estava me acompanhando de curioso, mas na frente do mestre ele também pediu a conta. Não sou bicho pra trabalhar sem parada, ele falou, e o mestre concordou, mas disse que não podia fazer nada, ele mesmo estava até com pretume na vista mas não podia fazer nada, a gente tinha de falar com o encarregado do setor elétrico.

Fomos falar com o tal encarregado, depois com um engenheiro, depois com um supervisor que mandou chamar um engenheiro da nossa Companhia. Esses homens são da sua Companhia, engenheiro, ele falou, estão pedindo a conta. A Companhia está empenhada nessa ponte, gente, falou o engenheiro, vocês não podem sair assim sem mais nem menos. Tinha uma serra circular cortando uns caibros ali perto, então só dava pra falar quando a serra parava, e aquilo foi dando nos nervos.

Falei que a gente tinha o direito de sair quando quisesse, e pronto. Nisso encostou um sujeito de terno mas sem gravata, o engenheiro continuou falando e a serra cortando. Quando ele parou de falar, 50 Volts aproveitou uma parada da serra e falou que a gente não era bicho pra trabalhar daquele jeito; daí o supervisor falou que, se era falta de mulher, eles davam um jeito. O engenheiro falou que tinha mais de vinte Companhias trabalhando na ponte, a maioria com prejuízo, porque era mais uma questão de honra, a gente tinha de acabar a ponte, a nossa Companhia nunca ia esquecer nosso trabalho ali naquela ponte, um orgulho nacional.

O supervisor perguntou se a comida não andava boa, se a gente queria mais café no serviço, e eu só dizendo que não, que só queria a conta pra sumir dali, e 50 Volts repetindo que não era bicho pra trabalhar daquele jeito. O cara de terno botou a mão na cintura e o paletó abriu na frente, apareceu um .38 enfiado na cinta. A serra parou, esse cara do .38 olhou bem pra mim e falou olha aqui, peão, se você quer dinheiro na mão vai receber já, mas vai continuar no batente porque aqui dessa ponte você só sai morto. O engenheiro falou que a companhia tinha uma gratificação pra nós, então era melhor a gente continuar *por bem,* pra não desmerecer a confiança da Companhia. Aí 50 Volts falou isso mesmo, a gente descansa um pouco e já volta mais animado; mas o cara do .38 achou que era melhor mostrar boa vontade voltando direto pro batente, então joguei um balde dágua na cabeça e voltei.

Um eletricista trabalhar molhado é o mesmo que um bombeiro trabalhar pelado; é pedir pra levar choque — mas era o jeito, era o fim do mundo, era peão que passava cambaleando, tropa de visitantes que passavam perguntando se ia tudo bem, se estava tudo certo, se a gente andava animado; e agora visitante nem andava mais de capacete, faltava pouco pra inauguração. A gente só respondia sim-senhor, sim-senhor, tudo que perguntassem a resposta era sim-senhor, feito bando de fantasmas. Se dissessem que aquela era a menor ponte do mundo a gente ia responder sim-senhor, porque eu pelo menos não ouvia mais nada, a mão trabalhava com a cabeça dormindo. A mão começou a descascar nos calos, não dava tempo de formar pele nova. Eu olhava de noite o Rio e depois Niterói, ficava perguntando por que esse povo de lá precisa passar pra cá e o de cá passar pra lá?

Aí começou a aparecer pintor pra todo lado, a gente andava chutando latão de tinta, placa de sinalização, plaqueta, parafuso de pregar placa. Veio uma ordem de concentrar dez eletricistas na iluminação de fora da ponte, numa parte crua de tudo. Então botamos lá uma iluminação de emergência muito bem disfarçada, bonita, quem olhasse achava aquilo uma maravilha, parecia uma árvore de Natal, mas se batesse um vento mais forte ia tudo pro mar.

Um belo dia passou o aviso geral de que era véspera da inauguração, caí na cama com roupa e tudo, com coceira na cabeça, no corpo todo por falta de banho, e um calo na testa de tanto usar capacete. Nisso vem a contra-ordem de não parar o serviço, senão a ponte ia ficar com uma parte escura, não podia, era uma vergonha; vamos lá, pessoal, essa ponte é o orgulho do Brasil, coisa e tal, e a gente teve mesmo de subir pra montar as últimas luminárias; a noite inteira se equilibrando em altura de dez metros, o vento passando forte, a ponte lá embaixo e o mar escuro, dava até vontade de pular e ir afundando, afundando, dava zonzeira, dava remorso de ser eletricista e raiva de quem inventou a eletricidade.

Eu nunca tinha tomado comprimido contra sono; mas naquela noite todo mundo tomou, 50 Volts falou toma, engole isso que agora é o último estirão, amanhã a gente dorme até rachar o rabo. Engoli umas três bolinhas com café, da mesma cor dos capacetes, amarelas, depois subi num poste e fiquei olhando os outros de capacete amarelo trepados na escuridão, cada um parecendo uma bolinha atolada no café da noite, lembro que fiquei tempo pasmado nisso, até que me cutucaram, aí toquei direto até as nove da manhã.

Tinha uma banda tocando não sei onde quando enfiaram a gente numas caminhonetas, dez horas da manhã, uns quarenta eletricistas de olho estalado, cada olheira de quem levou soco. 50 Volts enfiou o dedo na orelha, ficou admirado de tirar uma pelota preta; eu tirei a botina e ninguém agüentou o cheiro, tive de botar os pés pra tomar vento fora da janela. Apearam a gente numa praia, todo mundo caiu na água de calça arregaçada, de cueca, sabonete, cada um mais barbudo que o outro; e foi no tirar a roupa que dei pela falta do alicate no cinto.

Nunca tinha entrado no mar na minha vida, nem entrei. Fiquei fuçando a caminhoneta atrás do alicate, o pessoal voltou e se trocou, eu continuei fedendo.

Às onze da manhã a gente apeou num restaurante na beira duma praia. Feijoada. Não sei se era sábado, mas era feijoada — com pinga e limão, cerveja e mais feijoada. Quando a bebida bateu na cabeça, o cansaço virou uma alegria besta, deu uma zoeira que até esqueci do sono, do alicate, da sujeira. Tinha peão ali que não conhecia o nome dos outros, tinha um que cantava xaxado e baião, e o paraibano coxo acompanhava dançando corta-jaca, batendo os pés no ritmo certinho.

50 Volts fez um discurso dizendo que ia dar naquela ponte o maior curto-circuito do mundo, e eu também discursei mas nem lembro, só lembro que certa hora o dono do restaurante veio pedir pra gente parar de cantar *Cidade Maravilhosa*; aí 50 Volts falou que só parava pra comer mais feijoada quentinha, e veio mais, cada tigela fumegando com carne-seca, pé de porco, orelha, paio, costeleta, tudo que uma feijoada decente tem de ter, como couve, farinha e laranja que já vinha descascada, você chupava uma e empurrava mais feijoada pra baixo.

Aí deu aquela moleza, veio o café mas ninguém ali podia ver café na frente, quarenta eletricistas numa mesa comprida, na maior tristeza, arrotando sapo preto e palitando fiapo de laranja. Pra falar a verdade, nem sei onde deitei, acordei no outro dia às quatro da tarde, num alojamento com o chão alagado de vômito. Tomei banho, jantei num refeitório azulejado de amarelo, deitei de novo e no outro dia enfiaram a gente numa caminhoneta, só que não era acolchoada. Pensei em dar um pulo na ponte pra achar o alicate, 50 Volts perguntou se eu tinha ficado louco. Ele tinha ouvido no rádio que passavam não sei quantos mil carros por dia na ponte, e eu querendo achar um alicate.

50 Volts até hoje conta prosa de ter trabalhado lá, eu fico quieto. Ele até diz que um dia vai ao Rio só pra ver a ponte iluminada; mas isso eu vi outro dia, numa revista.

Crítica da razão pura

Wander Piroli

Ouvi primeiro o ruído de cascos pisando a grama, mas continuei deitado de bruços na esteira que havia estendido ao lado da barraca. Senti nitidamente o cheiro acre, muito próximo. Virei-me devagar, abri os olhos. O cavalo erguia-se interminável à minha frente. Em cima dele havia uma espingarda apontada para mim e atrás da espingarda um velhinho de chapéu de palha, que disse logo o seguinte:

— Filhos de uma puta.

— Pois não — tentei eu, ainda entorpecido pela bebida do almoço.

O velho encaminhou o cavalo até o fogão, abaixou-se na sela e inspecionou o que restava na lenha.

— Filhos de uma puta.

Os moirões — pensei, pondo-me de pé. E andando de costas, sem tirar os olhos do velho, fui até a entrada da barraca e chamei pelo Dr. Fontes.

— Fale, querida — disse ele lá de dentro.

— Depressa, doutor — pedi.

— Filhos de uma puta — repetiu o velho emputecido, agora examinando a cerca destruída.

— São os moirões — expliquei para o Dr. Fontes, que saía da barraca com o óculos torto na cara amarrotada, os cabelos em desordem.

— Calma — ponderou Dr. Fontes.

— Filhos de uma puta — insistiu o velho de pele vermelha curtida, ossudo.

Cainca apareceu fora da barraca, nu, com o calção na mão:
— Mas que porra é essa?
— Chega pra lá — ameaçou o velho lá de cima do cavalo.
Cainca enfiou o calção.
— Bem — disse eu — se é por causa dos moirões.
— E o senhor tem dúvida? Olha lá o que vocês fizeram com a cerca. Será que algum filho da puta ainda tem alguma dúvida?
— Filho da puta, não senhor — disse Cainca.
— Filho da puta, sim — confirmou o velho brandindo a espingarda.
— Filho da puta é a buceta da mãe.
O velho apontou a espingarda.
— Atira não — gritei, segurando Cainca pelas costas.
— Nada de violência — propôs o Dr. Fontes, colocando-se a meio caminho entre o velho e Cainca. — O senhor desculpe.
— Desculpar uma merda — intrometeu-se Cainca.
— Cala essa boca podre, animal.
— Mas, doutor.
— Cala a boca.
— Cala a boca — disse eu também.
— Mas ele tá chamando a gente de filho da puta.
— Isso agora é secundário — disse o Dr. Fontes, tecnicamente.
— Pra mim não é.
— Sua mãe é uma santa — afiançou o Dr. Fontes. — Agora, cale-se.
Cainca acalmou-se. Soltei-o. Dr. Fontes dirigiu-se ao velho:
— Abaixe a arma, por favor.
— O quê?
— A espingarda, meu bravo. Olha — Dr. Fontes ergueu a mão forense — quanto aos moirões.
— Não quero conversa — cortou o velho.
— E o que é que o senhor quer então? — Cainca quis saber.
— Muita calma. — Dr. Fontes repetiu o mesmo gesto amistoso. — Eu quero dizer que retiramos os moirões, mas não vamos dar prejuízo a ninguém. Pelo amor de Deus.
— O pessoal aqui é gente boa — observei eu modestamente.
— Gente boa? — O velho fez uma careta em cima do cavalo mantendo a espingarda firme na mão direita, enquanto a esquerda segurava a rédea de couro.
— O senhor está vendo — entornei. — Tudo aqui é gente boa. Viemos só dar uma pescada. E ninguém quer dar problema pra ninguém.

O velho relaxou-se um pouco, os olhos muito azuis no rosto fino e curtido de sol. Estávamos os três à sua frente, a cinco passos do cavalo acaboclado que assistia tudo em omisso silêncio.

— Tá certo — Cainca procurou ajudar, esforçando-se para imprimir à voz um tom sordidamente ameno e fraudulentamente conciliador. — Tiramos os moirões. A gente errou, mas a gente paga.

Dr. Fontes meteu rápido a mão no bolso do macacão:

— É só o senhor falar quanto é, nós pagamos, pedimos desculpa — se o senhor quiser — e pronto.

— Pagar? — rosnou o velho. — Pagar o quê?

— Os moirões, é evidente.

— Os moirões. Eu quero eles de volta.

Lá estavam os moirões, ou melhor, o resto dos moirões, metidos no fogão cavado na terra e de onde ainda saía uma pífia fumaça. A dez metros da Rural, passava a cerca dividindo o campo imenso e montanhoso que se estendia verde pelo horizonte a fora, sem uma única árvore. Nada.

— Por favor — tornou o Dr. Fontes. — É só o senhor ter a bondade de dizer o valor dos moirões, nós pagamos.

— Quero os paus onde eles estavam — retrucou o velho. — Quero a cerca no mesmo lugar.

Mesmo assim, Dr. Fontes tirou um maço de notas da carteira. Mas não conseguiu sensibilizar o velho homem.

— Não quero saber de dinheiro — disse ele. — É só dar o dinheiro e está tudo resolvido? Invadir o terreno dos outros, arrebentar cerca, é?

— Nós estamos propondo um negócio correto — argumentou o Dr. Fontes. — Estamos propondo uma indenização. É o mesmo que refazer a cerca. E a gente paga até a mais, por causa do aborrecimento.

O velho encostou o cano da arma no pescoço imóvel do cavalo e ficou avaliando o Dr. Fontes com os seus enrugados olhos azuis.

— Certo? É só o senhor falar quanto é. — Dr. Fontes animou-se, exibindo a dinheirama aberta nas mãos.

— Quero a cerca como estava — redargüiu o velho — do mesmo jeito, no mesmo lugar.

— Puta que os bunda — disse Cainca.

— Assim é pior — observei.

— Porra, mas não tem jeito de conversar com ele.

— Deixe ficar — pedi, e depois me dirigi ao velho: — olha, o Dr. Fontes é advogado. Ele entende dessas coisas.

— Adevogado? — corrigiu o velho, medindo o Dr. Fontes, cuja elegância de bota e macacão desbotado não endossava sua jurídica condição.

— Advogado — entusiasmei-me — e dos melhores. O que ele está propondo é o que está na lei. Se alguém dá um prejuízo tem que indenizar a outra parte.

Esperei que o velho reagisse. Ele se inclinou um pouco para a frente. Tive a impressão, sondando sua cara toda sulcada e curtida, que ele agora não estava se sentindo bem. Continuei:

— Nós destruímos sua cerca sem má intenção. Agora temos que pagar, que indenizar o senhor. Assim o assunto fica encerrado. O senhor fala é tanto, e nós pagamos.

— Quero a minha cerca — respondeu o velho. Ao mesmo tempo em que levava a mão à barriga murcha. Seu rosto estava começando a suar.

— Pra mim este papo tá furado — disse Cainca; foi até a Rural e apanhou a sacola que estava dependurada na porta aberta.

— Larga isso aí — ordenou o velho.

— Largar, é? — Cainca enfiou a alça no pescoço.

— Um momento — pediu o Dr. Fontes, e encaminhou-se para Cainca.

— Cainca, você está piorando a situação.

— Desculpe, doutor, mas estou puto da vida.

— Eu sei, rapaz. Deixe a sacola aí até a gente chegar a um acordo.

— Dr. Fontes, por favor: o senhor e o Moacir conversam com ele. Eu vou só conferir as linhas.

Cainca ajeitou a sacola, deu as costas para o velho, desceu o pequeno barranco até alcançar a margem do Paraopeba. Começava a entardecer, e os últimos raios de sol reverberavam na água encachoeirada. Olhei para o Dr. Fontes e vi que tínhamos pensado a mesma coisa.

— Bem — disse ele para o velho. — Vamos dar uma pescada enquanto o senhor decide.

— Pescada? — O velho estava tenso, com o rosto um pouco mais pálido e molhado de suor.

— Olha — explicou o Dr. Fontes apanhando o molinete encostado à barraca. — O que nós podemos fazer é isso: pagar a cerca. Não podemos fazer mais nada. Queira desculpar.

Apanhei o caixotinho de minhocuçu e segui o Dr. Fontes, que já se encaminhava para o rio.

— Pára aí — gritou o velho, com o cavalo virado em nossa direção e a espingarda à altura do ombro.

Paramos no topo do barranco.

— O senhor não vai fazer uma bobagem — disse o Dr. Fontes.

— Pare — ordenou novamente, embora já estivéssemos parados. A espingarda tremia em suas mãos e seu rosto estava incrivelmente desbotado.

— Calma — Dr. Fontes ergueu a mão. — O senhor não vai atirar na gente por causa de três pedaços de pau.

Cainca subiu o barranco e veio para o nosso lado:

— Porra, será que o velho tá querendo foder a gente?

— Fica quieto — disse eu.

— Acho que nós temos — ia dizendo o Dr. Fontes, quando vimos a espingarda cair e, logo em seguida, o velho levantar os braços espasmódicos à altura do peito, desprender-se do cavalo, tombar de cabeça no chão, ficando com um dos pés agarrado no estribo.

Cainca precipitou-se para o cavalo e segurou as rédeas. Dr. Fontes amparou o corpo do velho, que agora estava sem chapéu, enquanto eu retirava sua botina do estribo. Dr. Fontes estendeu-o no chão. O corpo do velho tremia e, dentro da bocarra, de dentes podres e poucos, a língua parecia que estava dando um nó. Quietou-se em seguida, os olhos esbugalhados.

Dr. Fontes sentiu o pulso e depois pôs o ouvido no peito do velho e procurou escutar. Ergueu-se contrariado.

— Puta merda — disse ele.

— Por Deus — disse eu. — Tem certeza?

— Puta merda, se tenho.

— Olha de novo, doutor.

— Não há mais nada para olhar — disse o Dr. Fontes.

Cainca largou as rédeas do cavalo e foi logo juntando as nossas coisas que andavam pelo chão.

— Sacanagem — disse o Dr. Fontes, dirigindo-se para a barraca.

Enquanto Cainca recolhia as varas na beira do rio, ajudei o Dr. Fontes a desmanchar a barraca e dobrar a lona. Pusemos tudo dentro da Rural. Olhamos para o cavalo de cabeça baixa, omisso. Olhamos para o velho esparramado no chão, com os olhos fixos no céu todo azul, sem uma única nuvem. Olhamos em volta para ver se havia mais alguma coisa para recolher. Estava tudo certo.

— E agora, doutor? — disse eu.

— Agora?

— O que é que vamos fazer?

— Foda-se — disse o Dr. Fontes entrando na Rural.

A porca

Tânia Jamardo Faillace

Era uma vez um meninozinho, que tinha muito medo. Era só soprar um vento forte, desses de levantar poeira no fundo do quintal e bater com os postigos da janela; era só haver uma nuvem escura, uma única, que tampasse o sol; era só esbarrar com a pipa d'água e ouvir o rico e pesado sacolejar da água dentro, para que o menino se encolhesse bem no centro de seu ventre, orelhas retesas, olhos muito abertos ou obstinadamente fechados. Depois, o menino levantava, limpava o pó do fundilho das calças e ia para o quintal.

    Conhecia as galinhas, os porcos, mas nenhum lhe pertencia. Achava mesmo engraçado quando via os irmãos abraçarem um leitãozinho, a irmã mais nova tentando, por força, enfiar uma de suas saias no bicho. Bicho é bicho, sabia ele. Bicho tem vida sua, diferente da de gente. Os irmãos não sabiam. Fingiam que eram bonecas, criancinhas pequenas e, nos dias de matança, todos já eram petiscos, brinquedo esquecido.

    O menino preferia olhá-los de longe. Tremia, quando a velha porca gorda fuçava por entre as tábuas do chiqueiro; corria, se ela estava solta, com sua gorda barriga pendente, seu gordo cachaço lanhado.

    A mãe também era gorda. Rachando lenha, carregando água, enorme e pesada bolota de carne. Tinha um rosto comprido, sulcado de rugas, boca sempre aberta, gritando com alguém. A porca não gritava, só roncava, mesmo quando o pai passava e lhe dava um pontapé. Um dia botou sangue —

disseram que ia abortar. Ele teve medo de ver. Escondeu-se em casa, na cama, sob a colcha de fustão.

E de repente, foi o grande choque. Cama sacudiu. Lastro despencou, e ele caiu, sufocado pelos travesseiros. Era o pai. A mãe lhe batia com um resto de vassoura... pela loucura... quatorze leitões... quatorze... e todos perdidos... o pai grunhia e protegia a cabeça. Ao redor, tudo era escuro.

Sabia agora o que era um nenê de bicho. Havia sangue. Sempre havia sangue.

Era um dia escuro. E em dias escuros, o menino tinha medo. O escuro era espesso, profundo, pegajoso, e sombras mais escuras eram manchas coaguladas.

Havia um fio de luz, cinza-claro, sobre a pipa d'água. O menino se atreveu a ir bem junto dela. Puxou um banquinho e foi olhar. Como lhe doía a barriga, só de espichar, só de ver... a boca preta da pipa, a água grossa, molhada... E o menino caiu dentro da pipa... Não de verdade, de mentira... E encontrou uma porção de leitõezinhos lá no fundo, mas estavam pretos e encarquilhados.

E ao pular de volta sobre seu banquinho, ao sentir toda a pipa sacudindo, o menino teve a idéia. Balançou forte, cada vez mais forte, a pipa veio pelo chão, despedaçando uma aranha, molhando a lenha, assustando a galinha choca que dormia debaixo do fogão. O pé do menino ficou preso, uma unha esmagada. Mas ele não chorou, fugiu. E fugiu para a rua... Porém o terreiro estava iluminado com uma luz muito pálida, a areia lisa, fina, as bananeiras imóveis e densas... Sentou-se no chão, sobre uma pedra pontuda, um pé em cima do outro, as mãos cruzadas no joelho.

De noite, eram os corpos dos irmãos que se apertavam contra o dele. Mesmo de olhos fechados, sabia quem estava junto de si. A irmã tinha o costume de dar-lhe beliscões, e um dos irmãos sempre esperava que ele se distraísse para puxar-lhe *aquilo*. Depois ria, dizendo: "Por mais que se puxe, é uma coisinha de nada", e mostrava o seu, orgulhoso.

Às vezes, o menino ia dormir no chão. Esperava que os grandes passassem para trás da cortina, ameaçava os irmãos e ia deitar na cozinha ou contra o cabide. Era pequeno, mas também sabia fazer coisas malvadas.

Escutava o pai e a mãe. Suas vozes eram grossas, por vezes estridentes, e palavras feias estremeciam o ar, penduravam-se nas teias de aranha, nos arremates das mata-juntas. O lastro estalava, e havia risadas, de gengivas descobertas, de profundos ocos de garganta.

Tânia Jamardo Faillace

Ir embora, era o que o menino desejava. Ir para um lugar onde a água fosse grande e livre, um mar infinito, como ouvira contar certa vez. Não haveria aves, nem porcos nem cachorros, apenas peixes, dourados e lisos...

O menino habituou-se a correr. Corria ao ouvir as xingações da mãe, corria ao ouvir os tamancos do pai, corria ao ouvir as risadas dos irmãos. Corria ainda quando ouviu a voz da porca velha.

Gritava. Não grunhidos, não roncos, mas gritos. O menino sentiu sua barriguinha encolher, *aquilo* se levantar em franco protesto.

Na esquina da casa, lá estava o grupo: o pai, o empregado, a mãe, um vizinho, e qualquer coisa que rebolava feito doida na areia. As crianças se conservavam longe, as mãos nos ouvidos, as caras estúpidas. A mãe se afobava, a saia descosida arrastando no chão, dando ordens, xingando, gritando mais alto que a porca. O pai se remexia, o chapéu sobre a nuca, o nariz pingando de suor.

E foi a mãe que arrancou a faca das mãos do vizinho num gesto brusco. E como gritava a porca... o menino só lhe via o rabinho e as patas trêmulas.

E num instante, tudo ficou imóvel. Os homens forcejando, a mulher adquirindo impulso, gorda, redonda, enorme, sua saia de grandes flores desbotadas roçando o ventre da porca, os irmãos sumindo ao longe, a barriguinha do menino se retesando.

E foi água que jorrou da porca. Água de fonte, vermelha, impetuosa, que fugiu de dentro do corpo, que saltou ao sol, que cabriolou, que explodiu na cara de todos... que sujou de sangue (agora era sangue) o braço da mãe, o rosto da mãe, o peito da mãe... que se esparramou no chapéu velho do pai, que respingou em seus bigodes... que cegou o vizinho, sufocou o empregado... foi aspirado por bocas, nariz, escorreu por pescoços e ombros. Agora era o pai quem batia na mãe, descompunha-a... "a camisa... a roupa do empregado, do vizinho... velha porcalhona..."

O menino se agachou atrás da bananeira, com muita dor em sua barriguinha. E nunca mais beijou a mãe.

O arquivo

Victor Giudice

No fim de um ano de trabalho, joão obteve uma redução de quinze por cento em seus vencimentos.

joão era moço. Aquele era seu primeiro emprego. Não se mostrou orgulhoso, embora tenha sido um dos poucos contemplados. Afinal, esforçara-se. Não tivera uma só falta ou atraso. Limitou-se a sorrir, a agradecer ao chefe.

No dia seguinte, mudou-se para um quarto mais distante do centro da cidade. Com o salário reduzido, podia pagar um aluguel menor.

Passou a tomar duas conduções para chegar ao trabalho. No entanto, estava satisfeito. Acordava mais cedo, e isto parecia aumentar-lhe a disposição.

Dois anos mais tarde, veio outra recompensa.

O chefe chamou-o e lhe comunicou o segundo corte salarial.

Desta vez, a empresa atravessava um período excelente. A redução foi um pouco maior: dezessete por cento.

Novos sorrisos, novos agradecimentos, nova mudança.

Agora joão acordava às cinco da manhã. Esperava três conduções. Em compensação, comia menos. Ficou mais esbelto. Sua pele tornou-se menos rosada. O contentamento aumentou.

Prosseguiu a luta.

Porém, nos quatro anos seguintes, nada de extraordinário aconteceu.

joão preocupava-se. Perdia o sono, envenenado em intrigas de colegas invejosos. Odiava-os. Torturava-se com a incompreensão do chefe. Mas não desistia. Passou a trabalhar mais duas horas diárias.

Uma tarde, quase ao fim do expediente, foi chamado ao escritório principal.

Respirou descompassado.

— Seu joão. Nossa firma tem uma grande dívida com o senhor.

joão baixou a cabeça em sinal de modéstia.

— Sabemos de todos os seus esforços. É nosso desejo dar-lhe uma prova substancial de nosso reconhecimento.

O coração parava.

— Além de uma redução de dezesseis por cento em seu ordenado, resolvemos, na reunião de ontem, rebaixá-lo de posto.

A revelação deslumbrou-o. Todos sorriam.

— De hoje em diante, o senhor passará a auxiliar de contabilidade, com menos cinco dias de férias. Contente?

Radiante, joão gaguejou alguma coisa ininteligível, cumprimentou a diretoria, voltou ao trabalho.

Nesta noite, joão não pensou em nada. Dormiu pacífico, no silêncio do subúrbio.

Mais uma vez, mudou-se. Finalmente, deixara de jantar. O almoço reduzira-se a um sanduíche. Emagrecia, sentia-se mais leve, mais ágil. Não havia necessidade de muita roupa. Eliminara certas despesas inúteis, lavadeira, pensão.

Chegava em casa às onze da noite, levantava-se às três da madrugada. Esfarelava-se num trem e dois ônibus para garantir meia hora de antecedência.

A vida foi passando, com novos prêmios.

Aos sessenta anos, o ordenado equivalia a dois por cento do inicial. O organismo acomodara-se à fome. Uma vez ou outra, saboreava alguma raiz das estradas. Dormia apenas quinze minutos. Não tinha mais problemas de moradia ou vestimenta. Vivia nos campos, entre árvores refrescantes, cobria-se com os farrapos de um lençol adquirido há muito tempo.

O corpo era um monte de rugas sorridentes.

Todos os dias, um caminhão anônimo transportava-o ao trabalho.

Quando completou quarenta anos de serviço, foi convocado pela chefia:

— Seu joão. O senhor acaba de ter seu salário eliminado. Não haverá mais férias. E sua função, a partir de amanhã, será a de limpador de nossos sanitários.

O arquivo

O crânio seco comprimiu-se. Do olho amarelado, escorreu um líquido tênue. A boca tremeu, mas nada disse. Sentia-se cansado. Enfim, atingira todos os objetivos. Tentou sorrir:

— Agradeço tudo que fizeram em meu benefício. Mas desejo requerer minha aposentadoria.

O chefe não compreendeu:

— Mas seu joão, logo agora que o senhor está desassalariado? Por quê? Dentro de alguns meses terá de pagar a taxa inicial para permanecer em nosso quadro. Desprezar tudo isto? Quarenta anos de convívio? O senhor ainda está forte. Que acha?

A emoção impediu qualquer resposta.

joão afastou-se. O lábio murcho se estendeu. A pele enrijeceu, ficou lisa. A estatura regrediu. A cabeça se fundiu ao corpo. As formas desumanizaram-se, planas, compactas. Nos lados, havia duas arestas. Tornou-se cinzento.

joão transformou-se num arquivo de metal.

Guardador

João Antônio

A rua ruim de novo.
Abafava, de quente, depois de umas chuvadas de vento, desastrosas e medonhas, em janeiro. Desregulava. Um calorão azucrinava o tumulto, o movimento, o rumor das ruas. Mesmo de dia, as baratas saíam de tocas e escondidos, agitadas. Suor molhava a testa e escorria na camisa dos que tocavam pra baixo e pra cima.

O toró, cavalo do cão, se arrumava lá no céu. Ia castigar outra vez, a gente sentia. Ia arriar feio.

Dera, nesse tempo, para morar ou se esconder no oco do tronco da árvore, figueira velha, das poucas ancestrais, resistente às devastações que a praça vem sofrendo.

Tenta a vida naquelas calçadas.

Pisando quase de lado, vai tropicando, um pedaço de flanela balanga no punho, seu boné descorado lembra restos de Carnaval. E assim sai do oco e baixa na praça.

Só no domingo, pela missa da manhã, oito fregueses dão a partida sem lhe pagar. Final da missa, aflito ali, não sabe se corre para a direita ou para a esquerda, três motoristas lhe escapam a um só tempo.

Flagrado na escapada, um despachou paternal, tirando o carro do ponto morto:

— Chefe, hoje estou sem trocado.

Disse na próxima lhe dava a forra.

Guardador

Chefe, meus distintos, é o marido daquela senhora. Sim. Daquela santa mulher que vocês deixaram em casa. Isso aí — o marido da ilustríssima. Passeiam e mariolam de lá pra cá num bem-bom de vida. Chefe, chefe... Que é que vocês estão pensando? Mais amor e menos confiança.

Mas um guardador de carros encena bastante de mágico, paciente, lépido ou resignado. Pensa duas, três vezes. E fala manso. Por isso, Jacarandá procura um botequim e vai entornando, goela abaixo, com a lentidão necessária à matutação. Chefe... O quê? Estão pensando que paralelepípedo é pão-de-ló?

— Assim não dá.

Havia erro. Talvez devesse se valer de ajudante, um garoto molambento mas esperto dos descidos das favelas, que mendigam debaixo do sol da praça, apanham algum trocado, pixulé, caraminguá ocioso e sem serventia estendido pela caridade, inda mais num domingo.

Que dão, dão. Beberica e escarafuncha. Difícil saber. Por que as pessoas dão esmola? Cabeça branquejando, o boné pendido do lado reflete dúvidas.

Três tipos de pessoas dão. Só uma minoria — ninguém espere outro motivo — dá esmola por entender o miserê. Há a maior parte, no meio, querendo se ver livre do pedinte. O terceiro grupo, otários da classe média, escorrega trocados a esmoleiros já que, vestidos direitinhamente, encabulariam ao tomar o flagra em público — são uns duros, uns tesos. Para eles, não ter cai mal. Se é domingo, pior. Domingo é ruim para os bem-comportados.

Apesar da pinga, esses pensamentos não o distraem de suas necessidades cada vez mais ruças, imediatas. Se trabalhou, guardando-lhes os carros, por que resistem ao pagamento da gorjeta? Eles rezando na Catedral e, depois, saindo para flanar. Teriam dois jeitos de piedade — um na Catedral, outro cá fora? Chamou nova uca para abrir o entendimento.

Muita vez, batalhando rápido nas praças e ruas, camelando nos arredores dos hotéis e dos prédios grandes do centro, no aeroporto, na rodoviária, notou. Ele era o único que trabalhava.

Muquiras, muquiranas. Aos poucos, ondas do álcool rondando a cabeça, capiscou. Os motoristas caloteiros e fujões, bem-vestidinhos, viveriam atolados e amargando dívidas de consórcio, prestações, correções monetárias e juros, arrocho, a prensa de taxas e impostos difíceis de entender. Mas tinham de pagar e não lhes sobrava o algum com que soltar gorjeta ao guardador. Isso. O automóvel sozinho comia-lhes a provisão. Jacarandá calculou. Motorista que faça umas quatro estacionadas por dia larga, picado e aí no barato, um tufo de dinheiro no fim do mês.

Vamos e venhamos. Se não podiam, por que diabo tinham carro? O portuga diz que quem não tem competência não se estabelece. Depois, a galinha come é com o bico no chão.

Tomar outra, não enveredar por esses negrumes. Nada. Corria o risco de desistir de guardador. Ele sabia, na pele, que quem ama não fica rico. E, se vacilar, nem sobrevive. Para afastar más inclinações, pediu outra dose.

À tarde, houve futebol; suaram debaixo de um sol sem brisa. Ele mais um magrelo de uns oito anos, cara de quinze. A sorte lhes sorriu um tanto; guardando uma fileira de carros no estádio, levantaram uns trocos, o criolinho vivaço levou algum e o homem foi beber. Havia se feito um ganho.

Quando a peça não tem o que fazer, não tem nada o que fazer.

Já não tem gana, gosto. E nem capricho; acabou a paciência para amigo ou auditórios. Distrações suas, se há, vêm da necessidade e dos apertos. Não que o distraiam; certo é que o aporrinham. Depois, não é de lamentações; antes, de campanar. Nem joga dominó ou dama, a dinheiro, com os outros, enfiados na febre dos tabuleiros da praça na sombra das mangueiras. Mas que espia, espia, vivo entendedor. Goza com os olhos os lances errados dos parceirinhos bobos.

Nem sustentava a vitalidade dos guardadores. Bebia, lerdeava, e depois da hora do almoço largava-se cochilando no oco da figueira. Era acordado pela molecagem de motoristas gritalhões. Nada de grana e ainda desciam a língua:

— Pé-de-cana! Velho vagabundo!

Os cabelos pretos idos e, de passagem, a vivacidade, a espertice, o golpe de vista, o parentesco que guardadores têm com a trucagem dos camelôs e dos jogadores de chapinha, dos ventanistas, dos embromadores e mágicos, dos equilibristas e pingentes urbanos. Surgir nos lugares mais insuspeitados e imprevistos, pular à frente do motorista no momento em que o freguês não espera. Miraculosamente, como de dentro de um bueiro, de um galho de árvore, de dentro do chão ou do vão de alguma escadaria. Saltar rápido e eficiente, limpando com flanela úmida o pára-brisa, impedindo a escapada e cobrando com cordialidade. Ironizar até, com humildade e categoria, tratando o cara de doutor. E de distinto.

Aos trompaços dos anos e minado pelo estrepe dos botequins, ele emperrara a sua parte dessa picardia levípede.

Havia cata-mendigos limpando a cidade por ordem dos mandões lá de cima. Assim, no verão; os majorengos queriam a cidade disfarçada para receber turistas e visitantes ilustres. Os jornais, as rádios e a televisão berravam e não se sabia se estavam denunciando ou atiçando os assaltantes e a violência das ruas. Quando em quando, o camburão da polícia cantava na curva da

Guardador

praça e arrastava o herói, na limpeza da vagabundagem, toda essa gente sem registro. A gente do pé inchado. Ele seguia, de cambulhada, em turminha. Lá dentro do carrão, escuro e mais abafado.

Cambaio, sapatos comidos, amuava e já se achava homem que não precisava de leros, nem tinha paciência para mulher, patrão ou amizadinha. De bobeira, tomava cadeia; saía, de novo bobeava, o metiam num arrastão.

Lá vai para o xilindró.

— Chegou o velho chué.

No chiqueiro da polícia mofava quinze dias, um mês. Velho conhecido e cadeeiro, sim, era salvado com zombaria que parecia consideração na fala dos freges e dos cafofos. Banguelê:

— Chegou o velho cachaça!

Se entre o pessoal, se os mais moços, se os mais fortes não o aporrinhavam com humilhações, desintoxicava ali, quieto nos cantos que lhe permitiam.

E tem que, não bebido, volta. É outro. Os movimentos do seu corpo ainda magro de agora lembram os movimentos do corpo antigo. O verde das árvores descansa, ah, assobia fino e bem, ensaia brincar com as crianças da praça. Dias sem cachaça, as cores outra vez na cara, concentra um esforço, arruma ajudante, junta dinheiro. Quando quer, ganha; organizado, desempenha direitinho. Nas pernas, opa, uma agilidade que lembra coisa, a elegância safa de um passista de escola de samba.

Vem carro acolá:

— Deixa comigo.

Mas na continuação, nem semana depois, derrapava. À cana, à uca, ao mata-bicho. Ao pingão. Fazia um carro; molhava o pé. Fazia mais, bebia a segunda e demorava o umbigo encostado ao balcão. Dia depois de dia entornando, perdia fregueses e encardia, não tomava banho. Ia longe o tempo em que dormia em quarto de pensão. E nem se lembrava de olhar o mar. Enfiava-se, se encafuava no oco do tronco da árvore velha, tão esquecida de trato. Fizera o esconderijo e, então, o mulherio rezadeiro das segundas e sextas-feiras ia acender suas velas para as almas e para os santos ao pé de outras árvores. E xingavam quem lhes tomara o espaço.

Dizia-se. Miséria pouca é bobagem.

A praça aninhava um miserê feio, ruim de se ver. A praça em Copacabana tinha de um tudo. De igreja à viração rampeira de mulheres desbocadas, de ponto de jogo de bicho a parque infantil nas tardes e nas manhãs. Pivetes de bermudas imundas, peitos nus, se arrumavam nos bancos encangalhados e ficavam magros, descalços, ameaçadores. Dormiam ali mesmo, à noite, encolhidos como bichos, enquanto ratos enormes corriam ariscos ou faziam paradinhas inesperadas perscrutando os canteiros. Passeavam cachorros de apartamento e seus donos solitários e, à tarde, velhos aposentados se reuniam e tomavam a fresca, limpinhos e direitos. Também candinhas faladeiras, pegajosas e de olhar mau, vestidas fora de moda, figuras de pardieiro descidas à rua para a fuxicaria, de uma gordura precoce e desonesta, que as fazia parecer sempre sujas e mais velhas do que eram, tão mulheres mal amadas e expostas ao contraste cruel do número imenso das garotinhas bonitas no olhar, na ginga, nos meneios, passando para a praia, bem dormidas e em tanga, corpos formosos, enxutos, admiráveis no todo... também comadres faladeiras, faziam rodinhas do ti-ti-ti, do pó-pó-pó, do diz-que-diz-que novidadeiro e da fofocalha no mexericar, à boca pequena, chafurdando como porcas gordas naquilo que entendiam e mal como vida alheia, falsamente boêmia ou colorida pelo sol e pela praia, tão aparentemente livre mas provisória, precária, assustada, naqueles enfiados de Copacabana. Rodas de jogadores de cavalos nas corridas noturnas se misturavam a religiosos e a cantarias do Nordeste. Muito namoro e atracações de babás e empregadinhas com peões das construtoras. Batia o tambor e se abria a sanfona nas noites de sábado e domingo. Ou o couro do surdo cantava solene na batucada, havia tamborim, algum ganzá e a ginga das vozes mulatas comiam o ar. Aquilo lhe bulia — se a gente repara, a batida do pandeiro é triste. Ia-lhe no sangue. Os niquelados agitavam o ritmo, que o tarol e o tamborim lapidam na armação de um diálogo.

O vento vindo do mar varria a praia e chegava manso ao arvoredo noturno. Refrescava.

Os olhos brilhavam, quanto, ficavam longe, antigos e quase infantis numa lembrança ora peralta, ora magnífica. O samba. Era como se ele soubesse. Lá no fundo. O que marca no som e o que prende e o que importa é a percussão. Mas meneava a cabeça, como se dissesse para dentro: "deixa pra lá".

Outra vez. Na noite, o bacana enternado, banhado de novo, estacionou o carro importado, desceu. Entrou na boate ali defronte, ficou horas. Saiu, madrugada, lambuzado das importâncias, empolado e com mulher a tiracolo.

Jacarandá, bebido e de olho torto, vivia um momento em que fantasiava grandezas, tomando um ar cavalheiresco.

O rico, no volante, lhe estendeu uma moeda.

A peça, altaneira no porre, nem o olhou:

— Doutor, isso aí eu não aceito. Trabalho com dinheiro; com esse produto, não.

Avermelhado, fulo, o homem deu partida, a mulher a seu lado sacudiu, o carrão raspou uma árvore e sumiu. Pneus cantaram.

O menino já tinha se mandado, pegara o rumo do morro e, não estivesse no aceso de um pagode, sambando, estaria dormindo no barraco. Era hora.

Jacarandá, cabeça alta, falou-lhe como se ele estivesse:

— Xará, eu ganho mais dinheiro que ele. É que não saio do botequim.

Aí, foi para dentro do oco da árvore, encostou a cabeça e olhou a lua.

Anos 80

Roteiros do corpo

Forças liberadas desde os anos 60 encontram aqui seu momento paradoxal de clímax e crise. A geração que fez a revolução sexual agora coloca no papel suas histórias. Explode o erotismo feminino. As grandes metrópoles fornecem cenários para as aventuras do corpo. As trocas sociais, no contexto totalmente urbanizado e erotizado, são roteirizadas pela cultura da mídia, cuja língua internacional é o inglês. Emerge a problemática homossexual. Mas a década que começou eufórica termina cética e deprimida por causa da Aids e da crise dos ideais coletivistas. Sensações de fracasso e vazio parecem anunciar um fim de século melancólico.

O vampiro da Alameda Casabranca

Márcia Denser

A não ser pelo filme japonês em cartaz, não havia nenhum interesse em sair com aquele sujeito, poeta, que se ostentava como "maldito" só para poder filar seu canapezinho de caviar nas altas rodas. Um guru de fachada, meio sobre o charlatão cósmico, adepto que era de uma esotérica seita oriental, babaca como tantas outras, e usando tudo isso em proveito próprio. Pelo menos não era burro. Disso resultavam as sessões de massagem transcendental nas madames com hora marcada, ou mesmo sem ela, ao sabor das prisões de ventre, dores de corno e outras piorréias. Não era mesmo burro. Feioso, devia viver faminto de carne fresca mas, passando-se por espiritual, ia tirando suas casquinhas. A conversa era inconsistente, cheia de expressões pedantes e, até pela sintaxe, tão emaranhada em meandros que obviamente não levavam a parte alguma, notava-se a eterna fome do cara. Uma espécie de vaga ansiedade piedosa de algo que rodeia e rodeia aquilo que seria um alvo, não tivesse ele em mira outra coisa. Por exemplo: enquanto sua boca passeava pela evolução da energia cósmica, seus olhos hipnotizavam-se (bem como toda sua alma) num ponto qualquer entre meus seios, e a energia cósmica ia e vinha, subia e descia, jamais se perdia, enrolava e se desenrolava, mas não chegava a nenhum lugar, uma vez que o verdadeiro objeto daquele papo estéril permanecia fora de alcance. A arenga também seria hipnotizante: eu me sentia como uma criança birrenta que não quer dormir ou um animal relutante em cair na armadilha.

O tal filme japonês fora realmente bom, um monumento poético, um estudo profundo sobre as paixões humanas etc. e assim eu poderia falar sobre ele *ad nauseam,* mas o Poeta apenas emitiu suas impressões assim: "É barra! Que barra! É uma barra!" dizendo-as de maneiras diferentes e empostando a voz num diapasão enfático que partia da traquéia, explodindo num ruído seco e rouco, feito um peido bucal, e como se a palavra "barra" contivesse, não digo o significado de todo o universo, mas, pelo menos, de todo o filme. Isso no *fim* da fita. *Durante* esteve todo o tempo tentando pegar no meu braço. Um verdadeiro saco. Então eu me perguntava: por que sair com aquele cara? Era desses feriados tediosos, todos os amigos queridos, todos os sujeitos interessantes, todas as amigas disponíveis viajando, restando os neuróticos, os chatos e os vampiros na cidade. Já era uma boa razão. Depois, eu apenas *desconfiava* de tudo isso, ainda não configurara uma imagem nítida do Poeta na minha cabeça. Na hora "H" fica possuída duma puxa-saquice pânica por agradar, mais preocupada com o efeito que com o objeto propriamente dito. Posso acabar fascinando Drácula em pessoa, sem dar pela coisa. Daí me livrar do monstro já é outra história.

Como nesses clássicos de horror, ao sairmos do cinema "um vento gélido açoitou-nos os ossos". Confesso que não fiquei surpreendida quando o Poeta sugeriu passarmos no seu apartamento para pegar um pulôver, coitadinho. Antes tentei aliciá-lo para uma *cave* de queijos e vinhos, mas ele não entrou. Também não queria ser grossa ou passar por retrô ou sei lá. No fundo, no fundo, estava querendo ver até onde ia o meu fascínio — e eu sei onde vai o meu fascínio — com o Poeta. Sabe-se lá.

No apartamento (não fosse pelo excesso de cartazes politicosos, até que bem jeitoso. Um tanto "artístico-displicente" demais, eu acho, como tantos outros onde eu estivera, de poetinhas, atores de teatro, bichas, são todos iguais, deve ser a fada madrinha), eu aproveitei meu fascínio ao máximo. Munida dos meus trabalhos, submeti o Poeta a uma intermitente sessão de leitura dos melhores trechos por umas duas horas. Minhas estórias são boas, mas lidas assim, no tapete, bebendo um bom vinho tinto, um fogo aqui dentro, ar condicionado, almofadas e mantas peruanas, música suave e um sujeito querendo me comer ali do lado, não há talento que resista. Então, *ele* me submeteu a mais duas horas de *suas* poesias, aliás inéditas. Se fossem boas até que valeria o esforço, o fascínio, a atenção fingida (tinha ganas de estourar de rir cada vez que ele pigarreava, afivelando um ar circunspecto, como se preparando para ler um discurso, um obituário, um testamento, enfim, algo muitíssimo sério), o vinho, aquele apartamento, o filme japonês, os feriados, aquelas profundas crateras que lhe sulcavam o rosto, o ligeiro cheirinho oleoso e adocicado que se desprendia delas, a mania de falar de si próprio na terceira pessoa, como se fosse um fantasma, o fato de ser careca de um lado só, daí o cabelo restante se amontoar num topete atrás da orelha esquerda, enfim, mas não eram. Não eram mesmo. Ocas, delírios vagos, desconexos, de um concretismo de cabeça dura e reticências. Na mesma construção e com a mesma ênfase conviviam vísceras e sangue, cosmos e eternidade, como se essas palavras não significassem nada além de meros sons poéticos convencionais. Quando a coisa começava a esquentar, ele sempre botava as tais palavras definitivas como Deus, Espaço, Eternidade, Morte, e esquecia as preposições, tornando tudo assim delirantemente obscuro, como se possuísse uma chave, um código para a sua decifração. Para os leigos, as garotas bonitas e os novos-ricos quanto menos se entende, mais a coisa deve ser boa. Palavras bonitas é igual a idéias bonitas. É gongórico, é elementar. O Poeta conhecia muito bem esse princípio e aplicava-o até à exaustão. A *minha*, por exemplo. Na verdade, algumas eram até sofríveis, mas parece que o sujeito tinha um cadeado no cérebro. Estava prisioneiro. Não se enfrentava. E se começava a botar a mão na merda, lá vinha ele com seus deuses e demônios anti-sépticos, para lavar todos os pecados. Pelo menos os dele. Se achava que os tinha. Ser feio, por exemplo, era um. Equilibrava-se definindo-se "pedante e sofisticado". Supunha-se, dessa forma, inacessível. Enganava só os trouxas.

Na conversa, Poeta mencionou uma festa. Amigos intelectuais etc. Então vamos, me animei, e fui emergindo das almofadas, procurando as botas debaixo do sofá, espantando cobertores, relanceando um olhar melancólico para as garrafas vazias, mas ele me reteve. Ainda não, disse, fixando-me um olhar tigrino cor de petróleo. Era como um aquário, a exposição, atrás do vidro córneo, do que havia no interior de suas espinhas mortas: óleo diesel.

O pequeno deus Caracol, o deus dos covardes, deve habitar em mim, pois foi ele que me fez encolher, puxando consigo todas as terminais nervosas, todas as sensações de prazer e dor, toda alegria, todo pranto, e me transformar num penhasco árido, num terreno baldio entregue às varejeiras, aos cacos de vidro, lixo, mato ralo, aos cães vira-latas, e aos teus beijos, Poeta.

Uma zoeira distante no ouvido, uma sensação incômoda nas costelas, a boca seca, avisaram-me que bastava. Fui me desprendendo aos poucos. Tarefa, aliás, bastante embaraçosa. Eu diria hilariante, se não fosse parte ativa. Parecíamos atores de um filme do Harold Loyd. Eu puxando de cá, ele de lá. Um escorregão providencial da minha parte (estávamos em pé) decidiu a contenda. Fomos à festa.

A primeira coisa que chamou minha atenção foi que o dono da casa — por sinal, um belíssimo rapaz — usava, atadas na manga da camisa, duas fitas de seda nas cores da bandeira nacional. Assim como os rapazes da TFP, a juventude de Hitler, os pupilos de Mussolini. Como um ungido, a marca da distinção, do bem-nascido, bem-dotado, bem rico, a nata, a perfeição e vocês fora! E viva Nietzsche e o quarto Reich, logo, o General Pinochet, Idi Amin, Pol Pot, Gengis Khan e o Golpe de 64. Puxei-o pela manga: O que é isso? Sorriu com seus olhos azuis de água doce: Não é um belo país? É. Olhei a mesa: vinhos franceses, queijos suíços, baixela húngara, guarnições de renda austríaca, charutos cubanos, vodca russa, cigarros americanos. Belíssimo país. Belo mesmo é você, pensei cinicamente, cobiçando a belezinha de jovem fascista e seus brinquedinhos, entre eles uma linda esposa loura e psicóloga formada pelo período da tarde do cursinho Objetivo, altura e peso ideais segundo a Revista Cláudia e preocupadíssima com seus encargos de anfitriã (repetiu neuroticamente a noite toda que "a previsão falhou" a propósito de haver terminado o queijo de nozes antes das duas da matina). E os intelectuais? Da "festa" constavam exatamente dez pessoas. Além dos anfitriões, eu e o Poeta/Profeta, havia um outro casal composto de um sujeito enorme, estilo Cro-Magnon, filho de general, com o curioso nome de Ciro, faixa preta em caratê e que me foi apresentado como um pintor maravilhoso, porém desiludido (o pessoal devia ser positivamente cego) e cocainômano ativo, acompanhado por uma garota misto de Dama das Camélias e Madrasta da Branca de Neve: profundas olheiras azuladas, cabelos crespos e negros acentuando oleosamente o rosto pálido, ossudo, lunar, quase transparente, usando uma camisa branca também transparente (seios nada transparentes) sem sutiã, a chamar atenção de todos para os seus pés feridos pelas sapatilhas. Bailarina? Não sei. A cidade está cheia desses cursinhos de balé e bordado, freqüentados por jovens em idade de casar e manter a forma. Para compensar as festinhas movidas a vinho, coca e mau humor de suas excelências, seus namorados, pelos quais elas são capazes de se foder por toda a eternidade, em troca de um sobrenome enganchado no rabo e um apartamento nos Jardins: os homens têm as angústias, as mulheres, os interesses, e por aí vai. Roger, o intelectual oficial, amigo do Poeta de proveta, um sujeitinho magricela, insignificante (essa palavra é enorme!), apagado na minha memória, acompanhava uma cooperante do governo americano junto ao Brasil, uma garota da Califórnia com cara de porto-riquenha. Ela deveria detestar aquela cara tropical, a pele morena, cabelos negros cortados rente, como se pagando uma pena, os olhos escuros feito morcegos assustados, encolhidos no fundo da fisionomia. Que fazer se sua mãe havia pulado o muro do México? Roger, o colonizado, desmanchava-se em atenções para com o produto de Tio Sam, mas eu imagino que, para ele, bastaria qualquer coisa, uma lata de sopa Campbell, digamos. Que representasse a civilização, a cultura superior etc. Razões inconfessáveis. Não via nela apenas uma garota assustada num país estranho. Assim como eu não enxergava o aspecto repugnante do meu guru-poeta. Tampava o nariz, os olhos, a boca, e o engolia em nome de uma vaidade idiota. Presentes também um par de primos dentuços e noivos que se despediu cedo. Eu aposto que pra ver televisão e se agarrar no sofá.

A madrugada evoluiu naquele apartamento neoclássico, com ativa movimentação de garrafas de vinho, rodadas de cocaína, camembert rançoso e conversas idiotas. Já estava amanhecendo e restavam os donos da casa, Ciro, Branca de Neve, Poeta e eu, já me sentindo completamente onipotente. Sentimento provavelmente compartilhado por todos, uma vez que a conversa girava sobre vida extraterrena, enquanto Brinquedinho raspava com uma pazinha de sorvete os restos de pó grudados no bumbum da garota na capa da revista Playboy. Excelente anfitriã. Belo Fascista inquiria o Poeta:

— Você, Klaus, que é um cara ligado nessas coisas, e entende pacas, já deve ter tido revelações, não?

— Bem, começou o outro, pode-se dizer que nós (falava sempre no plural, aludindo estranhamente uma cumplicidade invisível. Quem sabe com os deuses) chegamos a fazer vários contatos realmente inexplicáveis, eu diria, por exemplo, quando morreu a Dorinha...

— A Dorinha não morreu, trovejou Ciro, olhos vidrados numa faca de cortar frios.

— Talvez sim, talvez não, condescendeu misteriosamente Klaus, muitos de nós já chegaram a...

— Besteiras, não há nada, cortei. Estive lá em cima e vi: estão todos mortos. E voltando-me para o meu anfitrião: Um trechinho de seu autor predileto, beleza...

— Como? — Belo Fascista arregalava os doces olhos azuis.

— Ela divaga — Poeta endereçou-me um olhar enviesado, — mas como eu dizia, a Dorinha...

— Agora que estou vendo, interrompi novamente. De repente, Ciro e Branca de Neve me pareceram estranhíssimos: ele enorme, truculento, ela frágil, meio amalucada...

— Vocês não têm nada a ver, não é? Sorria para ambos como abençoando-os. Klaus, desorientado, arreganhava os dentes, desculpando sua convidada.

— Terrível, terrível, arfava Branca de Neve.

— Pensando bem, acho que a garota tem razão, Ciro não tirava os olhos da faca.

— E como é que vocês tre... Um violento cutucão do Guru, debaixo da mesa, fez-me engolir o resto da frase.

Depois disso, fui mergulhando cada vez mais fundo num burburinho ácido e esbranquiçado. As frases se sucediam de cá para lá, e eu as acompanhava como bolinhas num jogo de ping-pong, apenas como bolinhas, que não são nada além de bolinhas brancas.

Levantei-me e fui até a janela: É isso, pensei, sufocar a ressaca, afogá-la na boca cinzenta e azeda da manhã como num cesto de roupa suja. Esse é o preço pago pela droga consumida durante a madrugada, porque a droga tem o segredo que afoga a náusea, o vômito, a acidez desse vinho escuro injetado nas veias desde a noite anterior, então, ao amanhecer, foi puxada a descarga, sentido um só tranco, o estômago a brecar e a gemer no alto de um prédio no Pacaembu e isso foi quase tudo. Quase porque eu ainda não terminara. Porque o vazio, após a descarga, é insuportável. O vaso sanitário fica deserto e se tem medo de tornar a usá-lo e infectar o mundo inteiro. A náusea que se instala expulsa a razão, amedronta as palavras, e eu precisava falar que daquela madrugada ficou um gosto arrepanhado de sal de frutas, a efervescência cinza-pérola do antiácido diante dos olhos e uma tristeza secreta e corrompida por me saber mole, dobrável, e ainda uma vez voltar a fazer coisas que não quero, não preciso, não desejo, todavia o álcool e a droga me levam lá, uma espécie de morte incluída nos serviços de buffet; a cada episódio eu morro, e eu morro, e eu morro de novo, e volto a me assassinar, porque contar essa estória é o mesmo que atacar a mesma mulher há anos, violentamente, por trás, e como se ela fosse virgem, então, o toque no ombro, o hálito amanhecido às minhas costas: Klaus. Haviam escurecido a sala. Silenciosamente, colocou-me o casaco e, na condição de irmãozinho mais velho, carregou-me para longe daqueles perigos. Seu apartamento, por exemplo.

Lembro de um café da manhã numa mesa com toalha de plástico, e um enorme queijo de Minas. Eu estava chapadíssima, achando o queijo muito engraçado e porque não podia aparecer em casa de modo algum naquele estado. Klaus, este então parecia esmagado sob o peso da recompensa. Ele tinha mesmo uma cara amassada de vilão do faroeste depois da última briga, versão piorada entre Jack Palance e John Carradine. Cara picada pelo ressentimento e pela varíola, obtinha dormir com a mocinha sem mais aquela. Era demais. Ele vai broxar, pensei.

Havia sol, mas estava frio e úmido e o Poeta, muito solícito, uniu duas camas gêmeas, cobriu-as com mantas, enquanto eu me despia, obedientemente, cumprindo um ritual sem escapatória, filha de Maria, sacerdotisa de Astarté, coroinha alimentado e fodido secretamente pelo padre, eu obedecia, apenas. Fiquei de bruços, fechei os olhos, pensando: o prazer puro, o prazer puro. Não poderia ver aquele rosto agora, seria insuportável, seria inconcebível, e eu acho que ele me ficou agradecido. Mesmo assim não conseguia. Estava submerso em droga e álcool, uma chaga viva de excitação que pulsava e gemia, rilhando os dentes, pobre animal sonâmbulo imaginando-se um ser humano de carne, ossos e fezes, se esvaindo entre minhas nádegas numa tortura aplicada de movimentos ineficientes; uma vez que ele não conseguia, o animal depositava-se como um pedaço morto de carne fria junto ao meu corpo. Vamos liquidar isso, pensei. Sentia-me cansada, nauseada, azeda. A excitação esticava-se como um cordão frouxo contudo sem arrebentar. Vi pela janela a manhã alta, cor de magnésia, e disse: chega, vamos dormir. Às minhas costas, ele desabou, barraquinha de campanha, como se o tempo todo estivesse aguardando a ordem que o libertasse da prontidão. Segundos depois ressonava eloqüentemente. Adormeci pensando onde havia me metido, aquele apartamento de solteiro da Alameda Casabranca tinha algo a ver com um túmulo, gente adormecendo ao nascer do sol, falta só o punhal de prata, mas, por alguma razão maluca, não queria ir para casa e não queria ficar ali. O sono me colocou no lugar certo. Estaria sonhando com um jardineiro espanhol ou com tesouras, não sei, e acordei salgadamente sentindo algo vivo se mover, quente e alerta, entre minhas coxas. Pulei da cama, como se impulsionada por retrofoguetes: fugir, pensava, fugir, correr, vomitar, se vestir. E fui apanhando os destroços das roupas atiradas pelo quarto. Ao subir as meias, espiei com o canto do olho a cara atônita, amassada de Klaus, parecendo um pedaço carbonizado de casca de árvore na brancura de areia dos lençóis. A boca entreaberta não ousava protestar, articular nenhum som, com aquele ar de bagre estúpido, aquele ar de fóssil humano: a qualquer palavra minha, viria a réplica de bernardo-eremita na voz de fariseu sufocado e eu não queria deixar nada claro. A coisa, naquele pé, já parecia suficientemente ridícula, uma pornochanchada sinistra: ele, de pau duro debaixo das cobertas, cara de idiota, observando a mocinha se vestir num desespero vertiginoso, como se perseguida por Jack, o Estripador. Faltava vestir o casaco e me lancei para fora do quarto. Uma empregada velhíssima e cheia de varizes abriu-me a porta da rua. Desci pelas escadas. Nem cogitei estar no 15º andar. Alcançando finalmente a rua, parei ofegante. Porra, estava livre. Leve. Livre. Comecei a rir sozinha: até que fora bem gozado. Cambaleante e feliz, ri por dois quarteirões. As pessoas se voltavam, espantadas. Um perfume de pãezinhos frescos me atraiu para uma padaria cheia de colegiais e empregadinhas. Mastigando um enorme sanduíche de presunto, pedi ao vendedor a lista telefônica. Forrando página por página com lascas de pão fresco, procurei o número do Belo Fascista. Não sabia por quê, mas precisava salvar a noite. Alô, uma vozinha sonada gemeu do outro lado. Reconheci Brinquedinho. Escute, princesa, falei, diga ao seu marido que preciso fazer uma substituição (era necessário ir direto ao assunto, nada de formalismos idiotas com a família e os cachorros. Tratamento de choque). O quê? A voz prosseguia estremunhando. Uma outra, de homem, metralhava abafadamente qualquer coisa. Era seca e urgente, falando aos soquinhos parecia martelar ordens. Brinquedinho explicava confusamente algo sobre a namorada de Klaus e uma substituição. Afinal, era uma objetiva formada pelo Objetivo. O que está havendo? Belo Fascista pegara o aparelho. Parecia um bocado irritado. Expliquei da melhor forma. Por fim, convidei-o para tomar café da manhã comigo, ali, na Padaria Flor de Lys, que ficava na rua... Pedi para esperar na linha enquanto ia ver. Quando retomei o fone, apenas o ruído de discar respondeu melancolicamente ao meu apelo. Belo Fascista não tinha mesmo nenhum senso de humor. Tão bonitinho, murmurei cheia de pena. O pão terminara e enquanto esperava o troco, espiei meu rosto no espelho da balança. Borrado de rímel preto, o *rouge* coloria mais a face esquerda, olheiras azuladas. Igualzinha Branca de Neve. Esfregar o dedo acentuou a palidez, mas servia. Ainda não dava para espantar as crianças. Na saída, resolvi comprar outro sanduíche para ir comendo no caminho. Esquentara e eu amarrei o casaco na cintura — um casaco lindo, de veludo caramelo — e o pessoal continuou me encarando. Sempre comendo o pão, fui subindo a rua cheia de árvores verdinhas e rendilhada de sol. Lembrei de uma passagem de Faulkner no Som e a Fúria. Afinal, alcancei a Avenida Paulista suando e arrotando salame. Em frente a Casa Vogue — que não é mais a Casa Vogue — tentei pegar um táxi. Nada. Decidi ir andando. Até o Paraíso são quatro quilômetros, mas no plano. Achei razoável. Entrei no Jardim do Trianon. Um pouco de ar puro, pensei, ecologia, patos, marrecos, galinhas, desocupados. Ecologia. Comprei um saquinho de pipoca. Um garoto de seus 17 anos atirava farelo aos perus — detesto esse ar superiormente abestalhado que têm as aves em geral — e perguntei a ele se valia atirar pipoca. Lógico, disse, e enfiando a mão no meu saquinho, retirou um punhado e atirou-o aos bichos. Era um encanto de garoto, um ninfeto dos bosques, cabelos alourados de sol e piscina de clube, a camisa xadrez aberta exibia o peito liso, moreno e uma medalhinha de San Genaro. Perguntei se era italiano. Meu pai, respondeu sorrindo. Falava com simplicidade e delicadeza. Como se fosse a coisa mais natural do mundo topar num domingo com uma garota, às onze da manhã, cara toda borrada de pintura, casaco de veludo amarrado nos quadris, um pão semicomido na mão, um saco de pipoca na outra. Ele era a própria manhã: jovem, fresco, belo, puro. Me senti mal. Queria lavar o rosto, tomar um banho, convidá-lo a passear comigo no Ibirapuera, que é o maior parque que eu conheço, sei lá onde. Melhor ir andando. Ele ficou olhando eu me afastar com simpatia, assim, também sem perguntar nada. Uma névoa de cansaço descia sobre o jardim. Senti-me longe, minha casa longíssima, o apartamento de Klaus ainda mais longe, em outro país, outro tempo. Ajeitei-me num banco de pedra limosa e dormi. Um segundo depois acordei: alguém me cutucava as costas com um objeto duro e pontudo. Outra vez, pensei. Mas era só uma vassoura e o homem devia ser o zelador do parque. Percebi vagamente que anoitecia.

— Levaram sua bolsa e seu casaco, dona, é bom dar parte na polícia, falava com uma voz monótona, anasalada, repetindo sempre sobre o roubo e a polícia.

— Pra que a vassoura?, murmurei idiotamente, ainda aturdida pelo sono. O corpo dolorido. Meu casaco e a bolsa?

— Você tá mal, hein? Deu moleza, já viu, nego passa a mão mesmo, acho bom dar parte na...

— Já vou, já vou. Como fazê-lo calar? Estiquei as pernas. Intactas ainda minha calça de veludo e a camisa de seda. Bem, foi-se, pensei. No que deu o vampirismo poético. Judas, o obscuro, estaria agora em seu lindo apezinho ouvindo Beethoven e jantando carneiro ensopado com legumes, preparado por Lady Varizes, a copeira. Aquela cara amassada, descomposta, mastigando a sobremesa, aqueles olhos duros, machucados, e o animal adormeceria tranqüilamente entre seus panfletos comunistas, fumando cigarros mentolados. Era demais. Vomitei espasmodicamente num canteiro de hortênsias. Resolvi voltar para casa. Lá pagariam o táxi. Então lembrei: estavam todos viajando. Todos os amigos, todos os sujeitos, todas as amigas etc. Eu estava sem a bolsa, sem as chaves, com frio, fome e precisando de um banho. No táxi, suspirando, dei o endereço de Klaus.

Um discurso sobre o método

Sérgio Sant'Anna

Ele se encontrava sobre a estreita marquise do 18º andar. Tinha pulado ali a fim de limpar pelo lado externo as vidraças das salas vazias do conjunto 1801/5, a serem ocupadas em breve por uma firma de engenharia. Ele era um empregado recém-contratado da *Panamericana — Serviços Gerais*. O fato de haver se sentado à beira da marquise, com as pernas balançando no espaço, se devera simplesmente a uma pausa para fumar a metade de cigarro que trouxera no bolso. Ele não queria dispersar este prazer misturando-o com o trabalho.

Quando viu o ajuntamento de pessoas lá embaixo, apontando mais ou menos em sua direção, não lhe passou pela cabeça que pudesse ser ele o centro das atenções. Não estava habituado a ser este centro e olhou para baixo e para cima e até para trás, a janela às suas costas. Talvez pudesse haver um princípio de incêndio ou algum andaime em perigo ou alguém prestes a pular.

Não havia nada identificável à vista e ele, através de operações bastante lógicas, chegou à conclusão de que o único suicida em potencial era ele próprio. Não que já houvesse se cristalizado em sua mente, algum dia, tal desejo, embora como todo mundo, de vez em quando... E digamos que a pouca importância que dava a si próprio não permitia que aflorasse seriamente em seu campo de decisões a possibilidade de um gesto tão grandiloqüente. E que o instinto cego de sobrevivência levava uma vantagem de uns quarenta por cento sobre o seu instinto de morte, tanto é que ele viera levando a vida até aquele preciso momento sob as mais adversas condições.

Sérgio Sant'Anna

No seu bolso, por exemplo, depois que se fora o cigarro, só restavam a carteira profissional e algumas poucas moedas, insuficientes para tomar o ônibus lá na Central do Brasil, numa hora em que os trens já teriam parado. Até a Central, ainda dava para ir a pé, quando ele costumava andar de cabeça baixa, não por um sentimento de humilhação, em particular, mas como uma forma de achar moedas, o que não era tão raro assim, uma vez que, com a depreciação crescente do valor dessas moedas, muitas pessoas não se davam mais ao trabalho de curvar-se para pegá-las, quando as deixavam cair.

Antes de pegar o serviço, hoje, no turno das quatro horas da tarde, que se estenderia até a meia-noite, ele hesitara bastante em gastar o dinheiro da passagem. Mas o vazio no estômago falara mais alto e ele usara parte dessa grana com um cafezinho, enchendo três quartos da xícara com açúcar, o que lhe proporcionava umas tantas calorias, embora ele não pensasse assim, em termos de calorias, mas da diminuição da vontade de comer e, como requinte, que um cigarro, mesmo pela metade, era bem mais saboroso depois de um café.

Ele meditara também sobre as condições meteorológicas, olhando para o céu e concluindo que o tempo continuaria firme, o que significava que ele poderia passar a noite num dos bancos ou gramados do centro da cidade. Costumavam causar-lhe tédio, quando dormia na rua, as manhãs sem destino até a hora de pegar o serviço, procurando distrair-se olhando o mar e os aviões na ponta do Aterro, perto do aeroporto, ou frangos giratórios nos fornos envidraçados ou, nos cartazes de cinema, mulheres nuas e homens de ação. Mas este era um problema para amanhã e depois de amanhã, no máximo, porque no terceiro dia sairia o pagamento. Ele era um homem que vivia nas imediações do presente, pois o passado não lhe trazia nenhuma recordação agradável, em especial, e o futuro era melhor não prevê-lo, de tão previsível. A data de pagamento, porém, era um marco cronológico ao qual ele se apegava.

O sujeito que o recrutara por um salário mínimo lhe dissera que ele ainda tinha sorte, pois o desemprego grassava no país. Era um sujeito que gostava de usar verbos desse tipo, de dicionário, que lhe pareciam conceder dignidade e pompa às suas palavras, embora ele não chegasse a materializar em sua mente tais substantivos abstratos. Autoridade e importância, sim, eram prerrogativas das quais ele se revestia em seu cargo, ele ali sentado com a gravata e a palavra, enquanto que os homens que desfilavam à sua frente permaneciam de pé e mudos, a não ser por certas respostas quase monossilábicas como "sim senhor", ou "não senhor" quando se tratava de vícios como a cachaça. Se audiência fosse um pouco mais qualificada, ele discorreria também um pouco mais sobre os problemas do país, que provinham do atraso do povo, a desonestidade e incompetência dos políticos, agravadas pelo gigantismo do Estado. Na intimidade do lar, ele apontava ainda causas como as condições climáticas, uma colonização de degredados e a mistura de raças. Ele era um homem da iniciativa privada numa posição de comando intermediário, embora achasse que ganhava pouco, o que era amenizado pela perspectiva de subir alguns degraus, desde que fosse perseverante e duro até o ponto da inflexibilidade. E o nome *Panamericana* se revestia para ele de uma aura multinacional, apesar de não ser mais do que isso, uma aura esperta que, a bem da verdade, contaminava mesmo o homem lá na marquise, em seu uniforme com aquelas letras gravadas significando para ele alguma coisa que não entendia bem e por isso respeitava, algo ligado a competições esportivas que o Brasil disputava. Alguma coisa imponente, sem dúvida, tanto é que eles eram proibidos, em tese, de vestir os uniformes fora do horário do trabalho, justamente para evitar que os empregados manchassem aquele nome envergando-o em botequins ou bancos de praça e gramados.

Mas a perspectiva de passar a noite num desses dois últimos locais trazia em seu bojo a vantagem de que, não indo para casa, ele não presenciaria o que lá estivesse se passando, com a mulher e os três filhos diante de uma despensa — que era como eles chamavam alguns caixotes empilhados — totalmente vazia. Não que ele estivera pensando nisso em seu trajeto rumo à marquise, muito pelo contrário; ele costumava desligar-se dos problemas da casa tão logo punha os pés na rua. Sabia que as mulheres eram capazes de verdadeiros milagres, como uma contabilidade não escrita de ovos e farinha tomados emprestados umas das outras na vizinhança, mas se um homem se encontrasse por perto todas as queixas recairiam sobre ele. Pelo menos era o que ele pensava, quando estava pensando nisso.

Tais aflições subsistiam, porém, apenas como uma espécie de latência dentro dele — uma ausência boa — ali na marquise, e não teriam aflorado juntamente com o próprio meio de livrar-se delas, caso ele não identificasse os gritos em coro das pessoas lá embaixo como pedidos para que ele pulasse. Não que ele se dispusesse a ceder àqueles apelos, bem entendido; apenas descobria, um tanto perplexo e até fascinado, que esta era uma alternativa plausível para um ser humano como ele, em dificuldades, mas de posse de todos os seus movimentos. E isso lhe concedia uma liberdade insuspeitada e uma leveza, uma vez que um fio muito tênue podia separá-lo da meta comum à espécie, que é não sofrer.

Pode-se indagar a respeito do medo. Se ele não tinha medo de estar ali suspenso? Mas é preciso não esquecer que ele estava habituado a ocupar posições delicadas no espaço.

Outro, em seu lugar, talvez se magoasse com o pouco caso que a assistência dava à sua vida. Mas, com já vimos, ele também se dava pouca importância, como um coadjuvante muito secundário, quase imperceptível, de um espetáculo polifônico. Por isso, também jamais se cristalizara a hipótese de forçar o destino com uma arma na mão, assaltando pessoas físicas e jurídicas, embora passasse por sua cabeça, como na de todo mundo, de vez em quando... E nesse espetáculo havia os que se colocavam como espectadores nos mais baixos degraus da fama e ele mesmo, se fosse numa dessas manhãs em que flanava sem destino, teria se postado na platéia para matar o tempo, mas sem voz ativa, porque era um homem sóbrio em seus atos, modesto. Então não sentiu mágoa e até sabia, sem trazê-lo à consciência que em ajuntamentos semelhantes existiam aqueles, como certas mulheres (às vezes já com uma vela na bolsa), que passavam aflitamente a mão no rosto e diziam falas melodramáticas como "pelo amor de Deus, não", ou algo do gênero, e também aqueles outros que chamavam a polícia e os bombeiros, sendo que um carro da primeira corporação já chegava neste momento.

Ele era um homem respeitador das leis e dos poderes e, em nome de tal respeito, medo até, levantou-se imediatamente para retornar à limpeza das vidraças, quando um silêncio de expectativa neutralizado por um clamor de incentivo veio lá de baixo, para logo depois se transformar numa vaia, quando perceberam que ele era apenas um homem trabalhando, ainda que em condições precárias que sugeriam risco, ação, emoção, coragem.

E esta vaia, sim, foi recebida por ele com mágoa, porque os gritos anteriores tinham sido algo assim como o entusiasmo da arquibancada diante de um atleta e, de repente, era como se ele houvesse executado a jogada errada. Com o escovão e o pano nas mãos, e o balde a seus pés, ele virou-se novamente para a platéia e deu um passo miúdo adiante, para ouvir distintamente os gritos de "pula", "pula".

O fato é que ele jamais estivera num palco, num pedestal, e isso afetara sua modéstia. Não é preciso conhecer a palavra *pedestal* para saber que as estátuas repousam sobre uma base. Como também não é preciso conhecer a palavra *polifônico* para ouvir as muitas vozes e o conjunto de sons da cidade. E haveria sempre alguém que pudesse narrar isso por ele, até que as condições socioeconômico-culturais da classe operária se transformassem no país e ela pudesse falar com a própria voz.

Quando isso acontecera, por exemplo, na Inglaterra, dera origem a fenômenos inesperados como os Beatles e os *angry young men*, jovens zangados. Já na União Soviética ou em Cuba, o brilho de algumas vozes fora abafado em nome de prioridades econômicas indiscutíveis. Ele vira, na abertura dos Jogos Olímpicos de Moscou, a saúde e a beleza da juventude soviética. Como todo mundo, no Brasil, ele dera o seu jeito de comprar um aparelho de TV. Comprara de um rapaz vizinho, sem exigir nota fiscal ou indagar sobre a marca ou procedência. O rapaz era um jovem zangado brasileiro e assaltava *pessoas físicas*, preparando-se para encarar as *jurídicas*, do ramo bancário. Ambos não conheciam os Beatles.

As estátuas, ele conhecia bem, apesar de não ler as placas. Perambulava muito diante delas e intuía que eram erigidas (embora não utilizasse tal verbo, mais do estilo do chefe do Departamento de Pessoal da *Panamericana*) em homenagem a pessoas que teriam realizado feitos notáveis, tanto é que estavam ali em exibição pública, como exemplo moral.

Não era bem o caso dele, certo, mas ele também estava provando do poder sobre a massa, como alguns daqueles homens ilustres. E isso ampliava, de repente, de maneira literalmente vertiginosa, a sua consciência social. Aquele pessoal lá embaixo, como ele próprio, a mulher e os filhos, não era gente bonita, bem alimentada e imbuída de elevados propósitos; pelo contrário, era preciso aplacá-los com sangue e circo. Então ele chegou a refletir — se se pode chamar assim o clarão de raiva que o atravessou — sobre métodos violentos de transformação da sociedade. Alguém mais cultivado poderia contrapropor métodos constitucionais de mudança. Mas isso poderia levar décadas ou um século, ou talvez não acontecesse nunca.

E o caso dele era premente: a situação financeira de carência absoluta, agravada pelo fato de ter se destacado tanto nos últimos instantes na *Panamericana*, de forma incompatível com a política de pessoal da Companhia. E havia o fato principal de que ele tinha uma só vida para viver, apesar de, paradoxalmente, andar ventilando, nesses últimos momentos, como um exercício, a hipótese de livrar-se dela. Diante disso, a sociedade como um todo era uma abstração. Ele estava se tornando agora, sempre vertiginosamente, um individualista. Se tivesse uma arma na mão, talvez houvesse disparado a esmo. Ele não tinha tal arma e só poderia disparar contra si mesmo, em forma de uma tristeza pontiaguda.

Em compensação isso ampliava sua consciência poética, talvez dando razão àqueles que vêem na arte uma redenção do sofrimento. Aproximava-se a hora do crepúsculo, uma hora bonita, ele também achava. Para realçar tal beleza na melancolia, havia a possibilidade desta tornar-se também a hora do seu crepúsculo, que ele podia fazer belo e significativo. Se pulasse, transformar-se-ia numa personagem de jornal, um mártir da crise econômica, merecendo mais do que um simples registro, porque teria conseguido transformar a avenida Rio Branco lá embaixo, assim batizada por causa de um barão (que ele desconhecia), num pandemônio, com o soar das sirenes e um carro do corpo de bombeiros que ocupara um bom trecho do asfalto, o Estado usufruindo da oportunidade de retribuir o dinheiro arrecadado dos contribuintes.

Um cordão de isolamento já fora estendido para que ele não caísse em cima das pessoas e, sem sabê-lo, ele se avizinhava de um ideal romântico que é o de morrer jovem e no auge da fama. Só não era belo. Era um rapaz de vinte e cinco anos, embora não parecesse. Aos argumentos de praxe de que tudo isso de nada lhe serviria depois de morto, ele poderia contrapropor — se além de romântico fosse poeta ou filósofo — que estava gozando com a máxima intensidade os lances dramáticos que podiam anteceder a morte, como num duelo ao entardecer. A cidade era inquestionavelmente bela, com seus picos e montanhas, o oceano, algumas aves marinhas, outras não, um avião que pousava naquele instante, com seus passageiros que observavam a paisagem de um ângulo diverso do seu. É claro que não existe a beleza sem que a observe. Mas, por outro lado, não haveria tal intensidade na contemplação, no caso dele, não fosse certa iminência... Uma iminência que tornava mais perceptível do que nunca, aos seus ouvidos, a polifonia sinfônica das ruas, como se ele fosse um apreciador sofisticado de música aleatória, o que, quando nada, demonstrava que não é preciso estar a par de certas definições e correntes estéticas para usufruir dos efeitos e dos materiais que as compõem, que acabavam por se reunir numa espécie de zumbido cósmico que parecia nascer de dentro dele.

Havia também qualquer coisa de existencialista nele, com esse negócio de viver intensamente um momento limite e dar-lhe um sentido, como alguma personagem de Jean-Paul Sartre, além de ter sido acometido, há pouco, de uma boa dose de náusea existencial em relação a si próprio e à massa humana. Por outro lado, mesmo em condições socioeconômicas mais favoráveis, haveria o absurdo da existência. Ele era um absurdo. Uma consciência largada no mundo, que podia morrer a qualquer instante e não era feliz.

É claro que, do ponto de vista de uma abordagem psicanalítica, sua ânsia recém-aflorada de pular era passível de ser analisada sob outros ângulos, alguns menos, outros mais românticos ainda. O fato de sua força voltar-se contra ele próprio, num momento em que não podia dirigi-la para fora, era somente a parte mais óbvia da questão que, com um mínimo de paciência, poderia ser explicada a ele por algum psiquiatra do INPS, que a seguir o consideraria apto a retornar ao trabalho. Ele não era burro, apenas não crescera num ambiente propício a aprimorar sua educação. Quanto ao

Um discurso sobre o método

narcisismo, refletido no ato de pavonear-se no espelho da massa, ele poderia canalizá-lo para atividades socialmente mais ajustadas, como progredir no seu ramo de vidraças e assoalhos, até deixá-los tão impecavelmente limpos que lhe devolvessem uma imagem sem distorções e fantasias perniciosas. Ou, no caso de suas ambições ultrapassarem o âmbito do emprego para atingir o mundo dos espetáculos — como ocorria agora —, sempre restaria a possibilidade de buscar uma chance num programa de calouros da TV, ou no futebol, mas isso, no segundo caso, se não houvesse se passado em sua infância um acontecimento absolutamente traumático: ter sido expelido, aos empurrões, de um time de garotos, por deficiência técnica possivelmente decorrente de suas deficiências físicas, ainda que ele fosse escalado na ponta-esquerda, posição que no Brasil costuma tornar-se a mais próxima possível da reserva.

Tanto é que se comentassem com ele que o Brasil, em toda a sua história esportiva, jamais tivera em suas seleções um só ponta-esquerda que fosse o astro do time, ele captaria numa fração de segundo a origem e o espírito da coisa, remetendo-a a seu próprio caso e isso, sem dúvida, seria plenamente um *insight*, que o faria rir numa descarga nervosa, talvez convencendo-o a aceitar melhor seus próprios limites, pois ele nem mesmo era canhoto e tornava-se extremamente difícil cruzar a bola com o pé trocado. E ainda lhe restaria, uma vez diluída uma prejudicial imagem idealizada, torcer e identificar-se com um time que lhe devolvesse, de vez em quando, a sua dedicação com um campeonato; afinal nem todos podem pisar o palco.

Mais difícil — e romântico — embora não impossível, desde que se encontrassem as expressões adequadas, seria aprofundar com ele a coisa no sentido de entendê-la, a sua tentação repentina de pular, como um desejo de retorno aos braços e seios maternos e talvez até a uma vida uterina, ao indiferenciado que a todos iguala, não houvesse sido esta sobressaltada por tentativas de morte contra ele e ainda por cima com a utilização de métodos inadequados — talvez sentidos por ele como maremotos no líquido em que boiava —, embora, depois de ele ter vindo insistentemente à luz, fosse encarado, por seu raquitismo, como um castigo e uma dádiva, o que já o colocava no mundo desde o início como um paradoxo e diante de um conflito. Pois o mesmo fato que o levava a ser sacudido e surrado quando chorava durante as noites, por sentir um oco inexplicável nas entranhas, era razão para ser embalado e amamentado em plena via pública, sob marquises (!) dos edifícios, porque a mãe complementava o magro orçamento doméstico mendigando no centro da cidade, para onde ele era trazido num trem elétrico (!) vestindo seus piores farrapos, se é que os havia e, nesse ponto, como prova material de penúria para os pedestres, ele bem valia o seu peso em moedas.

E se depois de um primeiro tratamento de choque, no referido INPS, ele fosse encaminhado a um profissional gabaritado, no ramo da mente, este talvez pudesse anotar em seu bloquinho, não como uma certeza — pois aprendera a desconfiar delas — mas como uma bela hipótese a ser investigada, o fato de ele ter escolhido (ou ter sido escolhido por ela, pouco importa, pois não existem coincidências, mas causalidades necessárias) uma profissão que o levaria sempre para bem próximo das marquises e que agora estivesse na iminência de jogar-se de uma delas para cair dentro do berço, que era a calçada. A fortificar tal dedução, havia o fato indiscutível de que ele trilhara literalmente esta via na vida, onde era sempre obrigado a pegar um trem elétrico para chegar ao local de trabalho que se confundia com o mítico ponto onde seria acalentado e daí, talvez, se pudesse explicar-lhe seu delírio ambulatório e até curá-lo dele, pois num dia chave, como o de hoje, o ter gasto o dinheiro da condução de volta com um café e principalmente açúcar (pois a doçura na boca era um fator que, além das calorias, tinha necessariamente de ser levado em consideração) podia não passar do que provavelmente era: um mero pretexto a acobertar coisas mais reconditamente recalcadas no inconsciente. E o final de todo este encadeamento era que ele gastara o dinheiro do ônibus, o veículo que o levaria de volta ao sofrimento do lar, e não o daquele trem (o seu trenzinho elétrico de infância) que o conduzia ao aconchego do seio materno. E o profissional sorriria de prazer diante de tal *insight* não do paciente, mas dele próprio — que poderia até ser levado a um congresso e publicado na revista da Sociedade, espicaçando os lacanianos, eis que tais associações não se teriam devido a nenhum troca-letras ou aliterações, mas a imagens semanticamente justas, verdadeiro embrião para uma monografia que poderia ser intitulada *A psicanálise da classe operária* e, desta vez, sem qualquer ironia, a Europa verdadeiramente se curvaria diante do Brasil.

É certo que tal profissional, por sua integridade, somada a uma boa dose de esperteza, se anteciparia com um *post-scriptum* às possíveis desconfianças diante de tal modelo, criticando-o ele mesmo justamente por sua perfeição, como a de um círculo, não deixando brechas, mas redimindo-o com o argumento de que muito mais do que pela justeza científica de uma resposta, um modelo psicanalítico se validava pela maior ou menor possibilidade de um paciente ajustar-se dentro dele, como num pijama de molde adequado, e residiria aí, precisamente, a possibilidade de cura, se se pode falar em cura quando se trata de uma coisa volátil como a mente, que, como a alma, não ocupa propriamente um espaço. E, de qualquer modo, dentro das limitações de uma tentativa de conhecimento que não chega a ser uma ciência, mas um método, talvez propiciaria este modelo que o paciente pudesse voltar para casa, em vez de dissipar seu dinheiro na rua, e lá beijar a mulher no rosto como qualquer cidadão de classe média. Para então concluírem juntos, paciente e analista, que no princípio e fim de tudo está sempre o amor e, neste ponto, concordariam todos, freudianos, lacanianos e junguianos-bio-energéticos, que o que importava, no fundo, na relação analítica, era a cumplicidade afetiva, amorosa mesmo, entre analista e analisando, pena que tal tipo de cliente em potencial, este que estava suspenso por um fio entre vida e morte, na marquise, não pudesse pagar para ver isso de perto.

Então só lhe restava o amor de fato. O amor de uma mulher, por exemplo, que lhe estendesse a mão neste momento crucial. Não a mulher dele, evidentemente, pois a relação que se estabelecera entre ambos nos últimos tempos, depois dos desgastes da vida em comum, era aquela que pode estabelecer-se entre um pedaço de pau e um buraco, mais ou menos ajustados em suas dimensões, porém dissociados de uma configuração gestaltiana que os integrasse dentro de um todo que incluiria um aspecto de sublimação espiritual, aquilo que os seres humanos costumam denominar *amor*. Ou mesmo um desejo intenso pela carne alheia que fosse mais do que o apaziguar de uma coceira. Mas a natureza não queria nem saber das condições extrabiológicas: no fim de nove meses dava filho e ele já tinha três. Boa parte daquela massa arfante que circulava pelas ruas lá embaixo era proveniente do encontro de corpos em tais circunstâncias de pobreza material e do espírito, então era natural que, em termos de qualidade, houvesse uma baixa progressiva.

O amor que o poderia ter salvo seria, por exemplo, o de uma datilógrafa que às vezes ele via fazendo horas extras numa das firmas para as quais ele era designado para a limpeza. Era uma jovem bem proporcionalmente rechonchuda, que provavelmente se tornaria gorda, com o correr do tempo. Mas isso era um problema para depois, do qual ele não se ocupava em suas fantasias, pois estamos no terreno do presente imediatíssimo. Além de ele verdadeiramente admirar-se com suas formas e com o modo velocíssimo da moça bater à máquina sem olhar para as teclas, havia um detalhe que fornecia a ela uma aparência simultaneamente distinta e distante (porque ele conhecia bem o seu lugar no mundo): os óculos. Parecia-lhe incrível que uma mulher fosse ao mesmo tempo jovem e desejável e complementada por um par de óculos que fazia vir à mente dele professoras meigas que ele não tivera a oportunidade de conhecer. Eram os óculos um símbolo de inacessibilidade e cultura e as fantasias chegavam a ele primeiramente em forma de preliminares, como levá-la ao cinema, à Quinta da Boa Vista, até um dia pegar na mão dela, para só depois, muito aos poucos, ir pegando no resto. O momento em que ele a possuiria seria um acontecimento solene, quando deveria munir-se de toda a delicadeza e a última coisa a retirar do corpo dela, se ele efetivamente retirasse, seriam os óculos. Porque esses óculos, sem que ele o soubesse, eram o seu fetiche.

Talvez ele se espantasse ao saber que também dentro dela se passavam devaneios, nos quais um homem sensível acabaria por descobrir a alma gentil que se abrigava naquele corpo curvado sobre a máquina e atrás daqueles óculos. Embora ela mantivesse relações esporádicas com um contador casado e com um jovem vizinho de bairro, que tinha um automóvel, ainda não se desfizera do seu sonho de casar-se com alguém que verdadeiramente precisasse dela, como algum jovem estudante de medicina que chegaria ao final do curso com todo o sacrifício, do qual ela compartilharia com alegre resignação. E se ela conhecesse um homem assim quando ele se encontrasse à beira do desespero, seria capaz de entregar-se ainda mais vitalmente, gozando entre lágrimas da comovente alegria que é poder estender a mão àquele que se afoga, para trazê-lo não só à tona, mas aos pínçaros do sublime.

O problema é que para se ter direito ao amor, no desespero, é preciso carregar algum tipo reconhecível de beleza, nem que seja através de obras, como um Toulouse-Lautrec. Embora Van Gogh, apesar de tudo... Quanto a ele, o homem na marquise, fora destinado a essa solidão radical que é a feiúra na pobreza. Mas ele seria até capaz de reconhecer, modestamente, se tivesse tido a tal educação mais aprimorada, que Toulouse-Lautrec sofrera mais do que ele, porque provara daquele mundo onde as mulheres eram belas, e os homens, artistas tão sequiosos dessa beleza, que às vezes um deles, por carência dela, se mandava daquele mundo para outro melhor.

Então só lhe restava, de fato, o amor de Deus ou a Deus que, através de uma das suas *personae* cristãs, o *Filho*, podia ser visto concretamente de braços abertos dominando a cidade. Podia ser visto privilegiadamente dali de onde ele estava, o homem da marquise. Iluminava-se o Cristo durante as noites e apagava-se ao amanhecer; encobria-se de nuvens negras em dias de tormenta e era visto a brilhar novamente quando voltava a bonança. Mas nunca, desde a inauguração da estátua, em 1931 — incluindo a visita do Papa, em 1980 —, fora visto mexendo um só dos braços para apaziguar uma dessas tormentas, individuais ou coletivas, nem quando eram as águas das chuvas que, descendo do morro que sustentava a sua imagem, iam provocar a catástrofe lá embaixo, levando na enxurrada casas, animais e pessoas e induzindo estas pessoas a pensar em algum castigo que certamente teriam merecido. Não era então previsível que movesse o Cristo um dos dedos que fosse, pelo homem na marquise, ainda mais que, se se encontrava este em posição tão periclitante, era de posse de um livre-arbítrio muito mais acentuado do que normalmente dispunham as pessoas na sua posição, tomando-se esta no sentido mais amplo possível. Pois não só ele dominava as alturas, como fora parar ali por dever de ofício e não pelo desespero — a não ser o inerente ao próprio ofício — e podia descer no momento em que quisesse, inclusive pelo lado de dentro do prédio. E, se não o fazia, era pelo pecado do orgulho.

Embora por várias vezes houvesse abandonado o Cristo por ídolos de periferia como orixás e exus, já ouvira falar, este homem, durante as catequeses de infância, em sua paróquia — depois das quais era servido um lanche —, que os pobres mereceriam um lugar de destaque no reino dos céus e que, por outro lado, os suicidas não teriam perdão. Para encontrar-se então com Deus, no seu caso particular, era preciso sobretudo ter paciência.

E o que o homem fez foi abrir os braços para o Cristo, movido um pouco por uma súplica vaga, porque ele não sabia como sair honrosamente daquela armadilha, e um pouco por exibicionismo ou espírito de imitação, que não raro são a gênese da loucura, quando um ser humano percebe que, se não podem certas realidades ser transformadas, pode-se simplesmente mudar a si mesmo, trocando-se um papel modesto por outro melhor, como o de Napoleão ou outro general, em casos extremos, ou de um simples guarda de trânsito, nos menos graves. Imitação que, naquele caso específico, fez sucesso, pois a massa vibrou lá embaixo, talvez pela popularidade do modelo, talvez por acreditar que a personagem que o encarnava finalmente iria voar.

Foi neste momento que se fez ouvir a voz. A voz trovejou não das alturas, mas da sala da firma de engenharia:

— O senhor desça já daí porque está preso — disse um policial, empunhando seu revólver. Logo percebeu que incorrera numa impropriedade semântica que podia trazer graves conseqüências, se o homem descesse e, por isso, estendeu um dos braços dali do peitoril da janela para agarrá-lo.

Pela primeira vez, na vida, este outro homem era tratado de senhor; tratamento, porém, que adivinhava seria imediatamente abandonado uma vez nos braços truculentos da Lei. Então recuou na marquise até um limite tão preciso e precário que, fatalmente, o colocava sob a jurisdição do corpo de bombeiros.

O representante mais categorizado desta corporação, que ali estava, fora submetido a um treinamento durante o qual se levara em conta, entre outras disciplinas, as humanidades. Fez um sinal para que o membro da outra corporação se recolhesse a um canto discreto e assumiu o comando das operações com um discurso para o qual se preparara desde o dia em que, assistindo a um filme pela TV, descobrira que a sua verdadeira vocação era ser bombeiro. Um discurso onde o formalismo era substituído, juntamente com as armas, pelo tratamento mais *brasileiro-homem-cordial* do "você".

— Rapaz — ele disse. — Pra tudo na vida há remédio e você ainda vai rir dos problemas que te levaram até aí em cima, seja lá o que for. Por que não chega mais perto pra gente conversar? Ou se quiser fala daí mesmo, que nós estamos aqui é pra te ajudar.

Apesar das misturas de concordância e de uma certa armação na fala, sua voz alcançara justamente aquele tom de cumplicidade afetiva, amorosa mesmo, precioso para se estabelecer uma relação. E é preciso não esquecer que o homem não se instalara ali com a intenção de pular; apenas fora tentado, inadvertidamente, pela vertigem e poder das alturas. Virou-se então para o bombeiro, que já saltara para a marquise, sob aplausos do público volúvel, e sorriu encabuladamente, como que pedindo desculpas.

Poderia ter explicado, simplesmente, que estava limpando vidraças e que tudo não passava de um mal-entendido, era só ver o balde etc., e checar na *Panamericana — Serviços Gerais*.

Mas a verdade é que haviam ocorrido em sua mente alguns fenômenos bastante complexos, que modificaram a sua visão de mundo e que ele gostaria de expor, inclusive a si mesmo, mas para os quais não encontrava palavras.

— É como se fosse um outro, compreende? — ele disse ao bombeiro, que o abraçava sem encontrar resistência, para conduzi-lo à sala. — Alguém possível dentro de mim, que estivesse soprando pensamentos na minha cabeça.

Neste momento, ele deu um largo sorriso, porque essas eram justamente as tais palavras. Porém o treinamento do bombeiro não chegara a considerar certos aspectos mais recônditos, sutis e contraditórios da mente e, como um profissional objetivo dentro das limitações dos seus deveres, não teve dúvida em seu veredicto.

— É louco — avisou lá para dentro, ao mesmo tempo que empurrava o homem para o interior da sala, onde foi imobilizado.

Ele fora traído, mas, por outro lado, o seu salvador — se podia chamá-lo assim — aplicara-lhe um rótulo novo que lhe oferecia também uma nova identidade, talvez explicando suas novas sensações, que agora ele preferia guardar para si mesmo.

"É como se tudo não passasse de um sonho, inclusive eu e o bombeiro."

Um sentimento, aliás, sumamente agradável, porque o libertava de certas cadeias.

Ele estava enganado, mas não muito longe da verdade, embora o estivesse da originalidade: ele não era um sonho, mas uma alegoria social. Social, política, psicológica e o que mais se quiser. Aos que condenam tal procedimento metafórico, é preciso relembrar que a classe trabalhadora, principalmente o seu segmento a que chamam de lúmpen, ainda está longe do dia em que poderá falar, literariamente, com a própria voz. Então se pode escrever a respeito dela tanto isso quanto aquilo.

Mas nesse ínterim chegava suado, gordo e ofegante ao recinto uma personagem bastante próxima da realidade: o chefe de pessoal da *Panamericana — Serviços Gerais*. Vinha imbuído de formalismo, dignidade e prerrogativas do seu cargo, além de premido pelo medo de perdê-lo, diante de uma publicidade que não era bem o que o departamento de Relações Públicas da firma tinha em mente. Com os pés bem fincados no chão, disse:

— Você desonrou o uniforme. Pode trocar de roupa e me entregá-lo pessoalmente. O ato que acaba de cometer é falta grave, passível de justa causa. E portanto está demitido.

Suas palavras judiciosas visavam, desta vez, muito mais do que impressionar estilisticamente a audiência, assegurar a todos que estava fazendo o melhor possível nas circunstâncias, uma vez que o seu olhar clínico para bêbados, vagabundos, ladrões e malucos falhara lamentavelmente naquele caso. Inadvertidamente, estava cometendo mais um erro: suas palavras foram registradas pela imprensa, um tanto frustrada até então com a negativa do homem da marquise em dar qualquer depoimento em que as suas motivações se mostrassem claras. E *louco* era uma palavra que os editores, a não ser os dos jornais populares, consideravam um tanto vaga.

E o executivo não apareceu bem na história, onde, ao contrário do que pensava, também não era sujeito, mas uma reles peça, primeiro passo numa derrocada que se iniciaria com a sua demissão e terminaria com o seu suicídio, quando, por um sentimento inato de justiça, viesse a aplicar em si próprio o mesmo código severo que costumava destinar aos subordinados. Mas isso já é outra história.

Nesta, apenas os policiais ficaram impressionados. Embora também não encontrassem as palavras justas para dizê-lo, viram ali uma manifestação do poder temporal e também daquele outro, maior, que fora ofendido numa de suas principais *personae*. E, como punição exemplar aos desesperados, mais desespero.

Já o bombeiro, nem tanto: implicou com o almofadinha que tripudiava sobre os despojos de sua ação, que nem mesmo chegara a ser heróica — ele, o veterano de tantos incêndios e escombros de enchentes —, e disse que o rapaz só ia trocar de roupa no hospital psiquiátrico, para onde seria levado. Suas palavras também foram registradas e, mais uma vez, com toda a justiça, a corporação apareceu bem diante da opinião pública, como um lampejo de esperança de que nem tudo estaria perdido.

Quanto à personagem principal da história, o homem da marquise, ao saber do seu destino, em outras circunstâncias talvez se sentisse ferido em seu ponto mais vulnerável, o que o teria feito, quem sabe, aproveitando a vigilância afrouxada, pular enfim para a morte. Não por causa da perda do salário, propriamente, pois já se encontrava há muito a um pequeno passo do vazio econômico absoluto. Mas porque perceberia, com clareza, que a *Panamericana* tinha sido até então para ele não apenas um emprego, uma firma na qual trabalhava, mas um invólucro, materializado pelo uniforme, dentro do qual se enfiava — ele que se sentira, desde o berço, como uma espécie de coisa oca — e que, se não lhe fornecia uma identidade marcante, o tornava parte de uma equipe, como no futebol, permitindo que — contrariando o regulamento — passeasse entre os mendigos do Aterro sem sentir-se um deles, ainda que também não tivesse nem um puto no bolso.

O sujeito do corpo de bombeiros — que indiscutivelmente surgia diante dos seus olhos como a pessoa de maior autoridade moral, dentre todos, ali — falara numa troca de uniformes no hospital psiquiátrico, do mesmo modo que fizera, a propósito dele, sem titubear, um diagnóstico preciso: *louco*. Não havia então por que desconfiar e ele caminhava com uma satisfação até ansiosa para trocar de papel e de equipe.

Na verdade, ele já se encontrava sob outra jurisdição. Não a dos dois homens de branco que chegaram para levá-lo numa ambulância, ele envergando o uniforme da *Panamericana* e tudo. A jurisdição sob a qual ele se encontrava era a do "outro", aquele alguém possível que soprara pensamentos em sua cabeça, sobre a marquise. E ele previa, intuitivamente, que lá no hospital deveria haver um pátio onde, flanando à vontade debaixo das árvores ou sentado num banco, ele teria todo o tempo do mundo para encontrar e conhecer o tal "outro", até que os dois se tornassem a mesma pessoa e falassem com a mesma voz.

Alguma coisa urgentemente

João Gilberto Noll

Os primeiros anos de vida suscitaram em mim o gosto da aventura. O meu pai dizia não saber bem o porquê da existência e vivia mudando de trabalho, de mulher e de cidade. A característica mais marcante do meu pai era a sua rotatividade. Dizia-se filósofo sem livros, com uma única fortuna: o pensamento. Eu, no começo, achava meu pai tão-só um homem amargurado por ter sido abandonado por minha mãe quando eu era de colo. Morávamos então no alto da Rua Ramiro Barcelos, em Porto Alegre, meu pai me levava a passear todas manhãs na Praça Júlio de Castilhos e me ensinava os nomes das árvores, eu não gostava de ficar só nos nomes, gostava de saber as características de cada vegetal, a região de origem. Ele me dizia que o mundo não era só aquelas plantas, era também as pessoas que passavam e as que ficavam e que cada um tem o seu drama. Eu lhe pedia colo. Ele me dava e assobiava uma canção medieval que afirmava ser a sua preferida. No colo dele eu balbuciava uns pensamentos perigosos:

— Quando é que você vai morrer?

— Não vou te deixar sozinho, filho!

Falava-me com o olhar visivelmente emocionado e contava que antes me ensinaria a ler e escrever. Ele fazia questão de esquecer que eu sabia de tudo o que se passava com ele. Pra que ler? — eu lhe perguntava. Pra descrever a forma desta árvore — respondia-me um pouco irritado com minha pergunta. Mas logo se apaziguava.

— Quando você aprender a ler vai possuir de alguma forma todas as coisas, inclusive você mesmo.

No final de 1969 meu pai foi preso no interior do Paraná. (Dizem que passava armas a um grupo não sei de que espécie.) Tinha na época uma casa de caça e pesca em Ponta Grossa e já não me levava a passear.

No dia em que ele foi preso, eu fui arrastado para fora da loja por uma vizinha de pele muito clara, que me disse que eu ficaria uns dias na casa dela, que o meu pai iria viajar. Não acreditei em nada mas me fiz de crédulo como convinha a uma criança. Pois o que aconteceria se eu lhe dissesse que tudo aquilo era mentira? Como lidar com uma criança que sabe?

Puseram-me num colégio interno no interior de São Paulo. O padre-diretor me olhou e afirmou que lá eu seria feliz.

— Eu não gosto daqui.

— Você vai se acostumar e até gostar.

Os colegas me ensinaram a jogar futebol, a me masturbar e a roubar a comida dos padres. Eu ficava de pau duro e mostrava aos colegas. Mostrava as maçãs e os doces do roubo. Contava do meu pai. Um deles me odiava. O meu pai foi assassinado, me dizia ele com ódio nos olhos. O meu pai era bandido, ele contava espumando o coração.

Eu me calava. Pois se referir ao meu pai presumia um conhecimento que eu não tinha. Uma carta chegou dele. Mas o padre-diretor não me deixou lê-la, chamou-me no seu gabinete e contou que o meu pai ia bem.

— Ele vai bem.

Eu agradeci como normalmente fazia em qualquer contato com o padre-diretor e saí dizendo no mais silencioso de mim:

— Ele vai bem.

O menino que me odiava aproximou-se e falou que o pai dele tinha levado dezessete tiros.

Nas aulas de religião o padre Amâncio nos ensinava a rezar o terço e a repetir jaculatórias.

— Salve Maria! — ele exclamava a cada início de aula.

— Salve Maria! — os meninos respondiam em uníssono.

Quando cresci meu pai veio me buscar e ele estava sem um braço. O padre-diretor me perguntou:

— Você quer ir?

Olhei para meu pai e disse que eu já sabia ler e escrever.

— Então você saberá de tudo um dia — ele falou.

O menino que me odiava ficou na porta do colégio quando da nossa partida. Ele estava com o seu uniforme bem lavado e passado.

Na estrada para São Paulo paramos num restaurante. Eu pedi um conhaque e meu pai não se espantou. Lia um jornal.

Em São Paulo fomos para um quarto de pensão onde não recebíamos visitas.

— Vamos para o Rio — ele me comunicou sentado na cama e com o braço que lhe restava sobre as pernas.

No Rio fomos para um apartamento na Avenida Atlântica. De amigos, ele comentou. Mas embora o apartamento fosse bem mobiliado, ele vivia vazio.

— Eu quero saber — eu disse para o meu pai.

— Pode ser perigoso — ele respondeu.

E desliguei a televisão como se pronto para ouvir. Ele disse não. Ainda é cedo. E eu já tinha perdido a capacidade de chorar.

Eu procurei esquecer. Meu pai me pôs num colégio em Copacabana e comecei a crescer como tantos adolescentes do Rio. Comia a empregada do Alfredinho, um amigo do colégio, e, na praia, precisava sentar às vezes rapidamente porque era comum ficar de pau duro à passagem de alguém. Fingia então que observava o mar, a *performance* de algum surfista.

Não gostava de constatar o quanto me atormentavam algumas coisas. Até meu pai desaparecer novamente. Fiquei sozinho no apartamento da Avenida Atlântica sem que ninguém tomasse conhecimento. E eu já tinha me acostumado com o mistério daquele apartamento. Já não queria saber a quem pertencia, porque vivia vazio. O segredo alimentava o meu silêncio. E eu precisava desse silêncio para continuar ali. Ah, me esqueci de dizer que meu pai tinha deixado algum dinheiro no cofre. Esse dinheiro foi o suficiente para sete meses. Gastava pouco e procurava não pensar no que aconteceria quando ele acabasse. Sabia que estava sozinho, com o único dinheiro acabando, mas era preciso preservar aquele ar folgado dos garotos da minha idade, falsificar a assinatura do meu pai sem remorsos a cada exigência do colégio.

Eu não dava bola para a limpeza do apartamento. Ele estava bem sujo. Mas eu ficava tão pouco em casa que não dava importância à sujeira, aos lençóis encardidos. Tinha bons amigos no colégio, duas ou três amigas que me deixavam a mão livre para passá-la onde eu bem entendesse.

Mas o dinheiro tinha acabado e eu estava caminhando pela Avenida Nossa Senhora de Copacabana tarde da noite, quando notei um grupo de garotões parados na esquina da Barão de Ipanema, encostados num carro e enrolando um baseado. Quando passei, eles me ofereceram. Um tapinha? Eu aceitei. Um deles me disse olha ali, não perde essa, cara! Olhei para onde ele tinha apontado e vi um Mercedes parado na esquina com um homem de uns trinta anos dentro. Vai lá, eles me empurraram. E eu fui.

— Quer entrar? — o homem me disse.

Eu manjei tudo e pensei que estava sem dinheiro.

— Trezentas pratas — falei.

Ele abriu a porta e disse entra, o carro subiu a Niemeyer, não havia ninguém no morro em que o homem parou. Uma fita tocava acho que uma música clássica e o homem me disse que era de São Paulo. Me ofereceu cigarro, chiclete e começou a tirar a minha roupa. Eu pedi antes o dinheiro. Ele me deu as três notas de cem abertas, novinhas. E eu nu e o homem começando a pegar em mim, me mordia de ficar marca, quase me tira um pedaço da boca. Eu tinha um bom físico e isso excitava ele, deixava o homem louco. A fita tinha terminado e só se ouvia um grilo.

— Vamos — disse o homem ligando o carro.

Eu tinha gozado e precisei me limpar com a sunga.

No dia seguinte meu pai voltou, apareceu na porta muito magro, sem dois dentes. Resolvi contar:

— Eu ontem me prostituí, fui com um homem em troca de trezentas pratas.

Meu pai me olhou sem surpresas e disse que eu procurasse fazer outra história da minha vida. Ele então sentou-se e foi incisivo:

— Eu vim para morrer. A minha morte vai ser um pouco badalada pelos jornais, a polícia me odeia, há anos me procura. Vão te descobrir mas não dê uma única declaração, diga que não sabe de nada. O que é verdade.

— E se me torturarem? — perguntei.

— Você é menor e eles estão precisando evitar escândalos.

Eu fui para a janela pensando que ia chorar, mas só consegui ficar olhando o mar e sentir que precisava fazer alguma coisa urgentemente. Virei a cabeça e vi que meu pai dormia. Aliás, não foi bem isso o que pensei, pensei que ele já estivesse morto e fui correndo segurar o seu único pulso.

O pulso ainda tinha vida. Eu preciso fazer alguma coisa urgentemente, a minha cabeça martelava. É que eu não tinha gostado de ir com aquele homem na noite anterior, meu pai ia morrer e eu não tinha um puto centavo. De onde sairia a minha sobrevivência? Então pensei em denunciar meu pai para a polícia para ser recebido pelos jornais e ganhar casa e comida em algum orfanato, ou na casa de alguma família. Mas não, isso eu não fiz porque gostava do meu pai e não estava interessado em morar em orfanato ou com alguma família, e eu tinha pena do meu pai deitado ali no sofá, dormindo de tão fraco. Mas precisava me comunicar com alguém, contar o que estava acontecendo. Mas quem?

Comecei a faltar às aulas e ficava andando pela praia, pensando o que fazer com meu pai que ficava em casa dormindo, feio e velho. E eu não tinha arranjado mais um puto centavo. Ainda bem que tinha um amigo vendedor daquelas carrocinhas da Geneal que me quebrava o galho com um cachorro-quente. Eu dizia bota bastante mostarda, esquenta bem esse pão, mete molho. Ele obedecia como se me quisesse bem. Mas eu não conseguia contar para ele o que estava acontecendo comigo. Eu apenas comentava com ele a bunda das mulheres ou alguma cicatriz numa barriga. É cesariana, ele ensinava. E eu fingia que nunca tinha ouvido falar em cesariana, e aguçava seu prazer de ensinar o que era cesariana. Um dia ele me perguntou:

— Você tem quantos irmãos?

Eu respondi sete.

— O teu pai manda brasa, hein?

Fiquei pensando no que responder, talvez fosse a ocasião de contar tudo pra ele, admitir que eu precisava de ajuda. Mas o que um vendedor da Geneal poderia fazer por mim senão contar para a polícia? Então me calei e fui embora.

Quando cheguei em casa entendi de vez que meu pai era um moribundo. Ele já não acordava, tinha certos espasmos, engrolava a língua e eu assistia. O apartamento nessa época tinha um cheiro ruim, de coisa estragada. Mas dessa vez eu não fiquei assistindo e procurei ajudar o velho. Levantei a cabeça dele, botei um travesseiro embaixo e tentei conversar com ele.

— O que você está sentindo? — perguntei.

— Já não sinto nada — ele respondeu com uma dificuldade que metia medo.

— Dói?

— Já não sinto dor nenhuma.

De vez em quando lhe trazia um cachorro-quente que meu amigo da Geneal me dava, mas meu pai repelia qualquer coisa e expulsava os pedaços de pão e salsicha para o canto da boca. Numa dessas ocasiões em que eu limpava os restos de pão e salsicha da sua boca com um pano de prato a campainha tocou. A campainha tocou. Fui abrir a porta com muito medo, com o pano de prato ainda na mão. Era o Alfredinho.

— A diretora quer saber por que você nunca mais apareceu no colégio — ele perguntou.

Falei pra ele entrar e disse que eu estava doente, com a garganta inflamada, mas que eu voltaria pro colégio no dia seguinte porque já estava

João Gilberto Noll

quase bom. Alfredinho sentiu o cheiro ruim da casa, tenho certeza, mas fez questão de não demonstrar nada.

Quando ele sentou no sofá é que eu notei como o sofá estava puído e que Alfredinho sentava nele com certo cuidado, como se o sofá fosse despencar debaixo da bunda, mas ele disfarçava e fazia que não notava nada de anormal, nem a barata que descia a parede à direita, nem os ruídos do meu pai que às vezes se debatia e gemia no quarto ao lado. Eu sentei na poltrona e fiquei falando tudo que me vinha à cabeça para distraí-lo dos ruídos do meu pai, da barata na parede, do puído do sofá, da sujeira e do cheiro do apartamento, falei que nos dias da doença eu lia na cama o dia inteiro umas revistinhas de sacanagem, eram dinamarquesas as tais revistinhas, e sabe como é que eu consegui essas revistinhas?, roubei no escritório do meu pai, estavam escondidas na gaveta da mesa dele, não te mostro porque emprestei pra um amigo meu, um sacana que trabalha numa carrocinha da Geneal aqui na praia, ele mostrou pra um amigo dele que bateu uma punheta com a revistinha na mão, tem uma mulher com as pernas assim e a câmera pega a foto bem daqui, bem daqui cara, ó como os caras tiraram a foto da mulher, ela assim e a câmera pega bem desse ângulo aqui, não é de bater uma punheta mesmo?, a câmera pertinho assim e a mulher nua e com as pernas desse jeito, não tou mentindo não cara, você vai ver, um dia você vai ver, só que agora a revistinha não tá comigo, por isso que eu digo que ficar doente de vez em quando é uma boa, eu o dia inteiro deitado na cama lendo revistinha de sacanagem, sem ninguém pra me aporrinhar com aula e trabalho de grupo, só eu e as minhas revistinhas, você precisava ver, cara, você também ia curtir ficar doente nessa de revistinha de sacanagem, ninguém pra me encher o saco, ninguém cara, ninguém.

Aí eu parei de falar e o Alfredinho me olhava como se eu estivesse falando coisas que assustassem ele, ficou me olhando com uma cara de babaca, meio assim desconfiado, e nem sei bem o que passou pela cabeça dele quando meu pai lá no quarto me chamou, era a primeira vez que meu pai me chamava pelo nome, eu mesmo levei um susto de ouvir meu pai me chamar pelo meu nome, e me levantei meio apavorado porque não queria que ninguém soubesse do meu pai, do meu segredo, da minha vida, eu queria que o Alfredinho fosse embora e que não voltasse nunca mais, então eu me levantei e disse que tinha que fazer uns negócios, e ele foi caminhando de costas em direção à porta, como se estivesse com medo de mim, e eu dizendo que amanhã eu vou aparecer no colégio, pode dizer pra diretora que amanhã eu converso com ela, e o meu pai me chamou de novo com sua voz de agonizante, o meu pai me chamava pela primeira vez pelo meu nome, e eu

Alguma coisa urgentemente

disse tchau até amanhã, e o Alfredinho disse tchau até amanhã, e eu continuava com o pano de prato na mão e fechei a porta bem ligeiro porque não agüentava mais o Alfredinho ali na minha frente não dizendo nem uma palavra, e fui correndo pro quarto e vi que o meu pai estava com os olhos duros olhando pra mim, e eu fiquei parado na porta do quarto pensando que eu precisava fazer alguma coisa urgentemente.

Idolatria

Sérgio Faraco

Eu olhava para a estrada e tinha a impressão de que jamais na vida chegaríamos a Nhuporã. Que pedaço brabo. O camaleão se esfregava no chassi e o pai praguejava:
— Caminho do diabo!
Nosso Chevrolet era um trinta e oito de carroceria verde-oliva e cabina da mesma cor, só um nadinha mais escura. No pára-choque havia uma frase sobre amor de mãe e em cima da cabina uma placa onde o pai anunciava que fazia carreto na cidade, fora dela e ele garantia, de boca, que até fora do estado, pois o Chevrolet não se acanhava nas estradas desse mundo de Deus.
Mas o caminho era do diabo, ele mesmo tinha dito. A pouco mais de légua de Nhuporã o caminhão derrapou, deu um solavanco e tombou de ré na valeta. O pai acelerou, a cabina estremeceu. Ouvíamos os estalos da lataria e o gemido das correntes no barro e na água, mas o caminhão não saiu do lugar. Ele deu um murro no guidom.
— Puta merda.
Quis abrir a porta, ela trancou no barranco.
— Abre a tua.
A minha também trancava e ele se arreliou:
— Como é, ô Moleza!
Empurrou-a com violência.
— Me traz aquelas pedras. E vê se arranca um feixe de alecrim, anda.

Idolatria

Agachou-se junto às rodas e começou a fuçar, jogando grandes porções de barro para os lados. Mal ele tirava, novas porções vinham abaixo, afogando as rodas. Com a testa molhada, escavava sem parar, suspirando, praguejando, merda isso e merda aquilo, e de vez em quando, com raiva, mostrava o punho para o caminhão.

O pai era alto, forte, tinha o cabelo preto e o bigode espesso. Não era raro ele ficar mais de mês em viagem e nem assim a gente se esquecia da cara dele, por causa do nariz, chato como o de um lutador. Bastava lembrar o nariz e o resto se desenhava no pensamento.

— Vamos com essas pedras!

Por que falava assim comigo, tão danado? As pedras, eu as sentia dentro do peito, inamovíveis.

— Não posso, estão enterradas.

— Ah, Moleza.

Meteu as mãos na terra e as arrancou uma a uma. Carreguei-as até o caminhão, enquanto ele se embrenhava no capinzal para pegar o alecrim.

— Pai, pai, o caminhão tá afundando!

A cabeça dele apareceu entre as ervas.

— Não vê que é a água que tá subindo, ô pedaço de mula?

E riu. Ficava bonito quando ria, os dentes bem parelhos e branquinhos.

— Tá com fome?

— Não.

— Vem cá.

Tirou do bolso uma fatia de pão.

— Toma.

— Não quero.

— Toma logo, anda.

— E tu?

— Eu o quê? Come isso.

Trinquei o pão endurecido. Estava bom e minha boca se encheu de saliva.

— Acho que não vamos conseguir nada por hoje. De manhãzinha passa a patrola do DAER,* eles puxam a gente.

Atirou a erva longe e entrou na cabina.

— Ô Moleza, vamos tomar um chimarrão?

Fiz que sim. Ao me aproximar, ele me jogou sua japona.

— Veste isso, vai esfriar.

---

* Sigla do departamento responsável pela conservação das estradas estaduais. (N. do E.)

Sérgio Faraco

A japona me dava nos joelhos e ele riu de novo, mostrando os dentes.
— Que bela figura.
A cara dele era tão boa e tão amiga que eu tinha uma vontade enorme de me atirar nos seus braços, de lhe dar um beijo. Mas receava que dissesse: como é, Moleza, tá ficando dengoso? Então agüentei firme ali no barro, com as abas da japona me batendo nas pernas, até que ele me chamou outra vez:
— Como é, vens ou não?
Aí eu fui.

Hell's Angels

Márcia Denser

Os olhos têm aquela expressão vazada de perversa inocência, de suprema condescendência, como dos ídolos talhados em ouro e prata à luz das tochas, indiferentes às cerimônias e ao borbulhar das paixões e sacrifícios humanos; a macia pele do rosto de dezenove anos incompletos transparece e crepita, mas não se deixa tocar e, se o faz, o seu tato é de borracha ou vinil, porque os jovens de dezenove anos incompletos são pequenas monstruosidades portadoras do aleijão psíquico, faltando pedaços, como um ombro para se chorar, um olhar atento, o gesto brusco no vácuo do antebraço consolador; os lábios congelados na frase de Peter Pan "eu sou a juventude eterna!", a mão perpetuamente brandindo a estocada final na passagem do tempo. Um adolescente é sempre monstruoso porque desumano, assim como um deus, assim como um anjo, assim como você, Robi.

Eu o conheci precisamente no dia que completava trinta anos, dirigindo amargurada meu automóvel para o analista. Pensava: o Superman também tem trinta anos — mas o fato é que ele não existe, eu sim, e muito passageiramente, pelo visto. Fisgava-me freqüentemente refletindo sobre a minha transitoriedade e a imutabilidade da natureza. Esse mesmo céu, esse mesmo crepúsculo, essa mesma intensidade de tons avermelhados e laranja que contemplei aos quinze anos estão agora testemunhando meus trinta, inalterados, imperturbáveis, tão odiosamente imutáveis, mas, se ter consciência disso é o preço da mortalidade, eu prefiro pagá-lo a permanecer nesse estado bestialício de eternidade inanimada, como as areias, os corvos, o crepúsculo, as montanhas e o mais.

O que não deixa de ser putamente injusto, prosseguia pensando, quando o ronco de uma motocicleta ao lado do automóvel sobrepujou a música em FM, como também os pensamentos acima descritos, além de todo o resto, o que acabou por irritar-me. Havia esquecido que deixara o vestido levantar, exibindo as coxas, daí Robi, o motoqueiro, aparecer na minha janela, caninos pingando sangue.

Por segundos, foi como se estivesse me vendo lá fora, do outro lado da juventude, há dez, doze anos atrás, o sorriso entre tímido e malicioso, olhos irrequietos, inseguros, lábios naturalmente úmidos, cabelos emaranhados e elétricos como filamentos de cobre molhado e, Deus meu, que beleza!

Quando desviei o rosto tinha envelhecido o suficiente a ponto de fixar os olhos embaçados nos ponteiros luminosos mas, empurrando a dor para baixo, sete palmos no inconsciente, senti só irritação pela intromissão do rapazinho que perturbava meus pensamentos, minha solidão, minha maturidade, espiando, sem mais nem menos, para dentro do carro, com a mesma sem-cerimônia que um bebê, escondido debaixo da mesa, espiaria as calcinhas das senhoras.

Devo acrescentar que, dentro de um automóvel, sinto-me tão absolutamente só e segura como no ventre materno e, além do mais, não havia notado as coxas. A bem da verdade, fiz tudo para livrar-me dele, mas o destino conspirou:

Destino I: Motoca seguiu-me até a vaga da zona azul e, após observar divertido cerca de dezoito manobras humilhantes e malsucedidas, ofereceu-se para estacionar o automóvel de madame.

Destino II: Acertou na primeira (não que fosse muito bom, ruim sou eu, especialmente se observada por crianças. Elas me põem nervosa).

Destino III: Obrigada / Você tem telefone? / Não me importa nem um pouco deixar que os homens fa... / Estou sem lápis / Mas quantos anos você tem? / Oitenta e cinco. Tem caneta? / Não saberia exatamente o que fazer com você / (Risinho pilantra, procura pedaço de papel na carteira) / 62-3145. Tchau, tenho hora no médico / Médico? / No analista / Pra que o psiquiatra, garota? / Analista / É. Analista / Demora pra explicar / Eu telefono / Então telefona / Meu nome é Robi / Wood? /O quê / O meu é Diana. Tchau.

O tempo fluiu (como sempre). Passaram duas semanas. Não paro em casa, mas o garoto tinha um faro diabólico. Sempre me pegava nos intervalos da muda de roupa, banho, jantar e outra escapada. Enquanto isso eu: a) estava sendo perseguida por um cineasta maldito; b) batia cartas comerciais;

c) fazia um tratamento dentário intensivo; d) chateava-me com os amigos no bar; e) ou seja, merdava.

Certa tarde, final de expediente no escritório, eis Robi que surge ao lado da minha escrivaninha: vamos sair? Caninos pingando sangue. Sem saber como, ele vencera as estruturas de aço da burocracia e, munido de crachás, credenciais de apoio e um sorriso tentador, me apanhara debruçada sobre uma IBM, dois diretores afoitos e quarenta e cinco atentos funcionários entrincheirados na vastidão do expediente. Como se eu não tivesse coisa melhor a fazer no mundo que sair com ele. E não tinha mesmo. Para mim a situação se afiguraria esmagadora, mas Robi era um caçador nato. De toda uma vasta multidão de admiradores, ele se destacara surpreendendo-me na minha própria cidadela. Ele, Robi, o motoqueiro. Era incrível.

— Sente-se, sorri divertida, já termino essa carta. Mas meus dedos tremiam. Cruzar ou não as pernas? Dirigir-me *como* agora ao meu chefe? E se *ele* dirigir-se a mim? Teria forças psicológicas para proceder aos processos e pareceres? Então era *assim* que eu sobrevivia? Aquele garoto de *jeans*, blusão de couro e botas de montaria, sentado displicentemente numa das poltronas da sala de espera, transformara-se no meu inquisidor, meu juiz de alçada, meu anjo vermelho, Lúcifer, o decaído, piscando de sua torre flamejante, reduzindo a cinzas e ao ridículo aquele santuário simétrico da burocracia. E não tinha consciência disso. Tanto melhor. Consciência tenho eu, por isso as coisas dão no que dão. Ficam tão malparadas.

A evidente oposição do garoto ao ambiente produzia-se como um fenômeno natural. Bastaria que ele (ou nós) acordássemos para que o encanto fosse desfeito. E as oposições são tão tentadoras, tão novela das oito, que eu já andava ansiando por uma paixão lamacenta. Na verdade, estava me *atirando* dentro dela. Com maiô executivo e tudo.

Saímos. No meu carro, porque a moto estava quebrada. A princípio eu o fitava como se estivesse observando um formigueiro: com curiosidade científica, ócio e nenhuma emoção. Puro divertimento. Dentes um tanto amarelados (feitos de doce de leite, desses com vaquinha no rótulo), olhos que jamais se fixavam no interlocutor, uma aflição mal disfarçada pelo paradeiro que dar às mãos, o crânio ligeiramente achatado, mas ao contrário do achatamento produzido pelo fórceps, bebê Robi parecia ter sido retirado da mamãe com uma forminha de tostex, Deus me perdoe, mas era só um defeitinho à-toa; um belo nariz e um bom corte de cabelo, em camadas. Como James Dean, comparei mentalmente. Mas só mentalmente, não verbalizaria a comparação. Talvez ele não conhecesse James Dean. Talvez me achasse velha demais ao compará-lo a alguém antigo como Dean.

Imagina o que pensaria se exumasse coisas como George Raft, Johnny Weismüller, tango, Tarzã, bolero e Gilda!

Estávamos num bar. Eu bebia vodca com suco de laranja, ele coca-cola. O problema não era propriamente a bebida, mas sim a falta de grana, explicou. A gente acostuma a não beber e também não fumar, vive-se de hambúrgueres e chiclete, é isso. Classe média alta paulistana, Robi estudava bastante, o colégio era um bocado puxado, tinha papai, mamãe, uma governanta romena (babá, neném) e só pensava em duas coisas: garotas e moto. E isso quer dizer que não pensava. Devaneava. Flutuava. Flanava. Fluía. Ele simplesmente *existia*! A frase de Nelson Rodrigues "toda mulher devia amar um menino de 17 anos" furou-me o ventre e atingiu em cheio o, digamos, coração. Depois havia lido numa revista feminina que o homem atinge sua potência máxima dos 13 aos 22 anos. Robi, com 19, estava na faixa. Ótimo. O problema nessa idade é que se pensa tanto em sexo que na hora de fazer quedamo-nos psicologicamente impotentes, em pânico. A realidade é tão besta comparada à fantasia, àquele ser esplêndido que julgamos ser. Dos 13 aos 20 anos fazemos portanto muita ginástica. Física e mental.

Mas nunca em sincronia, eis a questão. Nunca estamos onde devíamos estar, nunca estamos em *parte alguma*. A eterna dicotomia corpo e alma. E falando em dicotomia, a razão dos meus devaneios, no momento, fazia observações, aliás muito interessantes, sobre a sua (dele) conceituação de bem e mal. Para ele não existia. Porque, veja, garota, o que é legal para mim pode não ser pra você, tudo é relativo, aquele mendigo fodido ali na esquina pode estar muito mais numa boa que nós aqui bebendo, meu pai se acha muito certo quando dá esmolas ou vai à porcaria duma missa, mas o mendigo pega a grana e vai comprar cachaça e o padre vai gastar o dinheiro nas corridas de cavalo e todo mundo então fica muito feliz pensando estar certo, era só não pensar porra nenhuma ou até cometer um crime que ia ter um sujeito feliz, sei lá, vai que o cadáver tivesse inimigos ou você própria morresse de tesão por sangue, tudo é um jogo, garota, o cara dança se não souber jogar, quer dizer, dança como meu pai, puta babaca, ou o padre viciado ou o mendigo da esquina... Menos você, Robi, pensei, julgando-os todos. Arquivando-os, classificando-os para poder controlá-los, dominá-los, senão você se perde na floresta e começa a chorar de medo, neném. Fazendo voltar o filme do tempo, vi-me a mim própria dizendo aquelas mesmas coisas. Com aquele mesmo ar de rarefeito desprezo. Mas, o coração é um caçador solitário, sentenciei emocionada, Carson McCullers tinha razão, e Flanery O'Connor e todas essas irlandesas e irlandeses passionais, e até Faulkner, Scott Fitzgerald, inclusive você Robi, que nada sabe de nada, também com seu tacape envenenado.

Estávamos na época do Natal. Natal de 1976, amaldiçoado Natal fodido, mais precisamente no dia 22 de dezembro, sexta-feira, o Robi tinha um problema: a irmãzinha de quatro anos, faltava comprar o presente dela. Ele descobrira que Gugui (Maria Augusta) lhe daria umas luvas bacanérrimas de moto, tinham custado uma grana, garotinha genial a Gugui, ele *precisava* retribuir, saca? Não sabia com quê.

Uma boneca, sugeri irrefletidamente. Ele fez cara de "não dá pra inventar um presente mais criativo?". Fosse então por isso, comecei a defender veementemente a idéia: porque uma boneca voltou a ser um presente criativo, porque é o sonho de toda garotinha, porque hoje em dia tem bonecas geniais, porque era um presente que a Gugui não esqueceria, porque eu ajudaria a escolher e porque e porque. E perguntei quanto ele tinha, porque, além de tudo, uma boneca custa uma nota preta. Robi espiou a carteira: uma quina e dois duques. Setecentos, somei e traduzi mentalmente, deve dar.

Mas a tal boneca custou duas quinas que eu tive de ajudar a pagar. Enquanto ele pegava o dinheiro, meio sem jeito, eu argumentava:

— Fica como um presente meu para a Gugui. Sem ela saber, claro. Papai Noel é invisível. E depois, até que eu gostaria de ter uma irmãzinha só pra dar um presente como esse...

Ele me olhou como quem diz "não faz média. Paga e pronto". OK. Robi, neném, vou ser clara. Para falar a verdade não ligo a mínima pra dinheiro, mas esta noite eu acho que tenho de suborná-lo. A você e à sua juventude. Pensava tudo isso enquanto ele guiava sem destino (a boneca no banco de trás), perdidos no trânsito pesado daquela cidade cheia de luzes, vozes arranhando alto-falantes, sinos transistorizados de Belém, reflexos dourados, homens-sanduíche, lixo, gritos de crianças ensandecidas pela Noite Feliz.

E agora? O olhar dele desceu agudo, filhote de falcão da campina, sobre minhas pernas cruzadas. Senti-me desconfortável. Sugeri comermos. Ele disse está bem e eu olhei bem firme para frente. Não queria ver aqueles olhos, não queria ver aquele rosto, não queria ver aquela expressão especialmente perversa, infantilmente perversa, não queria me sentir velha demais, o outro lado do espelho desse rosto cuja expressão também já fora minha, e sabia que ele pressentia haver algo errado comigo, essa minha pretensa segurança, pretensa maturidade, um vago movimento de mendicância, e que, por exemplo, nem ao menos eu gostava de mim, senão não prosseguiria por tempos imemoriais caçando aves implumes na orla do pântano. Se não estivesse ferida, estaria voando.

Fomos a uma cantina italiana. Ou melhor, eu o levei a uma cantina italiana. Garçons amigos, contas penduradas etc. À luz avermelhada das velas incidindo sobre o xadrez vermelhinho das toalhas e lambendo-lhe o rosto, Robi ficava com uma expressão solene, de coroinha. Mas não era bem assim, principezinho do ritual de iniciação. Ajeitei-me na cadeira, pedi mais vinho, segurei sua mão debaixo da mesa (ele não admitia demonstrações em público), apalpei suas pernas musculosas debaixo do grosso índigo blue, pedi-lhe para afastar as coxas, mergulhei a mão com segurança, fechei os olhos e pensei: Meu Deus! Retirei a mão, voltei ao vinho. Robi continuava sério, olhando além da janela, além dos queijos, dos salames, dos presuntos que oscilavam sobre sua cabeça. Como quem acompanha o vôo de uma mosca, foi descendo a vista e perguntou o que está olhando? Eu disse nada / me deixa encabulado / por quê? / fica me olhando assim / assim como? — mordi os lábios, não confessar nunca. Nada. Não quer mais vinho? Estendeu o copo, enchi, sorrimos. Não gostaria de ir para outro lugar? Os olhos negros baixos no prato foram levantando lentamente, emergindo da sombra com macia ironia, mas o foco não subiu além de meus lábios. Está bem. Apague a vela, neném.

Sensivelmente alterada, informei-lhe que guiaria o automóvel. Não disse nada. Sentou ao meu lado num silêncio noturno de animal confiante. As ruas que percorremos estão na minha lembrança como um longo corredor recheado de espessa nebulosa cinza-chumbo varrida por um vento escuro. De esquina em esquina, clarões e colares de luzes assaltavam a mente enevoada, mas, nem por isso, desviei-me do trajeto impresso em meu cérebro como uma fita gravada, alheia ao álcool, aos meus impulsos, à minha dor.

Bati a porta do carro. Robi, do outro lado, hesitava, olhando o pacote, retângulo negro de estrelinhas prateadas sobre o banco traseiro. É só uma boneca, ninguém vai roubar, ela tem destinatário. Encarou-me magoado — "é só uma boneca" — mas eu já não estava pensando mais nisso.

O quarto tinha um espelho redondo sobre a cama, e foi nele que eu e Robi nos vimos pela primeira vez. Aparentemente não havia nenhuma diferença: uma mulher de estatura média, cabelos castanhos sobre os ombros, rosto oval e pálido. Um homem, também de estatura mediana, cabelos etc. Nada. Nenhum indício do buraco negro, o corte no tempo. Robi respirou fundo e agarrou-me por trás, grudando-se ao longo do meu corpo. Eu disse calma e ele me jogou no colchão como uma bola de pingue-pongue. Oscilei umas duas vezes, o colchão gemeu dolorosamente. Deitou sobre mim, tentando dasabotoar-me. Está perdendo tempo, eu disse levantando e me despindo. Cabeça pousada nas mãos, Robi sorria, preparando-se para assistir. Muito esperto. Despi-me rapidamente e fiquei olhando bem na cara dele. Pronto, eu disse, agora você. Desviou o rosto. Com a mão esquerda foi tirando o blusão, a direita apagou a luz do teto, permanecendo apenas o foco avermelhado do abajur. Estava deitada, fumando, quando sua massa rija desabou sobre mim. Procurei seus lábios mas ele disse não, estou resfriado. Então esperei. Você gosta assim? perguntou, ajeitando-me de bruços. Abraçava-me com palmas e dedos gelados, comprimindo minhas costelas, machucando-as, em vez de acariciá-las. A coisa funciona só da cintura para baixo, como um vibrador elétrico, mas é bom, pensei, deixando-me penetrar rijamente pelas costas, usando, por assim dizer, só uma parte do meu corpo, como se o resto estivesse paralisado, ou morto, como se ninguém suportasse um dramático relacionamento frontal, com beijos, orifícios, acidentes e cicatrizes, com um rosto, um nome, uma biografia. O prazer é bom, pensei, costuma ser forte, mesmo assim... Espiei Robi e seu desempenho: cabelos grudados na testa molhada, uma das sobrancelhas arqueadas de perversidade, lábios entreabertos para respirar, braços esticados, mantendo-me firmemente afastada de seu corpo para ver melhor. O que me chateia é esse distanciamento crítico, parece estar consertando a moto — essa máquina de prazer — está olhando a coisa funcionar, como seu próprio coração a bater fora do corpo, as engrenagens da máquina molhadas de suor e gosma orgânica, mais lento, mais acelerado, mais lento, agora rápido, acelere, mais rápido, mais rápido. Pronto. Terminou. Ouvi Robi ofegar. Continuei de costas. Estendi o braço e peguei um cigarro. A respiração agora era regular, pausada. Virei-me para olhá-lo: havia algo de comovedor — sempre há algo de comovedor — num jovem adormecido. Ficam tão desamparados. Braços estirados de sonâmbulos (os mesmos que me empurravam, potentes, há quinze minutos), mãos como dois pássaros gêmeos aninhados, desvalidos, o sexo recolhido no meio das pernas, envolto em espumas de marés mortas, os músculos faciais desabados, descompostos, oferecendo-se e negando-se ao mesmo tempo, supremamente, a qualquer contato humano, fosse um soco ou um beijo, esse rosto inumano das crianças e dos deuses, destruidor florido por sobre quem paira agora uma atmosfera verde de piscina lunar salgada, esse vapor ardente e mortal, bafo primordial de mundos e canteiros de estrelas, de sentimentos em estado gasoso, sóis e planetas.

    Bem, pensei, é tarde. Vesti-me rapidamente, em silêncio. Fechei a porta sem ruído. Desci. O saguão deserto. Ao entrar no automóvel, vi o pacote no banco de trás. Essa agora, pensei. Carreguei essa boneca tempo demais, as juntas dos dedos me doem, o barbante áspero imprimiu marcas profundas, roxas, em cruz, nas palmas feridas, o seu peso é insuportável. Reunindo minhas últimas forças, consegui tirá-la do carro e levá-la até à portaria do hotel. Um empregado sonolento atendeu-me:

— É para o rapaz do 35. Acorde-o às seis e quarenta e entregue o presente. Com votos de Feliz Natal, pensei. Virei as costas e saí.

Guiando de volta para casa, eu me intrigava porque havia mandado o sujeito acordá-lo às seis e quarenta, por que especificamente seis e quarenta? Anoto mentalmente: perguntar ao analista.

Bar

Ivan Ângelo

A moça chegou com sapatinho baixo, saia curta, cabelos lisos castanhos arrumados em rabo-de-cavalo, sorriu dentes branquinhos muito pequeninos, como de primeira dentição, e falou o senhor me deixa telefonar? de maneira inescapável.

    O homem da caixa registradora estava olhando o movimento do bar, tomando conta de maneira meio preguiçosa, sem fixar muito os olhos no que o rapaz do balcão já havia servido aos dois fregueses silenciosos, demorando-os mais no bêbado que balançava-se à porta do botequim ameaçando entrar e afinal parando-os no recheio da blusinha preta sem mangas que estava à sua frente, o que o fez despertar completamente com um e a senhora o que é?

    A moça constatou contrariada que havia desperdiçado a primeira carga de charme e mostrou novamente seus pequeninos dentes, agora fazendo a precisadinha urgente, dizendo eu posso telefonar? com ar de quem entrega ao outro todas as esperanças.

    O homem falou pois não e levantou a mão meio gorda do teclado da caixa registradora, abaixou-a olhando para o bêbado que subia o degrau da porta, retirou de uma prateleira debaixo da registradora um telefone preto onde ainda estava gravado no meio do disco o selo da antiga Companhia Telefônica Brasileira e empurrou-o para a moça dizendo não demore por favor que já vamos fechar.

Ivan Ângelo

A moça tirou o fone do gancho e murmurou baixinho putz, sopesou ostensivamente o aparelho e disse bajuladora pesadinho hein?

O homem sorriu atingido pela seta da lisonja dizendo ééeé antigo.

A moça levou o fone ao ouvido e discou 277281 com um dedo bem tratado de unha lilás.

O homem da caixa tirou os olhos do dedo, pegou um lápis enganchado na orelha direita e anotou a milhar explicando é pra o bicho, não se importando se a moça ouvia ou não e devolveu o lápis à orelha enquanto olhava o bêbado que navegava agora à beira do balcão.

A moça falou quer fazer o favor de chamar o Otacílio e ficou esperando.

Um homem chegou ao lado dela cheirando a cigarro, falou para o caixa me dá um miníster, olhou intensamente os olhos dela e imediatamente os seios.

A moça enrubesceu e se tocou rápida procurando o botão aberto que nem havia e protegeu-se expirando o ar com o diafragma e avançando os ombros para disfarçar o volume do peito.

A caixa registradora fez tlin, um carro freou rangendo pneus e uma voz forte gritou filha da puta com um u muito longo.

O homem da caixa deu o troco ao homem que comprara cigarros e falou faz de conta que não ouviu nada menina isso aqui é assim mesmo.

O homem que comprara cigarros afastou-se e foi ver da porta o que estava acontecendo na rua.

A moça voltou-se simpática para o homem da caixa mas parou atenta aos sons do fone, mudou de atenta a decepcionada e falou depois de instantes diz que é a Julinha.

O homem que comprara cigarros parou na porta, abriu o maço de cigarros e acendeu um.

O homem da caixa falou ô José esse aí tem de pagar primeiro e o rapaz do balcão parou de servir a cachaça para o bêbado e falou qualquer coisa com ele enquanto o homem da caixa procurava explicar-se dizendo depois não paga e ainda espanta freguês.

A moça sorriu condescendente.

O homem fumava à porta e olhava as pernas dela.

A moça pôs uma perna na frente da outra defendendo-se cinqüenta por cento e falou de repente alegre oi! demorou hein? E procurando um pouco de privacidade virou-se dizendo ficou com raiva de mim?

O homem da caixa fingia-se distraído mas ouvia o que ela dizia.

Pensei. Não me ligou.

Bar

O bêbado navegou contornando arrecifes e chegou ao caixa com uma nota de quinhentos na mão.

Mas não é isso, não é nada disso.

O homem da caixa disse pode servir José.

Não sei... fiquei com medo, só isso.

O bêbado começou o cruzeiro de volta.

Não, não. Não é de você. Acho que é assim mesmo, não é?

A caixa registradora fez tlin marcando quinhentos cruzeiros.

Poxa, Otacílio, pensa. O tanto de coisa que vem na cabeça da gente numa hora dessas. Vocês acham tudo fácil.

A cara do homem da caixa estava um pouco mais desperta e maliciosa.

Claro que é difícil. É só querer ver o lado da gente, pô.

O rapaz do balcão tirou o mesmo copo meio servido e a mesma garrafa e completou a dose do bêbado.

Tá legal. Eu também acho: vamos esquecer o que aconteceu ontem. Falou.

O bêbado olhou atentamente para o copo como se meditasse mas na verdade apenas esperando o momento certo de conjugar o movimento do navio com o de levar o copo à boca e quando o conseguiu bebeu tudo de uma vez com uma careta e um arrepio.

A moça ouviu com ar travesso o que Otacílio dizia e sorriu excitada seus dentes branquinhos.

O homem da caixa olhou para o homem da porta e a cumplicidade masculina brotou nos olhares.

Não, sábado não dá. Aí já passou. Ora, como. Passou do dia, Ota, não dá. Não dá pra explicar aqui. Você não entende? Tem dia que dá e tem dia que não dá, pô.

O homem da caixa piscou para o homem que fumava na porta como quem diz você que tava certo.

Uai, só daqui a uns quinze dias. Lógico que eu me informei.

A moça viu o olhar do homem da porta e virou-lhe as costas.

Hoje!? Tá louco?

O homem que fumava ficou olhando-a por trás.

Papai não vai deixar. Só se... Só se eu falar com a mamãe e ela falar com ele.

Alguém chegou e falou cobra duas cervejas e me dá um drops desse aqui ó hortelã.

Ora, que que eu vou falar. Não sei, pô. Eu dou um jeito. Pode deixar que eu me viro.

Ivan Ângelo

A caixa fez tlin e o homem foi embora sem que ela o visse.

Não, eu vou. De qualquer jeito eu vou. Agora eu que tou querendo.

A moça olhou para o homem da caixa e fugiu depressa daquela cara agora debochada.

Então me espera. Eu vou aí. Chau.

A moça desligou e ficou uns instantes com o olhar baixo tomando coragem e depois falou para o homem posso ligar só mais unzinho?

O homem da caixa falou pode alongando o o muito liberal e olhando fixamente de cima a sugestão do decote.

A moça procurou um ponto neutro para olhar e achou o rapaz que lavava copos atrás do balcão, enquanto esperava o sinal do telefone, depois discou 474729 e ficou olhando o ambiente.

Uma armadilha azul fluorescente de eletrocutar moscas aguardava vítimas.

O rapaz do balcão olhava-a furtivamente e murmurou gostosa, de dentes trincados.

O bêbado esperava o melhor momento de descer do degrau para a rua com um pé no chão e outro no ar, como alguém inseguro que se prepara para descer de um bonde andando.

O homem da porta juntou os cinco dedos da mão direita e levou-os à boca num beijinho transmitindo ao homem da caixa sua opinião sobre ela.

O homem da caixa respondeu segurando a pontinha da orelha direita como quem diz é uma delícia.

A moça murmurou será que saíram? explicando-se para ninguém.

Os dois homens silenciosos que bebiam cerveja encostados no balcão não estavam mais lá.

A moça ficou de lado e o homem da caixa fez um galeio para ver um pouco mais de peitinho pelo vão lateral da blusinha sem mangas.

A moça emitiu um ah de alívio, puxou o fio até onde dava e meio abaixou-se de costas para dizer mamãe? é Júlia com uma voz abafada por braços e mãos e concentrada no que ia dizer.

O homem da porta, o rapaz do balcão e o homem da caixa se olharam rapidamente.

Olha, eu jantei aqui na cidade com a Marilda. Ora, mamãe, a senhora conhece a Marilda, até já dormiu aí em casa. É, é essa. Olha: agora a gente vai ao cinema, viu? Que tarde, mamãe, tem uma sessão às dez e meia. Se ficar muito tarde eu vou dormir na casa dela. É só porque é mais perto, mamãe, senão a gente ia praí. Não tem. A senhora sabe que não tem. A senhora fala com papai pra mim? Não, eu não vou falar. Tá bom. Eu ligo depois do cinema. Só pra confirmar, hein, porque o mais certo é a gente ir pra lá. Um beijo. Bota a gatinha pra dentro, viu? Chau.

A moça ergueu-se, desligou o telefone e perguntou quanto é.

O homem da caixa não estava mais lá e falou pra você não é nada gostosa, atrás dela.

A moça se voltou rápida e viu que todas as portas do bar estavam fechadas.

Os três homens, narinas dilatadas, formavam um meio círculo em torno dela.

Aqueles dois

Caio Fernando Abreu

(História de aparente mediocridade e repressão)

Para Rofran Fernandes

*— "I announce adhesiveness, I say it shall
/be limitless, unloosen'd
I say you shall yet find the friend you
/were looking for."*
(Walt Whitman: *So Long!*)

I

A verdade é que não havia mais ninguém em volta. Meses depois, não no começo, um deles diria que a repartição era como "um deserto de almas". O outro concordou sorrindo, orgulhoso, sabendo-se excluído. E longamente, entre cervejas, trocaram então ácidos comentários sobre as mulheres mal-amadas e vorazes, os papos de futebol, amigo secreto, lista de presente, bookmaker, bicho, endereço de cartomante, clips no relógio de ponto, vezenquando salgadinhos no fim do expediente, champanha nacional em copo de plástico. Num deserto de almas também desertas, uma alma especial reconhece de imediato a outra — talvez por isso, quem sabe? Mas nenhum se perguntou.

Não chegaram a usar palavras como "especial", "diferente" ou qualquer coisa assim. Apesar de, sem efusões, terem se reconhecido no primeiro segundo do primeiro minuto. Acontece porém que não tinham preparo algum para dar nome às emoções, nem mesmo para tentar entendê-las. Não que fossem muito jovens, incultos demais ou mesmo um pouco burros. Raul tinha um ano mais que trinta; Saul, um menos. Mas as diferenças entre eles não se limitavam a esse tempo, a essas letras. Raul vinha de um casamento fracassado, três anos e nenhum filho. Saul, de um noivado tão interminável que terminara um dia, e um curso frustrado de Arquitetura. Talvez por isso, desenhava. Só rostos, com enormes olhos sem íris nem pupilas. Raul ouvia música e, às vezes, de porre, pegava o violão e cantava, principalmente velhos boleros em espanhol. E cinema, os dois gostavam.

Passaram no mesmo concurso para a mesma firma, mas não se encontraram durante os testes. Foram apresentados no primeiro dia de trabalho de cada um. Disseram prazer, Raul, prazer, Saul, depois como é mesmo o seu nome? sorrindo divertidos da coincidência. Mas discretos, porque eram novos na firma e a gente, afinal, nunca sabe onde está pisando. Tentaram afastar-se quase imediatamente, deliberando limitarem-se a um cotidiano oi, tudo bem ou, no máximo, às sextas, um cordial bom fim de semana, então. Mas desde o princípio alguma coisa — fados, astros, sinas, quem saberá?— conspirava contra (ou a favor, por que não?) aqueles dois.

Suas mesas ficavam lado a lado. Nove horas diárias, com intervalo de uma para o almoço. E perdidos no meio daquilo que Raul (ou teria sido Saul?) chamaria, meses depois, exatamente de "um deserto de almas", para não sentirem tanto frio, tanta sede, ou simplesmente por serem humanos, sem querer justificá-los — ou, ao contrário, justificando-os plena e profundamente, enfim: que mais restava àqueles dois senão, pouco a pouco, se aproximarem, se conhecerem, se misturarem? Pois foi o que aconteceu. Tão lentamente que mal perceberam.

II

Eram dois moços sozinhos. Raul tinha vindo do norte, Saul tinha vindo do sul. Naquela cidade, todos vinham do norte, do sul, do centro, do leste — e com isso quero dizer que esse detalhe não os tornaria especialmente diferentes. Mas no deserto em volta, todos os outros tinham referenciais, uma mulher, um tio, uma mãe, um amante. Eles não tinham ninguém naquela cidade — de certa forma, também em nenhuma outra —, a não ser a si próprios. Diria também que não tinham nada, mas não seria inteiramente verdadeiro.

Além do violão, Raul tinha um telefone alugado, um toca-discos com rádio e um sabiá na gaiola, chamado Carlos Gardel. Saul, uma televisão colorida com imagem fantasma, cadernos de desenho, vidros de tinta nanquim e um livro com reproduções de Van Gogh. Na parede do quarto de pensão, uma outra reprodução de Van Gogh: aquele quarto com a cadeira de palhinha parecendo torta, a cama estreita, as tábuas do assoalho, colocado na parede em frente à cama. Deitado, Saul tinha às vezes a impressão de que o quadro era um espelho refletindo, quase fotograficamente, o próprio quarto, ausente apenas ele mesmo. Quase sempre, era nessas ocasiões que desenhava.

Eram dois moços bonitos também, todos achavam. As mulheres da repartição, casadas, solteiras, ficaram nervosas quando eles surgiram, tão altos e altivos, comentou, olhos arregalados, uma das secretárias. Ao contrário dos outros homens, alguns até mais jovens, nenhum tinha barriga ou aquela postura desalentada de quem carimba ou datilografa papéis oito horas por dia.

Moreno de barba forte azulando o rosto, Raul era um pouco mais definido, com sua voz de baixo profundo, tão adequada aos boleros amargos que gostava de cantar. Tinham a mesma altura, o mesmo porte, mas Saul parecia um pouco menor, mais frágil, talvez pelos cabelos claros, cheios de caracóis miúdos, olhos assustadiços, azul desmaiado. Eram bonitos juntos, diziam as moças. Um doce de olhar. Sem terem exatamente consciência disso, quando juntos os dois aprumavam ainda mais o porte e, por assim dizer, quase cintilavam, o bonito de dentro de um estimulando o bonito de fora do outro, e vice-versa. Como se houvesse entre aqueles dois, uma estranha e secreta harmonia.

III

Cruzavam-se, silenciosos mas cordiais, junto à garrafa térmica do cafezinho, comentando o tempo ou a chatice do trabalho, depois voltavam às suas mesas. Muito de vez em quando, um pedia um cigarro ao outro, e quase sempre trocavam frases como tanta vontade de parar, mas nunca tentei, ou já tentei tanto, agora desisti. Durou tempo, aquilo. E teria durado muito mais, porque serem assim fechados, quase remotos, era um jeito que traziam de longe. Do norte, do sul.

Até um dia em que Saul chegou atrasado e, respondendo a um vago que que houve, contou que tinha ficado até tarde assistindo a um velho filme na televisão. Por educação, ou cumprindo um ritual, ou apenas para que o outro não se sentisse mal chegando quase às onze, apressado, barba por fazer, Raul deteve os dedos sobre o teclado da máquina e perguntou: que filme? *Infâmia*, Saul contou baixo, Audrey Hepburn, Shirley MacLayne, um filme muito antigo, ninguém conhece. Raul olhou-o devagar, e mais atento, como ninguém conhece? eu conheço e gosto muito. Abalado, convidou Saul para um café e, no que restava daquela manhã muito fria de junho, o prédio feio mais que nunca parecendo uma prisão ou uma clínica psiquiátrica, falaram sem parar sobre o filme.

Outros filmes viriam, nos dias seguintes, e tão naturalmente como se de alguma forma fosse inevitável, também vieram histórias pessoais, passados, alguns sonhos, pequenas esperança e sobretudo queixas. Daquela firma, daquela vida, daquele nó, confessaram uma tarde cinza de sexta, apertado no fundo do peito. Durante aquele fim de semana obscuramente desejaram, pela primeira vez, um em sua quitinete, outro na pensão, que o sábado e o domingo caminhassem depressa para dobrar a curva da meia-noite e novamente desaguar na manhã de segunda-feira quando, outra vez, se encontrariam para: um café. Assim foi, e contaram um que tinha bebido além da conta, outro que dormira quase o tempo todo. De muitas coisas falaram aqueles dois nessa manhã, menos da falta que sequer sabiam claramente ter sentido.

Atentas, as moças em volta providenciavam esticadas aos bares depois do expediente, gafieiras, discotecas, festinhas na casa de uma, na casa de outra. A princípio esquivos, acabaram cedendo, mas quase sempre enfiavam-se pelos cantos e sacadas para contar suas histórias intermináveis. Uma noite, Raul pegou o violão e cantou *Tú Me Acostumbraste*. Nessa mesma festa, Saul bebeu demais e vomitou no banheiro. No caminho até os táxis separados, Raul falou pela primeira vez no casamento desfeito. Passo incerto, Saul contou do noivado antigo. E concordaram, bêbados, que estavam ambos cansados de todas as mulheres do mundo, suas tramas complicadas, suas exigências mesquinhas. Que gostavam de estar assim, agora, sós, donos de suas próprias vidas. Embora, isso não disseram, não soubessem o que fazer com elas.

Dia seguinte, de ressaca, Saul não foi trabalhar nem telefonou. Inquieto, Raul vagou o dia inteiro pelos corredores subitamente desertos, gelados, cantando baixinho *Tú Me Acostumbraste*, entre inúmeros cafés e meio maço de cigarros a mais que o habitual.

IV

Os fins de semana tornaram-se tão longos que um dia, no meio de um papo qualquer, Raul deu a Saul o número de seu telefone, alguma coisa que você precisar, se ficar doente, a gente nunca sabe. Domingo depois do almoço, Saul telefonou só para saber o que o outro estava fazendo, e visitou-o, e jantaram juntos a comidinha mineira que a empregada deixara pronta no sábado. Foi dessa vez que, ácidos e unidos, falaram no tal deserto, nas tais almas. Há quase seis meses se conheciam. Saul deu-se bem com Carlos Gardel, que ensaiou um canto tímido ao cair da noite. Mas quem cantou foi Raul: *Perfídia, La Barca* e, a pedido de Saul, outra vez, duas vezes, *Tú Me Acostumbraste*. Saul gostava principalmente daquele pedacinho assim *sutil llegaste a mí como una tentación llenando de inquietud mi corazón*. Jogaram algumas partidas de buraco e, por volta das nove, Saul se foi.

Na segunda, não trocaram uma palavra sobre o dia anterior. Mas falaram mais que nunca, e muitas vezes foram ao café. As moças em volta espiavam, às vezes cochichando sem que eles percebessem. Nessa semana, pela primeira vez almoçaram juntos na pensão de Saul, que quis subir ao quarto para mostrar os desenhos, visitas proibidas à noite, mas faltavam cinco para as duas e o relógio de ponto era implacável. Saíam e voltavam juntos, desde então, geralmente muito alegres. Pouco tempo depois, com pretexto de assistir a *Vagas Estrelas da Ursa* na televisão de Saul, Raul entrou escondido na pensão, uma garrafa de conhaque no bolso interno do paletó. Sentados no chão, costas apoiadas na cama estreita, quase não prestaram atenção no filme. Não paravam de falar. Cantarolando *Io Che Non Vivo*, Raul viu os desenhos, olhando longamente a reprodução de Van Gogh, depois perguntou como Saul conseguia viver naquele quartinho tão pequeno. Parecia sinceramente preocupado. Não é triste? perguntou. Saul sorriu forte: a gente acostuma.

Aos domingos, agora, Saul sempre telefonava. E vinha. Almoçavam ou jantavam, bebiam, fumavam, falavam o tempo todo. Enquanto Raul cantava — vezenquando *El Día Que Me Quieras*, vezenquando *Noche de Ronda* —, Saul fazia carinhos lentos na cabecinha de Carlos Gardel, pousado no seu dedo indicador. Às vezes olhavam-se. E sempre sorriam. Uma noite, porque chovia, Saul acabou dormindo no sofá. Dia seguinte, chegaram juntos à repartição, cabelos molhados do chuveiro. As moças não falaram com eles. Os funcionários barrigudos e desalentados trocaram alguns olhares que os dois não saberiam compreender, se percebessem. Mas nada perceberam, nem os olhares nem duas ou três piadas. Quando faltavam dez minutos para as seis, saíram juntos, altos e altivos, para assistir ao último filme de Jane Fonda.

V

Quando começava a primavera, Saul fez aniversário. Porque achava seu amigo muito solitário, ou por outra razão assim, Raul deu a ele a gaiola com Carlos Gardel. No começo do verão, foi a vez de Raul fazer aniversário. E porque estava sem dinheiro, porque seu amigo não tinha nada nas paredes da quitinete, Saul deu a ele a reprodução de Van Gogh. Mas entre esses dois aniversários, aconteceu alguma coisa.

No norte, quando começava dezembro, a mãe de Raul morreu e ele precisou passar uma semana fora. Desorientado, Saul vagava pelos corredores da firma esperando um telefonema que não vinha, tentando em vão concentrar-se nos despachos, processos, protocolos. À noite, em seu quarto, ligava a televisão gastando tempo em novelas vadias ou desenhando olhos cada vez mais enormes, enquanto acariciava Carlos Gardel. Bebeu bastante, nessa semana. E teve um sonho: caminhava entre as pessoas da repartição, todas de preto, acusadoras. À exceção de Raul, todo de branco, abrindo os braços para ele. Abraçados fortemente, e tão próximos que um podia sentir o cheiro do outro. Acordou pensando mas ele é que devia estar de luto.

Raul voltou sem luto. Numa sexta de tardezinha, telefonou para a repartição pedindo a Saul que fosse vê-lo. A voz de baixo profundo parecia ainda mais baixa, mais profunda. Saul foi. Raul tinha deixado a barba crescer. Estranhamente, ao invés de parecer mais velho ou mais duro, tinha um rosto quase de menino. Beberam muito nessa noite. Raul falou longamente da mãe — eu podia ter sido mais legal com ela, disse, e não cantou. Quando Saul estava indo embora, começou a chorar. Sem saber ao certo o que fazia, Saul estendeu a mão e, quando percebeu, seus dedos tinham tocado a barba crescida de Raul. Sem tempo para compreenderem, abraçaram-se fortemente. E tão próximos que um podia sentir o cheiro do outro: o de Raul, flor murcha, gaveta fechada; o de Saul, colônia de barba, talco. Durou muito tempo. A mão de Saul tocava a barba de Raul, que passava os dedos pelos caracóis miúdos do cabelo do outro. Não diziam nada. No silêncio era possível ouvir uma torneira pingando longe. Tanto tempo durou que, quando Saul levou a mão ao cinzeiro, o cigarro era apenas uma longa cinza que ele esmagou sem compreender.

Afastaram-se, então. Raul disse qualquer coisa como eu não tenho mais ninguém no mundo, e Saul outra coisa qualquer como você tem a mim agora, e para sempre. Usavam palavras grandes — ninguém, mundo, sempre — e apertavam-se as duas mãos ao mesmo tempo, olhando-se nos olhos injetados de fumo e álcool. Embora fosse sexta e não precisassem ir à repartição na manhã seguinte, Saul despediu-se. Caminhou durante horas pelas ruas desertas, cheias apenas de gatos e putas. Em casa, acariciou Carlos Gardel até que os dois dormissem. Mas um pouco antes, sem saber por quê, começou a chorar sentindo-se só e pobre e feio e infeliz e confuso e abandonado e bêbado e triste, triste, triste. Pensou em ligar para Raul, mas não tinha fichas e era muito tarde.

VI

Depois, chegou o Natal, o Ano-Novo que passaram juntos, recusando convites dos colegas de repartição. Raul deu a Saul uma reprodução do *Nascimento de Vênus*, que ele colocou na parede exatamente onde estivera o quarto de Van Gogh. Saul deu a Raul um disco chamado *Os Grandes Sucessos de Dalva de Oliveira*. O que mais ouviram foi *Nossas Vidas*, prestando atenção no pedacinho que dizia *até nossos beijos parecem beijos de quem nunca amou*.

Foi na noite de trinta e um, aberta a champanhe na quitinete de Raul, que Saul ergueu a taça e brindou à nossa amizade que nunca nunca vai terminar. Beberam até quase cair. Na hora de deitar, trocando a roupa no banheiro, muito bêbado, Saul falou que ia dormir nu. Raul olhou para ele e disse você tem um corpo bonito. Você também, disse Saul, e baixou os olhos. Deitaram ambos nus, um na cama atrás do guarda-roupa, outro no sofá. Quase a noite inteira, um conseguia ver a brasa acesa do cigarro do outro, furando o escuro feito um demônio de olhos incendiados. Pela manhã, Saul foi embora sem se despedir para que Raul não percebesse suas fundas olheiras.

Quando janeiro começou, quase na época de tirarem férias — e tinham planejado, juntos, quem sabe Parati, Ouro Preto, Porto Seguro — ficaram surpresos naquela manhã em que o chefe de seção os chamou, perto do meio-dia. Fazia muito calor. Suarento, o chefe foi direto ao assunto. Tinha recebido algumas cartas anônimas. Recusou-se a mostrá-las. Pálidos, ouviram expressões como "relação anormal e ostensiva", "desavergonhada aberração", "comportamento doentio", "psicologia deformada", sempre assinadas por *Um Atento Guardião da Moral*. Saul baixou os olhos desmaiados, mas Raul colocou-se em pé. Parecia muito alto quando, com uma das mãos apoiadas no ombro do amigo e a outra erguendo-se atrevida no ar, conseguiu ainda dizer a palavra *nunca*, antes que o chefe, entre coisas como a-reputação-de-nossa-firma, declarasse frio: os senhores estão despedidos.

Esvaziaram lentamente cada um a sua gaveta, a sala deserta na hora do almoço, sem se olharem nos olhos. O sol de verão escaldava o tampo de metal das mesas. Raul guardou no grande envelope pardo um par de olhos enormes, sem íris nem pupilas, presente de Saul, que guardou no seu grande envelope pardo, com algumas manchas de café, a letra de *Tú Me Acostumbraste*, escrita à mão por Raul numa tarde qualquer de agosto. Desceram juntos pelo elevador, em silêncio.

Mas quando saíram pela porta daquele prédio grande e antigo, parecido com uma clínica ou uma penitenciária, vistos de cima pelos colegas todos postos na janela, a camisa branca de um, a azul do outro, estavam ainda mais altos e mais altivos. Demoraram alguns minutos na frente do edifício. Depois apanharam o mesmo táxi, Raul abrindo a porta para que Saul entrasse. Ai-ai, alguém gritou da janela. Mas eles não ouviram. O táxi já tinha dobrado a esquina.

Pelas tardes poeirentas daquele resto de janeiro, quando o sol parecia a gema de um enorme ovo frito no azul sem nuvens no céu, ninguém mais conseguiu trabalhar em paz na repartição. Quase todos ali dentro tinham a nítida sensação de que seriam infelizes para sempre. E foram.

Intimidade

Edla Van Steen

— Para mim esta é a melhor hora do dia — Ema disse, voltando do quarto dos meninos. — Com as crianças na cama, a casa fica tão sossegada.
— Só que já é noite — a amiga corrigiu, sem tirar os olhos da revista.
Ema agachou-se para recolher o quebra-cabeça esparramado pelo chão.
— É força de expressão, sua boba. O dia acaba quando eu vou dormir, isto é, o dia tem vinte e quatro horas e a semana tem sete dias, não está certo? — descobriu um sapato sob a poltrona. Pegou-o e, quase deitada no tapete, procurou o par embaixo dos outros móveis. — Não sei por que a empregada não reúne essas coisas antes de ir se deitar — empilhou os objetos no degrau da escada. — Afinal, é paga para isso, não acha?
— Às vezes é útil a gente fechar os olhos e fingir que não está notando os defeitos. Ela é boa babá, o que é mais importante.
Ema concordou. Era bom ter uma amiga tão experiente. Nem precisa ser da mesma idade — deixou-se cair no sofá — Bárbara, muito mais sábia. Examinou-a a ler: uma linha de luz dourada valorizava o perfil privilegiado. As duas eram tão inseparáveis quanto seus maridos, colegas de escritório. Até ter filhos juntas conseguiram, acreditasse quem quisesse. Tão gostoso, ambas no hospital. A semelhança física teria contribuído para o perfeito entendimento? "Imaginava que fossem irmãs", muitos diziam, o que sempre causava satisfação.
— O que está se passando nessa cabecinha? — Bárbara estranhou a amiga, só doente pararia quieta. Admirou-a: os cabelos soltos, caídos no

Intimidade

rosto, escondiam os olhos cinza, azuis ou verdes, conforme o reflexo da roupa. De que cor estariam hoje? — inclinou-se — estão cinza.

Ema aprumou o corpo.

— Pensava que se nós morássemos numa casa grande, vocês e nós...

Bárbara sorriu. Também ela uma vez tivera a idéia — pegou o isqueiro e acendeu dois cigarros, dando um a Ema, que agradeceu com o gesto habitual: aproximou o dedo indicador dos lábios e soltou um beijo no ar.

— As crianças brigariam o tempo todo.

Novamente a amiga tinha razão. Os filhos não se suportavam, discutiam por qualquer motivo, ciúme doentio de tudo. O que sombreava o relacionamento dos casais.

— Pelo menos podíamos morar mais perto, então.

Ema terminava o cigarro, que preguiça. Se o marido estivesse em casa seria obrigada a assistir à televisão, porque ele mal chegava, ia ligando o aparelho, ainda que soubesse que ela detestava sentar que nem múmia diante do aparelho — levantou-se, repelindo a lembrança. Preparou uma jarra de limonada. Por que todo aquele interesse de Bárbara na revista? Reformulou a pergunta em voz alta.

— Nada em especial. Uma pesquisa sobre o comportamento das crianças na escola, de como se modificam as personalidades longe dos pais.

No momento em que Ema depositava o refresco na mesa, ouviu-se um estalo.

— Porcaria, meu sutiã arrebentou.

— A alça?

— Deve ter sido o fecho — ergueu a blusa — veja.

Bárbara fez várias tentativas para fechá-lo.

— Não dá, quebrou pra valer.

Ema serviu a limonada. Depois, passou a mão pelo busto.

— Você acha que eu tenho seio demais?

— Claro que não. Os meus são maiores...

— Está brincando — Ema sorriu e bebeu o suco em goles curtos, ininterruptos.

— Duvida? Pode medir...

— De sutiã não vale — argumentou. — Vamos lá em cima. A gente se despe e compara — aproveitou a subida para recolher a desordem empilhada. Fazia questão de manter a casa impecável. Bárbara pensou que a amiga talvez tivesse um pouco de neurose com arrumação.

Ema acendeu a luz do quarto.

— Comprou lençóis novos?

— Mamãe mandou de presente. Chegaram ontem. Esqueci de contar. Não são lindos?

— São.

— A velha tem gosto — Ema disse, enquanto se despia em frente ao espelho. Bárbara imitou-a.

É muito bonita — Ema reconheceu. Cintura fina, pele sedosa, busto rosado e um dorso infantil. Porém, ela não perdia em atributos, igualmente favorecida pela sorte. Louras e esguias, seriam modelos fotográficos, o que entendessem, em se tratando de usar o corpo — não é, Bárbara?

— Decididamente perdi o campeonato. Em matéria de tamanho os seus seios são maiores do que os meus — a outra admitiu, confrontando.

Carinhosa, Ema acariciou as costas da amiga, que sentiu um arrepio.

— O que não significa nada, de acordo? — deu-lhe um beijo.

— Credo, Ema, suas mãos estão geladas e com este calor...

— É má circulação.

— Coitadinha — Bárbara esfregou-as vigorosamente. — Você precisa fazer massagens e exercícios, assim — abria e fechava os dedos, esticando e contraindo na palma. — Experimente.

Eram tão raros os instantes de intimidade e tão bons. Conversaram sobre as crianças, os maridos, os filmes da semana. Davam-se maravilhosamente — Bárbara suspirou e se dirigiu à janela: viu telhados escuros e misteriosos. Ela adoraria ser invisível para entrar em todas as casas e devassar aquelas vidas estranhas. Costumava diminuir a marcha do carro nos pontos de ônibus e tentar adivinhar segredos nos rostos vagos das filas. Isso acontecia nos seus dias de tristeza. Alguma coisa em algum lugar, que ela nem suspeitava o que fosse, provocava nela uma sensação de tristeza inexplicável. Igual à que sente agora. Uma tristeza delicada, de quem está de luto. Por quê?

— Que horas são? — Ema escovava o cabelo.

— Imagine, onze horas. Tenho que sair correndo.

— Que pena. Não sei por que fui pensar em hora. Fique mais um pouco.

— É tarde, Ema. Tchau. Não precisa descer.

— Ora, Bárbara... deixa disso — levou a amiga até o portão.

— Boa noite, querida. Durma bem.

Intimidade

— Até amanhã.

Ema examinou atentamente a sala, a conferir, pela última vez, a arrumação geral. Reparou na bandeja esquecida sobre a mesa, mas não se incomodou. Queria um minutinho de... ela apreciava tanto a casa prestes a adormecer — apagou as luzes. A noite estava clara, cor de madrugada — pensou, sentando no sofá. Um sentimento de liberdade interior brotava naquele silêncio. Um sentimento místico, meio alvoroçado, de alguém que, de repente, descobrisse que sabe voar. Por quê?

I love my husband

Nélida Piñon

Eu amo meu marido. De manhã à noite. Mal acordo, ofereço-lhe café. Ele suspira exausto da noite sempre maldormida e começa a barbear-se. Bato-lhe à porta três vezes, antes que o café esfrie. Ele grunhe com raiva e eu vocifero com aflição. Não quero meu esforço confundido com um líquido frio que ele tragará como me traga duas vezes por semana, especialmente no sábado.

Depois, arrumo-lhe o nó da gravata e ele protesta por consertar-lhe unicamente a parte menor de sua vida. Rio para que ele saia mais tranqüilo, capaz de enfrentar a vida lá fora e trazer de volta para a sala de visita um pão sempre quentinho e farto.

Ele diz que sou exigente, fico em casa lavando a louça, fazendo compras, e por cima reclamo da vida. Enquanto ele constrói o seu mundo com pequenos tijolos, e ainda que alguns destes muros venham ao chão, os amigos o cumprimentam pelo esforço de criar olarias de barro, todas sólidas e visíveis.

A mim também me saúdam por alimentar um homem que sonha com casas-grandes, senzalas e mocambos, e assim faz o país progredir. E é por isto que sou a sombra do homem que todos dizem eu amar. Deixo que o sol entre pela casa, para dourar os objetos comprados com esforço comum. Embora ele não me cumprimente pelos objetos fluorescentes. Ao contrário, através da certeza do meu amor, proclama que não faço outra coisa senão consumir o dinheiro que ele arrecada no verão. Eu peço então que compreenda minha nostalgia por uma terra antigamente trabalhada pela mulher, ele franze o rosto como se eu lhe estivesse propondo uma teoria que envergonha a família e a escritura definitiva do nosso apartamento.

    O que mais quer, mulher, não lhe basta termos casado em comunhão de bens? E dizendo que eu era parte do seu futuro, que só ele porém tinha o direito de construir, percebi que a generosidade do homem habilitava-me a ser apenas dona de um passado com regras ditadas no convívio comum.

    Comecei a ambicionar que maravilha não seria viver apenas no passado, antes que este tempo pretérito nos tenha sido ditado pelo homem que dizemos amar. Ele aplaudiu o meu projeto. Dentro de casa, no forno que era o lar, seria fácil alimentar o passado com ervas e mingau de aveia, para que ele, tranqüilo, gerisse o futuro. Decididamente, não podia ele preocupar-se com a matriz do meu ventre, que devia pertencer-lhe de modo a não precisar cheirar o meu sexo para descobrir quem mais, além dele, ali estivera, batera-lhe à porta, arranhara suas paredes com inscrições e datas.

    Filho meu tem que ser só meu, confessou aos amigos no sábado do mês que recebíamos. E mulher tem que ser só minha e nem mesmo dela. A idéia de que eu não podia pertencer-me, tocar no meu sexo para expurgar-lhe os excessos, provocou-me o primeiro sobressalto na fantasia do passado em que até então estivera imersa. Então o homem, além de me haver naufragado no passado, quando se sentia livre para viver a vida a que ele apenas tinha acesso, precisava também atar minhas mãos, para minhas mãos não sentirem a doçura da própria pele, pois talvez esta doçura me ditasse em voz baixa que havia outras peles igualmente doces e privadas, cobertas de pêlo felpudo, e com a ajuda da língua podia lamber-se o seu sal?

    Olhei meus dedos revoltada com as unhas longas pintadas de roxo. Unhas de tigre que reforçavam a minha identidade, grunhiam quanto à verdade do meu sexo. Alisei meu corpo, pensei, acaso sou mulher unicamente pelas garras longas e por revesti-las de ouro, prata, o ímpeto do sangue de um animal abatido no bosque? Ou porque o homem adorna-me de modo a que quando tire estas tintas de guerreira do rosto surpreende-se com uma face que lhe é estranha, que ele cobriu de mistério para não me ter inteira?

    De repente, o espelho pareceu-me o símbolo de uma derrota que o homem trazia para casa e tornava-me bonita. Não é verdade que te amo, marido? perguntei-lhe enquanto lia os jornais, para instruir-se, e eu varria as letras de imprensa cuspidas no chão logo após ele assimilar a notícia. Pediu, deixe-me progredir, mulher. Como quer que eu fale de amor quando se discutem as alternativas econômicas de um país em que os homens para sustentarem as mulheres precisam desdobrar um trabalho de escravo.

Eu lhe disse então, se não quer discutir o amor, que afinal bem pode estar longe daqui, ou atrás dos móveis para onde às vezes escondo a poeira depois de varrer a casa, que tal se após tantos anos eu mencionasse o futuro como se fosse uma sobremesa?

Ele deixou o jornal de lado, insistiu que eu repetisse. Falei na palavra futuro com cautela, não queria feri-lo, mas já não mais desistia de uma aventura africana recém-iniciada naquele momento. Seguida por um cortejo untado de suor e ansiedade, eu abatia os javalis, mergulhava meus caninos nas suas jugulares aquecidas, enquanto Clark Gable, atraído pelo meu cheiro e do animal em convulsão, ia pedindo de joelhos o meu amor. Sôfrega pelo esforço, eu sorvia água do rio, quem sabe em busca da febre que estava em minhas entranhas e eu não sabia como despertar. A pele ardente, o delírio, e as palavras que manchavam os meus lábios pela primeira vez, eu ruborizada de prazer e pudor, enquanto o pajé salvava-me a vida com seu ritual e seus pêlos fartos no peito. Com a saúde nos dedos, da minha boca parecia sair o sopro da vida e eu deixava então o Clark Gable amarrado numa árvore, lentamente comido pelas formigas. Imitando a Nayoka, eu descia o rio que quase me assaltara as forças, evitando as quedas d'água, aos gritos proclamando liberdade, a mais antiga e miríade das heranças.

O marido, com a palavra futuro a boiar-lhe nos olhos e o jornal caído no chão, pedia-me, o que significa este repúdio a um ninho de amor, segurança, tranqüilidade, enfim a nossa maravilhosa paz conjugal? E acha você, marido, que a paz conjugal se deixa amarrar com os fios tecidos pelo anzol, só porque mencionei esta palavra que te entristece, tanto que você começa a chorar discreto, porque o teu orgulho não lhe permite o pranto convulso, este sim, reservado à minha condição de mulher? Ah, marido, se tal palavra tem a descarga de te cegar, sacrifico-me outra vez para não vê-lo sofrer. Será que apagando o futuro agora ainda há tempo de salvar-te?

Suas crateras brilhantes sorveram depressa as lágrimas, tragou a fumaça do cigarro com volúpia e retomou a leitura. Dificilmente se encontraria homem como ele no nosso edifício de dezoito andares e três portarias. Nas reuniões de condomínio, a que estive presente, era ele o único a superar os obstáculos e perdoar aos que o haviam magoado. Recriminei meu egoísmo, ter assim perturbado a noite de quem merecia recuperar-se para a jornada seguinte.

Para esconder minha vergonha, trouxe-lhe café fresco e bolo de chocolate. Ele aceitou que eu me redimisse. Falou-me das despesas mensais. Do balanço da firma ligeiramente descompensado, havia que cuidar dos gastos. Se contasse com a minha colaboração, dispensaria o sócio em menos de um ano. Senti-me feliz em participar de um ato que nos faria progredir em doze meses. Sem o meu empenho, jamais ele teria sonhado tão alto. Encarregava-me eu à distância da sua capacidade de sonhar. Cada sonho do meu marido era mantido por mim. E, por tal direito, eu pagava a vida com cheque que não se poderia contabilizar.

Ele não precisava agradecer. De tal modo atingira a perfeição dos sentimentos, que lhe bastava continuar em minha companhia para querer significar que me amava, eu era o mais delicado fruto da terra, uma árvore no centro do terreno de nossa sala, ele subia na árvore, ganhava-lhe os frutos, acariciava a casca, podando seus excessos.

Durante uma semana bati-lhe à porta do banheiro com apenas um toque matutino. Disposta a fazer-lhe novo café, se o primeiro esfriasse, se esquecido ficasse a olhar-se no espelho com a mesma vaidade que me foi instilada desde a infância, logo que se confirmou no nascimento tratar-se de mais uma mulher. Ser mulher é perder-se no tempo, foi a regra de minha mãe. Queria dizer, quem mais vence o tempo que a condição feminina? O pai a aplaudia completando, o tempo não é o envelhecimento da mulher, mas sim o seu mistério jamais revelado ao mundo.

Já viu, filha, que coisa mais bonita, uma vida nunca revelada, que ninguém colheu senão o marido, o pai dos seus filhos? Os ensinamentos paternos sempre foram graves, ele dava brilho de prata à palavra envelhecimento. Vinha-me a certeza de que ao não se cumprir a história da mulher, não lhe sendo permitida a sua própria biografia, era-lhe assegurada em troca a juventude.

Só envelhece quem vive, disse o pai no dia do meu casamento. E porque viverás a vida do teu marido, nós te garantimos, através deste ato, que serás jovem para sempre. Eu não sabia como contornar o júbilo que me envolvia com o peso de um escudo, e ir ao seu coração, surpreender-lhe a limpidez. Ou agradecer-lhe um estado que eu não ambicionara antes, por distração talvez. E todo este troféu logo na noite em que ia converter-me em mulher. Pois até então sussurravam-me que eu era uma bela expectativa. Diferente do irmão que já na pia batismal cravaram-lhe o glorioso estigma de homem, antes de ter dormido com mulher.

Sempre me disseram que a alma da mulher surgia unicamente no leito, ungido seu sexo pelo homem. Antes dele a mãe insinuou que o nosso sexo mais parecia uma ostra nutrida de água salgada, e por isso vago e escorregadio, longe da realidade cativa da terra. A mãe gostava de poesia, suas imagens sempre frescas e quentes.

Meu coração ardia na noite do casamento. Eu ansiava pelo corpo novo que me haviam prometido, abandonar a casca que me revestira no cotidiano acomodado. As mãos do marido me modelariam até os meus últimos dias e como agradecer-lhe tal generosidade? Por isso talvez sejamos tão felizes como podem ser duas criaturas em que uma delas é a única a transportar para o lar alimento, esperança, a fé, a história de uma família.

Ele é único a trazer-me a vida, ainda que às vezes eu a viva com uma semana de atraso. O que não faz diferença. Levo até vantagens, porque ele sempre a trouxe traduzida. Não preciso interpretar os fatos, incorrer em erros, apelar para as palavras inquietantes que terminam por amordaçar a liberdade. As palavras do homem são aquelas de que deverei precisar ao longo da vida. Não tenho que assimilar um vocabulário incompatível com o meu destino, capaz de arruinar meu casamento.

Assim fui aprendendo que a minha consciência que está a serviço da minha felicidade ao mesmo tempo está a serviço do meu marido. É seu encargo podar meus excessos, a natureza dotou-me com o desejo de naufragar às vezes, ir ao fundo do mar em busca das esponjas. E para que me serviriam elas senão para absorver meus sonhos, multiplicá-los no silêncio borbulhante dos seus labirintos cheios de água do mar? Quero um sonho que se alcance com a luva forte e que se transforme algumas vezes numa torta de chocolate, para ele comer com os olhos brilhantes, e sorriremos juntos.

Ah, quando me sinto guerreira, prestes a tomar das armas e ganhar um rosto que não é o meu, mergulho numa exaltação dourada, caminho pelas ruas sem endereço, como se a partir de mim, e através do meu esforço, eu devesse conquistar outra pátria, nova língua, um corpo que sugasse a vida sem medo e pudor. E tudo me treme dentro, olho os que passam com um apetite de que não me envergonharei mais tarde. Felizmente, é uma sensação fugaz, logo busco o socorro das calçadas familiares, nelas a minha vida está estampada. As vitrines, os objetos, os seres amigos, tudo enfim orgulho da minha casa.

Estes meus atos de pássaro são bem indignos, feririam a honra do meu marido. Contrita, peço-lhe desculpas em pensamento, prometo-lhe esquivar-me de tais tentações. Ele parece perdoar-me à distância, aplaude minha submissão ao cotidiano feliz, que nos obriga a prosperar a cada ano. Confesso que esta ânsia me envergonha, não sei como abrandá-la. Não a menciono senão para mim mesma. Nem os votos conjugais impedem que em escassos minutos eu naufrague no sonho. Estes votos que ruborizam o corpo mas não marcaram minha vida de modo a que eu possa indicar as rugas que me vieram através do seu arrebato.

I love my husband

Nunca mencionei ao marido estes galopes perigosos e breves. Ele não suportaria o peso dessa confissão. Ou que lhe dissesse que nessas tardes penso em trabalhar fora, pagar as miudezas com meu próprio dinheiro. Claro que estes desatinos me colhem justamente pelo tempo que me sobra. Sou uma princesa da casa, ele me disse algumas vezes e com razão. Nada pois deve afastar-me da felicidade em que estou para sempre mergulhada.

Não posso reclamar. Todos os dias o marido contraria a versão do espelho. Olho-me ali e ele exige que eu me enxergue errado. Não sou em verdade as sombras, as rugas com que me vejo. Como o pai, também ele responde pela minha eterna juventude. É gentil de sentimentos. Jamais comemorou ruidosamente meu aniversário, para eu esquecer de contabilizar os anos. Ele pensa que não percebo. Mas, a verdade é que no fim do dia já não sei quantos anos tenho.

E também evita falar do meu corpo, que se alargou com os anos, já não visto os modelos de antes. Tenho os vestidos guardados no armário, para serem discretamente apreciados. Às sete da noite, todos os dias, ele abre a porta sabendo que do outro lado estou à sua espera. E quando a televisão exibe uns corpos em floração, mergulha a cara no jornal, no mundo só nós existimos.

Sou grata pelo esforço que faz em amar-me. Empenho-me em agradá-lo, ainda que sem vontade às vezes, ou me perturbe algum rosto estranho, que não é o dele, de um desconhecido sim, cuja imagem nunca mais quero rever. Sinto então a boca seca, seca por um cotidiano que confirma o gosto do pão comido às vésperas, e que me alimentará amanhã também. Um pão que ele e eu comemos há tantos anos sem reclamar, ungidos pelo amor, atados pela cerimônia de um casamento que nos declarou marido e mulher. Ah, sim, eu amo meu marido.

Toda Lana Turner tem seu Johnny Stompanato

Sonia Coutinho

O material desta história: basicamente, duas mulheres. Capazes, no entanto, de se multiplicarem infinitamente. São Lana Turner e uma outra, que se apresenta sem nome, sem rosto e sem biografia, a não ser dados fragmentários, vagas insinuações. Alguém que talvez nem seja uma mulher, mas sim um espelho, embora fosco. Ou um ventríloquo, que fala apenas através da imagem da atriz, o seu boneco. Não se enganem, porém: o único personagem verdadeiro, o ponto de referência para se poder entrançar os fios díspares desta trama, formando um tapete, a tela em branco que serve para o desdobramento ilimitado do sonho, portanto da realidade, este personagem sou eu. Em outras palavras, Lana Turner.

(Lana, uma das primeiras grandes estrelas, quando surgia o *star-system* de Hollywood: sem nenhuma tradição ou modelo a serem seguidos, uma figura de ruptura na sociedade americana da época, com um papel ou um poder "de homem". Lana para além da própria Lana, o símbolo que ela foi, o mito que se criou em torno dela: deusa ou demônio, a *vamp* e seu *it*. O que de Lana foi apresentado para o consumo de milhares de pessoas desejosas de entrever — fosse para idolatrar, destruir ou devorar — os bastidores de uma "vida glamourosa"; em grande estilo, a "felicidade" e a "dor".)

Pois Lana Turner, como Madame Bovary para Flaubert, Lana Turner *c'est moi*. Foi o que também pensou a segunda mulher, a outra, o espelho.

(Chama-se Melissa? Ou será Teresa? Quem sabe Joaquina? Dorotéia?) Folheava uma revista, na varandinha de seu apartamento, quando encontrou, com um repentino susto de reconhecimento, com uma estranha e cúmplice compreensão (ela, independente, mitificada, distorcida), o retrato não muito antigo de Lana, numa reportagem nostálgica sobre grandes estrelas do passado.

Sim, aqui estão a pele muito bronzeada pelo sol das piscinas de Beverly Hills — ou das praias da Zona Sul — as unhas vermelhas e compridas, o cabelo platinado e, no rosto, vestígios de beleza e as marcas do tempo.

Mas, sobretudo, o sorriso de Lana, o seu sorriso de atriz, quase um esgar. Um sorriso em que se misturam ironia e dor e desafio e força e patética impotência, o sorriso heróico de uma sobrevivente. De criatura disposta, talvez por não haver outro jeito, a levar o espetáculo até o fim: *the show must go on.* (Do que é feita uma vida humana senão de pequenos ritos, cerimônias e celebrações?)

Numa nevoenta tarde de sábado, a observar esgarçadas nuvens que se despejam sobre as encostas arborizadas do Corcovado, defronte, Melissa revê — eu revejo —, numa vertigem de cenas históricas, o parentesco e as diferenças entre ela e Lana Turner; a partir da colonização americana por puritanos anglo-saxões e da vinda para o Brasil de portugueses degredados, com sangue mouro.

Como ponte entre dois hemisférios, ligando misteriosamente Hollywood, a Califórnia do antigo *boom* de ouro, ao ouro mineiro que os inconfidentes reivindicaram, sorri enigmático na revista (e na vida) o rosto de Lana Turner (o de Melissa, o meu).

A reportagem lembra a trajetória gloriosa e sofrida da atriz, seus vários maridos, uma carreira movimentada (psicóloga? publicitária? jornalista? atriz mesmo?) e muitas viagens, incluindo umas férias no Havaí, em companhia de uma amiga. Mais precisamente, em Honolulu, na praia de Waikiki, onde se descobriu grávida do segundo marido, o trompetista Artie Shaw, já depois de estarem separados. "O que resultou num aborto e em novas infelicidades", acrescenta a matéria, baseada no livro autobiográfico *Lana, the lady, the legend, the future.*

O jornalista explica que, já no primeiro casamento, com o advogado Greg Bautzer, ela não sentiu nenhum prazer, ao "perder a virgindade". Ele cita palavras de Lana: "Eu não tinha idéia de como devia agir. O ato em si doeu como diabo e devo confessar que não senti nenhum tipo de prazer. Mas gostava de ter Greg perto de mim e 'pertencer' a ele, afinal."

Foi no Hotel Toriba, em Campos do Jordão, lembra Melissa. E retifica a reportagem: não chegou sequer a perder a virgindade naquela lua-de-mel, os dois tão desajeitados. Dor sentiu, confirma: teria um estreitamento vaginal? um hímen demasiado resistente? Mas não se falava dessas coisas, naquele tempo, e então tudo foi se ajeitando, ou se destruindo, em silêncio.

Lana, garante o repórter, só atingiu a maturidade sexual por volta dos 40 anos, ao cabo de um aprendizado com um total de cerca de 18 homens — o que, ele acrescenta, já parece um número modesto, para os padrões atuais. A conclusão foi tirada, explica, a partir de indicações implícitas, porque o assunto não era abordado diretamente.

A matéria adianta que as dificuldades emocionais de Lana resultaram, provavelmente, de uma sucessão de traumas infantis. "Quando tinha dez anos, seu pai foi assassinado num beco escuro." Segue-se a declaração da atriz: "Quando o vi no caixão, fiquei horrorizada." Trauma, caixão, pai, vai lendo Melissa, com um calafrio. Mais que o encadeamento dos fatos expostos, são as palavras da reportagem que estabelecem a estranha conexão entre ela e Lana Turner, como um código a ser decifrado.

A impressão se acentua no parágrafo seguinte, uma transcrição da "ficha psicológica" de Lana Turner mantida pelo estúdio: "Julia Jean Mildred Frances Turner, nascida em 8 de fevereiro de 1920. Confusa, desprotegida. Insegura desde a infância, quando atravessou períodos de opressão física, mental e moral, pelos quais procurou compensação na vida adulta. Sua afetividade, uma sucessão de tentativas frustradas de estabilização. A filha, Cheryl, carregou a mãe como uma carga emocional negativa."

Confusa. Desprotegida. E, embora o ano fosse outro, a data de nascimento era a mesma. Como se existisse, embaixo da história de Lana Turner, uma outra, paralela, embutida — a sua, a minha. Estará Melissa/estarei eu enlouquecendo? Teremos escolhido, em nossa paranóia, em vez do habitual Napoleão Bonaparte, Lana Turner como alter-ego?

Melissa (Érica?) corre ao banheiro, perscruta no espelho, com renovada perplexidade, o próprio rosto. Ela, Lana Turner. Mas não propriamente uma atriz, mais para trapezista ou bailarina da corda bamba. Sorri para ela, no espelho, um rosto sem nenhuma inocência, mas ao qual o tempo conferiu um toque de pureza cínica.

Até onde posso ir, até onde irei, questiona-se Melissa, estremecendo. Porque os anos tinham passado, como um vento frio. E, entre maridos, viagens, uma carreira movimentada, tragédias — ah, tantas coisas se haviam tornado, de repente, definitivas. Amores perdidos, aventuras não vividas e, o que é pior, não mais desejadas.

De volta à cadeira de lona da varanda, bebericando um uísque, Melissa (Dora?) lê na reportagem, logo adiante, um confortador comentário de Lana: "Não tive uma vida fácil mas, sem dúvida, minha vida está longe de ter sido chata. Sinto um certo orgulho de ter conseguido chegar até aqui."

O que não a impediu, certa vez, como conta o repórter, de tentar o suicídio, cortando os pulsos (Melissa vira as palmas das mãos para cima, observa as cicatrizes ainda rosadas). Ao sair do hospital, já recuperada, "ela parecia uma vestal, toda vestida de branco, sorrindo, os inefáveis óculos escuros ajudando a lhe encobrir o rosto". Acrescenta a matéria: "Via-se, imediatamente, que era uma estrela. Tinha o que chamamos de *star-quality*."

Logo depois, vem a "versão verdadeira" da descoberta de Lana Turner. Ao contrário do que as revistas da época publicaram, afirma o jornalista, o fato não aconteceu no Schwab's, a lanchonete, em Hollywood Boulevard, freqüentada pelas moças que queriam arranjar papéis em filmes. A própria Lana explica: "Foi num lugar chamado Top Hat Café — acho que hoje é um posto de gasolina. E eu não estava tomando refresco coisa nenhuma. Meu dinheiro só dava para uma Coca-Cola."

Mas ela confirma que, como foi divulgado, o sujeito ao lado fez a clássica pergunta: "Você gostaria de trabalhar no cinema?" E ela deu a resposta clássica: "Não sei, preciso perguntar a mamãe."

A etapa seguinte foi a escolha de um nome artístico. Havia no estúdio, conta a matéria, um catálogo já preparado, e alguém começou a dizer todos em voz alta. De repente, a própria atriz sugeriu Lana: "Não sei de onde tirei. Mas reparem que é Lah-nah, não quero ouvir meu nome pronunciado de outra maneira." Em 1937, ela faria *Esquecer, nunca* e, no ano seguinte, ingressava na Metro, onde se tornou conhecida como "a garota do suéter".

Uma série de sucessos, rosas e champanha em turbilhão. Mas o destaque da reportagem é para o trágico episódio com Johnny Stompanato, já na véspera de Lana perder a efêmera frescura do tempo em que as mulheres são comparadas com flores (quando ganharia, como prêmio, a dura máscara da fotografia, a da guerreira sobrevivente, marcas no rosto como gloriosas cicatrizes de combate). Certo dia, "um sujeito dizendo chamar-se John Steele telefonou para o estúdio fazendo a corte a Miss Turner".

Ela o achou encantador, diz o jornalista, e acabou se envolvendo. "Quando descobri sua verdadeira identidade", comentaria Lana, depois "já era muito tarde". Johnny Stompanato (ou Renato Medeiros) era branco como um pão, limpo como um pão, com aquela pureza que só conseguiria ter um jovem mafioso procurado pela polícia.

(Na cama, como um cavalinho branco, o corpo perfeito de um rapaz de 28 ou 29 anos, dentes brancos, olhos castanhos matizados de verde, mas quase sempre escuros, algo taciturnos. Deliciosamente sério, com um senso permanente de dever a cumprir. Não fala, a não ser uma ou outra palavra — é indecifrável. Mas talvez seu permanente mistério seja, simplesmente, o da própria vida, e seu absurdo.)

Um homem inteiro e lindo como um cavalinho branco correndo na praia, ao entardecer. Intacto e cheio de pureza, como a juventude é pura, ele nu, aquele corpo inteiro e forte e grande e puro, ele assim em cima dela, grande e inteiro, ele entrando nela, ele pedindo: Melissa, Lana, diga alguma coisa para mim, enquanto ela só gemia e gritava, gemia e gritava, agora falando: amor, amor, amor. E logo está toda inundada do líquido dele, com um cheiro vagamente vegetal de capim molhado ou palmito.

Isso vai me bastar para sempre, não vou precisar de mais nada, nunca, pensou, quando ele saiu, batendo a porta da frente com um ruído que ela escutou da cama. Era uma manhã nevoenta através das portas de vidro do seu apartamento, que davam para varandinhas, lá fora, e nuvens esgarçadas se despejavam sobre o maciço de árvores nas encostas do Corcovado, defronte. Diria, depois, quando ele telefonou: saí dançando aquela manhã, querido. Como se tivesse, afinal, alcançado a eternidade, precisava morrer de repente num momento assim.

A matéria garante que, para Lana, começou um "terrível drama psicológico", enquanto "tentava livrar-se do *gangster*", ao passo que ele, "utilizando todos os artifícios", recusava-se a sair de cena.

Quando ela foi para a Inglaterra, conta o repórter, a fim de filmar *Another time, another place* (*Vítima de uma paixão*) pensou que estava livre de Johnny, pelo menos por alguns meses. Mas ele conseguiu enganar as autoridades americanas e, de repente, apareceu em Londres. Lana procurou a Scotland Yard e Stompanato foi deportado.

Concluídas as filmagens, ela decidiu tirar umas férias em Acapulco, sem avisar a ninguém. "Naquela época", diz Lana, "o trajeto mais direto entre Londres e Acapulco era via Copenhague. Cheguei de madrugada à Dinamarca. Alguns passageiros desceram do avião, outros subiram. Um jovem me entregou uma rosa amarela. Peguei a flor e, de repente, vi um rosto a meu lado: era John. Jamais descobri como ele conseguiu chegar ali, sem que eu o visse, e como conseguiu uma passagem no mesmo avião que eu, no assento ao lado. Mas ele estava ali."

As brigas entre os dois eram terríveis, lembra o repórter. Melissa tentava evitar que Patrícia, a filha de 14 anos, escutasse — mas nem sempre conseguia. Um dia, a porta do quarto estava aberta e a menina pensou que ele fosse cumprir a ameaça constante — a de navalhar o rosto de sua mãe. Correu à cozinha, pegou uma grande faca e a enfiou no corpo do rapaz. As últimas palavras dele foram: "O que você fez?" E a próxima etapa seria a luta nos tribunais, quando Melissa fez a pergunta desesperada: "Não poderei tomar a mim a responsabilidade por toda essa tragédia?"

A imprensa, no entanto, publicou outras versões para o crime. Uma delas era a de que Cheryl estaria apaixonada por Johnny e os dois chegaram a fazer amor; ela o matou quando descobriu que ele voltara para sua mãe. Mas Lana, tempos depois, prestaria uma última homenagem a Stompanato: "Ele me cortejou como ninguém", declarou. (Pois a um homem a quem uma mulher permite que lhe dê o maior prazer, ela perdoa tudo.)

Depois que Cheryl foi absolvida, Lana passou a contar com a companhia de velhos amigos, aqueles para quem ela representava um testemunho vivo de grandes momentos da masculinidade de cada um. Foi quando pensou que, numa outra etapa, talvez não tão distante assim, precisaria da bondade das pessoas, qualidade que ela própria, provavelmente, jamais tivera assim tão disponível para oferecer a ninguém.

Começou a se esforçar para ser mais simpática. Agora, seus maus humores já não seriam mais compensados pela beleza fulgurante, a paixão, a juventude, enfim. Coisas assim muito intensas que a passagem do tempo ia fatalmente apagando, tudo se abrandava em tons pastéis, esfumados, como a parte superior (as nuvens) de uma estampa japonesa.

Acentuou, então, como um disfarce, uma frivolidade teatral que, se bem reparada, era "profunda". Talvez a coisa mais profunda que lhe acontecera na vida, o seu sorriso-esgar. O símbolo, quem sabe, dessa conquista que ninguém almeja, a sabedoria da meia-idade, mas que pode tornar-se, um dia, aquilo que nos resta e nos mantém vivos.

Continuava, contudo, a telefonar com freqüência para um conhecido ou outro, no meio da noite, à espera de uma migalha qualquer de ternura; ou, simplesmente, para tentar expressar alguma coisa aparentemente inexplicável porque se reduzia, no último momento, a um punhado de pó, frases banais em que primava a insistência no *eu, eu, eu*.

Era parco, pensando bem, o resultado daquele último esforço para continuar agradando os homens, um imenso e praticamente inútil investimento de habilidade e emoção. A qualquer momento, concluiu, desistirá por completo, vai ficar sozinha em casa vendo antigos filmes em seu videocassete e cozinhando para si mesma.

Ou se perderá em longas e nostálgicas meditações, na cadeira de lona da varandinha de seu apartamento/de sua mansão. Sim, conheço o agridoce sabor de solidão de Lana Turner, sua crespa mordida num sábado à tarde como este — quando, afastada dos estúdios, definitivamente divorciada, ela bebericava seu uísque a observar as nuvens esgarçadas que se despejavam sobre o maciço de árvores nas encostas de Beverly Hills, defronte.

(Mais que uma história, menos que uma história. Um clima. Como uma imagem apenas entrevista, anos atrás, e, de repente, lembrada. O repentino claro-escuro que se formou, certo fim de tarde, num rosto de mulher, deixando-o — apenas por um segundo, todo crestado de dourada poeira.)

Lana ou Melissa (Sílvia? Selma? Ingrid? Laura?), uma mulher que eu queria contar em várias versões, como nas Mil e Uma Noites. Inumerável, protéica, com alguma coisa de hidra — da qual, cortada uma das cabeças, outras renascessem no mesmo lugar. E cuja realidade, sigilosa, secreta, com um sentido oculto, estivesse permanentemente sujeita a novas interpretações, enigma que só se pode decifrar parcialmente, a partir de algumas palavras significativas como símbolos ou de ilações de episódios e situações deliberadamente destacados, no texto, com a mesma técnica com que, numa matéria jornalística, o redator faz a escolha, jamais inocente, do que vai para o *lead* ou para o pé.

Lana para além da própria Lana, inesgotável; Lana, por assim dizer, *o nosso tempo*. Ou uma metáfora intemporal de amor e perdição — Safo, George Sand, Electra. E, ainda, Lana como simples capricho dessa outra mulher, cujo rosto não passa de um espelho, embora fosco — do meu. Todas, no entanto, capazes de se multiplicarem infinitamente.

Antes de fechar para sempre a revista com a reportagem sobre grandes estrelas do passado — permitindo que Lana (que Melissa, que eu) continue (continuemos) a sua (a nossa) dolorida, sorridente e solitária trajetória (para onde? para onde?), cujo significado, para além dessas imagens glamourosas e das palavras de sentido misteriosamente duplo desisto de captar, lanço um último olhar para a fotografia de Lana Turner — com o melhor matiz da minha ironia, um delicioso e amargo *private joke*.

Um pouco triste, concluo agora que não era, na verdade, sobre Lana Turner que eu queria escrever, mas sim sobre a Zona Sul do Rio de Janeiro. Assim todo em azul, amarelo e verde, enquanto nuvens esgarçadas se despejam, defronte, sobre o maciço de árvores nas encostas do Corcovado e o tempo passa.

King Kong x Mona Lisa

Olga Savary

para Zélia e Ariano Suassuna

A primeira coisa que dele teve foi a ameaça de sua morte. Uma ameaça vinda através de seus guinchos, gaitadas, pios, rugidos, uivos, assobios, risadas, toda a algaravia por ele usada para a sedução. Era possível um ser tão vital com esta obsessão pela morte?

Ela acha que o amou desde esse primeiro momento, embora não aceitando esse amor, esse seu sim à vida ao saber-lhe a ex-futura morte, e esse se dar tanto, o se dar todo, até demais. Era possível, tão exclusivista, amar um ser se dando assim, tão selvagem, tão espontâneo, se dando a todos: um ciúme a crucificar. Imaginou ser ele o mar para não sofrer. Por ser o mar de todos e, assim, que outro jeito teria senão aceitar um tal requintado primitivo.

Um amor sem quase nada de particular, forte e violento mas quase impessoal, algo de amplo, sem espaço ou tempo, como por um mito ou coisa arquetípica. Amor seria isso? Então era isso amar? Amor não era. Era é paixão. A paixão não lhe era estranha, antes velha companheira. Mas a paixão com tal violência a assustava um pouco, como antes o medo da vida, ainda que não mais agora. E a paixão era um tanto trágica. Assim a aceitava: com esforço, com dor, mas também com gozo.

Caça ou caçador, quem era? Aparentemente era ele o caçador, com tantos meneios mais a sedução, a estranha tensão de não poder passar tempo sem tocá-la. Era uma impossibilidade não tocá-la — dizia ele —, saber-lhe levemente a pele, a quentura e o morno da carne pressionada para mais tarde conhecer coisas mais rudes e tensas. Era ele o caçador. Mas quem lançou senão ela o que deflagrou tudo, uma distraída provocação sensual sobre as coxas de Pelé? Nem ela soube se teria sido intencional, mas falou assim, de como eram belas as coxas de Pelé, o que o intrigou. Como tão grande timidez deixava escapar tal insolência?

Não se teria sabido o esplêndido animal que era à falta deste esplêndido animal que via agora e que, à primeira vista, a ameaçava e se ameaçava para ela com a proximidade passada de sua morte. E essa morte não vista, apenas entrevista, já passada, era a grande ameaça para que ela conhecesse sua real vida e quem ela realmente era a partir do conhecimento dessa fera.

King Kong — ela pensou —, vou chamá-lo assim, assim vou chamar a fera que me dará vida, como uma nova mãe-terra, a força animal até então desconhecida, a força primeira que, tomada nos dentes como o seu bocado primevo, a faria florescer e aceitar a vida com seus jogos, seus acertos e armadilhas. O perigo? É, era o perigo. Mas também a vida, a vida com suas espadas, seu cheiro acre e álacre, seu bafo feroz e comovente.

De uma vez que lhe dissera o nome que secretamente lhe dava, houve o espanto: mas não combina com você, que é minha Mona Lisa. Ela sorriu sem dizer nada, pensando: mas é de você que falo. Como fazê-lo entender? E era preciso? Uma fera é uma fera — e pronto. Nada de fazê-lo entender o que ele é. King Kong. Claro que era uma insolência. Só que agora fazia parte do jogo. Era tão fácil perceber. Não tinha ele só a maciez da polpa, também possuía as unhas. Mais que isso: as garras. A boca não era só um fruto do mato, toda polpa, úmida e abrangente, toda língua. Era também dentes, as presas afiadas, esplêndidas mandíbulas.

Um ser amorável essa fera, mas também de aguda crueldade e um tanto sádico, seu corpo marcado a fogo (o da paixão) como as reses que têm dono: dois K ardiam-lhe na anca. Poderia ela amar uma tal mistura de prazer e de perigo? Mas era já impossível retroceder. Seduzida pela fera, já não podia se reconquistar a si mesma. Agora que sabia seu corpo através do outro, seu espelho. Era a guerra, a paz dos abismos e da beira do desfiladeiro dos que nascem do furor da paixão, do lamber de sua língua rubra. King Kong: o êxtase e o horror. Rodeado de mandacarus, de cactos.

Flor de cerrado

Maria Amélia Mello

A primeira coisa que ele fez foi olhar para o meu sapato. Logo depois para minha roupa e se eu dissesse que arriscou um olhar para minhas pernas talvez não fosse mentira. Fato é que abriu uns dentes bem maiores que a boca e sorriu uma vantagem e meia sobre minha surpresa.

Foi questão de segundos aquela troca animada de palavras, misturando anda logo pra cá e fica quietinha ou te passo fogo. Se eu dissesse que o medo nasce no estômago como uma flor de cerrado, deveria acrescentar que nascia uma plantação bem no meio da minha barriga, seca como meus lábios e a garganta vazada de vodca. Ele era ágil, embora nervoso. Sacudia a bolsa como uma caixa de surpresas e só não adivinhava porque metia a mão dentro dela e vasculhava. Toma os documentos, dona, não preciso dessa merda. E nada de gritos.

A ameaça vinda de um menino parecia um rio em busca do mar. E, sem saber muito bem das respostas, era como deixar-se afogar num poço aturdido pelo próprio eco.

Com a carteira na mão, ele já podia me ver. A rua pedia silêncio àquelas horas. O olhar dele entregava o medo e o medo vinha bater nos meus pés feito um gato ou outro bicho qualquer que se ajeita diante do dono. As mãos queriam a certeza de que assalto não é brinquedo e que se a polícia passasse ou eu cismasse de gritar, aquilo era um calaboca ruidoso, mas muito eficiente.

Nada disso. Ele me olhava como um menino, e ia pedir pão, dinheiro, trocado pro doce. Parecia mais sereno agora, o dinheiro garantido, a bolsa atirada longe, fora da luz que nos denunciava.

Quem olhasse de longe, teria certeza de que vivíamos confissões. E, no fundo, era isso que fazíamos. Ele, me roubando, revelava sua miséria e sua dor. Sem falar no espanto que percorria sua cara, os olhos livres, as mãos prontas. E eu, inerte, lhe confessava as sobras, o supérfluo, as cadeiras vazias reverenciando a mesa. Enfim, era somente uma bolsa de couro cru entupida de inutilidades fundamentais.

Foi a primeira troca. A vantagem estava comigo.

De que valeria uma carteira cheia e essa vida aberta para o nada? Éramos dois pensamentos, bóias luminosas em alto-mar. Ninguém a ser salvo, a correnteza. A voz dele timbrava o escuro e o escuro engolia as sílabas, os *ss*, as palavras truncadas que atirava na minha cara. Que que tá olhando, hein dona? Nunca viu não, é? A voz dele batia na minha pele e eu deixava escorrer, fazendo ele pensar que comandava o espetáculo. Verdadeiro circo, pau e cerco. Num se move não, moça, esse bicho aqui num gosta de conversa. Ele chove bala e fura seu corpinho todo.

Foi o segundo tempo. Ele falou "corpinho todo". E me olhou mais fundo, varando o escuro, metendo a mão no silêncio e abrindo a porta sem bater. E ele logo percebeu que estávamos desaguando no meio do mar. E ali boiávamos, lado a lado, náufragos de uma solidão ao contrário. A fome dele não parecia ter destino. A minha esperava, estava aprisionada e gritava no cerrado. Depois de tanta água, tanto sal, a seca rachando a terra, flor enfiada no meio do barro, resistindo sabe-se lá o quê.

Me diz seu nome, diz. Ele se espantou. Que qui há, dona? A curiosidade começou a crescer. De um lado beirava o abismo, do outro o muro não deixava passar. É, o seu nome. Como você se chama? Os dois olhos do menino dançavam numa esquina e noutra. Acha que sou otário, é moça? Passar assim o serviço, sem nada. Qualé? Tem nome não, dona. É menino mesmo, tá falado? Ora, você tem que ter um apelido, ser chamado de alguma coisa. Sai dessa!

A vantagem aumentava. Ele, sem perceber, cedia. Era só uma bolsa, uns trocados e os documentos — graças a Deus — ele devolvia. Por que é que você assalta? Ah! que isso, dona? Tá a fim de sacanear, pô! Tá tudo aí na rua, soltinho, pedindo preu levar. Eu levo. Quantos anos você tem? Ih! dona, a senhora tá mesmo esticando o gumex. Vô nessa, num se mexe que leva chumbo. E nunca me viu, tá falado? A ameaça era mais uma tentação. Pra que ele fazia tanto jogo de cintura se não ia nem sair dali assim? Acho que ele gostava era de fazer cena. Será? Coisa de cinema, a porta do bar tem que ser de mola e se não estiver escrito *saloon*, entrou no filme errado.

Tá querendo o quê, hein dona? Fazer uma sacanagenzinha, é? Isso é mais caro, tá sabendo? Num vale essa merda de dinheiro que tava aí, não, saca? E foi chegando mais perto.

Aí pude ver que a cara dele estava toda marcada, desenhada a traço de navalha, podia ser canivete, gilete, essas alegorias da sobrevivência. Os cabelos escorriam até o ombro e não estavam sujos. Aliás, ele não parecia um pivete, nem tampouco um adolescente. Era um náufrago. Molhado, suado, debatendo-se para não morrer. Atirei-lhe um braço de bóia. Vem, sobe, te salvo. Ele se aproximou mais. A dona gostou do material, é? Ele não sabia fazer nada calado. Tinha que falar alto, explicar direitinho tudo o que acontecia. Gostava de se exibir. Tem gente que gosta de se mostrar nas mínimas coisas e tem gente que não tem o que mostrar e, por isso, tira partido do que é de graça. Foi a natureza, dona. Exclamava cheio de um orgulho compensador. Vem cá, vem. Cara a cara com a miséria, ela se enrolava no meu peito. Ele beijava sem rancor, nem parecia o mesmo. O carro apoiava a perna dele na minha. E me batia uma vontade sem freios de beijar ele todinho, lamber aquela fome toda, saquear todos aqueles assaltos em nome de nada. Ele balançava o corpo contra o meu, metendo pela minha coxa. E avançava a avenida do meu corpo, acelerando entre um vão e outro.

Babava um pouco, o que não me importava. Segurava forte minha coxa, bem perto da calcinha. Machucava e eu gostava. A liberdade dele não tinha preço, nem etiqueta. Arfava mais forte pelo balanço ritmado contra meu corpo encostado no carro. A perna dele sacudia e ele ia endurecendo, marcando a calça. Tremia e não parecia nada à vontade. Devia ser aquela história de comer "gente muito fina", como ele se referia a mim quando estava quase gozando. Fincava os dentes no meu ombro e a língua dura arrepiava minhas costas, arredondando um tanto assim a boca só pra ficar mais gostoso. E ele era. Mas me intrigava aquele furor todo sem pasto. Daí pisava na grama desobedecendo a placa. Depois cuspia nos dizeres só pra ter certeza de que comia o impossível. A fome faz destas coisas. E outras também.

O prazer é uma aventura perto do coração selvagem. E agora esse menino vem mexer nas minhas veias e ativar meu sangue, sacudir a poeira das minhas estantes, ferir clarice e cole porter, rir alto de todos os pensamentos, de todas as teorias, bulir com o improvável, liquidificar larousse com azulão. Sacana. Arrombar o silêncio da minha casa a quilômetros de distância, radiografar meu cotidiano sem o menor pudor e violar minha correspondência com a segurança dos amantes. Meter o pé no meu gato, pôr água pra ferver o chá e nem poder sentir o cheiro que o tchaika exalava. Dormir Maré e acordar Manhattan. Ora, imagens, imagens, imagens. Cheirava e alisava meu corpo como se não tivesse coisa melhor pra fazer. E vai ver não tinha mesmo. Por isso atiçava fogo em sua própria pele, apertava meu peito, mostrava a língua e melava um pouco os dedos, enfiando minha mão inteira na boca. Não respondia às perguntas que eu ainda fazia. Talvez não pudesse. Falava de boca cheia, comia sôfrego e não me ouvia, protegido pelo tesão e pelo olho atento, em vigília, com medo que passasse alguém naquele fim de mundo. Eu sabia que ali, àquelas horas, nem fantasma assustaria. Era o preço da tranqüilidade.

Eu saboreava aquele fruto silvestre e ele pensava que transava com uma grã-fina, como gemia pra dentro. Gostosa, faz assim, abre mais. Eu deixava tudo. Ele passava a mão, esfregava o peito contra o meu, forçava a perna, mordia meu ombro, babava meu rosto todo e me chamava de puta, vaca, vagabunda... E eu flutuava, asas ao vento, subindo e descendo, acariciada pelos tapas, pela barba rala. A mão dele raspava a pintura do meu corpo, rachava os conceitos alicerçados pela educação, varava a escuridão das insônias, perfurava o prazer como um cartão de computador, programando um inesperado de situações que aquele assalto e os poucos trocados não valeriam.

Esfrega, vaca. Pega nele, toca, anda. Se eu dissesse que obedecia, estaria mentindo. Eu queria adivinhar o que ele queria, encharcar as mãos dele de um prazer incontrolável, naufragar de vez numa ressaca e tragar a força dele, sem a menor piedade. Ele suava, a camisa empastava, afogueado no meu pescoço. Vai, vai, vai, desesperado, pronto para a entrega. Meu corpo amolecia ainda mais e ele montava na minha coxa como um aleijado e partia para caçada em mata desconhecida. Estou gozando, gozando, faz, a voz misturava prazer e gana, agarrado a meu braço, pedindo, quase, pra eu perdoar. Eu estava aberta, vasculhada, escancarada pra rua, a polícia entrando sala adentro, sem ordem, invadindo as dependências, virando livros e papéis no chão. Os olhos dele entornavam, a boca deixava escapar um sorriso, os braços pendiam sem forças, anestesiados por um prazer incógnito. Eu limpava a testa dele, botava remédio, aliviava o incêndio estampado na cara.

Ainda colado em mim, amparado, ele mandou eu virar. Obedecia. Anda, dá logo essa bunda, senão leva é muita porrada. A ameaça estava enfraquecida, a luz filtrava o pé da porta. Virei devagar e ele metia faminto. Comecei a sentir dor e dormência, a circulação fluir mais rápido, vontade de segurar ele lá dentro e me redimir. A mão dele roçava na frente, tocava rápido, movimentos que conhecia de cor. O prazer alastrava corpo inteiro. Abrandou o movimento. Relaxamos. A voz do menino cortou o silêncio.

Flor de cerrado

Fica aí quietinha, nada de virar. Te manjo, puta velha. E se tu passar pra polícia esta história, tu vai ver, hein?

Meu corpo se confundia com a lataria do carro. Ouvi os passos dele se afastando, correndo no asfalto. Minha perna estava bamba e mesmo que quisesse gritar por ele, a voz tinha perdido as palavras e as palavras não fariam muito sentido. Resolvi virar e a noite permanecia no mesmo lugar, os edifícios tapando a lua, as árvores protegendo os carros, os postes chovendo um cone de luz contra a calçada. Mais adiante, minha bolsa já pertencia àquela rua e os meus pés esqueciam o comando de seguir. Por um instante olhei em volta, subi a calcinha, apanhei a bolsa, arrumei os movimentos, ensaiei uns passos sem convicção. Estranho, ele não levou o relógio. Ficaria tão bem nele. Fui recompondo as cenas devagar, medindo os passos na direção de casa.

A primeira coisa que ele fez foi olhar para o meu sapato. Ele podia ter me matado, eu sei. Ele bem que podia ter me salvado.

Obscenidades para uma dona-de-casa

Ignácio de Loyola Brandão

Três da tarde ainda, ficava ansiosa. Andava para lá, entrava na cozinha, preparava nescafé. Ligava televisão, desligava, abria o livro. Regava a planta já regada, girava a agenda telefônica, à procura de amiga a quem chamar. Apanhava o litro de martíni, desistia, é estranho beber sozinha às três e meia da tarde. Podem achar que você é alcoólatra. Abria gavetas, arrumava calcinhas e sutiãs arrumados. Fiscalizava as meias do marido, nenhuma precisando remendo. Jamais havia meias em mau estado, ela se esquecia que ele é neurótico por meias, ao menor sinal de esgarçamento, joga fora. Nem dá aos empregados do prédio, atira no lixo.

Quatro horas, vontade de descer, perguntar se o carteiro chegou, às vezes vem mais cedo. Por que há de vir? Melhor esperar, pode despertar desconfiança. Porteiros sempre se metem na vida dos outros, qualquer situação que não pareça normal, ficam de orelha em pé. Então, ele passará a atenção no que o carteiro está trazendo de especial para a mulher do 91 perguntar tanto, com uma cara lambida. Ah, aquela não me engana! Desistiu. Quanto tempo falta para ele chegar? Ela não gostava de coisas fora do normal, instituiu sua vida dentro de um esquema nunca desobedecido, pautara o cotidiano dentro da rotina sem sobressaltos. Senão, seria muito difícil viver. Cada vez que o trem saía da linha, era um sofrimento, ela mergulhava na depressão. Inconsolável, nem pulseiras e brincos, presentes que o marido trazia, atenuavam.

Obscenidades para uma dona-de-casa

Na fossa, rondava como fera enjaulada, querendo se atirar do nono andar. Que desgraça se armaria. O que não diriam a respeito de sua vida. Iam comentar que foi por um amante. Pelo marido infiel. Encontrariam ligações com alguma mulher, o que provocava nela o maior horror. Não disseram que a desquitada do 56 descia para se encontrar com o manobrista, nos carros da garagem? Apenas por isso não se estatelava alegremente lá embaixo, acabando com tudo.

Quase cinco. E se o carteiro atrasar? Meu deus, faltam dez minutos. Quem sabe ela possa descer, dar uma olhadela na vitrine da butique da esquina, voltar como quem não quer nada, ver se a carta já chegou. O que dirá hoje? *Os bicos dos teus seios saltam desses mamilos marrons procurando a minha boca enlouquecida.* Ficava excitada só em pensar. A cada dia as cartas ficam mais abusadas, entronas, era alguém que escrevia bem, sabia colocar as coisas. Dia sim, dia não, o carteiro trazia o envelope amarelo, com tarja marrom, papel fino, de bom gosto. Discreto, contrastava com as frases. Que loucura, ela jamais imaginara situações assim, será que existiam? Se o marido, algum dia, tivesse proposto um décimo daquilo, teria pulado da cama, vestido a roupa e voltado para casa da mãe. Que era o único lugar para onde poderia voltar, saíra de casa para se casar. Bem, para falar a verdade, não teria voltado. Porque a mãe iria perguntar, ela teria que responder com honestidade. A mãe diria ao pai, para se desabafar. O pai, por sua vez, deixaria escapar no bar da esquina, entre amigos. E homem, sabe-se como é, é aproveitador, não deixa escapar ocasião de humilhar a mulher, desprezar, pisar em cima.

As amigas da mãe discutiriam o episódio e a condenariam. Aquelas mulheres tinham caras terríveis. Ligou outra vez a tevê, programa feminino ensinando a fazer cerâmica. Lembrou-se que uma das cartas tinha um postal com cenas da vida etrusca, uma sujeira inominável, o homem de pé atrás da mulher, aquela coisa enorme no meio das pernas dela. Como podia ser tão grande? Rasgou em mil pedaços, pôs fogo em cima do cinzeiro, jogou tudo na privada. O que pensavam que ela era? Por que mandavam tais cartas, cheias de palavras que ela não ousava pensar, preferia não conhecer, quanto mais dizer. Uma vez, o marido tinha dito, resfolegante, no seu ouvido, logo depois de casada, minha linda bocetinha. E ela esfriou completamente, ficou dois meses sem gozar.

Nem dizia gozar, usava ter prazer, atingir o orgasmo. Ficou louca da vida no chá de cozinha de uma amiga, as meninas brincando, morriam de rir quando ouviam a palavra orgasmo. Gritavam: como pode uma palavra tão feia para uma coisa tão gostosa? Que grosseria tinha sido aquele chá, a amiga nua no meio da sala, porque tinha perdido no jogo de adivinhação dos presentes. E as outras rindo e comentando tamanhos, posições, jeitos, poses, quantas vezes. Mulher, quando quer, sabe ser pior do que homem. Sim, só que conhecia muitas daquelas amigas, diziam mas não faziam, era tudo da boca para fora. *A tua boca engolindo inteiro o meu cacete e o meu creme descendo pela tua garganta, para te lubrificar inteira.* Que nojenta foi aquela carta, ela nem acreditava, até encontrou uma palavra engraçada, inominável. Ah, as amigas fingiam, sabia que uma delas era fria, o marido corria como louco atrás de outras, gastava todo o salário nas casas de massagens, em motéis. E aquela carta que ele tinha proposto que se encontrassem uma tarde no motel? Num quarto cheio de espelhos, *para que você veja como trepo gostoso em você, enfiando meu pau bem no fundo.* Perdeu completamente a vergonha, dizer isso na minha cara, que mulher casada não se sentiria pisada, desgostosa com uma linguagem destas, um desconhecido a julgá-la puta, sem nada a fazer em casa, pronta para sair rumo a motéis de beira de estrada. Para que lado ficam?

Vai ver, um dos amigos de meu marido, homem não pode ver mulher, fica excitado e é capaz de trair o amigo apenas por uma trepada. Vejam o que estou dizendo, trepada, como se fosse a coisa mais natural do mundo.

Caiu em si raciocinando se não seria alguém a mando do próprio marido, para averiguar se ela era acessível a uma cantada. Meu deus, o que digo? Fico transtornada com estas cartas que chegam religiosamente, é até pecado falar em religião, misturar com um assunto deste, escabroso. E se um dia o marido vier mais cedo para casa, apanhar uma das cartas, querer saber? Qual pode ser a reação de um homem de verdade, que se preze, ao ver que a mulher está recebendo bilhetes de um estranho? Que fala em *coxas úmidas como a seiva que sai de você e que eu provoquei com meus beijos e com este pau que você suga furiosamente cada vez que nos encontramos, como ontem à noite, em pleno táxi, nem se importou com o chofer que se masturbava.* Sua louca, por que está guardando as cartas no fundo daquela cesta? A cesta foi a firma que mandou num antigo natal, com frutas, vinhos, doces, champanhe. A carta dizia *deixo champanhe gelada escorrer nos pêlos da tua bocetinha e tomo em baixo com aquele teu gosto bom.* Porcaria, deixar champanhe escorrer pelas partes da gente. Claro, não há mal, sou mulher limpa, de banho diário, dois ou três no calor. Fresquinha, cheia de desodorante, lavanda, colônia. Coisa que sempre gostei foi cheirar bem, estar de banho tomado. Sou mulher limpa. No entanto, me pediu na carta: *não se esfregue desse jeito, deixe o cheiro natural, é o teu cheiro que quero sentir, porque ele me deixa louco, pau duro.* Repete essa palavra que não uso. Nem pau, nem pinto, cacete, caralho, mandioca, pica, piça, piaba, pincel, pimba, pila, careca, bilola, banana, vara, trouxa, trabuco, traíra, teca, sulapa, sarsarugo, seringa, manjuba.

Nenhuma. Expressões baixas. A ele, não se dá nenhuma denominação. Deve ser sentido, não nomeado. Tem gente que adora falar, gritar obscenidades, assim é que se excitam, aposto que procuram nos dicionários, para encontrar o maior número de palavras. Os homens são animais, não sabem curtir o amor gostoso, quieto, tranqüilo, sem gritos, o amor que cai sobre a gente como a lua em noite de junho. Assim eram os versinhos no almanaque que a farmácia deu como brinde, no dia dos namorados. Tirou o disco da Bethânia, comprou um LP só por causa de uma música, *Negue*. Ouvia até o disco rachar, adorava aquela frase, *a boca molhada ainda marcada pelo beijo seu*. Boca marcada, corpo manchado com chupadas que deixam marcas pretas na pele. Coisas de amantes. Esse homem da carta deve saber muito. Um atleta sexual. Minha amiga Marjori falou de um artista da televisão. Podia ficar quantas horas quisesse na mulher. Tirava, punha, virava, repunha, revirava, inventava, as mulheres tresloucadas por ele. Onde Marjori achou estas besteiras, ela não conhece ninguém de tevê?

Interessa é que a gente assim se diverte. Se bem que se possa divertir, sem precisar se sujeitar a certas coisas. Dessas que a mulher se vê obrigada, para contentar o marido e ele não vá procurar outras. Que diabo, mulher tem que se impor! Que pensam que somos para nos utilizarem? Como se fôssemos aparelhos de barba, com gilete descartável. Um instrumento prático para o dia-a-dia, com hora certa! Como os homens conseguem fazer barba diariamente, na mesma hora? Nunca mudam. Todos os dias raspando, os gestos eternos. É a impressão que tenho quando entro no banheiro e vejo meu marido fazendo a barba. Há quinze anos, ele começa pelo lado direito, o esquerdo, deixa o queixo para o fim, apara o bigode. Rio muito quando olho o bigode. Não posso esquecer um dia que os pelinhos do bigode me rasparam, ele estava com a cabeça entre as minhas pernas, brincando. Vinha subindo, fechei as pernas, não vou deixar fazer porcarias deste tipo. Quem pensa que sou? Os homens experimentam, se a mulher deixa, vão dizer que sou da vida. Puta, dizem puta, mas é palavra que me desagrada. E o bigode faz cócegas, ri, ele achou que eu tinha gostado, quis tentar de novo, tive de ser franca, desagradável. Ele ficou mole, inteirinho, durante mais de duas semanas nada aconteceu. O que é um alívio para a mulher. Quando não acontece é feriado, férias. Por que os homens não tiram férias coletivas? Ia ser tão bom para as mulheres, nenhum incômodo, nada de estar se sujeitando. Na carta de anteontem ele comentava o *tamanho de sua língua, que tem ponta afiada e uma velocidade* de não sei quantas rotações por segundo. Esse homem tem senso de humor. É importante que uma pessoa brinque, saiba fazer rir. O que ele vai fazer com uma língua a tantas mil rotações? Emprestar ao dentista para obturar dentes? Outra coisa engraçada que a carta falou, só que esta é uma outra carta, chegou no mês passado, num papel azul bonito: queria me ver de meias pretas e ligas. Ridículo, mulher nua de pé no meio do quarto, com meias pretas e ligas. Nem pelada nem vestida. E se eu pedisse a ele que ficasse de meias e ligas? Arranjava uma daquelas ligas antigas, que meu avô usava e deixava o homem pelado com meias. Igual fazer amor de chinelos. Outro dia, estava vendo o programa do Sílvio Santos, no domingo. Acho o domingo muito chato, sem ter o que fazer, as crianças vão patinar, meu marido passa a manhã nos campos de várzeas, depois almoça, cochila, e vai fazer jockeyterapia. Ligo a televisão, porque o programa Sílvio Santos tem quadros muito engraçados. Como o dos casais que respondem perguntas, mostrando que se conhecem. O Sílvio Santos perguntou aos casais se havia alguma coisa que o homem tivesse tentado fazer e a mulher não topou. Dois responderam que elas topavam tudo. Dois disseram que não, que a mulher não aceitava sugestões, nem achava legal novidade. A que não topava era morena, rosto bonito, lábio cheio e dentes brancos, sorridente, tinha cara de quem topava tudo e era exatamente a que não. A mulher franzina, de cabelos escorridos, boca murcha, abriu os olhos desse tamanho e respondeu que não havia nada que ele quisesse que ela não fizesse e a cara dele mostrava que realmente estavam numa boa. Parece que iam sair do programa e se comer.

Como se pode ir a público e falar desse jeito, sem constrangimento, com a cara lavada, deixando todo mundo saber como somos, sem nenhum respeito? Há que se ter compostura. Ouvi esta palavra a vida inteira, e por isso levo uma vida decente, não tenho do que me envergonhar, posso me olhar no espelho, sou limpa por dentro e por fora. Talvez por isso me lave tanto, para me igualar, juro que conservo a mesma pureza de menina encantada com a vida. Aliás, a vida não me desiludiu em nada. Tive pequenos aborrecimentos e problemas, nunca grandes desilusões e nenhum fracasso. Posso me considerar realizada, portanto satisfeita, sem invejas, rancores. Sou uma das mulheres que as famílias admiram neste prédio. Uma casa confortável, bem decorada, qualquer uma destas revistas de onde tiro as idéias podia vir aqui e fotografar, não faria vergonha. Nossa, cinco e meia, se não voar, meu marido chega, o carteiro entrega o envelope a ele, vai ser um sururu. Prestem atenção, veja a audácia do sujo, me escrevendo, semana passada. (Disse que faz três meses que recebo as cartas? Se disse, me desculpem, ando transtornada com elas, não sei mais o que fazer de minha vida, penso que numa hora acabo me desquitando, indo embora, não suporto esta casa, o meu marido sempre na casa de massagens e na várzea, esses filhos com patins, skates, enchendo álbuns de figurinhas e comendo como loucos.) Semana passada o maluco me escreveu: *Queria te ver no sururu, ia te pôr de pé no meio do salão e enfiar minha pica dura como pedra bem no meio da tua racha melada, te fodendo muito, fazendo você gritar quero mais, quero tudo, quero que todo mundo nesta sala me enterre o cacete.*

 Tive vontade de rasgar tal petulância, um pavor. Sem saber o que fazer, fiquei imobilizada, me deu uma paralisia, procurei imaginar que depois de estar em pé no meio da sala recebendo um homem dentro de mim, na frente de todos, não me sobraria muito na vida. Era me atirar no fogão e ligar o gás. Entrei em pânico quando senti que as pessoas poderiam me aplaudir, gritando bravo, bravo, bis, e sairiam dizendo para todo mundo: "sabe quem fode como ninguém? A rainha das fodas?" Eu. Seria a rainha, miss, me chamariam para todas as festas. Simplesmente para me ver fodendo, não pela amizade, carinho que possam ter por mim, mas porque eu satisfaria os caprichos e as fantasias deles. Situações horrendas, humilhantes, desprezíveis para mulher que tem um bom marido, filhos na escola, uma casa num prédio excelente, dois carros.

 Apanho a carta, como quem não quer nada, olho distraidamente o destinatário, agora mudou o envelope, enfio no bolso, com naturalidade, e caminho até a rua, me dirijo para os lados do supermercado, trêmula, sem poder andar direito, perna toda molhada. Fico tão ansiosa, deve ser uma doença que me molho toda, o suco desce pelas pernas, tenho medo que escorra pelas canelas e vejam. Preciso voltar, desesperada para ler a carta. O que estará dizendo hoje? Comprei puropurê, tenho dezenas de latas de puropurê. Cada vez que desço para apanhar a carta, vou ao supermercado e apanho uma lata de puropurê. O gesto é automático, nem tenho imaginação de ir para outro lado. Por que não compro ervilhas? Todo mundo adora ervilhas em casa. Se meu marido entrar na despensa e enxergar esse carregamento de puropurê vai querer saber o que significa. E quem é que sabe?

 É dele mesmo, o meu querido correspondente. Confesso, o meu pavor é me sentir apaixonada por este homem que escreve cruamente. Querer sumir, fugir com ele. Se aparecer não vou agüentar, basta ele tocar este telefone e dizer: "Venha, te espero no supermercado, perto da gôndola do puropurê." Desço correndo, nem faço as malas, nem deixo bilhete. Vamos embora, levando uma garrafa de champanhe, vamos para as festas que ele conhece. Fico louca, nem sei o que digo, tudo delírio, por favor não prestem atenção, nem liguem, não quero trepar com ninguém, adoro meu marido e o que ele faz é bom, gostoso, vou usar meias pretas e ligas para ele, vai gostar, penso que vai ficar louco, o pau endurecido querendo me penetrar. Corto o envelope com a tesoura, cuidadosamente. Amo estas cartas, necessito, se elas pararem vou morrer. Não consigo ler direito na primeira vez, perco tudo, as letras embaralham, somem, vejo o papel em branco. Ouça só o que ele me diz: *Te virar de costas, abrir sua bundinha dura, o buraquinho rosa, cuspir no meu pau e te enfiar de uma vez só para ouvir você gritar.* Não é coisa para mulher ler, não é coisa decente que se possa falar a uma mulher como eu. Vou mostrar as cartas ao meu marido, vamos à polícia, descobrir, ele tem de parar, acabo louca, acabo mentecapta, me atiro deste nono andar. Releio para ver se está realmente escrito isso, ou se imaginei. Escrito, com todas as palavras que não gosto: pau, bundinha. Tento outra vez, as palavras estão ali, queimando. Fico deitada, lendo, relendo, inquieta, ansiosa para que a carta desapareça, ela é uma visão, não existe e, no entanto, está em minhas mãos, escrita por alguém que não me considera, me humilha, me arrasa.

Agora, escureceu totalmente, não acendo a luz, cochilo um pouco, acordo assustada. E se meu marido chega e me vê com a carta? Dobro, recoloco no envelope. Vou à despensa, jogo a carta na cesta de natal, quero tomar um banho. Hoje é sexta-feira, meu marido chega mais tarde, passa pelo clube para jogar squash. A casa fica tranqüila, peço à empregada que faça omelete, salada, o tempo inteiro é meu. Adoro as segundas, quartas e sextas, ninguém em casa, nunca sei onde estão as crianças, nem me interessa. Porque assim me deito na cama (adolescente, escrevia o meu diário deitada) e posso escrever outra carta. Colocando amanhã, ela me será entregue segunda. O carteiro das cinco traz. Começo a ficar ansiosa de manhã, esperando o momento dele chegar e imaginando o que vai ser de minha vida se parar de receber estas cartas.

O santo que não acreditava em Deus

João Ubaldo Ribeiro

Temos várias espécies de peixe neste mundo, havendo o peixe que come lama, o peixe que come baratas do molhado, o peixe que vive tomando sopa fazendo chupações na água, o peixe que, quando vê a fêmea grávida pondo ovos, não pode se conter e com agitações do rabo lava a água de esporras a torto e a direito ficando a água leitosa, temos o peixe que persegue os metais brilhantes, umas cavalas que pulam para fora bem como tainhas, umas corvinas quase que atômicas, temos por exemplo o niquim, conhecido por todas as orlas do Recôncavo, o qual peixe não somente fuma cigarros e cigarrilhas, preferindo a tálvis e o continental sem filtro, hoje em falta, mas também ferreia pior do que uma arraia a pessoa que futuca suas partes, rendendo febre e calafrios, porventura caganeiras, mormente frios e tantas coisas, temos os peixes tiburones e cações, que nunca podem parar de nadar para não morrer afogados.

É engraçado que eu entenda tanto de peixe e quase não pegue, mas entendo. Os peixes miúdos de moqueca são: o carapicu, o garapau, o chicharro e a sardinha. Entremeados, podemos ferrar o baiacu e o barriga-me-dói, o qual o primeiro é venenoso e o segundo causa bostas soltas e cólicas. De uma ponte igual a essa, que já foi bastante melhor, podemos esperar também peixes de mais de palmo, porém menos de dois, que por aqui passam, dependendo do que diz o rei dos peixes, dependendo de uma coisa e outra. Um budião, um cabeçudo, um frade, um barbeiro. Pode ser um robalo ou uma agulha ou ainda uma moréia, isto dificilmente. O bom da pesca do peixe miúdo é quando estão mordendo verdadeiramente e sentamos na rampa ou então vamos esfriando as virilhas nestas águas de agosto e ficamos satisfeitos com aquela expedição de pescaria e nada mais desejamos da vida.

Ou quando estamos como assim nesta canoa, porém nada mordendo, somente carrapatos. Nesses peixes miúdos de moqueca, esquecia eu de mencionar o carrapato, que não aparece muito a não ser em certas épocas, devendo ter recebido o nome de carrapato justamente por ser uma completa infernação, como os carrapatos do ar. Notadamente porque esse peixe carrapato tem a boca mais do que descomunal para o tamanho, de modo que botamos um anzol para peixes mais fundos, digamos um vermelho, um olho-de-boi, um peixe-tapa, uma coisa decente, quando que me vem lá de baixo, parecendo uma borboletinha pendurada na ponta da linha, um carrapato. Revolta a pessoa.

E estou eu colocando uma linha de náilon que me veio de Salvador por intermédio de Luiz Cuiúba, que me traz essa linha verde e grossa, com dois chumbos de cunha e anzóis presos por uma espécie de rosca de arame, linha esta que não me dá confiança, agora se vendo que é especializada em carrapatos. Mas temos uma vazante despreocupada, vem aí setembro com suas arraias no céu e, com esses dois punhados de camarão miúdo que Sete Ratos me deu, eu amarro a canoa nos restos da torre de petróleo e solto a linha pelos bordos, que não vou me dar ao desfrute de rodar essa linha esquisita por cima da cabeça como é o certo, pode ser que alguém me veja. Daqui diviso os fundos da Matriz e uns meninos como formiguinhas escorregando nas areias descarregadas pelos saveiros, mas o barulho deles chega a mim depois da vista e assim os gritos deles parecem uns rabos compridos. Temos uma carteira quase cheia de cigarros; uma moringa, fresca, fresca; meia quartinha de batida de limão; estamos sem cueca, a água, se não fosse a correnteza da vazante, era mesmo um espelho; não falta nada e então botamos o chapéu um pouco em cima do nariz, ajeitamos o corpo na popa, enrolamos a linha no tornozelo e quedamos, pensando na vida.

Nisso começa o carrapato, que no princípio tive na conta de baiacus ladrões. Quem está com dois anzóis dos grandes, pegou isca de graça e a mulher já mariscou a comida do meio-dia pode ser imaginado que não vai dar importância a beliscão leve na linha. Nem leve nem pesado. Se quiser ferrar, ferre, se não quiser não ferre. Isso toda vez eu penso, como todo mundo que tem juízo, mas não tem esse santo que consiga ficar com aqueles puxavantes no apeador sem se mexer e tomar uma providência. Estamos sabendo: é um desgraçado de um baiacu. Se for, havendo ele dado todo esse trabalho, procuremos arrancar o anzol que o miserável engole e estropia e trataremos de coçar a barriga dele e, quando inchar, dar-lhe um pipoco, pisando com o calcanhar. Mas como de fato não é um baiacu, mas um carrapato subdesenvolvido, um carrapatinho de merda, com mais boca do que qualquer outra coisa, boca essa assoberbando um belo anzol preparado pelo menos para um dentão, não se pode fazer nada. Um carrapato desses a pessoa come com uma exclusiva dentada com muito espaço de sobra, se valesse a pena gastar fogo com um infeliz desses. Vai daí, carrapato na poça d'água do fundo da canoa e, dessa hora em diante, um carrapato por segundo mordendo o anzol, uma azucrinação completa. Foi ficando aquela pilha de carrapatinhos no fundo da canoa e eu pensei que então não era eu quem ia aparecer com eles em casa, porque com certeza iam perguntar se eu tinha catado as costas de um jegue velho e nem gato ia querer comer aquilo. Pode ser que essa linha de Cuiúba tenha especialidade mesmo em carrapato, pode ser qualquer coisa, mas chega a falta de vergonha ficar aqui fisgando esses carrapatos, de maneira que só podemos abrir essa quartinha, retirar o anzol da água, verificar se vale a pena remar até o pesqueiro de Paparrão nesta soalheira, pensar que pressa é essa que o mundo não vai acabar, e ficar mamando na quartinha, viva a fruta limão, que é curativa.

Nisto que o silêncio aumenta e, pelo lado, eu sinto que tem alguma coisa em pé pelas biribas da torre velha e eu não tinha visto nada antes, não podendo também ser da aguardente, pois que muito mal tomei dois goles. Ele estava segurando uma biriba coberta de ostras com a mão direita, em pé numa escora, com as calças arregaçadas, um chapéu velho e um suspensório por cima da camisa.

— Ai égua! — disse eu. — Veio nadando e está enxuto?

— Eu não vim nadando — disse ele. — Muito peixe?

— Carrapato miúdo.

— Olhe ali — disse ele, mostrando um rebrilho na água mais para o lado da Ilha do Medo. — Peixe.

Ora, uma manta de azeiteiras vem vindo bendodela, costeando o perau. É conhecida porque quebra a água numa porção de pedacinhos pela flor e aquilo vai igual a muitas lâminas, bordejando e brilhando. Mas dessas azeiteiras, como as peixas chamadas solteiras, não se pode esperar que mordam anzol, nem mesmo morram de bomba.

— Azeiteira — disse eu. — Só mesmo uma bela rede. E mais canoa e mais braço.

— Mas eles ficam pulando — disse ele, que tinha um sorriso entusiasmado, possivelmente porque era difícil não perceber que a água em cima como que era o aço de um espelho, só que aço mole como o do termômetro, e então cada peixe que subia era um orador. Aí eu disse, meu compadre, se vosmecê botar um anzol e uma dessas meninas gordurentas morder esse tal anzol, eu dou uma festa para você no hotel — ainda que mal pergunte, como é a sua graça?

Assim levamos um certo tempo, porque ele se encabulou, me afirmando que não apreciava mentir, razão por que preferia não se apresentar, mas eu disse que não botava na minha canoa aquele de quem não saiba o nome e então ficasse ele ali o resto da manhã, a tarde e a noite pendurado nas biribas, esperando Deus dar bom tempo. Mas que coisa interessante, disse ele dando um suspiro, isso que você falou.

— É o seguinte — disse ele, dando outro suspiro. — É porque eu sou Deus.

Ora, ora me veja-me. Mas foi o que ele disse e os carrapatinhos, que já gostam de fazer corrote-corrote com a garganta quando a gente tira a linha da água ficaram muitíssimo assanhados.

— É mais o seguinte — continuou ele, com a expressão de quem está um pouco enfadado. — Está vendo aqui? Não tem nada. Está vendo alguma coisa aqui? Nada! Muito bem, daqui eu vou tirar uma porção de linhas e jogar no meio dessas azeiteiras. E dito e feito, mais ligeiro que o trovão, botou os braços para cima e tome tudo quanto foi tipo de linha saindo pelos dedos dele, parecia um arco-íris. Ele aí ficou todo monarca, olhando para mim com a cara de quem eu não sou nem principiante em peixe e pesca. Mas o que aconteceu? Aconteceu que, na mesma hora, cada um dos anzóis que ele botou foi mordido por um carrapato e, quando ele puxou, foi aquela carrapatada no meio da canoa. Eu fiz: quá-quá-quá, não está vendo tu que temos somente carrapatos? Carrapato, carrapato, disse eu, está vendo a cara do besta? Ele, porém, se retou.

— Não se abra, não — disse ele — que eu mando o peixe lhe dar porrada.

— Porrada dada, porrada respostada — disse eu.

Para que eu disse isto, amigo, porque me saiu um mero que não tinha mais medida, saiu esse mero de junto assim da biriba, dando um pulo como somente cavacos dão e me passou uma rabanada na cara que minha cara ficou vermelha dois dias depois disto.

— Donde saiu essa, sai mais uma grosa! — disse ele dando risada, e o mero ficou a umas três braças da canoa, mostrando as gengivas com uma cara de puxa-saco.

— Não procure presepada, não — disse ele. — Senão eu mando dar um banho na sua cara.

— Mande seu banho — disse eu, que às vezes penso que não tenho inteligência.

Pois não é que ele mandou esse banho, tendo saído uma onda da parte da Ponta de Nossa Senhora, curvando como uma alface aborrecida a ponta da coroa, a qual onda deu tamanha porrada na canoa que fiquemos flutuando no ar vários momentos.

— Então? — disse ele. — Eu sou Deus e estou aqui para tomar um par de providências, sabe vosmecê onde fica a feira de Maragogipe?

— Qual é feira de Maragogipe nem feira de Gogiperama — disse eu, muito mais do que emputecido, e fui caindo de pau no elemento, nisso que ele se vira num verdadeiro azougue e me desce mais que quatrocentos sopapos bem medidos, equivalentemente a um cata-vento endoidado e, cada vez que eu levantava, nessa cada vez eu tomava uma porrada encaixada. Terminou nós caindo das nuvens, não sei qual com mais poeira em torno da garupa. Ele, no meio da queda, me deu uns dois tabefes e me disse: está convertido, convencido, inteirado, percebido, assimilado, esclarecido, explicado, destrinchado, compreendido, filho de uma puta? E eu disse sim senhor, Deus é mais. Pare de falar em mim, sacaneta, disse ele, senão lhe quebro todo de porrada. Reze aí um padre-nosso antes que eu me aborreça, disse ele. Cale essa matraca, disse ele.

Então eu fui me convencendo, mesmo porque ele não estava com essas paciências todas, embora se estivesse vendo que ele era boa pessoa. Esclareceu que, se quisesse, podia andar em cima do mar, mas era por demais escandaloso esse comportamento, podendo chamar a atenção. Que qualquer coisa que ele resolvesse fazer ele fazia e que eu não me fizesse de besta e que, se ele quisesse, transformava aqueles carrapatos todos em lindos robalos frescos. No que eu me queixei que dali para Maragogipe era um bom pedaço e que era mais fácil um boto aparecer para puxar a gente do que a gente conseguir chegar lá antes que a feira acabasse e aí ele mete dois dedos dentro da água e a canoa sai parecendo uma lancha da Marinha, ciscando por cima dos rasos e empinando a proa como se fosse coisa, homem ora. Achei falta de educação não oferecer um pouco do da quartinha, mas ele disse que não estava com vontade de beber.

Nisso vamos chegando muito rapidamente a Maragogipe e Deus puxa a poita desparramando muitos carrapatos pelos lados e fazendo a alegria dos siris que por ali pastejam e sai como que nem um peixe-voador. No meio do caminho, ele passa bastante desencalmado e salva duas almas com um toque só, uma coisa de relepada como somente quem tem muita prática consegue fazer, vem com a experiência. Porque ele nem estava olhando para essas duas almas, mas na passagem deu um toque na orelha de cada uma e as duas saíram voando ali mesmo, igual aos martins depois do mergulho. Mas aí ele ficou sem saber para onde ia, na beira da feira, e então eu cheguei perto dele.

— Tem um rapaz aqui — disse Deus, coçando a gaforinha meio sem jeito — que eu preciso ver.

— Mas por que vosmecê não faz um milagre e não acha logo essa pessoa? — perguntei eu, usando o vosmecê, porque não ia chamar Deus de você, mas também não queria passar por besta se ele não fosse.

— Não suporto fazer milagre — disse ele. — Não sou mágico. E, em vez de me ajudar, por que é que fica aí falando besteira?

Nessa hora eu quase ia me aborrecendo, mas uma coisa fez que eu não mandasse ele para algum lugar, por falar dessa maneira sem educação. É que, sendo ele Deus, a pessoa tem de respeitar. Minto: três coisas, duas além dessa. A segunda é que pensei que ele, sendo carpina por profissão, não estava acostumado a finuras, o carpina no geral não alimenta muita conversa nem gosta de relambórios. A terceira coisa é que, justamente por essa profissão e acho que pela extração dele mesmo, ele era bastante desenvolvidozinho, aliás, bem dizendo, um pau de homem enormíssimo, e quem era que estava esquecendo aquela chuva de sopapos e de repente ele me amaldiçoa feito a figueira e eu saio por aí de perna peca no mínimo, então vamos tratar ele bem, quem se incomoda com essas bobagens? Indaguei com grande gentileza como é que eu ia ajudar que ele achasse essa bendita dessa criatura que ele estava procurando logo na feira de Maragogipe, no meio dos cajus e das rapaduras, que ele me desculpasse, mas que pelo menos me dissesse o nome do homem e a finalidade da procura. Ele me olhou assim na cara, fez até quase que um sorriso e me explicou que ia contar tudo a mim, porque sentia que eu era um homem direito, embora mais cachaceiro do que pescador. Em outro caso, ele podia pedir segredo, mas em meu caso ele sabia que não adiantava e não queria me obrigar a fazer promessa vã. Que então, se eu quisesse, que contasse a todo mundo, que ninguém ia acreditar de qualquer jeito, de forma que tanto faz como tanto fez. E que escutasse tudo direito e entendesse de uma vez logo tudo, para ele não ter de repetir e não se aborrecer. Mas Deus, ah, você não sabe de nada, meu amigo, a situação de Deus não está boa. Você imagine como já é difícil ser santo, imagine ser Deus. Depois que eu fiz tudo isto aqui, todo mundo quer que eu resolva os problemas todos, mas a questão é que eu já ensinei como é que resolve e quem tem de resolver é vocês, senão, se fosse para eu resolver, que graça tinha? É homens ou não são? Se fosse para ser anjo, eu tinha feito todo mundo logo anjo, em vez de procurar tanta chateação com vocês, que eu entrego tudo de mão beijada e vocês aprontam a pior melança. Mas, não: fiz homem, fiz mulher, fiz menino, entreguei o destino: está aqui, vão em frente, tudo com liberdade. Aí fica formada por vocês mesmos a pior das situações, com todo mundo passando fome sem necessidade e cada qual mais ordinário do que o outro, e aí o culpado sou eu? Inclusive, toda hora ainda tenho de suportar ouvir conselhos: se eu fosse Deus, eu fazia isto, se eu fosse Deus eu fazia aquilo. Deus não existe porque essa injustiça e essa outra e eu planejava isso tudo muito melhor e por aí vai. Agora, você veja que quem fala assim é um pessoal que não acerta nem a resolver um problema de uma tabela de campeonato, eu sei porque estou cansado de escutar rezas de futebol, costumo mandar desligar o canal, só em certos casos não. Todo dia eu digo: chega, não me meto mais. Mas fico com pena, vou passando a mão pela cabeça, pai é pai, essas coisas. Agora, milagre só em último caso. Tinha graça eu sair fazendo milagres, aliás tem muitos que me arrependo por causa da propaganda besta que fazem, porque senão eu armava logo um milagre grande e todo mundo virava anjo e ia para o céu, mas eu não vou dar essa moleza, está todo mundo querendo moleza. A dar essa moleza, eu vou e descrio logo tudo e pronto e ninguém fica criado, ninguém tem alma, pensamento nem vontade, fico só eu sozinho por aí no meio das estrelas me distraindo, aliás tenho sentido muita falta. É porque eu não posso me aporrinhar assim, tenho que ter paciência. Senão, disse ele, senão... e fez uma menção que ia dar um murro com uma mão na palma da outra e eu aqui só torcendo para que ele não desse, porque, se ele desse, o mínimo que ia suceder era a refinaria de Mataripe pipocar pelos ares, mas felizmente ele não deu, graças a Deus.

Então, explicou Deus, eu vivo procurando um santo aqui, um santo ali, parecendo até que sou eu quem estou precisando de ajuda, mas não sou eu, é vocês, mas tudo bem. Agora, é preciso que você me entenda: o santo é o que faz alguma coisa pelos outros, porque somente fazendo pelos outros é que se faz por si, ao contrário do que se pensa muito por aí. Graças a mim que de vez em quando aparece um santo, porque senão eu ia pensar que tinha errado nos cálculos todos. Fazer por si é o seguinte: é não me envergonhar de ter feito vocês igual a mim, é só o que eu peço, é pouco, é ou não é? Então quem colabora para arrumar essa situação eu tenho em grande apreço. Agora, sem milagre. Esse negócio de milagre é coisa para a providência, é negócio de emergência, uma correçãozinha que a gente dá. Esse pessoal não entende que, toda vez que eu faço um milagre, tem de reajustar tudo, é uma trabalheira que não acaba, a pessoa se afadiga. Buliu aqui, tem de bulir ali, é um inferno, com perdão da má palavra. O santo anda dificílimo. Quando eu acho um, boto as mãos para o céu.

Tendo eu perguntado como é que ele botava as mãos para o céu e tendo ele respondido que eu não entendia nada de Santíssima Trindade e calasse minha boca, esclareceu que estava procurando um certo Quinca, conhecido como Das Mulas, que por ali trabalhava. Mas como esse Quinca, perguntei, não pode ser o mesmo Quinca! Pois esse Quinca era chamado Das Mulas justamente por viver entre burros e mulas e antigamente podendo ter sido um rapaz rico, mas havendo dado tudo aos outros e passando o tempo causando perturbação, ensinando besteiras e fazendo questão de dar uma mão a todos que ele dizia que eram boas pessoas, sendo estas boas pessoas dele todas desqualificadas. Porém ninguém fazia nada com ele porque o povo gostava muito dele e, quando ele falava, todo mundo escutava. Além de tudo, gastava tudo com os outros e vivia dando risadas e tomava poucos banhos e era um homem desaforado e bebia bastante cana, se bem que só nas horas que escolhia, nunca em outras. E, para terminar, todo mundo sabia que ele não acreditava em Deus, inclusive brigava bastante com o padre Manuel, que é uma pessoa distintíssima e sempre releva.

— Eu sei — respondeu Deus. — Isto é mais uma dificuldade.

E, de fato, fomos vendo que a vida de Deus e dos santos é muito dificultosa desde aí, porque tivemos de catar toda a feira atrás desse Quinca e sempre onde a gente passava ele já tinha passado. Ele foi encontrado numa barraca, falando coisas que a mulher de Lóide, aquela outra santa, fingia que achava besteira, mas estava se convencendo e então eu vi que aquilo ia acabar dando problema. Olha aí, mostrei eu, ele ali causando divergência. É isso mesmo, disse Deus com olhar de grande satisfação, certa feita eu também disse que tinha vindo separar homem e mulher. Não quero nem saber, me apresente.

E então tivemos um belo dia, porque depois da apresentação parece que Quinca já tinha tomado algumas e fomos comer um sarapatel, tudo na maior camaradagem, porque estava se vendo que Quinca tinha gostado de Deus e Deus tinha gostado dele, de maneira que ficaram logo muitíssimo amigos e foi uma conversa animada que até às vezes eu ficava meio de fora, eles tinham muita coisa a palestrar. Nisso tome sarapatel até as três e todo mundo já de barriga altamente estufada, quando que Quinca me resolve tomar uma saideira com Deus e essa saideira é nada mais nada menos do que na casa de Adalberta, a qual tem mulheres putas. Nessa hora, minha obrigação, porque estou vendo que Deus está muito distraído e possa ser que não esteja acostumado com essas aguardentes de Santo Amaro que ele tomou mais de uma vintena, é alertar. Chamei assim Deus para o canto da barraca enquanto Quinca urinava e disse olhe, você é novo por aqui, pelo menos só conhecíamos de missa, de maneira que essa Adalberta, não sei se você sabe, é cafetina, não deve ficar bem, não tenho nada com isso, mas não custa um amigo avisar. Ora, rapaz, você tem medo de mulher, disse Deus, que estava mais do que felicíssimo e, se não fosse Deus, eu até achava que era um pouco do efeito da bebida. Mas, se é ele que fala assim, não sou eu que fala assado, vá ver que temos lá alguma rapariga chamada Madalena, resolvi seguir e não perguntar mais nada.

Pois tomaram mais e fizeram muito grande sucesso com as mulheres e era uma risadaria, uma coisa mesmo desproporcionada, havendo mesmo um serviço de molho pardo depois das seis, que a fome apertou de novo, e bastantes músicas. Cada refrão que Quinca mandava, cada refrão Deus repicava, estava uma farra lindíssima, porém sem maldade, e Deus sabia mais sambas de roda que qualquer pessoa, leu mãos, recitou, contou passagens, imitou passarinho com perfeição, tirou versos, ficou logo estimadíssimo. Eu, que estava de reboque bebendo de graça e já tinha aprendido que era melhor ficar calado, pude ver com o rabo do olho que ele estava fazendo uns milagres disfarçados, a mim ele não engana. As mulheres todas parece que melhoraram de beleza, o ambiente ficou de uma grande leveza, a cerveja parecia que tinha saído do congelador porém sem empedrar e, certeza eu tenho mas não posso provar, pelo menos umas duas blenorragias ele deve de ter curado, só pelo olhar de simpatia que ele dava. E tivemos assim belas trocas de palavras e já era mais do que onze quando Quinca convidou Deus para ver as mulas e foram vendo mulas que parecia que Deus, antes de fazer o mundo, tinha sido tropeiro. E só essa tropica e essa não tropica, essa empaca e essa não empaca, essa tem a andadura rija, essa pisa pesado, essa está velha, um congresso de muleiros, essa é que é a verdade.

É assim que vemos a injustiça, porque, a estas alturas, eu já estou sabendo que Deus veio chamar Quinca para santo e que dava um trabalho mais do que lascado, só o que ele teve de estudar sobre mulas e decorar de sambas de roda deve ter sido uma esfrega. Mas eu já estava esperando que, de uma hora para outra, Deus desse o recado para esse Quinca das Mulas. Como de fato, numa hora que a conversa parou e Quinca estava só estalando a língua da cachaça e olhando para o espaço, Deus, como quem não quer nada, puxou a prosa de que era Deus e tal e coisa.

Ah, para quê? Para Quinca dizer que não acreditava em Deus. E para Deus, no começo com muita paciência, dizer que era Deus mesmo e que provava. Fez uns dois milagres só de efeito, mas Quinca disse que era truques e que, acima de tudo, o homem era homem e, se precisasse de milagre, não era homem. Deus, por uma questão de honestidade, embora o coração pedisse contra nessa hora, concordou. Então ande logo por cima da água e não me abuse, disse Quinca. E eu só preocupado com a falta de paciência de Deus, porque, se ele se aborrecesse, eu queria pelo menos estar em Valença, não aqui nesta hora. Mas ele só patati-patatá, que porque ser santo era ótimo, que tinha sacrifícios mas também tinha recompensas, que deixasse daquela besteira de Deus não existir, só faltou prometer dez por cento. Mas Quinca negaceava e a coisa foi ficando preta e os dois foram andando para fora, num particular e, de repente, se desentenderam. Eu, que fiquei sentado longe, só ouvia os gritos, meio dispersados pelo vento.

— Você tem que ser santo, seu desgraçado! — gritava Deus.
— Faz-se de besta! — dizia Quinca.

E só quebrando porrada, pelo barulho, e eu achando que, se Deus não ganhasse na conversa, pelo menos ganhava na porrada, eu já conhecia. Mas não era coisa fácil. De volta de meia-noite e meia até umas quatro, só se ouvia aquele cacete: deixe de ser burro, infeliz! cale essa boca, mentiroso! E por aí ia. Eu só sei que, umas cinco horas mais ou menos, com Gerdásia do mercado trazendo um mingau do que ela ia vender na praça e fazendo a caridade de dar um pouco para mim e para Deus, por sinal que ele toma mingau como se fosse acabar amanhã e não tivesse mais tempo, os dois resolveram apertar a mão, porém não resolveram mais nada: nem Deus desistia de chamar Quinca para o cargo de santo, nem Quinca queria aceitar esse cargo.

— Muito bem — disse Deus, depois de uma porção de vezes que todo mundo dizia que já ia, mas enganchava num resto de conversa e regressava. — Eu volto aqui outra vez.

— Voltar, pode voltar, terá comida e bebida — disse Quinca. — Mas não vai me convencer!

— Rapaz, deixe de ser que nem suas mulas!
— Posso ser mula, mas não tenho cara de jegue!

E aí mais pau, mas, quando o dia já estava moço, aí por umas seis ou sete horas da manhã, estamos Deus e eu navegando de volta para Itaparica, nenhum dos dois falando nada, ele porque fracassou na missão e eu porque não gosto de ver um amigo derrotado. Mas, na hora que nós vamos passando pelas encostas do Forte, quase nos esquecendo da vida pela beleza, ele me olhou com grande simpatia e disse: fracasso nada, rapaz. Não falei nada, disse eu. Mas sentiu, disse ele. Se incomode não, disse ele, nem toda pesca rende peixes. E então ficou azul, esvoaçou, subiu nos ares e desapareceu no céu.

O japonês dos olhos redondos

Zulmira Ribeiro Tavares

Meu amigo e informante almoça comigo aos domingos em minha casa. Ele é desquitado, não tem filhos, eu, um solteirão. Ele vive de rendas, poucas, eu sou tradutor, tenho algumas economias além da casa própria. Nada nos aflige em particular; nem a velhice um dia — já passamos os quarenta, somos contemporâneos, a data exata de nosso nascimento vai mais por conta da imaginação do que dos fatos; com isso mostro-me francamente otimista, não acho que estamos nos saindo assim tão mal; fazemos o nosso cooper na pista do parque Ibirapuera nas manhãs de domingo e depois do chuveiro nos premiamos com um bom almoço comprado no restaurante da rua de trás; a que sai da avenida larga, aquela avenida extensa onde um dia existiu apenas o leito para as águas sujas do córrego do Sapateiro.

Digo que meu amigo além de amigo é informante porque é ele que aos domingos reapresenta o mundo e as coisas para mim. Não que eu não tenha idéias. Como não? E muitas! Mas ele, por assim dizer, é quem anuncia primeiro, ele que primeiro assinala, descreve, interpreta. Eu me resguardo. Quase sempre me calo. Mas quando a discordância é muita, respondo. Em suma: ele que me informa verdadeiramente sobre as coisas, eu simplesmente reajo. O que tenho e o que sei são em princípio para o meu uso. Deixo que as impressões se acumulem, deixo que desçam fundo e formem um depósito. É o meu amigo que faz nascer, por oposição, o meu mundo desse depósito, tudo: uma espécie de vórtice ao contrário que se pusesse em movimento por efeito de alguma palavra sua e, em margens circulares cada vez mais amplas, fosse largando sucessivamente: minha casa, o bairro, suas ruas, enfim as idéias, as cidades, fortificações concêntricas, perfeitamente estruturadas que ninguém diria pudessem brotar da natureza até certo ponto amorfa como vem a ser a dos depósitos. Sendo esse o caso, eu dependendo da sua informação para colocar a minha, tenho-me na conta e acertadamente, de seu contra-informante. Não deve causar espécie a idéia de eu procurar definir nossas manifestações recíprocas de amizade como atos de informação e contra-informação. Afinal somos, como todos em quem esbarramos andando por aí mais ou menos de pé, os transeuntes da contra-revolução de 64 (que meu amigo insiste em chamar de revolução).

Veios desgarrados e insubmissos do córrego do Sapateiro ou de algum outro que eu nunca soube, fizeram — ajudados pelos aguaceiros de verão — o seu trabalho de sapa no subsolo do meu terreno. Metade do muro da frente desabou. Contratei dois pedreiros que amanhã tornam a erguê-lo, talvez mova um processo contra a Prefeitura por perdas e danos, mas hoje:

Uma paisagem nova abre-se para mim e meu amigo. Defronte, a casa do tintureiro torna-se próxima e animada. O tintureiro, coisa que nunca me ocorreu, também não trabalha aos domingos. Anda de lá para cá na sua propriedade, ergue-se, senta-se, almoça, cuida da sua cerca-viva de azaléias. Sorri, cumprimenta:

Meu amigo, duríssimo e preciso, informa-me no ato:

— Dissimulado como todos os japoneses. Reparou no sorriso?

Calo-me como é de meu feitio.

— Reparou no sorriso?

De início acho mais prudente responder-lhe com outra pergunta para ver se o distraio das vertentes sem volta onde usualmente sua retórica imbatível o lança. Arrisco:

— Que sorriso?

— Pergunta estapafúrdia! E grosseira se me permite a franqueza! De quem havia de ser o sorriso? O seu? Não gastaria um perdigoto para descrevê-lo! O do muro caído? Sorriem os muros por acaso? E ainda que assim fosse, teria *esse* muro em especial, razões particulares para sorrir?

Permaneço razoavelmente calmo. Mastigo minha lasanha, bebo um gole do tinto, brinco com o guardanapo. Ouso mesmo a barbaridade do lugar-comum:

— Parece que vai chover.

Meu informante lambe o dedo indicador e o espeta para fora da janela na mornidão do dia para ver de que lado vem o vento; não vem de nenhum.

Na casa defronte observa-o o vizinho tintureiro, o sorriso aumenta, quase um riso. Meu amigo recolhe o dedo sobressaltado; volta à carga:

— Você tem ainda o desplante de me perguntar *que* sorriso?

Faz calor na sala, acho-me antecipadamente cansado e concedo:

— Suponho que queira se referir ao tintureiro meu vizinho, não?

— Japonês!

Sinto-me no direito de manifestar meu espanto jogando o guardanapo com força sobre a mesa. Meu amigo o ignora e volta à carga:

— Reparou no sorriso? Se não reparou há pouco tem oportunidade agora pois o dissimulado continua de boca aberta!

Apesar de ser impossível ao vizinho pegar o conteúdo das palavras de meu informante, *eu*, como forma de compensação, cumprimento-o várias vezes, aceno-lhe, agito aflitivamente o guardanapo como se fosse uma bandeirinha de sinaleiro.

— Vai em frente, vai em frente — provoca meu amigo. — Só falta você se jogar pela janela e ir lhe lamber os pés! Inocente útil! E se fosse um espião?

— Um espião!? — Confundo-me, interrompo-me, vejo que me deixei apanhar numa armadilha. É preciso voltar atrás. Retomar o fio. Afasto o copo de vinho, procuro ficar lúcido como um filamento aceso, falo escandindo as sílabas:

— Meu caro, o que o leva a supor que estamos diante de *um tintureiro japonês?*

Meu amigo e informante responde limpidamente, os olhos postos no outro lado da rua:

— Reparou na *natureza* do sorriso?

— Muito franco, muito aberto, se quer saber. Particularmente amigável.

— Perfeitamente, aí reside a completa dissimulação; aí também começa a pista. Meu Deus, meu Deus! Você é mesmo um simples de coração! Um sorriso dissimulado que se mostrasse *francamente* dissimulado, o seria? hein?

Sua lógica perfeita mantém minha boca fechada.

— Um sorriso *dissimuladamente* franco, por sua vez, teria alguma coisa a ver com esse caso? Não, claro, porque um sorriso dessa espécie nada mais é que o de um caráter franco que por pudor se oculta, disfarça por timidez suas manifestações mais sinceras, está me seguindo?

Aprovo com a cabeça e tomo mais vinho.

— Agora, o que me diz de um sorriso *francamente franco*? Hum?

Aliso a toalha da mesa e me permito regurgitar de forma audível para mostrar que não apenas estou na minha casa como estou *muito* à *vontade* na *minha casa*. Mas meu amigo encontra-se surdo para tudo que não diga respeito à sua cerrada argumentação; continua:

— É na manifestação absoluta de franqueza, no sorriso inteiramente aberto sem qualquer hesitação que igualmente se manifesta a máxima dissimulação é lógico! Sendo assim,

Irritado no limite da cólera eu o interrompo:

— Muito bem! E aonde está querendo chegar?

Meu amigo pede calma; repete a lasanha, está seguro como em raros domingos eu o vi e particularmente satisfeito:

— Meu caro, não estou querendo chegar porque já cheguei. O sorriso perfeitamente franco desse seu vizinho tintureiro naturalmente não faz mais do que exprimir a capacidade para a perfeita dissimulação, própria da raça!

— Que raça?

— Recomeçamos como no caso do sorriso? Que raça, que raça! Amarela, amarela! Japonesa, japonesa! Preciso ficar aqui repetindo como um disco quebrado? Amarela! Amarela! Japonesa! Japonesa!

Respiro fundo, enxugo o suor da testa com a ponta do guardanapo, um gesto que reconheço desagradável e que nunca pensei fazer diante de terceiros. Meu amigo desvia os olhos de mim com uma ponta de repugnância em uma dessas manifestações espontâneas de rejeição pelo outro que mesmo a maior amizade não consegue sempre ocultar. Pergunto, novamente destacando as sílabas:

— O que o leva a supor que tenha diante dos olhos, ali defronte, um cidadão japonês?

— Ora, ora! Não bastasse o sorriso, a profissão!

— E por que os tintureiros teriam que ser necessariamente japoneses?

— Meu caro, não necessariamente. Mas veja, sem querer chamá-lo de ignorante, suponho que você conheça algo sobre imigração japonesa, as diversas profissões ocupadas no Estado de S. Paulo no meio urbano depois que os descendentes dos primeiros japoneses, deixando a lavoura...

— Basta!

— Pois bem, basta. Não pensei em ofendê-lo. Mas quando se junta a essa característica ocupacional típica, outra característica também típica, étnica ou cultural, como queira, o sorriso dissimulado, o que mais precisa para formar um juízo?

Sinto que a minha jugular lateja. Nunca pensei até o dia de hoje na minha jugular, nunca pensei em nomeá-la, tenho até dúvidas se é a jugular mesmo, mas algo no meu pescoço pula de forma insistente como se fosse a qualquer momento escapar do estojo da pele, minhas palavras se atropelam, afasto o copo de vinho, digo respirando fundo:

— Se outros sinais não lhe foram suficientes, tenho o prazer aqui agora de lhe afirmar que ali defronte acha-se um tintureiro brasileiro! Um tintureiro brasileiro, nem mais nem menos!

— Um nisei, quer você dizer?

— Não, não é um nisei o que eu quero dizer. Trata-se de um tintureiro brasileiro, brasileiro! Cujo pai porém, além de não ter sido um japonês, também não foi um português! Ou africano, ou italiano!

— Ah, ah, e como então se chama *esse* senhor "brasileiro"? — Meu amigo aspeia a palavra no ar com grande habilidade cênica.

— Marcus Czestochowska! não sei se pronuncio certo, o que não vem ao caso.

— E como vem! Divina Providência! Czestochowska, Kurosawa! O que quer mais?

— Como o que quero?

— Então, não conhece o diretor japonês de cinema, Akira Kurosawa? Não percebe que se trata de nomes gêmeos, com o mesmo peso sonoro, provindos do mesmo chão?

Estou farto e não o escondo:

— Não seja imbecil, é um nome polonês, aliás o nome de uma cidade da Polônia. Nunca ouviu falar de Matka Boska Czestochowska, analfabeto? É a Virgem Maria, é uma imagem da Virgem Maria que existe pendurada numa igreja em Czestochowska! Provavelmente a idéia de adotar o nome da cidade como nome de família vem de algum ascendente mais remoto que simples pais ou avós, arrastado, quem sabe, por irresistível surto de nacionalismo exaltado ou catolicismo triunfalista, que sei eu?

Meu amigo balança a cabeça penalizado por mim e por meu empenho. Não serão questiúnculas, ciscos como esses que o irão demover quando algo verdadeiramente grande se acha à sua frente. Não ele! Enumera em voz alta contando nos dedos:

— O *sorriso*, a *profissão*, a *geminação sonora*, três dados. Como não bastassem, o *quarto* e que arrasta e confirma os outros três: a *ocultação* da nacionalidade (com ou sem adulteração de documentos o que aqui é irrelevante). Oh, meu Deus, se fosse no tempo da guerra quando o Brasil declarou guerra ao Eixo eu simplesmente denunciaria e mandaria prender esse japonês!

Na minha cabeça zumbem moscas, não as vejo porque voam internamente, mas as suponho coloridas, são varejeiras, mil, as asas irisadas, batem na parte interna do crânio, as asas como mica ao sol, cintilam, fracionam-se em mil outras, enchem-se a cabeça de som, cascalho e loucura. Agarro-me aos fiapos de razão que sobram, procuro manter-me à tona, contra-argumento:

— Espere que o homem se vire para nós, olhe, vem vindo para mexer de novo na cerca, aproveite agora que está bem de frente; observe: que cor tem o seu rosto? é amarelo? pálido? negro?

Meu informante retruca sem medo:

— Rosado, não o nego. E não teria por quê.

Ganho forças paulatinamente, continuo:

— Bem, agora preste *muita* atenção. E os seus olhos, serão oblíquos? amendoados? puxados? entrefechados?

Meu amigo dá um pequeno salto e sufoca um grito que me parece de exultação e que talvez pela proximidade do assunto me lembra muito o sinal de luta dos samurais como sempre vejo no cinema. Ele investe:

— Era por aqui que você queria me pegar? Oh, meu Deus mas a que primarismo chegamos! Para você então o real é o imediatamente dado, suponho? Na sua idade!

Não quero saber de conversa fiada; insisto:

— Seus olhos, seus olhos, responda-me!

— Com prazer, com muito prazer! Redondos, REDONDOS!

As moscas varejeiras retornam pelos ouvidos nas palavras de meu amigo, entram e dançam dentro da cabeça. Mas eu quase mecanicamente vou em frente:

— A cor?

Meu amigo informa-me com a segurança e a alegria de um colorista nato:

— Azuis, azuis! Você duvida? Olhe lá em frente!

Do outro lado da rua, no jardim da casa oposta, os olhos de meu querido vizinho Marcus Czestochowska reluzem como dois faroletes celestes, cintilam em nossa direção curiosos. Já perceberam uma movimentação ativa demais para uma simples mesa de almoço.

Meu amigo agora fará sua preleção final:

— Você talvez veja pouco televisão, talvez a julgue um divertimento menor, um veículo plebeu. É pena. Se a visse com regularidade como eu, talvez soubesse que durante muito tempo teve enorme sucesso aqui no país um seriado japonês, um desenho animado em episódios chamado "Taro

Kid". Pois bem, o herói desse seriado japonês tinha que tipo de olhos? Puxados, por acaso? Redondos, absolutamente redondos! Mesmo hoje se você ligar a televisão para ver desenho japonês não vai ver coisa diferente. Mas o "Taro Kid" é que chamou primeiro atenção para o fato, por isso eu cito. Se você além disso deixasse essa inércia, descolasse o traseiro aí de Vila Nova e fosse dar uma volta pela Liberdade, veria muitos outros desenhos japoneses onde os heróis sempre, com raríssimas exceções, têm os olhos?

— Absolutamente redondos — respondo com um fio de voz.

— Você em sua cegueira dirá que isso acontece por motivos de aculturação, exportação, etc. etc. Invocará (pois passei a conhecê-lo bem de 64 para cá) mil fatores heterogêneos, indústria, capital, alteridade, interculturalidade, com a maior sem-cerimônia. E botará esse equipamento todo em cena, para quê? Para complicá-la. E tudo isso com que finalidade? Recusar mais uma vez teimosamente,

— ?
— A perfeita dissimulação!
— ?
— Própria da raça!
— ?
— Amarela!

Mas meu amigo ainda não terminou:

— E a coisa não fica só ao nível da imagem cinematográfica, não senhor, irradia-se para o humano, lá chega, penetra a carne, o conteúdo mesmo dessa imagem de cinema! Você naturalmente (ou pelo menos assim espero) já leu alguma coisa sobre imigração japonesa nos Estados Unidos?

— Não tive a oportunidade.

— É pena, é pena. Pois bem, informo-lhe; não irá perder a informação, não por mim. A coisa é a seguinte: mesmo sem nenhum casamento misto, sem nenhum fator de miscigenação, alguns traços físicos desses imigrantes começam a mudar, inicialmente constatou-se a alteração na altura média, devida provavelmente à alimentação diversa, ao clima etc. Agora ouça.

Acho-me imóvel com a cabeça ligeiramente estendida para meu amigo de forma que o sol quente da tarde se abate sobre minhas orelhas, elas ardem fundo como duas línguas de fogo, duas labaredas apertando-me o crânio, para todos os efeitos sou mesmo "todo ouvidos".

— Ouça —, insiste mais uma vez meu amigo, não satisfeito com minha docilidade acesa e visível. — Ouça, ouça que tudo é ganho. Você (e não se é cientista, mesmo de domingo aqui como eu, se não se tem muito de imaginação criadora, se não se lança um grão de audácia dentro do rigor lógico!), você já pensou a que níveis extensos de dissimulação, a apropriação e controle dessa possibilidade de modificação dos caracteres físicos pode chegar? A miscigenação, e que seria à primeira vista a dissimulação mais evidente, fácil e completa, é bem outra coisa, na verdade a nega e por isso deve ser posta de lado nessa ordem de raciocínio. Pois no caso da miscigenação, a desaparição de características raciais se irá dar não por sua ocultação — o que aqui nos interessa — mas pela sua "confusão", pela sua "imersão" ou "solubilidade" em contato com outros genes, seria portanto na verdade a extinção da própria dissimulação, marca distintiva do biótipo em pauta (— e nessa altura meu informante faz uma pequena pausa, dá uma piscadela e aponta de forma significativa com o queixo, a casa defronte —). Já pensou como o controle e desenvolvimento dessa possibilidade de alteração física *sem* cruzamento vem a ser tão mais grave exatamente na medida em que ocorre por assim dizer, na superfície, permanece externa, manipula o fisionômico para fazê-lo funcionar como cortina de fumaça? Permita-me a veleidade agora de passar de cientista a poeta! Pense, ao pensar nessa espécie de disfarce, na natureza dissimulada dos biombos, dos gestos rituais para o preparo de um cachimbo de ópio (resvalei para os chineses, não importa), nas engenhosas silenciosas portas (ou paredes!) corrediças de papel de arroz (volto aos japoneses com sua arquitetura *escancaradamente* dissimulada), em suma: pense em tudo isso e pense mais; pense em como irão funcionar essas possibilidades ainda em aberto: como uma máscara de infinitos recursos onde por trás se há de esconder sempre, em quaisquer circunstâncias...

Completo porque não há mesmo outra coisa a fazer:

— O japonês, o amarelo, o oriental.

— Isso — reforça satisfeito meu informante e encerra a preleção com uma exortação carinhosa:

— Assim, não se deixe perturbar pelo fato dos olhinhos de seu vizinho serem azuis, muito menos se abale com o fato de serem redondos! Indo por essa ordem de raciocínio, por que haveria de espantá-lo a circunstância de estarem tais olhos embutidos numa face rosada e provavelmente (daqui de longe não posso afirmar com segurança) pintalgada de sardas? e (veja que a nada temo, que nada evito em minha descrição), circundada por cabelos vermelhos encaracolados e, vou mais longe, vou mais longe, tudo isso sustentado por uma coluna vertebral e mais duas pernas que, somadas, totalizam um conjunto de pelo menos metro e noventa e lá vai pedrada? E se eu nada temo, por que iria você se perturbar? Siga o meu exemplo, olhe em frente, no sentido literal e figurado do termo porque ambos se ajustam à situação. Olhe em frente e fique alerta: alerta sim, mas para o *significado oculto* de tudo isso, a *significação subjacente*. Em suma, analise com isenção e livre de paixões esse curioso espaço que proveitosamente se abre à nossa frente para o nosso mútuo regozijo intelectual. Observe nele a rigorosa não-coincidência entre a imagem média do japonês comum e a rica e complicada configuração de variegadas cores que se movimenta para lá da cerca-viva de azaléias! E garanto que se você estiver descansado e livre de preconceito, se o tinto não lhe tiver subido à cabeça, saberá sem dúvida chegar à conclusão correta.

    Uma pausa se dependura no ar parado como bicho preguiça. Migalhas de pão e salpicos de molho e vinho sujaram a toalha. Meu amigo e informante não teme a interrupção de nossa amizade. É antiga como o bairro, tem seus hábitos, seus desacordos que sempre voltam, alguns mais profundos e definitivos do que esse, como a estória da contra-revolução à qual meu parceiro de mesa sempre tira o aposto com a teatralidade de quem desembainha a espada e separa de golpe uma cabeça do tronco. Ele sem dúvida foi talhado para as situações absolutas e o que irá permanecer é a sua lógica de ferro, sua lógica fechada de algemas, perfeita como a circunferência do olho azul que distingo entre uma azaléia e outra, saltando espantado no puro amarelo do verão.

    Disse que minha qualidade de contra-informante nascia e se desenvolvia a partir da informação, prestada pelo meu companheiro de almoço de domingo. Isso é verdade. Todavia não disse que ultrapassada a primeira fase, do diálogo audível, a outra desenvolve-se sempre resistente mas invisível. Minha contra-informação como o subsolo de meu terreno tem um tipo de porosidade que a permite se mover perpetuamente e mover aquilo que sustenta. O bairro, o município e o mundo, as fortificações em que me apóio vogam docemente, talvez não resistam, mas disso eu gosto. Isso é a razão. Isso é comigo. Me abro reflexivamente sem forças, cedo porque minha formação é como essa terra preta do bairro, não presta, não edificará cidades ou códigos.

    Não ficará.

Vadico

Edilberto Coutinho

Matou no peito, encheu o pé com vontade e, pimba, gol. Sim, diz o moço da televisão, ele foi um craque. Observem esta seqüência, senhores telespectadores. Falta perigosa. Vadico toma distância. Uns poucos passos, apenas. Vejam só. Quando corria para a bola, a torcida fazia um coro de ôôôôôô que terminava numa explosão de gol. Este jogo foi em Paris. Cartazes nas ruas anunciavam:

VÁ AO PARC DES PRINCES
VER PELÉ ET COMPAGNIE

Pelé e Companhia. Os companheiros. Bastavam Pelé e Vadico para pagar o espetáculo. Depois dos aplausos habituais ao rei Pelé, a multidão se divertia com os chutes de Vadico. Os franceses adoraram e consagraram Vadico. *Est-ce que cet homme a cent pieds?* O Cem Pés. Aí nasceu o apelido.

O Cem Pés, no filme, após esse jogo na França, exibe as canelas cheias de cicatrizes. Denunciadoras, diz o locutor, da violência característica dos zagueiros que o enfrentavam.

O Cem Pés, um ídolo. Um gênio do futebol. Vadico, sendo entrevistado, diz que não senhor, não trocaria essa vida com a bola por nenhuma outra. As cicatrizes? Ele as olhava, diz o locutor, como um prêmio amargo pelas tantas vezes em que foi atingido.

Não havia de culpar a vida?

Mas eu nem tenho jeito pra contar uma história de forma organizada.

Bola pra frente. Na televisão, aquele moço:

Onde estão os ídolos do passado? Muitos, esquecidos, sós, abandonados. Como vivem? O que fazem? Fomos encontrar Vadico, o grande artilheiro que brilhou ao lado de Pelé, sentado num banco de parque, triste e só, aparentando pelo menos mais 20 anos além de sua idade real.

Enquanto a nova média esfria, estou vendo tudo de novo pelo televisor do bar. Repetem o filme sobre a carreira de Vadico. Sentei aqui e pedi a primeira média com pão e manteiga. Molhei o pão no café com leite e consumi logo tudo. Então, pedi uma segunda xícara. Sorvendo devagarinho. Agora já está meio fria. Mas não importa. Pedi mesmo para ter o direito, sem o portuga do garçom me aporrinhar, de permanecer no balcão mais tempo. Todo o tempo do programa.

É preto e branco o *Fantástico Show da Vida* (nome do programa a cores, com a moça lindinha na abertura, levantando o braço e mostrando o sovaquinho raspado). Sou um velho perdido na bosta da vida, com catarata numa das vistas. Parece que o mundo todo virou um quarto escuro. Todas as tardes estou num desses bancos do parque que o filme mostra. A vida de Vadico, hein? Tanta glória e agora essa penúria dele, igualzinho a mim, vivendo feito um molambo. Tem uma estátua, nesse parque, que só consigo enxergar bem na claridade do dia. É o corpo de uma jovem (parece a moça ousada do programa de televisão) e, quando a tardinha vem caindo, o corpo dela vai ficando monstruoso, e vou embora para o meu quarto. Um aposentado me aconselhou a não andar por aí à noite, e estou ainda esperando tratamento do Instituto para o meu olho direito.

Velho é um peso morto, eu disse para o homem ao meu lado, aquele dia no parque. Observei quando ele se aproximou e sentou junto de mim. A boina escura, a camiseta amarelecida sob a camisa estampada (e rota?), a calça de casimira surrada e a botina de solado de pneu formando a figura dele. Assim fiquei conhecendo Vadico. Ele chegou a me contar algumas daquelas histórias, em que eu nem podia acreditar. Contar histórias é ocupação de velho. Depois vi na televisão que era tudo verdade.

Numa tarde chuvosa de São Paulo (é a voz do moço arrumado da televisão), terminou seu futebol. Não era jogador de se poupar. Teve mais de 12 anos de carreira, artilheiro de ataques famosos. Jogou com Garrincha, Pelé, Gérson. Vadico não fugia da luta. Nesta seqüência, observem, senhores telespectadores, atenção, viu a bola, vindo pelo alto, pulou antes do zagueiro. Ganhou a bola (o filme mostra), mas caiu sobre o joelho. Vejam, Vadico permanece imóvel, gemendo de dor.

Num rápido exame, o médico do clube garantiu que aquilo não era coisa grave. O craque precisava apenas de alguns dias de recuperação. Mas esses dias se transformaram nos piores de sua vida. Um mês depois, estava decidida a operação. O tratamento à base de infiltrações e exercícios havia fracassado.

Um moleque parou na porta do bar, me olhou e berrou que velho tem cheiro de égua. Levantei o braço, num gesto ameaçador, mas muito fraco e lento, o diabinho ainda repetiu de égua, de égua, e saiu correndo. O portuga sorriu, me parece que sorriu, o puto, mas que importa esse safado? Forço bem a vista para ver o que aconteceu a Vadico. Mas agora, na televisão, passam uma propaganda. *Ao Sucesso, com Hollywood.* E chegou para perto essa mulherzinha morena, animada, as pestanas muito lambuzadas de uma tintura azul — acendo o meu *Continental, Preferência Nacional* — mas sem nenhuma outra pintura no rosto tenso. O que a menina vai querer?, pergunta o portuga. Esse homem era o máximo, ela diz, olhando para o televisor. Pede um conhaque Dreher.

Dois meses depois da operação, continua o narrador do filme, pouca coisa havia mudado. O joelho do craque continuava dolorido e a perna sem movimentos, apesar dos exercícios todos. O tempo passava para ele, que tinha a sua única alegria na lembrança dos tempos gloriosos. Aí aparece Vadico, este de agora que conheci, um velhinho desprezado como eu (embora tenha muito menos idade):

— Eu vivia fazendo gols. Eram tantos que perdi a conta. Sei apenas que foram muitos. Pena que acabaram.

Em seguida não se vê mais a figura de Vadico, mas se ouve a sua voz, enquanto mostram ele em ação: chutando, driblando, fazendo embaixadas. Depois, uma série de gols. Verdadeira pintura, coisa linda de se ver. Um quadro.

Às vezes, diz o locutor, a valentia lhe custava meses de atividade. A torcida quer uma presença constante.

Ficaram me dando esperanças, diz Vadico, até que um dia veio o médico e, finalmente, revelou: Você não pode mais jogar. Para o seu próprio bem, o médico me disse, é melhor encerrar a carreira. Sim, o médico confirmou, a contusão pode se agravar a ponto de aleijar o seu joelho. Aí eu já estava mesmo com o joelho mutilado por todas aquelas injeções e as operações. Doía quando andava, a qualquer flexão da perna. Compreendi que era impossível resistir. Tinha que parar. Tenho que ter coragem, pensei.

Outro conhaque, a mulherzinha pediu, com a voz tremida, e vi que devia ter chorado, o rosto dela num estado deplorável.

Era mesmo uma coragem enorme, diz o narrador da vida de Vadico, que lhe permitia entrar na área sob os pontapés dos zagueiros. Depois — com a mutilação — a coragem, ainda, de abandonar tudo aquilo que foi sua vida, e que lhe deu muitas glórias, até deixá-lo inutilizado, com a perna sem mexer.

Primeiro, foi o pontapé violento por trás, na panturrilha. Aquele beque era um cara muito parrudo (é a voz de Vadico, no filme), um cavalo forte. Um grosso com a bola, é claro. Vi que era fácil passar por ele, e não pude resistir aos dribles. O público aplaudiu, gritou meu nome. Cheguei a fazer aquelas embaixadas — o filme mostra ele controlando a bola, sem deixar cair, várias vezes seguidas, com o peito do pé esquerdo, uma série brilhante de embaixadas — e a galera vibrou. Gritaram mais alto meu nome. O filme mostra, o Maracanã inteiro uma só voz: va-di-co, va-di-cooo. Faltou humildade naquele cara, Vadico prosseguiu. Eu sei, todo jogador tem mesmo horror de ser feito de bobo. Porque, além dos dribles, das embaixadas, vai receber também o riso de gozação dos colegas, do público.

Era um boa-pinta, hein?, diz a mulher tomando um longo gole do seu conhaque, tremendo boa-pinta, um macho muito do bem-apanhado.

É claro, continua Vadico, que o jogador que parte para o bloqueio direto a um adversário — seja atacante, homem de meio-campo ou zagueiro-de-área — corre sempre o risco de ser driblado, e até de ser humilhado, feito de bobo. Mas é um risco que significa uma prova de dedicação ao time e não humilhação pessoal. Mas foi humilhação pessoal o que sentiu aquele zagueiro. Adiel, o nome dele. Desapareceu. Não sei por onde andará, hoje um velho igual a mim, outro que deve estar perdido por aí (a voz vai se tornando muito baixa, quase que não se ouve ele falar), mais um expulso da vida. Mas é isso (ouve-se melhor agora): na manobra do bloqueio, o primeiro jogador tem que se expor no drible. Se ele conseguir tomar a bola, tudo bem. Se for driblado, pode se irritar e até perder a cabeça. Como aquele becão, o tal Adiel. Foi aí que veio a bola dividida, e minha perna ficou. A mulherzinha deposita com ruído o copo no balcão:

Merda de vida.

Há três dias encontrei Vadico pela última vez. Vi você na televisão, eu disse, alegremente, quando ele se aproximou de mim no banco do parque. Estava tomando café e vi tudo pelo televisor do bar. Muita gente viu.

Contar histórias é ocupação de velho, Vadico disse.

Eu não sei contar direito, mas é isto que conto: estão repetindo agora o filme e estou tomando café de novo e assistindo de novo, e tem essa mulher que já mandou uns quatro conhaques, está de porre e não pára de chorar. E repetem o filme por causa do que Vadico fez ontem. (Se essa puta porrista parasse com o faniquito dela, eu ia me sentir melhor, mas ela tem razão: merda de vida.)

O único patrimônio que ele guarda com carinho, diz o mocinho bonito da televisão (esse aí, é claro, não cheira a égua velha), é esta bola (a bola enche toda a tela do televisor), e Vadico, entrevistado no seu quartinho pequenino e limpo, diz, foi um chute, que dei nela, que deu o tricampeonato ao nosso time. Me lembro muito bem. Mal o juiz apitou o final da partida, me abracei a essa boneca aí e disse, é minha, e está comigo até hoje.

Acordo todos os dias muito cedo. Vadico diz logo depois, e saio pra rua, que está sempre meio deserta, tem só uns poucos trastes, que vão madrugar no trabalho, ou essa gente que vem da noite. Não há muito o que fazer, moço, a mesma coisa todos os dias, a mesma coisa sempre. A gente procura nas pessoas que passam ou nas notícias dos jornais assunto para conversa durante o dia no parque (aí o filme mostra ele sentado no banco do parque; Vadico sozinho visto ao longe, e umas crianças que passam e olham com desagrado para a figura dele, meio recostado no banco). Mulher, moço? Quando acabou o futebol, elas acabaram também. Sim, houve algumas delas, mas parece que eu não levava muito jeito com elas não (um riso meio forçado, que vira uma careta), é, pois é, com as zinhas deu zebra. E a mulher do bar, quase aos gritos: Mais um, porra. O portuga veio com a garrafa e ela: Manda. O garçom entortou a garrafa, o líquido escorrendo em conta-gotas, e a puta, impaciente: Capricha. Pode caprichar. Pegou na mão do homem, entortando mais: Assim. Aí tá bom. E emborcou a nova dose até a metade.

Hoje Vadico é notícia em todos os jornais e tem essa bruaca que não pára de beber e de chorar. Tinha que dar zebra, né, Vadico?, com umas tipas como essa aí ao lado, o que você queria, meu amigo? E agora é o final do filme, que repetiram inteirinho porque ontem, como está dizendo agora esse moço aí na televisão, o famoso Cem Pés se libertou com as próprias mãos. E foi a primeira coisa que vi, hoje, nas manchetes dos jornais espetados nas bancas: a notícia de que Vadico, o famoso ídolo do passado, o célebre Cem Pés — um Deus dos estádios — tinha se matado, cortado o pescoço com uma navalha.

Assim que o filme terminou, eu paguei e me levantei para sair. Foi aí que a mulher arriou a cabeça sobre o balcão do bar, empurrando num gesto involuntário o copo de conhaque, ao mesmo tempo em que, abrindo a mão, libertou um frasco pequenino, sem tampa, de onde rolou uma pilulazinha verde. Só uma. As outras, o diabo da criatura tinha engolido com o conhaque.

Linda, uma história horrível

Caio Fernando Abreu

para Sergio Keuchguerian

*"Você nunca ouviu falar em maldição
nunca viu um milagre
nunca chorou sozinha num banheiro sujo
nem nunca quis ver a face de Deus."*
(Cazuza: "Só as mães são felizes")

Só depois de apertar muitas vezes a campainha foi que escutou o rumor de passos descendo a escada. E reviu o tapete gasto, antigamente púrpura, depois apenas vermelho, mais tarde rosa cada vez mais claro — agora, que cor? — e ouviu o latido desafinado de um cão, uma tosse noturna, ruídos secos, então sentiu a luz acesa do interior da casa filtrada pelo vidro cair sobre sua cara de barba por fazer, três dias. Meteu as mãos nos bolsos, procurou um cigarro ou um chaveiro para rodar entre os dedos, antes que se abrisse a janelinha no alto da porta.

Enquadrado pelo retângulo, o rosto dela apertava os olhos para vê-lo melhor. Mediram-se um pouco assim — de fora, de dentro da casa —, até ela afastar o rosto, sem nenhuma surpresa. Estava mais velha, viu ao entrar. E mais amarga, percebeu depois.

— Tu não avisou que vinha — ela resmungou no seu velho jeito azedo, que antigamente ele não compreendia. Mas agora, tantos anos depois, aprendera a traduzir como que-saudade, seja-benvindo, que-bom-ver-você ou qualquer coisa assim. Mais carinhosa, embora inábil.

Abraçou-a, desajeitado. Não era um hábito, contatos, afagos. Afundou tonto, rápido, naquele cheiro conhecido — cigarro, cebola, cachorro, sabonete, creme de beleza e carne velha, sozinha há anos. Segurando-o pelas duas orelhas, como de costume, ela o beijou na testa. Depois foi puxando-o pela mão, para dentro.

— A senhora não tem telefone — explicou. — Resolvi fazer uma surpresa.

Acendendo luzes, certa ânsia, ela o puxava cada vez mais para dentro. Mal podia rever a escada, a estante, a cristaleira, os porta-retratos empoeirados. A cadela se enrolou nas pernas dele, ganindo baixinho.

— Sai, Linda — ela gritou, ameaçando um pontapé. A cadela pulou de lado, ela riu. — Só ameaço, ela respeita. Coitada, quase cega. Uma inútil, sarnenta. Só sabe dormir, comer e cagar, esperando a morte.

— Que idade ela tem? — ele perguntou. Que esse era o melhor jeito de chegar ao fundo: pelos caminhos transversos, pelas perguntas banais. Por trás do jeito azedo, das flores roxas do robe.

— Sei lá, uns quinze. — A voz tão rouca. — Diz-que idade de cachorro a gente multiplica por sete.

Ele forçou um pouco a cabeça, esse era o jeito:

— Uns noventa e cinco, então.

Ela colocou a mala dele em cima de uma cadeira da sala. Depois apertou novamente os olhos. E espiou em volta, como se acabasse de acordar:

— O quê?

— A Linda. Se fosse gente, estaria com noventa e cinco anos.

Ela riu:

— Mais velha que eu, imagina. Velha que dá medo. — Fechou o robe sobre o peito, apertou a gola com as mãos. Cheias de manchas escuras, ele viu, como sardas (*ce-ra-to-se*, repetiu mentalmente), pintura alguma nas unhas rentes dos dedos amarelos de cigarros. — Quer um café?

— Se não der trabalho — ele sabia que esse continuava sendo o jeito exato, enquanto ela adentrava soberana pela cozinha, seu reino. Mãos nos bolsos, olhou em volta, encostado na porta.

As costas dela, tão curvas. Parecia mais lenta, embora guardasse o mesmo jeito antigo de abrir e fechar sem parar as portas dos armários, dispor xícaras, colheres, guardanapos, fazendo muito ruído e forçando-o a sentar

Linda, uma história horrível

— enquanto ele via. Manchadas de gordura, as paredes da cozinha. A pequena janela basculante, vidro quebrado. No furo do vidro, ela colocara uma folha de jornal. *País mergulha no caos, na doença e na miséria* — ele leu. E sentou na cadeira de plástico rasgado.

— Tá fresquinho — ela serviu o café. — Agora só consigo dormir depois de tomar café.

— A senhora não devia. Café tira o sono.

Ela sacudiu os ombros:

— Dane-se. Comigo sempre foi tudo ao contrário.

A xícara amarela tinha uma nódoa escura no fundo, bordas lascadas. Ele mexeu o café, sem vontade. De repente, então, enquanto nem ele nem ela diziam nada, quis fugir. Como se volta a fita num videocassete, de costas, apanhar a mala, atravessar a sala, o corredor de entrada, ultrapassar o caminho de pedras do jardim, sair novamente para a ruazinha de casas quase todas brancas. Até algum táxi, o aeroporto, para outra cidade, longe do Passo da Guanxuma, até a outra vida de onde vinha. Anônima, sem laços nem passado. Para sempre, para nunca mais. Até a morte de qualquer um dos dois, teve medo. E desejou. Alívio, vergonha.

— Vá dormir — pediu. — É muito tarde. Eu não devia ter vindo assim, sem avisar. Mas a senhora não tem telefone.

Ela sentou à frente dele, o robe abriu-se. Por entre as flores roxas, ele viu as inúmeras linhas da pele, papel de seda amassado. Ela apertou os olhos, espiando a cara dele enquanto tomava um gole de café.

— Que que foi? — perguntou, lenta. E esse era o tom que indicava a abertura para um novo jeito. Mas ele tossiu, baixou os olhos para a estamparia de losangos da toalha. Vermelho, verde. Plástico frio, velhos morangos.

— Nada, mãe. Não foi nada. Deu saudade, só isso. De repente, me deu tanta saudade. Da senhora, de tudo.

Ela tirou um maço de cigarros do bolso do robe:

— Me dá o fogo.

Estendeu o isqueiro. Ela tocou na mão dele, toque áspero das mãos manchadas de ceratose nas mãos muito brancas dele. Carícia torta:

— Bonito, o isqueiro.

— É francês.

— Que é isso que tem dentro?

— Sei lá, fluido. Essa coisa que os isqueiros têm. Só que este é transparente, nos outros a gente não vê.

Ela ergueu o isqueiro contra a luz. Reflexos de ouro, o líquido verde brilhou. A cadela entrou por baixo da mesa, ganindo baixinho. Ela pareceu não notar, encantada com o por trás do verde, líquido dourado.

— Parece o mar — sorriu. Bateu o cigarro na borda da xícara, estendeu o isqueiro de volta para ele. — Então quer dizer que o senhor veio me visitar? Muito bem.

Ele fechou o isqueiro na palma da mão. Quente da mão manchada dela.

— Vim, mãe. Deu saudade.

Riso rouco:

— Saudade? Sabe que a Elzinha não aparece aqui faz mais de mês? Eu podia morrer aqui dentro. Sozinha. Deus me livre. Ela nem ia ficar sabendo, só se fosse pelo jornal. Se desse no jornal. Quem se importa com um caco velho?

Ele acendeu um cigarro. Tossiu forte na primeira tragada:

— Também moro só, mãe. Se morresse, ninguém ia ficar sabendo. E não ia dar no jornal.

Ela tragou fundo. Soltou a fumaça, círculos. Mas não acompanhou com os olhos. Na ponta da unha, tirava uma lasca da borda da xícara.

— É sina — disse. — Tua avó morreu só. Teu avô morreu só. Teu pai morreu só, lembra? Naquele fim de semana que eu fui pra praia. Ele tinha horror do mar. Uma coisa tão grande que mete medo na gente, ele dizia. — Jogou longe a bolinha com a pintura da xícara. — E nem um neto, morreu sem um neto nem nada. O que mais ele queria.

— Já faz tempo, mãe. Esquece — ele endireitou as costas, doíam. Não, decidiu: naquele poço, não. O cheiro, uma semana, vizinhos telefonando. Passou as pontas dos dedos pelos losangos desbotados da toalha. — Não sei como a senhora consegue continuar morando aqui sozinha. Esta casa é grande demais pra uma pessoa só. Por que não vai morar com a Elzinha?

Ela fingiu cuspir de lado, meio cínica. Aquele cinismo de telenovela não combinava com o robe desbotado de flores roxas, cabelos quase inteiramente brancos, mãos de manchas marrons segurando o cigarro quase no fim.

— E agüentar o Pedro, com aquela mania de grandeza? Pelo amor de Deus, só se eu fosse sei lá. Iam ter que me esconder no dia das visitas, Deus me livre. A velha, a louca, a bruxa. A megera socada no quartinho de empregada, feito uma negra. — Bateu o cigarro. — E como se não bastasse, tu acha que iam me deixar levar a Linda junto?

Embaixo da mesa, ao ouvir o próprio nome a cadela ganiu mais forte.

— Também não é assim, não é, mãe? A Elzinha tem a faculdade. E o Pedro no fundo é boa gente. Só que.

Ela remexeu nos bolsos do robe. Tirou uns óculos de hastes remendadas com esparadrapo, lente rachada.

— Deixa eu te ver melhor — pediu.

Ajeitou os óculos. Ele baixou os olhos. No silêncio, ficou ouvindo o tic-tac do relógio da sala. Uma barata miúda riscou o branco dos azulejos atrás dela.

— Tu estás mais magro — ela observou. Parecia preocupada. — Muito mais magro.

— É o cabelo — ele disse. Passou a mão pela cabeça quase raspada. — E a barba, três dias.

— Perdeu cabelo, meu filho.

— É a idade. Quase quarenta anos. — Apagou o cigarro. Tossiu.

— E essa tosse de cachorro?

— Cigarro, mãe. Poluição.

Levantou os olhos, pela primeira vez olhou direto nos olhos dela. Ela também olhava direto nos olhos dele. Verde desmaiado por trás das lentes dos óculos, subitamente muito atentos. Ele pensou: *é agora, nesta contramão.*[*] Quase falou. Mas ela piscou primeiro. Desviou os olhos para baixo da mesa, segurou com cuidado a cadela sarnenta e a trouxe até o colo.

— Mas vai tudo bem?

— Tudo, mãe.

— Trabalho?

Ele fez que sim. Ela acariciou as orelhas sem pêlo da cadela. Depois olhou outra vez direto para ele:

— Saúde? Dizque tem umas doenças novas aí, vi na tevê. Umas pestes.

— Graças a Deus — ele cortou. Acendeu outro cigarro, as mãos tremiam um pouco. — E a dona Alzira, firme?

A ponta apagada do cigarro entre os dedos amarelos, ela estava recostada na cadeira. Olhos apertados, como se visse por trás dele. No tempo, não no espaço. A cadela apoiara a cabeça na mesa, os olhos branquicentos fechados. Ela suspirou, sacudiu os ombros:

— Coitada. Mais esclerosada do que eu.

— A senhora não está esclerosada.

— Tu que pensa. Tem vezes que me pego falando sozinha pelos cantos. Outro dia, sabe quem eu chamava o dia inteiro? — Esperou um pouco, ele não disse nada. — A Cândida, lembra dela? Ô negrinha boa, aquela. Até

---

[*] Ana Cristina Cesar: *A teus pés.*

parecia branca. Fiquei chamando, chamando o dia inteiro. Cândida, ô Cândida. Onde é que tu te meteu, criatura? Aí me dei conta.

— A Cândida morreu, mãe.

Ela tornou a passar a mão pela cabeça da cadela. Mais devagar, agora. Fechou os olhos, como se as duas dormissem.

— Pois é, esfaqueada. Que nem um porco, lembra? — Abriu os olhos. — Quer comer alguma coisa, meu filho?

— Comi no avião.

Ela fingiu cuspir de lado, outra vez.

— Cruz credo. Comida congelada, Deus me livre. Parece plástico. Lembra daquela vez que eu fui? — Ele sacudiu a cabeça, ela não notou. Olhava para cima, para a fumaça do cigarro perdida contra o teto manchado de umidade, de mofo, de tempo, de solidão. — Fui toda chique, parecia uma granfa. De avião e tudo, uma madame. Frasqueira, raiban. Contando, ninguém acredita. — Molhou um pedaço de pão no café frio, colocou-o na boca quase sem dentes da cadela. Ela engoliu de um golpe. — Sabe que eu gostei mais do avião do que da cidade? Coisa de louco, aquela barulheira. Nem parece coisa de gente, como é que tu agüenta?

— A gente acostuma, mãe. Acaba gostando.

— E o Beto? — ela perguntou de repente. E foi baixando os olhos até encaixarem, outra vez, direto nos olhos dele.

Se eu me debruçasse? — ele pensou. Se, então, assim. Mas olhou para os azulejos na parede atrás dela. A barata tinha desaparecido.

— Tá lá, mãe. Vivendo a vida dele.

Ela voltou a olhar o teto:

— Tão atencioso, o Beto. Me levou pra jantar, abriu a porta do carro pra mim. Parecia coisa de cinema. Puxou a cadeira do restaurante pra mim sentar. Nunca ninguém tinha feito isso. — Apertou os olhos. — Como era mesmo o nome do restaurante? Um nome de gringo.

— *Casserole*, mãe. *La Casserole.* — Quase sorriu, ele tinha uns olhos de menino, lembrou. — Foi boa aquela noite, não foi?

— Foi — ela concordou. — Tão boa, parecia filme. — Estendeu a mão por sobre a mesa, quase tocou na mão dele. Ele abriu os dedos, certa ânsia. Saudade, saudade. Então ela recuou, afundou os dedos na cabeça pelada da cadela.

— O Beto gostou da senhora. Gostou tanto — ele fechou os dedos. Assim fechados, passou-os pelos pêlos do próprio braço. Umas memórias, distância. — Ele disse que a senhora era muito chique.

Linda, uma história horrível

— Chique, eu? Uma velha grossa, esclerosada. — Ela riu, vaidosa, mão manchada no cabelo branco. Suspirou. — Tão bonito. Um moço tão fino, aquilo é que é moço fino. Eu falei pra Elzinha, bem na cara do Pedro. Pra ele tomar como indireta mesmo, eu disse bem alto, bem assim. Quem não tem berço, a gente vê logo na cara. Não adianta ostentar, tá escrito. Que nem o Beto, aquela calça rasgadinha. Quem ia dizer que era um moço assim tão fino, de tênis? — Voltou a olhar dentro dos olhos dele. — Isso é que é amigo, meu filho. Até meio parecido contigo, eu fiquei pensando. Parecem irmãos. Mesma altura, mesmo jeito, mesmo.

— A gente não se vê faz algum tempo, mãe.

Ela debruçou um pouco, apertando a cabeça da cadela contra a mesa. Linda abriu os olhos esbranquiçados. Embora cega, também parecia olhar para ele. Ficaram se olhando assim. Um tempo quase insuportável, entre a fumaça dos cigarros, cinzeiros cheios, xícaras vazias — os três, ele, a mãe e Linda.

— E por quê?

— Mãe — ele começou. A voz tremia. — Mãe, é tão difícil — repetiu. E não disse mais nada.

Foi então que ela levantou. De repente, jogando a cadela ao chão como um pano sujo. Começou a recolher xícaras, colheres, cinzeiros, jogando tudo dentro da pia. Depois de amontoar a louça, derramar o detergente e abrir as torneiras, andando de um lado para outro enquanto ele ficava ali sentado, olhando para ela, tão curva, um pouco mais velha, cabelos quase inteiramente brancos, voz ainda mais rouca, dedos cada vez mais amarelados pelo fumo, guardou os óculos no bolso do robe, fechou a gola, olhou para ele e — como quem quer mudar de assunto, e esse também era um sinal para um outro jeito que, desta vez sim, seria o certo — disse:

— Teu quarto continua igual, lá em cima. Vou dormir que amanhã cedo tem feira. Tem lençol limpo no armário do banheiro.

Então fez uma coisa que não faria, antigamente. Segurou-o pelas duas orelhas para beijá-lo não na testa, mas nas duas faces. Quase demorada. Aquele cheiro — cigarro, cebola, cachorro, sabonete, cansaço, velhice. Mais qualquer coisa úmida que parecia piedade, fadiga de ver. Ou amor. Uma espécie de amor.

— Amanhã a gente fala melhor, mãe. Tem tempo, dorme bem.

Debruçado na mesa, acendeu mais um cigarro enquanto ouvia os passos dela subindo pesados pela escada até o andar superior. Quando ouviu a porta do quarto bater, levantou e saiu da cozinha.

Deu alguns passos tontos pela sala. A mesa enorme, madeira escura. Oito lugares, todos vazios. Parou em frente ao retrato do avô — rosto levemente inclinado, olhos verdes aguados que eram os mesmos da mãe e também os dele, heranças. No meio do campo, pensou, morreu só com um revólver e sua sina. Levou a mão até o bolso interno do casaco, tirou a pequena garrafa estrangeira e bebeu. Quando a afastou, gotas de uísque rolaram pelos cantos da boca, pescoço, camisa, até o chão. A cadela lambeu o tapete gasto, olhos quase cegos, língua tateando para encontrar o líquido.

Ele abriu os olhos. Como depois de uma vertigem, percebeu-se a olhar fixamente para o grande espelho da sala. No fundo do espelho na parede da sala de uma casa antiga, numa cidade provinciana, localizou a sombra de um homem magro demais, cabelos quase raspados, olhos assustados feito os de uma criança. Colocou a garrafa sobre a mesa, tirou o casaco. Suava muito. Jogou o casaco na guarda de uma cadeira. E começou a desabotoar a camisa manchada de suor e uísque.

Um por um, foi abrindo os botões. Acendeu a luz do abajur, para que a sala ficasse mais clara quando, sem camisa, começou a acariciar as manchas púrpura, da cor antiga do tapete na escada — agora, que cor? —, espalhadas embaixo dos pêlos do peito. Na ponta dos dedos, tocou o pescoço. Do lado direito, inclinando a cabeça, como se apalpasse uma semente no escuro. Depois foi dobrando os joelhos até o chão. Deus, pensou, antes de estender a outra mão para tocar no pêlo da cadela quase cega, cheio de manchas rosadas. Iguais às do tapete gasto da escada, iguais às da pele do seu peito, embaixo dos pêlos. Crespos, escuros, macios.

— Linda — sussurrou. — Linda, você é tão linda, Linda.

Os mínimos carapinas do nada

Autran Dourado

Para Eneida Maria de Souza

No Ponto, na farmácia de seu Belo, no armazém de secos e molhados de seu Bernardino, mesmo no final das tardes de conversação distinta do Banco Duas Pontes, no gabinete do nobre de alma e de gestos Vítor Macedônio (o belo varão, bem-nascido e gentil-homem), que reunia em torno de si (ali se servia do melhor conhaque francês) os potentados do café como o coronel Tote ou ilustres desocupados como seu Bê P. Lima, maledicente e boa-vida, mas de berço, enfim nas várias ágoras da cidade onde se comerciava a novidade, a imaginação, o ócio e o tédio...

Nas janelas das casas terreiras de grandes e pesadas janelas de marco rústico, baixo e retangular, junto das calçadas, onde se ficava sabendo de tudo pelos passantes que iam e vinham (como era bom se debruçar e bater dois dedinhos de prosa ou fugir para dentro, se quem apontava na esquina era um maçante), de tudo se sabia sem carecer de estafeta e selo, as notícias e novidades: quem andava pastoreando quem, aquela que tinha caído na vida e agora era carne nova, estava de rapariga na Casa da Ponte, na testa de quem apontara o broto de futura e soberba galhada...

Mesmo nas nobres sacadas de ferro, nas janelas de ricos sobrados, podia-se ver a qualquer hora do dia, no enovelar lento do tempo, os carapinas do nada, ocupados na gratuita e absurda, prazerosa ocupação.

Eram os carapinas do mínimo e do nada, os devoradores das horas, insaciáveis Saturnos, dizia o sapientíssimo, alambicado, precioso Dr. Viriato. Quem não tem o que fazer, faz colher de pau e enfeita o cabo, vinha por sua vez o proverbial, memorioso, eterno, pantemporal noveleiro Donga Novais, uma das poucas pessoas a não se entregar inteiramente ao vício e paixão da cidade. É porque para ele a entidade metafísica do tempo não existe (como para os platônicos que, ao contrário dos hebreus, não tinham o senso da historicidade, lidavam com o puro universal), passado, presente e futuro são uma coisa só, retrucava o Dr. Viriato, súbito espantosamente aderindo à fiação e tecelagem dos nossos mitos. Ele que era um cientista exaltado, um agnóstico convicto, de dialético linguajar maneirista que demandava precioso raciocínio, imaginação, dicionário.

Não que o Dr. Viriato tivesse as mãos ocupadas no admirável passatempo (santo remédio para a ansiedade e a angústia), que demandava habilidade, precisão e paciência, a que se dedicavam aristocraticamente potentados e pingantes que só tinham de seu serem bem-nascidos. Tão alto crítico ele era, jamais se permitiria aquela vamos dizer arte, paixão antiga de Duas Pontes. De uma certa maneira ele colaborava era na criação de nossos mitos, mesmo negando-os, racionalista que ele se dizia e era.

Quando, quem inventou tão sublime vamos dizer desocupação e alívio do espírito, perguntava o Dr. Viriato a seu Donga Novais, sapiência viva do nosso tempo e história, os fabulosos, inconclusos e aéreos anais. Você, Donga, é o Sócrates da nossa pólis. Não sei, dizia desapontando à gente o nosso macróbio cidadão Donga Novais: amor e ócio são maus negócios. Eu acho que deve ser invenção de índio, que enfeitava caprichosamente as suas flechas que, partidas do arco, não voltavam mais. Mas eles não estão enfeitando nada, dizia por sua vez o Dr. Viriato. Os puristas, os cultores do absoluto, os escribas da idéia, dos protótipos e arquétipos ideais, os minúsculos carapinas do nada.

Seu Donga ficou um tempo parado, assuntando, ideando. Não é que o senhor tem razão, Dr. Viriato? Sim, dizia o médico, porque a finalidade mágica dos bisões e demais caças pintadas nas cavernas pelo homem de Cro-Magnon... Seu Donga desatou a rir, não tinha mesmo jeito aquele Dr. Viriato, comia brisas com pirão de areia.

Porque havia três categorias de livros oficiais que se dedicavam à nobre arte de desbastar e trabalhar a madeira com o simples canivete e um ou outro instrumento auxiliar feito as latinhas que faziam as vezes do compasso. Três, porque não se podia considerar como cultores da Idéia, do sublime e do nada, os carpinteiros e marceneiros, que se utilizavam da madeira e de instrumentos mais eficientes como o formão, o cepilho, as brocas, e tudo sabiam de sua arte, ofício e meio de vida. São os nossos sofistas, dizia o Dr. Viriato, que pensavam ser possível ensinar a aretē e recebiam pelo seu trabalho e tinham as mãos calosas.

A primeira categoria quase se podia, se não fosse o nenhum pagamento, considerar uma corporação de operários, que faziam de sua técnica e imaginação um ofício. Se vendiam o produto, não eram bem vistos pelos autênticos carapinas do nada, os sublimes; podiam começar a receber encomendas como qualquer trabalhador, o que se considerava degradante.

Não há dúvida que o elogio é uma forma sublimada de remuneração e só se remunera operário, o que nem de longe se podia dizer deles (se ofendiam) que nunca pegaram no pesado. Eles e seus ancestrais, patriarcas absolutos, sempre estiveram do lado do cabo do chicote.

Eram os fabricantes de carrinhos de bois, caminhões, mobilinhas, monjolos de sofisticada feitura e perfeita serventia, usados para compor presépio. Em geral exerciam a sua ocupação ociosa em casa, se serviam de instrumentos caseiros para auxiliar o trabalho do canivete, e chegavam a utilizar outros materiais que não a madeira, como espelhinhos, pregos, folhas-de-flandres.

A segunda categoria, os marceneiros da nobre arte. Era exatamente aquela, sem metáfora ou imagem, de que falou o sábio e intemporal rifoneiro Donga Novais — os que literalmente enfeitavam o cabo de colher de pau. Às vezes se dava o caso de que a colher ficava tão bem-feitinha e artística, com delicado e sutil rendilhado, labiríntica barafunda, de quase absoluta nenhuma serventia, que a peça passava de mão em mão por toda a parentela, vizinhos e mesmo estranhos. Os elogios que recebiam valiam por uma paga ao artista, que acabava por consentir (queriam) que a mulher ou a filha colocasse a colher na parede, para nunca ser usada.

O perigo dessa categoria era o autor, por vaidade ou outro motivo subalterno, gravar o seu nome na concha ou no cabo da colher. Como o primeiro artista da antiguidade que gravou numa obra sua a frase "Felix fecit", inaugurando assim o culto da personalidade, tão contrário aos artistas do gótico, que nunca tinham a certeza de verem concluídas as catedrais que iniciavam, e eram anônimos, senão humílimos oficiais.

O coronel Sigismundo era exemplo típico dos oficiais da segunda categoria. Era não só meio destelhado e quarta-feira, mas verdadeira alimária. Dele constavam dos anais fantásticas proezas nos seus carros sempre novos e lustrosos, se dando ao luxo e à extravagância de às vezes vestir a sua brilhosa e engalanada farda da Guarda Nacional, que não mais existia, e passear de carro pela cidade.

Tudo se desculpava no coronel Sigismundo, por respeito ou medo. Ele se deu ao máximo, como nos tempos de casa-grande e senzala, de oferecer não uma colher de pau, mas palmatória de manopla por ele rendilhada, verdadeiro instrumento de suplício, ao major Américo, diretor e dono do Colégio Divino Espírito Santo, de terrível e acrescentada memória, capaz de desasnar a própria alimária. O velho major da Guarda Nacional recuou, os tempos agora eram outros. O gesto de ofertar e a utilidade do produto desqualificavam muito o coronel Sigismundo. Podia-se argumentar em seu favor que uma colher de pau também é útil. Sim, mas ninguém ia usar uma colher de pau finamente trabalhada para remexer panela, o bom dela, após o trabalho do artista, era não servir para coisa nenhuma, puro deleite.

E agora se apresenta a pura, a sublime, a extraordinária terceira categoria. Só aos seus membros, peripatética academia, se podia aplicar estes qualificativos: divinos e luminosos, aristocráticos artífices do absurdo. Eram como poetas puros, narradores perfeitos, cepilhando e polindo as vazias estruturas do nada. A terceira categoria era o último estágio para se atingir a sabedoria e a salvação.

Às vezes se dava o caso de que o artista (e isso não se ensina, ao contrário do que afirmavam os sofistas, dizia o Dr. Viriato, emérito teórico do vazio e do absoluto) vinha diretamente da primeira categoria, e alcançava a plenitude do nada, era um dos amados dos deuses, para os quais o grande, senão único pecado é a ignorância. Não se atingia essa categoria (era raríssimo o caso de um jovem a ela pertencer; falta à juventude ócio e paciência) senão na velhice, quando se alcançava a plenitude da aretē.

Vovô Tomé era um desses casos raros do artista que passa veloz e diretamente da primeira à terceira categoria. Atribuem a sua proeza e a sua mestria no ofício ao sofrimento, que é uma das vias para se atingir o absoluto e a glória. Ele os alcançou, e isso consta dos anais do vento, na última velhice, quando atingiu, de apara em apara, cada vez mais longas e mais finas, enroladinhas que nem cabelo de preto, o etéreo, e o que lhe restou na mão foi um minúsculo pedacinho de pau. Na mesa, a seu lado, no círculo de luz do cone do abajur, um monte de finíssimas aparas, nenhuma delas partida. Uma obra divina, foi o que disse o famigerado artista Bê P. Lima, quando viu o tiquinho de nada que restou. Falou quem pode, disse seu Donga Novais da sua aérea, fantástica e insone janela, almenara da cidade. Um mestre e guru nirvântico, acolitou-o o Dr. Viriato.

Para atingir esse estágio, o noviço carece de muita paciência, aplicação, humildade, modéstia. É preciso enfrentar a maledicência dos ocupados, vencer a delicadeza e timidez, correr o risco de se ferir.

O mais elevado ideal dos membros dessa categoria era se dedicar a tão sublime ocupação sentado numa roda, prestando atenção no desenrolar da conversa vadia e mesmo dela participando com um ou outro aforismo ou ponderação, sem despregar os olhos da mecânica ocupação. Conta-se a fantástica proeza de um dos sacerdotes do culto, o inefável seu Bê P. Lima, que começou desbastando um grande pedaço de madeira e foi indo, foi indo, de caracol em caracol, sem pressa, preciso, cuidando do seu gratuito ofício, o ouvido porém atento à conversa, que esquentava, e seu Bê não queria perder nada, cujo tema principal era o comportamento de certa dama de nossa cidade.

E de repente se suspendeu a conversação, todos voltados para ele. Seu Bê se aproximava do fim, faltava-lhe uma última e mínima apara para atingir o nada. O próprio seu Belo veio lá de dentro do laboratório e ficou à espera. Então aconteceu. Não se podia dizer se o que ficou na mão de seu Bê fosse ou não minúsculo caracol que ele soprou. Como num circo ou num concerto, após sustenida atenção, a respiração suspensa, a roda prorrompeu num coro de palmas.

Seu Vítor Macedônio, que passava pela farmácia, diante do silêncio da roda, parou. Não se dedicava ao nobre ofício, mas vendo a atenção de todos, também ele aderiu à rodada de palmas. Seu Bê, me faça o favor de comparecer no banco lá pelo fim da tarde, para comemorarmos o evento. Mais do que o normal, ele seria generoso com o seu conhaque francês.

Acredito com os outros que o móvel inicial que levou o vovô Tomé à nobre ocupação de pica-pau tenha sido o sofrimento. O suicídio de tio Zózimo, a loucura mansa de tia Margarida, um desastre econômico de papai que o obrigou a vender a Fazenda do Carapina para que não lhe tomassem a casa. Mas muito antes da terrível morte de tio Zózimo ele já se ocupava em fazer a canivete um ou outro objeto de alguma serventia. A gratuidade mesmo de magníficos caracóis ele só viria a atingir depois da morte por enforcamento de tio Zózimo.

Mas antes mesmo do primeiro desses tristes acontecimentos vovô Tomé já se dedicava a manter as mãos ocupadas. Acredito em parte que foi a tentativa de manter as mãos ocupadas para vencer a opressão e a angústia que o levou a se dedicar a pequenas tarefas caseiras. Porque não lhe bastava fazer um longo, caprichado e lento cigarro de palha, tarefa em que era perito.

Os outros podem estar certos, e eu mesmo recuaria no tempo (não conhecia senão de crônica vovô Zé Mariano, pai de vovô Tomé), se pudesse contar a história que, num dia de maior solidão e sufocamento, sob promessa de sigilo, me contou vovô Tomé. Mas é um caso longo, não é para agora.

Não, não foi só isso. Havia um lado menino muito bom em vovô Tomé. Eu me lembro do entusiasmo em que ele ficava quando da chegada de um circo à nossa cidade, mesmo que fosse circo de tourada. E eu muito criança ia com ele, ficava no seu camarote. Só depois é que eu o abandonei para estar com os meus amigos mais velhos lá no alto das arquibancadas.

Me lembro (e isso mamãe e vovó Naninha confirmam) dos primeiros passos de vovô Tomé na arte de picar pau. Eu estava sentado no chão de tábuas lavadas e secas da sala, cortando figuras de umas revistas velhas. Eram de uma coleção antiga de tia Margarida.

Quando vovô Tomé viu e me chamou. João, deixa isso de banda, guarde as revistas onde você tirou, venha comigo, tive uma idéia. Vamos ao armazém de seu Bernardino buscar material.

Ele me deu a mão e eu estava muito feliz. Não era meu aniversário, quando, como fazia com os netos e afilhados, ele nos levava ao armazém de seu Bernardino para comprar um sapato de ver Deus.

No armazém, depois de uma conversa breve e formal com seu Bernardino, vovô perguntou se ele lhe podia arranjar um caixote vazio. Seu Bernardino se espantou com o pedido, vovô ainda não era da confraria. Quer que eu mande levar, perguntou seu Bernardino. Se me fizesse a bondade... Eu tive um ímpeto, disse pode deixar que eu levo. Seu Bernardino olhou para mim, olhou para vovô Tomé, e disse como ficamos, seu Tomé? Mande levar, disse vovô. E o preço da peça e do carreto, por favor. Seu Bernardino disse brincando nem o preço de uma das suas fazendas bastaria. Então lhe mandarei, no fim da safra, uma saca do melhor café tipo sete. Ora, seu Tomé, e eu ia aceitar?! Não é pelo caixote, é por nossa velha amizade, disse vovô Tomé.

Aprendi então um dos preceitos do seu código de aristocrata rural. Eu e ele não podíamos fazer qualquer trabalho manual, a nossa posição nos vedava. O primeiro foi (como esquecer!) quando soube que o delegado seu Dionísio tinha mandado dar uma surra num preso para ele confessar. Em homem não se bate, é melhor matar, por respeito à sua condição de homem, é mais digno. Outro preceito do seu código de honra aprendi muito menino, quando uma vez, a mando de mamãe, lhe fui tomar a bênção. Ele me recusou a mão, disse homem não beija mão de homem. Era um comportamento raro em Duas Pontes, cidade de velhos patriarcas.

Nem bem chegamos em casa e veio o empregado com o caixote. Era um caixote de madeira branca que, pelos dizeres e pelo cheiro, se viu que tinha servido para embalar bacalhau, madeira das estranjas.

Vovô tirou o paletó, desabotoou o colete, afrouxou o colarinho e começou a fazer um caminhãozinho para mim. Para quem parecia estar usando as mãos pela primeira vez, não estava mal. No final da tarde, a obra estava pronta. Tinha ficado um tanto rústica, mas eu não disse nada a vovô Tomé, para não atrapalhar a sua satisfação.

No outro dia dei com vovô Tomé aparando pachorrentamente um pedaço de pau. Quê que o senhor está fazendo, perguntei. Uma colher de pau para a Naninha, ela me pediu, disse ele meio envergonhado, talvez pela sua utilidade doméstica. O senhor parece que não está gostando, não é, perguntei. Para lhe ser franco, não, disse vovô. O que gostaria de fazer, um monjolinho, indaguei. Não, gostaria de fazer nada, disse ele. Nada, à toa? disse eu meio desapontado. Não, fazendo absolutamente nada, quer dizer, ir aparando vagarosamente a madeira até não restar mais nada. Assim feito seu Bê, perguntei. Vovô riu, achava muita graça nas bestagens de seu Bê P. Lima, nas histórias obscenas que ele contava, quando não tinha menino por perto, na presença de menino e de mulher ele fechava a cara, metia a viola no saco, se dava ao respeito. Bê é um artista do nada, por isso é um homem feliz, disse.

E vovô Tomé foi ficando um perito na arte dos caracóis. Demorava muito o aprendizado, ele porém não tinha pressa. Pra quê? dizia, não falta matéria-prima neste mundo. E brincando, haja povo na terra para desbastar a floresta amazônica. Às vezes fico imaginando o povo todo do mundo picando pauzinho. Seria a paz e a união dos homens.

Eu tinha um certo medo de que vovô enjoasse do gratuito ofício e virasse um teórico do não fazer nada, absolutamente nada. Seu Bê, por exemplo, não tinha dessas cogitações, apenas ia aparando as suas fitas e caracóis.

Vovô não tinha a pachorra e a tranqüilidade de seu Bê. Era exigente, ia ao armazém de seu Bernardino escolher as melhores madeiras, havia uma certa qualidade de pinho que era em si uma beleza. A madeira não podia ter olhos nem veios muito acentuados, nem mistura de tons. Quanto mais lisas e uniformes, melhor. Quem tem pressa não faz nada, dizia ele já agora conceituoso. Ele tinha a sua poética, a diferença entre ele e seu Bê é que seu Bê não tinha poética nenhuma, era um puro artista do nada.

Com o passar do tempo, vovô Tomé viu que se aprende até certo ponto, depois é desaprender de tal maneira que cada dia se tenha diante de si o puro nada.

E os anos passaram e eu me afastei de vovô Tomé. Fui para Belo Horizonte, onde fiz o meu curso superior sustentado por ele. É com remorso que me lembro de que lhe escrevi apenas umas minguadas cartas. Em nenhuma delas perguntei como ele ia na sua velha arte. Fiquei sabendo por uma carta de vovó Naninha que ele tinha morrido.

Voltei imediatamente a Duas Pontes. Vovó Naninha disse que ele morrera de pé, feito queria, sem curtir leito de doente, à grande mesa da sala de jantar, tirando um enorme caracol. Tinha encontrado o seu nada.

Vovó Naninha me deu o seu canivete preferido. Não sei o que fazer com ele, é de outra maneira que procuro o meu nada.

Conto (*não conto*)

Sérgio Sant'Anna

Aqui, um território vazio, espaços, um pouco mais que nada. Ou muito, não se sabe. Mas não há ninguém, é certo. Uma cobra, talvez, insinuando-se pelas pedras e pela pouca vegetação. Mas o que é uma cobra quando não há nenhum homem por perto? Ela pode apenas cravar seus dentes numa folha, de onde escorre um líquido leitoso. Do alto desta folha, um inseto alça vôo, solta zumbidos, talvez de medo da cobra. Mas o que são os zumbidos se não há ninguém para escutá-los? São nada. Ou tudo. Talvez não se possa separá-los do silêncio ao seu redor. E o que é também o silêncio se não existem ouvidos? Perguntem, por exemplo, a esses arbustos. Mas arbustos não respondem. E como poderiam responder? Com o silêncio, lógico, ou um imperceptível bater de suas folhas. Mas onde, como, foi feita essa divisão entre som e silêncio, se não com os ouvidos?

Mas suponhamos que existissem, um dia, esses ouvidos. Um homem que passasse, por exemplo, com uma carroça e um cavalo. Podemos imaginá-los. O cavalo que passa um dia e depois outro e depois outro, cumprindo sua missão de cavalo: passar puxando uma carroça. Até que um dia veio a cobra e zás: o sangue escorrendo da carne do cavalo. O cavalo propriamente dito — isto é, o cérebro do cavalo — sabe que algo já não vai tão bem quanto antes. Onde estariam certos ruídos, o eco de suas patas atrás de um morro, o correr do riacho muito longe, o cheiro de bosta, essas coisas que dão segurança a um cavalo? Onde está tudo isso, digam-me?

O carroeiro olha tristemente para o cavalo: somos apenas nós dois aqui neste espaço, mas o cavalo morre. Relincha, geme, sem entender. Ou entendendo tudo, com seu cérebro de cavalo. Diga-me, cavalinho: o que sente um cavalo diante da morte?

Diga-me mais, cavalinho: o que é a dor de um homem quando não há ninguém por perto? Um homem, por exemplo, que caiu num buraco muito fundo e quebrou as duas pernas. Talvez essa dor devore a si mesma, como uma cobra se engolindo pelo rabo.

Mas tudo isso é nada. Não se param as coisas por causa de um cavalo. Não se param as coisas nem mesmo por causa de um homem. Esse homem que enterrou o cavalo, não sem antes cortar um pedaço da sua carne, para comer mais tarde. E agora o homem tinha que puxar ele mesmo a carroça. E logo afastou do pensamento a dor por causa de seu cavalinho querido. O homem agora tinha até raiva do cavalo, por ele ter morrido. O homem estava com vergonha de que o vissem — ele, um ser humano — puxando uma carroça. Mas por que seria indigno de um ser humano puxar uma carroça? Por que não seria indigno também de um cavalo? Ora, um cavalo não liga para essas coisas, vocês respondem. No que têm toda a razão.

E, afinal, não podemos saber se o viram ou não, o homem puxando sua carroça, pois nos ocupamos apenas do que se passa aqui, neste espaço, onde nada se passa. Mas de uma coisa temos certeza: esse homem também encontrou um dia sua hora. E talvez — porque não tinha mãe, nem pai, nem mulher, nem filhos ou amigos — ele haja se lembrado, na hora da morte, de seu cavalo. O homem pensou, talvez, que agora iria encontrar-se com o cavalo, do *outro lado*. Sim, do outro lado: de onde vêm os ecos e o vento e onde se encontram para sempre homens e cavalos.

Para esse outro lado há uma linha tênue, que às vezes se atravessa — uma fronteira. Essa linha, você atravessa, retorna; atravessa outra vez, retorna, recua de medo. Até que um dia vai e não volta mais.

Aquele homem, no tempo em que atravessava este espaço aqui, beirando a fronteira do outro lado, gritava para escutar o eco e sorria para o cavalo. O homem tinha certeza de que o cavalo sorria de volta, com seus enormes dentes amarelos. O homem era louco. Mas o que é a loucura num espaço onde só existem um homem e um cavalo? E talvez o cavalo sorrisse mesmo, de verdade, sabendo que ali não poderiam acusá-lo de animal maluco e chicoteá-lo por causa disso.

Conto (não conto)

Depois foram embora o homem e o cavalo. O cavalo, para debaixo da terra, alimentar os vermes que também ocupam este espaço, apesar de invisíveis. Principalmente porque não há olhos para vê-los. Já o homem foi morrer mais longe. E ficou de novo este território vazio, espaços, um pouco mais que nada. Não sabemos por quanto tempo, pois não existe tempo quando não existem coisas, homens, movimentando-se no espaço.

Mas, subitamente, eis que este território é de novo invadido. Vieram outros homens e máquinas, acenderam fogo, montaram barracas, coisas desse tipo, que os homens fazem. Tudo isso, imaginem, para estender fios em postes de madeira. (Fios telegráficos, explicamos, embora aqui se desconheçam tais nomes e engenhos.) Então o silêncio das noites e dias era quebrado por um tipo diferente de zumbidos. Mas para quem esses zumbidos, se aqui ninguém escuta, a não ser insetos? E de que valem novos zumbidos para os insetos, que já os produzem tão bem? Sim, vocês estão certos: os zumbidos destinavam-se a pessoas mais distantes, talvez no lugar onde morreu o dono do cavalo. O que não nos interessa, pois só cuidamos daqui, deste espaço.

Mas, de qualquer modo, todos eles (insetos, cobras, animaizinhos cujo nome não se conhece, sem nos esquecermos dos vermes, que haviam engordado com a carne do cavalo) sentiram-se melhor quando vieram outros homens — bandidos, com certeza — e roubaram os postes, fios e zumbidos. Agora tudo estava novamente como antes, tudo era normal: um território vazio, espaços, um pouco mais que nada. Ou muito, não se sabe. Mas não há ninguém, é certo. Uma pequena cobra, talvez, insinuando-se pelas pedras e pela pouca vegetação — e a cravar seus dentes numa folha.

Às vezes, porém, aqui é tão monótono que se imagina ver um vulto que se move por detrás dos arbustos. Alguém que passa, agachado? Um fantasma? Mas como, se há soluços? Por acaso soluçam os fantasmas? Mas o fato é que, de repente, escutam-se (ou se acredita escutar) esses lamentos, uma angústia quase silenciosa.

Ah, já sei: um menino perdido, a chorar de medo. Ou talvez um macaquinho perdido, a chorar de medo. Ah, apenas um macaquinho, vocês respiram aliviados. Mas quem disse que a dor de um macaquinho é mais justa que a dor de um menino?

Mas o que estão a imaginar? Isso aqui é apenas um menino — ou macaquinho — de papel e tinta. E, depois, se fosse de verdade, o menino poderia morrer mordido pela cobra. Ou então matar a cobra e tornar-se um homem. No caso do macaquinho, tornar-se um macacão. Um desses gorilas que batem no peito cabeludo, ameaçando a todos. Talvez porque se recordasse do medo que sentiu da cobra. Mas não se esqueçam, são todos de papel e tinta: o menino, o macaquinho, a cobra, o homem, o macacão, seus urros e os socos que dá no próprio peito cabeludo. Cabelos de papel, naturalmente. E, portanto, não há motivos para sustos.

Pois aqui é somente um território vazio, espaços, um pouco mais que nada. Quase um deserto, onde até os pássaros voam muito alto. Porque depois, em certa ocasião, houve uma aridez tão terrível que os arbustos se queimaram e a cobra foi embora, desiludida. No princípio, os insetos sentiram-se muito aliviados, mas logo perceberam como é vazia de emoções a vida dos insetos quando não existe uma cobra a persegui-los. E também se mandaram, no que logo foram seguidos subterraneamente pelos vermes, que já estavam emagrecendo na ausência de cadáveres.

Então aqui ficou um território ainda mais vazio, espaços, um pouco mais que nada. Ou muito, não se sabe. Mas não há ninguém, é certo. Nem mesmo uma cobra a insinuar-se pelas pedras e pela vegetação. Pois não há vegetação e, muito menos, cobras.

Mas digam-me: se não há ninguém, como pode alguém contar esta história? Mas isto não é uma história, amigos. Não existe história onde nada acontece. E uma coisa que não é uma história talvez não precise de alguém para contá-la. Talvez ela se conte sozinha.

Mas contar o que, se não há o que contar? Então está certo: se não há o que contar, não se conta. Ou então se conta o que não há para contar.

Anos 90

Estranhos e intrusos

Os anos 90 descartam o baixo astral e inventam um fim de século rico de imagens e criatividade. É uma década de estranhos e intrusos na festa da cultura: às mulheres somam-se os negros, os gays, os brasileiros em Nova York... Na época que celebra a diferença, nossos contistas produzem alegorias do híbrido. Combinam o humano ao animal, exploram a fusão com o tecnológico. Pelo que deixa entrever a arte de nossos melhores contistas atuais, parece que no futuro próximo vamos viver num país mais heterogêneo, mais plural, embora um pouco hesitante em relação às suas novas metas. A diversidade de estilos aponta para um período de transição, como aconteceu no final do século passado. Mas não há temor nem entusiasmo diante do inesperado, diante do *todo outro* que pode vir – ou não.

A Confraria dos Espadas

Rubem Fonseca

Fui membro da Confraria dos Espadas. Ainda me lembro de quando nos reunimos para escolher o nome da nossa Irmandade. Argumentei, então, que era importante para nossa sobrevivência que tivéssemos nome e finalidade respeitáveis, dei como exemplo o que ocorrera com a Confraria de São Martinho, uma associação de apreciadores de vinho que, como o personagem do Eça, venderiam a alma ao diabo por uma garrafa de Romanée-Conti 1858, mas que ficou conhecida como uma fraternidade de bêbedos e, desmoralizada, fechou suas portas, enquanto a Confraria do Santíssimo, cujo objetivo declarado é promover o culto de Deus sob a invocação do Santíssimo Sacramento, continuava existindo. Ou seja, precisávamos ter título e objetivo dignos. Meus colegas responderam que a sociedade era secreta, que de certa forma ela já nascia (isso foi dito ironicamente) desmoralizada, e que seu nome não teria a menor importância, pois não seria divulgado. Acrescentaram que a maçonaria e o rosa-cruzismo tinham originalmente títulos bonitos e respeitáveis objetivos filantrópicos e acabaram sofrendo todo tipo de acusação, de manipulação política a seqüestro e assassinato. Eu insisti, pedi que fossem sugeridos nomes para a Confraria, o que acabou sendo feito. E passamos a examinar as várias propostas sobre a mesa. Depois de acaloradas discussões, sobraram quatro nomes. Confraria da Boa Cama foi descartado por parecer uma associação de dorminhocos; Confraria dos Apreciadores da Beleza Feminina, além de muito longo, foi considerado reducionista e esteticista, não nos considerávamos estetas no sentido estrito, Picasso estava certo ao odiar o que denominava jogo estético do olho e da mente manejados pelos connaisseurs que "apreciavam" a beleza e, afinal, o que era "beleza"? Nossa confraria era de Fodedores e, como disse o poeta Whitman num poema corretamente intitulado "A Woman Waits for Me", sexo contém tudo, corpos, almas, significados, provas, purezas, delicadezas, resultados, promulgações, canções, comandos, saúde, orgulho, mistério maternal, leite seminal, todas as esperanças, benefícios, doações e concessões, todas as paixões, belezas, delícias da terra. Confraria dos Mãos Itinerantes, sugerido por um dos poetas do nosso grupo (tínhamos muitos poetas entre nós, evidentemente), que ilustrou sua proposta com um poema de John Donne — "Seduction. License my roving hands, and let them go before, behind, between, above, below" — ainda que pertinente pela sua singeleza ao privilegiar o conhecimento através do tato, foi descartado por ser um símbolo primário dos nossos objetivos. Enfim, depois de muita discussão, acabou sendo adotado o nome Confraria dos Espadas. Os Irmãos mais ricos foram seus principais defensores: os aristocratas são atraídos pelas coisas do submundo, são fascinados pelos delinqüentes, e o termo Espada como sinônimo de Fodedor veio do mundo marginal, espada fura e agride, assim é o pênis tal como o vêem, erroneamente, bandidos e ignorantes em geral. Sugeri que se algum nome simbólico fosse usado por nós deveria ser o de uma árvore ornamental cultivada por causa de suas flores, afinal o pênis é conhecido vulgarmente como pau ou cacete, pau é o nome genérico de qualquer árvore em muitos lugares do Brasil (mas, corretamente, não o é dos arbustos, que têm um tronco frágil) só que meu arrazoado foi por água abaixo quando alguém perguntou que nome a Confraria teria, Confraria dos Paus?, dos Caules?, e eu não soube responder. Espada, conforme meus opositores, tinha força vernácula, e a rafaméia mais uma vez dava sua valiosa contribuição ao enriquecimento da língua portuguesa.

Como membro da Confraria dos Espadas eu acreditava, e ainda acredito, que a cópula é a única coisa que importa para o ser humano. Foder é viver, não existe mais nada, como os poetas sabem muito bem. Mas era preciso uma Irmandade para defender esse axioma absoluto? Claro que não. Havia preconceitos, mas esses não nos interessavam, as repressões sociais e religiosas não nos afetavam. Então qual foi o objetivo da fundação da Confraria? Muito simples, descobrir como atingir, plenamente, o orgasmo sem ejaculação. A Rainha de Aragão, como conta Montaigne, bem antes desse antigo reino unir-se ao de Castela, no século XV, depois de madura deliberação do seu Conselho privado, estabeleceu como regra, tendo em vista a moderação requerida pela modéstia dentro dos casamentos, que o número de seis cópulas por dia era um limite legal, necessário e competente. Ou seja, naquele tempo um homem e uma mulher copulavam, de maneira competente e modesta, seis vezes por dia. Flaubert, para quem "une once de sperme perdue fatigue plus que trois litres de sang" (já falei disso num dos meus livros), achava as seis cópulas por dia humanamente impossíveis, mas Flaubert não era, sabemos, um Espada. Ainda hoje acredita-se que a única maneira de gozar é através da ejaculação, apesar de os chineses há mais de três mil anos afirmarem que o homem pode ter vários orgasmos seguidos sem ejacular, e assim evitar a perda da onça de esperma que fatiga mais que uma hemorragia de três litros de sangue. (Os franceses chamam de petite mort a exaustão que se segue à ejaculação, por isso um dos seus poetas dizia que a carne era triste, mas os brasileiros dizem que a carne é fraca, em todos os sentidos, o que me parece mais pungente, é pior ser fraco do que triste.) Calcula-se que um homem ejacula em média cinco mil vezes durante sua vida, expelindo um total de um trilhão de espermatozóides. Tudo isso para que e por quê? Porque na verdade somos ainda uma espécie de macaco, e todos funcionamos como um banco genético rudimentar quando bastaria que apenas alguns assim operassem. Nós, da Confraria dos Espadas, sabíamos que o homem, livrando-se de sua atrofia simiesca, apoiado pelas peculiares virtudes de sua mente (nosso cérebro não é, repito, o de um orangotango), poderia ter vários orgasmos consecutivos sem ejacular, orgasmos que lhe dariam ainda mais prazer do que aqueles de ordem seminal, que fazem do homem apenas um instrumento cego do instinto de preservação da espécie. E esse resultado nos encheu de alegria e orgulho, havíamos conseguido, através de elaborados e penosos exercícios físicos e espirituais, alcançar o Múltiplo Orgasmo Sem Ejaculação, que ficou conhecido entre nós pelo acrônimo MOSE. Não posso revelar que "exercícios" eram esses pois o juramento de manter o segredo mo impede. A rigor eu nem mesmo poderia falar do assunto, ainda que desta maneira restrita.

A Confraria dos Espadas funcionou muito bem durante os seis meses que se seguiram à nossa extraordinária descoberta. Até que um dia um dos nossos Confrades, poeta como eu, pediu a convocação de uma Assembléia Geral da Confraria para relatar um assunto que considerava de magna importância. A mulher dele percebendo a não ocorrência de emissio seminis durante a cópula, concluíra que isso podia ter várias razões, que em síntese seriam: ou ele estava economizando o esperma para outra mulher, ou então fingia sentir prazer quando na verdade agia mecanicamente como um robô sem alma. A mulher chegou mesmo a suspeitar que nosso colega fizera um implante no pênis para mantê-lo sempre rijo, alegação que ele facilmente provou ser infundada. Enfim, a mulher do poeta deixara de sentir prazer na cópula, na verdade ela queria a viscosidade do esperma dentro da sua vagina ou sobre a sua pele, essa secreção pegajosa e branca lhe era um símbolo poderoso de vida. Sexo, como queria Whitman, afinal incluía o leite seminal. A mulher não disse, mas com certeza o exaurimento dele, macho, representava o fortalecimento dela, fêmea. Sem esses ingredientes ela não sentia prazer e, aqui vem o mais grave, se ela não sentia prazer o nosso confrade também não o sentia, pois nós, da Confraria dos Espadas, queremos (necessitamos) que nossas mulheres gozem também. Esse é o nosso moto (não o cito em latim para não parecer pernóstico, já usei latim antes): Gozar Fazendo Gozar.

Ao fim da explanação do nosso Confrade a assembléia ficou em silêncio. A maioria dos membros da Confraria estava presente. Acabávamos de ouvir palavras inquietantes. Eu, por exemplo, não ejaculava mais. Desde que conseguira dominar o Grande Segredo da Confraria, o MOSE, eu não produzia mais uma gota sequer de sêmen, ainda que todos os meus orgasmos fossem muito mais prazerosos. E se a minha mulher, que eu amava tanto, pedisse, e ela poderia fazer isso a qualquer momento, que eu ejaculasse sobre seus delicados seios alabastrinos? Perguntei a um dos médicos da Confraria — havia vários médicos entre nós — se eu poderia voltar a ejacular. A medicina nada sabe sobre sexo, essa é uma lamentável verdade, e o meu colega respondeu que isso seria muito difícil, tendo em vista que eu, como todos os outros, criara uma forte dependência àquele condicionamento físico e espiritual; que ele já tentara, usando todos os recursos científicos a que tinha acesso, anular essa função sem o conseguir. Todos nós, ao ouvir a terrível resposta, ficamos extremamente consternados. Logo outros Confrades disseram que enfrentavam o mesmo problema, que suas mulheres começavam a achar artificiosa, ou então assustadora, aquela inesgotável ardência. Acho que me tornei um monstro, disse o poeta que trouxera o problema ao nosso exame coletivo.

E assim terminou a Confraria dos Espadas. Antes da debandada fizemos todos um juramento de sangue de que jamais revelaríamos o segredo do Múltiplo Orgasmo Sem Ejaculação, que ele seria levado para o nosso túmulo. Continuamos tendo uma mulher à nossa espera, mas essa mulher tem de ser trocada constantemente, antes de descobrir que somos diferentes, estranhos, capazes de gozar com infinita energia sem derramamento de sêmen. Não podemos nos apaixonar, pois nossas relações são efêmeras. Sim, eu também me tornei um monstro e meu único desejo na vida é voltar a ser um macaco.

Estranhos

Sérgio Sant'Anna

Cheguei à portaria daquele edifício, em Botafogo, para ver o apartamento, quase ao mesmo tempo que uma mulher. Notei que ela estava nervosa, pelo modo como dava tragadas seguidas no cigarro, amassava com a mão fortemente cerrada o caderno de classificados de um jornal, e também pelo batom que transbordava da linha dos seus lábios, como se houvesse se pintado às pressas. Mas nem por isso era menos bonita ou elegante, usando um vestido listrado, de tecido meio rústico, que ostentava uma simplicidade que devia ter custado algum dinheiro. Os sapatos pretos grandões, desses de amarrar, concediam-lhe uma aparência um tanto exótica, um ar de força, quase de brutalidade, talvez premeditada, um toque masculino que não impedia de se evidenciar nela a mulher em todos os seus aspectos. Ou talvez eu só tenha pensado essas coisas todas depois, tornando-me capaz de escrever sobre elas desse modo. Naquele instante eu estava preocupado em ver logo o apartamento.

Quando o porteiro estendeu a chave na minha direção, pois eu chegara um pouco antes, ela disse com uma voz que pretendia ser durona, igual aos seus sapatos.

— Não podemos subir todos juntos?

O porteiro tornou a recolher a chave, mantendo-a suspensa nos dedos, como se fôssemos crianças disputando um doce.

Estranhos

— A senhora vai me desculpar, mas não posso largar a portaria — ele disse. — O apartamento está vazio e, se a senhora não se importar, pode subir sozinha com ele — o porteiro apontou a chave na minha direção.

Ela olhou para mim de cima a baixo, como se me avaliasse, até concluir que eu era inofensivo.

— Por mim, tudo bem — ela disse.

Aquele exame minucioso, e talvez o seu resultado, me irritara. E também o fato de o porteiro ter perguntado a ela se se importava de subir comigo, e não a mim, que chegara primeiro, se me importava de subir com ela. Afinal, estávamos disputando o mesmo apartamento. Então apenas dei de ombros, indiferente.

Mal fiz isso, ela tomou a chave da mão do porteiro e seguiu em frente pela aléia, ou fosse lá como fosse que se chamava aquela passagem que, margeando o estacionamento a céu aberto, ia dar no bloco B, onde ficava o tal apartamento.

Enquanto ia atrás dela, pensei que não estava sentindo nenhuma vontade de morar naquele condomínio composto de dois caixotões verticais, com o nome absolutamente ridículo de Bois de Boulogne. De fato, era todo ajardinado e havia algumas árvores, para parecer bucólico e ecológico. Havia também um playground à vista, o que significava muitas crianças quando não fosse hora de colégio, e uma piscina escondida em algum lugar (eu lera no classificado), que devia ser um tanque grande, também cheio de crianças. Na verdade eu e Clarice preferíamos começar nossa vida num desses prédios mais antigos, com uma arquitetura humana, e não tínhamos a menor intenção de ter filhos tão cedo. Mas eu ia ver o apartamento. Estava de férias e programado para ver apartamentos.

Depois de subir dois lances de escadinhas, alcancei a mulher no hall dos elevadores do bloco B, onde nos comportamos como os dois estranhos que de fato éramos um para o outro. Ela pôs um cigarro na boca, sem acendê-lo, e uma senhora juntou-se a nós. Logo depois o elevador chegou, um pessoal saiu, deixamos a senhora entrar primeiro, depois entrou ela, depois eu. A senhora desceu no quinto andar e, até lá, ficou olhando de cara feia para o cigarro apagado nos lábios da mulher, que sustentou o seu olhar. Assim que a senhora saiu, ela acendeu o cigarro, embora houvesse uma plaqueta de proibição, visível no meio de vários grafitezinhos infantilóides, alguns meio nazistas, alguns obscenos. Mas não seria eu, um ex-fumante, que iria me incomodar com o cigarro dela.

— Também está procurando apartamento há muito tempo? — perguntei, para quebrar o gelo entre nós.

— Não. Este é o segundo. Mas são todos umas merdas.

— É verdade — eu disse, apaziguadoramente, achando graça.

Chegamos ao décimo primeiro andar, o do *nosso* apartamento, e vi que a mão dela tremia ao tentar enfiar a chave. Eu disse "Me dá licença", peguei a chave e a introduzi facilmente na fechadura.

Ela entrou, olhou ao seu redor, até encontrar um banheiro, onde se trancou imediatamente. Fui abrir a janela da sala, pois fazia um calor abafado ali dentro, apesar de ser outono. A primeira coisa que notei na paisagem foi o morro, a menos de um quilômetro de distância. Dava para ver as pessoas subindo e descendo a favela, como num formigueiro — não se pode ser original nessas coisas. Depois olhei para baixo e encontrei a piscina. Era melhor do que um tanque e devia estar fechada a essa hora da tarde, porque não havia ninguém lá. Mas o playground começava a se povoar e os gritos chegavam ali em cima, mas eram menos crianças do que eu imaginara. Ainda observei mais algumas coisinhas nos arredores, tentando vê-los também com os olhos da Clarice.

Dei-me conta de que a mulher estava demorando no banheiro e desconfiei de alguma coisa. Cocaína, por exemplo. Mas, afinal, eu não estava com ela, podia ver o apartamento sozinho e ir logo embora, pois já concluíra, mais ou menos, que o imóvel não fazia o gênero de Clarice.

Ao virar-me para examinar melhor a sala, reparei numas irregularidades na parede em frente, onde o sol batia nesse instante. A massa e a pintura tinham sido retocadas havia muito pouco tempo, em alguns pontos, formando pequenos calombos. Aproximei-me para vê-los de perto, quando a mulher saiu do banheiro. Fumava outra vez, o batom em seus lábios fora alinhado e ela se maquiara em torno dos olhos, que brilhavam, avermelhados. Podia ser cocaína, porque o seu nariz também estava congestionado, mas achei possível que ela houvesse apenas chorado e quisesse disfarçar com a maquiagem.

Fingi não reparar nisso e pressionei o dedo num daqueles calombos, que cedeu um pouco.

— Podem ser tiros — eu disse. — Eles devem ter extraído as balas. Por isso o aluguel é tão barato.

Percebi que estava querendo impressioná-la, o que, a julgar por sua resposta, não consegui.

— Você acha barato por uma pocilga dessas? Precisa ver o banheiro. É ridículo.

— Estou falando de preço de mercado.

— É possível — ela falou, olhando em direção à janela. — Mas a favela está longe.

— Os fuzis alcançam dois quilômetros — eu disse, e vi que continuava querendo impressioná-la.

— Você é da polícia? — ela perguntou, com uma voz falsamente neutra e ingênua, que significava ironia com toda a certeza.

— Não, sou jornalista.

Ela se dirigiu para a janela, sem perguntar qual era o meu jornal ou a área do jornalismo em que eu atuava, e achei melhor assim. Pois, não sei por que, senti que me sentiria um idiota se dissesse a uma mulher como aquela que eu era subeditor de um segundo caderno, fazendo entrevistas por telefone e escrevendo frescuras sobre artistas egocêntricos.

Ela atirou a ponta do cigarro lá embaixo e ficou observando ela cair. Depois virou-se para mim e disse, antes de se debruçar novamente no parapeito:

— É uma boa altura.

De repente, me passou pela cabeça que ela só tivesse vindo ver o apartamento para se jogar lá de cima. Podia ser mera projeção minha, claro, pois também sou meio neurótico e até fizera um pouco de análise, antes de conhecer Clarice, que me dava segurança. Mas, por via das dúvidas, resolvi voltar à janela, onde poderia intervir caso a mulher fizesse menção de pular. Confesso que, além do fato em si de não querer que um semelhante meu se autodestruísse, pensei também nas complicações com a polícia, com a imprensa e com Clarice. Como iria explicar a ela por que estava vendo apartamento com outra mulher que ainda por cima se atirara dele?

Mas, assim que me aproximei da mulher, ela disse:

— Vou dar mais uma olhada por aí.

Enquanto ela foi ver um dos quartos, que dava para os fundos do prédio, fui ver outro bem em frente ao dela, procurando afastar a idéia de suicídio da cabeça. Na verdade, sabia que deixara a análise antes de remexer num lodo mais profundo, e talvez para não ter de fazê-lo. E aquela mulher, apesar de tudo, me dava a impressão de gostar muito da vida. Apenas tinha de ser a vida que ela gostava.

O quarto que vi era comum, um desses quadrados que os construtores fazem economizando espaço. Também fora pintado recentemente, mas não havia calombos nas paredes. Abri a janela e depois fui dar uma olhada no armário embutido. Tentei abrir uma das gavetas e percebi que alguma coisa a estava emperrando. Puxei com força e um sutiã, empoeirado, acabou por soltar-se. Peguei-o e observei que, pelo seu tamanho e desenho, fora usado por uma mulher de seios pequenos, provavelmente uma jovem.

Nesse instante, ouvi-a exclamar alguma coisa no outro quarto, que não deu para entender direito. Mas dali eu podia vê-la segurando um objeto que não consegui identificar. Devolvi o sutiã à gaveta, depressa, fechando-a em seguida.

— Vem cá ver — a mulher me chamou em voz alta.

Dirigi-me rapidamente para lá e encontrei-a suspendendo uma tira de cortina japonesa, que ela desenrolava do chão, onde devia ter sido largada na mudança. Nela, havia um buraco de bom tamanho.

— Balas! — a mulher disse, com uma espécie de alegria, embora o buraco fosse só um. — O tiro deve ter entrado pelo outro quarto, atravessou o corredor e a bala veio se alojar aqui. Aliás, pode até ter saído de novo — ela mostrou a janela que havia aberto. — Você tinha razão. Os sacanas deixaram esse lixo aqui (ela largou a cortina com repugnância) e acharam que a gente não ia perceber.

Fiquei satisfeito com aquele reconhecimento e acrescentei, excitado:

— Vi poucas crianças no playground. Deve ter muita gente deixando o prédio.

Foi nesse momento que ela disse sua grande frase, que me fez compreendê-la melhor:

— Morrer não tem a menor importância. O horrível é ficar velha!

— Você está longe disso — eu disse, sentindo-me metade idiota, metade cafajeste. Mas percebi que uma centelha se acendera em seus olhos.

— Estou com trinta e quatro anos — a mulher disse e olhou para mim, com uma certa expectativa.

— Parece ter bem menos — falei, embora ela pudesse ter também trinta e seis. — E mesmo que não parecesse, é uma bela idade.

— Ele parece que não acha — ela retrucou, amargamente.

— Ele quem?

— Não interessa. E você, quantos anos tem?

— Trinta e dois.

— Ele tem cinqüenta — ela falou com orgulho.

Foi aí que eu disse a grande besteira, ou talvez não, levando-se em conta o que aconteceu depois.

— Ele te abandonou?

Sem qualquer aviso prévio, ela desatou um choro convulsivo, de dor e de raiva, e avançou com os punhos cerrados na minha direção. Recuei, amedrontado. Mas, em vez de me bater, ela se agarrou ao meu corpo, esfregando-se nele em movimentos sofregamente ritmados. Olhei para a janela, preocupado que alguém estivesse nos vendo. Felizmente não havia nenhum edifício alto nas proximidades.

— Ninguém jamais me abandonou, entendeu? — ela gritava. — Ninguém, ouviu?

— Claro — eu disse, correspondendo ao seu abraço um tanto mecanicamente, pois continuava com medo.

— Mas o filho da puta também está comendo outra — ela disse, e agora chorava mais livremente.

Acariciei os seus cabelos de um modo paternal:

— É por isso que você está procurando apartamento?

Ela fez que sim, com a cabeça:

— Ele está comendo uma garota de dezoito anos. Você compreende bem o que isso significa?

— Compreendo — eu disse. E, de fato, compreendia tudo cada vez mais. — Essas coisas acontecem — tentei consolá-la.

Foi o suficiente para ela me empurrar, com brutalidade.

— Vocês são todos iguais. Não pense que não vi você pegando aquele sutiã. Eu não preciso usar, veja!

Ela arrancou o vestido de baixo para cima, de um só golpe. Havia parado de chorar tão subitamente quanto começara.

Eram seios perfeitos. Talvez houvessem sofrido uma plástica, mas que importância tinha isso se eram tão bonitos e gostosos? Não havia outra coisa a fazer senão acariciá-los, enquanto enfiava a mão em sua calcinha branca, e a mulher, por sua vez, desatava o meu cinto, para depois baixar minha calça e minha cueca, tudo de uma só vez, ajoelhando-se então aos meus pés para chupar o meu pau, fazendo-o crescer de uma forma incomensurável, que dava a ela uma satisfação intensa, que talvez não tivesse muita coisa a ver comigo — eu via em seus olhos de cobra —, mas com o cara que estava comendo a garota de dezoito anos, como se ela quisesse provar a ele o seu poder, que acabava provando a mim e muito bem.

Pedi um tempo, porque senão aquilo ia terminar logo, e também para tirar a camisa e os sapatos nos quais minha calça e cueca haviam se enroscado, fazendo com que eu tivesse de me apoiar na cabeça da mulher para não perder o equilíbrio.

Enquanto eu tirava tudo, ela tirou a calcinha:

— Você quer que eu fique com ou sem os sapatos? — ela perguntou.

— Com os sapatos — eu disse.

Ela deu um risinho:

— Eu sabia. Vocês são todos homossexuais enrustidos.

Ignorei aquele comentário, pois não sou machista, e preferi observar meticulosamente a xoxota dela, que era bastante ostensiva, mas bem proporcionada e agradável de ver, com os cabelinhos aparados.

Ela demonstrava sentir prazer com a minha observação e acendeu calmamente mais um cigarro.

— Poxa, como você fuma, hein? — eu disse, apenas por dizer, ou porque aquele silêncio contemplativo me deixava um pouco embaraçado.

A resposta dela foi dar uma tragada funda e provocativa, para depois aproximar-se de mim, pedindo que eu a beijasse na boca. Foi um desses beijos profundos, sexuais, sem nada a ver com os beijos dos que se amam. Enquanto ele transcorria, ela foi soprando a fumaça para dentro da minha boca, lentamente. Eu só havia parado de fumar por causa da Clarice, que era antitabagista militante; então não tossi nem me engasguei, pelo contrário; traguei numa boa até o fundo, retendo o mais que pude a fumaça em meus pulmões. Se palavras podem descrever tal experiência, devo dizer que ela me alucinou como se eu fosse um fumador de ópio, e que foi a maior intimidade que jamais tive com uma mulher, como se eu a conhecesse em todas as suas entranhas. A falta de hábito, porém, fez com que eu me sentisse meio tonto, e fui descendo meu corpo, trazendo o dela comigo.

— Quer que eu faça com você uma coisa que faço sempre com ele? — ela perguntou.

— Quero — eu disse, ainda meio grogue.

— Então vira de bruços.

Saí do meu estupor e ergui a cabeça, assustado:

— Só se você apagar o cigarro.

— Não sou sadomasoquista — ela disse com desprezo, amassando o cigarro no assoalho.

Virei-me de bruços e ela veio por cima de mim, de um modo que me fez conhecer melhor o mecanismo das mulheres, ou pelo menos de certas mulheres, e também dos homens, ou pelo menos de certos homens, como eu e o coroa devasso. Esfregando ritmadamente a xoxota em minha bunda, ela dizia coisas como "meu benzinho, eu te adoro, vou te comer todinho". E assim ela gozou, inquestionavelmente, pois não captei nada de teatral em seu orgasmo. Foi uma série de tremores silenciosos, apenas ligeiramente arfantes, quase introspectivos, até ela cair ao meu lado, satisfeita. Depois deitou a cabeça em meu peito e começou a fazer risquinhos nele, com suas unhas pontiagudas.

— Por favor, não faça isso — eu disse.

— Não faço por quê? — ela continuou com mais força.

Segurei os braços dela.

— Eu sou noivo.

Ela deu uma gargalhada artificial e levantou-se, abruptamente:

— Não acredito. Estamos quase no século vinte e um e você é noivo. Cadê a aliança?

— Não uso. Foi apenas uma forma de dizer, já que eu e Clarice vamos nos casar.

— Bem, nesse caso talvez seja melhor eu ir embora — ela disse, dirigindo-se até onde estavam jogadas suas coisas. — Não quero atrapalhar a vida de vocês. Quantos anos a Clarice tem? — ela perguntou, como que casualmente.

— Dezenove — eu disse, embora a Clarice tivesse vinte e quatro. Só não falei dezoito porque ia parecer coincidência demais.

Se houvesse algum objeto ali para jogar na parede, tenho certeza que ela teria jogado. Como não havia, ela dava pontapés no ar, tentando chutar os sapatões para longe, o que não conseguiu, pois eles estavam firmemente amarrados. Então ela pôs o vestido, mas pelo avesso. Ao retirá-lo, quase se sufocou com ele, ao contrário da maneira graciosa e segura como o fizera da primeira vez. E acabou por estar de novo nua, e de sapatos, chorando mansinho, como se tudo aquilo a houvesse feito amadurecer anos, conformar-se à realidade.

Eu não sou burro, embora as coisas que escrevia para o segundo caderno muitas vezes fossem. Continuei ali deitado, nu, esperando que a histeria dela passasse. Sabia que se aquela mulher não cometesse nenhuma ação sem retorno, o fato de eu ter uma noivinha de dezenove anos só faria aumentar o seu desejo, desta vez por mim mesmo, nem que fosse para provar mais alguma coisa. E, realmente, enxugando as lágrimas, ela acabou por fazer a inevitável pergunta do final do século.

— Você trouxe camisinha?

— Não, eu e Clarice somos monogâmicos e não usamos.

— Mas eu e ele não somos e não confiamos em ninguém — ela disse, indo até onde deixara sua bolsa. Remexeu lá dentro e depois atirou para mim uma camisinha.

— Era para usar com aquele veado — ela fez questão de informar. — Mas se você fizer alguma perversão comigo eu vou gritar.

— O que você chama de perversão?

— Se chegar perto, eu aviso — ela disse.

Fui pôr aquele troço no banheiro, onde estava mesmo precisando ir. Lá dento, tentei descobrir o que ela achara tão ridículo, pois era uma peça comum, até confortável, com uma boa banheira. Imaginei que deviam ser os azulejos brancos, com figuras azuis de Vênus e de anjinhos tocando trombetas, possivelmente copiadas de terceira mão do banheiro de algum palácio na Europa. E não pude deixar de pensar, incomodado, que Clarice gostaria daquele banheiro, talvez o consideraria a melhor coisa do apartamento.

Ou teria a mulher implicado com o espelho oval, com bordas trabalhadas em metal prateado? O espelho no qual agora eu me olhava, percebendo que alguma coisa mudara em meu rosto, talvez uma inocência perdida, pois estava traindo Clarice pela primeira vez. Tentei pescar lá no fundo de mim mesmo uma velha culpa, conhecida minha, e não consegui encontrá-la. Concluí que aquilo não era uma traição, era um acontecimento tão inexorável quanto uma catástrofe. Eu fora atropelado pelo destino e só me restava sair de novo ao seu encontro.

Encontrei a mulher na sala, deitada de costas num colchãozinho que ela disse ter achado no quarto de empregada. Estava nua até dos sapatos, e, com as pernas e os olhos semicerrados, parecia a noivinha que, tenho certeza, ela estava representando, com algum rubor nas faces, talvez de ruge, mas o que importava?

Descrições de pormenores sexuais são deselegantes e enfadonhas. Se as cometi, anteriormente, foi por considerar que certos atos obedeciam a uma lógica e motivações radicais, a uma sexualidade invulgar — e, por que não dizer?, refinada — que poderão servir ao enriquecimento do eventual leitor deste relato, feito por quem não se pretende mais do que um repórter.

Mas creio poder revelar que gastamos duas camisinhas e fizemos de tudo, nesse segundo movimento, menos o que, imaginei, devia ser a tal perversão. Quanto aos orgasmos dela, da segunda fase, foram quase certamente falsos e teatrais e, por vezes, tive de tapar sua boca. Como se ela quisesse anunciá-los ao prédio inteiro, talvez ao mundo, mais particularmente a Clarice, ao tal coroa e sua garotinha. Mas o que importa, já que os meus foram verdadeiros, assim como os meus sentimentos?

O meu grande erro, talvez, tenha sido querer traduzir esses sentimentos, comentando o crepúsculo que vimos cair, o luar que agora banhava os nossos corpos, o canto tardio de cigarras de outono. E houve um momento em que cheguei a dizer, ternamente:

— Poderíamos até morrer juntos.

Isso lembrou-lhe que devia ir embora.

— É melhor descermos separados, depois de todo esse escândalo. Eu vou primeiro e você entrega as chaves, está bem? — ela disse.

— Pretende ficar com o apartamento? — perguntei enquanto nos vestíamos.

— Uma gaiola dessas? Você deve estar brincando.

— Vai voltar para aquele cara?

— Agora já posso — ela disse.

— Vai contar para ele o que aconteceu? — perguntei, ajoelhando-me para amarrar os seus sapatos, enquanto ela acendia mais um de seus cigarros.

— Tudo é possível — ela disse. — Mas não aconselho você a fazer o mesmo. Sua noivinha não iria perdoá-lo.

— Talvez eu não queira ser perdoado.

— Você é louco — ela disse, encaminhando-se para a porta.

Quis acompanhá-la até o elevador, mas ela não deixou.

— Me diga ao menos o seu nome — implorei.

— O que passou, passou, está certo? Que importância têm os nomes?

— Não quer nem saber o meu?

— Não — ela disse, batendo a porta.

O que mais dizer?

Terminei com a Clarice, voltei a fumar e vim morar sozinho, pagando uma mixaria de aluguel, no apartamento 1101, B, do Condomínio Bois de Boulougne, na expectativa, talvez fantasiosa, pelo menos em sua segunda parte, de que o coroa um dia aprontasse mais alguma com a mulher, e ela, farejando o meu destino, viesse me usar para uma nova vingança.

Até o momento em que escrevo, isso não aconteceu. Mas, entre intervalos mais ou menos longos de tediosa calmaria, muitas coisas acontecem no *Bois* e suas redondezas: batalhas entre traficantes no morro Dona Marta, o pipocar de fuzis e metralhadoras, foguetes sinalizadores cruzando os ares, incursões da polícia e do exército na favela, helicópteros voando rasante sobre o bairro e, de vez em quando, balas perdidas, que já furaram novamente as paredes da sala e dos quartos.

Às vezes, engatinhando com as luzes todas apagadas, vou deitar-me no assoalho daquele quarto em que fui possuído pela mulher. Entrincheirado atrás de uma parede, acendo então um cigarro, dou uma tragada funda, e penso naquela que me penetrou até o âmago.

Troquei o segundo caderno pelo setor de polícia do jornal, comprei um binóculo potente, para observar o morro, e instalei um fax no quarto desabitado de empregada, cujo colchão, onde às vezes durmo, conservei.

Dali, o local mais seguro do imóvel, envio as últimas notícias para a redação, às vezes quase na hora do fechamento do caderno *Cidade*. Escrevo à mão e assim transmito as páginas, pois meu micro levou um balaço que varreu para sempre sua memória, igual a um ser humano quando apaga. Estamos furando todos os concorrentes no noticiário do Dona Marta.

Num domingo, enquanto olhava pensativo da janela lá para baixo, testemunhei quando um senhor, usando um desses shorts largos, foi alvejado pelas costas por um franco-atirador, no momento em que mergulhava na piscina semideserta do condomínio. Caiu já provavelmente morto na água, cujo azul se tingiu de vermelho, num contraste macabro na manhã ensolarada de primavera. Foi o que escrevi, e não cortaram.

Pensei, também, que morrer talvez não tivesse mesmo a menor importância. O sujeito havia saído de cena em grande estilo, enquanto nós, aqui, continuamos sofrendo por razões diversas, incluindo as minhas.

Mas não estava simplesmente fazendo frase quando escrevi, para finalizar a matéria, com esperança de que a mulher me lesse, entendesse tudo e viesse me encontrar, que *morrer é muito fácil no Bois de Boulogne.*

Nos olhos do intruso

Rubens Figueiredo

Não lembro a primeira vez. Mas aqui e ali comecei a ouvir comentários: aquela é a cidade que interessa, é onde as coisas acontecem, o futuro fugiu para lá. Advertências que repetiam a verdade mais simples, não há como negar. Hoje, parecem ressoar a voz de um oráculo. Mas era uma verdade que entendi mal, que me apressei em traduzir totalmente errado, nos termos da euforia de um menino, ou até de um tolo.

Talvez eu pudesse ter ficado como estava, talvez o futuro ainda dormisse bem longe até hoje, se naquela noite eu não tivesse ido ao teatro. Três atores representavam vários papéis e a história da peça quase não importava. O espetáculo consistia muito mais na velocidade e na perfeição das metamorfoses dos atores. Em poucos minutos, eles trocavam de roupa, peruca e maquiagem, encarnavam outra voz, outra personalidade, e tudo com um vigor que só podia nascer de um tipo de vida.

No final da peça, algumas fileiras à minha frente, aconteceu. Quando as pessoas se levantaram, entrevi, no intervalo das cabeças, um homem parecido com alguém que eu conhecia. Talvez fosse a dança de tantos rostos a meu redor, mas o efeito era o de muitas feições distintas convergindo e se sobrepondo no ar transparente.

Uma desconfiança incômoda me obrigou a olhar melhor e então deparei com um sujeito igual a mim mesmo, apenas um pouco mais novo. Sacudido por uma espécie de insulto, experimentei o temor de estar sendo sorrateiramente substituído.

Com os olhos naquele homem, esqueci que devia continuar andando. As pessoas atrás de mim, na minha fileira, me repreenderam com resmungos. Tentei me livrar do meu estupor, mas o máximo que consegui foi observar o homem da maneira mais discreta que podia. As fileiras escorriam todas na mesma direção, o público escoava ligeiro para o funil da saída e logo o perdi de vista.

Se uma coisa deriva sempre de outra, se todo fato espalha efeitos em todas as direções, por que não ver no que se seguiu uma continuação, um sistema? Podia parecer um desses acasos bobos, uma dessas situações tão corriqueiras que nem paramos para pensar. Em um intervalo de semanas, pelo menos três amigos se aproximaram de mim para dizer que me tinham visto em lugares que eu não conhecia, locais aonde eu nunca fora, fazendo coisas que eu absolutamente não podia ter feito, porque estava ocupado, em outra parte.

Na primeira vez, juro, tentei negar. Depois, diante da alegre certeza da pessoa à minha frente, me resignei a ouvir em silêncio. A seguir, de uma maneira que eu mal percebi, passei pouco a pouco a acreditar que era eu mesmo que ia àqueles lugares e punha em prática aquelas ações. Eu até sorria e pelo menos uma vez cheguei a inventar explicações adicionais, coerentes, que vi serem bem aceitas pelo meu ouvinte.

Outros talvez não prestassem atenção. Outros talvez não encadeassem uma coisa à outra. Sei que, mesmo na vida mais banal, há lugar para tudo. Mas, um dia, no centro da cidade, um homem completamente desconhecido me cumprimentou com familiaridade. O sinal fechou e, enquanto eu atravessava a rua, o homem, andando em sentido contrário, acenou ligeiro com a mão. Receoso de me mostrar mal-educado com algum conhecido, correspondi ao aceno. O sinal abriu, os carros e ônibus andaram, bloquearam minha visão e eu o perdi na multidão da calçada oposta.

Tempos depois, eu vinha andando distraído pela rua. Quando dei por mim, uma pessoa que não pude reconhecer me dirigia palavras apressadas. Mencionou de passagem um nome estranho para mim como se fosse um amigo comum. Depois pediu desculpas pela pressa, se despediu e foi embora. Algo desse tipo se repetiu ainda, talvez em um espaço de alguns meses, duas ou três situações que outras pessoas poderiam interpretar como encontros fortuitos com lunáticos, do tipo que prolifera nas ruas, eu sei. Mas a minha lua é a mesma de todo mundo.

Aos poucos, as atividades que esses desconhecidos atribuíam a mim começaram e me parecer familiares. As pessoas que eles mencionavam chegaram a se tornar íntimas para mim, com seus nomes e suas ambições cotidianas. Tudo ia se incorporando à minha memória. O meu passado se expandia com um novo elenco de pessoas e fatos, ao mesmo tempo em que o meu presente também se ampliava, numa espécie de movimento de conquista. Minha vida abarcava muitas outras vidas e assim eu conseguia me sentir mais vivo do que nunca.

Um dia, numa rua do centro, tomei coragem. Arrisquei cumprimentar alguém que eu, com absoluta certeza, não conhecia. Após um instante de surpresa bem natural, nas circunstâncias, a pessoa respondeu ao meu cumprimento, de forma discreta. Sua expressão deu a entender que, naquele momento, não tinha tempo para conversar comigo como gostaria, e seguiu adiante.

Por que pedir mais? Vi naquilo uma confirmação, e não poderia ser de outro modo. Agora, eu olhava o mundo à minha volta com o ardor de uma simpatia desconhecida. Via as pessoas entrando e saindo pelas portarias dos prédios, contemplava a fila de cabeças voltadas para mim nas janelas dos ônibus e sabia que no mundo ninguém mais seria para mim um estranho.

Vivi assim um tempo, até que, certa manhã, o telefone me acordou. A voz do outro lado avisou que uma determinada pessoa havia morrido. Citou um nome, que não reconheci nem me dei ao trabalho de memorizar. Mas anotei a hora e o lugar do funeral. A voz ainda lamentou que ele tivesse morrido ainda jovem, e garantiu que "todos" iriam lá.

Cheguei em cima da hora, um pouco atrasado até. Achei que por isso ninguém se aproximou para me cumprimentar. Raciocinei que temiam perturbar a cerimônia. Uma música de órgão descia gelada das paredes e só um segundo antes de o caixão ser fechado distingui as feições do defunto. Foi rápido, uma sombra correu sobre o véu transparente. Mas creio ter reconhecido o homem que eu, nem sei quanto tempo antes, vira no teatro. O homem igual a mim. Com a tampa fixada em seu lugar, o caixão deslizou por uma esteira na direção de uma porta e desapareceu no crematório.

Antes que eu me refizesse da surpresa, todos haviam ido embora sem sequer se despedir de mim. Em poucos dias, as coisas começaram a mudar. Encostei no balcão de uma lanchonete, pedi um cafezinho, na esperança de que o garçom conversasse um minuto comigo, sobre o tempo, o trânsito, o que fosse. Mas ele logo virou a cara para o meu sorriso, como se estivesse diante de um estranho, um intrometido.

A rigor, aqui e ali, eu descobria motivos para pensar que me consideravam um importuno. Em lugares onde eu esperava ser recebido como um irmão, me rechaçavam com a frieza e a hostilidade educada que só se descarrega sobre os intrusos. Mesmo nos ambientes que, antes, eram para mim perfeitamente familiares — meu trabalho, minha vizinhança, meus colegas —

eu me via tratado como alguém indesejável. Foi nessa altura que resolvi me mudar para uma outra cidade, a cidade de que eu ouvia falar com tanta simpatia.

Tratei de me adaptar o mais depressa possível. Tentei refazer minha vida, reconstituir à minha volta um convívio humano que me justificasse. Mas isso se revelou difícil. Pelo menos, eu não era tratado como um invasor.

Acho que eu poderia ter vivido assim bastante tempo, sem maiores problemas. Mas agora isso não será possível. Há poucos dias, em uma barbearia, rodeado de espelhos que corriam diante de mim e às minhas costas, entendi o que era o futuro e por que ele estava nesta cidade.

O barbeiro terminou de aparar meu cabelo, ergueu dos meus ombros o pano branco com um floreio do braço e então me levantei. Quando contemplava a mim mesmo no espelho, reparei com o canto dos olhos o reflexo de um homem, umas três cadeiras à esquerda. Ele me fitava com insistência. Tinha um ar quase desnorteado, na verdade, e achei que já devia estar me observando desde algum tempo.

Por instinto, desviei o rosto pois o homem me pareceu agitado. Fingi que não o via e estou certo de que o deixei convencido disso. Mas os espelhos permitiam olhares diagonais. Por esse ângulo, pude notar que o sujeito era extraordinariamente parecido comigo. Apenas um pouco mais velho.

Fui para a rua. Forcei minhas pernas a caminhar e vi a calçada fugindo para trás sob os meus passos. Sei agora por que vim para esta cidade. O olhar admirado do homem na barbearia foram as boas-vindas e também uma despedida para mim. Já posso sentir o calor das chamas estalando. Mas, até que chegue a minha vez, esse sujeito ainda vai ouvir falar muito de mim.

O anti-Natal de 1951

Carlos Sussekind

No documento emitido pelo Juizado de Menores lê-se o seguinte: "Requisito-vos" (ao agente da Estação D. Pedro II, no Rio de Janeiro) "duas passagens de ida e volta em 1ª classe dessa estação até a Estação Presidente Franklin Roosevelt, em São Paulo, para o Dr. Lourenço Laurentis, Curador de Menores do Distrito Federal, e um menor, que viajam a serviço deste Juízo".

Muito atencioso, o agente-ajudante que me atende na Central. Não me faz esperar. Mas, depois de carimbar a requisição, objeta-me que só amanhã poderá dar as passagens, pois o regulamento ferroviário exige antecedência de três dias, não de quatro. Adiantei-me, pois. Evito discutir, para que não surjam obstáculos futuros.

A idéia de fazer essa viagem na companhia unicamente de meu filho, tendo eu me comprometido a não desviá-lo de suas leituras nem durante o percurso nem durante o dia inteiro (25 de dezembro) que passaremos em São Paulo, corresponde satisfatoriamente à nossa concepção (minha e dele) do anti-Natal. Atravessaremos a véspera natalina dentro do trem, sem desejar mal nem bem a quem quer que seja, ele lendo, eu nos meus devaneios. Dia 26 estaremos de volta. Não daremos nem receberemos presentes. O único presente tolerado é essa viagem de graça, que, a bem dizer, não é um presente, é um direito que me dá o cargo de Curador de menores. Doutor Lourenço e o filósofo Lourencinho estarão na deles, numa boa.

Verifico que, se fosse de noturno, com leito de luxo, no "Santa Cruz", em cabine individual de dois passageiros, a viagem de ida e volta custaria ao Estado o triplo do preço desse trajeto feito em poltrona comum. Sairíamos do Rio às 22:30 do dia 24 e chegaríamos a São Paulo às 9 da manhã de 25. Magnífico, sem dúvida. Mas repugna à minha consciência abusar da requisição, proporcionando-nos esse luxo nababesco que ficaria documentado para sempre. Basta a fraude de dizer que eu e o Lourencinho vamos "a serviço do Juízo".

Tentarei, em todo caso, combinar ida em noturno e volta em diurno, numa última homenagem ao meu escrúpulo. O abuso já não será tanto, nem deixarei de proporcionar a meu filho uma viagem repousada. Se tiver de ir e vir de diurno — o que seria a hipótese mais econômica —, a consciência ficará mais leve, mas não sei como se comportariam o fígado dele e os meus rins. Enfim, veremos.

Precipitado no meu otimismo, faço, depois do jantar, uma descrição para a família toda reunida de como é o trem encantado em que viajaremos os dois. Vagões de aço inoxidável. As poltronas forradas de camurça. Giratórias. Ninguém em pé, todos acomodados, de fisionomias risonhas. A composição move-se deslizando, sem nenhuma trepidação, nenhum ruído, não entra pó, o ar que circula é como o do cinema Metro, trem de cinema, primeiro você pensa que é por causa do dia chuvoso, mas deixe chegar uma estação, abrir-se a porta e verá que é como se se abrisse uma fornalha. É a temperatura que faz lá fora. Dentro do carro, no entanto, a mesma inalterável e suavíssima ambiência! Moças e rapazes falam-se aos beijos. Quando não se beijam, cantam. Um sonho!

Diante da minha expansão, Lourencinho tem o comentário desalentador de que só vai a São Paulo para me acompanhar, e que não sabe, afinal, se isso de anti-Natal funcionará mesmo. Se nem o anti-Natal o seduz, meu Deus, que se pode esperar desse rapaz? Deve ser a perspectiva da viagem fatigante. Mas não é só isso, não. Quando lhe falo no que faremos para conhecer a cidade, onde não piso desde 1920 — há mais de 30 anos, portanto —, adverte logo: — Desista disso de querer mostrar parques e avenidas e monumentos e pessoas! Iremos cada qual para seu lado.

Vou buscar as passagens na estação. Outro subagente. Atencioso, como o de ontem. Entretanto, fez-me esperar 25 minutos para verificar se a assinatura era mesmo do juiz de menores, um desaforo. Conclui dizendo, amabilíssimo, que só amanhã, 22, poderá me dar os bilhetes, pois o regulamento fala em "três dias antes da viagem": sendo esta no dia 24, os três dias contam-se 22, 23 e 24. Considera 24 como sendo ao mesmo tempo o dia da viagem e a véspera! Evito discutir etc.

Risadas do homenzinho quando lhe falo em "noturno" e "Santa Cruz". A requisição menciona apenas "passagem de 1ª". Sem especificar "noturno", só se pode subentender "diurno". A fim de não dificultar a interpretação favorável em São Paulo, para a volta, escreve "tarifa noturna", o que permitirá que eu cogite de noturno de lá para cá. Mas, noturno em "trem de madeira", sem leito de qualquer espécie. Nem, sequer, poltrona. A poltrona, mesmo para o diurno, tem de ser paga à parte. São 60 para a ida e outros 60 para a volta. Quer dizer que a requisição do Juízo de Menores só me deu o direito de *andar* dentro do trem até São Paulo e de São Paulo aqui. Custará isso ao Estado 568 cruzeiros redondos. Acho infinita graça, agora, na minha ingenuidade de falar em "escrúpulo" de pleitear coisa melhor... O Governo sabe com quem lida. As bandalheiras não se fazem assim, com recibo. Elas se aninham noutras dobras.

Volto no dia seguinte, o guichê das passagens está se abrindo, sou o primeiro passageiro atendido. Entretanto, não posso ter os assentos que peço, na sombra. "Nós aqui desconhecemos os lugares que são no sol e os que ficam na sombra. As ordens são para destacá-los automaticamente, sem intervenção de quem quer que seja." Conformo-me. Ele lê a requisição. O outro funcionário, ao datá-la, pôs certo 21.12.1951; mas, quando se referiu ao dia da viagem, escreveu, sabe-se lá por que, 24.12.1952, equívoco palpável, evidente. Mas S. Exa. o bilheteiro do guichê nº 1 acha que deve ser retificado. Atendo-o, ainda nisto. No guichê nº 5 já está outro funcionário, diverso do "amabilíssimo" com quem falei ontem. Objeta-me que a retificação não é da sua competência, e que o funcionário que poderia fazê-la só começará a trabalhar às 4 da tarde. Não posso tolerar semelhante absurdo. Volto então ao agente substituto. Ouve-me em silêncio. Manda chamar o bilheteiro. Fala-lhe. E se volta para mim, austeramente: — O funcionário tem razão. Ele não pode retificar um erro que não cometeu. Mas o senhor, também, não vai pagar pelo que se fez sem sua culpa. Atenda-o, portanto, Sr. Freitas. Se o algarismo puder ser modificado, modifique-o. Se não puder, extraia outro passe.

E dá-me as costas. O algarismo não pôde ser modificado. Depois de ajustar pachorrentamente os carbonos e de "experimentar" noutro papel, de rascunho, Freitas pega solenemente o lápis, calca-o, descobre o carbono e diz:

— Não deu certo. — Espero, pois, 15 minutos para que ele extraia novo passe.

Seria justo que minha odisséia terminasse aí. Mas não terminou. Vou para o bilheteiro do guichê nº 1. Examina os novos passes, pede-me a carteira funcional e me diz secamente: 60 cruzeiros pelas duas poltronas. Dou-lhe o dinheiro, mas pergunto:

— Que é que essas poltronas têm de mais?

Ele não demora na resposta:

— Nada.

— Então por que se paga à parte? Se eu não pagasse, iria em pé?

O homem ajusta os óculos ao nariz, fita-me serenamente, reflete no que vai dizer. Responde-me:

— Iria.

Quer dizer: um funcionário, viajando a serviço do Estado, tendo sua passagem requisitada pelo Juízo de Menores, em nome do Ministro da Justiça, não tem direito sequer a viajar sentado nas 11 horas do percurso.

Mas ainda há mais. Pergunto, delicadamente, ao ditador que tenho pela frente, se as poltronas 37 e 38 do carro "B" ficam, ou não, na sombra. Com uma irritação mal disfarçada em calma "superior", responde-me:

— Meu caro senhor, quer um conselho? Peça a Deus que sejam na sombra, porque só Ele pode decidir.

Ali a justiça divina já está feita de antemão. Qualquer dos lugares é igual nos benefícios e nas desvantagens. Em 11 horas de viagem, de 7:25 às 18:25, quem tiver sol pela manhã não o terá mais à tarde, e quem, pela manhã, gozar da sombra, escaldará com o sol de depois do meio-dia.

Rimo-nos, ambos, para descarregar os nervos, evidentemente tensos, tensíssimos. Desejo-lhe Feliz Natal com toda a sinceridade. Posso respirar, enfim. As providências que tinha de tomar para garantir nosso anti-Natal, meu e do meu filho, já estão tomadas.

Olho

Myriam Campello

Quando ela acorda, põe imediatamente o seio esquerdo em minha boca. Sei muito bem que não é assim que se começa uma história. Mas a língua portuguesa nada mais é para mim que um instrumento de compreensão, de clareza científica. Por meio dela transmito minhas aulas de Botânica, leio as separatas, teses e livros que me informam das novidades do ramo por esse Brasil afora. Não sou escritor, isso vê-se. Pouco entendo de sintaxes ou estilos e sim de vegetais, florações. Um reino mais modesto. Devo confessar no entanto que a beleza perfeita de uma *Phalaenotsis Winter Dawn* var. *Mauna Kea*, por exemplo, me entusiasma bem mais que a frase cintilante do autor renomado. Se deito ao papel notícias do vendaval que no último mês desmantelou minha vida é por justamente sentir-me em pedaços.

Português de nascença e ex-seminarista de hábitos metódicos, não que a solidão eu não possa suportá-la. Mas na de minha irmã e eu que vivemos sós nesta casa há uma tal qualidade de exílio e afastamento dos homens que por vezes nos sufoca ao impossível. Não há a quem falar. Do que acontece, não se pode dizer por proibido. Vivemos arredios, sem sociedade com outros além de um boa-tarde seco, um bom-dia reservado que marca limites. Não serviria conversar com aqueles a nossa volta. Esbarrando em um vizinho, falo sobre plantas orquídeas, minha especialidade. Isto é, perguntam-me e respondo, nada mais. E entro em casa.

Minha irmã sei que sente-se como eu, embora minta: não quer aumentar a angústia que lê em meus silêncios. Ou por outra, sente-se como eu embora feita de material diverso. É mais forte, talvez. Talvez mais livre. Onde hesitei sequer pestanejou, radiosa como a *Epidendrum fragrans S. W*, a mesma nitidez alba, a mesma elegância. Sua paixão tem a firmeza imaculada de certas sépalas, de certas pétalas. Mas tanto a ela quanto a mim se alguém nos oferecesse voltar no tempo faríamos tudo igual, privilégio dos atos perfeitos. O que não anula a noção de catástrofe que nos ronda, um perigo de partir-se o cristal a todo instante. E o tormento que se cola às minhas insônias.

Pois o inferno mesmo é amar o proibido. Para todo o resto se encontra um jeito, se arma uma saída. Cirrose, lepra, enfarte, até mesmo certos tipos de câncer os médicos acham de curar. Mas experimente querer por um segundo impensável a própria irmã, querer como um homem quer uma mulher, eu digo tê-la. Pesadas comportas descerão sobre você em cadafalsos, isolando-o do mundo. Jaula sim. E o desterro brutal, o deserto. Terá que agüentar o silêncio como se fosse este o veículo natural entre os homens, já que a palavra denuncia a verdade e esta é arma de suicídio. E dar-se a uma existência surda, contida, de onde a espontaneidade será expulsa como um mal. Será um mal, trocada pela vigilância de si. Cárcere do desejo. Mentiras.

Que nem assim adiantam. A primeira carta anônima meteu-se à minha correspondência mês atrás, caída do azul. Repelente como papéis desse tipo, dizia apenas "eu sei tudo" em letra forçada, velando-se. Estupor e medo subiram por mim. Como podiam ter visto algo e o que se minha irmã e eu só em casa nos tocamos? Se só entre nós permitimos que a espuma do amor flua e se derrame? Junto aos outros, também o olhar é mantido sob ferros. Sofro por esse sol ardente que se congela em contato com o mundo, como certas substâncias. Mas apesar da tela que pretendíamos vazia, vazada como um olho cego, varada de qualquer expressão que não a consentida, ainda assim nos viram.

Desprenderá a paixão algum cheiro, traço, uma energia qualquer que emitindo-se nos denunciasse? Somos como lesmas? Outros o são? Analiso detidamente os casais em torno. Onde seus corpos se chocam, os pontos de pressão. Reentrâncias e volumes que disfarçadamente se esfregam em público. Eles, sim, fazem ondular a atmosfera com sua animalidade visível. Mas nós? Entre minha irmã e eu há sempre um rigor imposto, uma distância necessária, cerimônias que calham bem a meu jeito formal de ex-seminarista. Pois com olho sujo violaram nossa aparência impecável e surpreenderam-nos, os cães nojentos. Falo no plural por achar que a desgraça acode aos pares, às trincas; um canalha era pouco. Mas tenho que só uma víbora a nos morder o calcanhar. É ignorar-lhe os silvos. Cansar-se-á.

Olho

Vista de dentro, nada existe de estranho em nossa relação. Minha irmã e eu somos como todo mundo, embora o disfarcemos. Gostamos dos espaços amplos, da textura das pétalas, de receber amigos e bradar nosso amor sem que empalideçam a nossa volta. Gostamos também daquela rua escura, por exemplo.

Dando aulas à noite, passo por uma rua escurecida por grandes exemplares de *Ficus religiosus*, troncos imensos mergulhados na sombra que os namorados aproveitam como pontos de apoio. Por que também não posso levar minha irmã para lá, erguer sua saia e comê-la contra a casca rugosa? Reivindico para nós os mesmos atos que qualquer par de amantes chancela com a displicência de um direito divino. A idéia persegue-me dia e noite, acossa-me os sonhos, atropela-me as aulas, dando-me a expressão concentrada de um ser em transe. As margens de minhas anotações se cobrem com desenhos de homem e mulher de pé contra uma árvore, em posição de cópula. Como um pintor rupestre, reproduzo-os com insistência. Os desenhos se tornam cada vez mais esclarecedores, o traço mais seguro. Tenho medo que abram meus livros, vejam por acaso meus papéis. Qualquer momento de folga guia minha mão e da caneta ou lápis brota a imagem fixa: homem, mulher e árvore. Conheço bem a cena. Só me falta vivê-la.

Há cinco dias nova carta anônima chegou-me às mãos. "Estou de olho em vocês", rezava a mesma letra sob máscara. Nada digo a minha irmã, pois algum terror sempre imprime-se a tais documentos. Não quero assustá-la. Apesar do temor, um prazer obscuro também se esgueira em mim: finalmente somos vistos. Gosto desse olho que nos cobre de uma gosma obscena. Nem as paredes nos protegem.

Inconscientemente, assumo posições escabrosas para agradá-lo. Quando derrubo minha irmã na cama, sei que o olho me vê e meu pau lateja mais duro. Invado-a então com o vigor de quem escava um poço. Ontem a machuquei. Mas não reclamou, como se por alguma razão também necessitasse disso. Ao contrário, dilacerou-me as costas num êxtase profundo, secreto. Enfiado em sua vagina, vasculhei-a com uma violência de estupro. Agora somos três. A lembrança disso logo me faz enchê-la de um jorro quente e espumante.

Hoje, ainda bem cedo, fui ver as orquídeas na grande estufa atrás da casa. Na espécie vegetal reina uma liberdade opulenta, caprichosa, que muito bem faria ser vista por quem nos persegue. Há de tudo. Algumas flores recebem dos pássaros o pólen necessário. Outras do vento. Ainda outras se autofecundam. E quero ver se aponta-me alguém algo mais esplêndido que a *Paphiopedilum maudire Magnificum*, cuja carnação branca de veios verdes lembra folhas a virarem pétalas, surpreendidas na alquimia. Quanto à bela

Sophronitis coccinea Reichb., delicadamente vermelha, é minha irmã que me traz à memória. Embora a palavra orquídea venha do grego *orchídion* "pequeno testículo", o labelo da flor assemelha a uma vulva deliciosamente aberta. Nomearam-na os gregos errado por não apreciarem mulher. Já eu sim.

Morrendo-me a mãe viúva há quatro anos e não suportando mais o seminário, resolvi abandoná-lo. O sexo aguilhoava-me além do que se pedia a um sacerdote. Para evitar futuro desgosto à Igreja, e a mim uma contínua infelicidade, decidi ser professor. Na casa sobrara apenas minha irmã, que não via há tempos.

Espantei-me com a desabrochada moça a receber-me, bonita, quase uma estranha nos seus dezoito anos, eu que guardara dela uma imagem infantil. Aos poucos, porém, fluindo os meses, uma intimidade nova nasceu entre nós. Nada acostumado às mulheres, naquela tudo me encantava. Às vezes a olhava sem rebuços, mesmo às escâncaras. Outras secretamente. Gostava de vê-la sair do banho, os cabelos limpos envoltos na toalha em turbante. Lufadas de colônia seguiam-lhe cada gesto, espécie de neblina que se tornou para mim a denunciadora inefável de sua presença.

Deslocava-me para o quarto dela, atraído de corpo e alma, fisgado como um peixe. Oferecia-me para segurar-lhe o secador. Em silêncio, voluptuosamente, entregava a cabeça em minhas mãos. Eu libertava os cabelos curtos como os de um menino, muito louros, fios de seda que a água escurecia brevemente como num ato mágico. Eriçados pela minha mão, varridos pelo jato quente como campo de trigo ao vendaval, os pêlos molhados desfaziam-se em mil fios leves, secos agora, novamente de ouro. Meu prazer aumentava quando isso era feito sob o sol. Ativada pelo banho, iluminada pela luz, em sua pele clara imprimia-se o tom das pequenas rosas silvestres que cresciam nos jardins do mosteiro.

Sequioso, sem me fazer perguntas, buscava secretamente novas formas de contemplá-la. Preparando-se para sair tinha-me sempre por perto. Vestia-se, é claro, sozinha, a porta do quarto nos separando. Mas eu a observava pintar-se dentro do banheiro, encostado à parede, uma displicência fingida escondendo a tensão perturbadora. Atento, acompanhava o pó lhe cobrindo o rosto, o ruge tornando humano o tom só declarado em pétalas. Fria, absorta, ela examinava estranhamente a imagem do espelho como se a desconhecesse, namorando-se. Via sem dúvida uma mulher bonita. Quando pintava a boca com o batom vermelho, uma resposta clara esboçava-se no centro do meu corpo. Esperava que saísse e masturbava-me furiosamente no ar saturado de perfume.

Olho

Às vezes a surpreendia com uma expressão tão intensa fixada em mim que bem podia ser desejo. Mas este, se o fosse, era logo varrido por autocontenção implacável que a obrigava a arredar a vista. Só voltava a fitar-me com o olhar limpo de tudo que não fosse ternura e um leve toque de zombaria, se de mim ou de si nunca soube. Travar-se-ia nela o mesmo combate agônico dilacerando-me? Muitas vezes chamei-me de louco, duplamente louco por pensar assim.

Um dia, certa greve de professores me fez voltar mais cedo do trabalho. A casa boiava em silêncio, como sem ninguém. Larguei livros e um caderno cheio de meus traços em qualquer lugar e empurrei a porta do banheiro. Com movimento de susto, minha irmã cobriu-se com a toalha. Acabara de tomar banho e não esperava tão cedo minha volta. Durante um longo momento ficamos ali, um diante do outro, imóveis. O coração selvagem. Meu primeiro impulso foi virar-me e sair, mas forças contrárias o combateram, paralisando-me. Finalmente o desejo me sufocou. Fui até ela e puxei a toalha. Ainda tentou resistir, virou-se mas acabou cedendo, posso dizer que muito menos à força que à minha vontade. O grande espelho do banheiro viu quando beijei sua nuca loura e explorei-lhe o odor, minha boca eriçando os pêlos sedosos, a fronteira entre pele e pêlo que sempre quisera sondar.

Virei-a de frente. Nosso banheiro tem uma antiga pia de mármore, muito sólida. Ergui minha irmã e sentei-a ali, naquela borda. Quando abri a boca e ela sentiu minha respiração dolorida, apressada como a de um animal que sofre, só podia fazer mesmo o que fez. Pegou o seio duro com a mão e o pôs em minha boca. A mucosa incendiada de febre o envolveu. Minha língua rolou pelo mamilo tentando derretê-lo, açoitando o botão de carne em todas as direções. Chupei, mastiguei, devorei seus seios com uma fome antiga. Sempre os mastigo longamente antes de caminhar pelo resto de seu corpo. Azeitonas que se enrijecem, vermelhas, e largam seu suco em minha bòca.

Puxei-a para o quarto e joguei-a na cama. Com a língua, umedeci sofregamente e por muito tempo as fendas de seu corpo. Quando a cobri, ela quis. Abriu-se como fruta que se racha no solo. O desejo é vagalhão enfurecido, avalanche que se nutre do próprio excesso para melhor derrubar e engolir. Iniciado, nada pode detê-lo. Se abrissem a porta e me vissem dentro de minha irmã, gozando-a, meu sêmen se estancaria? Penso que não. Uma vez explodindo, é esperar que a convulsão cesse por si mesma. Assim, fomos de roldão nas asas da carne até que o esgotamento nos fez dormir, eu ainda com o membro dentro dela.

Desde então vivemos o que podemos, equilibrando-nos no fio aguçado. Apesar do dissímulo, eis-nos fortes como um par de leões. Antes deviam nos ver, que nos escondermos. Sabemos contudo que existe o que deve ser olhado e o que não deve sê-lo. Este inclui o relâmpago, por exemplo; o andar furtivo de um rato; pássaros fazendo ninho; dois amantes que se beijam. Como os mistérios de Elêusis, são matéria interdita, esfera do sagrado. Uma proibição implícita os protege.

Do mesmo modo disfarçado e sonso com que os contemplamos, observo minha irmã, atualmente mais silenciosa que nunca. Pensamentos febris fulguram em suas íris douradas como a *Brassidium Aloha* var. *Elisabeth*, um amarelo pintalgado de madeira clara, flores fugidias que parecem exibir duas matérias diferentes. É só distrair-me e capto os pequenos faróis pousados sobre mim com algo movendo-se por trás deles como sob um véu. Não adianta perguntar-lhe nada, não o dirá: quer poupar-me de tudo. E se não fosse só isso? Preciso observá-la melhor.

Lanço também aos namorados sob as árvores o mesmo olhar turvo, fugidio. Hoje passei lentamente pela rua escura para registrar o que fazem. O olho pronto a disparar como uma câmera. Escolhi um par: nem me perceberam, aos beijos, esfregando-se. Também quero ter minha mulher sob as árvores. É uma idéia fixa. O odor do tronco crestado e das folhas crescidas à chuva e ao sol se misturaria ao de minha irmã, tépido, de carne humana florescente.

Paro na rua ofegante, de nariz para o ar, os pulmões cheios até que doam. De repente, as células do corpo vibrando com a força do prazer contrariado me avisam que estou perto de realizar meu desejo. Como um cavalo veloz tolhido pela brida, basta-me um sinal. Basta-me um leve empurrão, o toque que precipita no abismo coisas já abaladas. Estou, estamos, no limite da resistência. Quero ser visto, exijo que me vejam. Quero o olho do mundo sobre nós, esse banho salgado e primordial que colará ainda mais minha irmã a mim. Vasculho a mente em todas as direções para decifrar o enigma. Em torno de mim tudo está fechado, imutável. O céu impassível não me diz com que sinal vencerei. Não desisto.

Chego em casa incendiado como nunca. Quem sabe a resposta estaria ali, entre as paredes que nos cerram? Um bilhete de minha irmã avisa-me que logo voltará. Ando pelos cantos a esmo, as paredes devolvem-me muros frios. Não há salvação. Um desespero de morte tolhe-me o peito quando entro no escritório e ponho-me automaticamente a desenhar. Homem, mulher e árvore enchem um caderno encontrado ao acaso. O *Ficus religiosus* acobertando o par de pé, enlaçado como numa gravura hindu. O pênis dele mergulhado nela como um punhal.

Desenho incessantemente durante algum tempo em busca de um alívio que não chega. Então paro, ofegante. Meus olhos caem sobre a correspon-

Olho

dência na mesa, o envelope de cima com a letra embuçada que nos persegue. Desta vez, no entanto, algo familiar se destaca dele e investe contra meus olhos, rápido inseto esvoaçante. Numa revelação, reconheço sua função secreta. Rasgo o envelope em alvoroço. "Um gesto em falso e eu os denuncio." Uma onda quente de amor envolve-me com doçura. Somos iguais. Precisamos do peso do mundo. Minha irmã usa cartas anônimas. Já eu quero a árvore e a rua escura. É um grande salto no vazio, um salto sem retorno. Mas retornar para quê? Esta noite me casarei com ela sob a árvore. Esta noite sem falta.

Zap

Moacyr Scliar

Não faz muito que temos esta nova TV com controle remoto, mas devo dizer que se trata agora de um instrumento sem o qual eu não saberia viver. Passo os dias sentado na velha poltrona, mudando de um canal para outro — uma tarefa que antes exigia certa movimentação, mas que agora ficou muito fácil. Estou num canal, não gosto — zap, mudo para outro. Não gosto de novo — zap, mudo de novo. Eu gostaria de ganhar em dólar num mês o número de vezes que você troca de canal em uma hora, diz minha mãe. Trata-se de uma pretensão fantasiosa, mas pelo menos indica disposição para o humor, admirável nessa mulher.

Sofre, minha mãe. Sempre sofreu: infância carente, pai cruel etc. Mas o seu sofrimento aumentou muito quando meu pai a deixou. Já faz tempo; foi logo depois que nasci, e estou agora com treze anos. Uma idade em que se vê muita televisão, e em que se muda de canal constantemente, ainda que minha mãe ache isso um absurdo. Da tela, uma moça sorridente pergunta se o caro telespectador já conhece certo novo sabão em pó. Não conheço nem quero conhecer, de modo que — zap — mudo de canal. "Não me abandone, Mariana, não me abandone!" Abandono, sim. Não tenho o menor remorso, em se tratando de novelas: zap, e agora é um desenho, que eu já vi duzentas vezes, e — zap — um homem falando. Um homem, abraçado à guitarra elétrica, fala a uma entrevistadora. É um roqueiro. Aliás, é o que está dizendo, que é um roqueiro, que sempre foi e sempre será um

Zap

roqueiro. Tal veemência se justifica, porque ele não parece um roqueiro. É meio velho, tem cabelos grisalhos, rugas, falta-lhe um dente. É o meu pai.

É sobre mim que fala. Você tem um filho, não tem?, pergunta a apresentadora, e ele, meio constrangido — situação pouco admissível para um roqueiro de verdade —, diz que sim, que tem um filho, só que não o vê há muito tempo. Hesita um pouco e acrescenta: você sabe, eu tinha de fazer uma opção, era a família ou o rock. A entrevistadora, porém, insiste (é chata, ela): mas o seu filho gosta de rock? Que você saiba, seu filho gosta de rock?

Ele se mexe na cadeira; o microfone, preso à desbotada camisa, roça-lhe o peito, produzindo um desagradável e bem audível rascar. Sua angústia é compreensível; aí está, num programa local e de baixíssima audiência — e ainda tem de passar pelo vexame de uma pergunta que o embaraça e à qual não sabe responder. E então ele me olha. Vocês dirão que não, que é para a câmera que ele olha; aparentemente é isso, aparentemente ele está olhando para a câmera, como lhe disseram para fazer; mas na realidade é a mim que ele olha, sabe que em algum lugar, diante de uma tevê, estou a fitar seu rosto atormentado, as lágrimas me correndo pelo rosto; e no meu olhar ele procura a resposta à pergunta da apresentadora: você gosta de rock? Você gosta de mim? Você me perdoa? — mas aí comete um erro, um engano mortal: insensivelmente, automaticamente, seus dedos começam a dedilhar as cordas da guitarra, é o vício do velho roqueiro, do qual ele não pode se livrar nunca, nunca. Seu rosto se ilumina — refletores que se acendem? — e ele vai dizer que sim, que seu filho ama o rock tanto quanto ele, mas nesse momento — zap — aciono o controle remoto e ele some. Em seu lugar, uma bela e sorridente jovem que está — à exceção do pequeno relógio que usa no pulso — nua, completamente nua.

Days of wine and roses
(Dias de vinho e rosas)

Silviano Santiago

Tristeza não tem fim, felicidade sim
(Vinícius de Moraes, *Orfeu da Conceição*)

Você acorda durante a noite. Você não sabe onde se encontra. Que horas são? Não há razões para você viver onde está morando. Você se levanta da cama no escuro. Sente uma corrente fria de ar nas pernas descobertas. Ela sobe pelo corpo até a cabeça. A cabeça se confunde com os pés. Você caminha para a sala rolando em cima dela, como o menino saltimbanco do quadro de Picasso. Você se aproxima da poltrona que dá para a janela e de lá, sem acender a luz do abajur e já sentado, redescobre os próprios olhos, vendo a rua deserta e iluminada às quatro horas da manhã.

A poltrona é velha e pouco cômoda. Está encardida pelo uso. Ela não combina com você. Você não combina com ela. Muito grande, não há como escondê-la no armário embutido, onde você escondeu os vários quadros que estavam dependurados nas paredes. O apartamento de quarto e sala foi alugado com os móveis e os quadros. Falta o dedo, falta o gosto. Você fica ao lado dos móveis, dentro do apartamento. Você está vivendo no apartamento como se morasse num quarto de hotel. Você liga o aparelho de televisão. Você e os móveis se entreolham de perfil, como bandido e polícia se estranham um ao outro no filme que está sendo exibido a esta hora da madrugada.

A vidraça quadricula o lá fora da madrugada de inverno. Você faz de conta que ela está aberta. Neste momento você não quer saber as razões pelas quais você faz de conta que ela esteja aberta. Ou as outras razões pelas quais você gostaria de saltar para a calçada pela janela deste terceiro andar. Você está lá fora gozando o vento da madrugada gelada no corpo aqui dentro. A tempestade de neve que desabou na quinta-feira preencheu o fim de semana de toda a cidade. Você recebeu dois telefonemas, o primeiro desmarcando um encontro e o segundo suspendendo um jantar. O gramado das casas ficou recoberto de branco. Também as calçadas. As árvores nuas são paus secos cinzentos e amedrontadores, menos os pinheiros. Estão verdes e enfeitam a cidade para o Christmas.

Não foi fácil caminhar de volta para casa na sexta-feira. O céu continuava nublado e pesado. O vento frio que soprou durante toda a noite e pela manhã transformou a neve depositada na calçada num arriscado ringue de patinação e este fez do solado das botas arremedo de patins. Não se ouviam vozes humanas pelo caminho. O silvo cortante do vento rabiscava e apagava nomes próprios nos seus ouvidos, rabiscava e apagava. Você imaginou que não navia casas na cidade. Não há casas. Só ruas. Você imaginou que não havia famílias na cidade. Não há famílias.

O asfalto se deixou tingir momentaneamente de branco, figurando-se depois como uma comprida e interminável faixa paralela e negra à sua frente. Uma faixa ensopada e suja, transformada em pura lama pelo atrito dos pneus dos carros. A faixa paralela apontou para a fuga, ou para o vazio em perspectiva das lâmpadas dos postes. Você preferiu o vazio de pirilampos elétricos perfilados até o infinito da sua visão. As estrelas são inacessíveis e têm uma organização anárquica. Tapando e destapando os ouvidos para evitar o congelamento das orelhas, você brincou, como se brinca com uma concha, com o marulhar dos motores pouco apressados dos automóveis que trafegavam com farol baixo.

Ontem não caiu a neve que os boletins meteorológicos fornecidos pela televisão anunciaram nos sucessivos jornais da véspera. Choveu pela manhã. Uma chuva desentranhada do gelo como um bom daiquiri mexicano. O branco foi varrido dos jardins e das calçadas. Você conta as poucas pilhas de neve, nem brancas nem negras, feitas pelo trabalho das pás, e agora ilhadas pela sujeira da lama e enrijecidas pelo vento. Da janela são onze pilhas, sentinelas às saídas de entrada para as garagens, como se fossem as latas não do lixo doméstico, mas do lixo celeste. Os gramados perderam de vez o pouco de verde que ainda ostentavam antes da tempestade e agora estão amarelecidos, deixando a pura cor marrom de terra se salientar.

Você se levanta da poltrona nesta madrugada de domingo e procura, com o rosto rente à vidraça, o boneco de neve visto e apreciado ontem. Não consegue vê-lo. Estava desfigurado ontem, terá se derretido com a chuva. Ostentava um petulante chapéu de palha vermelho, resto das férias de verão da família, e um cachecol preto em farrapos. Alguém, só pode ter sido por molecagem, tinha atochado uma espécie de charuto no que tinha sido a boca. Você tirou o charuto e ajeitou o chapéu de palha vermelho na massa branca disforme. Só não trouxe o chapéu para casa porque ainda não tinha a condição de lixo. Neste domingo ele é do lugar para onde o vento o levou.

Já em casa, na quinta-feira, com os flocos de neve da tempestade lambendo o vidro da janela, você não sabe por que, por que você chamou Roy ao telefone. Não o via fazia muitos anos. Quinze pelo menos. Nem uma carta, nem uma palavra amiga trocaram durante todo esse tempo. Você partiu sem lhe deixar o endereço. Um dia você não quis revê-lo.

Você não tem vontade de revê-lo. Tem vontade de conversar. Os móveis do apartamento alugado são feios, sujos e velhos. Os quadros estão escondidos no armário embutido. Você não está contente com as imagens do cotidiano na tela da televisão. Você já não ouve as diferentes vozes que falam para você, te olhando fixamente nos olhos, informando-o do estado do mundo nesse dia.

Você já esquentou e comeu a sopa enlatada. *Clam chowder* ao estilo de New England, enriquecida com uma meia colher de missô. O corpo transpira. Você tira a camisa de lãzinha. Fica só de camiseta, cueca e sandália havaiana. A calefação aumenta, a temperatura cai lá fora. Você molha o pano de prato e o estica por cima do radiador para ver se as narinas não reagem à falta de umidade no ambiente. Você abre a geladeira, retira uma pêra e o pedaço de queijo suíço envolto em papel celofane. Você come a pêra com pedaços de queijo e algumas ameixas secas. Toma depois um gole de uísque. No gargalo. Você pensa agora que o telefone é uma forma de encontrar uma pessoa sem verdadeiramente encontrá-la. Você toma um segundo gole de uísque. No gargalo. Você está adquirindo maus hábitos.

Sob o pretexto de necessidade de falar com alguém por ocasião da tempestade de neve — foi por essa razão que você discou o número de Roy. Pelo menos foram estas as suas primeiras palavras ao telefone, depois de se identificar e de ouvir a expressão de espanto e alegria do outro lado. Sem mais nem menos, você tinha desaparecido da vista dele havia quinze anos. Você tinha convivido com ele durante seis anos. Fora amante dele. Não do tipo carrapato, rola rolando dia e noite na mesma cama e sob o mesmo teto. Você sempre teve o seu apartamento, embora sempre encontrasse Roy no dele. Houve razões para você estar com ele naquela época. Não há razões para você revê-lo agora. *Ficarei eternamente tirando água do poço com os baldes da memória?* você inventa a pergunta sentado na poltrona encardida que acolhe e rechaça o inquilino brasileiro de nariz arrebitado. Sorri da pergunta, sorri da poltrona encardida de onde é feita a pergunta, sorri da pessoa que faz a pergunta sentada na poltrona encardida. E volta a contar as pilhas de neve esparramadas pela calçada que aparecem agora como montes de feno em quadro bucólico. O riso fica desbotado quando se descobre em contradição com os dedos que apertam as teclas do telefone.

Roy te disse que se lembrava de você. Muito.

"Lembrar até que você pode, não sou eu quem vai duvidar, mas será que pode me reconhecer?"

"Só tirando a prova", disse ele, insinuando um encontro urgente.

"Sempre querendo tirar uma casquinha?"

"E que mal há nisso?"

"Desta vez não estou morando tão perto assim de você."

"E é preciso? Para isso existem os meios de transporte. Neste país funcionam, principalmente os transportes públicos", acelerou a vontade de te ver.

"E também o telefone. Também ele funciona maravilhosamente. Nunca tive uma conversa interrompida porque a linha tivesse caído", você cortou de vez a ironia e a conversa mole dum futuro *tête-à-tête* na cidade dele, no apartamento dele, na cama dele.

"Estou em desvantagem", continuou.

Você não sabia a que ele se referia e ficou em silêncio.

Ele retoma a fala: "Você sabe o meu número de telefone, aliás, o de sempre, e eu não sei o seu. Me dê o seu número. Pelo menos o número."

Entre o pedido do seu número de telefone e o *pelo menos* houve uma pausa. O *pelo menos* dele serviu para cortar o riso irônico e vitorioso que você tinha ameaçado durante o que agora você reconhece ter sido uma pausa a mais.

Você negaceia. Não quer ainda lhe dar o número do telefone, muito menos o endereço ou o nome da cidade, tão próxima, onde você veio trabalhar durante uma curta temporada. Não há razões. Pura birra. Você sempre teve prazer em esconder de Roy os seus novos números de telefone. Gostava de aparecer no edifício dele, anunciando-se pelo interfone da portaria. "Você tem a chave do apartamento. Para que tanta cerimônia?", perguntava ele, dando por encerrado o ritual tolo. Você não gostava de surpreendê-lo. Gostava de não se fazer esperado.

"Já está de pijama?", pergunta você.

"Acertou."

"O de seda?"

"Acertou de novo. Um terceiro, quarto ou quinto, não sei, perdi a conta. Aquele pijama que você me deu de presente no nosso último Natal, o segundo, virou farrapo há muito tempo. Só não digo que foi pro lixo, para não ser indelicado. Mas o padrão do tecido é o mesmo. A loja também, Bloomingdale's. A qualidade da seda é que não é mais a mesma."

"Motivo indiano?"

"Motivo indiano."

"Anos 60?"

"Anos 60. Motivo indiano, anos 60. Bom observador."

"Boa memória", você o corrige.

"Guardada a sete chaves."

"Quando é que você vai perder essa mania?"

"Qual delas? são tantas!"

"A de ir pra cama vestido com pijama."

"Quando você conseguir me convencer."

"Te convenci tantas vezes a dormir nu."

"E um dia deixou de convencer. Pensei que você tivesse deixado de lembrança o pijama de seda para que eu não deixasse de vesti-lo antes de ir pra cama. Pensei errado."

"Uma boa lição costuma valer pra sempre."

"Qual? por exemplo."

"Ensinar uma pessoa a descobrir a própria pele enquanto adormece."

"Te dou outro exemplo, quer?"

"Se for de graça...", você espicaça Roy.

"Ensinar uma pessoa a descobrir a sensualidade da seda sobre a pele."

"Você nunca mais dormiu nu?", insiste você, com malícia.

"A ocasião faz o monge."

"O hábito..."

"Você entendeu. Não se faça do que não é."

"Tolo?"

"Não. Ciumento."

"E o que é feito do *robe* de seda que te dei?", pergunta Roy.

Você não responde. Muda de assunto.

Você pergunta pelos velhos amigos.

Days of wine and roses

Ismael está morto e enterrado na Colômbia. Os familiares vieram buscar o corpo dele.

"Foi o fígado que pifou de vez?", você pergunta e ele confirma, ratificando a sua boa memória. Teresa, a sandinista, mudou de idéias políticas e de estilo de vida. Casou e fugiu para o México com um gringo rico e mais os filhos que não eram dela.

"E Donald? E Tom? E Robert?" Os outros amigos — você descobre que não adianta ir mencionando mais os nomes da velha turma para ir matando as saudades dos bons tempos. Naquela época, Donald quis ser ator ou bailarino na Broadway. Tom trabalhava dia e noite numa companhia de seguros e Robert, filho de papai rico, pintava telas num *loft* do Village que mereciam ser rasgadas. Os outros amigos — ele não sabe do destino deles.

Sabe, você também sabe, mas preferem silenciar.

"Os tempos já não são os mesmos", você percebe que a voz dele perde o tom decidido da investida inicial.

"Os corpos já não são os mesmos", você ecoa a frase de Roy, sem coragem de dizer que a vasta cabeleira negra, que contrastava na cama com os cabelos louros dele, agora são cabelos brancos raros e ralos. Daquele tempo, só a barba espessa. Cada vez mais espessa.

"Nem os bares são os mesmos."

"Houve um dia em que todos se fecharam."

"Você não estava aqui para vê-los irem se fechando." Você não sabe se, com esse comentário, Roy lamenta o seu desaparecimento da vida dele, ou o sucessivo fechamento dos bares.

"Posso não ter presenciado o fechamento dos bares de Nova York", você contra-argumenta, "mas fui vendo eles irem se fechando por muitas outras cidades tão interessantes quanto a sua."

"Não viajo tanto. Aliás, não viajo nunca, você sabe, a não ser ao redor do meu quarto. Quando muito atravesso a Quinta Avenida e vou ao West Side para ver uma peça de teatro. Não sei se é pior saber que todos os bares se fecham na aldeia, ou saber que se fecham mundo afora."

"Você não perde o seu jeito de ser provincianamente nova-iorquino", você comenta a maneira orgulhosa e sarcástica como Roy define a grande metrópole norte-americana, lembrando-se depois do contraste entre a maneira como programavam as suas vidas enquanto viveram em apartamentos separados e na mesma cama.

Você dizia, então, que ele levava jeito de dono do império. Um londrino no século XIX às margens do Tâmisa, com a curiosidade satisfeita a cada navio que chegava com as notícias das colônias.

Ele replicava, dizendo que você levava jeito de dono de empório. Um exportador paulista de café do início deste século, vistoriando os negócios pelas metrópoles do mundo chamado civilizado. E se divertindo, e como!

Você intuía certa mágoa controlada nas palavras dele.

"Existe alguma coisa de mais universal do que ser provinciano em Nova York?", continua ele, só para te deixar perturbado.

Você diz que ele não perde a oportunidade de ficar calado.

Aquela era a frase preferida dele quando vinha ver você arrumar as malas para uma nova viagem ao exterior, ou desfazê-las depois de um périplo pela Europa ou pela América Latina, para ele totalmente desnecessário. O capítulo viagem não pertencia ao apartamento dele. Servia para a listagem na caderneta de endereços dos inúmeros apartamentos abandonados por você e dos muitos números diferentes de telefone de que você foi assinante.

Roy dizia então que o universalismo provinciano do nova-iorquino não era invenção dele. Tinha chegado à idéia e conseguido formular a frase depois das muitas conversas com correspondentes de jornais brasileiros que você tinha apresentado a ele. "Tão tolinhos", dizia ele em português estropiado, imitando um amigo comum, Zeca.

Você encobria a inevitabilidade da viagem ao exterior com somas milagrosas de dinheiro, vantagens na profissão, saudades de amigos, tédio da vida trepidante nova-iorquina, e podia ainda se valer, como o comandante do navio que soçobra se vale de qualquer objeto a bordo para se salvar, da palavra que estivesse à mão.

Roy sabia por que você viajava. Se todas as viagens são a mesma, basta fazer a primeira para ter a experiência. Roy tinha feito a primeira e única viagem depois de se graduar numa universidade do interior do país. Ele dizia que sabia das razões da sua nova viagem num misto de silêncio e malícia.

Você tinha medo do estrago moral que a ternura ressentida e silenciosa dele te causava e, por isso, imediatamente lhe dava o troco, perguntado por que é que ele guardava tanto amor pela mesma cidade? pelo mesmo endereço, pelo mesmo número de telefone? É também o que você quer saber agora, quando a antiga frase dele, retomada por acaso na conversa telefônica, tinha acabado de ecoar pela madrugada do apartamento alugado, levando-o a avaliar de novo o lugar onde estaria morando por mais alguns meses.

Esses móveis não são tão feios nem estão tão sujos. Não são iguais aos móveis que você tem em casa, mas são em tudo por tudo iguais aos móveis dos diferentes apartamentos alugados por onde o seu corpo transitou. E a sua cabeça e imaginação trabalharam. Eles não têm a marca do dedo, não têm as cores do gosto, não sentiram a acidez corrosiva dos produtos de limpeza. São como são os inquilinos que vão acolhendo um após outro, indistintamente. Cara de um, focinho do outro. Sem essa de desconfiança mútua. Olhe-se no espelho do banheiro. Você não verá a sua cara, verá refletida uma cabeça cubista.

Depois de alguns segundos de silêncio, você diz a Roy que voltará a chamá-lo qualquer dia destes.

Ele não se surpreende com o término abrupto do telefonema. Te deseja boa sorte.

"Antes, não tive oportunidade de te desejar boa sorte", acrescentou.

Você desejou o mesmo para ele e desligou.

Na madrugada fria de domingo, sentado na velha poltrona encardida pelo uso, você não sabe se algum dia, em algum momento, chegou a amar Roy. Você nunca quis admitir que a convivência esfria a lembrança dos primeiros dias, dos primeiros meses, e que a perspectiva da convivência falseia a intensidade dos sentimentos e das emoções compartilhados. Vocês viveram uma longa relação sexual e amorosa. Durou o que tinha de durar, dadas as características da sua personalidade. Durou menos do que devia ter durado, dadas as características da personalidade de Roy.

Para os amigos mais íntimos, lembrando o passado, você disse e repetiu que tivera um caso longo com um gringo em Nova York. Você sabe que não foi um caso. Pode não ter sido paixão, mas classificar o relacionamento de *caso* é minimizar experiências que te constituíram e te transformaram no que você é hoje.

Perguntado por esses amigos se sentia saudades dele, daqueles anos em Nova York, respondia que não. "Boas lembranças", respondia. Lembra-se do gringo como a gente se lembra dum bom amigo da infância que, sem dizer adeus, tinha desaparecido na curva da adolescência. Lembra-se da cidade como a gente se lembra da ponte de onde pela primeira vez se quis pular para a eternidade.

Sempre que você viajava para os Estados Unidos, ou passava por Nova York, o dedo indicador da mão direita tinha comichões antes de se entregar ao sono. Você contra-atacava a curiosidade despertada pela solicitude do aparelho de telefone no criado-mudo ao lado, inventando programas para o dia seguinte.

Você não é vulgar. Você não gosta de ser vulgar quando conversa com os amigos. Você é vulgar quando trata de se convencer de que agiu corretamente nas relações amorosas. Você se transforma num *voyeur* de você e de seu companheiro, como esses casais há muito casados que vão transar no motel porque lá tem espelhos no teto e nas paredes.

Você traduz as carícias iniciais trocadas com Roy pelos nomes mais grosseiros dos órgãos sexuais envolvidos na batalha do leito e, com a fita métrica da retina, mede tamanho, diâmetro e largura e, com a sensibilidade dos ouvidos, faz a listagem completa dos ruídos malcheirosos e envergonhados e, com a suavidade do tato, apalpa espessura e asperezas, descrevendo em seguida os túneis vulgares lubrificados pela saliva pastosa e as rotas clandestinas perseguidas e finalmente permitidas e devassadas. Você menospreza a ânsia gerada pelos movimentos repetitivos, ridículos e nada monótonos, enxergando nela o prejuízo do suor que se torna pegajoso e nojento, a sujeira das peles lambuzadas que reclamam sabão e o banho de chuveiro e o cansaço dos músculos que teriam optado pelo descanso naquela noite de dia cansativo. Você descreve o gozo sexual enunciando os vários nomes do líquido, quanto mais sórdidos os nomes, e nojentos, mais vantajosos, você descreve o gozo sexual medindo a quantidade expelida do líquido e a freqüência, atendo-se a dados complementares como a indolência ou a agressividade do esguicho. A memória das suas experiências amorosas com Roy são como os dois espelhos ovais e reflexivos do guarda-roupa, que a decoração fim-de-século permitia ter ao lado da cama do casal. Recordando, você se vangloria da capacidade que tem de oferecer pele, boca, dentes, órgãos, músculos e líquido que satisfazem.

Posso imaginar a que conclusão você vai chegar. Você não precisa enunciá-la. Posso enunciá-la para você:

Você nunca chegou a amar Roy.

"Eu nunca cheguei a amar Roy." É isso o que uma vez mais você diz para você neste momento em que as primeiras luzes do dia cinzento tornam um pouco mais nítidos os móveis encardidos, velhos e feios da sala. "Não cheguei a amá-lo."

Você é vulgar.

"Ele serviu para me tirar a porra dos colhões como um fazendeiro ordenha uma vaca leiteira." Você continua, dizendo que você foi a vaca, e ele, um bezerro que você teve que desmamar à força.

Com o dia já claro, você volta para a cama sem planos para o domingo nevado que vem pela frente.

A noite desce cedo no inverno e parece que vai descendo mais cedo neste domingo em que você acorda tarde e nada faz nas poucas horas do dia, a não ser olhar sem ver as sucessivas transmissões de jogos esportivos na televisão. Antes que a noite desça de vez e mais uma vez, você olha pela janela a neve, que volta a cair recobrindo de branco as redondezas quadriculadas.

Os flocos voltam a dançar alegres ao ritmo do vento. Lambem a vidraça. Abraçam-se aos ramos dos pinheiros. Assentam-se aconchegantes no gramado e rarefeitos na calçada. Os automóveis deslizam lentamente, iluminando com os faróis a sujeira da lama na rua. Você aperta as teclas do telefone. Compõe o número de Roy.

Uma voz gravada do outro lado diz que o número discado se encontra desativado. Você acredita que tenha discado o número errado. Para se certificar, relê o número anotado na velha caderneta de endereços. Aperta de novo as teclas. Você não deixa que a voz gravada termine a mensagem, desliga antes.

Você busca na lista telefônica o número da informação. Pede o telefone de Roy.

A telefonista informa que o número não pode ser fornecido. Você insiste, dá o endereço do assinante.

Ela lamenta e diz que o assinante trocou de número e acrescenta que, por uma módica quantia mensal, ele tem o direito de não ter o seu novo número publicado na lista e de impedir a sua divulgação pela telefonista de plantão. São as regras da companhia, ela termina.

A nova dimensão do escritor Jeffrey Curtain

Marina Colasanti

Quando o coágulo de sangue explodiu na cabeça de Jeffrey Curtain, algo nele foi cortado, como uma mangueira ou um caule. E o seu pensamento viu-se subitamente decepado do corpo.

Sem espanto, porque a dor lancinante não teve sequer o tempo de traduzir-se em grito antes que aquela estranha guilhotina o truncasse na boca. Passado isso, nada mais havia a não ser a nova dimensão.

— O Dr. Jewett acha que não há esperança — repetia a enfermeira em voz baixa, aos eventuais visitantes. — O Sr. Curtain poderá viver indefinidamente, mas não tornará a ver. Nem se mexerá, nem pensará. Apenas respirará.

De fato, Jeffrey respirava. Os pulmões, egoisticamente alheios à situação do restante do corpo, continuavam exercendo sua tarefa com a mesma fiel regularidade com que durante tantos anos lhe haviam fornecido aquele ar indispensável para que se levantasse a cada manhã, e a cada manhã se barbeasse dando a partida para mais um dia, que haveria de catapultá-lo da mesa de refeições para a mesa de trabalho, diante da máquina de escrever e dos contos que produzia para alimentar o próprio corpo, e com ele os próprios pulmões encarregados de fornecer aquele ar indispensável para.

Jeffrey teria ficado orgulhoso dos seus pulmões, se apenas se desse conta de que funcionavam, ou sequer de que os tinha. Mas, apesar do corpo de

A nova dimensão do escritor Jeffrey Curtain

Jeffrey continuar possuindo pulmões e outros órgãos em perfeito estado de funcionamento, seu cérebro os desconhecia e comportava-se como se deles não necessitasse. Assim como não necessitava da visão ou da audição.

Cortadas as ligações que o haviam ancorado ao resto do corpo, o cérebro de Jeffrey Curtain não dava mais ordens. E os médicos, enganados pelo silêncio dessa voz de comando, haviam decretado sua morte, entretanto, emparedado na caixa craniana cujos orifícios a ruptura havia vedado com sangue espesso como chumbo, o cérebro pensava.

Talvez fosse mais correto dizer que luzia. Pois nada do que havia vivido até então se assemelhava à luz límpida e pura por ele agora gerada na óssea escuridão da sua caverna. Jeffrey Curtain havia-se livrado para sempre da escravidão da coerência. Sua mente, solta, tudo se permitia, tudo realizava.

Aos poucos, a camada de pintura branca que cobria a casa de Jeffrey entrou em entendimento definitivo com o sol e com a chuva, fundindo sua obediência a ambos numa única tonalidade cinzenta, que somente sob as calhas permitia-se escurecer. Começou a descascar. Enormes escamas quebradiças abriam-se feito conchas na velha superfície, entregando a madeira ao tempo, sem que pérola rolasse.

Crescia a grama ao redor, manchada aqui e acolá pelas lascas mais frágeis que em constante outono desprendiam-se das paredes e caíam volteando, enquanto na imobilidade do corpo de Jeffrey, outro movimento se processava. Vinda dos pés — ou seria da nuca? — a paralisia que já lhe havia tomado os membros rastejava por dentro, buscando alcançar-lhe o coração.

Na cidadezinha, todos se referiam a ele como se já estivesse morto.

E todas as manhãs, sua mulher o barbeava e lavava, mudando-o, ela mesma, da cama para a cadeira e da cadeira para a cama, falando-lhe como se fala a um cão amigo, embora sem ter sequer a esperança da resposta ou reconhecimento de que um cão é capaz. Nada lhe vinha daquele corpo, além do hábito.

Mas Roxanne falava sem esforço, com a mesma doçura dos primeiros dias, evitando perguntar-se se o fazia para evitar seu próprio silêncio ou se para preencher com suas palavras o silêncio que dele parecia emanar.

Sem que ela pudesse ouvir, por trás dos cabelos ralos e quase brancos, por trás da pele apergaminhada, por trás da espessa barreira dos ossos, um silêncio cheio de sons e palavras tecia sua sinfonia no cérebro de Jeffrey. Nunca mais ele havia precisado se expressar de forma audível ou legível. Nunca mais ele havia pensado para outros. Pensando só para si, seguia o fio sinuoso e inquebrável dos seus desejos, deixando-se escorrer por ele como em água, sem saltos ou fraturas. A fabulação, que havia sido sua forma de viver, tornava-se sua vida. E ali deitado, imóvel, Jeffrey criava e costurava, uma após a outra, as imagens da longa narrativa.

Um neurologista — fama convocada para validar o que vários outros já haviam afirmado — tentou convencer Roxanne de que era inútil dispensar tamanho cuidado ao enfermo. "Se Jeffrey tivesse consciência do seu estado", disse em voz autoritariamente piedosa, "desejaria morrer. Desejaria libertar-se da prisão do próprio corpo."

Mas Jeffrey não desejava morrer. Assim como não desejava livrar-se do próprio corpo. Esse corpo que, sem movimentos, atrofiava-se aos poucos sobre a cama, não lhe era prisão. Nem lhe fazia falta. Antes, havia sido necessário ocupar-se dele, vigiar seus alarmas, suas dores, seus sintomas, lutar diariamente para atender sua fome inesgotável, protegê-lo. Antes havia sido imperioso servi-lo, e às suas exigências. Talvez então lhe fosse mais prisão do que agora, quando, impedido o contato entre o pensamento e suas carnes, eram elas que o serviam.

De alguma forma, poderia-se dizer que Jeffrey não tinha consciência do seu estado. Mas isso, não porque estivesse impedido de percebê-lo. E sim porque, na longa travessia na qual seu pensamento estava empenhado, o fato de não falar ou mover-se parecia tão menor que se via excluído.

Jamais, olhando o vivo cadáver do marido, suspeitaria Roxanne da intensa movimentação que o habitava. Sem gesto que o cansasse, Jeffrey não dormia, seu estado era um só. E nesse estado, de absoluta entrega e absoluta atenção, ele mudava de tempo e de país, dialogava com os vivos e agia com os mortos, dançava como nunca havia dançado, cavalgava, respirava no fundo da água, e voava, voava.

Longas vezes, enfastiado talvez da tanta agitação, o cérebro de Jeffrey deixava-se ficar, girando apenas ao redor de um pensamento, envolvendo-o nos fios prateados das suas idéias, aprumando-lhe as formas e o sentido, até vê-lo crescer, tão intenso como se a vida não lhe tivesse sido dada ali, mas apenas explodisse naquele momento, carga milenar que desde sempre trazia consigo. Erguiam-se então na pálida atmosfera do quarto as invisíveis torres, e os sinos badalavam ensurdecedores no cérebro de Jeffrey. Sem que seu som cortasse o ar pesado do cheiro de remédios.

Os anos haviam devorado o seguro de Jeffrey. Roxanne fora obrigada a vender uma parte da terra atrás da casa, depois a abrir mão de uma faixa de jardim à direita. Uma hipoteca tornara-se inevitável.

E no entanto, como nos primeiros dias, quando a doença se manifestara e ainda parecia possível reverter o destino, ela continuava a amar o marido.

Amava, em verdade, aquele homem que havia antes, e que ela teimava em sobrepor a esta pálida coisa cada dia menor e mais leve, coisa quase humana que ainda transportava da cama para a cadeira e da cadeira para a cama, como se carregasse um fardo ou um feto.

— Que mais posso eu fazer? — perguntava-se puxando de leve as cortinas, não fosse o sol bater sobre o pobre rosto que, único movimento perceptível, parecia voltar-se sempre em direção à luz.

Uma luz quente derramava-se sobre as imagens dos pensamentos de Jeffrey, naquela tarde em que, pela primeira vez depois de tanto tempo, sentiu que seu corpo o chamava. Desobstruíam-se os ouvidos, sons alheios aos seus lhe chegavam como ruído de cachoeira, ou vento, ou cantoria. As placas ósseas da sua fronte, as maçãs do seu rosto abriam-se como batentes empurrados por dentro e o sol, com intensidade nunca antes alcançada, vinha expulsá-lo da caverna.

O fio do pensamento de Jeffrey lançou-se para aquela luz.

Roxanne, que cochilava na cadeira ao pé da cama, acordou sobressaltada. Estendeu a mão para tocar o marido. Não foi preciso. Antes mesmo de olhá-lo, soube que estava sozinha na casa. Recolheu a mão ao colo, segurou-a com a outra, e deixou-se ficar. O sol se pôs. O perfume dos lilases pareceu enlouquecer as cigarras, o coaxar das rãs pairou sobre o peitoril da janela.

Só então Roxanne levantou-se.

Jardins suspensos

Antonio Carlos Viana

Dava pena vê-lo a tarde inteira sentado no banquinho de plástico ao lado do tanque, no quintal. Minha mãe vinha e dizia "vai, vai lavar essa xoxotinha". Ele se levantava inteiramente outro, na sua bata estampada, com a voz ranhenta e pastosa. Eu ficava intrigado com minha mãe falando aquilo e ele, em vez de ficar triste, ficava era alegre. Só assim ele saía daquele torpor em que mergulhava logo depois de arrumar a cozinha. E em mim vinha uma curiosidade intensa que crescia a cada tarde, tentando descobrir que tipo de roupa ele usava por baixo porque nunca tinha visto nada parecido com cueca na corda de estender. Ou não usava nada ou fazia de sua roupa de baixo o maior segredo. O que ele tinha mesmo era uma porção de batas coloridas que fazia à mão, com muita paciência.

    Eu ouvia então o chuveiro despencando forte sobre seus cabelos mais escorridos que de índio a lhe descerem pelos ombros. E o corpo já devia estar coberto de espuma, um corpo liso talvez, como seus braços. Me vinha uma vontade doida de olhar pela janelinha, ver como ele era, que mistério havia sob aquele rosto triste e sem idade, que vivia a maior parte do tempo olhando para nada. Mas a janelinha era alta e, se minha mãe me pega, eu estava frito. Em que estaria ele pensando todas as tardes para só ser despertado por minha mãe dizendo aquela graça mais idiota? A nossa casa ficava numa vila de casinhas iguais, com o mesmo desconforto e sujeira. Eram casas escuras, tudo com o mesmo cheiro de ovo frito ou de carne moída sem tempero, parecendo grudado para sempre nas paredes. Raro o dia em que não estouravam brigas. Mas a gente vivia bela e solitariamente.

    Não sei que moral tinha mãe para despistar todo mundo de nossa vida, fazer com que ninguém se interessasse por nada que nos acontecia. Ela dizia que era também para eu não dizer nada na escola e, quando perguntassem quantos éramos, eu dizer só dois. Fazia de conta que ela alugava o quartinho dos fundos para ter mais uma renda. A vila tinha de bonito só o nome, de civilização antiga e opulenta, como dizia a professora nas aulas de História. Nabucodonosor era o meu rei. E eu vivia sozinho naquela casinha de nada, com aquele hóspede cuja origem minha mãe mantinha em segredo e que só fazia espicaçar a minha imaginação. Ela dizia "se perguntarem alguma coisa a você, diga que é nosso inquilino", como se naquele espaço mirrado pudéssemos nos dar a esse luxo. Ela fazia tudo para eu não ir brincar no rego com os outros meninos para não pegar doença. Eu fazia meus deveres, tempo de terra molhada ia brincar de furão, tempo de terra seca, soltava arraia. E ele sempre me olhando, o tempo passando e minhas inquietações crescendo.

    Uma vez por mês, em cada primeira sexta-feira, vinha um homem de branco e que não era doutor. Nessas noites eu tinha que dormir mais cedo e acordava de madrugada com muito cheiro de vela e a casa já em silêncio. No outro dia bem cedo, minha mãe saía com uma sacola na mão, onde eu via dois pombos alvíssimos sem as cabeças. Uma galinha também degolada, pretíssima, seria o nosso almoço. Era a única ocasião em que o via um pouco diferente, se bem que mais silencioso ainda. Mudava só as feições, como de quem conheceu o Paraíso. O seu contato com o mundo era só esse e, a cada dia, eu tentava me aproximar dele sem saber como. Ele só saía mesmo de casa quando lhe doíam os dentes e voltava com o lenço na boca, onde se viam largas manchas vermelhas. Suas gengivas iam ficando cada dia mais limpas e eu acho que ele ansiava pelo dia em que já não tivesse mais nenhum dente na boca. Já arrancara quase todos e devia certamente ser o primeiro da fila, pois saía com tudo ainda muito escuro e voltava esbaforido, me pegando ainda tomando o café para ir à escola.

    Uma vez tentei me comunicar com ele, como fazia minha mãe. Aí eu disse "vá, vá lavar a xoxotinha". Mas ele me lançou um olhar tão triste, tão amargo, que me fez apanhar a toalha e ir tomar um banho fora de hora. O que mais me chamava atenção nele eram os dedos finos e ágeis trabalhando tapetes de estopa que minha mãe ia vender longe, na cidade. O dinheiro dividia com ele. Não sei de que ele precisava. Seu quartinho era nu, com uma esteira e um caixote que ele arrumava, pondo em cima seus pentes de dentes finos e um pote de creme para as mãos. A manhã inteira passava fazendo esse trabalho e de tarde caía em suas cismas. Eu olhava para ele meio de banda, querendo descobrir algum segredo e via uns poucos fios de barba continuando a costeleta longa, que ele raspava com uma gilete meio embrulhada no papel da embalagem. Se a gente o pegava fazendo isso, disfarçava, como que envergonhado, escondendo a gilete na mão, com o ruído do papel de seda.

Na escola, eu queria perguntar a alguém sobre os segredos do mundo, mas não me atrevia. Podiam rir ou pensar coisas de mim. Uma manhã me mostraram uma revistinha que me fez ficar com febre. Minha curiosidade aumentou. E eu olhava agora com mais freqüência, tantas vezes sem poder desviar os olhos de seu corpo tão encoberto. Perguntei a minha mãe por que ela dizia sempre aquela graça com ele, e ela, "você sabe que eu gosto de brincar", e pareceu ficar triste. Apesar das recomendações, eu não me continha mais dentro de casa, o mundo parecendo apertado para mim. E ele ficava agora todo inteiriçado quando me via. Até que numa tarde, sem mais nem menos, a voz ranhenta e pastosa, ao me ver, disse de repente, me tomando de surpresa: "quer ver dentro de mim?" E levantou a bata. Não usava nada mesmo por baixo. Com um riso estranho nos olhos, sentado no banquinho de plástico azul, abriu bem as pernas e de dentro delas brotou uma rosa sangrenta capaz de mudar o rumo de qualquer abelha.

O misterioso homem-macaco

Valêncio Xavier

Eu ia sozinho cantando:

Ta-tu Peba
Tatu Pe-reba
Ta-tu bola
Tatu en-rola

Eu ia sozinho mais o cão. Segurava uma 28 de chumbo e nas costas uma Winchester 22, também pendurado o bornal com os cartuchos dos dois calibres, a garrafa com café adoçado e pão de milho para mim e o Divino, bom veadeiro, mas também de muita serventia para outras caças, prestimoso que era.

De vez em quando puxava o facão da bainha presa na cinta para abrir caminho na mata densa, fechada. Mata escura, sombreada pelas copas de muitas árvores tapadoras, de raro deixando entrever uma nesga de céu muito azul sem nuvens.

Já ia por volta das desoras e eu ainda não tinha caçado nada. Calorão da mata, a língua do Divino sempre de fora, também eu suava, camisa molhada grudada no corpo. Mais de uma vez tive de atorar cipó com o facão para beber a água de dentro dele e dar para o cão, tanta a sede de nós dois. Meu rosto preto daquelas abelhinhas miúdas, pretas que nem mosca. Ao cão não incomodavam por causa do pêlo, mas em mim, que não usava barba naquele tempo, me cobriam a cara sugando meu suor pegajoso, tirando dele alimento para fazer seu mel azedo. Não adiantava espantar as bichinhas, se não picavam, também não arredavam dali, máscara preta cobrindo minha cara e fazendo aumentar o calor sentido.

Depois de muito andar chego numa clareira, que refrigério! Me sento num toco e vou tirando a garrafa do bornal, quando ouço uns guinchos ardidos. Era um bando de macacos que, lá no alto, faziam a travessia de uma peroba para um ipê vizinho. Coisa até interessante de se ver, iam caminhando pelo galho pelado da peroba bem até a pontinha, e dali um de cada vez dava um salto, braços levantados, até o ipê. Pendurado pelo rabo num galho mais alto do ipê, um deles apanhava o companheiro no ar e, balangando-o, atirava-o são e salvo num galhão grosso do ipê, de onde seguiam caminho. Se um errasse o salto, ou se o outro não o agarrasse em tempo, ele caía e ia se esborrachar no chão lá embaixo. Bicho danado de engenhoso, o macaco, nisso até se parece com gente.

Não sou chegado a carne de macaco, acho muito seca, musculosa, sabor azedo, mas como eu não tinha comido nada até aquela hora, catei a Winchester e me levantei já apontando para o alto. Divino nem reparou na cena, entretido que estava com o seu descanso. Cachorro é bicho mais preocupado com as coisas da terra, o que se passa lá em cima não lhe interessa, senão já estaria latindo feito um condenado. Já o macaco, lá no alto, sempre se preocupa com aquilo que se passa no chão.

Quando apontei a arma quase todos já tinham passado, sobrava só um retardatário no galho da peroba. Aquele outro que estava pendurado pelo rabo no ipê, quando me viu, num átimo pulou para o meio das folhagens e sumiu da minha vista. Mirei então no retardatário, sem o companheiro que fugira não tinha como pular para o ipê. No comprido galho onde estava não tinha ramagem para se esconder, e o tempo era pouco para ele correr até um lugar mais coberto: eu atirava antes. O que fez ele quando se viu perdido? Se meteu a gritar e pular de desespero. Não morreu ali na hora porque não atirei logo, me distraí, rindo que estava de suas macaquices.

Quando o bicho se tocou de que eu ia mesmo atirar, pegou das costas um macaquinho bem pequenininho e o levantou nos braços para me mostrar. Vi logo que era uma fêmea com sua cria recém-nascida. Gritou, se ajoelhou e se pôs a chorar — macaco é quase como gente —, uma mãe me pedindo para eu não matar seu filho.

A gente faz muita maldade na vida, e na hora não percebe. Eu, ali, fiz uma que fui pagar bem caro depois, caro demais. Mas na ocasião não pensei em nada, e dei com o dedo no gatilho da Winchester, *Bang*. O que voou de pássaro com o barulho! Tiro certeiro: a macaca despencou lá de cima — queda demorada de tão alta — e veio se estatelar no chão da clareira. Só então Divino se deu conta e correu latindo para a caça estendida, morta. Corri junto, queria ver. Cheguei antes, e foi bom porque salvei a presa que o cão ia comer. Coisas de mãe que só Deus explica: não é que mesmo morta a macaca deu um jeito de proteger a cria?! Ela caiu segurando o filho e, quando bateram no chão, o corpo dela amorteceu a queda. Morreu bem mortinha, mas salvou o filho.

Quando percebi que o cão, nervoso, rosnando, ia abocanhar o filhote, dei um pontapé no focinho, *Passa, Divino!*, e protegi o bichinho com as minhas mãos. O cão perdeu o filho mas ganhou a mãe, e aí abriu a bocarra e, numa sentada, devorou o cadáver morto da macaca, só deixou pele peluda e osso grande, o resto mandou para as tripas e ainda ficou lambendo o sangue do chão.

O macaquinho tremia e chorava nas minhas mãos. Magrinho e miudinho, pensei, mas vai me servir de janta. Coloquei o bichinho dentro do bornal e com o calorzinho ele parou de tremer, aos poucos se acalmou, acho que até dormiu quieto, esquecido da morte da mãe. E eu peguei o caminho de casa.

Na volta perdi o Divino. Caminhou uns tempos ao meu lado, normal, depois parou e devolveu tudo que tinha comido, vômito verde, fedido. Aí passou a caminhar inquieto, parando a toda hora para se mijar, sem levantar a pata, que nem uma cadela. Todo nervoso, começou a latir e a correr em roda tentando morder o próprio rabo. De repente, deu uma guinada e disparou ganindo, e sumiu no mato. Chamei, chamei, mas ele não voltou; ainda pensei em correr atrás dele, mas a mata era muito fechada e desisti. Nessa hora o macaquinho pôs a cabecinha para fora do bornal e espiou, olhinhos bem abertos, a mim me pareceu que ele até estava dando risada. Percebi então que a queda não o tinha afetado.

Chegado ao rancho, contei a caçada pra minha mulher e mostrei o macaquinho. *Seu malvado*, ela me repreendeu. *Isso não é coisa de cristão fazer.* Achou bonito o bichinho: *Tadinho, deve estar com fome, o pequeno órfão!*. E se tomou de dores pelo macaquinho. Foi tirar leite da cabra, e de um vidrinho com um chumaço de pano no gargalo aprontou uma mamadeira. O danadinho se achou! Era até bonito de ver aquele toquinho feioso, agarrado aos peitões da minha mulher, tomando seu leitinho adoçado com rapadura, chupando a mamadeira.

E como mamava, o desgraçadinho! Não havia leite que chegasse. Não fosse, um dia depois, o cabritinho ter morrido de picada de cobra, não sei se a cabra ia ter leite suficiente para o sustento dos dois. Mamava tanto que dali a uns dias já estava forte e grandinho. Não sei se foi pelo leite de cabra, mais forte do que o leite da macaca sua mãe, ou se foi pelo fortume do açúcar de rapadura, só sei que lhe caiu quase todo pêlo, deixando à vista sua pele enrugadinha, parda, mosqueada. E daí ficou ainda mais parecido com gente humana.

Minha mulher andava com ele para cima e para baixo, se tomou de amores pelo bichinho. Não largava dele nem para cozinhar, enquanto segurava o danadinho com uma das mãos, mexia nas panelas com a outra. Para cuidar da criação e trabalhar na roça, levava o macaquinho atado nas costas. Ele bem que gostava, ficava o tempo todo agarrado à minha mulher, como se ela fosse a mãe dele, a falecida. Dormia na nossa cama, os dois abraçados como mãe e filho.

Tinha um pintão enorme, cabeça de prego, e para esconder essa vergonha minha mulher até fez umas fraldas, que trocava sempre que molhadas. Era muito dengue para uma criaturinha da mata, mas eu não ligava. Nossa filha já andava com doze anos, viçosa, bonita, carregava as tristezas próprias da idade, vivia ensimesmada, já não era companhia para a mãe. Nosso filho, Pedro, naquele tempo andava buscando ganhar a vida na cidade e quase nunca vinha nos visitar. Mulher é bicho diferente, tem suas coisas, suas manias, e desde que não incomode os outros o melhor é deixar. O carinho dela pelo macaquinho não perturbava ninguém, nem a mim nem à nossa filha. Se isso trazia alegria para ela, se diminuía sua solitude naquele rancho perdido no meio do mato, por que se incomodar, se existem tantas outras coisas para a gente se preocupar nesta vida que Deus nos deu?

Não é mesmo?

Assim foi indo até aquela noite da tempestade. Foi logo depois da janta, já muito escuro começou um vento forte, assobiador, e despencou uma chuvarada forte como nunca se viu antes, um verdadeiro dilúvio. Um frio úmido começou tão de repente que tive que me enrolar num cobertor. Era um relâmpago atrás do outro. A mulher queimou as palmas bentas e rezava assustada para Santa Bárbara. A menina tinha pavor de raio, se abraçou a mim fechando os olhos contra o meu peito, e assim ficou. Só o macaquinho parecia não se incomodar com o temporal, dormia o sono dos justos bem grudadinho na minha mulher.

Foi a noite do cão. O medo não deixava ninguém dormir, nem sei como as águas não levaram embora o meu rancho, as horas foram passando e nada da chuva querer diminuir. Até que se deu o acontecido: na madrugada, nós três ainda acordados, assustados, molhados até os ossos pela chuva que caía pelos buracos do teto, e não é que de repente o macaquinho acorda, abre os olhinhos, se levanta, caminhando vai até o fogão, risca um fósforo e acende a lamparina? Na hora até que a gente não estranhou esse seu ato. Afinal, macaco é bicho esperto, achamos que o que ele fez não tinha sido nada mais do que imitar um gesto que tantas vezes nos viu fazer. O de causar espanto era ver a chama da lamparina, que, naquela ventania toda, se mantinha reta, firme, bem luminosa. O macaquinho veio se chegando perto de nós trazendo a lamparina acesa, nos olhos, bem nos olhos, e falou com um vozeirão grosso:

— Eu me chamo João da Silva!

Cruz credo, Ave Maria, te esconjuro! Já vi muito animal inteligente, mas nunca dantes nem eu, nem ninguém, viu bicho falar, ainda mais macaco. Foi um susto só: a menina começou a chorar de medo, o queixo da mulher caiu lá embaixo, os olhos arregalados, nem sei se de espanto ou terror.

— Eu me chamo João da Silva!

Dito isso, tirou o pinto para fora da fralda e, rindo de gargalhar, mijou quase ao pé da gente no chão de terra batida, mijou tão forte que abriu um buracão.

No exato momento da mijada, caiu um raio tão forte, tão estrondoso que alumiou o mundo todo. Tão forte que a noite clareou como dia e derrubou o flamboyant que meu avô plantara na frente do rancho, queimando num fogo que nem a chuva conseguiu apagar, aquilo que talvez fosse a única beleza daquela terra.

Eu me chamo João da Silva... foi assim que tudo começou. Foi nessa noite amaldiçoada que ele se revelou, que se fez homem aquele macaco amaldiçoado que em maldita hora eu fui trazer para dentro da minha casa. Esse macaco que fez o padre enlouquecer no dia do seu batizado. Que na escola onde foi aprender as primeiras letras atazanou tanto a professorinha que ela, coitada, abortou. Esse macaco que sempre tratei como filho e que abusou da inocência da minha filha, sua enteada, e fez mal para ela, matando minha mulher de desgosto. Que, com suas artimanhas diabólicas, fez meu filho Pedro pagar por ele, até hoje cumprindo pena na cadeia por um crime que o macaco cometeu. Que de tanto me judiar, me transformou no velho aleijado que hoje eu sou. Tanta sacanagem, tanta maldade, tanta coisa ruim esse João da Silva fez, e ainda faz em suas andanças pelo mundo, que se eu fosse contar levava a vida inteira e ainda não chegava ao fim.

Não gosto nem de lembrar dos crimes hediondos que esse ser maligno cometeu. Mas, se você não tiver medo de ouvir e, para se precaver, quiser saber de toda a verdade sobre esse homem-macaco, um dia eu me armo de coragem e te conto tudo.

Dois corpos que caem

João Silvério Trevisan

Por simples acaso, dois desconhecidos encontraram-se despencando juntos do alto do Edifício Itália, no centro de São Paulo.
— Oi — disse o primeiro, no alvoroçado início da queda. — Eu me chamo João. E você?
— Antônio — gritou o segundo, perfurando furiosamente o espaço.
E, só pra matar o tempo do mergulho, começaram a conversar.
— O que você faz aqui? — perguntou Antônio.
— Estou me matando — respodeu João. — E você?
— Que coincidência! Eu também. Espero que desta vez dê certo, porque é minha décima tentativa. Há anos venho tentando. Mas tem sempre um amigo, um desconhecido e até bombeiro que impede. Você afinal está se matando por quê?
— Por amor — respondeu João, sentindo o vento frio no rosto. — Eu, que amava tanto, fui trocado por um homem de olhos azuis. Infelizmente só tenho estes corriqueiros olhos castanhos...
— E não lhe parece insensato destruir a vida por algo tão efêmero como o amor? — ponderou Antônio, sentindo a zoada que o acompanhava à morte.
— Justamente. Trata-se de uma vingança da insensatez contra a lógica — gritou João num tom quase triunfante. — Em geral é a vida que destrói o amor. Desta vez, decidi que o amor acertaria contas com a vida!
— Poxa — exclamou Antônio — você fez do amor uma panacéia!

— Antes fosse — replicou João, com um suspiro. — Duvidoso como é, o amor me provocou dores horríveis. Nunca se sabe se o que chamamos amor é desamparo, solidão doentia ou desejo incontrolável de dominação. O que na verdade me seduz é que o amor destrói certezas com a mesma incomparável transparência com que o caos significante enfrenta a insignificância da ordem. Não, o amor não é solução para a vida. Mas é culminância. Morrer por ele me trouxe paz.

Ante o vertiginoso discurso, ambos tentaram sorrir contra a gravidade.

— E você, como se sente? — perguntou João a Antônio.

— Oh, agora estou plenamente satisfeito.

— Então por que busca a morte?

— Bom — respondeu Antônio — me assustou descobrir um fiasco primordial: que a razão tem demônios que a própria razão desconhece. Daí, preferi mergulhar de vez no mistério.

— Sim, da razão conheço demasiados horrores. Mas que mistério é esse tão importante a ponto de merecer sua vida?

— Não sei — respondeu Antônio. — Mistério é mistério.

— Mas morto você não desvendará o mistério! — protestou João.

— Por isso mesmo. O fundamental no mistério é aguçar contradições, e não desvendar. Matar-me, por exemplo, é bom na medida que me torna parte do enigma e, de certo modo, o agudiza. Tem a ver com a fé, que gera energias para a vida. Ou para a história, quem sabe...

— Taí um negócio que perdi: a fé. Deus para mim... — e João engasgou.

— Ora — revidou Antônio vivamente. — A fé nada tem a ver com Deus, que se reduziu a uma pobre estrela anã de energias tão concentradas que já nem sai do lugar. Deus desistiu de entender os homens, e virou também indagador. Sem Deus nem Razão, a única fé possível é mergulhar neste abismo do mistério total.

— Mas para isso é preciso ao menos saber onde está o mistério — insistiu João com os cabelos drapejando ao vento.

— Ué, o mistério está em mim, por exemplo, que me mato para coincidir comigo mesmo. Mas há mistério também em você: seu morrer de amor é o mais impossível ato de fé. Graças a ele, você participa do mistério. Porque se apaixonou pelos abismos.

João olhou com olhos estatelados, ao compreender. E Antônio, que já faiscava na semi-realidade da vertigem, gritou com todas as forças:

— Há sobretudo este mistério maior de estarmos, na mesma hora e local, cometendo o mesmo gesto absurdo e despencando para a mesma incerteza, por puro acaso. Além de cúmplices, a intensidade deste mergulho nos tornou visionários. Você não vê diante de si o desconhecido? É que já estamos perfurando a treva.

E como tudo de fato reluzia, João também ergueu a voz:

— Sim, sim. É espantoso o brilho do absurdo.

— E agora — disse Antônio bem diante do rosto de João — falemos um pouco da permanência. Você gosta dos meus olhos azuis?

Foi quando os dois corpos se estatelaram na Avenida São Luiz.

Conto de verão nº 2: Bandeira Branca

Luis Fernando Verissimo

Ele: tirolês. Ela: odalisca. Eram de culturas muito diferentes, não podia dar certo. Mas tinham só quatro anos e se entenderam. No mundo dos quatro anos todos se entendem, de um jeito ou de outro. Em vez de dançarem, pularem e entrarem no cordão, resistiram a todos os apelos desesperados das mães e ficaram sentados no chão, fazendo um montinho de confete, serpentina e poeira, até serem arrastados para casa, sob ameaças de jamais serem levados a outro baile de Carnaval.

Encontraram-se de novo no baile infantil do clube, no ano seguinte. Ele com o mesmo tirolês, agora apertado nos fundilhos, ela de egípcia. Tentaram recomeçar o montinho, mas dessa vez as mães reagiram e os dois foram obrigados a dançar, pular e entrar no cordão, sob ameaça de levarem uns tapas. Passaram o tempo todo de mãos dadas.

Só no terceiro Carnaval se falaram.

— Como é teu nome?

— Janice. E o teu?

— Píndaro.

— O quê?!

— Píndaro.

— Que nome!

Ele de legionário romano, ela de índia americana.

* * *

Só no sétimo baile (pirata, chinesa) desvendaram o mistério de só se encontrarem no Carnaval e nunca se encontrarem no clube, no resto do ano. Ela morava no interior, vinha visitar uma tia no Carnaval, a tia é que era sócia.

— Ah.

Foi o ano em que ele preferiu ficar com a sua turma tentando encher a boca das meninas de confete, e ela ficou na mesa, brigando com a mãe, se recusando a brincar, o queixo enterrado na gola alta do vestido de imperadora. Mas quase no fim do baile, na hora do *Bandeira Branca,* ele veio e a puxou pelo braço, e os dois foram para o meio do salão, abraçados. E, quando se despediram, ela o beijou na face, disse "Até o Carnaval que vem" e saiu correndo.

No baile do ano em que fizeram 13 anos, pela primeira vez as fantasias dos dois combinaram. Toureiro e bailarina espanhola. Formavam um casal! Beijaram-se muito, quando as mães não estavam olhando. Até na boca. Na hora da despedida, ele pediu:

— Me dá alguma coisa.

— O quê?

— Qualquer coisa.

— O leque.

O leque da bailarina. Ela diria para a mãe que o tinha perdido no salão.

* * *

No ano seguinte, ela não apareceu no baile. Ele ficou o tempo todo à procura, um havaiano desconsolado. Não sabia nem como perguntar por ela. Não conhecia a tal tia. Passara um ano inteiro pensando nela, às vezes tirando o leque do seu esconderijo para cheirá-lo, antegozando o momento de encontrá-la outra vez no baile. E ela não apareceu. Marcelão, o mau elemento da sua turma, tinha levado gim para misturar com o guaraná. Ele bebeu demais. Teve que ser carregado para casa. Acordou na sua cama sem lençol, que estava sendo lavado. O que acontecera?

— Você vomitou a alma — disse a mãe.

Era exatamente como se sentia. Como alguém que vomitara a alma e nunca a teria de volta. Nunca. Nem o leque tinha mais o cheiro dela.

Mas, no ano seguinte, ele foi ao baile dos adultos no clube — e lá estava ela! Quinze anos. Uma moça. Peitos, tudo. Uma fantasia indefinida.

— Sei lá. Bávara tropical — disse ela, rindo.

Estava diferente. Não era só o corpo. Menos tímida, o riso mais alto. Contou que faltara no ano anterior porque a avó morrera, logo no Carnaval.

— E aquela bailarina espanhola?

— Nem me fala. E o toureiro?

— Aposentado.

A fantasia dele era de nada. Camisa florida, bermuda, finalmente um brasileiro. Ela estava com um grupo. Primos, amigos dos primos. Todos vagamente bávaros. Quando ela o apresentou ao grupo, alguém disse "Píndaro?!" e todos caíram na risada. Ele viu que ela estava rindo também. Deu uma desculpa e afastou-se. Foi procurar o Marcelão. O Marcelão anunciara que levaria várias garrafas presas nas pernas, escondidas sob as calças da fantasia de sultão. O Marcelão tinha o que ele precisava para encher o buraco deixado pela alma. Quinze anos, pensou ele, e já estou perdendo todas as ilusões da vida, começando pelo Carnaval. Não devo chegar aos 30, pelo menos não inteiro. Passou todo o baile encostado numa coluna adornada, bebendo o guaraná clandestino do Marcelão, vendo ela passar abraçada com uma sucessão de primos e amigos de primos, principalmente um halterofilista, certamente burro, talvez até criminoso, que reduzira sua fantasia a um par de calças curtas de couro. Pensou em dizer alguma coisa, mas só o que lhe ocorreu dizer foi "pelo menos o meu tirolês era autêntico" e desistiu. Mas, quando a banda começou a tocar *Bandeira Branca* e ele se dirigiu para a saída, tonto e amargurado, sentiu que alguém o pegava pela mão, virou-se e era ela. Era ela, meu Deus, puxando-o para o salão. Ela enlaçando-o com os dois braços para dançarem assim, ela dizendo "não vale, você cresceu mais do que eu" e encostando a cabeça no seu ombro. Ela encostando a cabeça no seu ombro.

* * *

Encontraram-se de novo 15 anos depois. Aliás, neste Carnaval. Por acaso, num aeroporto. Ela desembarcando, a caminho do interior, para visitar a mãe. Ele embarcando para encontrar os filhos no Rio. Ela disse "quase não reconheci você sem fantasias". Ele custou a reconhecê-la. Ela estava gorda, nunca a reconheceria, muito menos de bailarina espanhola. A última coisa que ele lhe dissera fora "preciso te dizer uma coisa", e ela dissera "no Carnaval que vem, no Carnaval que vem" e no Carnaval seguinte ela não aparecera, ela nunca mais aparecera. Explicou que o pai tinha sido transferido para outro estado, sabe como é, Banco do Brasil, e como ela não tinha o endereço dele, como não sabia nem o sobrenome dele e, mesmo, não teria onde tomar nota na fantasia de falsa bávara...

— O que você ia me dizer, no outro Carnaval? — perguntou ela.

— Esqueci — mentiu ele.

Trocaram informações. Os dois casaram, mas ele já se separou. Os filhos dele moram no Rio, com a mãe. Ela, o marido e a filha moram em Curitiba, o marido também é do Banco do Brasil... E a todas essas ele pensando: digo ou não digo que aquele foi o momento mais feliz da minha vida, *Bandeira Branca*, a cabeça dela no meu ombro, e que todo o resto da minha vida será apenas o resto da minha vida? E ela pensando: como é mesmo o nome dele? Péricles. Será Péricles? Ele: digo ou não digo que não cheguei mesmo inteiro aos 30, e que ainda tenho o leque? Ela: Petrarco. Pôncio. Ptolomeu...

Por um pé de feijão

Antônio Torres

Nunca mais haverá no mundo um ano tão bom. Pode até haver anos melhores, mas jamais será a mesma coisa. Parecia que a terra (a nossa terra, feinha, cheia de altos e baixos, esconsos, areia, pedregulho e massapê) estava explodindo em beleza. E nós todos acordávamos cantando, muito antes do sol raiar, passávamos o dia trabalhando e cantando e logo depois do pôr-do-sol desmaiávamos em qualquer canto e adormecíamos, contentes da vida.

Até me esqueci da escola, a coisa que mais gostava. Todos se esqueceram de tudo. Agora dava gosto trabalhar.

Os pés de milho cresciam desembestados, lançavam pendões e espigas imensas. Os pés de feijão explodiam as vagens do nosso sustento, num abrir e fechar de olhos. Toda a plantação parecia nos compreender, parecia compartilhar de um destino comum, uma festa comum, feito gente. O mundo era verde. Que mais podíamos desejar?

E assim foi até a hora de arrancar o feijão e empilhá-lo numa seva tão grande que nós, os meninos, pensávamos que ia tocar nas nuvens. Nossos braços seriam bastantes para bater todo aquele feijão? Papai disse que só íamos ter trabalho daí a uma semana e aí é que ia ser o grande pagode. Era quando a gente ia bater o feijão e iria medi-lo, para saber o resultado exato de toda aquela bonança. Não faltou quem fizesse suas apostas: uns diziam que ia dar trinta sacos, outros achavam que era cinqüenta, outros falavam em oitenta.

No dia seguinte voltei para a escola. Pelo caminho também fazia os meus cálculos. Para mim, todos estavam enganados. Ia ser cem sacos. Daí para mais. Era só o que eu pensava, enquanto explicava à professora por que havia faltado tanto tempo. Ela disse que assim eu ia perder o ano e eu lhe disse que foi assim que ganhei um ano. E quando deu meio-dia e a professora disse que podíamos ir, saí correndo. Corri até ficar com as tripas saindo pela boca, a língua parecendo que ia se arrastar pelo chão. Para quem vem da rua, há uma ladeira muito comprida e só no fim começa a cerca que separa o nosso pasto da estrada. E foi logo ali, bem no comecinho da cerca, que eu vi a maior desgraça do mundo: o feijão havia desaparecido. Em seu lugar, o que havia era uma nuvem preta, subindo do chão para o céu, como um arroto de Satanás na cara de Deus. Dentro da fumaça, uma língua de fogo devorava todo o nosso feijão.

Durante uma eternidade, só se falou nisso: que Deus põe e o diabo dispõe.

E eu vi os olhos da minha mãe ficarem muito esquisitos, vi minha mãe arrancando os cabelos com a mesma força com que antes havia arrancado os pés de feijão:

— Quem será que foi o desgraçado que fez uma coisa dessas? Que infeliz pode ter sido?

E vi os meninos conversarem só com os pensamentos e vi o sofrimento se enrugar na cara chamuscada do meu pai, ele que não dizia nada e de vez em quando levantava o chapéu e coçava a cabeça. E vi a cara de boi capado dos trabalhadores e minha mãe falando, falando, falando e eu achando que era melhor se ela calasse a boca.

À tardinha os meninos saíram para o terreiro e ficaram por ali mesmo, jogados, como uns pintos molhados. A voz da minha mãe continuava balançando as telhas do avarandado. Sentado em seu banco de sempre, meu pai era um mudo. Isso nos atormentava um bocado.

Fui o primeiro a ter coragem de ir até lá. Como a gente podia ver lá de cima, da porta da casa, não havia sobrado nada. Um vento leve soprava as cinzas e era tudo. Quando voltei, papai estava falando.

— Ainda temos um feijãozinho-de-corda no quintal das bananeiras, não temos? Ainda temos o quintal das bananeiras, não temos? Ainda temos o milho para quebrar, despalhar, bater e encher o paiol, não temos? Como se diz, Deus tira os anéis, mas deixa os dedos.

E disse mais:

— Agora não se pensa mais nisso, não se fala mais nisso. Acabou.

Então eu pensei: O velho está certo.

Eu já sabia que quando as chuvas voltassem, lá estaria ele, plantando um novo pé de feijão.

Viver outra vez

Márcio Barbosa

Com o solzinho da tarde, ela entrou no apartamento. Sábado.
— A entrevista, lembra?
Olhou as roupas espalhadas, móveis empoeirados e ele desculpou-se:
— Poucos vêm aqui. Achava que minha próxima visita seria a morte.
Observou-a. Pequena, inquieta, mãozinhas curiosas nos discos e livros. Depois, pernas cruzadas — gravador ligado — murmurou, voz rouca:
— O terreiro do bairro quer fazer um trabalho sobre memória.
Ele, aborrecido, negou depoimento. Tentava esquecer o passado — fantasma que se escondia sob a cama.
— O senhor ajudou a fundar associações, a desmascarar a ideologia da falsa democracia racial — ela insistiu.
Um dia fora professor. Mas ela não sabia que agora não era mais nada? Que, há algum tempo, o coração vinha ameaçando parar?
— Minha filha, esqueça-se de mim.
Com o esforço de levantar-se arregalou os olhos. Ela assustou-se:
— Que foi?
— Tonturas, já passa.
Caiu, sem dizer mais nada.

Apavorada, ela procurou vizinhos. Um taxista veio. Gordo, dirigia com a barriga encostada ao volante. No pronto-socorro lotado, brigaram para serem atendidos. Um jovem médico os recebeu, perguntando:

Márcio Barbosa

— Seu pai? É só pressão um pouco alta. Vocês da raça negra são muito sujeitos a ter hipertensão.

Receitou maleato de enalapril e mandou-os embora.

Na volta, no táxi, ela ouviu-o, voz trêmula de velho, sussurrar "obrigado".

— Por fazer o senhor ficar nervoso — sorriu —, ir para o hospital?

— Por se preocupar comigo. Sabe, já estou no fim...

Ele olhou pela janela do carro. Viu crianças sem camisas jogando futebol nas ruas.

— Só não pensei — continuou — que fosse terminar viúvo, sem filhos, aqui, neste bairro, que é quase outra cidade. Quem povoou Perdizes, Bela Vista? A negrada. Minha família sempre morou lá.

— Nasci aqui — ela afirmou. — É legal. Um pouco perigoso, ultimamente. Uns amigos morrendo por causa de drogas. Dezesseis, dezessete anos. Não lhe parece que existe um plano para exterminar nosso povo?

O que o tocou, quando ela ergueu o rosto e fitou-o? Os olhos úmidos? Quase menina, tão preocupada com sua gente. Queria dizer-lhe para não se iludir, mas a frase ficou presa dentro do peito, mesmo quando ela voltou outras vezes, depois do trabalho, para ver como estava. Um dia chegou, tirou o walk-man, passou os dedos nos móveis e exclamou:

— Tem tanto pó!

— Foi acumulando com as decepções — ele brincou.

No dia seguinte, de bermudas, coxas roliças à mostra, ela espanou, varreu. Não podia ver nada envelhecer? Pensava, com a alegria de menina, em remoçá-lo? Num domingo, chegou com discos:

— Racionais, conhece? Bom pra caramba.

Ouviu e gostou. Parecia escutar a si mesmo nos versos dos raps, rapaz crescendo revoltado nos cortiços do Bixiga. Mas o que a moça queria, enchendo o lugar com música, verificando se comia direito, arrumando as camisas no guarda-roupa?

— Vê-lo recuperar-se — ela dizia. — Já está mais moço.

Acreditava no poder de cura de mãos movidas por carinho. Deu-lhe as suas e levou-o a bares onde pagodeiros punham a alma para percutir os instrumentos. Dançou com ele, sob olhares curiosos, diferentes daqueles que os vizinhos lhes dirigiam, quando passavam nas ruas, mãos entrelaçadas. Ouvia-os dizer: *Podia ser sua filha, que sem-vergonha.*

Ela nem ligava. O velho mais desiludido tornava-se o mais animado. O homem que ajudara seu povo a se organizar despertava, às vezes, no trovão da gargalhada. Mas, num sábado, tristezas de outrora emergiram no poço dos olhos. Ao vislumbrá-las, fez de tudo para levá-lo à praia. Pularam sete ondas, despachando as coisas ruins que pesavam nos ombros. Gotas de água em seus cabelos eram minúsculos sóis. Deitadinhos na areia, contou a ele sobre o pai, disse que jamais o conhecera. Os olhos marejaram, uma sombra passou por seu rosto. Então, mudou de assunto e puxou-o para brincar na água.

Voltaram da viagem à noite. Entraram no pequeno apartamento rindo de tudo, de nada. Dono ainda de olhos tristes, mas animado. Bateu-lhe no peito sem feri-lo. Acariciou sua carapinha. Depois, olhou-o durante um bom tempo e beijou sua boca sorridente. Idade pra ser o pai?

— Sou virgem — ela murmurou. — Não posso engravidar.

As roupas ficaram sobre o tapete, espalhadas.

De mãos dadas na padaria, no mercado, ouviam os vizinhos:

É a sobrinha? — uns perguntavam.

Amante. — outros diziam, baixinho.

Ele ia receber a aposentadoria e ficava no ponto de ônibus meia hora. Enquanto outros reclamavam, permanecia impassível, dono de um segredo.

É a concubina. — Parecia escutar alguém sussurrando.

Sentia-se leve, até ser acometido por uma dorzinha besta no peito.

No centro da sala, o homem sentado no sofá é uma pálida lembrança daquele que, outrora, acreditara na sua gente. Que fantasmas o acompanhariam ao cemitério? Ela assustou-se, ao vê-lo com as mãos sobre o peito.

— Coração?

— Um coração enfraquecido pelas desilusões.

Por que não falava desses fantasmas?

— Não confia em mim? Quer dizer que eu não sou nada?

— O gravador — ele pediu, imediatamente após ouvi-la falar.

Esperou-a tirar o *sony* da bolsa e continuou:

— No início do século, previa-se o desaparecimento da nossa, não digo raça, que só existe a raça humana. É melhor etnia. As elites brasileiras queriam um país sem negros e mulatos. Quando soube dessas idéias, a luz da revolta me iluminou. Uns amigos falaram-me sobre Zumbi, sobre os quilombos, sobre união. Acreditei que a união fosse possível. Mas o sonho se desfez tão rápido! Os amigos se cansaram. O nosso povo? Desinteressado, apático. Não sei — enxugou uma lágrima — como não desapareceu.

— O que vocês fizeram foi bonito.

— São coisas que eu preciso esquecer.

Márcio Barbosa

— Hoje os problemas são os mesmos. Mas há pessoas jovens, querendo aprender, como eu. Quero acreditar em algo. Nosso povo sobreviveu porque acreditou na vida.

— É verdade. Parece que nós temos de adquirir uma força tão grande, parece que um amor pela vida se enraíza tão fundo dentro da gente, que nada nos abala com facilidade. E se a gente cai, é pra levantar mais forte; se apanhamos, voltamos a brigar com mais garra; se choramos, também aprendemos a extrair, lá de dentro, uma gargalhada tão gostosa, que é como se toda a alegria do mundo coubesse em nosso peito. Somos negros e temos essa força. Isso é maravilhoso.

Ela abraçou-o, beijou-o. Só então ele se deu conta de que falara com entusiasmo. Uma parte do sonho ainda vivia. Mas as dores no peito persistiram. Ela vinha mais vezes, preparava arroz integral, moderou no sal e tirou o açúcar branco.

— A pinga com carqueja eu não jogo fora — ele protestou.

Era para diabetes, um amigo tinha ensinado.

Ficava irritado com os excessos de cuidados. No fundo, sentia falta quando ela não vinha. A menina de uma geração tão diferente, com quem reaprendia a viver. A moça que acreditava nas coisas em que ele acreditara. Num domingo, sentindo o relógio no peito se acelerar, disse-lhe:

— Não vou durar muito. Só lamento não ter tido filhos.

Notou que ela ficou calada, pensativa. Escondia algo?

Veio na segunda-feira. Preocupada, tensa. Acusou-o de cerceá-la. Tensão pré-menstrual? Que havia?

— Estou grávida — disse, por fim. — Não posso. Tenho estudos. Também não quero um filho pra crescer como eu, sem pai.

Foi até a janela. Suas lágrimas rolavam como a chuva lá fora.

— Um filho? — ele perguntou, incrédulo. — A soma do meu e do teu sonho. Olhe — pegou-lhe a mão e pôs sobre seu próprio peito — parou de doer. Podemos criar esse filho, se você quiser. — Então abraçou-a e, com a voz embargada, soluçando, falou: — Te amo.

Quando eles passavam, grávidos, ouviam os vizinhos comentarem:

É o filho — uns diziam.

O neto — outros apostavam.

— É o amor nos recriando — diziam um ao outro.

Estão apenas ensaiando

Bernardo Carvalho

Estão apenas ensaiando. Ao mesmo tempo em que os dois atores avançam pelo palco, saindo das coxias à esquerda para o centro da cena, um homem entra na sala escura, e com ele uma nesga da luz das cinco pela fresta da porta que entreabriu ao fundo e que separa a platéia do hall e da rua, onde o dia segue o seu curso com um burburinho de buzinas, motores e sirenes. O diretor, na quinta fila, procura com a mão, tateando, a coxa de sua assistente, para lhe dizer alguma coisa ao ouvido, e o iluminador interrompe a piada que ia sussurrando ao técnico a seu lado, no mezanino, já que retomam a cena. Quando os dois atores colocam os pés de novo no palco, avançando das coxias à esquerda para o centro, e interrompendo também o que sussurravam um ao outro nos bastidores, para passar em alto e bom som ao diálogo que decoraram, o homem que acabou de entrar ao fundo é ainda menos que um vulto sem rosto, porque já não tem nem mesmo a nesga de luz das cinco para destacá-lo da penumbra, agora que a porta que separa a sala escura do hall e da rua se fechou. O diretor com a mão na coxa da assistente, depois de lhe sussurrar qualquer coisa ao ouvido, que a faz rir baixinho, controlada, espera ansioso, e pela enésima vez, que a fala seja dita pelo ator com a entonação desejada, e o iluminador, no mezanino, aguarda por seu turno uma nova interrupção — no fundo, mesmo que inconscientemente, torce por mais um fracasso da interpretação, para poder terminar de uma vez por todas a piada que contava ao técnico.

Um ator diz ao outro, no centro do palco: "Você é o malfeitor; e por isso preciso saber quem é você, onde está, de onde vem, do que é capaz para ter tamanho poder e me provocar sem prevenir, devastando o meu pasto verdejante, e minando, para derrubá-lo, o meu muro de arrimo." E é quando o outro, que embora sem a foice ou o manto (estão apenas ensaiando) responde pela morte, vai abrindo a boca, que o diretor mais uma vez, tirando a mão da coxa da assistente, interrompe a cena com um gesto, para perguntar num tom propositalmente inaudível, de tão irritado que está, quantas vezes mais vai ter de explicar.

Ele repete, como se falasse para dentro, que se trata de um texto do século XV, que o humilde lavrador invoca a morte (aqui representada por um homem) com as palavras que lhe restam como último recurso, quer que ela se compadeça dele e lhe devolva a mulher adorada, vítima das atrocidades da guerra. O diretor repete irritado que falta vigor à interpretação do ator, e desespero, não parece que o humilde lavrador esteja realmente sofrendo ou indignado pela injustiça da morte da mulher na flor da idade. Diz isso aos dois atores e depois, enquanto eles voltam para as coxias, sussurra a mesma coisa ao ouvido da assistente, arrematando com uma gracinha que a faz sacudir num risinho sincopado.

De volta às coxias, o ator que interpreta o humilde lavrador aproveita para retomar com o outro que interpreta a morte o sussurro que havia interrompido. Desanca o diretor, diz que não dá para mostrar desespero com um texto daqueles, inverossímil, ninguém vai falar com a morte daquele jeito depois de perder a mulher de uma maneira violenta. Resmunga baixinho qualquer coisa sobre o tipo de representação que aquela cena exige, na sua opinião, e que tem a ver com um certo distanciamento. De repente, no meio da frase sussurrada, olhando o relógio (não precisa tirá-lo, estão apenas ensaiando), exclama a hora num murmúrio, fala qualquer coisa sobre o atraso da própria mulher, que ela já devia ter chegado, e ao mesmo tempo em que diz isso, o iluminador no mezanino tenta inutilmente sussurrar o final da sua piada, porque mal esboça o desenlace cômico e os dois atores já estão de volta ao palco, seguindo os sinais mudos da assistente do diretor, e o homem ao fundo da sala, após uns instantes parado indistinto dentro da sombra, já avança alguns passos pelo corredor lateral da platéia.

O ator que interpreta o humilde lavrador vira-se para o outro, que interpreta a morte, embora sem foice ou manto (estão apenas ensaiando), e vai abrir a boca quando percebe que, em vez de olhá-lo, o diretor, sempre com a mão na coxa da assistente, cochicha algo ao seu ouvido que a faz levar a mão aos lábios para impedir que o riso transborde. Percebe o diretor, que está na centro da sala, na quinta fila, mas não o vulto que avança pelo lado, na penumbra. Irritado, o ator repete a cena idêntica à que tinha feito antes, declamando sua fala com o mesmo distanciamento que lhe parece tão apropriado, ao que o diretor enfurecido se levanta e, balançando os braços e sacudindo a cabeça, mudo, dá a entender que está péssimo.

Com a nova interrupção, o iluminador trata de retomar do início a piada que contava ao técnico, porque, a cada vez que a retoma, volta sempre ao começo com medo de que a quebra interfira no efeito cômico. Seu sussurro agora é mais corrido, tentando fazer caber a piada inteira no espaço de tempo entre a interrupção do diretor e o retorno dos atores ao palco. Nas coxias, enquanto olha o relógio (estão apenas ensaiando), o ator que faz o humilde lavrador repete baixinho ao outro, que faz a morte, que a mulher a esta altura já devia ter chegado, como tinham combinado, porque ele próprio lhe dissera que tudo terminaria às cinco, não podia imaginar que o diretor se revelasse um tamanho idiota justamente com esse texto inverossímil, e que o ensaio se arrastasse tanto.

A assistente dá o sinal mudo para que recomecem e o iluminador interrompe inconformado, mais uma vez, já quase no fim, a piada que sussurrava ao técnico no mezanino, e que corre o risco de perder a graça pela repetição. O homem que vinha avançando lentamente pelo corredor lateral agora pára à altura da quinta fila ao ver os dois atores de novo no palco. O humilde lavrador vira-se para a morte e diz: "Você é o malfeitor." O diretor pede que parem. O tom compreensivo de sua voz é apenas um disfarce que o ator está cansado de conhecer e em geral precede uma crise de nervos. O diretor está tentando se controlar, sussurra: "Será que você não compreende? Ele perdeu a mulher, na flor da idade, está desesperado, indignado contra a injustiça da morte e dos homens e por isso a invoca, ainda acredita que pode convencê-la a lhe devolver a mulher adorada. Ninguém diz isso com distanciamento."

Os dois saem do palco. Olhando o relógio, o humilde lavrador sussurra de novo à morte sem foice ou manto algo sobre o atraso da mulher, que a esta altura já devia estar sentada na platéia. Não entende por que ela ainda não chegou, como se já não bastasse o atraso do ensaio, graças à imbecilidade do diretor. E enquanto o humilde lavrador sussurra a sua indignação, o homem que antes era apenas um vulto já avança pela quinta fila, agora de lado, na direção do diretor e de sua assistente, que só o vêem quando já está a apenas algumas poltronas deles. Senta-se para se fazer menos notado quando a assistente já está com o braço levantado, indicando aos atores que podem recomeçar, e enquanto ele lhes revela num murmúrio o que veio anunciar sobre o mundo do lado de fora, e que os petrifica, o iluminador no mezanino se aproxima num sussurro da conclusão da piada.

    O humilde lavrador de relógio e a morte sem foice ou manto (estão apenas ensaiando) entram no palco. O lavrador vira-se para a morte e reinicia a sua ladainha com a mesma entonação e o distanciamento que lhe parecem mais apropriados. Mas desta vez, para sua surpresa, o diretor não o interrompe, porque tem os olhos arregalados e está lívido enquanto o homem, antes apenas um vulto, lhe sussurra algo ao ouvido. E ao ver o homem que sussurra ao ouvido do diretor, e o olhar deste e de sua assistente, que pela primeira vez não o interrompem, mas permanecem a encará-lo com os olhos aterrados e arregalados (a assistente com os olhos cheios de lágrimas diante da súplica que o lavrador faz à morte) enquanto escutam o que o outro lhes diz ao ouvido, curvado na poltrona ao lado, embora a entonação no palco tenha sido a mesma e devesse portanto, pela lógica, ser mais uma vez interrompida, o próprio ator interrompe a ação e por fim compreende aterrorizado e a um só tempo a sinistra coincidência da cena e do momento, o que aquele vulto veio anunciar sobre o mundo do lado de fora, com buzinas, motores e sirenes; compreende por que a mulher não apareceu e afinal o que sente o humilde lavrador; compreende por que o diretor não o interrompeu desta vez, porque por fim esteve perfeito na pele do lavrador em sua súplica diante da morte; compreende que por um instante encarnou de fato o lavrador, que involuntária e inconscientemente, por uma trapaça do destino, tornou-se o próprio lavrador pelo que aquele vulto veio anunciar; compreende tudo num segundo, antes mesmo de saber dos detalhes do acidente que a matou atravessando a rua a duas quadras do teatro, diante dos olhos arregalados do diretor e da assistente, sob as gargalhadas incontidas do iluminador e do técnico no mezanino, chegando ao fim da piada.

O importado vermelho de Noé

André Sant'Anna

Está chovendo dinheiro em Nova York. Deu no rádio. Deu na CBN. E, com o meu carro vermelho, importado da Alemanha, logo estarei no aeroporto e voarei para Nova York pela American Airlines. O meu carro vermelho, importado da Alemanha, é veloz. Eu tenho poder de compra e por isso comprei o meu carro vermelho, importado da Alemanha. Eu tenho empresas e sou digno do visto para ir a Nova York. O dinheiro que chove em Nova York é para pessoas com poder de compra. Pessoas que tenham um visto do consulado americano. O dinheiro que chove em Nova York também é para os novaiorquinos. São milhares de dólares. Ergui empresas, venci obstáculos, ultrapassei limites, atingi todas as metas e agora vou para Nova York, onde está chovendo dinheiro. Possuo as qualificações necessárias, os dotes exigidos, e sou livre para ir a Nova York, onde está chovendo dinheiro. As negociações estão encerradas. Meu cérebro de administrador é perspicaz e tem o veredicto final. Estou indo para Nova York, onde está chovendo dinheiro. Sou um grande administrador. Sim, está chovendo dinheiro em Nova York. Deu no rádio. Vejo que há pedestres invadindo a via onde trafega o meu carro vermelho, importado da Alemanha. Vejo que há carros nacionais trafegando pela via onde trafega o meu carro vermelho, importado da Alemanha. Ao chegar em Nova York, tomarei providências. O meu cérebro de administrador sabe que providências tomar. Procurei o desenvolvimento em cada instante de minha vida. Sei exatamente onde quero chegar. Eu quero ir para Nova York, onde está chovendo dinheiro.

André Sant'Anna

Será uma grande aliança. Eu e o dinheiro que está chovendo em Nova York. Uma fusão gloriosa. Agora compreendo os desígnios da natureza, a intenção do destino. Agora posso compreender Deus, que está ao meu lado e faz chover dinheiro em Nova York. Enxergo claramente a diferença entre o meu carro vermelho, importado da Alemanha, e os carros nacionais. A diferença que me separa definitivamente dos pedestres que invadem a via onde trafega meu o carro vermelho, importado da Alemanha. Voarei para Nova York pela American Airlines e Deus estará comigo, indo para Nova York. Deus está em toda Nova York. Deus é também um grande administrador, como eu, Paulo e os novaiorquinos. É grande a empresa de Deus, como são grandes as minhas empresas. Deus toma as providências necessárias e faz chover dinheiro em Nova York. Milagre! Deu no rádio. Está chovendo dinheiro em Nova York e eu vou para Nova York. Está chovendo dinheiro em Nova York! Estou indo velozmente, no meu carro vermelho, importado da Alemanha, para Nova York. Estou indo para Nova York numa velocidade incrível, deixando para trás os pedestres e os carros nacionais. Deixando para trás um passado impecável, rumo a um futuro espetacular. Deus fala diretamente à minha consciência. Deus faz chover dinheiro em Nova York e não aqui, na Marginal Tietê, onde só chove chuva de água normal. A grande recompensa de Deus é exclusiva dos grandes administradores como eu, Paulo e os novaiorquinos. Caso contrário, choveria dinheiro aqui mesmo, na Marginal Tietê, onde só chove chuva de água normal e os carros nacionais impedem a passagem veloz do meu carro vermelho, importado da Alemanha. Aqui, onde o Rio Tietê recebe a chuva de água normal, sem um dólar sequer no meio, que se mistura ao esgoto horroroso constituído pelo excremento dos pretos desta cidade e pelo subproduto indesejável da insignificante indústria nacional. Está decidido: a partir deste momento minhas empresas terão capital internacional e flutuarão no rio global de dinheiro que chove em Nova York. Estou a um passo do futuro magnífico, planejado, pessoalmente, por Deus, para mim, para Paulo e para os novaiorquinos. Basta esperar que os insuportáveis carros nacionais abram passagem para o meu veloz carro vermelho, importado da Alemanha. Dividirei o Rio Tietê em dois e o atravessarei sozinho no meu carro vermelho, importado da Alemanha, rumo à terra prometida, que é Nova York, onde está chovendo dinheiro. Vou sozinho para Nova York. Está decidido. É uma decisão acertada como todas as decisões que o meu cérebro de administrador toma. A chuva de água normal que cai sobre o Rio Tietê não impedirá que eu avance cada vez mais. Os carros nacionais que atrapalham a veloz passagem do meu carro vermelho, importado da Alemanha, serão esmagados pelos anjos vingadores de Deus.

O importado vermelho de Noé

A chuva cai, mas é só água normal. Não é como em Nova York, onde está chovendo dinheiro. Ao chegar em Nova York, tomarei as providências necessárias. Mandarei um e-mail a Paulo, que é um grande administrador e também vai para Nova York. É preciso substituir o prefeito, que é preto. A culpa é do prefeito. A chuva de água normal, que faz subir o Rio Tietê. O subproduto da medíocre indústria nacional. A péssima qualidade dos carros nacionais. Os buracos que deformam o asfalto das lentas estradas de rodagem nacionais. O prefeito é preto. A culpa é do prefeito e do povo que votou nesse prefeito preto. Eu também votei nesse prefeito preto, mas foi a pedido de Paulo. Nunca vou esquecer o que Paulo fez pelas empresas. Paulo é meu amigo. Paulo é um grande administrador, como eu e os novaiorquinos. Paulo já rompeu com o prefeito preto. Me perdoe, Deus, por ter ajudado a financiar a campanha desse prefeito preto. Me perdoe, Deus. Na época das eleições eu ainda não havia recebido vossas instruções. Mas agora deu no rádio. Está chovendo dinheiro em Nova York e eu preciso ir para Nova York. Em Nova York poderei voar livremente, velozmente, no meu carro vermelho, importado da Alemanha. Em Nova York, meu carro vermelho, importado da Alemanha, jamais será assaltado pelos assaltantes pretos. Em Nova York não chove chuva de água normal. Chove dinheiro em Nova York! Mas é só para mim, Paulo e os novaiorquinos. Meu enorme capital vai se fundir ao enorme capital do dinheiro que chove em Nova York. Basta que pare de chover água normal aqui, na Marginal Tietê. Basta que os carros nacionais sejam eliminados. Basta que o prefeito preto fique branco e deixe de ser preto como a água do Rio Tietê ao se misturar com os excrementos dos pretos nacionais. Deus só está testando a minha fé, por isso não pára de chover água normal aqui, na Marginal Tietê. Por isso, os carros nacionais continuam a obstruir a passagem veloz do meu carro vermelho, importado da Alemanha. Eu tenho fé, Deus. Eu acredito, Deus. Deu no rádio: está chovendo dinheiro em Nova York. E logo eu estarei em Nova York, onde está chovendo dinheiro. Oh! Não! O Rio Tietê está subindo, subindo, subindo... Eu sei de quem é a culpa. A culpa é do prefeito. O prefeito tem que tomar uma providência. As bactérias nojentas do Rio Tietê estão invadindo a via onde o meu carro vermelho, importado da Alemanha, tenta trafegar. O meu carro vermelho, importado da Alemanha, tenta trafegar velozmente, mas os carros nacionais impedem seu veloz tráfego. No aeroporto, o vôo da American Airlines está esperando por mim. Eu tenho um visto para entrar nos Estados Unidos. Eu tenho uma passagem na primeira classe do vôo da American Airlines que vai para Nova York. Eu quero ir para Nova York. Está chovendo dinheiro em Nova York. Deus, leve o meu carro vermelho, importado da Alemanha, para o aeroporto, onde o vôo da American Airlines espera por esse seu devoto, grande administrador branco, perspicaz, amigo de Paulo. Deus, eu sou sua imagem e semelhança, Deus. Eu sou belo, Deus. Eu creio, Deus. Deu no rádio. Está chovendo dinheiro em Nova York e o meu carro vermelho, importado da Alemanha, está preso entre os carros nacionais, às margens do Rio Tietê, onde a água normal e o excremento dos pretos, por culpa do prefeito, começam a invadir a via onde o meu carro vermelho, importado da Alemanha, não consegue sair velozmente do lugar. Não perderei a calma. Tempo há. A American Airlines sempre espera por seus passageiros brancos da primeira classe. Sou um administrador objetivo. A água normal que chove no Rio Tietê não pode deter a força de Deus, a velocidade do meu carro vermelho, importado da Alemanha. Tenho direitos garantidos por lei. As empresas são minhas. O carro vermelho, importado da Alemanha, que me levará às asas da American Airlines, é meu. Ainda tenho um almoço de negócios em Nova York para resolver negócios urgentíssimos. São negócios de fusão com o capital internacional. Negócios relacionados ao dinheiro que está chovendo em Nova York. Negócios diretamente relacionados a Deus, que faz chover dinheiro em Nova York. Deus exige a minha presença em Nova York. O prefeito deve priorizar a retirada dos carros nacionais que impedem a passagem velocíssima do meu carro vermelho, importado da Alemanha. Paulo! Onde está Paulo? Onde está o prefeito? Paulo, retire o prefeito. Eu quero ir para Nova York. Pretos. Só vejo pretos, carros nacionais e água normal misturada ao subproduto da fraquíssima indústria nacional juntamente com o excremento dos pretos. É a investida do Demônio preto contra o meu carro vermelho, importado da Alemanha. Não admito. Não posso admitir. Deus está me pondo à prova. Não se preocupe, Deus. Jamais abandonarei minha missão. Deus, me desculpe. Minha fé fraqueja. São as bactérias do Rio Tietê por culpa do prefeito. Sim, Deus. Me reunirei ao meu amigo Paulo e aos novaiorquinos e me fundirei aos milhares de dólares que estão chovendo em Nova York. A liberdade internacional está logo ali, ali... Eu vejo. Eu vejo, meu Deus. Está chovendo dinheiro em Nova York. E eu posso ver o dinheiro que chove em Nova York. Deu no rádio. Está chovendo dinheiro em Nova York. Eu posso ver. Deu no rádio. A água normal que chove no Rio Tietê está atingindo níveis insuportáveis. Uma falta de respeito ao meu poder aquisitivo, ao meu poder de compra. Eu tenho poder de compra e não posso admitir que o afrontoso Rio Tietê com o excremento dos pretos e mais esses abjetos carros nacionais impeçam a trajetória veloz e perfeita do meu carro vermelho, importado da Alemanha, rumo à Nova York, onde está chovendo dinheiro. São milhares de dólares em Nova York e milhares de dejetos humanos pretos aqui, na Marginal Tietê, na via onde meu carro vermelho, importado da Alemanha, já não trafega mais. Deus... Deus, exijo uma providência. O prefeito tem que tomar uma providência. Preciso possuir dinheiro em Nova York. Preciso possuir as mais belas mulheres do planeta em Nova York. Eu tenho direitos. Direitos humanos. Mas, não. Os direitos humanos servem apenas aos interesses dos criminosos pretos, que infestam as cadeias nacionais. Eu tenho direitos humanos internacionais, garantidos pela lei de Deus que me obriga a ir para Nova York. Eu tenho deveres para com Deus. Saiam da frente do meu carro vermelho, importado da Alemanha, seus demoníacos carros nacionais dos pretos. É uma necessidade urgente possuir as mais belas mulheres do planeta em Nova York. Eu sou um belo com poder aquisitivo. Meu poder aquisitivo é imensurável, sim sim. Não... Não... Estou cercado de água normal dos pretos sem dólares como aqueles dólares que chovem em Nova York. Os dólares que serão meus, de Paulo, dos novaiorquinos, de Deus, de Deus, de Deus. Tenho um jantar urgentíssimo em Nova York, onde está chovendo dinheiro. Dólares enviados especialmente por Deus, para mim. Tenho um jantar com as mais belas mulheres do planeta em Nova York: Julia Roberts, Cindy Crawford, Nicole Kidman, Kim Basinger, Catherine Deneuve que sempre vai a Nova York como eu. Naomi Campbell também. Naomi é preta, mas é muito gostosa. Ela não é igual a esse prefeito preto que permite a obstrução do meu carro vermelho, importado da Alemanha, pelos miseráveis carros nacionais, pela catastrófica chuva nacional normal, pelo Rio Tietê, pretíssimo, cada vez mais cheio, invadindo a via onde meu carro vermelho, importado da Alemanha, não consegue mais se mover. Deus! Deus! Estou imóvel enquanto chove dinheiro em Nova York. A água do Rio Tietê e os excrementos pretos dos pretos e o subproduto da pouco competitiva indústria nacional estão se aproximando do meu carro vermelho, importado da Alemanha. Meu carro vermelho, importado da Alemanha, vai ser tocado por excrementos pretos. Não. Isso não vai acontecer. A American Airlines vai me levar a Nova York, onde está chovendo dinheiro. E eu, um belo administrador, amigo de Paulo, escolhido por Deus, aguardado pelos novaiorquinos, me fundirei ao dinheiro que chove em Nova York, ao capital estratosférico, ao corpo nu de Julia Roberts. Me fundirei às mais belas mulheres do planeta que estão em Nova York. Começarei a tomar providências imediatamente, retirando o prefeito preto e os carros nacionais que infestam a via onde meu carro vermelho, importado da Alemanha, deveria estar trafegando. Minhas empresas possuem grande agilidade. Meu cérebro é uma máquina de última geração. Sou uma águia na administração. Você está deposto, terrível prefeito

André Sant'Anna

preto. Exijo direitos plenos sobre a alta tecnologia do meu carro vermelho, importado da Alemanha, e sobre os aparelhos computadorizados do vôo da American Airlines que me levará à Nova York, onde chove dinheiro. Os carros nacionais para pretos de baixo poder de compra logo serão levados pela corrente de água normal e excrementos dos pretos. Os inconsistentes carros nacionais não vão resistir a esta enchente preta de água normal. Eu sabia. Deus está mostrando o seu poder fazendo chover água normal aqui, nesta via ao lado do Rio Tietê. Os carros nacionais e os pretos estão sendo destruídos. Quando toda esta via automotiva estiver submersa nos excrementos pretos e no subproduto da fétida indústria nacional, Deus retirará da água normal o meu carro vermelho, importado da Alemanha, fazendo com que a velocidade internacional do meu carro vermelho, importado da Alemanha, me leve ao aeroporto, onde o vôo da American Airlines, para Nova York, estará esperando por mim e por Paulo. Me fundirei à ilha de Manhattan e aos dólares que chovem em Nova York. Depois irei a Paris para uma reunião prioritária de negócios e jantares exclusivos com Catherine Deneuve e a cúpula européia do capital internacional feliz independente. Sim. De Nova York a Paris. De Paris a Nova York, através da Air France e também da insuperável American Airlines. Serei cercado pelos paparazzi da imprensa internacional, mas não morrerei em Paris, à meia-noite, às margens do Rio Sena, onde nothing is real. Deus está comigo. Mesmo agora que os ignóbeis carros nacionais começam a ser levados pela enxurrada de água normal, excrementos e subprodutos. Exijo a presença da imprensa e nada tenho a declarar. Só falarei na presença de Deus ou do meu advogado. Aqui só há pretos saindo dos carros nacionais, tentando fugir da chuva de água normal enviada por Deus. Mas eu ficarei aqui no meu carro vermelho, importado da Alemanha. Em poucos instantes, Deus iniciará a retirada do meu carro vermelho, importado da Alemanha. Planarei sobre este rio preto administrado pessimamente pelo prefeito que é o responsável por toda esta chuva normal que chove aqui e não em Nova York, onde também chove, mas chove é dinheiro enviado por Deus. Deu no rádio. Está chovendo dinheiro em Nova York. Milhares de dólares num fluxo de alta rentabilidade. Ainda bem que possuo a calma e a frieza objetiva, exclusividade dos grandes administradores, para enfrentar os poucos minutos que ainda restam antes que os carros nacionais dirigidos por pretos de baixo poder administrativo sejam destruídos e o meu carro vermelho, importado da Alemanha, se eleve aos céus nas asas da American Airlines, rumo a Nova York, onde não pára de chover dinheiro. Está chegando o momento sagrado. Eu posso sentir a presença internacional de Deus que me adora. Foi Deus quem me escolheu

O importado vermelho de Noé

para ir a Nova York e participar das reuniões decisivas e dos jantares com o capital que chove em Nova York. A fusão é imprescindível. Agora. Agora. Estou pronto. Ainda não? Sim, Deus. Estou ouvindo com os meus infalíveis ouvidos de grande administrador. Está dando no rádio. Uma mensagem. Cindy Crawford e Michael Douglas estarão à minha espera. A reunião decisiva para eliminar os protozoários maléficos que produzem fichinhas falsas e o prefeito preto do povo preto que produz excrementos aqui, nesta via nacional intransitável que submerge nas águas pretas da insolúvel indústria nacional, nas margens do Rio Tietê. A paciência é uma virtude dos grandes administradores belos que se fundem aos corpos das internacionais mulheres lindas de Nova York, onde chove dinheiro. Oh! Deus. Está tão frio. A água normal e preta está subindo, subindo. A água preta macula meu carro vermelho, importado da Alemanha. Oh! Deus. Por que me fazes passar por esta prova final? O subproduto da indústria preta já atinge meu peito largo de grande administrador. A água normal é fria. O dinheiro que chove em Nova York é quente como o regaço de Julia Roberts. A água está toda preta, toda nacional e pouco desenvolvida. Deus, preciso de uma reunião intransferível com o senhor que ama a mim, a Paulo, aos novaiorquinos, às mais lindas mulheres do planeta, ao meu carro vermelho, importado da Alemanha, ao fluxo intercambiável de capital que chove em Nova York. Preciso apontar falhas no sistema administrativo deste rio de águas pretas e normais, nesta via que sucumbe à ira dos excrementos de baixo poder aquisitivo, me afastando do objetivo final proposto a mim, pelo senhor, Deus. Eu vou ser o prefeito. Eu sou o prefeito. Deu no rádio. Eu vou ser o prefeito em Nova York com os novaiorquinos, o dinheiro que chove e as mais lindas mulheres do planeta nas reuniões de máxima urgência com fluxo global de Paulo. Deu no rádio. Está chovendo dinheiro em Nova York e eu sou o prefeito. É hora de voar pela American Airlines. Meu carro vermelho, importado da Alemanha, deve partir imediatamente para Nova York antes que aquele excremento preto nacional entre em contato com a superfície vermelha e tecnologicamente avançada do meu carro vermelho, importado da Alemanha. Contato. Contato. Há falhas no sistema administrativo nacional. Devo partir imediatamente. Há excrementos pretos flutuando ao redor de meu forte pescoço. Há água fria. Contato. Deus, contato. Falhas existem para serem corrigidas. Contato. Contato. Excremento detectado. Elevarei meu potente maxilar e evitarei que a água nacional preta entre em minha boca. Elevação iniciada. Contato. Excremento detectado. Contato bucal com excrementos de baixa qualificação técnica. Julia Roberts, Deus, contato. A fusão com o capital universal administrativo novaiorquino deve ser efetuada. Evitar o excremento e a água normal sem dólares. Ar. Água preta normal, entrando no nariz de linhas arrojadas. Deus, deu no rádio. Está chovendo dinheiro em Nova York. Está chovendo dinheiro em Nova York. Excremento preto nacional normal à frente. Eu quero ir para Nova York. Excremento preto de baixo poder aquisitivo, na minha boc... Está chovendo dinheiro em Nov

15 Cenas de descobrimento de Brasis

Fernando Bonassi

Ainda não estamos habituados com o mundo.
Nascer é muito comprido.
(Murilo Mendes — "Reflexão número 1")

Cena 1
HISTÓRIA DAS IDÉIAS

Primeiro surgiu o homem nu de cabeça baixa. Deus veio num raio. Então apareceram os bichos que comiam os homens. E se fez o fogo, as especiarias, a roupa, a espada e o dever. Em seguida se criou a filosofia, que explicava como não fazer o que não devia ser feito. Então surgiram os números racionais e a História, organizando os eventos sem sentido. A fome desde sempre, das coisas e das pessoas. Foram inventados o calmante e o estimulante. E alguém apagou a luz. E cada um se vira como pode, arrancando as cascas das feridas que alcança.

Cena 2
TURISMO ECOLÓGICO

Os missionários chegaram e cobriram das selvagens o que lhes dava vergonha. Depois as fizeram decorar a Ave Maria. Então lhes ensinaram bons modos, a manter a higiene e lhes arranjaram empregos nos hotéis da floresta, onde se chega de uísque em punho. Haveria uma lógica humanitária exemplar no negócio, não fosse o fato das índias começarem a deitar-se com os hóspedes. Nada faz com que mudem. Seus maridos, chapados demais, não sentem os cornos. De qualquer maneira, todos levam o seu. Só mesmo esse Deus civilizador é quem parece ter perdido outra chance.

Cena 3
REFLEXO

Juruena está estranhando seu reflexo. Não num espelho específico, mas em qualquer superfície que a devolva. Se pega e se perde em vidraças, balcões de metal, louças... Há mesmo algumas modificações entre a expressão que faz e aquela em que aparece. Dança, pula, esbofeteia o ar... e chega atrasada aos seus próprios gestos. É mais ridículo que preocupante. Só rindo pra se agüentar se fugindo dessa forma. Não está interessada em fazer companhia a si mesma. Diria que é melhor nem encontrar consigo até que uma das duas resolva a diferença.

Cena 4
PLANALTO CENTRAL

O nome completo de Wilson é Wilson Patachó, mas isso tá na cara. Entre Paranã e Gurupi todo mundo o conhece como "Índio". Na verdade como "Índio do Posto Shell". Wilson, ou Índio do Posto Shell, também é conhecido por fazer negócio com os caminhoneiros. Tem duas filhas pra oferecer. Pega-se em Paranã e larga-se em Gurupi, ou vice-versa. Uma chama-se Cibele Patachó e a outra Pamela Patachó. Cibele tem todos os dentes. Pamela nenhum e, justamente por isso, é a preferida pra coisa que aqueles homens brancos mais gostam de fazer.

Cena 5
CHACINA

Quando os quatro combinaram, o quinto já estava morto, mas ele não sabia e seguiu vivendo. E como tudo o que vive cansa, dormiu. De forma que por isso demorou a abrir a porta quando bateram de madrugada. Correu por correr, porque tudo o que é vivo corre da morte, ainda que seja corrida de sair perdido. O que falava pelos quatro era o que tinham nas mãos, de forma que ninguém disse nada. Tiro foi muito, que vizinhança nunca ouviu.

Endureceu embaixo da cama mesmo, naquela posição de quem quisesse morder esse vento que nos entra pela boca bem agora.

Cena 6
OS SILVÍCOLAS

Um índio burro de dar dó! Toda manhã ele aparece no bar e gasta em cerveja tudo o que a sua mulher ganhou durante a noite. Bebe até perder o juízo, passa a tarde urinando e volta pra cobrar o que gastou. Não há meio de fazê-lo entender que, ao encher a cara, usou cada maldito tostão do que era seu (ou da mulher, sei lá...). Que funciona desse modo: coisas passam de uma mão à outra por troços num momento... isto é: aqueles papéis coloridos e bolinhas de metal agora pertencem ao sujeito atrás do balcão. É tão certo em sua burrice que até confunde a gente!

Cena 7
UMA PRAGA

Não se iluda. É a mulher mais estragada que você já viu. Também não faz nada pra mudar a situação. Sobra dedo na tua mão se for contar dentes nela. Seca que de lado não se vê. Mancha, vergão e cicatriz nem se distingue da pele pura. A capa leitosa nos olhos foi porcaria que fumou. Põe a foto da revista de sacanagem no vidro e diz quanto é. Nunca mais vai dizer outra coisa nesse dia. Não tem erro. Os olhos. Só pode ser aquele olho de vidro estilhaçado... É que você olha lá dentro, escorrega, se corta inteiro. Cai mesmo, entende? Meu amigo, você não levanta mais! É uma praga.

Cena 8
O TIRADENTES

No início dos anos 70, os garimpeiros arrancavam seus próprios dentes. A sangue frio, é claro. De modo que quando Paulão viajou pro norte com uma bolsa cheia de Citanest, teve sucesso imediato. Mesmo quando os veios de ouro secaram, Paulão continuou oferecendo anestesia. Agora seus maiores fregueses são os índios. A maioria nem tem mais dentes pra tirar. Ele ainda vem pra São Paulo e volta com duas ou três malas da coisa (as aplica em troca do pagamento que houver). Pra ele, o caso é que os índios não estão suportando o gosto de sua própria saliva nesses tempos.

Cena 9
CANÇÃO DO EXÍLIO

Minha terra tem campos de futebol onde cadáveres amanhecem emborcados pra atrapalhar os jogos. Tem uma pedrinha cor-de-bile que faz "tuim" na cabeça da gente. Tem também muros de bloco (sem pintura, é claro, que tinta é a maior frescura quando falta mistura), onde pousam cacos de vidro pra espantar malaco. Minha terra tem HK, AR15, M21, 45 e 38 (na minha terra, 32 é uma piada). As sirenes que aqui apitam, apitam de repente e sem hora marcada. Elas não são mais as das fábricas, que fecharam. São mesmo é dos camburões, que vêm fazer aleijados, trazer tranqüilidade e aflição.

Cena 10
PROMESSA

Todo santo sábado Mariano leva um pedaço de cera na Igreja de São Judas Tadeu. Leva um braço, reza; leva uma coxa, reza; um peito... e assim por diante. Nos próximos dois meses deve completar o corpo, pondo cabeça por cima e sandálias por baixo de tudo. Nesse dia pensa acender uma vela da mais grossa no tamanho de Jacira, que nunca existiu. Acha que quando pedir pela última vez, essa Jacira sem pulmões vai sair andando, batendo os saltos pelas cerâmicas. Mariano também acha que pode aproveitá-la por um bom tempo até que derreta no sol.

Cena 11
O DIA DAS BRUXAS

Eu só vim pra te dizer que todas as coisas que você disse aconteceram. Todas aquelas meias palavras que você usou, tentando "me proteger", ora... elas formaram uma nuvem inteira de desgraça na minha vida. Claro que eu perdi um a um os apoios dos meus cotovelos. Aliás você já sabia. Perdi mesmo a vergonha de vir aqui. Nem sei se você me enganou... Você é das boas! Você e essas cartas encardidas. Vocês valem os malditos 100 paus que eu dei e que agora me fazem falta. Você é uma bruxa miserável de boa. Só vim pra te dizer isso.

Cena 12
BUSINESS HEADLINES

As bolsas estão caindo, os aviões estão caindo, os lavadores de vidraça estão caindo. Uma borboleta bate asas em Seul e bibelôs despencam das cômodas em Osasco. Analistas e especuladores enchem os bolsos. Mediterranées não têm vagas até 2003. Por qualquer cinqüenta paus se arranja um Saint Laurent de deixar de herança. Na próxima segunda-feira, tudo indica, 1929 será uma piada. Henrique mal fez seu milhão de dólares e já está sendo colhido pela fúria desses elementos. É por isso que massacra seu cartão de crédito contra o pó da mesa enquanto corta custos.

Cena 13
1964

É mesmo possível que tenha sido um ano maravilhoso, não sei... A Bossa Nova que se pegava no rádio, os filmes ganhando prêmios, a facilidade com que se partilhava um berro e aqueles divórcios devastando gerações... Os marcadores de Garrincha com a espinha quebrada. A simplicidade das capas dos livros e dos desejos das pessoas. É verdade: os militares já vinham com aquelas idéias, mas ainda não tinham feito o pior. Se você diz, é mesmo possível... Eu era muito pequeno e só consigo lembrar que as coisas, quando caíam, faziam um estrondo terrível nos meus ouvidos.

Cena 14
OS BRASILEIROS

Dois em cada três brasileiros já fumaram maconha. Três em cada cinco brasileiros acreditam em Deus. Cinco em cada oito brasileiros morderam a hóstia durante a comunhão. Oito em cada treze brasileiros preferem sexo anal. Treze em cada dezessete brasileiros habilitados pensaram em jogar um carro no poste só pra ver o que acontece. Dezessete em cada vinte brasileiros não sabem que o Homem da Terra de Marlboro é um ator. Vinte em cada vinte e dois brasileiros não têm terra. Vinte e dois em cada vinte e três brasileiros têm certeza que seu azar é específico.

Cena 15
O FIM

A TV apresenta uma "zona de morte" em torno da Ilha de Marajó. Peixes bóiam às toneladas. Búfalos afundam na lama. Pássaros arremessam-se contra postes. Cavalos quebram as pernas. A vegetação ajoelha com a chuva. Carros giram como peões até que as árvores degolem seus ocupantes. Aviões desistem. Revólveres disparam acidentalmente. Cocares suicidam-se num Atlântico onde barcos batem de frente. Há os que procuram um Moisés que lhes empurre. Alguém lembra o fim dos dinossauros. Especialistas estão desorientados que não exista mão humana nessa desgraça.

fim

Referências Bibliográficas

Na relação a seguir, encontram-se as seguintes informações: **título do conto**, em negrito; nome do autor; [data da publicação original entre colcheias]; fonte utilizada para esta edição. Os contos estão relacionados na ordem em que aparecem no volume.

**De 1900 aos anos 30
Memórias de ferro, desejos de tarlatana**

Pai contra mãe
Machado de Assis
[1906]
In *Contos: Uma Antologia*, vol. 2. (Seleção, introdução e notas de John Gledson).
São Paulo, Companhia das Letras, 1998.

O bebê de tarlatana rosa
João do Rio
[1910]
In *João do Rio — Uma Antologia*. Org. Luís Martins. Rio, Sabiá/INL, 1971.

A nova Califórnia
Lima Barreto
[1910]
In *Contos Reunidos*. Rio-Belo Horizonte, Livraria Garnier, 1990.

Dentro da noite
João do Rio
[1910]
In *Os Melhores Contos — João do Rio* (Sel. Helena Parente Cunha). São Paulo, Global Editora, 1990.

A caolha
Júlia Lopes de Almeida
[1903]
In *Obras-Primas do Conto Brasileiro* (Org. Almiro R. Barbosa e Edgard Cavalheiro). São Paulo, Martins, 1962.

O homem que sabia javanês
Lima Barreto
[1911]
In *Contos Reunidos*. Rio-Belo Horizonte, Livraria Garnier, 1990.

Pílades e Orestes
Machado de Assis
[1903]
In *Contos: Uma Antologia*, vol. 2. (Seleção, introdução e notas de John Gledson).
São Paulo, Companhia das Letras, 1998.

Referências Bibliográficas

Contrabandista
João Simões Lopes Neto
[1926]
In *Contos Gauchescos*. Rio, Imago, 1993.

Negrinha
Monteiro Lobato
[1920]
In *Negrinha*. São Paulo, Brasiliense, 30ª ed., 1994.

Galinha cega
João Alphonsus
[1931]
In *Contos e Novelas*. Rio, Ed. do Autor, 1965.

Gaetaninho
Alcântara Machado
[1927]
In *Novelas Paulistanas*, Rio, J. Olympio, 5ª ed., 1978.

Baleia
Graciliano Ramos
[1938]
In *Vidas Secas*. Rio, Record, 35ª ed., 1976.

Uma senhora
Marques Rebelo
[1931]
In *Contos Reunidos*. Rio, José Olympio/INL, 1977.

Anos 40/50
Modernos, maduros, líricos

Viagem aos seios de Duília
Aníbal Machado
[1944]
In *A Morte da Porta-estandarte, Tati, a Garota e Outras Histórias*. Rio, José Olympio, 12ª ed., 1985.

O peru de Natal
Mário de Andrade
[1942]
In *Contos Novos*, Belo Horizonte-Rio de Janeiro, Villa Rica, 16ª ed., 1996.

Nhola dos Anjos e a cheia do Corumbá
Bernardo Élis
[1944]
In *Caminhos das Gerais*. Rio, Civilização Brasileira, 1975.

Presépio
Carlos Drummond de Andrade
[1951]
In *Contos de Aprendiz*. Rio, Record, 39ª ed., 1998.

O vitral
Osman Lins
[1957]
In *Os Gestos*. São Paulo, Melhoramentos, 2ª ed., 1975.

Um cinturão
Graciliano Ramos
[1945]
In *Infância*. Rio, Record, 17ª ed., 1981.

O pirotécnico Zacarias
Murilo Rubião
[1947]
In *Contos Reunidos*. São Paulo, Ática, 1998.

Gringuinho
Samuel Rawet
[1956]
In *Contos do Imigrante*. Rio, Tecnoprint (Ediouro), 2ª ed., 1972.

O afogado
Rubem Braga
[1953]
In *200 Crônicas Escolhidas*. Rio, Record, 9ª ed., 1993.

Tangerine-girl
Rachel de Queiroz
[1948]
In *A Casa do Morro Branco*. São Paulo, Siciliano, 2ª ed., 1999.

Nossa amiga
Carlos Drummond de Andrade
[1951]
In *Contos de Aprendiz*. Rio, Record, 39ª ed., 1998.

Um braço de mulher
Rubem Braga
[não identificada]
In *Aventuras* (org. Domício Proença Filho). Rio, Record, 2000.

As mãos de meu filho
Érico Verissimo
[1942]
In *Contos*. Rio, Globo, 1983.

A moralista
Dinah Silveira de Queiroz
[1957]
In *Histórias do Amor Maldito*. (Sel. Gasparino Damata). Rio, Gráfica Record Ed., 1967.

Entre irmãos
José J. Veiga
[1959]
In *Os Cavalinhos de Platiplanto*. Rio, Bertrand Brasil, 20ª ed., 1997.

A partida
Osman Lins
[1957]
In *Os Gestos*. São Paulo, Melhoramentos, 2ª ed., 1975.

Anos 60
Conflitos e desenredos

A força humana
Rubem Fonseca
[1965]
In *Contos Reunidos*. São Paulo, Companhia das Letras, 1994.

Amor
Clarice Lispector
[1960]
In *Laços de Família*. Rio, Rocco, 1998.

Gato gato gato
Otto Lara Resende
[1969]
In *O Elo Partido e Outras Histórias* (Ed. Fernando Paixão). São Paulo, Ática, 1992.

As cores
Orígenes Lessa
[1960]
In *Balbino, Homem do Mar*. Rio, José Olympio, 1960.

A máquina extraviada
José J. Veiga
[1968]
In *A Máquina Extraviada*. Rio, Bertrand Brasil, 10ª ed., 1997.

Referências Bibliográficas

O moço do saxofone
Lygia Fagundes Telles
[1969]
In *Antes do Baile Verde*. Rio, Rocco, 3ª ed., 1999.

Feliz aniversário
Clarice Lispector
[1960]
In *Laços de Família*. Rio, Rocco, 1998.

O homem nu
Fernando Sabino
[1960]
In *O Homem Nu*. Rio-S.Paulo, Record, 11ª ed., 1973.

O vampiro de Curitiba
Dalton Trevisan
[1965]
In *O Vampiro de Curitiba*. Rio, Civilização Brasileira, 4ª ed., 1975.

A mulher do vizinho
Fernando Sabino
[1962]
In *A Mulher do Vizinho*. Rio-S.Paulo, Record, 12ª ed., 1983.

Uma galinha
Clarice Lispector
[1960]
In *Laços de Família*. Rio, Rocco, 1998.

Menina
Ivan Ângelo
[1961]
In *A Face Horrível*. Rio, Nova Fronteira, 1986.

A caçada
Lygia Fagundes Telles
[1965]
In *Mistérios*. Rio, Rocco, 8ª ed., 1998.

O burguês e o crime
Carlos Heitor Cony
[1968]
In *Babilônia, Babilônia*. Rio, Civilização Brasileira, 1978.

Uma vela para Dario
Dalton Trevisan
[1964]
In *Cemitério de Elefantes*. Rio, Civilização Brasileira, 6ª ed., 1980.

Anos 70
Violência e paixão

Passeio noturno (I e II)
Rubem Fonseca
[1975]
In *Contos Reunidos*. São Paulo, Companhia das Letras, 1994.

A morte de D.J em Paris
Roberto Drummond
[1975]
In *A Morte de D.J em Paris*. São Paulo, Ática, 1975.

Aí pelas três da tarde
Raduan Nassar
[1972]
In *Menina a Caminho*. São Paulo, Companhia das Letras, 1997.

Felicidade clandestina
Clarice Lispector
[1971]
In *Felicidade Clandestina*. Rio, Rocco, 1998.

O elo partido
Otto Lara Resende
[1975]
In *As Pompas do Mundo*. Rio, Rocco, 1975.

A estrutura da bolha de sabão
Lygia Fagundes Telles
[1978]
In *A Estrutura da Bolha de Sabão*. Rio, Rocco, 4ª ed., 1999.

O peixe de ouro
Haroldo Maranhão
[1978]
In *Vôo de Galinha*. Belém, Grafisa, 1978.

Gestalt
Hilda Hilst
[1977]
In *Ficções*. São Paulo, Quíron, 1977.

Feliz ano novo
Rubem Fonseca
[1975]
In *Contos Reunidos*. São Paulo, Companhia das Letras, 1994.

Correspondência completa
Ana Cristina Cesar
[1979]
In *A Teus Pés*. São Paulo, Ática, 1998.

Fazendo a barba
Luiz Vilela
[1973]
In *O Fim de Tudo*. Belo Horizonte, Liberdade, 1973.

Sem enfeite nenhum
Adélia Prado
[1979]
In *Prosa Reunida*. São Paulo, Siciliano, 1999.

A balada do falso Messias
Moacyr Scliar
[1975]
In *Contos Reunidos*. São Paulo, Companhia das Letras, 1995.

La Suzanita
Eric Nepomuceno
[1975]
In *Coisas do Mundo*. São Paulo, Companhia das Letras, 1994.

Porque Lulu Bergantim não atravessou o Rubicon
José Cândido de Carvalho
[1971]
In *Os Mágicos Municipais*. Rio, José Olympio, 1984.

A maior ponte do mundo
Domingos Pellegrini
[1977]
In *O Homem Vermelho*. Rio, Civilização Brasileira, 1977.

Crítica da razão pura
Wander Piroli
[1972]
In *Os Melhores Contos — Wander Piroli* (Sel. Valdomiro Santana). São Paulo, Global Ed., 1996.

A porca
Tânia Jamardo Faillace
[1978]
In *O Conto da Mulher Brasileira*. (Org. Edla Van Steen). São Paulo, Vertente Ed., 1978.

O arquivo
Victor Giudice
[1972]
In *O Necrológio*. Rio, Edições O Cruzeiro, 1972.

Guardador
João Antônio
[não identificada]
In *Trabalhadores do Brasil — Histórias do Povo Brasileiro* (Org. Roniwalter Jatobá). São Paulo, Geração Editorial, 1998.

Referências Bibliográficas

Anos 80
Roteiros do corpo

O vampiro da Alameda Casabranca
Márcia Denser
[1986]
In *Diana Caçadora*. São Paulo, Global Edit., 1986.

Um discurso sobre o método
Sérgio Sant'Anna
[1989]
In *Contos e Novelas Reunidos*. São Paulo, Companhia das Letras, 1997.

Alguma coisa urgentemente
João Gilberto Noll
[1980]
In *Romances e Contos Reunidos*. São Paulo, Companhia das Letras, 1997.

Idolatria
Sérgio Faraco
[1987]
In *Dançar Tango em Porto Alegre*. Porto Alegre, L&PM, 1998.

Hell's Angels
Márcia Denser
[1986]
In *Diana Caçadora*. São Paulo, Global Edit., 1986.

Bar
Ivan Ângelo
[1986]
In *A Face Horrível*. Rio, Nova Fronteira, 1986.

Aqueles dois
Caio Fernando Abreu
[1982]
In *Morangos Mofados*. São Paulo, Brasiliense, 1982.

Intimidade
Edla Van Steen
[1984]
In *O Prazer É Todo Meu — Contos Eróticos Femininos* (Sel. Márcia Denser). Rio, Record, 2ª ed., 1985.

I love my husband
Nélida Piñon
[1980]
In *O Calor das Coisas*. Rio, Record, 1998.

Toda Lana Turner tem seu Johnny Stompanato
Sonia Coutinho
[1985]
In *O Último Verão de Copacabana*. Rio, José Olympio, 1985.

King Kong x Mona Lisa
Olga Savary
[1980]
In *O Olhar Dourado do Abismo*. Rio, Impressões do Brasil, 1997.

Flor de cerrado
Maria Amélia Mello
[1984]
In *Às Oito, Em Ponto*. São Paulo, Max Limonad, 1984.

Obscenidades para uma dona-de-casa
Ignácio de Loyola Brandão
[1983]
In *Os Melhores Contos de Ignácio de Loyola Brandão* (Sel. Deonísio da Silva). São Paulo, Global Ed., 4ª ed., 1997.

O santo que não acreditava em Deus
João Ubaldo Ribeiro
[1981]
In *Já Podeis da Pátria Filhos e Outras Histórias*. Rio, Nova Fronteira, 2ª ed., 1991.

O japonês dos olhos redondos
Zulmira Ribeiro Tavares
[1982]
In *O Japonês dos Olhos Redondos*. Rio,
Paz e Terra, 1982.

Vadico
Edilberto Coutinho
[1980]
In *Onze Em Campo e Um Banco de Primeira*
(Sel. Flávio Moreira da Costa). Rio, Relume
Dumará, 1998.

Linda, uma história horrível
Caio Fernando Abreu
[1988]
In *Os Dragões Não Conhecem o Paraíso*, São
Paulo, Companhia das Letras, 1988.

Os mínimos carapinas do nada
Autran Dourado
[1987]
In *Os Melhores Contos — Autran Dourado*
(Sel. João Luiz Lafetá). São Paulo, Global Ed.,
1997.

Conto (*não* conto)
Sérgio Sant'Anna
[1982]
In *Contos e Novelas Reunidos*. São Paulo,
Companhia das Letras, 1997.

Anos 90
Estranhos e intrusos

A Confraria dos Espadas
Rubem Fonseca
[1998]
In *A Confraria dos Espadas*. São Paulo,
Companhia das Letras, 1998.

Estranhos
Sérgio Sant'Anna
[1997]
In *Contos e Novelas Reunidos*. São Paulo,
Companhia das Letras, 1997.

Nos olhos do intruso
Rubens Figueiredo
[1998]
In Revista *Ficções*, ano I, nº 1. Rio, Sette
Letras, 1998

O anti-Natal de 1951
Carlos Sussekind
[1996]
In *Contos Para Um Natal Brasileiro* (Org.
Betinho). Rio, Relume Dumará, 1996.

Olho
Myriam Campelo
[1998]
In *Sons e Outros Frutos*. Rio-S.Paulo, Record,
1998.

Zap
Moacyr Scliar
[1995]
In *Contos Reunidos*. São Paulo, Companhia das
Letras, 1995.

Days of wine and roses
(Dias de vinho e rosas)
Silviano Santiago
[1996]
In *Keith Jarrett no Blue Note*. Rio, Rocco, 1996.

A nova dimensão do escritor Jeffrey Curtain
Marina Colasanti
[1998]
In *O Leopardo É Um Animal Delicado*. Rio,
Rocco, 1998.

Referências Bibliográficas

Jardins suspensos
Antonio Carlos Viana
[1993]
In *O Meio do Mundo e Outros Contos*
(Sel. Paulo Henriques Britto). São Paulo,
Companhia das Letras, 1999.

O misterioso homem-macaco
Valêncio Xavier
[1998]
In *O Mez da Grippe e Outros Livros*. São
Paulo, Companhia das Letras, 1998.

Dois corpos que caem
João Silvério Trevisan
[1997]
In *Troços e Destroços*. Rio-S.Paulo, Record,
1997.

Conto de verão nº 2: Bandeira Branca
Luis Fernando Verissimo
[1999]
In *Histórias Brasileiras de Verão*. Rio, Objetiva,
1999.

Por um pé de feijão
Antônio Torres
[1999]
In *Meninos, Eu Conto*. Rio-São Paulo, Record,
1999.

Viver outra vez
Márcio Barbosa
[1995]
In *Cadernos Negros,* vol. 18. São Paulo, Anita
— Quilombhoje, 1995.

Estão apenas ensaiando
Bernardo Carvalho
[1999]
In Revista *Ficções*, ano II, nº 4. Rio de Janeiro,
Sette Letras, 1999.

O importado vermelho
André Sant'Anna
[1999]
In Revista *Ficções*, ano II, nº 4. Rio de Janeiro,
Sette Letras, 1999.

15 Cenas de descobrimento de Brasis
Fernando Bonassi
[1999]
Inédito

impressão e acabamento
GEOGRÁFICA